한림일본학자료총서
아사히신문 외지판 8

아사히신문 외지판(조선판)
기사명 색인 _ 제3권

This publication has been executed with grant from
the Japan Foundation(Support Program for Japanese Studies Organizations),
National Research Foundation of Korea grant funded
by the Korean Government(2014S1A5B8066696)
and the fund of the Institute of Japanese Studies, Hallym University.

한림대학교 일본학연구소는 이 책을 간행함에 있어
출판비용의 일부를 일본국제교류기금과 한국연구재단으로부터 지원받았고,
한림대학교 일본학연구소 발전기금을 사용하였습니다.

한림일본학자료총서
아사히신문 외지판 8

아사히신문 외지판(조선판)

기사명 색인_제3권

1922.01. ~ 1923.12.

한림대 일본학연구소
서정완 외 15인

서문: 『아사히신문 외지판(조선판) 기사명 색인 제3권』을 간행하며
　　　 1922.01.～1923.12. / 6
범례 / 16

1922년

1922년 1월(선만판) / 21
1922년 2월(선만판) / 35
1922년 3월(선만판) / 51
1922년 4월(선만판) / 67
1922년 5월(선만판) / 85
1922년 6월(선만판) / 103
1922년 7월(선만판) / 119
1922년 8월(선만판) / 135
1922년 9월(선만판) / 151
1922년 10월(선만판) / 167
1922년 11월(선만판) / 181
1922년 12월(선만판) / 207

1923년

1923년 1월(선만판) / 223
1923년 2월(선만판) / 233
1923년 3월(선만판) / 245
1923년 4월(선만판) / 259
1923년 5월(선만판) / 273
1923년 6월(선만판) / 291
1923년 7월(선만판) / 309
1923년 8월(선만판) / 327
1923년 9월(선만판) / 343
1923년 10월(선만판) / 353
1923년 11월(선만판) / 369
1923년 12월(선만판) / 385

색인범례 / 400
색인 　 / 418

朝日新聞外地版(朝鮮版) 記事名 索引
〈아사히신문 외지판(조선판) 기사명 색인 -1922.1~1923.12-〉을 간행하며

한림대학교 일본학연구소 소장
서 정 완

1. 「조선판」 제3권을 간행하며

　　한림대학교 일본학연구소는 2008년부터 2017년까지 9년 동안 한국연구재단 중점연구소지원사업으로 <제국일본의 문화권력: 학지(學知)와 문화매체> 연구를 수행하면서 1935년부터 1945년까지 간행된 『아사히신문 외지판 <남선판(南鮮版)>』에 대한 기사명 색인 작업을 수행하였다. 그 성과로서, 『아사히신문 외지판(남선판) 기사명 색인』(전 5권)을 완간하였으며, 현재 그 후속 사업으로 1905년부터 1935년까지를 수록하는 『아사히신문 외지판(조선판) 기사명 색인』 간행사업을 진행하고 있다. 그리고 2017년부터 앞으로 7년 동안 수행하게 될 한국연구재단 인문한국플러스(HK+)사업 <포스트제국의 문화권력과 동아시아> 연구를 통해서 1915년부터 1945년까지 30년간의 외지판 색인사업을 완료할 예정이며, 궁극적으로는 이들을 데이터베이스화해서 연구소 홈페이지를 통해서 문자열 검색이 가능하게 할 것이다.

　　이번에 간행하는 『아사히신문 외지판(조선판) 기사명 색인』 제3권은 1922년 1월부터 1923년 12월까지 24개월을 수록하였으며, 『아사히신문 외지판(남선판) 기사명 색인』(1935~1945) 5권을 포함하면 총 여덟 번째 기사명 색인집이 된다.

　　이번 제3권이 수록하는 1922년~1923년이 어떤 시대였는지를 이해하기 위해 제국일본 관련 주요 사건을 개관하면 대략 다음과 같다.

　　1921.11.12.~1922.02.06. 워싱턴회의
　　1922.01.23. 가라후토(樺太, 사할린) 정촌제(町村制) 공포. 칙령(勅令). 정촌장은 가라후토청(樺太廳) 지
　　　　　　　청장(支廳長)이 임명하며, 임명제에 의한 정촌협의회를 설치함.
　　1922.02.06. 워싱턴회의에서 해군군비제한조약 등 조인.
　　1922.02.11. 태평양위임통지 諸島에 관한 미・일 조약 조인
　　1922.03.24. 귀족원 과격사회운동취체(過激社會運動取締)법안 수정가결
　　1922.03.25. 중의원 육군군비축소건의안 가결
　　1922.03.31. 남양청(南洋廳) 관제 공포(칙령)

1922.06.24. 일본 10월 말까지 시베리아에서 철수 성명발표
1922.07.15. 일본공산당 결성(비합법적)
1922.10.20. 일본정부 보통선거조사회 설치
1922.12.18. 조선총독부 조선호적령 제정
1923.02.02. 부인참정동맹(婦人參政同盟) 도쿄에서 결성
1923.02.07. 조선총독부 폭파 음모로 의열단 김시현 선생 등 14명 체포
1923.02.11. 도쿄, 오사카, 교토, 야하타(八幡) 등지에서 과격사회운동취체법, 노동조합법, 소작쟁의조
정법 제정 반대 데모 열림. 각지에서 보통선거 즉시 시행을 요구하는 데모 열림.
1923.02.12. 중의원 육군군축결의안 부결
1923.02.23. 도쿄에서 보통선거 즉각 시행을 요구하는 대규모 시위행진
1923.03.01. 중의원 보통선거법안 부결
1923.03.26. 중의원 피차별부락에 대한 인습타파 건의안 가결
1923.04.05. 가와이 요시토라(川合義虎) 등 일본공산청년동맹 결성
1923.06.05. 사카이 도시히코(堺利彦) 등 공산당원 검거
1923.09.01. 관동대지진, 오전 11시 58분 44초 M7.9, 사망 9만 1344명, 전파소실 46만4909호,
1923.09.02. 비상징발령, 계엄령 중 필요한 규정적용의 건 각 공포(긴급칙령) 도쿄시 외 5군에 계엄령
제9조, 14조 적용, 조선인이 폭동을 일으켰다는 유언비어 확산
1923.09.16. 아나키스트(사회주의사상가) 오스기 사카에(大杉栄)와 작가이자 부인해방운동가인 내연의
처 이토 노에(伊藤野枝) 등이 헌병대 특고과(特高課)에 연행되어 살해되고 시체를 우물에
유기한 이른바 아마카스(甘糟) 사건(일명 오스기 사건)이 일어남. 관동대지진에 의한 계엄
령 하에 자행된 불법탄압사건의 하나.
1923.09.19. 제도부흥심의회관제(帝都復興審議會官制) 공포 (칙령)
1923.09.27. 제도부흥원관제(帝都復興院官制) 공포 (칙령)
1923.10.27. 법제심의회 보통선거 문제 심의 결과 부인참정권을 부결
1923.11.10. 국민정신작흥(國民精神作興)에 관한 조서(詔書)
1923.12.23. 중의원, 치안유지를 위해 행하는 벌칙에 관한 긴급칙령을 사후 승낙
1923.12.27. 난바 다이스케(難波大助) 섭정(裕仁親王=후의 쇼와 천황)을 저격, 야마모토 내각 사표 제출

이상의 사건들을 요약하면 제국일본의 1922년~1923년을 대략 다음과 같이 설명할 수 있을 것이다.

첫째, 워싱턴회의를 통해 구축된 이른바 워싱턴체제 안에서 시베리아 파병 철수를 비롯하여 군축에 임하는 등 국제사회의 눈치를 보면서 한편으로는 남태평양제도의 위임통치에 의한 실질적인 영토 확장을 꾀하였다. 단 이 군비축소는 평화를 지향한 것이 아니라 워싱턴체제에 의한 압박과 대공황에 대한 현실적 대책이라고 보아야 할 것이다.

둘째, 내부적으로는 일본공산당 창당 등 좌익세력의 약진이 두드러지고 그에 대한 대응과 탄압을 위한 정책이 시행되었다. 좌익세력뿐 아니라 피차별부락에 대한 동화와 압박도 동시에 진행되었다.

셋째, 그 반면에 보통선거실시를 촉구하는 운동이 전개되는 등 이른바 민권운동의 싹이 뿌리를 내린다.

넷째, 식민지 조선에서는 1919년 3.1 독립운동의 연장으로 볼 수 있는 항일활동이 계속되고 있었으며 이에 대한 단속과 압박 또한 계속되고 있었다. 김시현 선생 체포는 1922년 김규식(金奎植), 여운

형(呂運亨) 등과 모스크바에서 개최된 극동혁명단체(極東革命團體) 대표대회에 한국대표로 참석한 후, 1923년 항일비밀결사인 의열단의 지령으로 국내에 잠입해서 일제 조선총독부 파괴와 요인암살 등을 거행하려다가 체포된 사건이다.

다섯째, 우리에게도 매우 중요한 사건이자 비극이 바로 관동대지진과 조선인폭동이라는 유언비어와 그에 따른 학살이다.

여섯째, 후에 쇼와(昭和) 천황이 되는 히로히토(裕仁)친왕 저격 사건은 비록 미수에 그쳤으나, 관동대지진과 조선인학살이라는 혼돈과 좌익세력 득세라는 이데올로기적 대립 속에서 벌어진 일본 사회에 충격을 가한 사건이었다.

이처럼 1937년 이후의 중일전쟁, 태평양전쟁 앞에서 총력전체제에 돌입한 두 시기에 비해서 청일전쟁, 러일전쟁이란 두 전쟁에서 승리를 거머쥔 후 타이완과 조선을 식민지화하는 등 제국의 팽창과 영토 확장을 거듭하던 이 시기는 겉으로 보기에는 순풍은 맞은 것처럼 보일 수도 있으나, 군국주의에 의한 침략으로 팽창한 제국을 유지하기에는 대내외적으로 도전과 저항이 만만치 않음을 보여주는 것이 이 시기라 할 수 있다.

2. 기사 내용의 특징 -관동대지진-

1923년 9월 1일 오전 11시 58분 44초, 도쿄를 중심으로 한 관동 지역 일대를 M7.9의 강력한 지진이 급습하게 된다. 도쿄를 괴멸상태로 빠뜨린 이 자연재해는 곧 조선인에 대한 학살이라는 일본인에 의한 인재(人災)로 발전하게 된다.

그런데 1923년 9월 1일, 9월 2일자「아사히신문외지판 (오사카아사히신문, 大阪朝日新聞)」에 관동대지진 기사는 확인되지 않는다. 이 외지판이 일본(구체적으로는 규슈에 있는 서부본사)에서 제작되어 부산을 거쳐서 식민지조선에 배포되었다는 사실에서 볼 때 9월 1일과 2일자는 실제로는 그 전에 편집해서 인쇄에 들어간 기사이기 때문에 관동대지진이 반영되지 않았다고 보는 것이 타당할 것이다. 1923년 9월 4일부터 19일까지 간행되지 않았다는 사실이 이를 뒷받침해준다.

여기서는 이 시기「아사히신문외지판」에서 조선인에 대한 유언비어 또는 학살 관련 기사가 어떻게 보도되고 있는지를 확인하기 위해서 기사를 살펴보았다.

그런데 1923년 9월 23일자 <조선음악에 대해서>, 동년 9월 22일, 23일, 25일자 <조선민요에 대해서>, 동년 9월 25일자 <내지(內地) 지진에 대한 조선인의 동정 상부상조의 정신에서>에서 보듯이, 조선의 음악과 민요를 소개하는 태평한 기사만 눈에 들어온다. 조선인이 폭동을 일으켰다, 우물에

독을 뿌렸다, 조선인에 대한 무고한 학살이 자행되었다는 식의 부정적인기사는 전혀 확인되지 않는다.

오히려 다음과 같은 기사가 눈에 들어온다.

아래에 인용한 것은 1923년 9월 27일자 <朝鮮總督府出張所で罹災鮮人救護と授産通信事務を扱ふ> 기사이며, 국문으로 옮기면 다음과 같다.

조선총독부 출장소에서 조선인 이재민 구호와 일자리마련 및 통신사무를 취급하다

대지진이 일어나기 전에 도쿄에 거주한 조선인은 약 8천 명이며, 요코하마를 합치면 1만 명이 넘었으나, 이번 지진과 화재로 그 반 이상이 피해를 입었으며, 목숨을 부지할 수 있었던 사람은 그나마 운이 좋은 편이고, 불행하게도 압사하거나 불타 죽은 사람도 적지 않을 전망이다. 조선총독부 출장소에서는 이번 대지진에 대응하기 위해서 지난 2일부터 중의원(衆議院) 건물 안에 사무소를 이전해서 임시진재구호사무국(臨時震災救護事務局)으로서의 구호방침에 입각해서 조선인에 대한 구호, 일자리마련과 통신업무 등을 취급해서 이향(異鄕) 땅에서 어려움을 격고 있는 동포들이 하루속히 안정된 생활을 되찾을 수 있도록 전력을 다하고 있다. 어느 요원은 다음과 같이 이야기하였다.

지난 10일 사이토(齋藤) 총독이 상경한 이래, 그 지휘 하에서 직원 20여 명이 하나가 되어 분주하게 알선하고 노력한 결과, 현재 2천 명의 조선인이 노동에 종사하고 있습니다. 이재민에게 맞는 의식(衣食)의 제공과 기타에 대해서는 총독부는 특별히 관여하지 않고 모든 업무를 구호사무국에 위임하고 총독부는 배급이 원활하고 신속하게 이루어지도록 노력하는 정도입니다. 염려스러운 것은 영양실조나 위장병 환자가 속출하는 문제입니다. 이는 지진 이후 4~5일 동안 거의 밥을 못 먹은 상태에 있었고 노숙하는 등 비위생적인 생활이 거듭된 결과입니다. 경상자는 되도록 귀국을 권장하고 중상자는 출장 중인 적십자 조선본부 등에 수용하도록 하고 있으나, 앞으로 환자가 늘어날 가능성이 있습니다. 재경(在京) 중인 학생은 약 2천 명에 이르나, 그들이 재적한 학교는 대부분 소실(燒失)되었기 때문에 차제에 조선에 있는 학교로 전학을 희망하는 자는 되도록 귀국시킬 방침이나, 희망자가 조금씩 나오고 있어서 곧 시작할 예정입니다. 재경(在京) 조선인에 대해서는 한때 큰 오해가 있었으나, 작금에 이르러서는 내지인(內地人)들도 진상이 밝혀졌다고 생각하고 오히려 (오해의) 반동으로 동정심을 받게 되어 군인 중에는 절식(節食)해서 아낀 음식을 기부하는 자도 있으며, 귀사(貴社) 및 요쓰야(四ツ谷) 구민(區民)들이 보내 온 구호물품은 그들(조선인)의 커다란 호감을 사기도 했습니다.

참고로 시바구(芝區) 사쿠라다혼고쵸(櫻田本鄕町)에 있었던 총독부 출장소는 2일 지진에 의한 화재로 불타버려서 현재 그 폐허에 임시 가건물을 건설 중에 있으며, 완성할 때까지는 중의원에서 사무를 보고 있다. (밑줄, 인용자에 의함)

위 기사는 조선총독부 출장소가 도쿄에서 지진 피해를 입은 재도쿄 조선인에게 자비로운 구호책을 펼치고 있는 모습을 그려내고 있으며, 조선에서 이 신문을 구독하는 독자에게 그런 자비롭고 아름다운 이야기를 전하고 있는 것이다. 지진 피해에 대한 보도도 그리 상세하지 않으나, 그보다 더 중요한 것은 조선인에 대한 유언비어와 학살 등 매우 심각한 반인륜적인 사태에 대한 보도가 일절 없다는 점이다. 「아사히신문외지판 (大阪朝日新聞)」 1923년판에서 유일하게 확인한 것이 위 밑줄 친 부분이다. 여기서 말하는 '재경'은 '재도쿄'를 말하는 것이며, 이곳 조선인에 대해 내지인들이 큰 오해를 하고 있었으나 그 오해는 해소되었으며, 그 오해가 해소되자 내지인들은 오히려 조선인들에 대해

동정을 품고 조선인들에게 도움을 손길을 내미는 사람도 있다고 하며, 조선인들도 구호품을 받고 만족했다는 이야기이다. 여기서 간과해서는 안 되는 것은 "오해"라는 것의 구체적인 내용이 모두 생략된 아주 애매한 표현으로 포장되어 있다는 점은 물론이거니와, 이 이야기를 기자의 취재에 의한 사실을 보도하는 형식이 아닌 사무국의 한 직원이 "이렇게 말했다"는 전문(傳聞)으로 처리하고 있다는 점이다. 바꾸어 말하면 언론사로서 관동대지진 때 벌어진 반인륜적인 끔찍한 사태에 대한 보도는 일절 없었다는 사실을 확인할 수 있다.

1923년판에서 관동대지진 관련 유언비어와 그에 따른 학살 등에 관한 구체적인 기사는 한 점도 없으며, 관동대지진 조선인 관련 기사로 보이는 것들은 아래의 기사가 모두이다.

01) 대지진 이후 조선으로 돌아온 자가 많다 <震災以来帰鮮者多し> (1923.09.28.)

　　내지에 머물던 조선인이 대지진으로 상황이 어렵게 되자 조선으로 돌아오고 있다는 기사이며, 관동대지진 발생에서 거의 한 달이 지난 시점이지만 조선인에 가해진 반인류적인 사태에 대해서 끝까지 함구하는 식민지를 경영하는 총독부 입장이 그대로 드러나 있다.

02) 대지진 이재민 1천 명이 상애(相愛)하는 왕국 <罹災鮮人一千名が相愛の王国> (1923.09.29.)

　　소아이카이(相愛會) 본부가 지진으로 무너진 집을 치우는데 도움을 제공하고 있다는 내용의 기사이며, 이 기사를 통해서도 조선인의 현실에 대해서는 전혀 알 수가 없다. 상부상조하고 상애(相愛)하는 제국의 내선일체를 이룬 아름다운 미담만 소개할 뿐이다.

03) 지진 피해를 입은 조선인에 사회의 동정이 모이다, 그들은 하나같이 감격하고 있다
　　<罹災鮮人に社会の同情集まる　彼等は等しく感激す> (1923.09.30.)

　　기사 본문을 국문으로 옮기면 아래와 같다.

　　　　지진 피해를 입은 조선인도 천황폐하의 백성이기에 이들을 대함에 있어서 차별이 있어서는 안 되는 일이나, 관동대지진 때 많은 유언비어 때문에 조선인에 대해서 반감을 갖게 된 것은 매우 유감스러운 일이다. 그러나 시간이 흘러 조선인이라고 해서 꼭 '불령자(不逞者)'는 아니며 대다수의 조선인은 박눌순량(朴訥純良)한 백성으로 이해하게 됨에 따라서 점차 사회의 동정이 그들 이재민에게도 모이기 시작한 것은 기뻐할 일이다. 조선총독부의 아오야마(靑山) 수용소에는 현재 280명의 조선인 이재민이 수용되고 있는데, 급조한 가건물이라 취사시설도 없어서 비가 올 때는 취사를 할 수 없어서 밥을 먹지 못하는 곤란한 상황이라, 근처에 주둔하던 제1사단은 이에 동정해서 군용 빵 20상자를 기부하였다. (중략) 이러한 아

름다운 동정은 내선(內鮮) 결합을 위한 쇄기(楔子)이기에 대국(大國) 국민으로서의 도량(襟度)과 친절로서 그들을 대해주기 바란다.

즉 관동대지진이라는 천재이자 대혼란 앞에서 내지인과 조선인 사이에는 약간의 반감이 존재했으나 그 또한 대부분의 조선인은 박눌하고 순량하다는 (내지인의 너그러운) 이해에 의해서 그 오해는 해소되었다고 말하며 내선의 결합 즉 내선일체임을 강조하는 선전으로 사용되고 있음을 알 수 있다. 넓은 도량과 친절로서 그들을 대해주기 바란다는 말은 조선인도 천황폐하의 백성이나 내지인 즉 야마토(大和) 민족은 이들 조선인들에 대해 넓은 도량과 친절을 베풀 수 있는 종족이라는 뜻이며 '대국의 국민'은 바로 혈통적으로 야마토 민족인 자기들 스스로를 지칭하는 말로 해석된다.

04) 감사장을 받은 조선인 부인 죽음 앞에서도 부탁받은 아기를 끝까지 지켰다

　　<感狀を貰った鮮婦人 死に面しつつも託された乳兒を最後まで護った> (1923.10.02.)

　　기사를 요약하면 계엄사령관 야마나시(山梨) 대장이 지난 9월 27일 나라시노(習志野)에 있는 육군 임시막사에 수용되어 있는 조선인, 중국인을 시찰했을 때 갓난아기를 안고 있는 조선인 부인이 대장에게 인사를 했는데 대장이 그 조선인 부인에 대해 수용소장에게 물었더니 어느 일본인 부인이 갓난아기를 이 조선인 부인에게 맡기고 다른 잃어버린 아이를 찾으러 갔는데, 대지진이라는 죽음의 공포 앞에서도 이 조선인 부인은 끝까지 부탁받은 갓난아기를 지켰다는 미담을 소개하고 있는 기사이다. 이런 미담을 접한 계엄사령관이 신문사가 보낸 위문품을 "공평하게 나눠주라"고 지시했다는 내용으로 맺고 있다. 제국일본의 식민지 경영이 잘 되어 내선일체가 이루어지고 있음을 보여줌과 동시에 관동대지진에 의한 유언비어와 그에 따르는 끔찍한 일들은 상상할 수도 없는 일이라는 인식을 심고 있다고 볼 수 있다.

05) 모교를 잃은 조선인 학생에 대한 구제책

　　<母校を失った鮮人学生と救濟策> (1923.10.06.)

　　내지에 유학 중인 조선인 중학생 약 300명에 대해서 사정을 파악 후 조선에 있는 각 학교에 전학시키려는 내용이다. 식민권력 즉 총독부의 자비로운 정책을 선전하는 방편으로 기사가 이용되고 있으며, 조선인 학살 등에 대해서는 계속 은폐하고 있다.

06) 지진 피해지역에서 돌아온 마쓰무라(松村) 비서관

　　<震災地から歸った松村祕書官談> (1923.10.09.)

　　기사 내용은 오사카아사히신문사(大阪朝日新聞社)가 조직한 관서연합부인회(關西聯合婦人會)

의 활동을 소개하면서, 조선인 피해자가 감사를 하고 있으며 사이토 총독도 감격해서 오사카 아사히신문사를 방문해서 사의를 표했다는 내용이다. 즉 내지인과 조선인 사이에 아무런 갈등도 문제도 없다는 점과 오사카 아사히신문사의 이른바 사회적 공헌에 대한 선전을 위한 기사로 볼 수 있다.

07) 이번 대지진을 기회로 내선인 융합의 새로운 싹이 틀 것이다
    <今度の震災を機會に內鮮人融合の新芽が吹出であらう> (1923.10.26.)
    관동대지진에서 보여준 내선인과 조선인 사이에 '동정(同情)'과 '감사' 등을 배경으로 이러한 상부상조와 상호이해는 내지인과 조선인이 융합할 수 있는 새로운 가능성을 보여준 일이며, 대지진은 커다란 피해였으나 전화위복으로 삼을 수 있다는 점을 강조하는 기사이다. 수많은 조선인이 피해를 입은 참혹한 사건에 대한 철저한 은폐와 기만 위에 실체가 없는 이데올로기적 내선일체, 내선융합을 되풀이하고 있는 모습은 작금의 일본정부의 역사인식과도 통하는 부분이라 많은 생각을 하게 한다.

08) 효심 강한 조선인 학생
    <感心な鮮人學生> (1923.11.10.)
    메이지대학 야학부에서 고학을 하던 유학생 신갑성(愼甲晟) 군이 관동대지진으로 귀국했으나 경성에 식모살이를 하러 간 어머니가 어디로 가셨는지 알지 못해서 찾고 있다는 미담을 소개하는 기사이다.

09) 멋진 분위기로 찬 이재민에게 담요와 이불을 기증하는 부인강연회와 학예회
    <素晴らしい前景気の罹災民に夜具寄贈の婦人講演会と學藝會> (1923.11.16.)
    경성연합부인회(京城聯合婦人會) 주최 본사 경성지국이 후원하는 부인강연회 및 학예회에 대한 미담을 소개하는 기사이며, 한편으로는 식민지 경영이 잘 되고 있음을 보여주는 기사로 이해가 된다.

10) 이재민에게 동정하여라
    연사들의 열변에 청중 감동하다
    경성부인회연합총회
    <罹災民に同情せよ 各辯士の熱辯に聽衆感動す 京城婦人會聯合總會> (1923.11.20.)

제3회 경성부인회연합총회가 경성공회당(京城公會堂)에서 16일 오후 8시부터 열린 모습을 사진과 함께 전하고 있다. 11월 16일자 기사와 같은 선상에 있는 내용이며, 11월 21일자에 이틀째 행사 모습을 보도하고 있다.

11) 대지진 이후로 조선인에 대한 친근감이 생겼다,
  예산에 대한 교섭은 대체로 합의에 이름, 아리요이 정무총감 담
  <震災後鮮人に親しみが出來た 豫算は大體交涉纏まる 有吉政務總監談> (1923.12.06.)
  07번 10월 26일 기사와 같은 의도, 같은 연장선상에 있는 기사로 이해된다. 12월에 1924년도 예산을 조정하면서 관동대지진이라는 천재지변이 수습국면으로 가고 있으며, 이 지진으로 물리적 피해는 컸으나 내지인과 조선인 사이에 친근감과 내선융합을 위한 기운이 생겼다는 긍정성을 강조하고 있으며, 그 뒤에는 조선인 학살이라는 인재에 대한 철저한 은폐가 있음을 확인할 수 있다.

12) 이불과 담요 기증
  얼어붙은 피해지역 동포에게, 경성연합부인회
  <蒲團毛布寄贈 凍へる震災地同抱へ 京城聯合婦人會より> (1923.12.09.)
  11월 16일, 11월 20일 기사하고 같은 부류의 기사임.

13) 대지진으로 되살아난 조선의 생명보험
  <震災に蘇る朝鮮の生保> (1923.12.11.)
  관동대지진이 야기한 인명피해와 재앙이 생명보험업계에 활력이 되고 있다는 기사이며, 약간 확장해서 생각하면 대일본제국이 이웃나라를 침략하면서 영토를 확장한 근본적인 이유인 영토확장, 자원확보, 시장확보 등과 이어진다. 이 기사가 1923년판에서 마지막 관동대지진과 조선인 관련 기사라는 사실이 무엇을 의미하는지 우리는 생각해보아야 할 것이다.

1923년 12월 1일자에 <조선제국대학 15년도부터 경성에 설치>라는 기사가 눈에 들어온다. 관동대지진 전부터 제국대학 건립에 관한 준비가 있었던 것으로 알며, 관동대지진을 수습하고 조선인을 달래기 위해서 경성제국대학 건립을 하려는 것은 아니라는 것은 아나, 이 우연의 조합이 웬지 어색하게 느껴지는 것은 왜일까?
「아사히신문외지판 (大阪朝日新聞)」은 일개 신문에 불과하며, 결코 그 시대 전체를 보여주거나 제

국일본과 조선총독부의 모습을 있는 그대로 적나라하게 보여주는 것도 아니다. 거기엔 미화와 은폐와 과장이 따라다닌다. 더욱이 당시 권력에 의한 언론의 자유도와 언론의 성격을 고려하면 관제 매스컴이라 해도 과언이 아니다. 고로 이 「아사히신문외지판」 1923년판 기사만으로 관동대지진에 대해 어떤 결론을 도출할 수는 없으며, 모든 기사가 사실이라고 신용할 수도 없다.

그러나 관동대지진이라는 실제로 일어난 천재지변은 움직일 수 없는 사실이며, 그리고 그 천재지변을 둘러싼 일본인, 일본사회, 일본경찰권력 등이 자행한 유언비어와 조선인 학살, 그리고 오스기 사카에 살해와 같은 좌익사상가에 대한 탄압 등등의 실제와 실태도 분명한 사실이다. 그들 스스로의 치부와 아픈 부분은 많이 가려져 있다는 것을 이 「아사히신문외지판」 1923년판 기사를 통해서도 알고 있다. 여기에 한림대학교 일본학연구소가 이 『아사히신문외지판 기사명 색인』 간행작업을 수행하는 목적과 이유가 있다.

여러모로 부족함이 많은 『아사히신문외지판 기사명 색인』이나, 근현대사 연구에 조그마한 도움이 되었으면 한다. 내년 봄에는 1924년~1925년판을 간행할 것이다.

3. 제작일지

『아사히신문 외지판(조선판) 기사명 색인』 제3권(1922.01.~1923.12.)은 한림대학교 일본학연구소 일본학DB 사업의 일환으로 <한림일본학자료총서>로서 간행되었다. 이 사업은 연구소장이 중심이 되어 기획, 추진, 감독하였으며, 여기에는 제작·간행을 위한 외부 지원금 획득 작업도 포함된다. 한편 한림대학교 일본학과 학부생으로 구성된 연구보조원들이 입력한 데이터는 신뢰성 담보를 위해 총 세 차례에 걸친 검증작업을 통해서 오타나 누락된 기사를 최소화하였다. 전체 구성과 색인에 대한 편집은 심재현 연구원/사서가 수고하였다.

(1) 1922년 1월~1922년 12월
　　작업기간 : 2015년 8월~2018년 2월
　　작 업 자 : 박명훈(09), 김성희(11), 이윤상(12), 현정훈(12), 노혜민(13), 박상진(13), 방나은(13), 정
　　　　　　　단비(13), 홍세은(13), 윤지원(14)
　　작업내역 : 입력, 1차 수정, 2차 수정, 3차 수정

(2) 1923년 1월~1923년 12월

　　작업기간 : 2016년 1월~2018년 2월

　　작 업 자 : 박명훈(09), 김성희(11), 박상진(13), 이성훈(13), 홍세은(13), 고하연(15), 김성희(15), 김
　　　　　　유진(15), 유성(17)

　　작업내역 : 입력, 1차 수정, 2차 수정, 3차 수정

4. 데이터 현황

　『아사히신문 외지판 (조선판) 기사명 색인』은 데이터 검색을 용이하게 하기 위해서 모든 기사에 일련번호를 부여했으며, 1권의 일련번호를 이어받아서 103650~113591까지 수록되어 있다. 색인은 일본어 한자음을 한글음에 따라 가나다 순으로 정리했으며, 총 3,000여 개에 이른다.

朝日新聞 外地版(조선판) 기사명 색인 제3권 1922.01.~1923.12.
범 례

1. 본 DB는 『朝日新聞 外地版 朝鮮朝日版』중 1922.01.~1923.12.의 기사를 대상으로 하였다.

2. 본 DB는 일련번호, 판명, 간행일, 단수, 기사명 순으로 게재하였다.

3. 신문이 휴간, 결호, 발행불명인 경우 해당날짜와 함께 休刊, 缺號, 發行不明이라 표기하였다.

4. DB작업 시 색인어 입력을 병행하였다.

5. 기사명 입력은 원문의 줄 바꿈을 기준으로 '/'로 구분을 두었다.

   예) 關東廳移置問題

   　　旅順より大連へとの議

   　　第一困難なるは廳舍舍宅の設備 (이하 기사 본문)

   　　→ 關東廳移置問題/旅順より大連へとの議/第一困難なるは廳舍舍宅の設備

6. 광고 및 訂正, 取消, 正誤 등 신문내용의 수정을 알리는 기사는 생략하였다.

7. 연재물기사(번호와 저자명이 기입된 기사)는 '제목(편수)/저자명'의 형태로 입력하였다.
   이어지는 부제목은 생략하였다.

   예) 朝鮮道中記(57) 貴妃の靈に遭ふ 顔が四角で腕が達者 これが大邱一番の歌ひ女 大阪にて瓢齊

   　　(이하 기사 본문)

   　　→ 朝鮮道中記(57)/大阪にて瓢齊翁

8. 연관기사(연계기사)는 '기사명1/기사명2/기사명3'의 형태로 표시한다. 이때 하나의 기사명 내에
   서는 상기의 줄 바꿈 표시인 '/' 대신 '스페이스(공백)'를 사용하였다. 또한, 기사명 전체를 이탤
   릭체(기울임꼴)로 변환하였다.

   예) 朝鮮の土を踏むのは今度が最初 家內に敎はる積り机上の學問は駄目 何の事業も無く慚愧の至
   　　りです (이하 기사본문)

   　　→ *朝鮮の土を踏むのは今度が最初 家內に敎はる積り机上の學問は駄目/何の事業も無く慚愧の至り
   　　です*

9. 기사명의 내용과 문맥이 이어지는 기사는 '상위 기사명(하위 기사명/하위 기사명)' 형태로 입력
   하였다.

10. 괄호로 묶어서 입력한 하위 기사명은 '슬래쉬(/)'로 구분하였다.

    예) 米穀收用と影響 朝鮮の各地方に於ける 大邱地方 慶山地方 金泉地方 浦項地方 (이하 기사본문)

    　　→ 米穀收用と影響/朝鮮の各地方に於ける(大邱地方/慶山地方/金泉地方/浦項地方)

11. 신문기사에 있는 숫자, !, ? , 、 , "", 「」 등의 기호는 모두 전각으로 입력하였다. 단, '()'와 '슬래쉬(/)'는 반각으로 입력하였다.

12. 촉음과 요음은 현행 표기법에 맞게 고쳐서 입력하였다.

    예) ちよつと → ちょっと, ニユース → ニュース, ２ケ月 → ２ヶ月

13. 기사명에 사용된 '◆', '……' '='와 같은 기호들은 생략하고 중점은 한글 아래아(・)로 입력하였다.

14. 한자는 원문에 약자로 표기되어있어도 모두 정자로 통일해서 입력할 것을 원칙으로 했다. 단 오늘날 일본에서 쓰이는 이체자(異體字)는 원문대로 입력하였다.

15. 이체자 중 PC에서 입력이 불가능한 경우 현대에서 통용되는 한자로 표기, 범례에 표기하는 형태를 취하였다.

    예) 98903번 기사의 ''자는 '㫖'으로 대체하여 표기하였다.

    인쇄 상태 등으로 인해 판독이 어려운 글자는 ■로 표기하였다.

아사히신문 외지판(조선판) 기사명 색인

1922년

1922년 1월 (선만판)

일련번호	판명	간행일	단수	기사명
103650	鮮滿版	1922-01-05	01단	平和の年頭に於いて/平和は來るも安逸を貪る勿れ 朝鮮總督齋藤實氏談/本年より着手する大平壌建設の基礎 楠野平壌府尹談((一)市區改正と道路の新設/(二)排水工事完成と大下水築造計劃/(三)上水道の經營/(四)實費診療所新設/(五)小公園を設置す)
103651	鮮滿版	1922-01-05	01단	筋目正しい內鮮人が正式結婚
103652	鮮滿版	1922-01-05	03단	京城消防出初式
103653	鮮滿版	1922-01-05	04단	平壌府勢/昨年末現在
103654	鮮滿版	1922-01-05	04단	通過稅逆戻り
103655	鮮滿版	1922-01-05	04단	釜山昨年貿易
103656	鮮滿版	1922-01-05	05단	間島の出穀力
103657	鮮滿版	1922-01-05	05단	咸北豆の特徴
103658	鮮滿版	1922-01-05	05단	武德館地鎮祭
103659	鮮滿版	1922-01-05	05단	半島茶話
103660	鮮滿版	1922-01-06	01단	平和の年頭に於いて/平和の新年を迎へて 總督府政務總監水野鍊太郎氏談/財界回復の要諦は生産消費信用組合の急設 有賀殖銀頭取談/平南道當面の事業 焦眉の十二問題 篠田平南道知事談
103661	鮮滿版	1922-01-06	01단	京城犬物語(一)/犬の孤兒院/竹茂のをぢさん
103662	鮮滿版	1922-01-06	05단	朝鮮の玄關口に表看板を/釜山府尹本田常吉氏談
103663	鮮滿版	1922-01-06	05단	釜山消防出初式
103664	鮮滿版	1922-01-06	05단	田村博士渡鮮
103665	鮮滿版	1922-01-06	05단	半島茶話
103666	鮮滿版	1922-01-07	01단	平和の年頭に於いて/本年財界の前途は漸次好調に向はん 嘉納鮮銀副總裁談/南浦築港要望 西崎鶴太郎氏談
103667	鮮滿版	1922-01-07	01단	京城犬物語(二)/木賊曹子の小犬と親犬の悲嘆
103668	鮮滿版	1922-01-07	05단	半島茶話
103669	鮮滿版	1922-01-08	01단	平和の年頭に/交通機關完備が北鮮開發の要諦 城津郡守村井文太郎氏談/本年は社會事業に努力 清津府尹葛城最太郎氏談/馬山を釜山の補助港とせよ 馬山一官吏談/經濟的方面より見たる國境 鮮銀清津支店長 太田善之助氏談/本年の二大理想 大邱商業會議所會頭 小倉武之助氏/惠まれんとする咸北 咸鏡北道道評議員 澁谷義二郎氏談
103670	鮮滿版	1922-01-08	01단	京城犬物語(三)/名犬 「ライ」 と 「チョコ」 /松田の大將自慢談
103671	鮮滿版	1922-01-08	06단	薄命の犬/虎疫の犠牲
103672	鮮滿版	1922-01-08	06단	金泉の篤行者道から表彰さる
103673	鮮滿版	1922-01-10	01단	平壌名物/妓生(一)/平壌一記者

일련번호	판명	간행일	단수	기사명
103674	鮮滿版	1922-01-10	01단	平南に社會課/松澤地方課長談
103675	鮮滿版	1922-01-10	01단	東萊溫泉繁昌/電車新經營說
103676	鮮滿版	1922-01-10	01단	城津の將來/咸北道評議員北川三策氏談
103677	鮮滿版	1922-01-10	02단	人(佐々木藤太郎氏(東亞勸業株式會社專務取締役))
103678	鮮滿版	1922-01-10	02단	亞歷山大帝の犬と薄命な朝鮮犬の運命
103679	鮮滿版	1922-01-10	03단	お伽噺/崔ソバンの犬/京城一記者
103680	鮮滿版	1922-01-10	06단	半島茶話
103681	鮮滿版	1922-01-11	01단	平南の社會事業/嚴課長の抱負
103682	鮮滿版	1922-01-11	01단	朝鮮の魚を阪神へ直輸
103683	鮮滿版	1922-01-11	01단	平壤名物/妓生(二)/平壤一記者
103684	鮮滿版	1922-01-11	02단	平壤に戶別稅
103685	鮮滿版	1922-01-11	02단	*長老派大活動/敎會堂建設*
103686	鮮滿版	1922-01-11	03단	平南姬鱒養殖
103687	鮮滿版	1922-01-11	03단	平壤の寒氣
103688	鮮滿版	1922-01-11	03단	釜山雄基航路
103689	鮮滿版	1922-01-11	04단	人事相談所獨立
103690	鮮滿版	1922-01-11	04단	平壤學校經營難
103691	鮮滿版	1922-01-11	04단	群山の諸會合
103692	鮮滿版	1922-01-11	04단	製炭免狀授與
103693	鮮滿版	1922-01-11	04단	大邱より(一)/一記者
103694	鮮滿版	1922-01-11	06단	半島茶話
103695	鮮滿版	1922-01-12	01단	支那側の警務機關/東間島に配置
103696	鮮滿版	1922-01-12	01단	平壤鮮人敎育/普通校の不足
103697	鮮滿版	1922-01-12	01단	上三峰に郵便所
103698	鮮滿版	1922-01-12	01단	平壤名物/妓生(三)/平壤一記者
103699	鮮滿版	1922-01-12	02단	大田平和博出品
103700	鮮滿版	1922-01-12	02단	新舊檢事發着
103701	鮮滿版	1922-01-12	02단	門司に居る朝鮮人五百四十七名の生活狀態
103702	鮮滿版	1922-01-12	03단	佐々木氏送別宴
103703	鮮滿版	1922-01-12	03단	平北銀行改稱
103704	鮮滿版	1922-01-12	03단	京城の雪積る事一尺
103705	鮮滿版	1922-01-12	04단	猛犬ジャック/城津引揚物語/城津一記者
103706	鮮滿版	1922-01-12	04단	間島一帶偵察隊歸る/咸南警察の壯擧
103707	鮮滿版	1922-01-12	04단	北鮮武道大會
103708	鮮滿版	1922-01-12	04단	寧安縣の水田現狀(上)橫地生(一、縣內要地鮮人戶口/二、縣要地耕作面積)
103709	鮮滿版	1922-01-12	06단	半島茶話

일련번호	판명	간행일	단수	기사명
103710	鮮滿版	1922-01-13	01단	算大綱/七百七十餘萬圓
103711	鮮滿版	1922-01-13	01단	大邱府の新事業/松井府尹談
103712	鮮滿版	1922-01-13	01단	澤田知事/晋州に着任
103713	鮮滿版	1922-01-13	02단	平壤の魚市場/併立の可否(贊成者/反對者)
103714	鮮滿版	1922-01-13	03단	平和博へ出陳/平壤の製産品
103715	鮮滿版	1922-01-13	03단	大隈侯へ弔電
103716	鮮滿版	1922-01-13	03단	平壤會議所豫算
103717	鮮滿版	1922-01-13	03단	釜山卸商總會
103718	鮮滿版	1922-01-13	03단	石川教諭轉任
103719	鮮滿版	1922-01-13	04단	各地だより(咸興より/新義州より)
103720	鮮滿版	1922-01-13	04단	朝鮮婦人が商會組織/資本二十萬圓
103721	鮮滿版	1922-01-13	04단	內鮮融和標語當選者發表(一等當選/二等當選/三等當選)
103722	鮮滿版	1922-01-13	05단	清津校の學藝會
103723	鮮滿版	1922-01-13	05단	過驛普通校全燒
103724	鮮滿版	1922-01-13	05단	咸興で强盜逮捕
103725	鮮滿版	1922-01-13	05단	寗安縣の水田現狀(下)/橫地生(三、土地及地價/四、現殖付及精米法/五、農場の經營者/六、經營法/七、水田一坰地の收支豫算(大正十年末崔農場調)/備考(一)一)
103726	鮮滿版	1922-01-13	06단	半島茶話
103727	鮮滿版	1922-01-14	01단	立退を喰った上海の假政府の窮狀/廣東にも行けず借款金は拐帶された
103728	鮮滿版	1922-01-14	01단	朝鮮水産協會/下關で發會式
103729	鮮滿版	1922-01-14	01단	平安南道豫算査定/松澤地方課長談(教育施設)
103730	鮮滿版	1922-01-14	01단	十一日晋州に着任した澤田慶尚南道知事
103731	鮮滿版	1922-01-14	02단	總督府官吏拂底
103732	鮮滿版	1922-01-14	02단	教會獨立運動
103733	鮮滿版	1922-01-14	02단	試驗勉强警戒
103734	鮮滿版	1922-01-14	03단	平壤名物/妓生(四)/平壤一記者
103735	鮮滿版	1922-01-14	03단	南浦築港請願
103736	鮮滿版	1922-01-14	03단	平南機業發展
103737	鮮滿版	1922-01-14	04단	平壤移輸出米
103738	鮮滿版	1922-01-14	04단	平北憲兵歸還
103739	鮮滿版	1922-01-14	04단	釜山水産好績
103740	鮮滿版	1922-01-14	05단	不逞鮮人の首魁捕縛/三名を挾擊す
103741	鮮滿版	1922-01-14	05단	家事講習/遞信女事務員にやらせる
103742	鮮滿版	1922-01-14	05단	猪の鼻が妙藥?
103743	鮮滿版	1922-01-14	05단	怪しい靑年

일련번호	판명	간행일	단수	기사명
103744	鮮滿版	1922-01-14	06단	雇人の墜死
103745	鮮滿版	1922-01-14	06단	半島茶話
103746	鮮滿版	1922-01-15	01단	朝鮮鐵道の恩人は矢張り大隈侯である 十七日內鮮官民追悼會執行/李王家から大隈家へ弔意表明
103747	鮮滿版	1922-01-15	01단	水産試驗所/浦項に設置
103748	鮮滿版	1922-01-15	01단	平壤貿易減退
103749	鮮滿版	1922-01-15	01단	朝鮮の音樂/民族性を表現して居る俗曲の妙味/石川義一氏談
103750	鮮滿版	1922-01-15	02단	兒童寄宿舍移轉
103751	鮮滿版	1922-01-15	02단	大邱小學改築
103752	鮮滿版	1922-01-15	02단	釜山學組會議
103753	鮮滿版	1922-01-15	03단	馬賊から不逞團に入る中年の日本婦人/露國共産黨とも關係あり
103754	鮮滿版	1922-01-15	03단	狂氣じみた支那學生の亢奮振り/上海の對外宣言示威運動
103755	鮮滿版	1922-01-15	04단	露國副領事
103756	鮮滿版	1922-01-15	04단	冬の平壤(一)
103757	鮮滿版	1922-01-15	04단	漁夫慰安會
103758	鮮滿版	1922-01-15	04단	出版界(耕人(創刊號)/忠南産業誌(田中麗水著)/朝鮮の畜産(創刊號)/水産之友(創刊號)/朝鮮及滿洲(一月號))
103759	鮮滿版	1922-01-15	05단	大邱より(二)一記者
103760	鮮滿版	1922-01-15	06단	會(農業講習會/海東銀行總會)
103761	鮮滿版	1922-01-15	06단	半島茶話
103762	鮮滿版	1922-01-17	01단	勞農政府の援助でチタの不逞鮮人團 共産主義を各地に宣傳/不穩文書
103763	鮮滿版	1922-01-17	01단	預金制實施影響/大した事無し
103764	鮮滿版	1922-01-17	01단	朝鮮水産懇話會/西村局長談
103765	鮮滿版	1922-01-17	01단	平南豫算/本月中に編成
103766	鮮滿版	1922-01-17	02단	外人の避暑地/元山から智異山麓に引越す
103767	鮮滿版	1922-01-17	02단	平壤市民大會電氣問題で
103768	鮮滿版	1922-01-17	03단	水上警備船に蒸氣喞筒備付
103769	鮮滿版	1922-01-17	03단	南鮮物産品評會/大邱で開催問題
103770	鮮滿版	1922-01-17	03단	京畿社會事業補助金交附
103771	鮮滿版	1922-01-17	03단	平和博出品物
103772	鮮滿版	1922-01-17	04단	視察團組織
103773	鮮滿版	1922-01-17	04단	平壤診療所新設
103774	鮮滿版	1922-01-17	04단	鎭南浦水量少し
103775	鮮滿版	1922-01-17	04단	産鐵施工申請

일련번호	판명	간행일	단수	기사명
103776	鮮滿版	1922-01-17	04단	新灘津の植樹
103777	鮮滿版	1922-01-17	04단	各地だより(晋州より/全州より)
103778	鮮滿版	1922-01-17	05단	辭令
103779	鮮滿版	1922-01-17	05단	開館した圖書館/鮮人讀書力旺盛
103780	鮮滿版	1922-01-17	05단	坊門及方圓社名家勝繼碁戰百十六回(１３)
103781	鮮滿版	1922-01-17	06단	娼妓を誘拐す
103782	鮮滿版	1922-01-17	06단	本社見學
103783	鮮滿版	1922-01-17	06단	半島茶話
103784	鮮滿版	1922-01-18	01단	酒の專賣は朝鮮では實施難だ/靑木專賣局長談
103785	鮮滿版	1922-01-18	01단	教科書はモウ不足しない/柴田學務局長の言明
103786	鮮滿版	1922-01-18	01단	平元鐵道/十一年度は測量と設計
103787	鮮滿版	1922-01-18	01단	多獅島築港期成會報告
103788	鮮滿版	1922-01-18	01단	冬の平壤(二)
103789	鮮滿版	1922-01-18	02단	水電起工督促
103790	鮮滿版	1922-01-18	02단	平壤年末金融
103791	鮮滿版	1922-01-18	03단	東拓支店貸出高
103792	鮮滿版	1922-01-18	03단	平壤交換高
103793	鮮滿版	1922-01-18	03단	安東木商總會
103794	鮮滿版	1922-01-18	03단	各地だより(釜山より/海州より/咸興より/羅南より)
103795	鮮滿版	1922-01-18	04단	會(平博幹事會/京商役員會/通信打合會)
103796	鮮滿版	1922-01-18	04단	武器密輸/孫奎東の計劃
103797	鮮滿版	1922-01-18	05단	間島より/龍井村渡部生
103798	鮮滿版	1922-01-18	05단	坊門及方圓社名家勝繼碁戰百十六回(１４)
103799	鮮滿版	1922-01-18	06단	半島茶話
103800	鮮滿版	1922-01-19	01단	日本軍撤退の機に不逞鮮人と共産黨/合體して北鮮に武力侵入
103801	鮮滿版	1922-01-19	01단	軍縮剩餘金處分で京城で會議所聯合會
103802	鮮滿版	1922-01-19	01단	對岸鮮農窮狀甚し
103803	鮮滿版	1922-01-19	01단	冬の平壤(三)
103804	鮮滿版	1922-01-19	02단	在鮮白人千二百餘人
103805	鮮滿版	1922-01-19	03단	鮮鐵貨物輸送狀態
103806	鮮滿版	1922-01-19	04단	京城質屋狀況
103807	鮮滿版	1922-01-19	04단	平壤移出金地金
103808	鮮滿版	1922-01-19	04단	仁川取引所總會
103809	鮮滿版	1922-01-19	05단	坊門及方圓社名家勝繼碁戰百十七回(１)
103810	鮮滿版	1922-01-19	05단	自動車會社合同
103811	鮮滿版	1922-01-19	05단	森林鐵道着工期

일련번호	판명	간행일	단수	기사명
103812	鮮滿版	1922-01-19	05단	永登浦繁榮會
103813	鮮滿版	1922-01-19	05단	私鐵協會會報
103814	鮮滿版	1922-01-19	05단	東光高普校生徒同盟休校
103815	鮮滿版	1922-01-19	05단	大邱より(三)/一記者
103816	鮮滿版	1922-01-19	06단	半島茶話
103817	鮮滿版	1922-01-20	01단	朝鮮に來るらしいジョッフル元師は確とした事を云はぬ人
103818	鮮滿版	1922-01-20	01단	平南耕地所有者現狀
103819	鮮滿版	1922-01-20	01단	平壤電氣問題/兩會社の言明
103820	鮮滿版	1922-01-20	02단	穀物商大會委員會
103821	鮮滿版	1922-01-20	02단	移民應募受理
103822	鮮滿版	1922-01-20	02단	や號國債賣出
103823	鮮滿版	1922-01-20	02단	大邱商校新設
103824	鮮滿版	1922-01-20	03단	平壤會議所豫算
103825	鮮滿版	1922-01-20	03단	吉松府尹を對手取り要償訴訟を提起した京城工業會社の申分
103826	鮮滿版	1922-01-20	03단	露支國境の一集團/軍隊式の教練
103827	鮮滿版	1922-01-20	03단	隈侯追悼南山本願寺で(釜山/鮮人の感想)
103828	鮮滿版	1922-01-20	04단	協贊會經費協議
103829	鮮滿版	1922-01-20	04단	牧島金融組合
103830	鮮滿版	1922-01-20	04단	平壤實業靑年會
103831	鮮滿版	1922-01-20	05단	清津檢疫所全燒した
103832	鮮滿版	1922-01-20	05단	人(澤田慶南知事)
103833	鮮滿版	1922-01-20	05단	間島より/渡部生
103834	鮮滿版	1922-01-20	05단	坊門及方圓社名家勝繼碁戰百十七回(２)
103835	鮮滿版	1922-01-20	06단	半島茶話
103836	鮮滿版	1922-01-21	01단	海軍縮小の結果/朝鮮に及ぼす影響/時實內務局長談(剩餘金の割讓/朝鮮では鐵業/失業者問題)
103837	鮮滿版	1922-01-21	01단	參政權請願更に運動/朝鮮國民協會
103838	鮮滿版	1922-01-21	01단	舊節季の金融界意外に緩漫
103839	鮮滿版	1922-01-21	01단	清津築港計劃大要
103840	鮮滿版	1922-01-21	02단	妓生取締/法規制定の要
103841	鮮滿版	1922-01-21	02단	林軍事課長/鴨綠江方面調査
103842	鮮滿版	1922-01-21	03단	平壤隈侯追弔會(追悼辭)
103843	鮮滿版	1922-01-21	03단	平壤市民大會
103844	鮮滿版	1922-01-21	03단	朝郵兩航路休止
103845	鮮滿版	1922-01-21	04단	客月清津貿易

일련번호	판명	간행일	단수	기사명
103846	鮮滿版	1922-01-21	04단	清津漁獲高
103847	鮮滿版	1922-01-21	04단	長江の馬賊團密山市街を襲擊し郭松齡少將討伐に向ふ/支那官兵敗る
103848	鮮滿版	1922-01-21	04단	平和博用のポスター懸賞募集
103849	鮮滿版	1922-01-21	04단	光復團員三名逮捕
103850	鮮滿版	1922-01-21	04단	大邱より(四)
103851	鮮滿版	1922-01-21	05단	金泉五種品評會
103852	鮮滿版	1922-01-21	05단	篠田知事茶話會
103853	鮮滿版	1922-01-21	05단	現地戰術演習
103854	鮮滿版	1922-01-21	05단	坊門及方圓社名家勝繼碁戰百十七回(3)
103855	鮮滿版	1922-01-21	06단	半島茶話
103856	鮮滿版	1922-01-22	01단	ジョ元師の朝鮮訪問/深い意味はない/島田事務官談
103857	鮮滿版	1922-01-22	01단	警察權地方分權
103858	鮮滿版	1922-01-22	01단	多獅島築港決議
103859	鮮滿版	1922-01-22	01단	債券交換所設立內議進行
103860	鮮滿版	1922-01-22	01단	平和博觀光團/協贊會の準備
103861	鮮滿版	1922-01-22	02단	市民大會決議
103862	鮮滿版	1922-01-22	02단	學校敷地運動
103863	鮮滿版	1922-01-22	02단	南浦築港請願
103864	鮮滿版	1922-01-22	03단	賴母子講取締
103865	鮮滿版	1922-01-22	03단	私鐵合同問題
103866	鮮滿版	1922-01-22	03단	安東日支懇親會
103867	鮮滿版	1922-01-22	03단	國民協會役員
103868	鮮滿版	1922-01-22	03단	分掌局打合會
103869	鮮滿版	1922-01-22	03단	消防後援會
103870	鮮滿版	1922-01-22	04단	澤田知事請宴
103871	鮮滿版	1922-01-22	04단	辭令
103872	鮮滿版	1922-01-22	04단	全南に僞王現はれ一類逮捕さる/共産主義者
103873	鮮滿版	1922-01-22	04단	鮮魚獻上/河村技手調査
103874	鮮滿版	1922-01-22	04단	遠藤巡査表彰
103875	鮮滿版	1922-01-22	05단	赤行囊紛失事件
103876	鮮滿版	1922-01-22	05단	會社銀行(京春電鐵會社/鮮米宣傳會社/中央物産會社/無盡信託會社)
103877	鮮滿版	1922-01-22	05단	大邱より(五)/一記者
103878	鮮滿版	1922-01-22	05단	坊門及方圓社名家勝繼碁戰百十七回(4)
103879	鮮滿版	1922-01-22	06단	半島茶話

일련번호	판명	간행일	단수	기사명
103880	鮮滿版	1922-01-24	01단	支那學生教育方針/日本の遺り方は間違って居た/廣川孝治氏談
103881	鮮滿版	1922-01-24	01단	工業學校制度改正
103882	鮮滿版	1922-01-24	01단	仁取新株割當/仲買人の不平
103883	鮮滿版	1922-01-24	01단	平南白米檢査
103884	鮮滿版	1922-01-24	01단	鎭東線不許可
103885	鮮滿版	1922-01-24	02단	京城在庫貨物
103886	鮮滿版	1922-01-24	02단	仁川分遺所廢止
103887	鮮滿版	1922-01-24	02단	林業技術員招集
103888	鮮滿版	1922-01-24	02단	會議所副會頭補選
103889	鮮滿版	1922-01-24	02단	黃州郡衙新築
103890	鮮滿版	1922-01-24	02단	自動車遞送
103891	鮮滿版	1922-01-24	02단	各地だより(釜山より/羅南より/淸津より)
103892	鮮滿版	1922-01-24	04단	滿鮮氷滑大會/來る二十九日鴨綠江氷上で
103893	鮮滿版	1922-01-24	04단	健康回復の孫秉熙/まだ收監されぬ
103894	鮮滿版	1922-01-24	05단	宗務課に脅迫狀/佛敎徒の暗鬪
103895	鮮滿版	1922-01-24	05단	三十年振の寒氣 零點下廿五度(平壤)
103896	鮮滿版	1922-01-24	05단	親子殺し素姓
103897	鮮滿版	1922-01-24	05단	馬山灣の難船
103898	鮮滿版	1922-01-24	05단	坊門及方圓社名家勝繼碁戰百十七回(5)
103899	鮮滿版	1922-01-24	06단	印紙僞造判決
103900	鮮滿版	1922-01-24	06단	不貞妻の判決
103901	鮮滿版	1922-01-24	06단	半島茶話
103902	鮮滿版	1922-01-25	01단	沿海州の漁場と哈爾賓の商業狀況/失島社會課長談
103903	鮮滿版	1922-01-25	01단	白軍の活動に伴れてセ軍の殘徒擡頭の形勢
103904	鮮滿版	1922-01-25	01단	荒廢山林復舊計劃
103905	鮮滿版	1922-01-25	01단	國境憲兵配置整理されん
103906	鮮滿版	1922-01-25	01단	賀川氏渡鮮說
103907	鮮滿版	1922-01-25	01단	不動産擔保貸附
103908	鮮滿版	1922-01-25	02단	平壤金組紛擾
103909	鮮滿版	1922-01-25	02단	會議所賦課金
103910	鮮滿版	1922-01-25	03단	牛疫豫防注射
103911	鮮滿版	1922-01-25	03단	各地だより(平壤より/釜山より/大邱より/群山より/馬山より/淸津より)
103912	鮮滿版	1922-01-25	05단	尹鐸榮侯北京で困る
103913	鮮滿版	1922-01-25	05단	過激鮮人悔悟して歸鄕
103914	鮮滿版	1922-01-25	05단	牧師同志の喧嘩

일련번호	판명	간행일	단수	기사명
103915	鮮滿版	1922-01-25	05단	坊門及方圓社名家勝繼碁戰百十七回(６)
103916	鮮滿版	1922-01-25	06단	會社銀行(殖産銀行/漢城銀行)
103917	鮮滿版	1922-01-25	06단	半島茶話
103918	鮮滿版	1922-01-26	01단	朝鮮に自治制施行は尙早
103919	鮮滿版	1922-01-26	01단	犯罪事件境檢事正談
103920	鮮滿版	1922-01-26	01단	仁川發展の鍵は市民の學醒である(上)
103921	鮮滿版	1922-01-26	02단	金融組合監督/福島財務局長談
103922	鮮滿版	1922-01-26	02단	平壤電鐵着工/楠野府尹談
103923	鮮滿版	1922-01-26	03단	道廳移轉問題/澤田慶南知事談
103924	鮮滿版	1922-01-26	03단	兩府に理事官
103925	鮮滿版	1922-01-26	04단	平壤警官增員
103926	鮮滿版	1922-01-26	04단	不渡手形減少
103927	鮮滿版	1922-01-26	04단	第三艦隊來鎭期
103928	鮮滿版	1922-01-26	04단	孟山郡殖林事業
103929	鮮滿版	1922-01-26	04단	産鐵用地買收
103930	鮮滿版	1922-01-26	04단	各地だより(會寧より/咸興より/釜山より)
103931	鮮滿版	1922-01-26	05단	坊門及方圓社名家勝繼碁戰百十七回(７)
103932	鮮滿版	1922-01-26	06단	三十本山紛擾/松村宗教課長談
103933	鮮滿版	1922-01-26	06단	巡査の詐欺判決
103934	鮮滿版	1922-01-27	01단	渡鮮と決ったジョッフル元師を歡迎すべく鮮軍の準備
103935	鮮滿版	1922-01-27	01단	滿洲橫行の馬賊團 頭目十三、部下四千五百/南滿被害數
103936	鮮滿版	1922-01-27	01단	極東政府歲入不足/八百萬留は借款で補塡
103937	鮮滿版	1922-01-27	01단	仁川發達の鍵は市民の學醒である(中)
103938	鮮滿版	1922-01-27	02단	滿鮮實業大會/釜山に開催
103939	鮮滿版	1922-01-27	02단	適齡屆出/一月卅一日迄
103940	鮮滿版	1922-01-27	03단	憲兵補を警官に採用
103941	鮮滿版	1922-01-27	03단	東支鐵道重役選定
103942	鮮滿版	1922-01-27	03단	朝鮮貿易/出超五百萬圓
103943	鮮滿版	1922-01-27	04단	仁取仲買人/困憊の實狀
103944	鮮滿版	1922-01-27	04단	朝鮮服改良論/李郡守の主張
103945	鮮滿版	1922-01-27	05단	坊門及方圓社名家勝繼碁戰百十七回(８)
103946	鮮滿版	1922-01-27	05단	釜山會議所豫算
103947	鮮滿版	1922-01-27	05단	釜山穀物市場
103948	鮮滿版	1922-01-27	05단	朝鮮美術/平和博を機會に宣傳せん
103949	鮮滿版	1922-01-27	05단	中和の猛獸狩
103950	鮮滿版	1922-01-27	06단	鬱陵島の大雪

일련번호	판명	간행일	단수	기사명
103951	鮮滿版	1922-01-27	06단	人(福井技師(總督府中央試驗場)/三原憲兵少佐(朝鮮憲兵司令官)/遠藤專務官(總督府遞信局))
103952	鮮滿版	1922-01-27	06단	半島茶話
103953	鮮滿版	1922-01-28	01단	西鮮三道共進會/平壤に開催如何
103954	鮮滿版	1922-01-28	01단	京城府新稅設定
103955	鮮滿版	1922-01-28	01단	高普校設立許可方針
103956	鮮滿版	1922-01-28	01단	仁川發展の鍵は市民の學醒である(下)
103957	鮮滿版	1922-01-28	02단	婦人の犯罪者今後は出まい/河村檢事談
103958	鮮滿版	1922-01-28	02단	線絲布市場/組合總會で開設を附議した
103959	鮮滿版	1922-01-28	02단	平壤分會表彰/賞狀(帝國在鄉軍人會平壤分會)
103960	鮮滿版	1922-01-28	03단	湖南線改善
103961	鮮滿版	1922-01-28	03단	課金別納取扱局
103962	鮮滿版	1922-01-28	03단	總督府醫院患者
103963	鮮滿版	1922-01-28	03단	産業鐵道着工期
103964	鮮滿版	1922-01-28	04단	大東同志會活動
103965	鮮滿版	1922-01-28	04단	平南道金組成績
103966	鮮滿版	1922-01-28	04단	ミ博士出席
103967	鮮滿版	1922-01-28	04단	各地だより(平壤より/鳥致院より/大田より)
103968	鮮滿版	1922-01-28	05단	坊門及方圓社名家勝繼碁戰百十七回(9)
103969	鮮滿版	1922-01-28	05단	李王家でジョ元師を祕苑に案內
103970	鮮滿版	1922-01-28	05단	朝鮮婦人醫專聽講/本年は六名か
103971	鮮滿版	1922-01-28	05단	局子街で天道教徒隱謀暴露
103972	鮮滿版	1922-01-28	06단	溫陽公園/新泉湧出の機會に計劃さる
103973	鮮滿版	1922-01-28	06단	幼女賣買/支那人の慘忍
103974	鮮滿版	1922-01-28	06단	不逞鮮人取調/門司署で取押
103975	鮮滿版	1922-01-28	06단	黃金町の火事
103976	鮮滿版	1922-01-29	01단	朝鮮新教育令要領
103977	鮮滿版	1922-01-29	01단	遼河改修と運河開鑿/遼河工程局で岡崎案を可決
103978	鮮滿版	1922-01-29	01단	東拓會社南洋發展/鈴木支店長談
103979	鮮滿版	1922-01-29	02단	移動警察/朝鮮でも施行
103980	鮮滿版	1922-01-29	02단	平壤會議所評議員會の論戰
103981	鮮滿版	1922-01-29	02단	南鮮共進會開催/慶北の意氣込
103982	鮮滿版	1922-01-29	03단	實業學校配置/平壤と鎭南浦
103983	鮮滿版	1922-01-29	03단	電報取扱增加
103984	鮮滿版	1922-01-29	03단	平壤家屋改善策
103985	鮮滿版	1922-01-29	04단	開城道路開設
103986	鮮滿版	1922-01-29	04단	全南叺改善策

일련번호	판명	간행일	단수	기사명
103987	鮮滿版	1922-01-29	04단	關西高普校計劃
103988	鮮滿版	1922-01-29	04단	兩艦釜山入港
103989	鮮滿版	1922-01-29	04단	釜山第三金組
103990	鮮滿版	1922-01-29	05단	各地だより(釜山より/大邱より/新義州より)
103991	鮮滿版	1922-01-29	05단	鬱陵島民困苦
103992	鮮滿版	1922-01-29	05단	支那人强盜
103993	鮮滿版	1922-01-29	05단	坊門及方圓社名家勝繼碁戰百十七回(１０)
103994	鮮滿版	1922-01-29	06단	會(信用組合總會/農業技術會議/實業銀行總會)
103995	鮮滿版	1922-01-29	06단	半島茶話
103996	鮮滿版	1922-01-31	01단	幼稚なる支那の勞動狀態/某支那官吏の談
103997	鮮滿版	1922-01-31	01단	滿洲競馬法制定の請願/八田代議士の紹介で提出
103998	鮮滿版	1922-01-31	01단	穀物契約不履行者制裁方法確立
103999	鮮滿版	1922-01-31	02단	農業の開發と大邱の將來/堂松慶北道技師談
104000	鮮滿版	1922-01-31	03단	平壤慈惠院增築
104001	鮮滿版	1922-01-31	03단	江景講演會
104002	鮮滿版	1922-01-31	04단	浦項繁榮役員
104003	鮮滿版	1922-01-31	04단	各地だより(羅南より/會寧より/新義州より/晋州より/大田より)
104004	鮮滿版	1922-01-31	05단	朝鮮學生館が京城の中央に出來て地方から集る學生を收容する
104005	鮮滿版	1922-01-31	05단	猛虎を射取る/雄基の北方で
104006	鮮滿版	1922-01-31	05단	鮮人部落の火事
104007	鮮滿版	1922-01-31	06단	人(稅田金五郎氏(總督府技師)/久保要藏氏(滿鐵京管局長)/ジョッフル元師(佛國答禮使)/長谷川事務官(平壤慈惠醫院))
104008	鮮滿版	1922-01-31	06단	半島茶話

1922년 2월 (선만판)

일련번호	판명	간행일	단수	기사명
104009	鮮滿版	1922-02-01	01단	新教育令が私立校に及ぼす影響
104010	鮮滿版	1922-02-01	01단	滿鮮電話聯絡問題
104011	鮮滿版	1922-02-01	01단	咸南對岸の森林地帶/樋上署長の强行偵察談
104012	鮮滿版	1922-02-01	02단	大庭大將教育總監說
104013	鮮滿版	1922-02-01	02단	不履行者制裁/組合銀行の規定
104014	鮮滿版	1922-02-01	02단	各地だより(木浦より/鳥致院より/大田より/淸津より)
104015	鮮滿版	1922-02-01	04단	辭令
104016	鮮滿版	1922-02-01	04단	浦潮の鮮人學生反日運動
104017	鮮滿版	1922-02-01	04단	薄氣味の惡い端書/京城に入込む
104018	鮮滿版	1922-02-01	04단	やがて行ふ威嚇飛行/西田大尉談
104019	鮮滿版	1922-02-01	05단	坊門及方圓社名家勝繼碁戰百十七回(１１)
104020	鮮滿版	1922-02-01	05단	全鮮學生雄辯大會/二月下旬開催
104021	鮮滿版	1922-02-01	05단	裡里講演會
104022	鮮滿版	1922-02-01	06단	木浦商專盟休騷
104023	鮮滿版	1922-02-01	06단	半島茶話
104024	鮮滿版	1922-02-02	01단	罪惡の政治にあらずんば聲の政治たる朝鮮統治の現狀/山道、淸水兩議士質問の要旨
104025	鮮滿版	1922-02-02	01단	間島の教師
104026	鮮滿版	1922-02-02	02단	ジョ元帥渡鮮期決定
104027	鮮滿版	1922-02-02	02단	朝鮮養鼈/昨年中の成績
104028	鮮滿版	1922-02-02	03단	外人宣教師內地語研究
104029	鮮滿版	1922-02-02	03단	國境防備踏査
104030	鮮滿版	1922-02-02	03단	釜山小學校現狀
104031	鮮滿版	1922-02-02	04단	各地だより(沙里院より/淸津より/兼二浦より)
104032	鮮滿版	1922-02-02	04단	釜山第一金融組合長坂田文吉氏
104033	鮮滿版	1922-02-02	04단	土門子方面匪徒猖獗/支那官憲緊張
104034	鮮滿版	1922-02-02	05단	京城に國技館建設されん
104035	鮮滿版	1922-02-02	05단	戀の旅路に行き惱む/若き鮮人男女
104036	鮮滿版	1922-02-02	05단	藝娼妓が外國宣教師に救ひを求める
104037	鮮滿版	1922-02-02	06단	閔氏追悼會
104038	鮮滿版	1922-02-02	06단	北鮮カルタ競技
104039	鮮滿版	1922-02-02	06단	京龍猩紅熱
104040	鮮滿版	1922-02-02	06단	人(安滿少將(朝鮮軍參謀長)/毛內大佐(間道連絡班長)/水野まき子(政務總監夫人))
104041	鮮滿版	1922-02-02	06단	半島茶話
104042	鮮滿版	1922-02-03	01단	日淸役の史蹟「統軍亭」の昔語 山縣大將の統率振り/掠奪結婚を行った山縣公の靑春時代

일련번호	판명	간행일	단수	기사명
104043	鮮滿版	1922-02-03	01단	會計規則改正準備/菊山會計課長談
104044	鮮滿版	1922-02-03	03단	全鮮の金融組合活動現狀
104045	鮮滿版	1922-02-03	03단	私鐵協會評議員會
104046	鮮滿版	1922-02-03	04단	仁川株主總會
104047	鮮滿版	1922-02-03	04단	各地だより(大邱より/大田より/全州より/光州より)
104048	鮮滿版	1922-02-03	05단	烏蘇里の馬賊團に共産黨員混入
104049	鮮滿版	1922-02-03	05단	ミラー婦人上警用件/大使館に情況報告の爲めか
104050	鮮滿版	1922-02-03	06단	外國人の朝鮮觀光/近來殖える
104051	鮮滿版	1922-02-03	06단	不逞鮮人侵入
104052	鮮滿版	1922-02-03	06단	鬱陵島民蘇生
104053	鮮滿版	1922-02-03	06단	人(守屋榮夫氏(總督部秘書官)/美濃部俊吉氏(鮮銀總裁))
104054	鮮滿版	1922-02-03	06단	半島茶話
104055	鮮滿版	1922-02-04	01단	多獅島築港の請願/衆議院に提出された
104056	鮮滿版	1922-02-04	01단	鮮人の郵便利用/向上の餘地あり
104057	鮮滿版	1922-02-04	02단	仲居稅京城府で設定か
104058	鮮滿版	1922-02-04	02단	中等教員不足/應急補充策
104059	鮮滿版	1922-02-04	02단	會議所聯合會/開催期定らず
104060	鮮滿版	1922-02-04	03단	共進會開催問題/小倉會頭報告
104061	鮮滿版	1922-02-04	03단	採鑛中止運動
104062	鮮滿版	1922-02-04	03단	採氷事業競爭
104063	鮮滿版	1922-02-04	04단	振替口座現況
104064	鮮滿版	1922-02-04	04단	釜山弔電
104065	鮮滿版	1922-02-04	04단	各地だより(釜山より/全州より/海州より)
104066	鮮滿版	1922-02-04	04단	金瑪利亞哈爾賓で活動
104067	鮮滿版	1922-02-04	04단	鮮軍の土地收用に鮮人異議申立
104068	鮮滿版	1922-02-04	05단	長江の馬賊團/密山を威嚇す
104069	鮮滿版	1922-02-04	05단	人(藤井虎彦氏(總督府醫官)/和田英正氏(大邱中學校長))
104070	鮮滿版	1922-02-04	05단	赤化黨に包圍された間島/間島にて渡部生
104071	鮮滿版	1922-02-04	06단	半島茶話
104072	鮮滿版	1922-02-05	01단	統軍亭(上)と山縣公の眞筆(下)
104073	鮮滿版	1922-02-05	01단	鮮人を利用する露國過激派の企圖/毛內聯絡班長談
104074	鮮滿版	1922-02-05	02단	關釜間無線電話利用程度
104075	鮮滿版	1922-02-05	02단	普校擴張/一面一校主義
104076	鮮滿版	1922-02-05	03단	馬山府尹辭表
104077	鮮滿版	1922-02-05	03단	第三艦隊入港
104078	鮮滿版	1922-02-05	03단	土木界前途築觀
104079	鮮滿版	1922-02-05	03단	慶北畜牛發達

일련번호	판명	간행일	단수	기사명
104080	鮮滿版	1922-02-05	03단	寒天下の修道院/ＯＡ生
104081	鮮滿版	1922-02-05	04단	大田の事業熱
104082	鮮滿版	1922-02-05	04단	釜山給水不足
104083	鮮滿版	1922-02-05	04단	羅津灣結氷す
104084	鮮滿版	1922-02-05	04단	間島地方の農産物/間島にて渡部生
104085	鮮滿版	1922-02-05	06단	半島茶話
104086	鮮滿版	1922-02-07	01단	對岸地方匪徒少し/李保安課長談
104087	鮮滿版	1922-02-07	01단	美術品製作所/加藤氏が買收
104088	鮮滿版	1922-02-07	01단	鮮地銀行利上せじ
104089	鮮滿版	1922-02-07	01단	米穀大會京城で開催
104090	鮮滿版	1922-02-07	02단	兼二浦製鐵所/現狀維持に決定
104091	鮮滿版	1922-02-07	02단	釜山の內地人
104092	鮮滿版	1922-02-07	02단	慶北社會課設置
104093	鮮滿版	1922-02-07	02단	殖銀支店長異動
104094	鮮滿版	1922-02-07	02단	鮮語試驗合格者
104095	鮮滿版	1922-02-07	02단	慶州學組紛擾
104096	鮮滿版	1922-02-07	02단	榮山浦講演會
104097	鮮滿版	1922-02-07	02단	各地だより(大邱より/光州より/全州より/淸津より)
104098	鮮滿版	1922-02-07	03단	窮境の露國領事館員/萬策盡きて米國へ移住か
104099	鮮滿版	1922-02-07	03단	武市の支那商人店鋪閉鎖
104100	鮮滿版	1922-02-07	03단	共産黨が虛說流布/ジョ元師に對し
104101	鮮滿版	1922-02-07	04단	鮮人利權團/一種の不逞團
104102	鮮滿版	1922-02-07	05단	殘忍な迷信/羅南の一事件
104103	鮮滿版	1922-02-07	05단	釜山の大網引
104104	鮮滿版	1922-02-07	05단	面長不正事件
104105	鮮滿版	1922-02-07	05단	坊門及方圓社名家勝繼碁戰百十八回(１)
104106	鮮滿版	1922-02-07	06단	道評議員嫌疑
104107	鮮滿版	1922-02-07	06단	天道教學校盟休
104108	鮮滿版	1922-02-07	06단	辭令
104109	鮮滿版	1922-02-07	06단	半島茶話
104110	鮮滿版	1922-02-08	01단	多獅島臨港鐵道/會社組織で起工
104111	鮮滿版	1922-02-08	01단	平壤府營電鐵/府協議會可決
104112	鮮滿版	1922-02-08	02단	開鱈出品/萬國博覽會へ
104113	鮮滿版	1922-02-08	02단	社會施設/渡邊地方課長談
104114	鮮滿版	1922-02-08	02단	上海假政府赤十字社總會/役員選擧執行
104115	鮮滿版	1922-02-08	02단	辯護士會合同問題/境檢事正談
104116	鮮滿版	1922-02-08	03단	商議聯合會期

일련번호	판명	간행일	단수	기사명
104117	鮮滿版	1922-02-08	03단	教育令打合會
104118	鮮滿版	1922-02-08	03단	平壤電氣問題
104119	鮮滿版	1922-02-08	03단	金貸業の近況
104120	鮮滿版	1922-02-08	03단	兩艦入港
104121	鮮滿版	1922-02-08	04단	各地だより(大田より/大邱より/沙里院より)
104122	鮮滿版	1922-02-08	04단	罪人の家族から參議の詐欺/鮮于筍喚問
104123	鮮滿版	1922-02-08	05단	朝鮮女醫帝大に入學
104124	鮮滿版	1922-02-08	05단	慶北道評議員雇人を過失致死
104125	鮮滿版	1922-02-08	05단	不穩の葉書が兼二浦にも
104126	鮮滿版	1922-02-08	05단	坊門及方圓社名家勝繼碁戰百十八回(2)
104127	鮮滿版	1922-02-08	06단	李王家の表弔
104128	鮮滿版	1922-02-08	06단	鮮人富豪の美擧
104129	鮮滿版	1922-02-08	06단	半島茶話
104130	鮮滿版	1922-02-09	01단	新教育令發布に就き齋藤總督の諭告/完全なる制度の樹立 之が實施に努力せよ水野總監談/內地留學漸減
104131	鮮滿版	1922-02-09	02단	黑龍州農民離反/共産黨監視嚴重
104132	鮮滿版	1922-02-09	02단	各道事務監察年度中に一巡
104133	鮮滿版	1922-02-09	03단	間島經濟狀況/渡邊出張所長談
104134	鮮滿版	1922-02-09	03단	留學生人選
104135	鮮滿版	1922-02-09	03단	電葬設備準備
104136	鮮滿版	1922-02-09	04단	樹苗需給狀況
104137	鮮滿版	1922-02-09	04단	國際親和會好況
104138	鮮滿版	1922-02-09	04단	兩社合倂
104139	鮮滿版	1922-02-09	04단	各地だより(清津より/羅南より/會寧より/新義州より/裡里より)
104140	鮮滿版	1922-02-09	04단	昌慶苑は拂下げぬ
104141	鮮滿版	1922-02-09	05단	李鍝殿下學習院入學期
104142	鮮滿版	1922-02-09	05단	果然新泉湧山/溫陽溫泉に
104143	鮮滿版	1922-02-09	05단	搰鬪して絞穀/兇賊の末路
104144	鮮滿版	1922-02-09	05단	坊門及方圓社名家勝繼碁戰百十八回(3)
104145	鮮滿版	1922-02-09	06단	降雨で貯水增加
104146	鮮滿版	1922-02-09	06단	半島茶話
104147	鮮滿版	1922-02-10	01단	新教科書編纂難/之が實施に行詰まる一例/小田編纂課長談
104148	鮮滿版	1922-02-10	01단	關東州に馬制法實施/請願委員會で政府委員言明
104149	鮮滿版	1922-02-10	01단	平博を機に鮮米宣傳/穀物商聯合會の新計劃
104150	鮮滿版	1922-02-10	01단	平壤府豫算編成約百廿萬圓

일련번호	판명	간행일	단수	기사명
104151	鮮滿版	1922-02-10	01단	溫突生活の改善/音樂を以て人生を浮化せよ
104152	鮮滿版	1922-02-10	03단	歐米留學漸次增加
104153	鮮滿版	1922-02-10	03단	平壤公設浴場/成績頗る良し
104154	鮮滿版	1922-02-10	03단	大同鐵橋工程/本間技師談
104155	鮮滿版	1922-02-10	04단	殖銀內地支店/有賀頭取談
104156	鮮滿版	1922-02-10	04단	金泉郵便局改築
104157	鮮滿版	1922-02-10	04단	産鐵用地買收
104158	鮮滿版	1922-02-10	04단	各地だより(大田より/全州より)
104159	鮮滿版	1922-02-10	05단	出版界(朝鮮(一月)/朝鮮公諭(二月)/朝鮮經濟養料(一月)/赤土(一月))
104160	鮮滿版	1922-02-10	05단	李王兩殿下御近狀
104161	鮮滿版	1922-02-10	05단	迷信的葉書を嚴重に取締る
104162	鮮滿版	1922-02-10	05단	坊門及方圓社名家勝繼碁戰百十八回(4)
104163	鮮滿版	1922-02-10	06단	慶北の天然痘
104164	鮮滿版	1922-02-10	06단	釜山の表弔
104165	鮮滿版	1922-02-10	06단	半島茶話
104166	鮮滿版	1922-02-11	01단	浦潮奧地の新韓村 二個の自治體で軋轢/窮迫せる鮮人團體 總領事に訴ふ/渡邊技師ジョンソン氏に嚴重な談判
104167	鮮滿版	1922-02-11	01단	問題の新特殊會社/豫期の成績が擧がるかゞ疑問
104168	鮮滿版	1922-02-11	01단	憲兵引揚で住民不安/現狀維持請願
104169	鮮滿版	1922-02-11	02단	新義州に旅團設置か
104170	鮮滿版	1922-02-11	03단	齒科學校京城に設立
104171	鮮滿版	1922-02-11	03단	私立高普校設立/張氏の獨力で
104172	鮮滿版	1922-02-11	03단	鏡城に高普校
104173	鮮滿版	1922-02-11	03단	黃海豫算編成
104174	鮮滿版	1922-02-11	03단	水産試驗場開廳
104175	鮮滿版	1922-02-11	03단	仁川取引所寄附
104176	鮮滿版	1922-02-11	03단	自動通信機据付
104177	鮮滿版	1922-02-11	04단	清進客年貿易額
104178	鮮滿版	1922-02-11	04단	辭令
104179	鮮滿版	1922-02-11	04단	各地だより(海州より/全州より)
104180	鮮滿版	1922-02-11	04단	訓練院運動場/完成の交涉
104181	鮮滿版	1922-02-11	04단	南鮮では天然痘/西鮮では流感
104182	鮮滿版	1922-02-11	05단	流行性感冒
104183	鮮滿版	1922-02-11	05단	渡邊學士博士に決定
104184	鮮滿版	1922-02-11	05단	京城の哀悼式
104185	鮮滿版	1922-02-11	05단	平壤の初飛行

일련번호	판명	간행일	단수	기사명
104186	鮮滿版	1922-02-11	05단	春日艦釜山廻航
104187	鮮滿版	1922-02-11	05단	坊門及方圓社名家勝繼碁戰百十八回(5)
104188	鮮滿版	1922-02-11	06단	群山の强盜
104189	鮮滿版	1922-02-11	06단	木川里の賢人
104190	鮮滿版	1922-02-11	06단	半島茶話
104191	鮮滿版	1922-02-12	01단	米支提携して支那蠶業を開發せん/蠶業國際委員會の內容
104192	鮮滿版	1922-02-12	01단	米國を見限って滿鮮に河岸を變へる/在米邦人の植民的企業熱/千葉豊治氏談
104193	鮮滿版	1922-02-12	01단	小學校規定の大綱
104194	鮮滿版	1922-02-12	03단	東支鐵道で救濟列車/西部西伯利窮民授助の爲め
104195	鮮滿版	1922-02-12	03단	私立高普校に補習科存置
104196	鮮滿版	1922-02-12	03단	平南豫算編成
104197	鮮滿版	1922-02-12	04단	防疫會議參加
104198	鮮滿版	1922-02-12	04단	開城に少年團
104199	鮮滿版	1922-02-12	04단	平壤經濟狀況
104200	鮮滿版	1922-02-12	04단	不忍池畔の簡易食堂で鮮米の飯の眞價を天下に宣傳する計劃/田中食糧課長談
104201	鮮滿版	1922-02-12	05단	各地だより(新義州より/淸津より)
104202	鮮滿版	1922-02-12	05단	京畿流感/患者一萬人
104203	鮮滿版	1922-02-12	05단	坊門及方圓社名家勝繼碁戰百十八回(6)
104204	鮮滿版	1922-02-12	06단	五島、鎭海飛行/二月中に決行
104205	鮮滿版	1922-02-12	06단	女子技藝展覽會
104206	鮮滿版	1922-02-12	06단	人(澤村亮一氏(實業家)/高津友保氏(馬山府尹))
104207	鮮滿版	1922-02-12	06단	半島茶話
104208	鮮滿版	1922-02-14	01단	教育史上の新記錄/齋藤朝鮮總督談
104209	鮮滿版	1922-02-14	01단	平壤府市區改正/補助金下付
104210	鮮滿版	1922-02-14	01단	各道の靑年團/五百七十一箇所/會員九萬七千人
104211	鮮滿版	1922-02-14	01단	國境警備/某外事當局談
104212	鮮滿版	1922-02-14	02단	私設基地制限
104213	鮮滿版	1922-02-14	02단	平壤豫算審査
104214	鮮滿版	1922-02-14	02단	京城醫專現況
104215	鮮滿版	1922-02-14	03단	*平壤客月商況/鳥致院*
104216	鮮滿版	1922-02-14	03단	大邱釀造品評會
104217	鮮滿版	1922-02-14	03단	大邱街路共進會
104218	鮮滿版	1922-02-14	04단	東拓支店充實
104219	鮮滿版	1922-02-14	04단	金組理事選擧

일련번호	판명	간행일	단수	기사명
104220	鮮滿版	1922-02-14	04단	棉花問題演說會
104221	鮮滿版	1922-02-14	04단	各地だより(釜山より/浦項より/大邱より/群山より/鳥致院より)
104222	鮮滿版	1922-02-14	05단	人(松崎時勉氏(朝郵專務)/管野尙氏(新任二十師團長)/美濃部俊吉氏(鮮銀總裁)/淨法寺五郎氏(舊二十師團長))
104223	鮮滿版	1922-02-14	05단	オリムピック豫選競技/四月上旬擧行
104224	鮮滿版	1922-02-14	05단	スケート競技
104225	鮮滿版	1922-02-14	05단	坊門及方圓社名家勝繼碁戰百十八回(7)
104226	鮮滿版	1922-02-14	06단	孝子節婦總督から褒狀
104227	鮮滿版	1922-02-14	06단	船長譴責
104228	鮮滿版	1922-02-14	06단	半島茶話
104229	鮮滿版	1922-02-15	01단	農業勞働問題資料(二十二)鳥取縣((一)小作組合の成立數及代表的の組合規約/(二)小作爭談及內容/(三)當局の態度/(四)地方特殊の事情)
104230	鮮滿版	1922-02-15	01단	條文を曲解する米國/巴奈馬通航料問題(四)
104231	鮮滿版	1922-02-15	02단	英印特惠關稅/決定時期切迫す
104232	鮮滿版	1922-02-15	04단	紐育財界近況
104233	鮮滿版	1922-02-15	04단	倫敦財界近況
104234	鮮滿版	1922-02-15	04단	砂糖消費增加
104235	鮮滿版	1922-02-15	04단	石油合同難
104236	鮮滿版	1922-02-15	05단	倫敦海運市況
104237	鮮滿版	1922-02-15	05단	絹物運賃引上延期
104238	鮮滿版	1922-02-15	05단	玖馬糖の近況
104239	鮮滿版	1922-02-15	05단	神戶在貨增加
104240	鮮滿版	1922-02-15	06단	最近配船狀態
104241	鮮滿版	1922-02-15	06단	各社定期傭船
104242	鮮滿版	1922-02-15	06단	神戶外米減少
104243	鮮滿版	1922-02-15	06단	各港荷役狀態
104244	鮮滿版	1922-02-15	06단	商品市況(歐米硫安硝石市況/銑鐵相場强硬/福井羽二重市況)
104245	鮮滿版	1922-02-15	07단	橫濱生絲(灰汁拔未だし)
104246	鮮滿版	1922-02-15	07단	賣船及備船
104247	鮮滿版	1922-02-15	07단	水銀燈
104248	鮮滿版	1922-02-16	01단	道民覺醒の要/篠田知事の諭告
104249	鮮滿版	1922-02-16	01단	寄る邊なき可憐の孤兒や貧兒を集めて我が兒のやうに哺む塘林氏/肥後慈惠會を訪ふ
104250	鮮滿版	1922-02-16	02단	警官敎育方針/古橋講習所長談
104251	鮮滿版	1922-02-16	02단	咸北豫算編成

일련번호	판명	간행일	단수	기사명
104252	鮮滿版	1922-02-16	02단	平壤府民の喜色
104253	鮮滿版	1922-02-16	02단	咸北高普校設立
104254	鮮滿版	1922-02-16	03단	南鮮郵便會議
104255	鮮滿版	1922-02-16	03단	溫泉買收說
104256	鮮滿版	1922-02-16	04단	雪の西伯利、北滿に旅して(下)/丸山事務官談
104257	鮮滿版	1922-02-16	04단	光州の演說會
104258	鮮滿版	1922-02-16	04단	各地だより(城津より/鳥致院より)
104259	鮮滿版	1922-02-16	05단	京城中學校の實驗室で藥品爆發し/生徒重輕傷八名を出す
104260	鮮滿版	1922-02-16	05단	半島茶話
104261	鮮滿版	1922-02-16	05단	坊門及方圓社名家勝繼碁戰百十八回(９)
104262	鮮滿版	1922-02-17	01단	産米增殖事業は官營なら尙更良い/某當事者談
104263	鮮滿版	1922-02-17	01단	ジョ元師歡迎順序 二十日午後京城着 廿三日午前發北行/釜山の歡迎
104264	鮮滿版	1922-02-17	01단	三線運輸統一問題/久保京管局長談
104265	鮮滿版	1922-02-17	02단	虛說流布/知多政府の窮策
104266	鮮滿版	1922-02-17	03단	道知事會議期
104267	鮮滿版	1922-02-17	03단	警察部長會議
104268	鮮滿版	1922-02-17	03단	南鮮實業大會
104269	鮮滿版	1922-02-17	03단	聞慶の水電計劃
104270	鮮滿版	1922-02-17	03단	新義州客月貿易
104271	鮮滿版	1922-02-17	04단	美術製作所募株
104272	鮮滿版	1922-02-17	04단	新教育令祝賀
104273	鮮滿版	1922-02-17	04단	ミカドアパジス
104274	鮮滿版	1922-02-17	04단	各地だより(羅南より/新義州)
104275	鮮滿版	1922-02-17	05단	實業學校規定要項
104276	鮮滿版	1922-02-17	05단	怪露人が朝鮮を通過し/陸續と內地に入込む形勢
104277	鮮滿版	1922-02-17	05단	半島茶話
104278	鮮滿版	1922-02-18	01단	大同江の氷上飛行演習
104279	鮮滿版	1922-02-18	01단	德壽宮處分問題
104280	鮮滿版	1922-02-18	01단	新義州の煙草密輸取締/南隣出張所長談
104281	鮮滿版	1922-02-18	02단	遊覽的設備/鮮鐵の計劃
104282	鮮滿版	1922-02-18	02단	京畿金組增設/一面一組合方針
104283	鮮滿版	1922-02-18	03단	高女移管問題
104284	鮮滿版	1922-02-18	04단	坊門及方圓社名家勝繼碁戰百十八回(１０)
104285	鮮滿版	1922-02-18	04단	水産組合總代會
104286	鮮滿版	1922-02-18	04단	交換手優遇策

일련번호	판명	간행일	단수	기사명
104287	鮮滿版	1922-02-18	05단	電話申込受理
104288	鮮滿版	1922-02-18	05단	驛員講習會
104289	鮮滿版	1922-02-18	05단	郵便局改築
104290	鮮滿版	1922-02-19	01단	二十日渡鮮すべきジョツフル元師と夫人令嬢
104291	鮮滿版	1922-02-19	01단	屋上屋を重ねた特殊會社案の裏面/斯る案は否決が當然と事業家語る
104292	鮮滿版	1922-02-19	01단	朝鮮警官優遇請願/衆議院に提出された
104293	鮮滿版	1922-02-19	03단	尋常科授業料/大邱で撤廢可決
104294	鮮滿版	1922-02-19	03단	高女校規定要領
104295	鮮滿版	1922-02-19	04단	大邱會議所/南鮮共進會斷行の意氣込み
104296	鮮滿版	1922-02-19	04단	三十本山內訌/柴田學務局長談
104297	鮮滿版	1922-02-19	04단	總督府の歡迎計劃/ジョ元師に京城を紹介
104298	鮮滿版	1922-02-19	04단	上海の過激鮮人/猶太人と提携
104299	鮮滿版	1922-02-19	04단	支那官兵馬賊に投ず
104300	鮮滿版	1922-02-19	04단	慶北警察活動
104301	鮮滿版	1922-02-19	05단	海員試驗日割
104302	鮮滿版	1922-02-19	05단	商議特別評議員
104303	鮮滿版	1922-02-19	05단	坊門及方圓社名家勝繼碁戰百十八回（１１）
104304	鮮滿版	1922-02-19	06단	釜山の演說會
104305	鮮滿版	1922-02-19	06단	半島茶話
104306	鮮滿版	1922-02-21	01단	中學校規定要領/附女子高等普通學校規定
104307	鮮滿版	1922-02-21	01단	水力調査/五箇年計劃
104308	鮮滿版	1922-02-21	01단	鮮人基督教信徒の新機運/外人から獨立せよ
104309	鮮滿版	1922-02-21	01단	*李丙喜氏入園の因緣/李恒九氏談*
104310	鮮滿版	1922-02-21	02단	發動機船で明太魚の漁撈/上野水産主任談
104311	鮮滿版	1922-02-21	03단	二十師團檢查
104312	鮮滿版	1922-02-21	03단	德山驛新設
104313	鮮滿版	1922-02-21	03단	京城新設電話
104314	鮮滿版	1922-02-21	04단	會議所豫算確定
104315	鮮滿版	1922-02-21	04단	大東同志會苦境
104316	鮮滿版	1922-02-21	04단	興業會組織
104317	鮮滿版	1922-02-21	04단	大邱信託組織
104318	鮮滿版	1922-02-21	05단	坊門及方圓社名家勝繼碁戰百十八回（１２）
104319	鮮滿版	1922-02-21	05단	不逞團逮捕/平南警察活動
104320	鮮滿版	1922-02-21	05단	宙返り飛行
104321	鮮滿版	1922-02-21	05단	米國婦人觀光團
104322	鮮滿版	1922-02-21	05단	永興カルタ會

일련번호	판명	간행일	단수	기사명
104323	鮮滿版	1922-02-21	05단	人(西義一氏(待從式官)/三山喜三部(總督府技師))
104324	鮮滿版	1922-02-21	05단	半島茶話
104325	鮮滿版	1922-02-21	06단	西鮮商業通信社
104326	鮮滿版	1922-02-21	06단	辭令
104327	鮮滿版	1922-02-21	06단	幼稚園開設/愛婦支部の事業
104328	鮮滿版	1922-02-22	01단	軍縮剩餘金分讓請願/全鮮會議所聯合會の結果
104329	鮮滿版	1922-02-22	01단	和龍縣の防穀令/鮮商人の困憊
104330	鮮滿版	1922-02-22	01단	高普校規程要領
104331	鮮滿版	1922-02-22	01단	燒失した羅南娛樂場
104332	鮮滿版	1922-02-22	02단	全南道評會期
104333	鮮滿版	1922-02-22	02단	東亞煙草善後
104334	鮮滿版	1922-02-22	02단	平壤高女入學
104335	鮮滿版	1922-02-22	02단	鎭海學議改選
104336	鮮滿版	1922-02-22	02단	各地だより(大田より/光州より/浦項より/新義州より/會寧より)
104337	鮮滿版	1922-02-22	04단	平佐大尉が新聞計劃/本社は滿洲里
104338	鮮滿版	1922-02-22	04단	鮮于筍氏/不起訴となる
104339	鮮滿版	1922-02-22	04단	不逞鮮人巨魁/熊に襲はる
104340	鮮滿版	1922-02-22	04단	歸順を申出で不逞漢捕はる
104341	鮮滿版	1922-02-22	05단	晉州普校盟休/裏面に煽動者
104342	鮮滿版	1922-02-22	05단	平壤の暖氣/大同江の解氷
104343	鮮滿版	1922-02-22	05단	茂山對岸不穩
104344	鮮滿版	1922-02-22	05단	坊門及方圓社名家勝繼碁戰百十八回(１３)
104345	鮮滿版	1922-02-22	06단	娛樂場燒失
104346	鮮滿版	1922-02-22	06단	半島茶話
104347	鮮滿版	1922-02-23	01단	ジョッフル元師釜山上陸/小學生徒の旗で棧橋を埋む
104348	鮮滿版	1922-02-23	01단	朝鮮小作人救濟急務/朴氏調査に着手
104349	鮮滿版	1922-02-23	01단	內鮮人入學特例
104350	鮮滿版	1922-02-23	02단	各銀行前年下半期業績(朝鮮銀行/殖産銀行/朝鮮商業銀行/漢城銀行/大邱銀行/鮮南銀行/韓一銀行/湖南銀行/湖西銀行/元山商業銀行/釜山商業銀行)
104351	鮮滿版	1922-02-23	03단	時局關係犯罪は減じて居る/山口高等課長談
104352	鮮滿版	1922-02-23	03단	行政講習會/明年度より實施
104353	鮮滿版	1922-02-23	03단	女子高普校/大邱の要望
104354	鮮滿版	1922-02-23	03단	大田水道計劃
104355	鮮滿版	1922-02-23	04단	江陵電話開始
104356	鮮滿版	1922-02-23	04단	慶北自動車創立

일련번호	판명	간행일	단수	기사명
104357	鮮滿版	1922-02-23	04단	晋州電氣增資
104358	鮮滿版	1922-02-23	04단	鳳山炭鑛開始
104359	鮮滿版	1922-02-23	04단	森林講習會
104360	鮮滿版	1922-02-23	04단	各地だより(羅南より/會豊より/海州より)
104361	鮮滿版	1922-02-23	05단	辭令
104362	鮮滿版	1922-02-23	05단	出版界(朝鮮及滿洲(二月)/滿鮮縱橫評論(二月)/朝鮮遞信雜誌)
104363	鮮滿版	1922-02-23	05단	京城電車從業員/待遇改善要求
104364	鮮滿版	1922-02-23	05단	坊門及方圓社名家勝繼碁戰百十九回(１)
104365	鮮滿版	1922-02-23	06단	流感猖獗/京畿最も甚し
104366	鮮滿版	1922-02-23	06단	半島茶話
104367	鮮滿版	1922-02-24	01단	朝鮮米改良方策/鈴木支店長談
104368	鮮滿版	1922-02-24	01단	醫專校/平壤に設置
104369	鮮滿版	1922-02-24	01단	湖南線(一)/大埃生/氷雪の江景
104370	鮮滿版	1922-02-24	02단	産業振興會/實現不可能か
104371	鮮滿版	1922-02-24	02단	慶北道評會招集
104372	鮮滿版	1922-02-24	02단	支那製絲情況
104373	鮮滿版	1922-02-24	03단	天道教豫算
104374	鮮滿版	1922-02-24	03단	平壤通關貿易
104375	鮮滿版	1922-02-24	04단	公會堂協議
104376	鮮滿版	1922-02-24	04단	各地だより(平壤より/大邱より)
104377	鮮滿版	1922-02-24	04단	鮮人騷擾記念日/大した事もなからうと當局の談/平壤警戒
104378	鮮滿版	1922-02-24	05단	坊門及方圓社名家勝繼碁戰百十九回(２)
104379	鮮滿版	1922-02-24	05단	獨身者の大合宿所/京城府で計劃
104380	鮮滿版	1922-02-24	05단	鮮銀僞券/犯人捕はる
104381	鮮滿版	1922-02-24	06단	在浦基教牧師/排日歌を作る
104382	鮮滿版	1922-02-24	06단	小學生の暴行
104383	鮮滿版	1922-02-24	06단	半島茶話
104384	鮮滿版	1922-02-25	01단	師範學校規定內容
104385	鮮滿版	1922-02-25	01단	幼年監新設擴張/梣原監獄課長談
104386	鮮滿版	1922-02-25	01단	平南豫算編成終る/陳列場移築/共進會計劃
104387	鮮滿版	1922-02-25	02단	群山築港/速成建議運動
104388	鮮滿版	1922-02-25	02단	二月上半貿易
104389	鮮滿版	1922-02-25	03단	郵便貯金增加
104390	鮮滿版	1922-02-25	03단	船舶職員試驗
104391	鮮滿版	1922-02-25	03단	各地だより(平壤より/光州より)

일련번호	판명	간행일	단수	기사명
104392	鮮滿版	1922-02-25	03단	*友情に富むジョ元師 三十五年前の友の幕を弔ふ/朝鮮の珍奇な事物に心を動かしたジョ元師夫人/鮮人の感想*
104393	鮮滿版	1922-02-25	05단	釜山府から損害賠償/瓦電會社に對し
104394	鮮滿版	1922-02-25	05단	朝鮮に新しき村/鄭氏の調査
104395	鮮滿版	1922-02-25	05단	坊門及方圓社名家勝繼碁戰百十九回(３)
104396	鮮滿版	1922-02-25	06단	鴨綠江解氷
104397	鮮滿版	1922-02-25	06단	人(水野鍊太郎氏(朝鮮政務總監)/久保武氏(京城醫專教授)/上林敬次郎氏(李王職次官)/高義敬氏(李王世子附事務官)/松寺大邱復審法院檢事長/時實監察官/中野太三郎氏(平南道警察部長)/乙屋誠一郎氏(東柘社員))
104398	鮮滿版	1922-02-25	06단	半島茶話
104399	鮮滿版	1922-02-26	01단	荒廢地二十三萬餘町步を三十箇年計劃で復舊する/岡崎山林課長談
104400	鮮滿版	1922-02-26	01단	李王職施設改善/雅樂は保護方針
104401	鮮滿版	1922-02-26	01단	日露役汽船損害補塡請願提出
104402	鮮滿版	1922-02-26	01단	南鮮實業家懇話會
104403	鮮滿版	1922-02-26	02단	京城府の新財源/特別所得稅設定
104404	鮮滿版	1922-02-26	02단	湖南線(二)/大埃生/夜着の袖
104405	鮮滿版	1922-02-26	03단	監獄改築工程
104406	鮮滿版	1922-02-26	03단	棉花トラスト問題
104407	鮮滿版	1922-02-26	03단	商專校設立計劃
104408	鮮滿版	1922-02-26	04단	京開間電話增設
104409	鮮滿版	1922-02-26	04단	平壤の洋襪生産
104410	鮮滿版	1922-02-26	04단	南浦水道問題
104411	鮮滿版	1922-02-26	04단	英太子殿下の渡鮮/御歡迎準備進捗す
104412	鮮滿版	1922-02-26	04단	兩切から口附きへ/鮮人の嗜好變遷
104413	鮮滿版	1922-02-26	05단	坊門及方圓社名家勝繼碁戰百十九回(４)
104414	鮮滿版	1922-02-26	05단	産後の女轢死
104415	鮮滿版	1922-02-26	06단	取消申込
104416	鮮滿版	1922-02-26	06단	病院移管至難
104417	鮮滿版	1922-02-26	06단	人(益田平壤航空隊長/齋藤金祐氏(平壤警察署長))
104418	鮮滿版	1922-02-26	06단	半島茶話
104419	鮮滿版	1922-02-28	01단	總督府十年度追加豫算
104420	鮮滿版	1922-02-28	01단	朝鮮の燃料問題/黑木鑛務課長談
104421	鮮滿版	1922-02-28	01단	免囚保護/栃原監獄課長談
104422	鮮滿版	1922-02-28	02단	間島の支那警官/我が施設に妨害
104423	鮮滿版	1922-02-28	02단	統契準則/嚴社會課長談
104424	鮮滿版	1922-02-28	03단	社會的智識を小學生に注入

일련번호	판명	간행일	단수	기사명
104425	鮮滿版	1922-02-28	03단	京城管內土木事業
104426	鮮滿版	1922-02-28	04단	平南商工相談係
104427	鮮滿版	1922-02-28	04단	菅野師團長巡視
104428	鮮滿版	1922-02-28	04단	各地だより(京城より/平壤より/清津より/釜山より/光州より)
104429	鮮滿版	1922-02-28	05단	坊門及方圓社名家勝繼碁戰百十九回(５)
104430	鮮滿版	1922-02-28	06단	國境の白雉/宮中に獻上
104431	鮮滿版	1922-02-28	06단	漣川のチブス
104432	鮮滿版	1922-02-28	06단	人(水谷海軍少將(平壤鐵業所長))
104433	鮮滿版	1922-02-28	06단	半島茶話

1922년 3월 (선만판)

일련번호	판명	간행일	단수	기사명
104434	鮮滿版	1922-03-01	01단	鎭南浦築港速成請願 分科會で採擇さる/汽船損害 塡補請願採擇/警官優遇請願 政府參考送附
104435	鮮滿版	1922-03-01	01단	過激運動取締方針/制令第九號改正か
104436	鮮滿版	1922-03-01	01단	莫府の極東勤勞者會議/朝鮮獨立を決議した
104437	鮮滿版	1922-03-01	01단	浦潮近況/伊藤支店長談/二十日來城せる鮮銀浦潮支店長伊藤信郎氏は語る(京城)
104438	鮮滿版	1922-03-01	01단	湖南線(三)/大埃生
104439	鮮滿版	1922-03-01	03단	支拂日統一問題
104440	鮮滿版	1922-03-01	04단	黃州の名物/林檎/年額廿萬圓
104441	鮮滿版	1922-03-01	04단	京城勞働賃銀目先低落模樣
104442	鮮滿版	1922-03-01	04단	平壤の內地人
104443	鮮滿版	1922-03-01	04단	製鐵業獎勵規則
104444	鮮滿版	1922-03-01	05단	大同江姬鱒
104445	鮮滿版	1922-03-01	05단	各地だより(釜山より/新義州より)
104446	鮮滿版	1922-03-01	05단	坊門及方圓社名家勝繼碁戰百十九回(6)
104447	鮮滿版	1922-03-01	06단	辭令
104448	鮮滿版	1922-03-01	06단	朝鮮の降雪
104449	鮮滿版	1922-03-01	06단	半島茶話
104450	鮮滿版	1922-03-02	01단	鮮銀の放漫な貸出が滿洲の財界を攪亂した
104451	鮮滿版	1922-03-02	01단	在米鮮人悉く排日主義/最近米國から歸った京城の某氏は在米鮮人の狀況に就いて語る(京城)
104452	鮮滿版	1922-03-02	01단	貯金功勞者を近く表彰せん
104453	鮮滿版	1922-03-02	01단	湖南線(四)/大埃生
104454	鮮滿版	1922-03-02	02단	木浦開港記念日に全鮮穀物大會
104455	鮮滿版	1922-03-02	02단	湖南急行列車四月一日實施
104456	鮮滿版	1922-03-02	02단	仁取仲買反對/手數料分配問題
104457	鮮滿版	1922-03-02	03단	京龍電話統一
104458	鮮滿版	1922-03-02	03단	平南米實收高
104459	鮮滿版	1922-03-02	03단	海運界閑散
104460	鮮滿版	1922-03-02	04단	軍港內撮映取締
104461	鮮滿版	1922-03-02	04단	東拓葉煙草輸出
104462	鮮滿版	1922-03-02	04단	各地だより(平壤より/大邱より/馬山より)
104463	鮮滿版	1922-03-02	05단	坊門及方圓社名家勝繼碁戰百十九回(7)
104464	鮮滿版	1922-03-02	05단	妓生達が平和博に乘出した
104465	鮮滿版	1922-03-02	06단	天道教會演劇團
104466	鮮滿版	1922-03-02	06단	仁川店員慰安會
104467	鮮滿版	1922-03-02	06단	半島茶話

일련번호	판명	간행일	단수	기사명
104468	鮮滿版	1922-03-03	01단	軍縮剩餘金大した事なし/會田司令官談
104469	鮮滿版	1922-03-03	01단	漁業有望/郡水産課長談/朝鮮に於ける官立水産試驗場は來年度で完城する筈であるが右に就き總督府郡水産課長は語る(京城)
104470	鮮滿版	1922-03-03	01단	ジョツフル元師奉天着
104471	鮮滿版	1922-03-03	02단	土地收用問題/軍馬補充部用地
104472	鮮滿版	1922-03-03	02단	ジョ元師禮狀
104473	鮮滿版	1922-03-03	03단	モット博士渡鮮
104474	鮮滿版	1922-03-03	03단	鎭海要港演習
104475	鮮滿版	1922-03-03	03단	辭令
104476	鮮滿版	1922-03-03	03단	各地だより(平壤より/大邱より/鳥致院より/淸津より)
104477	鮮滿版	1922-03-03	04단	支那人にも見放された朝鮮銀行紙幣
104478	鮮滿版	1922-03-03	04단	知多政府の密偵/イマンで捕はる
104479	鮮滿版	1922-03-03	04단	溝中に拳銃彈數十發投棄
104480	鮮滿版	1922-03-03	05단	坊門及方圓社名家勝繼碁戰百十九回(8)
104481	鮮滿版	1922-03-03	06단	農鼇校盟休事情
104482	鮮滿版	1922-03-03	06단	水兵娼妓と情死
104483	鮮滿版	1922-03-03	06단	出版界(産業論集(賀田直治著)/朝鮮事情新聞(二月)/專業と投資(三月)/朝鮮實業倶樂部會報(二月)/朝鮮銀行月報(二月)
104484	鮮滿版	1922-03-03	06단	半島茶話
104485	鮮滿版	1922-03-04	01단	赤十字社朝鮮總會第三回計劃
104486	鮮滿版	1922-03-04	01단	*平壤府營電鐵準備成算は確實/追加豫算提出*
104487	鮮滿版	1922-03-04	01단	忠淸道評會期
104488	鮮滿版	1922-03-04	01단	鹽の自給自足が急務だ/高武事業課長談
104489	鮮滿版	1922-03-04	02단	畜産組合認可
104490	鮮滿版	1922-03-04	02단	官立校卒業式
104491	鮮滿版	1922-03-04	02단	水産組合獎勵
104492	鮮滿版	1922-03-04	02단	自由敎會問題(朝鮮/浮薄/經濟)
104493	鮮滿版	1922-03-04	02단	平壤府豫算會議
104494	鮮滿版	1922-03-04	03단	龍塘浦の施設
104495	鮮滿版	1922-03-04	03단	水利組合事業
104496	鮮滿版	1922-03-04	03단	鎭南浦貿易額
104497	鮮滿版	1922-03-04	03단	各地だより(平壤より/新義州より/大田より)
104498	鮮滿版	1922-03-04	04단	三殿下お揃ひで久方振りの御歸鮮/李王職の歡迎準備進捗
104499	鮮滿版	1922-03-04	04단	朝鮮事情を平博で紹介
104500	鮮滿版	1922-03-04	04단	西伯利の鮮人有力者/鄕土視察豫定

일련번호	판명	간행일	단수	기사명
104501	鮮滿版	1922-03-04	05단	坊門及方圓社名家勝繼碁戰百十九回(９)
104502	鮮滿版	1922-03-04	06단	名家荒し捕はる
104503	鮮滿版	1922-03-04	06단	幼稚園開園
104504	鮮滿版	1922-03-04	06단	半島茶話
104505	鮮滿版	1922-03-05	01단	朝鮮統治に追窮 三日の衆議院決算委員會/(齋藤總督/荒川五郎君/太田信次郎君)
104506	鮮滿版	1922-03-05	01단	過激運動取締法を朝鮮に實施するや否や法務局で目下調査中だ/横田法務局長談
104507	鮮滿版	1922-03-05	01단	湖南線(五)/大埃生
104508	鮮滿版	1922-03-05	03단	平安南道豫算編成 平井內務部長談/慶北豫算概要(歲入/歲出)
104509	鮮滿版	1922-03-05	04단	鮮人登用地方では優勢
104510	鮮滿版	1922-03-05	05단	鐵道事務分掌規程改正要旨
104511	鮮滿版	1922-03-05	05단	陸軍法廷改造
104512	鮮滿版	1922-03-05	05단	西鮮共進會延期
104513	鮮滿版	1922-03-05	05단	郵便所設置
104514	鮮滿版	1922-03-05	05단	師範生見學
104515	鮮滿版	1922-03-05	05단	各地だより(平壤より/釜山より/羅南より)
104516	鮮滿版	1922-03-05	06단	人(久保要藏氏(滿鐵理事)/國友尙議氏(警務局課長)/志賀潔氏(總督府醫院長))
104517	鮮滿版	1922-03-05	06단	半島茶話
104518	鮮滿版	1922-03-07	01단	先づ第一着手に警察事務を監察/今後警察批難の聲も薄らがう/渡邊監察官談
104519	鮮滿版	1922-03-07	01단	お待兼ねの李王家/妃殿下は日本語の御勉强/李世子殿下の御歸鮮を指折り數へてお待兼の李王家兩殿下の御近狀を聞くに
104520	鮮滿版	1922-03-07	01단	初等教育普及/鮮人の學費負擔增大せん
104521	鮮滿版	1922-03-07	01단	市街電鐵敷設準備進捗
104522	鮮滿版	1922-03-07	02단	第十五回米穀大會四月上旬京城に開催
104523	鮮滿版	1922-03-07	02단	金肥生産額千七百萬貫
104524	鮮滿版	1922-03-07	02단	煙草生産過剰
104525	鮮滿版	1922-03-07	02단	驛屯土拂下
104526	鮮滿版	1922-03-07	03단	宣川大豆改良陳情
104527	鮮滿版	1922-03-07	03단	支那側から國權侵害を楯に逆捻ぢ琿春の巡査凌辱事件
104528	鮮滿版	1922-03-07	03단	平和博に出演する妓生十二名櫻咲く頃東上
104529	鮮滿版	1922-03-07	04단	郵便所新設(合德郵便所(忠淸北道唐津郡)/益山郵便所(全羅北道益山郡)/禾湖郵便所(同井邑郡))
104530	鮮滿版	1922-03-07	04단	鮮鐵二月の成績

일련번호	판명	간행일	단수	기사명
104531	鮮滿版	1922-03-07	04단	中學設立期成會成る
104532	鮮滿版	1922-03-07	04단	平壤栗
104533	鮮滿版	1922-03-07	04단	メルボルテン女學休校/校長と職員のゴテゴテカラ
104534	鮮滿版	1922-03-07	05단	坊門及方圓社名家勝繼碁戰百二十回(１)
104535	鮮滿版	1922-03-07	05단	仁川鎭南浦航路復舊
104536	鮮滿版	1922-03-07	05단	鴨綠江沖の蝦
104537	鮮滿版	1922-03-07	05단	各地だより(鳥致院より/群山より/大田より)
104538	鮮滿版	1922-03-07	06단	人(中野太三郎氏(平南警察部長)
104539	鮮滿版	1922-03-07	06단	半島茶話
104540	鮮滿版	1922-03-08	01단	新事業に社會的施設/京城府豫算案內容
104541	鮮滿版	1922-03-08	01단	盲啞者社會課調査終了
104542	鮮滿版	1922-03-08	01단	軍縮剩餘金に均霑するが當然/林駒生氏語る
104543	鮮滿版	1922-03-08	01단	改善さる平壤慈惠醫院
104544	鮮滿版	1922-03-08	02단	慶南評議員會
104545	鮮滿版	1922-03-08	02단	朝鮮の船舶と海員
104546	鮮滿版	1922-03-08	02단	辯護士資格附與請願
104547	鮮滿版	1922-03-08	02단	慶北教員補充策
104548	鮮滿版	1922-03-08	03단	海州面長は內地人
104549	鮮滿版	1922-03-08	03단	基教擴張計劃
104550	鮮滿版	1922-03-08	03단	林檎增收
104551	鮮滿版	1922-03-08	03단	拳銃携帶の怪漢勸男爵邸を襲ふ/持兇器強盜の出沒に不安な京城府內
104552	鮮滿版	1922-03-08	03단	朴侯爵同堅會に入る/一部會員は之に反對
104553	鮮滿版	1922-03-08	03단	在外鮮人の泣言
104554	鮮滿版	1922-03-08	04단	警察署長移動
104555	鮮滿版	1922-03-08	04단	鮮內に流込む支那人が滅切り殖えた/大部分は勞働者
104556	鮮滿版	1922-03-08	04단	重砲隊の摸擬戰/陸軍記念日に擧行
104557	鮮滿版	1922-03-08	05단	坊門及方圓社名家勝繼碁戰百二十回(２)
104558	鮮滿版	1922-03-08	05단	海軍陸戰隊聯合演習
104559	鮮滿版	1922-03-08	05단	馬山署落成式
104560	鮮滿版	1922-03-08	05단	朝鮮婦人の爲に
104561	鮮滿版	1922-03-08	05단	軍艦「春日」
104562	鮮滿版	1922-03-08	05단	本社見學
104563	鮮滿版	1922-03-08	05단	會(澤田知事歡迎會)
104564	鮮滿版	1922-03-08	05단	各地だより(統營より/大田より)
104565	鮮滿版	1922-03-08	06단	半島茶話

일련번호	판명	간행일	단수	기사명
104566	鮮滿版	1922-03-09	01단	衆議院に提出された朝鮮內政獨立の請願/一部鮮人の眞情を語る
104567	鮮滿版	1922-03-09	01단	英皇儲御渡鮮なし/朝鮮の活寫を台覽
104568	鮮滿版	1922-03-09	01단	間島材生産狀況
104569	鮮滿版	1922-03-09	02단	醫生講習の要/內村慈惠院長談/朝鮮に於ける醫師の養成について內村平壤慈惠醫院長は語る(平壤)
104570	鮮滿版	1922-03-09	03단	雄基下汝坪間に輕鐵敷設計劃
104571	鮮滿版	1922-03-09	03단	學校官立授業料改正
104572	鮮滿版	1922-03-09	03단	菜豆相場昂騰/九圓から二十圓に
104573	鮮滿版	1922-03-09	03단	慶南來年度豫算案
104574	鮮滿版	1922-03-09	03단	書堂教師に新教育を授ける/平內儒林會の事業
104575	鮮滿版	1922-03-09	04단	京畿道評議員會
104576	鮮滿版	1922-03-09	04단	淸津驛取扱高
104577	鮮滿版	1922-03-09	04단	東洋種苗會社創立計劃
104578	鮮滿版	1922-03-09	04단	農立學校生徒募集
104579	鮮滿版	1922-03-09	04단	問題の裏面/朝鮮系を排斥する策略/東拓損失事件
104580	鮮滿版	1922-03-09	04단	料金値下から其筋が會社の內幕調査/朝鮮瓦斯電氣會社
104581	鮮滿版	1922-03-09	04단	遊興稅撤癈運動/釜山遊廓と料理屋組合が
104582	鮮滿版	1922-03-09	05단	卷煙草は粗製/內地以上との噂に對し當局は辯明
104583	鮮滿版	1922-03-09	05단	釜山に上陸客が次第に殖える
104584	鮮滿版	1922-03-09	05단	軍醫野外作業
104585	鮮滿版	1922-03-09	05단	將校現地戰術
104586	鮮滿版	1922-03-09	05단	天道教徒の演劇
104587	鮮滿版	1922-03-09	05단	坊門及方圓社名家勝繼碁戰百二十回(３)
104588	鮮滿版	1922-03-09	06단	各地だより(淸津より/咸興より)
104589	鮮滿版	1922-03-09	06단	會(京城學校組合會/京城學校評議會)
104590	鮮滿版	1922-03-09	06단	半島茶話
104591	鮮滿版	1922-03-10	01단	議會で問題になった銀建復活請願/衆議院に提出さる
104592	鮮滿版	1922-03-10	01단	東拓經營に就て語る/更秋理事/鮮內に於ける各支店長の金融打合會に臨席の爲來坡した夏秋會社理事は語る
104593	鮮滿版	1922-03-10	01단	專門學校規程改正の要點
104594	鮮滿版	1922-03-10	01단	三事業に主力を傾注/平壤來年度豫算
104595	鮮滿版	1922-03-10	02단	平壤財界の現在と將來/平壤地方に於ける經濟界の現況及び將來について殖銀支店長伊森明治氏は語る
104596	鮮滿版	1922-03-10	02단	朝鮮の安定を期するには參政權を附與せよ/『一視同仁』も『差別撤廢』も古い標語だと鮮干筍氏語る
104597	鮮滿版	1922-03-10	03단	西鮮から
104598	鮮滿版	1922-03-10	03단	朝鮮靴下製造狀況/素敵に好評

일련번호	판명	간행일	단수	기사명
104599	鮮滿版	1922-03-10	04단	最近の海運界/松崎朝郵專務談/朝鮮郵船定時總會列席のため東上中の松崎專務は此の程歸任したが同專務は語る
104600	鮮滿版	1922-03-10	04단	靴下工組合組織計劃
104601	鮮滿版	1922-03-10	04단	平壤府が率先して設ける實費診療所/旣に豫算に計上
104602	鮮滿版	1922-03-10	05단	國語普及程度/百人に十四人の割合
104603	鮮滿版	1922-03-10	05단	鮮人內地移住激增
104604	鮮滿版	1922-03-10	05단	坊門及方圓社名家勝繼碁戰百二十回(４)
104605	鮮滿版	1922-03-10	06단	女學生と志望
104606	鮮滿版	1922-03-10	06단	人殺し船長は懲役五十年
104607	鮮滿版	1922-03-10	06단	マ氏渡鮮斷念
104608	鮮滿版	1922-03-11	01단	群山港修築國營建議案提出さる
104609	鮮滿版	1922-03-11	01단	規則改正に依る普通學校の新教科書は來年から使用
104610	鮮滿版	1922-03-11	01단	教會獨立運動/頭を擡げる/二三年後には實現か
104611	鮮滿版	1922-03-11	02단	內地人商取引範圍擴大
104612	鮮滿版	1922-03-11	02단	避難鮮人增加/馬賊を恐れて
104613	鮮滿版	1922-03-11	02단	道當局の不視切を絶叫/鎭南浦府協議會
104614	鮮滿版	1922-03-11	02단	釜山商議新評議員/候補者顔觸
104615	鮮滿版	1922-03-11	02단	西鮮から
104616	鮮滿版	1922-03-11	03단	南鮮聯合共進會加入勸誘
104617	鮮滿版	1922-03-11	03단	最初の小手調べに先づ長距離飛行/京城、平壤往復四月上旬擧行
104618	鮮滿版	1922-03-11	03단	馬賊頭目公主嶺に集る/根據地を作る相談
104619	鮮滿版	1922-03-11	04단	全州學校組合議員
104620	鮮滿版	1922-03-11	04단	獻穀耕作者選定
104621	鮮滿版	1922-03-11	04단	郵便所新設
104622	鮮滿版	1922-03-11	04단	辭令
104623	鮮滿版	1922-03-11	04단	不逞團逆襲さる/對岸に逃走
104624	鮮滿版	1922-03-11	05단	坊門及方圓社名家勝繼碁戰百二十回(５)
104625	鮮滿版	1922-03-11	05단	改良される大邱白菜
104626	鮮滿版	1922-03-11	05단	釜山藝妓覺る/腕に撚をかけて一生懸命に稽古
104627	鮮滿版	1922-03-11	05단	『春日』入港
104628	鮮滿版	1922-03-11	05단	各地だより(會寧より/新義州より)
104629	鮮滿版	1922-03-11	06단	會(京畿道評議會/瓦電總會/京城記者團總會)
104630	鮮滿版	1922-03-11	06단	半島茶話
104631	鮮滿版	1922-03-12	01단	朝鮮産業開發上最も緊要な四大事業/鐵道建設/移人稅撤廢/産米增殖/水産開發/經費增給を請願
104632	鮮滿版	1922-03-12	01단	咸南を視察して水口監察官談/先過來成鏡南道の行政監察をなし歸任した水口監察官は語る

일련번호	판명	간행일	단수	기사명
104633	鮮滿版	1922-03-12	01단	開場した東京平和展覽會朝鮮館と臺灣館
104634	鮮滿版	1922-03-12	02단	各道評議會開會期
104635	鮮滿版	1922-03-12	02단	公開の前提か/新聞記者に傍聽許可/慶北道評議會
104636	鮮滿版	1922-03-12	03단	慶北に於ける漁業今後發展せん
104637	鮮滿版	1922-03-12	03단	鮮鐵運輸好況
104638	鮮滿版	1922-03-12	03단	公衆電報取扱
104639	鮮滿版	1922-03-12	03단	朝鮮金融界頗る閑散
104640	鮮滿版	1922-03-12	04단	大部分は實業家志望/高普卒業生
104641	鮮滿版	1922-03-12	04단	在鮮基督教徒は三十二萬人
104642	鮮滿版	1922-03-12	04단	韓男爵邸を襲ふた兇漢逮捕さる
104643	鮮滿版	1922-03-12	04단	怪英人ショー/相變らす不逞團や共産黨員と往來
104644	鮮滿版	1922-03-12	05단	坊門及方圓社名家勝繼碁戰百二十回(6)
104645	鮮滿版	1922-03-12	05단	領收書僞造犯人三名長春で逮捕
104646	鮮滿版	1922-03-12	05단	主要郵便局に裁縫具備付
104647	鮮滿版	1922-03-12	05단	各地だより(新義州より/群山より/元山より)
104648	鮮滿版	1922-03-12	05단	半島茶話
104649	鮮滿版	1922-03-14	01단	京管局長專任問題/職制改革も實現せん
104650	鮮滿版	1922-03-14	01단	荷動狀況
104651	鮮滿版	1922-03-14	01단	全北道評會期/慶南
104652	鮮滿版	1922-03-14	01단	西鮮から
104653	鮮滿版	1922-03-14	02단	釜山二月貿易
104654	鮮滿版	1922-03-14	02단	鎭南浦開港記念
104655	鮮滿版	1922-03-14	02단	裡里學議改選
104656	鮮滿版	1922-03-14	02단	穀物信託公募
104657	鮮滿版	1922-03-14	03단	各地だより(平壤より/大田より/晋州より/大邱より)
104658	鮮滿版	1922-03-14	04단	共産黨の祕書/上海で殺さる
104659	鮮滿版	1922-03-14	04단	自動車の乘客死傷/列車と正面衝突
104660	鮮滿版	1922-03-14	05단	坊門及方圓社名家勝繼碁戰百二十回(7)
104661	鮮滿版	1922-03-14	05단	平和博見物に李參議一行東上
104662	鮮滿版	1922-03-14	05단	鎭海五島飛行/櫻咲く四月頃
104663	鮮滿版	1922-03-14	05단	卒業生(京城中學校/釜山中學校/龍山中學校/善隣商業學校)
104664	鮮滿版	1922-03-14	06단	半島茶話
104665	鮮滿版	1922-03-14	06단	鮮滿版讀者へ謹告/新聞發送時間改正/大阪朝日新聞社
104666	鮮滿版	1922-03-15		缺號
104667	鮮滿版	1922-03-16	01단	靑島民政署の暗鬪/部長課長確執の眞相
104668	鮮滿版	1922-03-16	01단	勤勞會議列席者極東視察

일련번호	판명	간행일	단수	기사명
104669	鮮滿版	1922-03-16	01단	專門校昇格不可能か/柴田學務局長談
104670	鮮滿版	1922-03-16	02단	優良警官に赤池局長訓示
104671	鮮滿版	1922-03-16	02단	*鮮銀移管問題 吉田理事談/社說の反響*
104672	鮮滿版	1922-03-16	03단	面制規則改正
104673	鮮滿版	1922-03-16	03단	府營住宅設備
104674	鮮滿版	1922-03-16	03단	鮮鹽需給現狀
104675	鮮滿版	1922-03-16	04단	京城と仁川の人口
104676	鮮滿版	1922-03-16	04단	醫生內地視察
104677	鮮滿版	1922-03-16	04단	水利組合認可
104678	鮮滿版	1922-03-16	04단	各地だより(鳥致院より/羅南より)
104679	鮮滿版	1922-03-16	04단	人(前田昇少將(朝鮮憲兵司令官)/安藤又三郎氏(京管運輸課長)/齋藤實氏(朝鮮總督)/美濃部俊吉氏(朝鮮總裁)
104680	鮮滿版	1922-03-16	04단	寢臺車に浴衣備付け
104681	鮮滿版	1922-03-16	04단	ムダせぬ會
104682	鮮滿版	1922-03-16	05단	鮮人上書を企つ
104683	鮮滿版	1922-03-16	05단	李王家彙報(三殿下渡鮮期/王殿下御症狀/御土産品/李鍝公御出發)
104684	鮮滿版	1922-03-16	05단	坊門及方圓社名家勝繼碁戰百二十回(9)
104685	鮮滿版	1922-03-16	06단	出版界(赤土(二ノ二)/朝鮮(八四)/警務業報(二○一)/朝鮮事情要覽(最新)
104686	鮮滿版	1922-03-16	06단	半島茶話
104687	鮮滿版	1922-03-16	06단	鮮滿版讀者へ謹告/新聞發送時間改正/大阪朝日新聞社
104688	鮮滿版	1922-03-17	01단	私鐵補助を出澁るので會社側から總督府に交涉
104689	鮮滿版	1922-03-17	01단	新令の爲め高普校入學難/學力試驗に手心を加へるだらう
104690	鮮滿版	1922-03-17	01단	*平壤府豫算額六十七萬餘圓/歲出經常部/歲出臨時部/歲入經常部/歲入監時部*
104691	鮮滿版	1922-03-17	03단	吉林地方に鮮人十萬/平松少佐談/軍司令部附參謀平松少佐は吉林地方の視察を終へ去る八日夜歸任したが同地に於ける移住鮮人の寅狀に就て語る(京城)
104692	鮮滿版	1922-03-17	04단	米國商人蒙古に發展
104693	鮮滿版	1922-03-17	04단	平南當面の事業/篠田知事談/篠田平安南道知事は道評議會を前にして道政當面の問題について語る(平壤)
104694	鮮滿版	1922-03-17	04단	支拂日統一實行方法決定
104695	鮮滿版	1922-03-17	04단	モット博士來城の用件
104696	鮮滿版	1922-03-17	04단	忠淸北道評議會開會
104697	鮮滿版	1922-03-17	05단	鮮鐵鹹首せじ
104698	鮮滿版	1922-03-17	05단	朝鮮美術展覽會六月一日より三週間

일련번호	판명	간행일	단수	기사명
104699	鮮滿版	1922-03-17	05단	「旬刊朝日」善用の一例/海州では研究會の教科書とす
104700	鮮滿版	1922-03-17	05단	明東學校休校/職員同盟辭職
104701	鮮滿版	1922-03-17	05단	黃德煥局送り
104702	鮮滿版	1922-03-17	05단	鮮人民會長縊死
104703	鮮滿版	1922-03-17	06단	釜山穀物取引高
104704	鮮滿版	1922-03-17	06단	人(內田願一氏(殖鐵出張所長)/太田資生氏(警務局技師)/名古屋工業視察團一行)
104705	鮮滿版	1922-03-17	06단	半島茶話
104706	鮮滿版	1922-03-18	01단	朝鮮に陪審制尙早/實施は參政權を得てから(橫田法務局長談)
104707	鮮滿版	1922-03-18	01단	京城府社會事業來年度新施設/平壤府(憤費診療所/職業紹介所/人事相談所/公設宿泊所/公設浴場/公設市場/兒童相談所/公設運動場/救助費)
104708	鮮滿版	1922-03-18	02단	平安南道豫算總額百四十二萬餘圓/歲出經常部/歲出臨時部/歲入經常部/歲入臨時部
104709	鮮滿版	1922-03-18	03단	鎭海要港現狀維持/財部長官談
104710	鮮滿版	1922-03-18	04단	馬廷亮氏留任運動
104711	鮮滿版	1922-03-18	04단	釜山商議候補
104712	鮮滿版	1922-03-18	04단	平壤學校費豫算
104713	鮮滿版	1922-03-18	04단	鐵道協會好況
104714	鮮滿版	1922-03-18	04단	晋州面豫算會議
104715	鮮滿版	1922-03-18	04단	各地だより(平壤より/木浦より)
104716	鮮滿版	1922-03-18	05단	運動界(平壤の運動熱/店員運動會)
104717	鮮滿版	1922-03-18	05단	人(河合大將(關東軍司令官)/赤池濃氏(總督府警務局長)/生田淸三郎氏(總督府事務官))
104718	鮮滿版	1922-03-18	05단	坊門及方圓社名家勝繼碁戰百二十回(１０)
104719	鮮滿版	1922-03-18	06단	辭令
104720	鮮滿版	1922-03-18	06단	半島茶話
104721	鮮滿版	1922-03-19	01단	先づ浮浪者の調査/軈て感化院を建てやう(失島社會課長談)
104722	鮮滿版	1922-03-19	01단	警備の準備は整った 丸山事務官談/憲兵撤退問題/滿洲との連絡/內地との連絡
104723	鮮滿版	1922-03-19	01단	平安南道評議會十五日より開會/平安北道
104724	鮮滿版	1922-03-19	01단	豫算議了 平壤府協議會/淸津
104725	鮮滿版	1922-03-19	03단	博物館獨立せん
104726	鮮滿版	1922-03-19	03단	忠淸南道豫算/金知事談(歲出/歲入)
104727	鮮滿版	1922-03-19	04단	支那關稅改正と平壤の打擊
104728	鮮滿版	1922-03-19	04단	京取立會中止/某銀行家談

일련번호	판명	간행일	단수	기사명
104729	鮮滿版	1922-03-19	04단	*中等敎員移動 學務當局の辯/移動/學校*
104730	鮮滿版	1922-03-19	05단	金鑛開發の要
104731	鮮滿版	1922-03-19	05단	內鮮結婚調査
104732	鮮滿版	1922-03-19	05단	平壤戶別稅新設
104733	鮮滿版	1922-03-19	05단	各地だより(木浦より/鎭海より/咸興より)
104734	鮮滿版	1922-03-19	06단	航空大隊開廳式三十日擧行
104735	鮮滿版	1922-03-19	06단	湖南線で急行列車運轉/四月中に實施
104736	鮮滿版	1922-03-19	06단	半島茶話
104737	鮮滿版	1922-03-21	01단	朝鮮でも必要である支那勞働者入國取締り
104738	鮮滿版	1922-03-21	01단	各道評議會議事(忠淸北道/全羅北道/慶尙北道/咸鏡南道/平安南道)
104739	鮮滿版	1922-03-21	03단	淸津元山間定期航路補助案提出
104740	鮮滿版	1922-03-21	03단	公債賣行不良/嘉納局長談
104741	鮮滿版	1922-03-21	04단	面長奏任待遇
104742	鮮滿版	1922-03-21	04단	平南陳列場計劃
104743	鮮滿版	1922-03-21	04단	大邱府豫算案(歲入/歲出)
104744	鮮滿版	1922-03-21	04단	甘師團檢閱日割
104745	鮮滿版	1922-03-21	04단	各地だより(平壤より/沙里院より/大邱より/鳥致院から/大田より/全州より)
104746	鮮滿版	1922-03-21	05단	坊門及方圓社名家勝繼碁戰百廿一回(1)
104747	鮮滿版	1922-03-21	06단	半島茶話
104748	鮮滿版	1922-03-22	01단	廢艦材で岸壁築造/南浦築港方策
104749	鮮滿版	1922-03-22	01단	*銀建請願政府參考送附/土岐關東廳事務總長/廣瀨鎭之君/土岐事務總長/朝鮮自治/産業振興/蘆田不採擇*
104750	鮮滿版	1922-03-22	02단	各道豫算(咸鏡南道/咸鏡北道/平安北道/忠淸北道)
104751	鮮滿版	1922-03-22	03단	京取賣買取消/客筋承知せず
104752	鮮滿版	1922-03-22	03단	白米檢査に當業者の反對
104753	鮮滿版	1922-03-22	04단	郡守內地視察
104754	鮮滿版	1922-03-22	04단	全鮮儒林大會
104755	鮮滿版	1922-03-22	04단	世界協會組織
104756	鮮滿版	1922-03-22	04단	勞働者救濟會
104757	鮮滿版	1922-03-22	04단	各地だより(釜山より/馬山より/金泉より)
104758	鮮滿版	1922-03-22	05단	辭令
104759	鮮滿版	1922-03-22	05단	航空大隊三十日開隊式
104760	鮮滿版	1922-03-22	05단	坊門及方圓社名家勝繼碁戰百廿一回(2)
104761	鮮滿版	1922-03-22	06단	石橋氏大連へ
104762	鮮滿版	1922-03-22	06단	大邱の少年野球

일련번호	판명	간행일	단수	기사명
104763	鮮滿版	1922-03-22	06단	人(馬廷亮氏(京城支那領事)/廖恩槲氏(新任京城支那領事)/三浦惠一氏(朝鮮憲兵司令部副官)
104764	鮮滿版	1922-03-22	06단	半島茶話
104765	鮮滿版	1922-03-23	01단	*咸鏡南道開畓計劃 增收三百餘萬石/永興水利事業*
104766	鮮滿版	1922-03-23	01단	*沙里院指定近し/慈惠病院*
104767	鮮滿版	1922-03-23	02단	私鐵順調/弓削鐵道部長談
104768	鮮滿版	1922-03-23	02단	總督府と東拓/依然反目の態
104769	鮮滿版	1922-03-23	02단	平和博覽會實景(辨天橋より朝鮮館、臺灣館を望む)
104770	鮮滿版	1922-03-23	03단	咸南道路計劃(一、元山會寧線/二、咸興新安州線/三、元山楚山線/四、北靑甲山線/五、義州惠山鎭線/六、上里三水線/七、利原雲禅線/八、文用龍浦洞線/九、元山安邊線及等外道路)
104771	鮮滿版	1922-03-23	04단	干潟地利用策
104772	鮮滿版	1922-03-23	04단	京城商工調査
104773	鮮滿版	1922-03-23	04단	平壤の酒造業
104774	鮮滿版	1922-03-23	05단	坊門及方圓社名家勝繼碁戰百廿一回(3)
104775	鮮滿版	1922-03-23	05단	淸津開港記念日
104776	鮮滿版	1922-03-23	05단	各地だより(淸津より/浦項より)
104777	鮮滿版	1922-03-23	05단	城津の流感
104778	鮮滿版	1922-03-23	06단	出版界(耕人(三)/朝鮮公論(三)/朝鮮及滿洲(三)/朝鮮經濟資料(二)/東亞經濟時報(三)/事業と投資(三四))
104779	鮮滿版	1922-03-23	06단	半島茶話
104780	鮮滿版	1922-03-24	01단	大邱の大綱引
104781	鮮滿版	1922-03-24	01단	內鮮定期航路繼續/委員總會で請願採擇
104782	鮮滿版	1922-03-24	01단	築港運動經過/川添會頭の報告
104783	鮮滿版	1922-03-24	02단	市場移轉可決/兼二浦協議會
104784	鮮滿版	1922-03-24	03단	黃海道の米檢/中上會頭談
104785	鮮滿版	1922-03-24	03단	西鮮から
104786	鮮滿版	1922-03-24	04단	群山寄港問題
104787	鮮滿版	1922-03-24	04단	假出獄者增加
104788	鮮滿版	1922-03-24	05단	坊門及方圓社名家勝繼碁戰百廿一回(4)
104789	鮮滿版	1922-03-24	05단	各地だより(間島雜信(渡部生)/光州より/馬山より)
104790	鮮滿版	1922-03-24	06단	牧師が情婦に墮胎させた
104791	鮮滿版	1922-03-25	01단	全鮮記者大會諸案件議決
104792	鮮滿版	1922-03-25	01단	各道評會議の議事振り/(上)平安南道(×印篠田知事の豫算說明)(下)咸鏡南道孚知事の演說
104793	鮮滿版	1922-03-25	02단	三月上半期朝鮮貿易/出超百卅餘萬圓
104794	鮮滿版	1922-03-25	02단	米國實業家蒙古に入込む

일련번호	판명	간행일	단수	기사명
104795	鮮滿版	1922-03-25	02단	釜山府豫算額百卅一萬餘圓
104796	鮮滿版	1922-03-25	03단	電氣條例起草
104797	鮮滿版	1922-03-25	03단	モ博士の意見
104798	鮮滿版	1922-03-25	04단	平南の學校熱
104799	鮮滿版	1922-03-25	04단	兼二浦市街整理
104800	鮮滿版	1922-03-25	04단	郵便所開設
104801	鮮滿版	1922-03-25	04단	分局落成式
104802	鮮滿版	1922-03-25	04단	鳥致院學議
104803	鮮滿版	1922-03-25	04단	朝郵重役會
104804	鮮滿版	1922-03-25	04단	各地だより(鎭南浦より/群山より/木浦より/全州より)
104805	鮮滿版	1922-03-25	05단	坊門及方圓社名家勝繼碁戰百廿一回(５)
104806	鮮滿版	1922-03-25	05단	全鮮勞働者大會開催四月中旬に
104807	鮮滿版	1922-03-25	06단	釜山紡織で罷業首謀解雇/百二十名に及ぶ
104808	鮮滿版	1922-03-25	06단	咸南の大雪
104809	鮮滿版	1922-03-25	06단	金庫破り
104810	鮮滿版	1922-03-25	06단	半島茶話
104811	鮮滿版	1922-03-26	01단	朝鮮唯一の航空隊/工事完城した航空第六大隊は三十日開隊式を擧行する(上)正門から兵舍を望む(中)格納庫(下)飛行場
104812	鮮滿版	1922-03-26	01단	群山築港國營建議 委員會で原案可決/和田政府委員/兩港築港建議本會議通過/朝鮮統治請願審議未了
104813	鮮滿版	1922-03-26	01단	三菱製鐵所事業繼續/松田所長談
104814	鮮滿版	1922-03-26	02단	米豆檢査西村局長訓示
104815	鮮滿版	1922-03-26	03단	北滿鮮人敎育熱勃興/哈爾賓の一例
104816	鮮滿版	1922-03-26	03단	內鮮結婚の歡樂と悲哀/若人達の會合が催されん
104817	鮮滿版	1922-03-26	04단	京城府電柱稅引上/會社側の反對
104818	鮮滿版	1922-03-26	04단	咸南豫算通過
104819	鮮滿版	1922-03-26	04단	蒼坪隧道貫通式
104820	鮮滿版	1922-03-26	05단	坊門及方圓社名家勝繼碁戰百廿一回(６)
104821	鮮滿版	1922-03-26	05단	記者大會出席者
104822	鮮滿版	1922-03-26	05단	高農校志願者
104823	鮮滿版	1922-03-26	05단	葉煙草下級品
104824	鮮滿版	1922-03-26	05단	小學移管問題
104825	鮮滿版	1922-03-26	05단	咸興金融
104826	鮮滿版	1922-03-26	06단	自殺幇助罪
104827	鮮滿版	1922-03-26	06단	半島茶話
104828	鮮滿版	1922-03-28	01단	物價下る 京城の相場/勞銀も低落

일련번호	판명	간행일	단수	기사명
104829	鮮滿版	1922-03-28	01단	新敎科書編纂/蘆田編輯官談
104830	鮮滿版	1922-03-28	01단	孤獨な癩療養所/總督府で慰問計劃
104831	鮮滿版	1922-03-28	02단	露領歸化鮮人敎育機關設置
104832	鮮滿版	1922-03-28	02단	北滿不逞鮮人幹部威信を失す
104833	鮮滿版	1922-03-28	02단	京城學評豫算
104834	鮮滿版	1922-03-28	02단	警察部長會期
104835	鮮滿版	1922-03-28	03단	河川基本調査
104836	鮮滿版	1922-03-28	03단	*平南評議閉會/建議案採擇*
104837	鮮滿版	1922-03-28	03단	朝鮮面吏委託見學
104838	鮮滿版	1922-03-28	03단	內地視察團
104839	鮮滿版	1922-03-28	03단	*鮮人モ博士に失望/平壤の講演*
104840	鮮滿版	1922-03-28	04단	燈浮標移轉
104841	鮮滿版	1922-03-28	04단	朱乙郵便所
104842	鮮滿版	1922-03-28	04단	辭令
104843	鮮滿版	1922-03-28	04단	各地だより(平壤より/釜山より/新義州より)
104844	鮮滿版	1922-03-28	05단	京城平壤間長途飛行四月上旬擧行
104845	鮮滿版	1922-03-28	05단	鴨綠江開閉橋廿五日から開始
104846	鮮滿版	1922-03-28	05단	鮮氏抗告さる
104847	鮮滿版	1922-03-28	05단	坊門及方圓社名家勝繼碁戰百廿一回(７)
104848	鮮滿版	1922-03-28	06단	半島茶話
104849	鮮滿版	1922-03-29	01단	船舶合同は不可能だらう/松崎朝郵專務談
104850	鮮滿版	1922-03-29	01단	*極東在住鮮人十一萬三千餘/生活不安*
104851	鮮滿版	1922-03-29	02단	馬山重砲隊擴張
104852	鮮滿版	1922-03-29	02단	朝鮮史編纂
104853	鮮滿版	1922-03-29	02단	鮮銀券漸減
104854	鮮滿版	1922-03-29	02단	淸津埋築起工式
104855	鮮滿版	1922-03-29	02단	元山水産品評會
104856	鮮滿版	1922-03-29	02단	西鮮から
104857	鮮滿版	1922-03-29	03단	馬山府豫算
104858	鮮滿版	1922-03-29	03단	電話事務開始
104859	鮮滿版	1922-03-29	03단	各地だより(平壤より/鎭南浦より/海州より/元山より/馬山より)
104860	鮮滿版	1922-03-29	04단	外國宣敎師が『旬刊朝日』を日本語の研究資料にする
104861	鮮滿版	1922-03-29	04단	平壤の富豪が幼稚園經營私財を投じて
104862	鮮滿版	1922-03-29	04단	京管局で寄宿舍設置/從業員子女の僞
104863	鮮滿版	1922-03-29	05단	金剛山探勝/元山より每日便船
104864	鮮滿版	1922-03-29	06단	湖南線講演 光州、松汀里、(木浦/光州/松汀里/木浦)

일련번호	판명	간행일	단수	기사명
104865	鮮滿版	1922-03-29	06단	軍隊組織の竊盜團
104866	鮮滿版	1922-03-29	06단	半島茶話
104867	鮮滿版	1922-03-30	01단	先づ眼に着くのは朝鮮館の偉大な米柱/平和博覽會見物記(上)
104868	鮮滿版	1922-03-30	01단	內政獨立期成會成らず有耶無耶に散會
104869	鮮滿版	1922-03-30	01단	通譯が足らぬ外人渡鮮者が近頃殖らて(外人/團體/政府/現在)
104870	鮮滿版	1922-03-30	01단	私立學校規定
104871	鮮滿版	1922-03-30	02단	振替貯金課
104872	鮮滿版	1922-03-30	02단	大同江に水底線
104873	鮮滿版	1922-03-30	02단	當局認可緩漫
104874	鮮滿版	1922-03-30	02단	鮮米宣傳の要
104875	鮮滿版	1922-03-30	03단	天道敎振興策
104876	鮮滿版	1922-03-30	03단	禿山の春(一)/坡土弗々
104877	鮮滿版	1922-03-30	04단	京城府內商況
104878	鮮滿版	1922-03-30	04단	京城府酒造高
104879	鮮滿版	1922-03-30	04단	辭令
104880	鮮滿版	1922-03-30	05단	坊門及方圓社名家勝繼碁戰百廿二回(１)
104881	鮮滿版	1922-03-30	05단	各地だより(平壤より/淸津より/城津より)
104882	鮮滿版	1922-03-30	06단	半島茶話
104883	鮮滿版	1922-03-31	01단	金剛山のパノラマを見て誰もが晴々しい顔/朝鮮食堂も大はやり/平和博覽會見物記(下)
104884	鮮滿版	1922-03-31	01단	大同江上流造林計劃/實地踏査開始
104885	鮮滿版	1922-03-31	01단	考朽淘汰總督府で調査
104886	鮮滿版	1922-03-31	01단	禿山の春(二)/坡土弗々
104887	鮮滿版	1922-03-31	02단	朝鮮の牛疫/北鮮が一番多い
104888	鮮滿版	1922-03-31	02단	通信收入增加
104889	鮮滿版	1922-03-31	03단	平壤電料問題
104890	鮮滿版	1922-03-31	04단	咸興高普生勉勵
104891	鮮滿版	1922-03-31	04단	電話事務開始
104892	鮮滿版	1922-03-31	04단	全北視察團
104893	鮮滿版	1922-03-31	04단	和解運動三十本山紛擾に
104894	鮮滿版	1922-03-31	05단	兩龍の率ゐる四百の匪徒/敦化縣に出沒
104895	鮮滿版	1922-03-31	05단	坊門及方圓社名家勝繼碁戰百廿二回(２)
104896	鮮滿版	1922-03-31	06단	和解成立す鮮于筝告訴事件
104897	鮮滿版	1922-03-31	06단	漁船行方不明
104898	鮮滿版	1922-03-31	06단	半島茶話

1922년 4월 (선만판)

일련번호	판명	간행일	단수	기사명
104899	鮮滿版	1922-04-01	01단	京城公會堂で開く大日本米穀大會に出席者五百六十餘名
104900	鮮滿版	1922-04-01	01단	減縮された鮮軍豫算/但し繼續事業は斷行
104901	鮮滿版	1922-04-01	01단	京城組合銀行利上實行/吉田鮮銀理事談
104902	鮮滿版	1922-04-01	01단	鮮支合辦で水田公司/吉林に設立計劃
104903	鮮滿版	1922-04-01	01단	假政府の亂脈に驚いた李翰守
104904	鮮滿版	1922-04-01	02단	供託局新設
104905	鮮滿版	1922-04-01	02단	咸北造林計劃
104906	鮮滿版	1922-04-01	02단	禿山の春(三)/坡土弗々
104907	鮮滿版	1922-04-01	03단	取引所取締方針
104908	鮮滿版	1922-04-01	03단	水産業改善策
104909	鮮滿版	1922-04-01	04단	金泉電話開始
104910	鮮滿版	1922-04-01	04단	沖野氏渡鮮せん
104911	鮮滿版	1922-04-01	04단	兼二浦市民大會
104912	鮮滿版	1922-04-01	04단	各地だより(羅南より/會寧より/晋州より/大田より)
104913	鮮滿版	1922-04-01	05단	坊門及方圓社名家勝繼碁戰百廿二回(3)
104914	鮮滿版	1922-04-01	06단	半島茶話
104915	鮮滿版	1922-04-02	01단	五箇年事業で朝鮮內の水力調査/吉村電氣課長談
104916	鮮滿版	1922-04-02	01단	禿山の春(四)/坡土弗々
104917	鮮滿版	1922-04-02	02단	平壤府市區改正/停車場前通りが第一着手
104918	鮮滿版	1922-04-02	02단	國境監視所撤廢時期/十一月迄に實行
104919	鮮滿版	1922-04-02	02단	葉煙草貯藏高/耕地整理計劃
104920	鮮滿版	1922-04-02	03단	咸鏡北道評議會
104921	鮮滿版	1922-04-02	04단	檢定試驗實施
104922	鮮滿版	1922-04-02	04단	鎭南浦病院蘇生
104923	鮮滿版	1922-04-02	05단	坊門及方圓社名家勝繼碁戰百廿二回(4)
104924	鮮滿版	1922-04-02	05단	馬山名物の品評會
104925	鮮滿版	1922-04-02	05단	各地だより(馬山より/平壤より)
104926	鮮滿版	1922-04-02	05단	篠田知事が博士になる/間島問題を論斷した論文で
104927	鮮滿版	1922-04-02	05단	馬賊が上顧客
104928	鮮滿版	1922-04-02	05단	人(江藤爲夫氏(總督府判事)/藤川利三郎氏(慶北道知事))
104929	鮮滿版	1922-04-02	05단	半島茶話
104930	鮮滿版	1922-04-04	01단	寫眞說明 (1)は三十日擧行された航空第六大隊開隊式當日正門前の雜沓/(2)は同上營內餘興の盛況/(3)は當日編隊飛行及び曲技飛行をしたサ式四機とモ式二機が離陸せんとする所
104931	鮮滿版	1922-04-04	01단	白米檢査五月より實施
104932	鮮滿版	1922-04-04	01단	電信增設/京城安東縣間

일련번호	판명	간행일	단수	기사명
104933	鮮滿版	1922-04-04	01단	大韓民團西間島に組織
104934	鮮滿版	1922-04-04	02단	鮮鐵時刻變更
104935	鮮滿版	1922-04-04	02단	南浦豫算可決
104936	鮮滿版	1922-04-04	02단	日銀代理店
104937	鮮滿版	1922-04-04	03단	井上氏講演日割
104938	鮮滿版	1922-04-04	03단	産鐵工事入札
104939	鮮滿版	1922-04-04	03단	朝鮮每日新聞
104940	鮮滿版	1922-04-04	03단	春川學館期成會
104941	鮮滿版	1922-04-04	03단	各地だより(大邱より/大田より/木浦より/清津より)
104942	鮮滿版	1922-04-04	04단	平博を機會に共産主義を宣傳せん/在外過激派鮮人の惡計劃
104943	鮮滿版	1922-04-04	04단	平壤航空隊開隊式六機で編隊飛行擧行
104944	鮮滿版	1922-04-04	05단	坊門及方圓社名家勝繼碁戰百廿二回(5)
104945	鮮滿版	1922-04-04	06단	熱心な學務委員/三十八歲で小學卒業
104946	鮮滿版	1922-04-04	06단	半島茶話
104947	鮮滿版	1922-04-05	01단	平壤南門町附近の鳥瞰圖
104948	鮮滿版	1922-04-05	01단	諸學校官制內容
104949	鮮滿版	1922-04-05	01단	西伯利在住鮮人視察團內地に渡航か
104950	鮮滿版	1922-04-05	01단	貸出に影響無し/中村殖銀理事談
104951	鮮滿版	1922-04-05	02단	市場改造問題
104952	鮮滿版	1922-04-05	03단	貸出警戒の祟
104953	鮮滿版	1922-04-05	03단	平壤は米檢に反對
104954	鮮滿版	1922-04-05	03단	內政獨立期成會
104955	鮮滿版	1922-04-05	03단	兩地電話開通
104956	鮮滿版	1922-04-05	03단	辭令
104957	鮮滿版	1922-04-05	03단	各地だより(平壤より/海州より/咸興より/仁川より/木浦より/馬山より/浦項より)
104958	鮮滿版	1922-04-05	05단	朝鮮オリムピック大會/愈九日から訓練院で開催
104959	鮮滿版	1922-04-05	05단	鮮人馬賊團
104960	鮮滿版	1922-04-05	05단	馬鎭櫻デー
104961	鮮滿版	1922-04-05	05단	露人觀光團
104962	鮮滿版	1922-04-05	05단	坊門及方圓社名家勝繼碁戰百廿二回(6)
104963	鮮滿版	1922-04-05	06단	半島茶話
104964	鮮滿版	1922-04-06	01단	滿洲より(一)/木卯生
104965	鮮滿版	1922-04-06	01단	水力電氣事業/萎靡不振の狀
104966	鮮滿版	1922-04-06	01단	田中大將に爆彈を投げた過激派鮮人
104967	鮮滿版	1922-04-06	02단	內地視察の效果/內鮮協力に目醒む

일련번호	판명	간행일	단수	기사명
104968	鮮滿版	1922-04-06	02단	婚姻に關する風說/忠南に流浦
104969	鮮滿版	1922-04-06	03단	教育施設と起債
104970	鮮滿版	1922-04-06	04단	間島の教勢(新■耶蘇教/東學教/僞教/大倧教/眞宗大谷派)
104971	鮮滿版	1922-04-06	04단	各地だより(平壤より/鎭南浦より)
104972	鮮滿版	1922-04-06	04단	月に四千の鮮人が內地に移住後の生活振り/前田憲兵司令官談
104973	鮮滿版	1922-04-06	04단	西鮮から
104974	鮮滿版	1922-04-06	05단	坊門及方圓社名家勝繼碁戰百廿二回(7)
104975	鮮滿版	1922-04-06	05단	價格表記郵便盜まる支那局員の惡事
104976	鮮滿版	1922-04-06	06단	半島茶話
104977	鮮滿版	1922-04-07	01단	日本人よりも鮮人の成功者が多い間島地方事業界の昨今島田外事課長談
104978	鮮滿版	1922-04-07	01단	未成年の飮酒禁止朝鮮では實施し得ぬ/橫田法務局長談
104979	鮮滿版	1922-04-07	01단	滿洲より(二)/木卯生
104980	鮮滿版	1922-04-07	03단	雅樂部擴張內容
104981	鮮滿版	1922-04-07	03단	京管工務現業員職制改正
104982	鮮滿版	1922-04-07	04단	專賣局出張所開始
104983	鮮滿版	1922-04-07	04단	大邱相談部繁昌
104984	鮮滿版	1922-04-07	04단	京畿記念植樹
104985	鮮滿版	1922-04-07	04단	各地だより(釜山より/大田より)
104986	鮮滿版	1922-04-07	05단	坊門及方圓社名家勝繼碁戰百廿二回(8)
104987	鮮滿版	1922-04-07	05단	朝鮮美術展覽會/會員の意氣込
104988	鮮滿版	1922-04-07	05단	朝憲紊亂の秘密結社/官憲の眼光る
104989	鮮滿版	1922-04-07	05단	野外飛行演習/七日より擧行
104990	鮮滿版	1922-04-07	05단	怪しき演藝團
104991	鮮滿版	1922-04-07	06단	本社見學
104992	鮮滿版	1922-04-07	06단	出版界(滿鮮縱橫評論/赤土(三月號)/朝鮮の畜産(三月號)/書畫協會會報(三月號)/朝鮮事情新聞(三月號)/茨之冕冠(三月號))
104993	鮮滿版	1922-04-07	06단	半島茶話
104994	鮮滿版	1922-04-08	01단	本社露臺上の大邱內地視察團
104995	鮮滿版	1922-04-08	01단	朝鮮近海航路補助/塚越海事課長談
104996	鮮滿版	1922-04-08	01단	崇神教會本部を京城に
104997	鮮滿版	1922-04-08	02단	滿鮮で鮮銀が小銀行壓迫/某銀行家談
104998	鮮滿版	1922-04-08	02단	支那警務機關/我に對抗の狀
104999	鮮滿版	1922-04-08	03단	平南社會事業(模範統契組織/儒者內地視察/指導者の視察/レコード配布/幻燈映畫製作/巡回文庫設置/地方改良囑託)

일련번호	판명	간행일	단수	기사명
105000	鮮滿版	1922-04-08	03단	平南灌漑獎勵
105001	鮮滿版	1922-04-08	04단	平壤上水改善
105002	鮮滿版	1922-04-08	04단	間島移住多し
105003	鮮滿版	1922-04-08	04단	城津の向學熱
105004	鮮滿版	1922-04-08	04단	茂山森林調査
105005	鮮滿版	1922-04-08	04단	各地だより(平壤より/會寧より)
105006	鮮滿版	1922-04-08	05단	漸次增加する日本の婦人勞働者/之が對應策にはマ市も困ってゐる/サンガー夫人の日本觀
105007	鮮滿版	1922-04-08	05단	朝鮮館は貧弱だ/鮮人實業家談
105008	鮮滿版	1922-04-08	05단	李王家彙報(三殿下渡鮮期/御費用十五萬圓/李鍝公御出發)
105009	鮮滿版	1922-04-08	05단	坊門及方圓社名家勝繼碁戰百廿二回(９)
105010	鮮滿版	1922-04-08	06단	辭令
105011	鮮滿版	1922-04-08	06단	人(西村保吉氏(總督府殖産局長))
105012	鮮滿版	1922-04-09	01단	平壤電燈問題/委員報告結論
105013	鮮滿版	1922-04-09	01단	專任判士の要
105014	鮮滿版	1922-04-09	01단	滿洲で流通する紙幣
105015	鮮滿版	1922-04-09	02단	飛行演習日割
105016	鮮滿版	1922-04-09	02단	臨時列車運轉
105017	鮮滿版	1922-04-09	02단	朝鮮郵船傭船
105018	鮮滿版	1922-04-09	02단	松花江解氷
105019	鮮滿版	1922-04-09	02단	*光州中學運動/春川高普校*
105020	鮮滿版	1922-04-09	03단	仁川仲買人取締
105021	鮮滿版	1922-04-09	03단	基督教大會出席者
105022	鮮滿版	1922-04-09	03단	人(シャールマン氏氏(駐支米公使)/赤池濃氏(總督府警務局長))
105023	鮮滿版	1922-04-09	03단	西鮮から
105024	鮮滿版	1922-04-09	03단	滿洲より(三)/木卯生
105025	鮮滿版	1922-04-09	04단	春宵惜別/靑山釜山特派員を送る
105026	鮮滿版	1922-04-09	05단	坊門及方圓社名家勝繼碁戰百廿二回(１０)
105027	鮮滿版	1922-04-09	06단	半島茶話
105028	鮮滿版	1922-04-11	01단	本年度の産業政策/西村殖産局長談
105029	鮮滿版	1922-04-11	01단	道知事會議/五月中旬に延期
105030	鮮滿版	1922-04-11	01단	天道教善後策/宗議院後援會組織
105031	鮮滿版	1922-04-11	01단	衛戍病院移管
105032	鮮滿版	1922-04-11	01단	南支航路計劃
105033	鮮滿版	1922-04-11	01단	開閉橋時刻繰上
105034	鮮滿版	1922-04-11	01단	平南學校不足

일련번호	판명	간행일	단수	기사명
105035	鮮滿版	1922-04-11	02단	貯金思想向上
105036	鮮滿版	1922-04-11	02단	特殊金利据置
105037	鮮滿版	1922-04-11	03단	産鐵本社移轉
105038	鮮滿版	1922-04-11	03단	美術審査幹事
105039	鮮滿版	1922-04-11	03단	民設種牡牛設定
105040	鮮滿版	1922-04-11	03단	全義秀氏歸壤
105041	鮮滿版	1922-04-11	03단	平南吏員表彰
105042	鮮滿版	1922-04-11	04단	東拓釜山支店
105043	鮮滿版	1922-04-11	04단	面吏員委託見學
105044	鮮滿版	1922-04-11	04단	大邱陜川通話
105045	鮮滿版	1922-04-11	04단	水産校へ入學
105046	鮮滿版	1922-04-11	04단	各地だより(平壤より/鎭南浦より/海州より/木浦より)
105047	鮮滿版	1922-04-11	05단	英太子來朝と虛說流布/釜山署の警戒
105048	鮮滿版	1922-04-11	05단	馬賊押入り店員殺さる/馬賊襲來
105049	鮮滿版	1922-04-11	05단	大同郡廳盜難/私立校でも
105050	鮮滿版	1922-04-11	06단	御用商不正發覺
105051	鮮滿版	1922-04-11	06단	渡航證明僞造
105052	鮮滿版	1922-04-11	06단	難破船判明
105053	鮮滿版	1922-04-11	06단	矢田牧師引退
105054	鮮滿版	1922-04-11	06단	半島茶話
105055	鮮滿版	1922-04-12	01단	天道教分立せん
105056	鮮滿版	1922-04-12	01단	電話分局光化門に設置
105057	鮮滿版	1922-04-12	01단	鮮米に期待/志村勸銀總裁談
105058	鮮滿版	1922-04-12	01단	事業會社不振/整理時代來る
105059	鮮滿版	1922-04-12	01단	電燈府營請願/平電側の對抗
105060	鮮滿版	1922-04-12	02단	府營電鐵準備
105061	鮮滿版	1922-04-12	02단	平壤排水工事
105062	鮮滿版	1922-04-12	02단	郡衙移轉中止
105063	鮮滿版	1922-04-12	03단	鮮郵群山寄航
105064	鮮滿版	1922-04-12	03단	典禮會社に警告/會社側の速答
105065	鮮滿版	1922-04-12	03단	釜山で驛長會議
105066	鮮滿版	1922-04-12	03단	群山港地質調査
105067	鮮滿版	1922-04-12	03단	東拓の宅地貸付
105068	鮮滿版	1922-04-12	04단	驅逐隊溯江
105069	鮮滿版	1922-04-12	04단	各地だより(晉州より/馬山より/大田より/會寧より)
105070	鮮滿版	1922-04-12	04단	科學的訓練を積んだら朝鮮の陸上競技選手/內地選手に伍して劣らない/野口體育協會理事談

일련번호	판명	간행일	단수	기사명
105071	鮮滿版	1922-04-12	04단	露人の海賊團鮮人を拉致す
105072	鮮滿版	1922-04-12	05단	外人釜山通過本月は八百人
105073	鮮滿版	1922-04-12	06단	三國奇術團
105074	鮮滿版	1922-04-12	06단	不逞漢自業自得
105075	鮮滿版	1922-04-12	06단	組合理事の橫領
105076	鮮滿版	1922-04-12	06단	全州神社例祭
105077	鮮滿版	1922-04-12	06단	本社見學
105078	鮮滿版	1922-04-12	06단	半島茶話
105079	鮮滿版	1922-04-13	01단	滿洲より(四)/木卯生
105080	鮮滿版	1922-04-13	01단	憲兵隊長會議
105081	鮮滿版	1922-04-13	01단	各道公醫講習
105082	鮮滿版	1922-04-13	01단	鐵道學校擴張
105083	鮮滿版	1922-04-13	01단	水産試驗場設置
105084	鮮滿版	1922-04-13	01단	鮮鐵收入好績
105085	鮮滿版	1922-04-13	01단	滿洲雜穀輸入
105086	鮮滿版	1922-04-13	02단	平南道路改修
105087	鮮滿版	1922-04-13	02단	會議所役員會設置
105088	鮮滿版	1922-04-13	02단	釜山高女に常識科
105089	鮮滿版	1922-04-13	02단	豚毛ブラシ講習
105090	鮮滿版	1922-04-13	03단	北鮮線に新高丸
105091	鮮滿版	1922-04-13	03단	水産展覽會計劃
105092	鮮滿版	1922-04-13	03단	咸北の家畜
105093	鮮滿版	1922-04-13	03단	辭令
105094	鮮滿版	1922-04-13	04단	各地だより(平壤より/大田より)
105095	鮮滿版	1922-04-13	04단	世子殿下御渡鮮の時陸軍禮式に據り奉迎(堵列/儀仗隊/禮砲式/伺候/儀仗衛兵)/李鍝殿下東京に御轉住
105096	鮮滿版	1922-04-13	04단	空地聯合演習開始/汝矣島西方の遭遇戰
105097	鮮滿版	1922-04-13	04단	停車場へ爆彈投下/浦潮派遣軍飛行隊の奏功
105098	鮮滿版	1922-04-13	05단	愛妓を離緣し教育事業へ二萬圓を投じた朝鮮人
105099	鮮滿版	1922-04-13	05단	東西臨時碁戰(１)
105100	鮮滿版	1922-04-13	06단	大成里炭坑崩壞
105101	鮮滿版	1922-04-13	06단	會計係取調■■
105102	鮮滿版	1922-04-13	06단	半島茶話
105103	鮮滿版	1922-04-14	01단	日本軍の山鐵沿線引揚/(上)半數引揚後の坊子守備隊/(下)引揚部隊列車に乘り込む
105104	鮮滿版	1922-04-14	01단	各道に水産會組織 總督府で制令制定/水産會議延期
105105	鮮滿版	1922-04-14	01단	麥作不良/本年の豫想

일련번호	판명	간행일	단수	기사명
105106	鮮滿版	1922-04-14	01단	平壤經濟狀況(鎭南浦/會寧)
105107	鮮滿版	1922-04-14	03단	求職者增加す
105108	鮮滿版	1922-04-14	03단	高普校資金募集
105109	鮮滿版	1922-04-14	03단	羅南徵兵檢査
105110	鮮滿版	1922-04-14	03단	釜山濟生舍着工
105111	鮮滿版	1922-04-14	04단	辭令
105112	鮮滿版	1922-04-14	04단	各地だより(平壤より/沙里院より/鳥致院より)
105113	鮮滿版	1922-04-14	04단	沃川講演會/淸道の講演
105114	鮮滿版	1922-04-14	05단	警官凌辱事件
105115	鮮滿版	1922-04-14	05단	金鎭俊捕はる
105116	鮮滿版	1922-04-14	05단	東西臨時碁戰(２)
105117	鮮滿版	1922-04-14	06단	山脇氏婚禮
105118	鮮滿版	1922-04-14	06단	人(綱谷五郎氏(新任朝鮮軍法務部長)/相田豊治氏(富士紡績社長)/西村保吉氏(總督府殖産局長)/大山文雄氏(前二十師團法務部長))
105119	鮮滿版	1922-04-14	06단	半島茶話
105120	鮮滿版	1922-04-15	01단	滿洲より(五)/木卯生
105121	鮮滿版	1922-04-15	01단	米檢査直營に內定/各道に檢査所配置
105122	鮮滿版	1922-04-15	01단	朝鮮にある四庫全書/總督府當局談
105123	鮮滿版	1922-04-15	01단	釜山電鐵府營問題/寺島理事官談
105124	鮮滿版	1922-04-15	01단	米婦人朝鮮觀/キイリー婦人談
105125	鮮滿版	1922-04-15	02단	延平島/石首魚漁/最盛期は五月中旬
105126	鮮滿版	1922-04-15	03단	鮮郵配船豫定
105127	鮮滿版	1922-04-15	04단	命令航路經營難
105128	鮮滿版	1922-04-15	04단	鮮鐵輸送狀況
105129	鮮滿版	1922-04-15	04단	第三次農業獎勵
105130	鮮滿版	1922-04-15	04단	朝日自動車商會
105131	鮮滿版	1922-04-15	05단	東西臨時碁戰(３)
105132	鮮滿版	1922-04-15	05단	釜山組合銀行
105133	鮮滿版	1922-04-15	05단	支店設置披露
105134	鮮滿版	1922-04-15	05단	父の子で無いとの主張/京城裁判所で勝訴となる
105135	鮮滿版	1922-04-15	05단	李世子殿下奉迎準備/綠門と行列決定
105136	鮮滿版	1922-04-15	05단	鎭南浦運動會
105137	鮮滿版	1922-04-15	05단	現金入りの行囊中和局で盜難
105138	鮮滿版	1922-04-15	06단	辭令
105139	鮮滿版	1922-04-15	06단	改心して歸鮮
105140	鮮滿版	1922-04-15	06단	放火騷ぎ

일련번호	판명	간행일	단수	기사명
105141	鮮滿版	1922-04-16	01단	世子殿下御歸鮮に就き京城府の奉迎方法/吉松府尹談
105142	鮮滿版	1922-04-16	01단	平壤府の都市計劃/準備調査に着手
105143	鮮滿版	1922-04-16	01단	鄕土を見て初めて覺った通化鮮人視察團
105144	鮮滿版	1922-04-16	01단	少年禁酒法は鮮人に適用至難/赤池警務局長談
105145	鮮滿版	1922-04-16	02단	牧島水産試驗場工程/水産試驗場長談
105146	鮮滿版	1922-04-16	02단	木浦視察團
105147	鮮滿版	1922-04-16	03단	南浦穀物市場五月から開場
105148	鮮滿版	1922-04-16	03단	*仁川貿易槪況/淸津貿易額*
105149	鮮滿版	1922-04-16	04단	竹下面長逝去
105150	鮮滿版	1922-04-16	04단	各地だより(淸津より/大邱より/釜山より)
105151	鮮滿版	1922-04-16	05단	東西臨時碁戰(4)
105152	鮮滿版	1922-04-16	05단	會(道知事會議/司法官會議/分掌局長會議)
105153	鮮滿版	1922-04-16	05단	間島より/渡部生
105154	鮮滿版	1922-04-16	06단	人(野口源三郞氏(日本體育協會主事)/赤池濃氏(警務局長)/水野練太郞氏(政務總監)
105155	鮮滿版	1922-04-18	01단	美術展覽會審查員決定
105156	鮮滿版	1922-04-18	01단	*總督府の意嚮 電燈府營問題/申請書提出*
105157	鮮滿版	1922-04-18	01단	海運界の疑問/天華洋行の正體
105158	鮮滿版	1922-04-18	02단	齒科醫校開校
105159	鮮滿版	1922-04-18	02단	就學難救濟協議
105160	鮮滿版	1922-04-18	02단	崇神敎會成る
105161	鮮滿版	1922-04-18	02단	私學敎員指定
105162	鮮滿版	1922-04-18	02단	全鮮桑田段別
105163	鮮滿版	1922-04-18	02단	旅行證明書取締
105164	鮮滿版	1922-04-18	03단	群山の觀光團
105165	鮮滿版	1922-04-18	03단	辭令
105166	鮮滿版	1922-04-18	03단	各地だより(平壤より/龍山より)
105167	鮮滿版	1922-04-18	04단	歸還飛行/三機平壤に安着
105168	鮮滿版	1922-04-18	04단	全道の巫女が聖上の御惱平癒を祈願す
105169	鮮滿版	1922-04-18	04단	鮮人共産黨員北境を覘ふ
105170	鮮滿版	1922-04-18	04단	馬賊と交戰
105171	鮮滿版	1922-04-18	04단	羅南に雪降る
105172	鮮滿版	1922-04-18	04단	密陽講演會
105173	鮮滿版	1922-04-18	05단	內鮮人の結婚
105174	鮮滿版	1922-04-18	05단	本社見學
105175	鮮滿版	1922-04-18	05단	奉迎彙報(奉迎打合/特別列車/生徒に訓話/軍艦廻航/代表者奉迎/奉迎者心得)

일련번호	판명	간행일	단수	기사명
105176	鮮滿版	1922-04-18	05단	東西臨時碁戰(５)
105177	鮮滿版	1922-04-18	06단	人(水野練太郎氏(政務總監)/重田勘次郎氏(總督府視學官)/生田淸三郎氏(總督府事務官))
105178	鮮滿版	1922-04-18	06단	半島茶話
105179	鮮滿版	1922-04-19	01단	平元鐵道測量開始
105180	鮮滿版	1922-04-19	01단	列車增發/客車激增の結果
105181	鮮滿版	1922-04-19	01단	師團增置/菅野師團長談
105182	鮮滿版	1922-04-19	02단	土地會社案臨議に提出せず/河內山局長談
105183	鮮滿版	1922-04-19	02단	自動車遞送助長
105184	鮮滿版	1922-04-19	02단	城津寄港要望
105185	鮮滿版	1922-04-19	02단	京城電車新造
105186	鮮滿版	1922-04-19	02단	兼二浦製鐵所現狀
105187	鮮滿版	1922-04-19	03단	木村氏渡鮮
105188	鮮滿版	1922-04-19	03단	各地だより(平壤より/淸津より/城津より/會豊より/釜山より/大邱より/大田より/鳥致院より/榮山浦より)
105189	鮮滿版	1922-04-19	05단	龍山神社春祭
105190	鮮滿版	1922-04-19	05단	怪女の群蔓る
105191	鮮滿版	1922-04-19	05단	東西臨時碁戰(６)
105192	鮮滿版	1922-04-19	06단	不逞漢控訴棄却
105193	鮮滿版	1922-04-19	06단	不潔な迷信
105194	鮮滿版	1922-04-19	06단	半島茶話
105195	鮮滿版	1922-04-20	01단	郵便用自轉車主要局に配置
105196	鮮滿版	1922-04-20	01단	駐在所で夜學/內鮮融和に効多し
105197	鮮滿版	1922-04-20	01단	新事業認可/井上內務部長談
105198	鮮滿版	1922-04-20	01단	新馬山府尹/寺島氏の抱負
105199	鮮滿版	1922-04-20	01단	巫女大會中止
105200	鮮滿版	1922-04-20	02단	女監取締新設
105201	鮮滿版	1922-04-20	02단	小學教員不足
105202	鮮滿版	1922-04-20	02단	水産施設事業
105203	鮮滿版	1922-04-20	02단	金口煙草製造
105204	鮮滿版	1922-04-20	02단	滿洲より(六)/滿洲雀の囁/木卯生
105205	鮮滿版	1922-04-20	03단	預金思想鼓吹
105206	鮮滿版	1922-04-20	03단	銀行會社現在
105207	鮮滿版	1922-04-20	03단	客月釜山貿易
105208	鮮滿版	1922-04-20	04단	保存會に寄附
105209	鮮滿版	1922-04-20	04단	各地だより(釜山より/晉州より)
105210	鮮滿版	1922-04-20	04단	石造殿修理成る(宮内省隨員/大園遊會)/下關から御直行

일련번호	판명	간행일	단수	기사명
105211	鮮滿版	1922-04-20	05단	東西臨時碁戰(７)
105212	鮮滿版	1922-04-20	05단	夫を慕うて內地に漂泊ふ朝鮮の一女性
105213	鮮滿版	1922-04-20	06단	人夫賃金橫領
105214	鮮滿版	1922-04-20	06단	守備隊軍旗祭
105215	鮮滿版	1922-04-20	06단	本社見學
105216	鮮滿版	1922-04-20	06단	半島茶話
105217	鮮滿版	1922-04-21	01단	公州の櫻
105218	鮮滿版	1922-04-21	01단	滿洲に水田を開墾せば/年額千五百餘石の收穫易々
105219	鮮滿版	1922-04-21	01단	水産協會發會式/五月三四兩日
105220	鮮滿版	1922-04-21	01단	噸扱制復活不可能/安藤運輸課長談
105221	鮮滿版	1922-04-21	02단	種痘令制定されん
105222	鮮滿版	1922-04-21	02단	藥劑師試驗
105223	鮮滿版	1922-04-21	02단	銀行界緊縮す
105224	鮮滿版	1922-04-21	03단	繩叭莚生産高
105225	鮮滿版	1922-04-21	03단	果苗移入激增
105226	鮮滿版	1922-04-21	03단	鐵道協會創立期
105227	鮮滿版	1922-04-21	03단	高普校期成會
105228	鮮滿版	1922-04-21	03단	朝鮮農事總會
105229	鮮滿版	1922-04-21	04단	女學生が斷髮する釜山でハヤる
105230	鮮滿版	1922-04-21	04단	花見列車割引券發賣
105231	鮮滿版	1922-04-21	04단	爆藥密賣/玉川署長談
105232	鮮滿版	1922-04-21	04단	聯絡船/身投話/秋田事務長談
105233	鮮滿版	1922-04-21	05단	東西臨時碁戰(８)
105234	鮮滿版	1922-04-21	05단	海賊に襲はれ邦人漁夫挌鬪す
105235	鮮滿版	1922-04-21	05단	七八隊軍旗祭
105236	鮮滿版	1922-04-21	05단	割腹自殺
105237	鮮滿版	1922-04-21	06단	人(長友寬氏(總督府水産試驗場長)/後藤一郎氏(總督府觀測所長)/望月龍三氏(默養血精所技師)
105238	鮮滿版	1922-04-21	06단	半島茶話
105239	鮮滿版	1922-04-22	01단	大學豫科入學資格
105240	鮮滿版	1922-04-22	01단	私設鐵道工事進捗す(中央鐵道/西鮮殖鐵/金剛山電鐵/南鮮鐵道/京南鐵道/中央鐵道/南鮮鐵道/産業鐵道/森林鐵道)
105241	鮮滿版	1922-04-22	01단	無盡業令實施期は七月
105242	鮮滿版	1922-04-22	01단	咸興聯隊の軍旗祭
105243	鮮滿版	1922-04-22	02단	製鹽高四億斤に達す
105244	鮮滿版	1922-04-22	02단	面長奏任待遇/四十名銓衡

일련번호	판명	간행일	단수	기사명
105245	鮮滿版	1922-04-22	02단	平元線視察/竹內遞信局長談
105246	鮮滿版	1922-04-22	02단	痘苗購入補助
105247	鮮滿版	1922-04-22	02단	平壤府協議會
105248	鮮滿版	1922-04-22	02단	各地だより(平壤より/咸興より/釜山より/馬山より/金泉より)
105249	鮮滿版	1922-04-22	04단	道評議會と自治制度
105250	鮮滿版	1922-04-22	04단	世子殿下釜山奉迎順序
105251	鮮滿版	1922-04-22	04단	招魂祭倭城台で執行
105252	鮮滿版	1922-04-22	04단	朝鮮興業に對し米引渡請求
105253	鮮滿版	1922-04-22	05단	爆藥犯人押送
105254	鮮滿版	1922-04-22	05단	視察團の一喜劇
105255	鮮滿版	1922-04-22	05단	驅逐隊入港
105256	鮮滿版	1922-04-22	05단	會(朝鮮物産總會/西鮮殖鐵總會)
105257	鮮滿版	1922-04-22	05단	東西臨時碁戰(９)
105258	鮮滿版	1922-04-22	06단	半島茶話
105259	鮮滿版	1922-04-23	01단	御歸鮮あらせらるゝ三殿下((左)李王世子埌殿下(右)同妃方子女モ殿下(中)同第一子普殿下))
105260	鮮滿版	1922-04-23	01단	總督府官制改正/和田參事官談
105261	鮮滿版	1922-04-23	01단	衛生課長招集
105262	鮮滿版	1922-04-23	01단	行政講習所新設
105263	鮮滿版	1922-04-23	01단	製鐵作業續行/松田製鐵所長談
105264	鮮滿版	1922-04-23	02단	三長に郵便局
105265	鮮滿版	1922-04-23	02단	辭令
105266	鮮滿版	1922-04-23	02단	櫻の倭城臺
105267	鮮滿版	1922-04-23	04단	新調の學習院服を着て世子殿下をお迎へに/李鍝殿下御獨作の作文
105268	鮮滿版	1922-04-23	04단	各地だより(釜山より/馬山より/城津より)
105269	鮮滿版	1922-04-23	05단	鮮人が組織した自由黨/露領で馬賊討伐
105270	鮮滿版	1922-04-23	05단	東西臨時碁戰(１０)
105271	鮮滿版	1922-04-23	06단	幼稚園開園式/五月一日擧行
105272	鮮滿版	1922-04-23	06단	人(平井晴二郎氏(支那鐵道顧問)/岩瀨健三郎氏(事業投資社長))
105273	鮮滿版	1922-04-23	06단	花盛り/禿山の國にも春が來た
105274	鮮滿版	1922-04-25	01단	釜山福岡間無線電話/五月中に着工
105275	鮮滿版	1922-04-25	01단	總督挨拶/憲兵隊長に對し
105276	鮮滿版	1922-04-25	01단	入超百餘萬圓/四月上半貿易
105277	鮮滿版	1922-04-25	01단	本社露臺上の郡守視察團
105278	鮮滿版	1922-04-25	02단	會頭不信任/平壤會議所評議員會

일련번호	판명	간행일	단수	기사명
105279	鮮滿版	1922-04-25	02단	貴院議員來鮮
105280	鮮滿版	1922-04-25	02단	金融組合增置
105281	鮮滿版	1922-04-25	03단	金剛山鐵道工程
105282	鮮滿版	1922-04-25	03단	京城商業開校
105283	鮮滿版	1922-04-25	03단	南浦築港問題
105284	鮮滿版	1922-04-25	03단	會議所特別議員(横山直■(大同銀行頭取)/石隈信及雄(漢城電氣會社技師)/堀井懼作(滿鐵運輸課派出員)/李鎭奉(貿易商)/林銀窒(貿易商))
105285	鮮滿版	1922-04-25	03단	東亞煙草委員會
105286	鮮滿版	1922-04-25	03단	車船聯絡開始
105287	鮮滿版	1922-04-25	04단	豫定線視察團
105288	鮮滿版	1922-04-25	04단	各地だより(釜山より/平壤より)
105289	鮮滿版	1922-04-25	04단	觀見式にも朝鮮服を召させられるゝ妃殿下の有難きお思召し/李堈公出迎/李王職手配(隨員及び宮內省出張員/二十四日京城先着/釜山迄奉迎者/下關迄奉迎者)/衛生課訓示
105290	鮮滿版	1922-04-25	04단	野球と庭球試合順序/朝鮮體育協會本年度の計劃(野球部/庭球部)
105291	鮮滿版	1922-04-25	05단	東西臨時碁戰(１)
105292	鮮滿版	1922-04-25	06단	官金詐取二萬餘圓
105293	鮮滿版	1922-04-25	06단	長城講演會
105294	鮮滿版	1922-04-25	06단	女房の傷害沙汰
105295	鮮滿版	1922-04-25	06단	鮮人巡査收賄
105296	鮮滿版	1922-04-25	06단	娼妓と情死
105297	鮮滿版	1922-04-26	01단	秘苑と石造殿の御居間/(１)觀見式を行はれる御居間(２)李世子殿下御居間(３)李王家秘苑水殿(４)世子妃殿下御居間
105298	鮮滿版	1922-04-26	01단	無盡業令の骨子/河內山財務局長談
105299	鮮滿版	1922-04-26	01단	官紗を獻上
105300	鮮滿版	1922-04-26	01단	李王家慶事記念會
105301	鮮滿版	1922-04-26	02단	文支部長彈劾(決議案)
105302	鮮滿版	1922-04-26	03단	事務講習委託
105303	鮮滿版	1922-04-26	03단	郵便所開設
105304	鮮滿版	1922-04-26	03단	各地だより(平壤より/沙里院より/釜山より/群山より/鳥致院より/大田より)
105305	鮮滿版	1922-04-26	05단	騎兵中隊廐舍燒け/馬五十頭燒死
105306	鮮滿版	1922-04-26	05단	軍艦警備 殿下御歸鮮に付/海軍將校參列
105307	鮮滿版	1922-04-26	05단	全北議員視察/本社で詩作を錄す

일련번호	판명	간행일	단수	기사명
105308	鮮滿版	1922-04-26	05단	東西臨時碁戰(3)
105309	鮮滿版	1922-04-26	06단	巡査部長自殺
105310	鮮滿版	1922-04-26	06단	商中對抗試合
105311	鮮滿版	1922-04-26	06단	半島茶話
105312	鮮滿版	1922-04-27	01단	三殿下を迎へ奉る/齋藤總督謹話
105313	鮮滿版	1922-04-27	01단	鮮人が內地に渡航し諒解し合ふ時が來る/水野政務總監談
105314	鮮滿版	1922-04-27	01단	水産協會事業槪目
105315	鮮滿版	1922-04-27	01단	大學着工/松村學務課長談
105316	鮮滿版	1922-04-27	01단	地稅增徵/京城府の一例(本稅三割五步强/地方附加稅一割三分强/學校費附加稅八步强/總計二割二步强)
105317	鮮滿版	1922-04-27	02단	京城の物價經微乍ら下る(低落せるもの/昂騰せるもの/保合へるもの)
105318	鮮滿版	1922-04-27	02단	水質と兒童保健/慶北道で調査
105319	鮮滿版	1922-04-27	03단	市場移轉開設
105320	鮮滿版	1922-04-27	03단	大邱農校移築
105321	鮮滿版	1922-04-27	03단	忠南水産施設
105322	鮮滿版	1922-04-27	03단	鮮鐵貨物減少
105323	鮮滿版	1922-04-27	04단	北支航路開始
105324	鮮滿版	1922-04-27	04단	平壤物資集散
105325	鮮滿版	1922-04-27	04단	釜山射擊場移轉か
105326	鮮滿版	1922-04-27	04단	鰊加工好成績
105327	鮮滿版	1922-04-27	04단	京畿水産貿易
105328	鮮滿版	1922-04-27	04단	各地だより(釜山より/清津より/會寧より)
105329	鮮滿版	1922-04-27	05단	某貴族から資金を受けた內政獨立派
105330	鮮滿版	1922-04-27	05단	東西臨時碁戰(3)
105331	鮮滿版	1922-04-27	06단	宣轉ビラ押收
105332	鮮滿版	1922-04-27	06단	大邱で相撲大會
105333	鮮滿版	1922-04-27	06단	會(朝郵株主總會/西鮮殖鐵總會/京畿金融組合)
105334	鮮滿版	1922-04-27	06단	半島茶話
105335	鮮滿版	1922-04-28	01단	家屋改造/朝鮮の風土に適應せしめよ
105336	鮮滿版	1922-04-28	01단	堅實な者には貸出を澁らぬ/吉田鮮銀理事談
105337	鮮滿版	1922-04-28	01단	新醫學博士增田貞一氏
105338	鮮滿版	1922-04-28	01단	各種協會簇出
105339	鮮滿版	1922-04-28	02단	石炭調査開始
105340	鮮滿版	1922-04-28	02단	少年保護の要
105341	鮮滿版	1922-04-28	02단	全鮮火災數

일련번호	판명	간행일	단수	기사명
105342	鮮滿版	1922-04-28	02단	京城通信部前の朝日新聞■■
105343	鮮滿版	1922-04-28	03단	赭土芽む(一)/麥原朝臣
105344	鮮滿版	1922-04-28	03단	龍山工場現狀
105345	鮮滿版	1922-04-28	04단	海運界は平調
105346	鮮滿版	1922-04-28	04단	天圖經鐵敷設打合
105347	鮮滿版	1922-04-28	05단	咸北金組現狀
105348	鮮滿版	1922-04-28	05단	各地だより(晉州より/清津より)
105349	鮮滿版	1922-04-28	05단	東西臨時碁戰(４)
105350	鮮滿版	1922-04-28	06단	新刊紹介(耕人(四月號)/朝鮮及滿洲(四月號)/滿鮮縱橫評論(四月號))
105351	鮮滿版	1922-04-29	01단	平元豫定線沿線狀況/竹內遞信局長談
105352	鮮滿版	1922-04-29	01단	鐵鑛産出西鮮に多量
105353	鮮滿版	1922-04-29	01단	鹽田增設自作自給方針
105354	鮮滿版	1922-04-29	01단	文氏除籍に決す/平壤辯護士總會
105355	鮮滿版	1922-04-29	01단	赭土芽む/麥原朝臣
105356	鮮滿版	1922-04-29	02단	金剛電鐵本社京城に移轉せん
105357	鮮滿版	1922-04-29	02단	女教員會前途/眞鍋女吏談
105358	鮮滿版	1922-04-29	02단	新醫學博士增田貞一氏
105359	鮮滿版	1922-04-29	02단	土木會議招集
105360	鮮滿版	1922-04-29	02단	電燈値下運動報告
105361	鮮滿版	1922-04-29	03단	石油會社計劃
105362	鮮滿版	1922-04-29	03단	食糧局長來群
105363	鮮滿版	1922-04-29	03단	京管局夜學科
105364	鮮滿版	1922-04-29	03단	船車聯絡開始
105365	鮮滿版	1922-04-29	04단	辭令
105366	鮮滿版	1922-04-29	04단	各地だより(平壤より/龍山より/晉州より)
105367	鮮滿版	1922-04-29	05단	東西臨時碁戰(５)
105368	鮮滿版	1922-04-29	05단	御救恤金三百圓下賜
105369	鮮滿版	1922-04-29	05단	女勞働者釜山に多い
105370	鮮滿版	1922-04-29	05단	釜山人力車夫の暴利/加々尾署長談
105371	鮮滿版	1922-04-29	06단	李王殿下に總監時計獻上
105372	鮮滿版	1922-04-29	06단	週刊朝日獻上/御歸鮮の世子殿下に
105373	鮮滿版	1922-04-29	06단	群山開港記念
105374	鮮滿版	1922-04-29	06단	龍頭山に望樓
105375	鮮滿版	1922-04-30	01단	三殿下釜山に御上陸(先頭世子殿下、次は妃殿下、侍女に抱かれたるは晉殿下)
105376	鮮滿版	1922-04-30	01단	奉直抗爭と滿洲經濟界/吉田鮮銀理事長談

일련번호	판명	간행일	단수	기사명
105377	鮮滿版	1922-04-30	01단	食料品品評會/十月一日開催(第一類/第二類/第三類/第四類)
105378	鮮滿版	1922-04-30	01단	平壤電鐵府營準備/車庫を建設
105379	鮮滿版	1922-04-30	02단	納入金徵收と建設費交附期
105380	鮮滿版	1922-04-30	02단	上海航路問題/原田朝郵社長談
105381	鮮滿版	1922-04-30	03단	片山理事辭職說
105382	鮮滿版	1922-04-30	03단	平南搜查係設置
105383	鮮滿版	1922-04-30	04단	金組勤續者表彰
105384	鮮滿版	1922-04-30	04단	田島課長來鮮
105385	鮮滿版	1922-04-30	04단	郵便物自動車
105386	鮮滿版	1922-04-30	04단	新聞講習
105387	鮮滿版	1922-04-30	04단	辭令
105388	鮮滿版	1922-04-30	04단	各地だより(京城より/鎭南浦より/釜山より/鳥致院より)
105389	鮮滿版	1922-04-30	05단	齋藤總督兩殿下ト御請待/會議所獻上品
105390	鮮滿版	1922-04-30	05단	相撲柔道大試合
105391	鮮滿版	1922-04-30	05단	童話劇を子兒に强制するは宜しくない
105392	鮮滿版	1922-04-30	05단	東西臨時碁戰(６)
105393	鮮滿版	1922-04-30	06단	鮮人同僚を蹴殺す
105394	鮮滿版	1922-04-30	06단	支那討伐隊馬賊と衝突
105395	鮮滿版	1922-04-30	06단	內地の歌審査
105396	鮮滿版	1922-04-30	06단	木浦開港記念
105397	鮮滿版	1922-04-30	06단	元住職の惡事

1922년 5월 (선만판)

일련번호	판명	간행일	단수	기사명
105398	鮮滿版	1922-05-02	01단	觀見式後の御團欒/朝鮮禮服でお揃ひの御一族(向って右より高事務官と晉殿下、王世子殿下、李王殿下、李王妃殿下、王世子妃殿下、阿只姬)
105399	鮮滿版	1922-05-02	01단	大邱市街改善計劃/廿五箇年で完成
105400	鮮滿版	1922-05-02	02단	製鋼縮小理由/松田所長訓示
105401	鮮滿版	1922-05-02	02단	行政講習開始
105402	鮮滿版	1922-05-02	03단	石油坑を發見す
105403	鮮滿版	1922-05-02	03단	*慶北春蠶掃立/黃海道*
105404	鮮滿版	1922-05-02	03단	鮮銀支店長異動
105405	鮮滿版	1922-05-02	04단	各地だより(平壤より/咸興より/會寧より/光州より)
105406	鮮滿版	1922-05-02	05단	*御下賜品 李王殿下へ/兩殿下へ獻上/海州*
105407	鮮滿版	1922-05-02	05단	端午の節句/晉殿下には特別の御儀式なし
105408	鮮滿版	1922-05-02	05단	警官招魂祭/來十三日執行
105409	鮮滿版	1922-05-02	05단	東西臨時碁戰(７)
105410	鮮滿版	1922-05-02	06단	筑摩仁川入港
105411	鮮滿版	1922-05-02	06단	巡査殺し逮捕
105412	鮮滿版	1922-05-02	06단	天道教演劇團(二十七日開成/二十八日平壤/二十九日鎭南浦/三十日安州/五月一日定州/二日宣州/三日新義州/四日義州/六日仁川/七日水原/八日濟州/九日大邱/十日釜山/十一日馬山/十三日裡里/十四日群山/十五日全州/十六日光州/十七日日本浦)
105413	鮮滿版	1922-05-02	06단	半島茶話
105414	鮮滿版	1922-05-03	01단	地方費歲計膨脹す/總額一千九百二十八萬餘圓
105415	鮮滿版	1922-05-03	01단	鮮鐵業績/久保京管局長談
105416	鮮滿版	1922-05-03	01단	赭土芽む(三)/麥原朝臣
105417	鮮滿版	1922-05-03	02단	消費水量最高記錄/當局節約を宣傳
105418	鮮滿版	1922-05-03	03단	水産組合補助方針
105419	鮮滿版	1922-05-03	03단	全鮮郵便貯金
105420	鮮滿版	1922-05-03	03단	南鮮鐵開通期
105421	鮮滿版	1922-05-03	04단	重油會社設立
105422	鮮滿版	1922-05-03	04단	釜山府土木補助
105423	鮮滿版	1922-05-03	04단	江陵に高普校
105424	鮮滿版	1922-05-03	04단	城津金組總會
105425	鮮滿版	1922-05-03	05단	東西臨時碁戰(８)
105426	鮮滿版	1922-05-03	05단	鑄物製造開始
105427	鮮滿版	1922-05-03	05단	列車增發祝賀
105428	鮮滿版	1922-05-03	05단	各地だより(馬山より/元山より)
105429	鮮滿版	1922-05-03	05단	鈴木商店が蘆田を拂受く/地方民の反對

일련번호	판명	간행일	단수	기사명
105430	鮮滿版	1922-05-03	06단	釜山署の活動
105431	鮮滿版	1922-05-03	06단	半島茶話
105432	鮮滿版	1922-05-04	01단	全道知事會議開かる/齋藤總督の訓示
105433	鮮滿版	1922-05-04	01단	時勢の要求に背馳するな/司法官に對する齋藤總督の訓示
105434	鮮滿版	1922-05-04	01단	京仁線電化問題
105435	鮮滿版	1922-05-04	01단	弱り目に祟り目/シヨウの苦境
105436	鮮滿版	1922-05-04	02단	鐵道協會打合
105437	鮮滿版	1922-05-04	02단	京城道路改修
105438	鮮滿版	1922-05-04	03단	陸軍用地繋爭
105439	鮮滿版	1922-05-04	03단	平壤府に理事官
105440	鮮滿版	1922-05-04	03단	各地だより(平壤より/海州より/會寧より/南川より/釜山より)
105441	鮮滿版	1922-05-04	04단	列車を爆破/郵便物を奪取
105442	鮮滿版	1922-05-04	05단	汽車博覽會/南大門驛で開催
105443	鮮滿版	1922-05-04	05단	三殿下へ獻上
105444	鮮滿版	1922-05-04	05단	長白附近增水
105445	鮮滿版	1922-05-04	05단	東西臨時碁戰(9)
105446	鮮滿版	1922-05-04	06단	羅南に神社建設
105447	鮮滿版	1922-05-04	06단	痘瘡發生
105448	鮮滿版	1922-05-04	06단	半島茶話
105449	鮮滿版	1922-05-05	01단	晉殿下の新しきお玩具/(上)李王妃殿下より贈られた護謨人形其他(下)李王殿下より贈られた銀製の獅{子と馬
105450	鮮滿版	1922-05-05	01단	水野總監指示概要/道知事會議に於ける
105451	鮮滿版	1922-05-05	02단	刑訴改正法/朝鮮に施行か否か
105452	鮮滿版	1922-05-05	03단	整理資金を鮮銀は仰がず/吉田理事談
105453	鮮滿版	1922-05-05	03단	三面一校制/平南道で完備
105454	鮮滿版	1922-05-05	04단	釜山敎育機關/本田府尹談
105455	鮮滿版	1922-05-05	04단	咸南の水産額四百四十萬圓
105456	鮮滿版	1922-05-05	04단	財務部長招集
105457	鮮滿版	1922-05-05	04단	片山氏辭任問題
105458	鮮滿版	1922-05-05	04단	建築協會發會式
105459	鮮滿版	1922-05-05	04단	金組聯合會現狀
105460	鮮滿版	1922-05-05	05단	光州市民大會
105461	鮮滿版	1922-05-05	05단	船員試驗成績
105462	鮮滿版	1922-05-05	05단	各地だより(京城より/釜山より/榮山浦より/淸州より)
105463	鮮滿版	1922-05-05	06단	美しい人情國/初めて見た平壤妓生の母國觀

일련번호	판명	간행일	단수	기사명
105464	鮮滿版	1922-05-05	06단	支那人毒藥自殺
105465	鮮滿版	1922-05-05	06단	半島茶話
105466	鮮滿版	1922-05-06	01단	朝鮮水産協會創立 三日發會式擧行さる(副總裁 宋兼峻/名譽理事長郡總督府水産課長/會長 香椎源太郎/專務理事 林駒生/專務理事 伊藤庄之助)/魚類輸送法改良せよ 田島水産課長談
105467	鮮滿版	1922-05-06	01단	不良性の官公吏數/總督府の調査
105468	鮮滿版	1922-05-06	01단	赭土芽む(四)/麥原朝臣
105469	鮮滿版	1922-05-06	02단	各團隊經理官招集
105470	鮮滿版	1922-05-06	02단	滿洲興業會社設立に苦心/佐々木取締役談
105471	鮮滿版	1922-05-06	02단	福島會頭辭意/後任者如何
105472	鮮滿版	1922-05-06	03단	京春鐵道行惱
105473	鮮滿版	1922-05-06	03단	大邱の米相場
105474	鮮滿版	1922-05-06	03단	各地だより(京城より/平壤より/釜山より)
105475	鮮滿版	1922-05-06	04단	大連東京聯絡飛行/十日より開始
105476	鮮滿版	1922-05-06	04단	朝鮮美展出品搬入/來廿三日から
105477	鮮滿版	1922-05-06	05단	東西臨時碁戰(１)
105478	鮮滿版	1922-05-06	05단	釜山の天然痘 鮮人患者隱蔽/小學生に發生
105479	鮮滿版	1922-05-06	05단	筑摩巡航(九日木浦/十一日八口浦/十二日濟州島/十二日三島/十三日蔚山/十五日鎭海)
105480	鮮滿版	1922-05-06	05단	人(咸興地方法院江陵支廳判事渡邊勇次郎/釜山法院晉州支廳判事早川篤一/光州地方院全州支廳判事加來昇夫/光州地方法院判事越尾鎭男)
105481	鮮滿版	1922-05-06	05단	間島雜信/渡邊生
105482	鮮滿版	1922-05-06	06단	半島茶話
105483	鮮滿版	1922-05-07	01단	晉王子殿下を仲に親君兩殿下のお睦み/世子殿下の御聰明 菊地參謀次長談
105484	鮮滿版	1922-05-07	01단	徹底せる陸軍縮小は學校で軍事豫備教育が必要/安滿參謀長談
105485	鮮滿版	1922-05-07	01단	美術品製作所現況/小川主務談
105486	鮮滿版	1922-05-07	03단	電車事故に就き/京城電氣株式會社營業謨長寺村氏談
105487	鮮滿版	1922-05-07	03단	總督府醫院現況(計劃/外來普通患者數/外來施療患者數/入院普通患者數/入院施療患者數/看護婦並に全生徒)
105488	鮮滿版	1922-05-07	04단	慶北では滿洲粟を代用する飯米が高くて道民の口に入らぬ
105489	鮮滿版	1922-05-07	04단	釜山の妓生住宅集中さるゝか
105490	鮮滿版	1922-05-07	04단	大邱の遊女に公休日を許可
105491	鮮滿版	1922-05-07	04단	東西臨時碁戰(２)

일련번호	판명	간행일	단수	기사명
105492	鮮滿版	1922-05-07	05단	大邱書畵展覽會
105493	鮮滿版	1922-05-07	05단	山下氏講演
105494	鮮滿版	1922-05-07	05단	本社見學
105495	鮮滿版	1922-05-09	01단	總督訓示/郵便局長に對し
105496	鮮滿版	1922-05-09	01단	朝鮮資金內地に流出
105497	鮮滿版	1922-05-09	01단	平壤に燃料研究所設置の要望
105498	鮮滿版	1922-05-09	01단	世子殿下御渡鮮と生徒の喜び/(上)兩殿下の御前に奉迎文を捧讀する方正先(下)御慶事記念章を授けられた朴馥東
105499	鮮滿版	1922-05-09	02단	新聯絡船就航
105500	鮮滿版	1922-05-09	02단	京城會議所總會
105501	鮮滿版	1922-05-09	02단	第二白頭丸寄港地
105502	鮮滿版	1922-05-09	03단	辭令
105503	鮮滿版	1922-05-09	03단	各地だより(京城より/釜山より/南川より/清津より/羅南より)
105504	鮮滿版	1922-05-09	04단	世子殿下九日御歸東/煙草獻上
105505	鮮滿版	1922-05-09	05단	東西臨時碁戰(2)
105506	鮮滿版	1922-05-09	05단	露領の海賊/漁船被害頻々
105507	鮮滿版	1922-05-09	05단	春川學生暴行/運動會の紛糾から
105508	鮮滿版	1922-05-09	05단	警察官招魂祭
105509	鮮滿版	1922-05-09	05단	引渡請求公判
105510	鮮滿版	1922-05-09	06단	會(師團經理會議/憲兵經理會議/東拓支店會議/産業鐵道總會/衛生課長會議)
105511	鮮滿版	1922-05-09	06단	人(川口彦治氏(愛知縣知事)/古田務氏(京城郵便局庶務課長))
105512	鮮滿版	1922-05-09	06단	半島茶話
105513	鮮滿版	1922-05-10	01단	內鮮船舶法統一が急務/塚越海軍課長談
105514	鮮滿版	1922-05-10	01단	鎭海要港部縮小所か/當局は擴張するが如き口吻
105515	鮮滿版	1922-05-10	01단	衛生部官制內容
105516	鮮滿版	1922-05-10	01단	米增收と水利事業
105517	鮮滿版	1922-05-10	02단	京仁線電化方針
105518	鮮滿版	1922-05-10	02단	平壤市民運動會
105519	鮮滿版	1922-05-10	03단	海員養成所改稱か
105520	鮮滿版	1922-05-10	03단	土木出張所新設
105521	鮮滿版	1922-05-10	03단	女高敷地問題
105522	鮮滿版	1922-05-10	04단	各地だより(平壤より/咸興より/新義州より/釜山より/馬山より/金泉より)
105523	鮮滿版	1922-05-10	05단	東西臨時碁戰(4)

일련번호	판명	간행일	단수	기사명
105524	鮮滿版	1922-05-10	05단	肺ヂストマ病源は蟹から
105525	鮮滿版	1922-05-10	05단	拷問致死事件實父から告訴
105526	鮮滿版	1922-05-10	06단	金馬山府屬投水
105527	鮮滿版	1922-05-10	06단	平安神社祭典
105528	鮮滿版	1922-05-10	06단	半島茶話
105529	鮮滿版	1922-05-11	01단	簡易保險實現遠し/朝鮮はまだ早い/當局の意向
105530	鮮滿版	1922-05-11	01단	癩患收容近況/志賀院長談
105531	鮮滿版	1922-05-11	01단	京城支局知事請待宴/本社見學
105532	鮮滿版	1922-05-11	02단	憲兵條例改正/國境監視所廢止
105533	鮮滿版	1922-05-11	02단	雅樂師長任命
105534	鮮滿版	1922-05-11	02단	朝鮮婦人營養不良(身長/體重/腦圍)
105535	鮮滿版	1922-05-11	03단	衛戍病院の昨今/佐分利院長談
105536	鮮滿版	1922-05-11	03단	バーの女給に誘惑されて堅氣な女中奉公する者が無い
105537	鮮滿版	1922-05-11	04단	各地だより(南川/龍山/平壤)
105538	鮮滿版	1922-05-11	04단	自動車谷底へ/乘客等四名傷く
105539	鮮滿版	1922-05-11	04단	支那勞動者金泉に入込む
105540	鮮滿版	1922-05-11	05단	東西臨時碁戰(5)
105541	鮮滿版	1922-05-11	05단	運\動界(平壤庭球リーグ戰道廳軍優勝/ゴルフ競技會(一等 假泉(鮮銀)/二等 ダビツトソン/三等 小野(鮮銀)/四等 モーセス/五等 武安(鮮銀)/六等 池田(三井)))
105542	鮮滿版	1922-05-11	05단	人(大庭朝鮮軍司令官/塚越遞信局海事課長/新田鐵道部工務課長)
105543	鮮滿版	1922-05-11	05단	半島茶話
105544	鮮滿版	1922-05-11	06단	間島雜信/渡部生
105545	鮮滿版	1922-05-12	01단	京城府廳舍改築議/吉松府尹談
105546	鮮滿版	1922-05-12	01단	日本郵船の朝鮮進出說/松崎專務は問題にせず
105547	鮮滿版	1922-05-12	01단	水力電氣基本調査/主要河川の水量から始める
105548	鮮滿版	1922-05-12	01단	煙草耕作獎勵金交付
105549	鮮滿版	1922-05-12	01단	會寧府制の前提か
105550	鮮滿版	1922-05-12	02단	內地の鮮人/兩警察部長談
105551	鮮滿版	1922-05-12	02단	京城小學兒童衛生狀態調査/平壤の兒童
105552	鮮滿版	1922-05-12	02단	釜山の桐下駄特産品となる
105553	鮮滿版	1922-05-12	03단	濃霧に依る海難
105554	鮮滿版	1922-05-12	03단	鼈繭販賣成績
105555	鮮滿版	1922-05-12	03단	京城商況閑散
105556	鮮滿版	1922-05-12	03단	西鮮甛菜收穫
105557	鮮滿版	1922-05-12	04단	大田高女敷地決定

일련번호	판명	간행일	단수	기사명
105558	鮮滿版	1922-05-12	04단	釜山道路補助問題
105559	鮮滿版	1922-05-12	04단	全南沿岸航路補助
105560	鮮滿版	1922-05-12	04단	鳥致院前月貿易
105561	鮮滿版	1922-05-12	04단	各地だより(釜山より/大邱より/群山より/光州より)
105562	鮮滿版	1922-05-12	05단	不逞鮮人武裝團を派遣軍が剿討
105563	鮮滿版	1922-05-12	05단	培材校へ不穩文を投ず
105564	鮮滿版	1922-05-12	05단	東西臨時碁戰(6)
105565	鮮滿版	1922-05-12	06단	人事相談所/開所は九月
105566	鮮滿版	1922-05-12	06단	玄基西の葬儀
105567	鮮滿版	1922-05-12	06단	競點射擊會
105568	鮮滿版	1922-05-12	06단	半島茶話
105569	鮮滿版	1922-05-12	06단	電話增設/朝日新聞社京城支局
105570	鮮滿版	1922-05-13	01단	警察の眞價を發揚せよ/部長會議に對する齋藤總督の訓示
105571	鮮滿版	1922-05-13	01단	國境憲兵監視所愈よ撤廢
105572	鮮滿版	1922-05-13	01단	衛生試驗所京城に新設
105573	鮮滿版	1922-05-13	01단	朝鮮銀行大邱支店
105574	鮮滿版	1922-05-13	02단	盲啞者數盲者が多く啞者が少い
105575	鮮滿版	1922-05-13	03단	兩校長會議大連で開催
105576	鮮滿版	1922-05-13	03단	*京城女高普校現狀 長田京城女子高普校長談/京城師範*
105577	鮮滿版	1922-05-13	04단	宗敎分布狀態
105578	鮮滿版	1922-05-13	04단	東拓貸出總高
105579	鮮滿版	1922-05-13	04단	釜山運輸槪況
105580	鮮滿版	1922-05-13	04단	二條公一行
105581	鮮滿版	1922-05-13	05단	各地だより(平壤より/釜山より/咸興より)
105582	鮮滿版	1922-05-13	05단	辭令
105583	鮮滿版	1922-05-13	05단	東西臨時碁戰(7)
105584	鮮滿版	1922-05-13	06단	馬賊襲來し保甲分局荒さる
105585	鮮滿版	1922-05-13	06단	不逞鮮人團巡警に捕はる
105586	鮮滿版	1922-05-13	06단	演藝團巡業
105587	鮮滿版	1922-05-13	06단	人(田中廣吉氏(總督府視學官)/吉川義弘氏(總督府事務官)/柿田靜樹氏(平壤中學校長)/橫田五郞氏(總督府法務局長))
105588	鮮滿版	1922-05-13	06단	半島茶話
105589	鮮滿版	1922-05-14	01단	鑛物試驗所設置/東洋第一の大規模(金鑛界)
105590	鮮滿版	1922-05-14	01단	府營電鐵認可促進/平壤記者團から陳情書提出(要旨/理由)
105591	鮮滿版	1922-05-14	01단	濟生院養育部/ＥＮ生

일련번호	판명	간행일	단수	기사명
105592	鮮滿版	1922-05-14	02단	春蠶況/總督部技師十時雄治郎氏談
105593	鮮滿版	1922-05-14	03단	釜山廻荷稀薄/運賃引下問題
105594	鮮滿版	1922-05-14	03단	滿鐵事故統計
105595	鮮滿版	1922-05-14	04단	解任憲兵處置
105596	鮮滿版	1922-05-14	04단	基敎大會列席者
105597	鮮滿版	1922-05-14	04단	信川署改築
105598	鮮滿版	1922-05-14	04단	慶州電氣認可
105599	鮮滿版	1922-05-14	04단	種痘方法講習
105600	鮮滿版	1922-05-14	04단	辭令
105601	鮮滿版	1922-05-14	04단	東京相撲滿鮮巡業
105602	鮮滿版	1922-05-14	04단	實弟を尋ねて/巡禮姿の女大連に向ふ
105603	鮮滿版	1922-05-14	05단	東西臨時碁戰(8)
105604	鮮滿版	1922-05-14	05단	體育宣傳活寫/收益を以て運動場を建設す
105605	鮮滿版	1922-05-14	06단	龍山局員惡事
105606	鮮滿版	1922-05-14	06단	モヒ注射取締
105607	鮮滿版	1922-05-14	06단	鎭南浦の火事
105608	鮮滿版	1922-05-14	06단	半島茶話
105609	鮮滿版	1922-05-15	01단	晉殿下の御墓地/永徽園のお手入れに忙し
105610	鮮滿版	1922-05-15	01단	南大門停車場完成は明後年
105611	鮮滿版	1922-05-15	01단	軍馬補充部雄基支部七月一日開廳式
105612	鮮滿版	1922-05-15	01단	虎疫豫防一般計劃/防疫一般計劃
105613	鮮滿版	1922-05-15	02단	黃海道の寄生蟲調査/衛生課の活動
105614	鮮滿版	1922-05-15	03단	貸出引締當然/佐々木一銀頭取談
105615	鮮滿版	1922-05-15	03단	種痘奬勵計劃
105616	鮮滿版	1922-05-15	03단	岡田運輸課長
105617	鮮滿版	1922-05-15	03단	焚寄綱に注意
105618	鮮滿版	1922-05-15	04단	普校資金募集
105619	鮮滿版	1922-05-15	04단	龍山局郵貯(內地人/朝鮮人)
105620	鮮滿版	1922-05-15	04단	郵便局長異動(濟州郵便局長　高橋庄■/大邱郵便局主事 佐野■喜/郵便局長 榮地方喜)
105621	鮮滿版	1922-05-15	04단	辭令
105622	鮮滿版	1922-05-15	04단	各地だより(龍山より/南川より/釜山より/大邱より)
105623	鮮滿版	1922-05-15	05단	在ますが如く御遺骸を御抱擁遊ばす兩殿下御悲嘆の御有樣
105624	鮮滿版	1922-05-15	05단	美展の使命/柴田學務局長談(協贊事業)
105625	鮮滿版	1922-05-15	05단	警官招魂察
105626	鮮滿版	1922-05-15	05단	模範巡査

일련번호	판명	간행일	단수	기사명
105627	鮮滿版	1922-05-15	06단	浦項署落成式
105628	鮮滿版	1922-05-15	06단	本社見學
105629	鮮滿版	1922-05-15	06단	半島茶話
105630	鮮滿版	1922-05-17	01단	*十五日夜の御通夜 御靈に心を籠めし御供物/李王殿下供物*
105631	鮮滿版	1922-05-17	01단	御葬送の御儀禮如何とホテル廣間で大評議開かる
105632	鮮滿版	1922-05-17	01단	喪章は一般に及ばず
105633	鮮滿版	1922-05-17	01단	馬山の弔電
105634	鮮滿版	1922-05-17	01단	永徽園の正面
105635	鮮滿版	1922-05-17	02단	*築港完成決議 鎭南浦市民大會/決議*
105636	鮮滿版	1922-05-17	03단	金融梗塞と朝鮮事業資金
105637	鮮滿版	1922-05-17	03단	遞信養成機關
105638	鮮滿版	1922-05-17	03단	鮮鐵荷物增加(運輸成績)
105639	鮮滿版	1922-05-17	04단	電氣計量器檢定
105640	鮮滿版	1922-05-17	04단	日墨石油會社
105641	鮮滿版	1922-05-17	04단	無産同盟會苦境
105642	鮮滿版	1922-05-17	04단	龍塘浦沿岸貿易
105643	鮮滿版	1922-05-17	04단	各地だより(平壤より/淸津より/咸興より/馬山より/金泉より)
105644	鮮滿版	1922-05-17	05단	審査の公正を期す/柴田學務局長談
105645	鮮滿版	1922-05-17	05단	列車顚覆/四時間延着
105646	鮮滿版	1922-05-17	06단	姬鱒を放流す/大同江へ
105647	鮮滿版	1922-05-17	06단	矢田牧師事件/スミス博士談
105648	鮮滿版	1922-05-17	06단	海軍記念日講話
105649	鮮滿版	1922-05-17	06단	鎭海神社祭典
105650	鮮滿版	1922-05-17	06단	半島茶話
105651	鮮滿版	1922-05-18	01단	家屋建築/京城の現狀
105652	鮮滿版	1922-05-18	01단	官吊暴落/奉直抗爭影響
105653	鮮滿版	1922-05-18	01단	門司の鮮人生活(黃金國の現實)
105654	鮮滿版	1922-05-18	02단	釜山に貯金管理局設置如何/花輪書記長談
105655	鮮滿版	1922-05-18	02단	滿鐵病院現況/市川事務長談
105656	鮮滿版	1922-05-18	02단	財務會議日程
105657	鮮滿版	1922-05-18	02단	釜山埋立府營方針
105658	鮮滿版	1922-05-18	02단	元山水産品評會
105659	鮮滿版	1922-05-18	03단	醫師試驗開始
105660	鮮滿版	1922-05-18	03단	藥劑師試驗期
105661	鮮滿版	1922-05-18	03단	淸津貿易額

일련번호	판명	간행일	단수	기사명
105662	鮮滿版	1922-05-18	03단	土木協會支部
105663	鮮滿版	1922-05-18	03단	沖野氏の企圖
105664	鮮滿版	1922-05-18	03단	各地だより(南川より/木浦より/群山より/鳥致院より/清津より/咸興より)
105665	鮮滿版	1922-05-18	04단	基督教の假面を被る/猶太人の秘密結社朝鮮で赤化運動を企らむ
105666	鮮滿版	1922-05-18	04단	『週刊朝日』を日本語資料に/フォエル氏の言明
105667	鮮滿版	1922-05-18	05단	坊門及方圓社名家勝繼碁戰/百廿三回(1)
105668	鮮滿版	1922-05-18	06단	石油船の火事
105669	鮮滿版	1922-05-18	06단	釜山に牛疫發生
105670	鮮滿版	1922-05-18	06단	娼妓と鐵砲情死
105671	鮮滿版	1922-05-18	06단	半島茶話
105672	鮮滿版	1922-05-19	01단	鎭南浦の運動會
105673	鮮滿版	1922-05-19	01단	張作霖は亡命せぬ/京城駐劄民國副領事の言明
105674	鮮滿版	1922-05-19	01단	新暗礁發見さる/楸子島北方で
105675	鮮滿版	1922-05-19	01단	鮮人侮辱問題/評議員會流會
105676	鮮滿版	1922-05-19	02단	南鐵分岐點/南原で變更運動
105677	鮮滿版	1922-05-19	03단	小洋票暴落/奉直戰爭の影響
105678	鮮滿版	1922-05-19	03단	木浦經濟狀況
105679	鮮滿版	1922-05-19	03단	獨逸宣教師渡鮮
105680	鮮滿版	1922-05-19	03단	釜山芥燒場移轉議
105681	鮮滿版	1922-05-19	03단	各地だより(龍山より/平壤より/釜山より/大邱より/馬山より/晉州より/大田より)
105682	鮮滿版	1922-05-19	05단	洞窟內に石室八個/中和郡境の山上で發見さる
105683	鮮滿版	1922-05-19	05단	朝鮮美展出品者漸增
105684	鮮滿版	1922-05-19	05단	陸上大飛行結局決行されん
105685	鮮滿版	1922-05-19	05단	雜貨商殺し死刑
105686	鮮滿版	1922-05-19	05단	坊門及方圓社名家勝繼碁戰/百廿三回(2)
105687	鮮滿版	1922-05-19	06단	本社見學
105688	鮮滿版	1922-05-19	06단	半島茶話
105689	鮮滿版	1922-05-20	01단	少年犯感化方針/栃原監獄課長談
105690	鮮滿版	1922-05-20	01단	園藝大會纛島で開催
105691	鮮滿版	1922-05-20	01단	西鮮通信網本年度工事
105692	鮮滿版	1922-05-20	01단	御葬儀畵報/(一)大還御見送りの李王世子妃兩殿下(二)大饗德廣殿を出づ(三)同上大漢門を出づ(四)同上東大門通過と奉送者
105693	鮮滿版	1922-05-20	02단	英米の不景氣/岩崎技師歸朝談
105694	鮮滿版	1922-05-20	02단	釜山客月貿易

일련번호	판명	간행일	단수	기사명
105695	鮮滿版	1922-05-20	03단	元山長箭問航路
105696	鮮滿版	1922-05-20	03단	釜山驛前繁榮會
105697	鮮滿版	1922-05-20	04단	辭令
105698	鮮滿版	1922-05-20	04단	各地だより(龍山より/平壤より/城津より/釜山より/光州より)
105699	鮮滿版	1922-05-20	05단	坊門及方圓社名家勝繼碁戰/百廿三回(3)
105700	鮮滿版	1922-05-20	05단	龍淵面の禁酒/酒屋は廢業する
105701	鮮滿版	1922-05-20	05단	沖野氏講演會
105702	鮮滿版	1922-05-20	05단	安圖に馬賊出沒
105703	鮮滿版	1922-05-20	06단	支那騎兵隊不穩
105704	鮮滿版	1922-05-20	06단	不逞鮮人捕はる
105705	鮮滿版	1922-05-20	06단	半島茶話
105706	鮮滿版	1922-05-21	01단	歐米視察派遣員決定
105707	鮮滿版	1922-05-21	01단	着陸地載寧に內定
105708	鮮滿版	1922-05-21	01단	遊園地としての仁川の施設/久保京管局長談
105709	鮮滿版	1922-05-21	01단	高麗共産黨朝鮮宣傳手配(慶北、金泉/全南、北道、赴君殖/忠北、南道、白彭浩/平南北道辛尚玉/京畿道■柄三)
105710	鮮滿版	1922-05-21	02단	監獄必要の地
105711	鮮滿版	1922-05-21	02단	汽車運賃特定
105712	鮮滿版	1922-05-21	02단	金融理事長招集
105713	鮮滿版	1922-05-21	02단	貴族院議員一行
105714	鮮滿版	1922-05-21	02단	陳列場敷地問題
105715	鮮滿版	1922-05-21	02단	黃州郡廳舍新築
105716	鮮滿版	1922-05-21	02단	孫秉熙の死んだ東大門外の別莊
105717	鮮滿版	1922-05-21	03단	辭令
105718	鮮滿版	1922-05-21	03단	各地だより(平壤より/新義州より/仁川より/光州より/馬山より)
105719	鮮滿版	1922-05-21	04단	死んだ孫秉熙の半生史/朝鮮で最初の斷髮を行つた
105720	鮮滿版	1922-05-21	04단	海軍記念鎭海の祝賀
105721	鮮滿版	1922-05-21	04단	發狂した久保博士
105722	鮮滿版	1922-05-21	05단	坊門及方圓社名家勝繼碁戰/百廿三回(4)

일련번호	판명	간행일	단수	기사명
105723	鮮滿版	1922-05-21	05단	聖人聖劇活寫(馬山五月二十三、四、五、六日/大邱同二十七、八日/金泉同二十九、三十一/水原同三十一日、六月六月/仁川同二、三日/京城同四、五、六日/海州同七、八一/平壤同九、十日/鎭南浦同十一日/江景同十三、四日/木浦同十五、六日/全州同十七、八一/群山同十九、二十一/裡里同二十一日/大田同二十二日/統營同二十四、五日/鎭海同二十六、七日/釜山同二十八、九、三十、三十一日)
105724	鮮滿版	1922-05-21	05단	釜山の火事
105725	鮮滿版	1922-05-21	06단	奉悼會
105726	鮮滿版	1922-05-21	06단	殺人犯捕はる
105727	鮮滿版	1922-05-21	06단	鎭海の情死
105728	鮮滿版	1922-05-21	06단	人(齋藤實氏(總督)/三原參治氏(憲兵司令部高級副官))
105729	鮮滿版	1922-05-21	06단	出版界(赤士(五月號)/朝鮮公論(五月號)/朝鮮の畜産(五月號))
105730	鮮滿版	1922-05-23	01단	破産法を朝鮮に施行するには先づ司法機關の整備を要す
105731	鮮滿版	1922-05-23	01단	朝鮮にも所得稅を賦課せん/禮島平南財務部長談
105732	鮮滿版	1922-05-23	01단	京管局組織變更と職員異動
105733	鮮滿版	1922-05-23	02단	支拂期日統一明年一月から
105734	鮮滿版	1922-05-23	02단	總監東上用件
105735	鮮滿版	1922-05-23	02단	京城火葬場改善
105736	鮮滿版	1922-05-23	02단	美展審查員異動
105737	鮮滿版	1922-05-23	02단	辭令
105738	鮮滿版	1922-05-23	03단	各地だより(平壤より/龍山より/釜山より/沙里院より/南川より/兼二浦より/木浦より)
105739	鮮滿版	1922-05-23	04단	奉軍敗退で商人恐慌/邦商は取引見合
105740	鮮滿版	1922-05-23	05단	軍隊編成の不逞團員剿討さる
105741	鮮滿版	1922-05-23	05단	精神病者上書
105742	鮮滿版	1922-05-23	05단	郡衙備品盜用
105743	鮮滿版	1922-05-23	05단	坊門及方圓社名家勝繼碁戰/百廿三回(5)
105744	鮮滿版	1922-05-23	06단	本社見學
105745	鮮滿版	1922-05-23	06단	人(佐々木仁氏(遞信技師)/平井三男氏(道事務官)/安藤又三郎氏(滿鐵參事))
105746	鮮滿版	1922-05-23	06단	半島茶話
105747	鮮滿版	1922-05-24	01단	私鐵補給金增額運動先づ不成功か
105748	鮮滿版	1922-05-24	01단	鮮米逆輸入當然也/某當業者の話
105749	鮮滿版	1922-05-24	01단	新庄事務官
105750	鮮滿版	1922-05-24	01단	大邱の都市施設/下水と道路擴張

일련번호	판명	간행일	단수	기사명
105751	鮮滿版	1922-05-24	02단	朝鮮貿易/入超三百萬圓
105752	鮮滿版	1922-05-24	02단	京元電話近く着エせん
105753	鮮滿版	1922-05-24	02단	京城土木事業
105754	鮮滿版	1922-05-24	02단	鮮人侮辱問題
105755	鮮滿版	1922-05-24	03단	平壤會議所委員會
105756	鮮滿版	1922-05-24	03단	釜山下水改善
105757	鮮滿版	1922-05-24	03단	朝鮮物産奬勵會
105758	鮮滿版	1922-05-24	03단	各地だより(平壤より/新義州より/咸興より/馬山より)
105759	鮮滿版	1922-05-24	04단	對岸に馬賊橫行/避難者陸續來る
105760	鮮滿版	1922-05-24	05단	孤兒を引張合ふ/平壤の怪聞
105761	鮮滿版	1922-05-24	05단	*元山築港竣成式/總督來山*
105762	鮮滿版	1922-05-24	05단	驛名札の改善
105763	鮮滿版	1922-05-24	05단	坊門及方圓社名家勝繼碁戰/百廿三回(6)
105764	鮮滿版	1922-05-24	06단	小靠山の脅迫
105765	鮮滿版	1922-05-24	06단	人(平井三男氏(平安南道內務部長)/西侍從武官)
105766	鮮滿版	1922-05-24	06단	半島茶話
105767	鮮滿版	1922-05-25	01단	築港完成の必要な鎭南浦
105768	鮮滿版	1922-05-25	01단	軌幅統一不可能/山田營業課長談
105769	鮮滿版	1922-05-25	01단	黃海金剛施設調査開始
105770	鮮滿版	1922-05-25	02단	滿鐵醫務施設/鶴見衛生課長談
105771	鮮滿版	1922-05-25	03단	政爭化した鮮人侮辱問題
105772	鮮滿版	1922-05-25	03단	外人通過減少
105773	鮮滿版	1922-05-25	03단	釜山監獄近況
105774	鮮滿版	1922-05-25	04단	大邱市場移轉計劃
105775	鮮滿版	1922-05-25	04단	釜山兩校合倂問題
105776	鮮滿版	1922-05-25	04단	陳列場敷地寄附
105777	鮮滿版	1922-05-25	04단	辭令
105778	鮮滿版	1922-05-25	04단	各地だより(釜山より/統營より/全州より/沙里院より)
105779	鮮滿版	1922-05-25	05단	酷寒の爲桑樹被害平南道に甚し
105780	鮮滿版	1922-05-25	05단	坊門及方圓社名家勝繼碁戰/百廿三回(7)
105781	鮮滿版	1922-05-25	06단	秀才異鄕で狂ふ
105782	鮮滿版	1922-05-25	06단	人(吉松憲郎氏(京城府尹)/宮崎靜二氏(大田中學敎諭))
105783	鮮滿版	1922-05-25	06단	半島茶話
105784	鮮滿版	1922-05-26	01단	補給增額は出來ぬ/私鐵發展に力を入れて居るが/水野政務總監談
105785	鮮滿版	1922-05-26	01단	電信電話回線增設二百二線
105786	鮮滿版	1922-05-26	01단	間島に戒嚴令

일련번호	판명	간행일	단수	기사명
105787	鮮滿版	1922-05-26	01단	天道教兩派軋轢改造か分立か/前教主葬儀期
105788	鮮滿版	1922-05-26	02단	平南博物館平壤に建設
105789	鮮滿版	1922-05-26	02단	北里研究所支所大邱に新設
105790	鮮滿版	1922-05-26	02단	山東炭山經營/東拓の新計劃
105791	鮮滿版	1922-05-26	03단	棉作技術員講習會
105792	鮮滿版	1922-05-26	03단	陳列館位置內定
105793	鮮滿版	1922-05-26	03단	全南叺改善急務
105794	鮮滿版	1922-05-26	03단	鮮人女學生の眼に母國は何んなに映じたか/京城女子高普校の見學感想談話會(挨拶までに尾形教諭/宮島申良淑/奈良、伊勢劉挂順/感想沈承弼教諭/東京金龍淑/感想沈宜麟教諭)
105795	鮮滿版	1922-05-26	04단	大邱居住外人
105796	鮮滿版	1922-05-26	04단	西鮮殖鐵總會
105797	鮮滿版	1922-05-26	04단	各地だより(平壤より/龍山より)
105798	鮮滿版	1922-05-26	05단	泥炭を利用して糞屎處分/宮島博士の新研究結果
105799	鮮滿版	1922-05-26	05단	石橋氏飛行二十七日京城着
105800	鮮滿版	1922-05-26	05단	昨今の讀物/林滿鐵圖書館主事談
105801	鮮滿版	1922-05-26	05단	風俗屛風獻上
105802	鮮滿版	1922-05-26	05단	坊門及方圓社名家勝繼碁戰/百廿三回(8)
105803	鮮滿版	1922-05-26	06단	朝鮮競馬大會
105804	鮮滿版	1922-05-26	06단	半島茶話
105805	鮮滿版	1922-05-27	01단	朝鮮と北支との交通/航路開始擴張で面目一變
105806	鮮滿版	1922-05-27	01단	朝鮮と森林保險/有賀殖銀頭取談
105807	鮮滿版	1922-05-27	01단	滿洲獨立するも支那人に影響なし/民國副領事談
105808	鮮滿版	1922-05-27	01단	廣島丸出動し漁場を探檢す
105809	鮮滿版	1922-05-27	02단	佛教慈濟院近況/小水主事談
105810	鮮滿版	1922-05-27	02단	京城勞銀昂騰/物價は下る(昫貴せるもの/低落せるもの/保合へるもの)
105811	鮮滿版	1922-05-27	02단	西鮮から
105812	鮮滿版	1922-05-27	03단	貨物移動增加/鮮鐵中旬成績
105813	鮮滿版	1922-05-27	04단	北鮮物々交換
105814	鮮滿版	1922-05-27	04단	貸出偏頗の弊
105815	鮮滿版	1922-05-27	04단	發掘した鏡被を資料に大和民族の文化を調査する九大中山博士
105816	鮮滿版	1922-05-27	05단	坊門及方圓社名家勝繼碁戰/百廿三回(9)
105817	鮮滿版	1922-05-27	05단	篤農家表彰碑
105818	鮮滿版	1922-05-27	05단	辭令
105819	鮮滿版	1922-05-27	05단	沿海州の日本人數多いのは料理屋

일련번호	판명	간행일	단수	기사명
105820	鮮滿版	1922-05-27	05단	間島支那官憲在住鮮人壓迫
105821	鮮滿版	1922-05-27	06단	小靠山から再度の脅迫文
105822	鮮滿版	1922-05-27	06단	軍法會議初公判
105823	鮮滿版	1922-05-27	06단	半島茶話
105824	鮮滿版	1922-05-28	01단	上海假政府外人も迷惑がる(田中大將/朝鮮統治)
105825	鮮滿版	1922-05-28	01단	慶北産紙/內地移入の端
105826	鮮滿版	1922-05-28	01단	新綠の龍山/(衛生街/漢江江畔/孝昌園)/N生
105827	鮮滿版	1922-05-28	02단	慶北警官異動
105828	鮮滿版	1922-05-28	02단	釜山警察新築
105829	鮮滿版	1922-05-28	02단	平壤女監近況
105830	鮮滿版	1922-05-28	03단	滿洲粟輸入旺盛
105831	鮮滿版	1922-05-28	03단	平壤圖書館計劃
105832	鮮滿版	1922-05-28	03단	遊園地道路問題
105833	鮮滿版	1922-05-28	04단	釜山道路問題
105834	鮮滿版	1922-05-28	04단	林野圖閱覽
105835	鮮滿版	1922-05-28	04단	各地だより(平壤より/安州より/龍山より/晉州より)
105836	鮮滿版	1922-05-28	05단	坊門及方圓社名家勝繼碁戰/百廿三回(１０)
105837	鮮滿版	1922-05-28	05단	上海で秘密結社/不心得者の妄動
105838	鮮滿版	1922-05-28	06단	花柳三業同盟/釜山で大會開催
105839	鮮滿版	1922-05-28	06단	馬賊六名逮捕(高守熙/高守鐵/孫文/孫日之/袁子富/泰鉅芟)
105840	鮮滿版	1922-05-28	06단	店頭陣列競技會
105841	鮮滿版	1922-05-28	06단	出版界(朝鮮(敎育記念號)/同(五月號)/遞信協會雜誌(五月號))
105842	鮮滿版	1922-05-30	01단	時勢に順應して處置せよ/總督の財務部長に對する訓示
105843	鮮滿版	1922-05-30	01단	南大門驛工事入札九十一萬圓て落札
105844	鮮滿版	1922-05-30	01단	奉直戰と滿洲財界
105845	鮮滿版	1922-05-30	01단	南浦開港記念物産展覽會計劃
105846	鮮滿版	1922-05-30	01단	鮮米宣傳樂觀/田中商工課長談
105847	鮮滿版	1922-05-30	02단	社會奉仕の住宅/釜山の一富豪の計劃
105848	鮮滿版	1922-05-30	02단	馬山市區改正
105849	鮮滿版	1922-05-30	02단	第一艦隊來航
105850	鮮滿版	1922-05-30	02단	鎭海に高女校設立
105851	鮮滿版	1922-05-30	02단	昌寧婦人會紛擾
105852	鮮滿版	1922-05-30	02단	傳染疾患者數
105853	鮮滿版	1922-05-30	03단	各地だより(平壤より/龍山より/釜山より/大邱より/馬山より)

일련번호	판명	간행일	단수	기사명
105854	鮮滿版	1922-05-30	04단	間島に馬賊出沒し鮮土侵入を企つる形勢/對岸の支那官兵馬賊に投ず
105855	鮮滿版	1922-05-30	04단	京城給水夜間停止廿七日から
105856	鮮滿版	1922-05-30	04단	時の記念日宣傳方法
105857	鮮滿版	1922-05-30	05단	文祿役の古釜銃丸鑄造用か
105858	鮮滿版	1922-05-30	05단	坊門及方圓社名家勝繼碁戰/百廿四回(１)
105859	鮮滿版	1922-05-30	06단	今年は鯖不漁
105860	鮮滿版	1922-05-30	06단	飛行又復中止
105861	鮮滿版	1922-05-30	06단	兩畫伯巡遊
105862	鮮滿版	1922-05-30	06단	人(高橋享氏(總督府視察官)/田中廣吉氏(總督府視察官))
105863	鮮滿版	1922-05-30	06단	半島茶話
105864	鮮滿版	1922-05-31	01단	鹽田擴張第三期計劃
105865	鮮滿版	1922-05-31	01단	繭生産額本年は增加せん
105866	鮮滿版	1922-05-31	01단	平壤電鐵敷設結氷期までに/楠野府尹歸任談
105867	鮮滿版	1922-05-31	01단	短期上場問題/市場改造が先決問題である
105868	鮮滿版	1922-05-31	02단	平壤府運動場二箇所設置か
105869	鮮滿版	1922-05-31	02단	虎疫豫防調査
105870	鮮滿版	1922-05-31	02단	第一艦隊寄港
105871	鮮滿版	1922-05-31	02단	眞宗巡回講演
105872	鮮滿版	1922-05-31	03단	銀行の肩入說
105873	鮮滿版	1922-05-31	03단	協會で鮮米宣傳
105874	鮮滿版	1922-05-31	03단	慶北米格付改定
105875	鮮滿版	1922-05-31	03단	專用鐵道認可
105876	鮮滿版	1922-05-31	03단	船橋里土地貸附
105877	鮮滿版	1922-05-31	04단	城津電氣進捗
105878	鮮滿版	1922-05-31	04단	朝鮮美術展覽會 受鑑查四百三點 入選二百十五點(第一部(東洋畫)/第二部(洋畫)/第二部(彫刻)/第三部(畫))/豫想外の好成績 川合審查員談
105879	鮮滿版	1922-05-31	04단	坊門及方圓社名家勝繼碁戰/百廿四回(２)
105880	鮮滿版	1922-05-31	05단	牧の島分會
105881	鮮滿版	1922-05-31	05단	半島茶話

1922년 6월 (선만판)

일련번호	판명	간행일	단수	기사명
105882	鮮滿版	1922-06-01	01단	道路網完成方針/原土木部長談
105883	鮮滿版	1922-06-01	01단	朝鮮に電氣事業勃興せん/吉村電氣課長談
105884	鮮滿版	1922-06-01	01단	一日より開會の朝鮮美術展覽會會場
105885	鮮滿版	1922-06-01	03단	地方法院增置/新義州と光州
105886	鮮滿版	1922-06-01	03단	慶南府尹郡守會議/本田府尹談
105887	鮮滿版	1922-06-01	03단	釜山物價下らず
105888	鮮滿版	1922-06-01	04단	荷主運送組合
105889	鮮滿版	1922-06-01	04단	釜山の自動車
105890	鮮滿版	1922-06-01	04단	改稱調査
105891	鮮滿版	1922-06-01	04단	各地だより(平壤より/釜山より/全南より)
105892	鮮滿版	1922-06-01	05단	月尾島大浴場愈よ實現せん
105893	鮮滿版	1922-06-01	05단	釜山の支那人直隷派に贔屓
105894	鮮滿版	1922-06-01	05단	坊門及方圓社名家勝繼碁戰/百廿四回(３)
105895	鮮滿版	1922-06-01	06단	京元線夜行列車
105896	鮮滿版	1922-06-01	06단	晉州に劇場建設
105897	鮮滿版	1922-06-01	06단	ス軍零敗す/京城野球リーグ戰
105898	鮮滿版	1922-06-01	06단	半島茶話
105899	鮮滿版	1922-06-02	01단	三社整理/東拓の大英斷
105900	鮮滿版	1922-06-02	01단	質の利子/重要地の比較
105901	鮮滿版	1922-06-02	01단	水産試驗場/三箇所に增置
105902	鮮滿版	1922-06-02	01단	登千山記(一)/奏天田中生
105903	鮮滿版	1922-06-02	02단	朝鮮鐵道協會/十日に發會式
105904	鮮滿版	1922-06-02	02단	京南鐵開通式/四日舉行さる
105905	鮮滿版	1922-06-02	02단	種痘宣傳活寫(大久保■主任江原道內/大沼■主任慶尙南道/天岸技師主任慶尙北道)
105906	鮮滿版	1922-06-02	02단	京城木浦直通電話
105907	鮮滿版	1922-06-02	03단	江景水道起工式
105908	鮮滿版	1922-06-02	03단	尙州の教育施設
105909	鮮滿版	1922-06-02	04단	醫師試驗合格者(全部合格者/第二部合格者/第一部合格者)
105910	鮮滿版	1922-06-02	04단	消防事務所新築
105911	鮮滿版	1922-06-02	04단	各地だより(龍山より/平壤より/鎭南浦より/統營より)
105912	鮮滿版	1922-06-02	05단	坊門及方圓社名家勝繼碁戰/百廿四回(４)
105913	鮮滿版	1922-06-02	05단	朝鮮美展/月曜は鑑賞日
105914	鮮滿版	1922-06-02	05단	運動協會京城で野球戰
105915	鮮滿版	1922-06-02	05단	平壤に腦脊炎
105916	鮮滿版	1922-06-02	06단	釜山の塵箱整理
105917	鮮滿版	1922-06-02	06단	半島茶話

일련번호	판명	간행일	단수	기사명
105918	鮮滿版	1922-06-03	01단	小農に對する同情/益惡化する小作問題(１)/(險惡な空氣が/彫刻のやうに)
105919	鮮滿版	1922-06-03	01단	郵商兩船協調の曙光
105920	鮮滿版	1922-06-03	01단	靑島還附後の製鹽需給策
105921	鮮滿版	1922-06-03	01단	取引法施行令の內容
105922	鮮滿版	1922-06-03	03단	米棉作柄民間豫想
105923	鮮滿版	1922-06-03	03단	米國産業漸恢
105924	鮮滿版	1922-06-03	03단	米國石油競爭
105925	鮮滿版	1922-06-03	03단	東京金利急落
105926	鮮滿版	1922-06-03	04단	公債應募不況
105927	鮮滿版	1922-06-03	04단	帝蠶賣出景況
105928	鮮滿版	1922-06-03	04단	郵便貯金減少
105929	鮮滿版	1922-06-03	04단	八幡銑鐵購入高
105930	鮮滿版	1922-06-03	04단	生命保險成績
105931	鮮滿版	1922-06-03	05단	陰陽聯絡と輸送
105932	鮮滿版	1922-06-03	05단	護謨制限進捗
105933	鮮滿版	1922-06-03	05단	輸出協會運動
105934	鮮滿版	1922-06-03	05단	製糖制限問題
105935	鮮滿版	1922-06-03	06단	日支船の競爭
105936	鮮滿版	1922-06-03	06단	綿絲輸出增加
105937	鮮滿版	1922-06-03	06단	東京絲布在高
105938	鮮滿版	1922-06-03	06단	綿ネル取引開始
105939	鮮滿版	1922-06-03	07단	商品市況(雜穀市況一束/孟賣積出棉花/浦潮豆粕入荷)
105940	鮮滿版	1922-06-03	07단	各地の春蠶(鳥取/廣島/濱松/松山/岡山/宇和島/一の宮/岐阜)
105941	鮮滿版	1922-06-03	08단	會社銀行(人肥會社月並會/名古屋紡續會社)
105942	鮮滿版	1922-06-03	08단	賣船及傭船
105943	鮮滿版	1922-06-03	08단	水銀燈
105944	鮮滿版	1922-06-04	01단	朝鮮美展入賞作品一等はなく二等以下 受賞者內地人廿二名、鮮人十二名/玉堂氏の評
105945	鮮滿版	1922-06-04	01단	內地の法官連が朝鮮を研究する
105946	鮮滿版	1922-06-04	01단	都守異續報
105947	鮮滿版	1922-06-04	01단	地方郵便局改良
105948	鮮滿版	1922-06-04	02단	敵前渡河演習
105949	鮮滿版	1922-06-04	02단	松毛蟲驅除
105950	鮮滿版	1922-06-04	02단	各地だより(釜山より/馬山より/大田より/咸興より)
105951	鮮滿版	1922-06-04	04단	支那官兵武裝の儘/馬賊に投ず
105952	鮮滿版	1922-06-04	04단	電光盜用者馬山鎭海で三百餘戶に及ぶ

일련번호	판명	간행일	단수	기사명
105953	鮮滿版	1922-06-04	05단	高商移管記念日
105954	鮮滿版	1922-06-04	05단	大阪朝日新聞社主催お伽家庭講演會
105955	鮮滿版	1922-06-04	05단	坊門及方圓社名家勝繼碁戰/百廿四回（６）
105956	鮮滿版	1922-06-04	06단	仁川署の活動
105957	鮮滿版	1922-06-04	06단	溫井里の火事
105958	鮮滿版	1922-06-04	06단	大豺子供を喰ふ
105959	鮮滿版	1922-06-04	06단	半島茶話
105960	鮮滿版	1922-06-06	01단	五十萬圓かけて東萊溫泉を改造する/久保京管局長談
105961	鮮滿版	1922-06-06	01단	整理は地方に手を着けぬ/齋藤總督の■■
105962	鮮滿版	1922-06-06	01단	關稅政策の運用を發揮せよ/總督の稅關長に對する訓示
105963	鮮滿版	1922-06-06	01단	新任步兵第七十五聯隊長毛內靖胤氏
105964	鮮滿版	1922-06-06	02단	淸津築港起工期/土木出張所開設
105965	鮮滿版	1922-06-06	02단	南浦展覽會主催/商議評議員會
105966	鮮滿版	1922-06-06	02단	*武田氏も辭任/善後策講究*
105967	鮮滿版	1922-06-06	03단	無線電話着工
105968	鮮滿版	1922-06-06	03단	證券濫發善後
105969	鮮滿版	1922-06-06	03단	豆類收穫減少
105970	鮮滿版	1922-06-06	03단	各地だより(平壤より/龍山より/釜山より)
105971	鮮滿版	1922-06-06	04단	辭令
105972	鮮滿版	1922-06-06	05단	朝鮮民族の血液研究/深町學士出張
105973	鮮滿版	1922-06-06	05단	兩殿下美展へ御成
105974	鮮滿版	1922-06-06	05단	中學生風紀紊る
105975	鮮滿版	1922-06-06	05단	坊門及方圓社名家勝繼碁戰/百廿四回（７）
105976	鮮滿版	1922-06-06	06단	京城の赤痢
105977	鮮滿版	1922-06-06	06단	釜山の人殺し
105978	鮮滿版	1922-06-06	06단	平壤の野球戰
105979	鮮滿版	1922-06-06	06단	不逞鮮人控訴
105980	鮮滿版	1922-06-06	06단	半島茶話
105981	鮮滿版	1922-06-07	01단	本社見學の中樞院參議一行
105982	鮮滿版	1922-06-07	01단	東亞煙草苦境/鈴木系統の手に歸せん
105983	鮮滿版	1922-06-07	01단	京城教員住宅起債して建設
105984	鮮滿版	1922-06-07	02단	平壤會議所紛擾/善後の意見書
105985	鮮滿版	1922-06-07	03단	羅南府制要望
105986	鮮滿版	1922-06-07	03단	鮮鐵客月業積
105987	鮮滿版	1922-06-07	03단	慶北麥作豫想
105988	鮮滿版	1922-06-07	03단	春川反基教熱
105989	鮮滿版	1922-06-07	04단	新聞講演の題材

일련번호	판명	간행일	단수	기사명
105990	鮮滿版	1922-06-07	04단	洋襪組合成立
105991	鮮滿版	1922-06-07	04단	金泉局改築
105992	鮮滿版	1922-06-07	04단	各地だより(馬山より/木浦より/大邱より/新義州より/順川より/安州より)
105993	鮮滿版	1922-06-07	05단	坊門及方圓社名家勝繼碁戰/百廿四回(8)
105994	鮮滿版	1922-06-07	06단	道廳に押寄せ埋立反對陳情
105995	鮮滿版	1922-06-07	06단	羅南の脚戲
105996	鮮滿版	1922-06-07	06단	半島茶話
105997	鮮滿版	1922-06-08	01단	府豫算報告主義
105998	鮮滿版	1922-06-08	01단	平壤府戶別稅
105999	鮮滿版	1922-06-08	01단	朝鮮辯護士試驗
106000	鮮滿版	1922-06-08	01단	登千山記(二)/奉天田中生
106001	鮮滿版	1922-06-08	02단	在京外人課稅
106002	鮮滿版	1922-06-08	02단	平南棉作計劃
106003	鮮滿版	1922-06-08	02단	不渡手形激增
106004	鮮滿版	1922-06-08	02단	行岸灣陸上設備
106005	鮮滿版	1922-06-08	03단	果實蔬菜品評會
106006	鮮滿版	1922-06-08	03단	淸津の水産試驗場
106007	鮮滿版	1922-06-08	03단	靑年聯合會覺醒
106008	鮮滿版	1922-06-08	04단	東拓貸付現在高
106009	鮮滿版	1922-06-08	04단	京南線開通式
106010	鮮滿版	1922-06-08	04단	朝鮮電興苦境
106011	鮮滿版	1922-06-08	04단	記念碑で一問題
106012	鮮滿版	1922-06-08	04단	辭令
106013	鮮滿版	1922-06-08	05단	坊門及方圓社名家勝繼碁戰/百廿四回(9)
106014	鮮滿版	1922-06-08	05단	鐵血團西鮮に侵人
106015	鮮滿版	1922-06-08	05단	「時の記念日」に京城宣傳方法
106016	鮮滿版	1922-06-08	05단	娼妓殺し鮮人厚狹で捕はる
106017	鮮滿版	1922-06-08	05단	鳥致院に劇場
106018	鮮滿版	1922-06-08	05단	各地だより(木浦より/南川より/統營より)
106019	鮮滿版	1922-06-08	06단	人(前田昇少將(朝鮮憲兵司令官)/石橋勝波氏(民間飛行家)/佐野善作氏(商科大學長))
106020	鮮滿版	1922-06-08	06단	半島茶話
106021	鮮滿版	1922-06-09		缺號
106022	鮮滿版	1922-06-10	01단	美展台臨/(上)前方の女性が妃殿下(下)前方の軍服姿が李王殿下
106023	鮮滿版	1922-06-10	01단	京城府民所得額約三千萬圓

일련번호	판명	간행일	단수	기사명
106024	鮮滿版	1922-06-10	01단	漁獲物加工獎勵/總督府の意嚮
106025	鮮滿版	1922-06-10	02단	楠野府尹拒絶/會議所紛擾調停を
106026	鮮滿版	1922-06-10	02단	軍馬貸下げ/池田軍獸醫部長談(出願期日/貸附馬の資格/貸附馬の用役/貸附馬の配當/貸附辭退に就て/貸附馬受領に就て)
106027	鮮滿版	1922-06-10	02단	間島へ獨逸製品/盛んに輸入
106028	鮮滿版	1922-06-10	03단	金剛山交通施設
106029	鮮滿版	1922-06-10	03단	京畿植林獎勵
106030	鮮滿版	1922-06-10	04단	郵貯增加趨勢
106031	鮮滿版	1922-06-10	04단	全南市場成績
106032	鮮滿版	1922-06-10	04단	棉作技術員講習會(品種改良/肥料及土■/棉作の猪研究/棉花在增法/棉の育種/在來棉在增法/綿作獎勵に關する事項/科外講演/實地見學)
106033	鮮滿版	1922-06-10	04단	發電機讓渡契約
106034	鮮滿版	1922-06-10	04단	鮮鐵買入物品(石炭/枕木/セメント)
106035	鮮滿版	1922-06-10	05단	坊門及方圓社名家勝繼碁戰/百廿四回(１１)
106036	鮮滿版	1922-06-10	05단	藥劑師合格者
106037	鮮滿版	1922-06-10	05단	臨時船員試驗
106038	鮮滿版	1922-06-10	05단	向土會館落成
106039	鮮滿版	1922-06-10	05단	龍山に大公園/鐵道公園擴張か
106040	鮮滿版	1922-06-10	05단	第一艦隊觀覽/李王殿下も台臨
106041	鮮滿版	1922-06-10	06단	歸化鮮人潜入/共産黨の手先
106042	鮮滿版	1922-06-10	06단	警官武道大會
106043	鮮滿版	1922-06-10	06단	金泉に降雹
106044	鮮滿版	1922-06-10	06단	晋州の喜雨
106045	鮮滿版	1922-06-10	06단	本社見學
106046	鮮滿版	1922-06-10	06단	各地だより(雄基より/晋州より)
106047	鮮滿版	1922-06-11	01단	朝鮮に所得稅を賦課するに內地直譯主義は一考を要する
106048	鮮滿版	1922-06-11	01단	平壤上水道擴張工事着手/七月頃に竣成
106049	鮮滿版	1922-06-11	01단	平安地方狀況/佐伯高等課長談
106050	鮮滿版	1922-06-11	01단	南浦築港陳情
106051	鮮滿版	1922-06-11	01단	羅南神社建設
106052	鮮滿版	1922-06-11	02단	特殊敎育講究
106053	鮮滿版	1922-06-11	02단	商況と金融
106054	鮮滿版	1922-06-11	03단	金組理事長會議
106055	鮮滿版	1922-06-11	03단	寄附金不成績か
106056	鮮滿版	1922-06-11	03단	檢事長出張
106057	鮮滿版	1922-06-11	03단	辭令

일련번호	판명	간행일	단수	기사명
106058	鮮滿版	1922-06-11	03단	全鮮一齊に時の宣傳/十日の記念日
106059	鮮滿版	1922-06-11	04단	崇實中學盟休斷續/學校側の申分
106060	鮮滿版	1922-06-11	04단	天道敎紛糾で靑年大會開催/委員等の折衝
106061	鮮滿版	1922-06-11	04단	各地だより(平壤より/鎭南浦より/釜山より/羅南より/咸興より/淸津より/龍山より/木浦より/仁川より)
106062	鮮滿版	1922-06-11	05단	坊門及方圓社名家勝繼碁戰/百廿四回(１２)
106063	鮮滿版	1922-06-13	01단	滿鐵の社會事業/牧野新課長談
106064	鮮滿版	1922-06-13	01단	河內山局長入社說は無根/不破祕書役談
106065	鮮滿版	1922-06-13	01단	藝娼妓血液檢査所釜山に新設
106066	鮮滿版	1922-06-13	01단	滿鐵ホテル現狀(朝鮮ホテル/停車場ホテル/金剛山ホテル/滿洲線)
106067	鮮滿版	1922-06-13	01단	京城在貨減少
106068	鮮滿版	1922-06-13	02단	會寧商況不振
106069	鮮滿版	1922-06-13	02단	全南會社現在
106070	鮮滿版	1922-06-13	02단	咸南の敎育機關
106071	鮮滿版	1922-06-13	02단	群山商議當選者
106072	鮮滿版	1922-06-13	02단	咸鏡北線工事
106073	鮮滿版	1922-06-13	02단	大成校復興か
106074	鮮滿版	1922-06-13	03단	淸津客月貿易
106075	鮮滿版	1922-06-13	03단	辭令
106076	鮮滿版	1922-06-13	03단	抹殺社の石黑/哈爾賓に入る
106077	鮮滿版	1922-06-13	03단	鷄卵大の降雹/慶山地方の被害
106078	鮮滿版	1922-06-13	03단	崇中盟休事件/警察は不干涉
106079	鮮滿版	1922-06-13	04단	木浦の講演會
106080	鮮滿版	1922-06-13	04단	馬場商店閉店
106081	鮮滿版	1922-06-13	04단	滿鮮自轉車大會
106082	鮮滿版	1922-06-13	04단	木浦水道涸渇す
106083	鮮滿版	1922-06-13	04단	里民から冤申書
106084	鮮滿版	1922-06-13	04단	鑛區侵害問題
106085	鮮滿版	1922-06-13	05단	時の標語
106086	鮮滿版	1922-06-13	05단	各地だより(平壤より/新義州より/兼二浦より/海州より/仁川より/釜山より/晋州より/木浦より/全州より)
106087	鮮滿版	1922-06-13	06단	
106088	鮮滿版	1922-06-14	01단	何も彼も知らぬ/不破鮮銀祕書談
106089	鮮滿版	1922-06-14	01단	農監橫暴說/東拓側の釋明
106090	鮮滿版	1922-06-14	01단	全州地方法院/七月より昇格
106091	鮮滿版	1922-06-14	01단	鮮人郵便貯金/活寫で勸誘

일련번호	판명	간행일	단수	기사명
106092	鮮滿版	1922-06-14	02단	*第一艦隊歡迎/艦隊主力*
106093	鮮滿版	1922-06-14	02단	地方行政監察
106094	鮮滿版	1922-06-14	02단	滿洲紡績創立
106095	鮮滿版	1922-06-14	02단	馬山客月商況
106096	鮮滿版	1922-06-14	02단	美展を見て(中)
106097	鮮滿版	1922-06-14	03단	會議所紛擾事件
106098	鮮滿版	1922-06-14	03단	輸移出入小包
106099	鮮滿版	1922-06-14	03단	金佐鎭文昌範と連繫
106100	鮮滿版	1922-06-14	04단	崔龍南捕はる
106101	鮮滿版	1922-06-14	04단	金剛山行列車/割引券發賣(廻遊乘車券/往復乘車券)
106102	鮮滿版	1922-06-14	04단	廉賣所開設/本町四丁目に
106103	鮮滿版	1922-06-14	04단	宣傳費を使込み/留學生の渡鮮
106104	鮮滿版	1922-06-14	05단	淸津の鯖豊漁
106105	鮮滿版	1922-06-14	05단	平壤時の記念日(兼二浦/咸興/羅南)
106106	鮮滿版	1922-06-14	05단	滿鐵競技新記錄
106107	鮮滿版	1922-06-14	06단	各地だより(平壤より/咸興より/龍山より/大田より/馬山より)
106108	鮮滿版	1922-06-15	01단	朝鮮を理解する人々が入閣したのは好都合/寧ろ總監の後任が大問題
106109	鮮滿版	1922-06-15	01단	鐵道協會創立總會/役員決定す(名譽會員/題問/會長/理事/幹事)
106110	鮮滿版	1922-06-15	01단	金錢本位の支那軍隊/原田大佐談
106111	鮮滿版	1922-06-15	01단	歐米人漸次朝鮮を理解す/山縣五十雄氏談
106112	鮮滿版	1922-06-15	02단	內政獨立運動李喜侃の意氣込
106113	鮮滿版	1922-06-15	02단	殖銀職制改正(職名の撤廢/分課の廢合新設/課長の任命)
106114	鮮滿版	1922-06-15	02단	鮮鐵機關車購入
106115	鮮滿版	1922-06-15	03단	京仁間軌道車
106116	鮮滿版	1922-06-15	03단	全南工業生産
106117	鮮滿版	1922-06-15	03단	景福丸食堂共通
106118	鮮滿版	1922-06-15	03단	ゴム靴淸津通過
106119	鮮滿版	1922-06-15	03단	釜山補給懇請
106120	鮮滿版	1922-06-15	03단	南滿製糖擴張
106121	鮮滿版	1922-06-15	04단	鑵詰工場設立
106122	鮮滿版	1922-06-15	04단	奇特な給水夫/久保京管局長から表彰さる
106123	鮮滿版	1922-06-15	04단	*李王家から美展御買上(李王家御買上/李堈公御買上/李鍝公御買上)/阿只姬御巡覽*
106124	鮮滿版	1922-06-15	05단	*巡回講演/海南の第一日*
106125	鮮滿版	1922-06-15	05단	海水浴客に乘車回數券

일련번호	판명	간행일	단수	기사명
106126	鮮滿版	1922-06-15	05단	夫婦になれず妙齡の女投身
106127	鮮滿版	1922-06-15	06단	平壤野球戰
106128	鮮滿版	1922-06-15	06단	各地だより(釜山より/木浦より)
106129	鮮滿版	1922-06-15	06단	半島茶話
106130	鮮滿版	1922-06-16	01단	金融組合活動現狀(村落金融組合/都市金融組合)
106131	鮮滿版	1922-06-16	01단	鐵道は內地上等/岡營業課長談
106132	鮮滿版	1922-06-16	01단	美展を觀て(下)
106133	鮮滿版	1922-06-16	02단	夏季大學開催/京城公會堂で
106134	鮮滿版	1922-06-16	02단	保稅倉庫貸付
106135	鮮滿版	1922-06-16	02단	實業校長更迭(京城)
106136	鮮滿版	1922-06-16	03단	金泉に公立病院
106137	鮮滿版	1922-06-16	03단	太陽觀測所の位置/京城の方が可能性が多い
106138	鮮滿版	1922-06-16	03단	女敎師用の洋服/日出小學の女敎師が案出した
106139	鮮滿版	1922-06-16	04단	村上長官渡鮮
106140	鮮滿版	1922-06-16	04단	康津の盛況/本社巡回講演
106141	鮮滿版	1922-06-16	05단	坊門及方圓社名家勝繼碁戰/百廿五回(１)
106142	鮮滿版	1922-06-16	05단	上海からの廻者か/怪しき二鮮人
106143	鮮滿版	1922-06-16	05단	夏期休暇繰上/崇中盟休續行
106144	鮮滿版	1922-06-16	05단	妓生盟休歇む
106145	鮮滿版	1922-06-16	05단	第一艦隊吹樂會
106146	鮮滿版	1922-06-16	05단	不正工事取調
106147	鮮滿版	1922-06-16	06단	各地だより(龍山より/春川より)
106148	鮮滿版	1922-06-16	06단	人(エドワード・エレラ氏(駐日西班牙公使館附武官)/近藤確郎氏(遞信事務官)/橫田五郎氏(法務局長))
106149	鮮滿版	1922-06-16	06단	半島茶話
106150	鮮滿版	1922-06-17	01단	新政務總監吉忠一氏
106151	鮮滿版	1922-06-17	01단	朝鮮を開發するには先づ農業を振興せよ/住井三井物産支店長談
106152	鮮滿版	1922-06-17	01단	道路網完成を期す
106153	鮮滿版	1922-06-17	01단	張作霖氏の鮮銀券買入れ/遁仕度でない
106154	鮮滿版	1922-06-17	02단	釜山府の緊急な事業/飛鋪理事官談
106155	鮮滿版	1922-06-17	02단	東拓土木事業
106156	鮮滿版	1922-06-17	03단	黃海道米良種普及
106157	鮮滿版	1922-06-17	03단	鮮鐵貨物移動
106158	鮮滿版	1922-06-17	03단	京南線營業開始
106159	鮮滿版	1922-06-17	03단	春川靑年同志會
106160	鮮滿版	1922-06-17	04단	聯絡船の改造

일련번호	판명	간행일	단수	기사명
106161	鮮滿版	1922-06-17	04단	美展出品御買上げ/聖旨畏し
106162	鮮滿版	1922-06-17	04단	咸北道種馬所
106163	鮮滿版	1922-06-17	04단	黃州の遺蹟讌嘉樓/民間の手に歸す
106164	鮮滿版	1922-06-17	05단	坊門及方圓社名家勝繼碁戰/百廿五回(２)
106165	鮮滿版	1922-06-17	05단	間島降雨無し/旱害の處あり
106166	鮮滿版	1922-06-17	06단	各地だより(龍山より/平壤より/木浦より)
106167	鮮滿版	1922-06-17	06단	半島茶話
106168	鮮滿版	1922-06-18	01단	朝鮮に金融會社/簇出の所以(株式會社數/合資會社數/合名會社數/會社數)
106169	鮮滿版	1922-06-18	01단	林區制決定/國有林管理機關の統一
106170	鮮滿版	1922-06-18	01단	會議所聯合會/仁川で開催
106171	鮮滿版	1922-06-18	01단	村上長官北上
106172	鮮滿版	1922-06-18	02단	南鮮植付困難/北鮮は順調
106173	鮮滿版	1922-06-18	02단	「名知事」の名聲を後に朝鮮に來る新總監有吉氏の溫かい家庭/お得意はテーブルスピーチ
106174	鮮滿版	1922-06-18	02단	南海の驛路(一)/麥原朝臣
106175	鮮滿版	1922-06-18	03단	鮮鐵上旬成積
106176	鮮滿版	1922-06-18	03단	平南收繭豫想
106177	鮮滿版	1922-06-18	04단	對岸の馬賊官憲と連絡し/跳梁跋扈す
106178	鮮滿版	1922-06-18	04단	釜山給水制限/水源地涸渴す
106179	鮮滿版	1922-06-18	04단	閔泳綺氏が私財百餘萬圓を抛ち/徽文義塾を財團法人とす
106180	鮮滿版	1922-06-18	04단	不良靑年檢擧
106181	鮮滿版	1922-06-18	05단	坊門及方圓社名家勝繼碁戰/百廿五回(３)
106182	鮮滿版	1922-06-18	05단	實父に曹達を呑ます
106183	鮮滿版	1922-06-18	06단	不正局員判決
106184	鮮滿版	1922-06-18	06단	各地だより(龍山より/釜山より/新義州より/咸興より)
106185	鮮滿版	1922-06-20	01단	釜山電鐵府營諮問/府協議員會へ
106186	鮮滿版	1922-06-20	01단	漁港修築/總督府の方針
106187	鮮滿版	1922-06-20	01단	郵便局擴張工事
106188	鮮滿版	1922-06-20	01단	女敎師着用の洋服
106189	鮮滿版	1922-06-20	02단	沿岸航路助長
106190	鮮滿版	1922-06-20	02단	納稅觀念鼓吹
106191	鮮滿版	1922-06-20	02단	釜山客月貿易
106192	鮮滿版	1922-06-20	03단	有吉總監略歷
106193	鮮滿版	1922-06-20	03단	公家事務官後任
106194	鮮滿版	1922-06-20	03단	京城道評補選

일련번호	판명	간행일	단수	기사명
106195	鮮滿版	1922-06-20	03단	金融組合設定(忠北 梧倉金融組合/平北 根市組合/平北 北鎭組合/咸南 西湖組合/咸北 失乙組合)
106196	鮮滿版	1922-06-20	03단	東萊溫泉設計
106197	鮮滿版	1922-06-20	03단	滄浪閣修理
106198	鮮滿版	1922-06-20	04단	船渠擴張竣工
106199	鮮滿版	1922-06-20	04단	辭令
106200	鮮滿版	1922-06-20	04단	第一艦隊仁川入港 四日間觀覽/乘員歡迎/軍艦觀覽/臨時列車/活動寫眞/海軍軍樂隊
106201	鮮滿版	1922-06-20	04단	鮮展の紛擾から不平連の企圖
106202	鮮滿版	1922-06-20	05단	坊門及方圓社名家勝繼碁戰/百廿五回(4)
106203	鮮滿版	1922-06-20	05단	本社巡回講演(長興/筏橋)/新察務局長丸山鶴吉氏
106204	鮮滿版	1922-06-20	05단	妻から離婚訴訟
106205	鮮滿版	1922-06-20	06단	各地だより(龍山より/南川より)
106206	鮮滿版	1922-06-20	06단	人(島崎孝彦氏(總督府技師)/佐々木仁氏(遞信局技師))
106207	鮮滿版	1922-06-20	06단	半島茶話
106208	鮮滿版	1922-06-21	01단	醫務に理解ある有吉總監/「志賀總督府醫院長談」
106209	鮮滿版	1922-06-21	01단	京城上水水量不足/節水宣傳も效果が無い
106210	鮮滿版	1922-06-21	01단	村上長官視察
106211	鮮滿版	1922-06-21	01단	南海の驛路(二)/麥原朝臣
106212	鮮滿版	1922-06-21	02단	自働報時機裝置
106213	鮮滿版	1922-06-21	02단	金泉農會新築
106214	鮮滿版	1922-06-21	02단	大田學議補選
106215	鮮滿版	1922-06-21	02단	順天の盛況 本社巡回講演/日割變更
106216	鮮滿版	1922-06-21	03단	大邱府運動場/第一期工事成る
106217	鮮滿版	1922-06-21	04단	木浦地方旱魃/旱魃墳墓に祟る
106218	鮮滿版	1922-06-21	04단	窓口で現金消失
106219	鮮滿版	1922-06-21	04단	平壤軍と試合
106220	鮮滿版	1922-06-21	04단	各地だより(平壤より/淸津より/大邱より/馬山より/鳥致院より/全州より)
106221	鮮滿版	1922-06-21	05단	坊門及方圓社名家勝繼碁戰/百廿五回(5)
106222	鮮滿版	1922-06-21	06단	半島茶話
106223	鮮滿版	1922-06-22	01단	朝鮮の銀行界/小銀行合倂機運
106224	鮮滿版	1922-06-22	01단	釜山電鐵府營方針/木田府尹談
106225	鮮滿版	1922-06-22	02단	豆滿江の流筏順調/投賣開始
106226	鮮滿版	1922-06-22	02단	偕行社開放/利用者が少い/隱岐副官談
106227	鮮滿版	1922-06-22	02단	學組管理者/大田で大會
106228	鮮滿版	1922-06-22	02단	郵便切手收入

일련번호	판명	간행일	단수	기사명
106229	鮮滿版	1922-06-22	03단	平壤老會決議
106230	鮮滿版	1922-06-22	03단	全鮮中等校野球大會/七月下旬龍山滿鐵グラウンドで開催
106231	鮮滿版	1922-06-22	04단	大邱府戶口數
106232	鮮滿版	1922-06-22	04단	鎭海と大邱の提携
106233	鮮滿版	1922-06-22	04단	咸鏡線第四工區
106234	鮮滿版	1922-06-22	04단	馬賊の大集團/琿春を狙ふ
106235	鮮滿版	1922-06-22	04단	妓生組合から請願書提出
106236	鮮滿版	1922-06-22	05단	靑山島の鯖漁
106237	鮮滿版	1922-06-22	05단	電興職工解雇
106238	鮮滿版	1922-06-22	05단	各地だより(龍山より/釜山より/群山より/鳥致院より/雄基より)
106239	鮮滿版	1922-06-22	05단	坊門及方圓社名家勝繼碁戰/百廿五回(6)
106240	鮮滿版	1922-06-23	01단	上海の鮮人團體/其筋の調査
106241	鮮滿版	1922-06-23	01단	大韓國民團/幹部を改選す
106242	鮮滿版	1922-06-23	01단	馬補雄基支部/來一日開廳式
106243	鮮滿版	1922-06-23	01단	大邱高普校設立/一時中止か
106244	鮮滿版	1922-06-23	01단	南海の驛路(三)/麥原朝臣
106245	鮮滿版	1922-06-23	02단	鮮展賞狀授與
106246	鮮滿版	1922-06-23	02단	商事會社現狀
106247	鮮滿版	1922-06-23	02단	囚人作業獎勵
106248	鮮滿版	1922-06-23	03단	淸凉飮料需要
106249	鮮滿版	1922-06-23	03단	黑鉛輸出復活
106250	鮮滿版	1922-06-23	04단	鳳山炭田有望
106251	鮮滿版	1922-06-23	04단	群山會議所役員
106252	鮮滿版	1922-06-23	04단	平壤の運動熱/警官が庭球練習
106253	鮮滿版	1922-06-23	04단	朝鮮燒酎會社/財産差押へ
106254	鮮滿版	1922-06-23	05단	坊門及方圓社名家勝繼碁戰/百廿五回(7)
106255	鮮滿版	1922-06-23	05단	朝鮮觀光團/吳訪問者多し
106256	鮮滿版	1922-06-23	05단	崇中盟休中止
106257	鮮滿版	1922-06-23	05단	千衆河氏告訴
106258	鮮滿版	1922-06-23	05단	雜誌の賣行き
106259	鮮滿版	1922-06-23	06단	各地だより(龍山より/統營より/大田より)
106260	鮮滿版	1922-06-24	01단	軍部首腦國境視察/西伯利引揚部隊配置の準備か
106261	鮮滿版	1922-06-24	01단	早天と揷秧狀況/南鮮は植付出來ず(京畿道/北南忠淸/慶尙北道/慶尙南道/全羅南道/全羅北道/黃海道/平安南道/咸鏡南道)
106262	鮮滿版	1922-06-24	02단	釜山府四協議員連袂辭職

일련번호	판명	간행일	단수	기사명
106263	鮮滿版	1922-06-24	02단	阿吾地炭田有望/雄基迄電鐵敷設
106264	鮮滿版	1922-06-24	02단	有吉總監着任期
106265	鮮滿版	1922-06-24	02단	南海の驛路(四)/麥原朝臣
106266	鮮滿版	1922-06-24	03단	豫備金使途
106267	鮮滿版	1922-06-24	03단	列車燈光改善
106268	鮮滿版	1922-06-24	03단	六月上半貿易
106269	鮮滿版	1922-06-24	04단	警察部長異動說
106270	鮮滿版	1922-06-24	04단	驅逐隊巡航
106271	鮮滿版	1922-06-24	04단	支那紙幣五十萬圓僞造者捕はる
106272	鮮滿版	1922-06-24	04단	鮮展閉會/御買上品八點(第一部/第二部/第三部)
106273	鮮滿版	1922-06-24	05단	坊門及方圓社名家勝繼碁戰/百廿五回(８)
106274	鮮滿版	1922-06-24	05단	本社巡回講演/光陽と麗水(光陽/麗水)
106275	鮮滿版	1922-06-24	06단	怪しき注射
106276	鮮滿版	1922-06-24	06단	各地だより(龍山より/淸津より)
106277	鮮滿版	1922-06-25	01단	第一艦隊乘組員の京城入り(上)華頂宮宮殿下南大門御着(先頭の白殿)(下)同驛前の乘組員
106278	鮮滿版	1922-06-25	01단	官制改正/近く公布
106279	鮮滿版	1922-06-25	01단	釜山無線電話施設進捗す
106280	鮮滿版	1922-06-25	01단	釜山家主橫暴/府當局批難す
106281	鮮滿版	1922-06-25	01단	司法官異動豫想
106282	鮮滿版	1922-06-25	02단	丁鎭守使着任
106283	鮮滿版	1922-06-25	02단	二十師團點呼
106284	鮮滿版	1922-06-25	02단	全南學校增設
106285	鮮滿版	1922-06-25	02단	南海の驛路(五)/麥原朝臣
106286	鮮滿版	1922-06-25	03단	土木建築工費
106287	鮮滿版	1922-06-25	03단	全鮮蠶絲産額
106288	鮮滿版	1922-06-25	03단	平南陳列館着工期
106289	鮮滿版	1922-06-25	04단	慶北郡農會豫算
106290	鮮滿版	1922-06-25	04단	淸津屠畜場建設
106291	鮮滿版	1922-06-25	04단	孫の葬儀費募集
106292	鮮滿版	1922-06-25	04단	齋藤知事訪問
106293	鮮滿版	1922-06-25	04단	辭令
106294	鮮滿版	1922-06-25	04단	流行病が今年は少い/志賀醫院長談
106295	鮮滿版	1922-06-25	05단	坊門及方圓社名家勝繼碁戰/百廿五回(９)
106296	鮮滿版	1922-06-25	05단	連絡飛行/第一回完成
106297	鮮滿版	1922-06-25	06단	金泉植付出來ず
106298	鮮滿版	1922-06-25	06단	各地だより(會寧より/光州より)

일련번호	판명	간행일	단수	기사명
106299	鮮滿版	1922-06-27	01단	騎兵旅團移轉困難か/原田高級參謀談
106300	鮮滿版	1922-06-27	01단	*平壤設疑はし 爆撃隊新設地/航空中隊增設*
106301	鮮滿版	1922-06-27	01단	平壤工業學校/明年度に新設
106302	鮮滿版	1922-06-27	01단	鮮軍犯罪事項/細谷法務部長談
106303	鮮滿版	1922-06-27	02단	勞銀昂騰(騰貴せるもの/保合へるもの)
106304	鮮滿版	1922-06-27	02단	拓林鐵解散か
106305	鮮滿版	1922-06-27	02단	達城公園改造
106306	鮮滿版	1922-06-27	02단	平壤客月貿易
106307	鮮滿版	1922-06-27	02단	同業組合の趣旨
106308	鮮滿版	1922-06-27	02단	着陸場移轉演習
106309	鮮滿版	1922-06-27	03단	咸鏡北部線時間(淸會線(一日二回)/淸朱線(一日三回))
106310	鮮滿版	1922-06-27	03단	軍醫野外作業
106311	鮮滿版	1922-06-27	03단	輕鐵か運河か
106312	鮮滿版	1922-06-27	03단	郵便所開設
106313	鮮滿版	1922-06-27	03단	辭令
106314	鮮滿版	1922-06-27	04단	巡回講演/三千浦、泗川、晋州各地の盛況(三千浦/泗川/晋州)
106315	鮮滿版	1922-06-27	04단	大成學館盟休
106316	鮮滿版	1922-06-27	05단	馬賊移動す
106317	鮮滿版	1922-06-27	05단	大邱納凉博覽會
106318	鮮滿版	1922-06-27	05단	德津公園の蓮
106319	鮮滿版	1922-06-27	05단	各地だより(龍山より/平壤より/淸津より/咸興より/雄基より/釜山より/大邱より/浦項より/鳥致院より)
106320	鮮滿版	1922-06-28	01단	朝鮮工業界の現勢/小工業は合併の機運動く(釀造業/精米業/窯業/製材業/製藥會社/紡績乃至繰綿工業/皮革會社/蠶絲會社/繩叺の製造)
106321	鮮滿版	1922-06-28	01단	南海の驛路(六)/麥原朝臣
106322	鮮滿版	1922-06-28	02단	本年稻作/樂觀出來ず
106323	鮮滿版	1922-06-28	03단	貯金管理局釜山か大邱か/竹內遞信局長談
106324	鮮滿版	1922-06-28	04단	海上警備船/現狀と將來
106325	鮮滿版	1922-06-28	04단	物價下落(昫貴せるもの/下落せるもの/保合へるもの)
106326	鮮滿版	1922-06-28	05단	灌漑に電力利用
106327	鮮滿版	1922-06-28	05단	機械學會團渡鮮(人名/鮮內旅行日程)
106328	鮮滿版	1922-06-28	05단	釜山府廳增築
106329	鮮滿版	1922-06-28	05단	第一艦隊を觀覽せしむ/馬山と釜山で
106330	鮮滿版	1922-06-28	06단	臀肉斬取事件公判/檢事は死刑を至當と論斷す
106331	鮮滿版	1922-06-28	06단	抹殺社員/石黑豪語す
106332	鮮滿版	1922-06-29	01단	幼年囚敎誨に音樂利用/柿原監獄課長談

일련번호	판명	간행일	단수	기사명
106333	鮮滿版	1922-06-29	01단	會社業績/著しき物なし
106334	鮮滿版	1922-06-29	01단	南海の驛路(七)/麥原朝臣
106335	鮮滿版	1922-06-29	02단	四氏に對し辭表撤回勸告/釜山繁榮會から
106336	鮮滿版	1922-06-29	02단	鮮人に對し親切が足らぬ/內地の人々
106337	鮮滿版	1922-06-29	03단	鮮人に參政權速かに與へよ/濱田代議士談
106338	鮮滿版	1922-06-29	04단	栃內大將別辭
106339	鮮滿版	1922-06-29	04단	農事會社現狀(農業會社數/林業會社數/蠶業會社數/畜業會社數)
106340	鮮滿版	1922-06-29	04단	植林事業發展
106341	鮮滿版	1922-06-29	05단	平壤ホテル工程
106342	鮮滿版	1922-06-29	05단	小水溝測量
106343	鮮滿版	1922-06-29	05단	辭令
106344	鮮滿版	1922-06-29	05단	晋州地方喜雨
106345	鮮滿版	1922-06-29	05단	金浩釣の行動
106346	鮮滿版	1922-06-29	06단	釜山にヌクテ
106347	鮮滿版	1922-06-29	06단	運動界(協會軍捷つ)
106348	鮮滿版	1922-06-29	06단	各地だより(釜山より/馬山より/淸津より)
106349	鮮滿版	1922-06-30	01단	第一艦隊御見學の李王殿下
106350	鮮滿版	1922-06-30	01단	北鮮の交通機關の不備を痛感したから改善に勞力する/久保京管局長談
106351	鮮滿版	1922-06-30	01단	海洋觀測/水産業振興手段
106352	鮮滿版	1922-06-30	01단	東拓事業樂觀/川上理事談
106353	鮮滿版	1922-06-30	02단	南海の驛路(八)/麥原朝臣
106354	鮮滿版	1922-06-30	03단	辯護士試驗/本年より開始
106355	鮮滿版	1922-06-30	03단	京城上水水質檢査
106356	鮮滿版	1922-06-30	03단	會寧の水田熱
106357	鮮滿版	1922-06-30	04단	豫定線復活運動
106358	鮮滿版	1922-06-30	04단	鎭海有志訪問
106359	鮮滿版	1922-06-30	04단	辭令
106360	鮮滿版	1922-06-30	04단	殿下薨去で在留民哀悼す/御葬儀當日の表弔
106361	鮮滿版	1922-06-30	05단	坊門及方圓社名家勝繼碁戰/百廿六回(１)
106362	鮮滿版	1922-06-30	05단	本社巡回講演/統營の盛況
106363	鮮滿版	1922-06-30	05단	大邱にも滋雨
106364	鮮滿版	1922-06-30	06단	各地だより(釜山より/會寧より/雄基より/三千浦より)

1922년 7월 (선만판)

일련번호	판명	간행일	단수	기사명
106365	鮮滿版	1922-07-01	01단	從來も不安な頭道溝/西伯利撤兵後は國境方面が心元なし
106366	鮮滿版	1922-07-01	01단	地方法院管區整理/一院一道主義に近付いた
106367	鮮滿版	1922-07-01	01단	鎭南浦開港記念貿易品展覽會/開催準備進捗
106368	鮮滿版	1922-07-01	01단	南海の驛路(九)/麥原朝臣
106369	鮮滿版	1922-07-01	02단	機業奬勵と棉花栽培擴張
106370	鮮滿版	1922-07-01	03단	釜山府より弔電
106371	鮮滿版	1922-07-01	03단	小學增築落成
106372	鮮滿版	1922-07-01	03단	傳染病發生期/京城の現在患者
106373	鮮滿版	1922-07-01	03단	巡回講演/鎭海馬山の盛況/本社講演の終了(鎭海/馬山)
106374	鮮滿版	1922-07-01	05단	坊門及方圓社名家勝繼碁戰/百廿六回(２)
106375	鮮滿版	1922-07-01	05단	講師歸京
106376	鮮滿版	1922-07-01	05단	『一寸お待ち』の立札を漢江橋畔に立てる
106377	鮮滿版	1922-07-01	05단	晉州の大網引/旱魃で復活す
106378	鮮滿版	1922-07-01	05단	得信校も動搖/崇中の二の舞か
106379	鮮滿版	1922-07-01	06단	金剛山回游券發賣
106380	鮮滿版	1922-07-01	06단	各地だより(平壤より/釜山より/鳥致院より)
106381	鮮滿版	1922-07-02	01단	米收を倍增せしむる/總督府の灌漑事業計劃
106382	鮮滿版	1922-07-02	01단	釜山から五千萬圓の魚類を內地に如何にして輸送するか/長友水産試驗場長談
106383	鮮滿版	1922-07-02	01단	原土に富む朝鮮の窯業/發展の餘地十分
106384	鮮滿版	1922-07-02	01단	南海の驛路(十)/麥原朝臣
106385	鮮滿版	1922-07-02	03단	雄基の勁敵露領ポセット/某官憲の談
106386	鮮滿版	1922-07-02	04단	四氏決意固く辭表不撤回か/本田府尹談
106387	鮮滿版	1922-07-02	04단	釜山歡迎方法/第一艦隊來航
106388	鮮滿版	1922-07-02	04단	南鮮鐵道開通
106389	鮮滿版	1922-07-02	05단	坊門及方圓社名家勝繼碁戰/百廿六回(３)
106390	鮮滿版	1922-07-02	05단	水野內相渡鮮期
106391	鮮滿版	1922-07-02	05단	釜商釜中野球大會參加/猛練習開始
106392	鮮滿版	1922-07-02	05단	不逞鮮人と鴨綠江で應戰
106393	鮮滿版	1922-07-02	05단	飛行場移轉演習
106394	鮮滿版	1922-07-02	05단	逃亡縫工長
106395	鮮滿版	1922-07-02	06단	各地だより(鎭南浦より/光州より/全州より)
106396	鮮滿版	1922-07-02	06단	人(年岡鷹市氏(京城高商講師)/平野喜三郎氏(實業校敎諭)/田中武雄氏(新任咸北警察部長))
106397	鮮滿版	1922-07-04	01단	緊張した軍司令部『狀勢の如何では出兵するかも知れぬ』と參謀言ふ/馬賊二百 八道溝に向ふ
106398	鮮滿版	1922-07-04	01단	司法官大異動/七月一日發表

일련번호	판명	간행일	단수	기사명
106399	鮮滿版	1922-07-04	02단	鮮銀淘汰近し/行員不安の態
106400	鮮滿版	1922-07-04	02단	京畿府尹郡守會議(咸鏡北道)
106401	鮮滿版	1922-07-04	03단	龍山堤防進捗
106402	鮮滿版	1922-07-04	03단	淸津府營住宅
106403	鮮滿版	1922-07-04	03단	片山知多に來る
106404	鮮滿版	1922-07-04	03단	大邱商議役員會
106405	鮮滿版	1922-07-04	03단	京城第二高女
106406	鮮滿版	1922-07-04	04단	辭令
106407	鮮滿版	1922-07-04	04단	京城の遙拜式/御葬送の日
106408	鮮滿版	1922-07-04	04단	全鮮に喜雨 倂し雨量はまだ不十分(全南の降雨/鳥致院)
106409	鮮滿版	1922-07-04	04단	鯖の大群/咸北に襲來
106410	鮮滿版	1922-07-04	04단	五倍子を喰ふ無茶な男死す
106411	鮮滿版	1922-07-04	05단	測量班包圍さる
106412	鮮滿版	1922-07-04	05단	『高浪八郎』活寫
106413	鮮滿版	1922-07-04	05단	羅南の蠅買上げ
106414	鮮滿版	1922-07-04	05단	釜山の豺狩り
106415	鮮滿版	1922-07-04	05단	不正書記逮捕
106416	鮮滿版	1922-07-04	05단	各地だより(龍山より/平壤より/咸興より/釜山より/木浦より/鳥致院より)
106417	鮮滿版	1922-07-04	05단	坊門及方圓社名家勝繼碁戰/百廿六回(4)
106418	鮮滿版	1922-07-05	01단	遞信局新事業は消極的だが旣定事業は完成せしむる方針/竹內遞信局長談
106419	鮮滿版	1922-07-05	01단	浦潮の鮮銀支店/引揚か縮小か
106420	鮮滿版	1922-07-05	01단	全鮮農業者千四百四十萬人
106421	鮮滿版	1922-07-05	01단	東省實業の減資問題で川上理事北行
106422	鮮滿版	1922-07-05	02단	南鮮管理者大會
106423	鮮滿版	1922-07-05	02단	海水浴場の府營
106424	鮮滿版	1922-07-05	02단	馬山慈惠院開始期
106425	鮮滿版	1922-07-05	02단	南海の驛路(一一)/麥原朝臣
106426	鮮滿版	1922-07-05	03단	殖銀債券償還
106427	鮮滿版	1922-07-05	03단	南鐵起工祝賀
106428	鮮滿版	1922-07-05	03단	船橋里の貸地
106429	鮮滿版	1922-07-05	04단	平壤局の公金橫領事件/警察署の活動
106430	鮮滿版	1922-07-05	04단	崇中盟休事件/生徒鼻息凄じ
106431	鮮滿版	1922-07-05	04단	馬山の喜雨(全州地方/鳥致院地方)
106432	鮮滿版	1922-07-05	05단	坊門及方圓社名家勝繼碁戰/百廿六回(5)
106433	鮮滿版	1922-07-05	05단	鎭海に蜃氣樓

일련번호	판명	간행일	단수	기사명
106434	鮮滿版	1922-07-05	05단	各地だより(龍山より/平壤より/南川より/會寧より/雄基より/馬山より/鳥致院より/全州より)
106435	鮮滿版	1922-07-06	01단	來襲せる馬賊團の勢力/三隊に分れ三方面に迫る
106436	鮮滿版	1922-07-06	01단	朝鮮辯護士開業制度/許可主義は早晩撤廢されん
106437	鮮滿版	1922-07-06	01단	河川利用/先づ上流の荒廢地に植林
106438	鮮滿版	1922-07-06	01단	南海の驛路(一二)/麥原朝臣
106439	鮮滿版	1922-07-06	02단	京取改造問題/武內作平氏談
106440	鮮滿版	1922-07-06	03단	慶北市場稅/廢止要求の聲
106441	鮮滿版	1922-07-06	03단	貯金實話募集
106442	鮮滿版	1922-07-06	04단	土地賣買狀況
106443	鮮滿版	1922-07-06	04단	學友會巡回講演
106444	鮮滿版	1922-07-06	05단	坊門及方圓社名家勝繼碁戰/百廿六回(6)
106445	鮮滿版	1922-07-06	05단	警察協會贈品
106446	鮮滿版	1922-07-06	05단	大田電氣社債
106447	鮮滿版	1922-07-06	05단	辭令
106448	鮮滿版	1922-07-06	05단	第一艦隊鎭海要港入港
106449	鮮滿版	1922-07-06	05단	元山に海水浴場開設/汽車賃三割引
106450	鮮滿版	1922-07-06	05단	雨乞の爲め墳墓を發掘す朝鮮人の迷信
106451	鮮滿版	1922-07-06	06단	禮拜廢止要求/培材校生徒から
106452	鮮滿版	1922-07-06	06단	運動界(職業團捷つ/平壤脚戲大會)
106453	鮮滿版	1922-07-06	06단	各地だより(平壤より/釜山より)
106454	鮮滿版	1922-07-07	01단	先づ家庭工業を獎勵し工場工業の楷梯とせん/京畿道知事から訓示
106455	鮮滿版	1922-07-07	01단	平壤電鐵着工近し/明春營業開始
106456	鮮滿版	1922-07-07	01단	滿鐵の朝鮮開發方針/松岡理事談
106457	鮮滿版	1922-07-07	01단	頭道溝事件に就て/會寧にて中野生
106458	鮮滿版	1922-07-07	02단	虎疫豫防方針
106459	鮮滿版	1922-07-07	02단	地目變換で平南の畓三倍し六十四萬石增收
106460	鮮滿版	1922-07-07	03단	南海の驛路(十三)/麥原朝臣
106461	鮮滿版	1922-07-07	03단	鮮鐵在荷減少
106462	鮮滿版	1922-07-07	03단	京取重役改造
106463	鮮滿版	1922-07-07	04단	東拓豆粕貸付
106464	鮮滿版	1922-07-07	04단	收穫期目當の馬賊が今年は早く出て來た支那人すら不思議がる/國境警備警官憲兵に代る
106465	鮮滿版	1922-07-07	05단	坊門及方圓社名家勝繼碁戰百廿六回(7)
106466	鮮滿版	1922-07-07	06단	京城に集まる苦學生の救濟/府で方法講究
106467	鮮滿版	1922-07-07	06단	人(山本直太郎氏(遞信局監理課長)/深尾道怒氏(殖産銀行理事)/前田昇氏(朝鮮憲兵司令官))

일련번호	판명	간행일	단수	기사명
106468	鮮滿版	1922-07-08		缺號
106469	鮮滿版	1922-07-09	01단	朝鮮野球大會/七月二十五日から龍山滿鐵運動場で開催
106470	鮮滿版	1922-07-09	01단	南海の驛路(一四)/麥原朝臣
106471	鮮滿版	1922-07-09	02단	警官の北境警備效果疑はし
106472	鮮滿版	1922-07-09	02단	猛獸の害/豺狼最も多し
106473	鮮滿版	1922-07-09	03단	普通電報取扱時間問題/竹內局長談
106474	鮮滿版	1922-07-09	03단	鮮人の貯金思想向上/誤解を解くの要
106475	鮮滿版	1922-07-09	04단	鹽の自給自足/鹽田擴張方策
106476	鮮滿版	1922-07-09	05단	坊門及方圓社名家勝繼碁戰/百廿六回(９)
106477	鮮滿版	1922-07-09	05단	振替口座增加/一萬臺を突破
106478	鮮滿版	1922-07-09	05단	艦隊釜山訪問
106479	鮮滿版	1922-07-09	05단	鮮軍縮小豫想
106480	鮮滿版	1922-07-09	05단	北鮮木材低落
106481	鮮滿版	1922-07-09	06단	改造の時期を逸す
106482	鮮滿版	1922-07-09	06단	京仁電鐵委員
106483	鮮滿版	1922-07-09	06단	鏡城學友會
106484	鮮滿版	1922-07-09	06단	各地だより(龍山より/釜山より)
106485	鮮滿版	1922-07-11	01단	棉作獎勵と販賣方法改善/西村殖産局長の訓示
106486	鮮滿版	1922-07-11	01단	朝鮮移出入稅撤廢運動/會議所聯合會の主要問題
106487	鮮滿版	1922-07-11	01단	總督府豫算査定會議/六日より開始
106488	鮮滿版	1922-07-11	01단	南鮮は雨量潤澤/但し挿秧期遲る(咸南地方/全羅北道)
106489	鮮滿版	1922-07-11	02단	天津の無賴鮮人/獨立を看板にして惡事
106490	鮮滿版	1922-07-11	03단	朝鮮上半期貿易(淸津)
106491	鮮滿版	1922-07-11	04단	鮮鐵特定賃金
106492	鮮滿版	1922-07-11	04단	平壤商議協議會
106493	鮮滿版	1922-07-11	04단	商議役員會存續
106494	鮮滿版	1922-07-11	04단	日進淸津入港
106495	鮮滿版	1922-07-11	04단	十八人斬り安龍鎬/苦悶して絶命
106496	鮮滿版	1922-07-11	05단	坊門及方圓社名家勝繼碁戰/百廿六回(１０)
106497	鮮滿版	1922-07-11	05단	釜山の被害
106498	鮮滿版	1922-07-11	05단	各地より(平壤より/鎭南浦より/咸興より/南川より/釜山より/全州より)
106499	鮮滿版	1922-07-12	01단	靑島取引所問題は排日檄の材料たらん(靑島特電九日發)/政友會を痛罵する支那紙
106500	鮮滿版	1922-07-12	01단	朝鮮諸官廳執務時間改正さる(改正內容)
106501	鮮滿版	1922-07-12	01단	南海の驛路(一五)/麥原朝臣
106502	鮮滿版	1922-07-12	02단	朝鮮保險會社

일련번호	판명	간행일	단수	기사명
106503	鮮滿版	1922-07-12	02단	平和博受賞者
106504	鮮滿版	1922-07-12	03단	平壤府協議會
106505	鮮滿版	1922-07-12	03단	京元線測量
106506	鮮滿版	1922-07-12	03단	産駒購入
106507	鮮滿版	1922-07-12	03단	三等にも寢臺車/京管局で研究
106508	鮮滿版	1922-07-12	04단	清津支廳活動
106509	鮮滿版	1922-07-12	04단	鮮鐵の被害(草梁附近/元山附近/馬山附近)
106510	鮮滿版	1922-07-12	04단	宗教の內輪喧嘩
106511	鮮滿版	1922-07-12	04단	學校當局を非難
106512	鮮滿版	1922-07-12	05단	坊門及方圓社名家勝繼碁戰百廿六回(１１)
106513	鮮滿版	1922-07-12	05단	不逞鮮人殺人
106514	鮮滿版	1922-07-12	05단	各地だより(平壤より/淸津より/咸興より/釜山より/統營より/光州より/木浦より/鳥致院より)
106515	鮮滿版	1922-07-13	01단	軍備縮小は止むを得ない/大庭軍司令官談
106516	鮮滿版	1922-07-13	01단	大馬賊團は居ない筈だ/前田憲兵司令官談
106517	鮮滿版	1922-07-13	01단	內鮮學校の聯絡を計った/柴田學務局長歸任談
106518	鮮滿版	1922-07-13	01단	南海の驛路(一六)/麥原朝臣
106519	鮮滿版	1922-07-13	02단	釜山社會施設/飛鋪理事官談
106520	鮮滿版	1922-07-13	03단	釜山道路補助/矢島內務部長談
106521	鮮滿版	1922-07-13	03단	開通線非難多し
106522	鮮滿版	1922-07-13	04단	豫約電話開始
106523	鮮滿版	1922-07-13	04단	婦人聯合會打合會/總會開催決定
106524	鮮滿版	1922-07-13	05단	坊門及方圓社名家勝繼碁戰/百廿七回(１)
106525	鮮滿版	1922-07-13	05단	獸肉類の稅金と仲介料/返還訴訟提起(理由書)
106526	鮮滿版	1922-07-13	05단	農民郡衙に迫る/蠶種代を返せと
106527	鮮滿版	1922-07-13	05단	七九聯隊チブス
106528	鮮滿版	1922-07-13	06단	片倉組家賃値上
106529	鮮滿版	1922-07-13	06단	各地だより(釜山より/鳥致院より)
106530	鮮滿版	1922-07-14	01단	現金と株とを問はず古賀は手に入ればよい 阿片事件論告第三日/古賀の破廉恥を摘發し重き處斷を主張す 檢察官の峻烈なる論述(中野有光/遠藤良吉/梶井盛/小畠禎次郎)
106531	鮮滿版	1922-07-14	01단	平壤電鐵/敷設豫算
106532	鮮滿版	1922-07-14	01단	京仁間軌道車/大內經理課長談
106533	鮮滿版	1922-07-14	01단	新博士今井氏/提出論文要領
106534	鮮滿版	1922-07-14	02단	滿洲粟輸入旺盛
106535	鮮滿版	1922-07-14	02단	鮮銀支店存廢
106536	鮮滿版	1922-07-14	02단	蔚山溜池問題

일련번호	판명	간행일	단수	기사명
106537	鮮滿版	1922-07-14	02단	清津六月貿易
106538	鮮滿版	1922-07-14	03단	平南の夏蠶況
106539	鮮滿版	1922-07-14	03단	清津府の人口
106540	鮮滿版	1922-07-14	03단	强味を增した京中ナイン/各選手の特色
106541	鮮滿版	1922-07-14	04단	京城府營人事相談所/八月一日開所
106542	鮮滿版	1922-07-14	04단	小盤嶺の馬賊/襲擊の機を窺ふ
106543	鮮滿版	1922-07-14	04단	全州の紙幣僞造犯人七名逮捕
106544	鮮滿版	1922-07-14	05단	崔濟愚の碑を大邱に建立せん
106545	鮮滿版	1922-07-14	05단	詐欺漢捕はる
106546	鮮滿版	1922-07-14	05단	坊門及方圓社名家勝繼碁戰/百廿七回(2)
106547	鮮滿版	1922-07-14	06단	雄基の木材流失
106548	鮮滿版	1922-07-14	06단	各地だより(平壤より/兼二浦より)
106549	鮮滿版	1922-07-15	01단	古賀の無罪を希望する 龜山辯護士の辯論/古賀の美點を說く 高木辯護士
106550	鮮滿版	1922-07-15	01단	間島派遣の警官隊に丸山局長の訓示/被害程度
106551	鮮滿版	1922-07-15	01단	南海の驛路(一七)/麥原朝臣
106552	鮮滿版	1922-07-15	02단	朝鮮工業有望/加茂博士談
106553	鮮滿版	1922-07-15	03단	十五日開催さるゝ京城婦人聯合大會/總會及び講演會の順序
106554	鮮滿版	1922-07-15	04단	辭令
106555	鮮滿版	1922-07-15	05단	平壤郵便局不正事件/更に擴大せん
106556	鮮滿版	1922-07-15	05단	朴星斗歸鄕し正業に就くと云ふ
106557	鮮滿版	1922-07-15	05단	坊門及方圓社名家勝繼碁戰/百廿七回(3)
106558	鮮滿版	1922-07-15	06단	釜南選手出發期
106559	鮮滿版	1922-07-15	06단	艦內で縊死
106560	鮮滿版	1922-07-15	06단	各地だより(龍山より/平壤より/咸興より/釜山より)
106561	鮮滿版	1922-07-16	01단	國境增兵必要無し/毛內聯隊長談
106562	鮮滿版	1922-07-16	01단	産業振興會案/商議打合會提案
106563	鮮滿版	1922-07-16	01단	花井博士の熱烈なる大辯論に被告席の中野感極って泣く
106564	鮮滿版	1922-07-16	02단	學生取締決議/京城高普校長會議
106565	鮮滿版	1922-07-16	02단	三氏辭表撤回/澤田知事の仲裁で
106566	鮮滿版	1922-07-16	02단	大邱西部市場改築に着手
106567	鮮滿版	1922-07-16	02단	咸北稻作豫想
106568	鮮滿版	1922-07-16	02단	間島農作樂觀
106569	鮮滿版	1922-07-16	03단	金剛山に郵便所
106570	鮮滿版	1922-07-16	03단	朝鮮保險認可

일련번호	판명	간행일	단수	기사명
106571	鮮滿版	1922-07-16	03단	物々しい警備は厭いな有吉總監着任の時/南大門で爆發の音/それは自轉車のパンクであった
106572	鮮滿版	1922-07-16	04단	大邱電話改良費
106573	鮮滿版	1922-07-16	04단	金泉署落成式
106574	鮮滿版	1922-07-16	04단	粒が揃った龍中選手/メンバーの顔觸
106575	鮮滿版	1922-07-16	05단	坊門及方圓社名家勝繼碁戰/百廿七回(4)
106576	鮮滿版	1922-07-16	05단	咸興商業行商
106577	鮮滿版	1922-07-16	05단	雄基署長休職
106578	鮮滿版	1922-07-16	05단	成川郡に降雹
106579	鮮滿版	1922-07-16	05단	出漁者の紛争
106580	鮮滿版	1922-07-16	05단	各地だより(平壤より/鎭南浦より/雄基より/光州より/全州より/鳥致院より)
106581	鮮滿版	1922-07-18	01단	二割天引は朝鮮に適用出來ぬ/補給金減額も困る/有吉總監の言明
106582	鮮滿版	1922-07-18	01단	南鮮守備隊國境移動に全州の反對決議
106583	鮮滿版	1922-07-18	01단	改築資金貸出/郵便所廳舍組合で
106584	鮮滿版	1922-07-18	01단	朝鮮野球大會會期漸次切迫し/參加申込校相踵ぐ
106585	鮮滿版	1922-07-18	01단	雨を侵して內鮮婦人が來集した/京城婦人會聯合會
106586	鮮滿版	1922-07-18	02단	會議所聯合會
106587	鮮滿版	1922-07-18	02단	仁川公會堂着工
106588	鮮滿版	1922-07-18	02단	辭令
106589	鮮滿版	1922-07-18	03단	鈴木文治氏京城に來る/成立ての京城勞働組合待ち呆を喰ふ
106590	鮮滿版	1922-07-18	03단	艦隊來泊で鎭海も馬山も市中は大賑ひ
106591	鮮滿版	1922-07-18	03단	咸南沿海水産品評會十五日開會式
106592	鮮滿版	1922-07-18	04단	鮮人荷揚人夫/龍山で怠業開始
106593	鮮滿版	1922-07-18	04단	紙幣入りの書狀を局員が拔取る
106594	鮮滿版	1922-07-18	04단	鮮人郡屬同盟辭職
106595	鮮滿版	1922-07-18	04단	昭義商業盟休
106596	鮮滿版	1922-07-18	05단	夫婦情死の內情
106597	鮮滿版	1922-07-18	05단	各地だより(平壤より/咸興より/淸津より/南川より/馬山より/大田より)
106598	鮮滿版	1922-07-18	05단	坊門及方圓社名家勝繼碁戰/百廿七回(5)
106599	鮮滿版	1922-07-19	01단	旅順の阿片事件公判(前列被告、二列(左から)龜山、高木、齋藤諸辯護士、三列今村、大井、島田花井諸辯護士)
106600	鮮滿版	1922-07-19	01단	緊縮方針に脅かされ官制改正が行悩み/折角の增員準備が徒勞か
106601	鮮滿版	1922-07-19	01단	何校が優勝するか/接戰を演ずるだらう

일련번호	판명	간행일	단수	기사명
106602	鮮滿版	1922-07-19	02단	京城府廳改築問題
106603	鮮滿版	1922-07-19	03단	糖業試驗場平壤附近に新設
106604	鮮滿版	1922-07-19	03단	無線施設成る
106605	鮮滿版	1922-07-19	03단	鴨綠江鐵道計劃
106606	鮮滿版	1922-07-19	03단	平壤物價引下
106607	鮮滿版	1922-07-19	04단	釜山客月貿易
106608	鮮滿版	1922-07-19	04단	衛生調査會組織
106609	鮮滿版	1922-07-19	04단	傳染病季/今年は赤痢患者が多い
106610	鮮滿版	1922-07-19	04단	京城婦人聯合會講演會(廚川博士の講演/昨紙參照)
106611	鮮滿版	1922-07-19	05단	坊門及方圓社名家勝繼碁戰/百廿七回(６)
106612	鮮滿版	1922-07-19	05단	異域に彷徨ふ薄倖の露國人
106613	鮮滿版	1922-07-19	06단	崇中盟休問題
106614	鮮滿版	1922-07-19	06단	各地だより(羅南より/鳥致院より)
106615	鮮滿版	1922-07-20	01단	本年度より一割削減/財源の按排如何(査定期)
106616	鮮滿版	1922-07-20	01단	城津惠山間交通路問題/拓林鐵道促進議
106617	鮮滿版	1922-07-20	02단	水産費增大/某當局者談
106618	鮮滿版	1922-07-20	02단	普通試驗期日
106619	鮮滿版	1922-07-20	02단	平南棉作良好
106620	鮮滿版	1922-07-20	03단	羅南日赤事業
106621	鮮滿版	1922-07-20	03단	平壤診療所建設
106622	鮮滿版	1922-07-20	03단	城津築港工事期
106623	鮮滿版	1922-07-20	04단	神溪寺講習會
106624	鮮滿版	1922-07-20	04단	釜山學校組合會
106625	鮮滿版	1922-07-20	04단	間島の馬賊七團隊 約一千名の所在/平北を窺ふ
106626	鮮滿版	1922-07-20	04단	釜中善商參加に決定
106627	鮮滿版	1922-07-20	05단	傳馬船で玄海灘を橫斷
106628	鮮滿版	1922-07-20	05단	頭二つの畸形兒
106629	鮮滿版	1922-07-20	05단	隱匿米出廻る
106630	鮮滿版	1922-07-20	05단	土木技手取調
106631	鮮滿版	1922-07-20	05단	坊門及方圓社名家勝繼碁戰/百廿七回(７)
106632	鮮滿版	1922-07-20	06단	各地だより(龍山より/淸津より)
106633	鮮滿版	1922-07-20	06단	人(松井房太郎氏(釜山稅關長)/年岡鷹市氏(公學校敎授))
106634	鮮滿版	1922-07-20	06단	半島茶話
106635	鮮滿版	1922-07-21	01단	守備隊國境移動變更六ケし
106636	鮮滿版	1922-07-21	01단	支那勞働者雇傭制限/鈴木東拓支店長談
106637	鮮滿版	1922-07-21	01단	京城勞働組合/發會式と決議
106638	鮮滿版	1922-07-21	01단	會議所聯合會

일련번호	판명	간행일	단수	기사명
106639	鮮滿版	1922-07-21	02단	總督府實業講習會
106640	鮮滿版	1922-07-21	02단	强行渡河演習
106641	鮮滿版	1922-07-21	02단	紙幣僞造犯人逮捕
106642	鮮滿版	1922-07-21	02단	南海の驛路(一八)/麥原朝臣
106643	鮮滿版	1922-07-21	03단	平壤に小公園
106644	鮮滿版	1922-07-21	03단	亂暴な警部補
106645	鮮滿版	1922-07-21	04단	各地だより(釜山より/全州より/光州より/雄基より)
106646	鮮滿版	1922-07-21	05단	坊門及方圓社名家勝繼碁戰/百廿七回(8)
106647	鮮滿版	1922-07-21	06단	半島茶話
106648	鮮滿版	1922-07-22	01단	過激派の魔手に殪れた數/廢帝以下百七十萬餘人
106649	鮮滿版	1922-07-22	01단	無煙炭脈發見/晉州郡內で
106650	鮮滿版	1922-07-22	01단	朝鮮の農業勞働者/田淵東拓支配人談
106651	鮮滿版	1922-07-22	01단	南海の驛路(一九)/麥原朝臣
106652	鮮滿版	1922-07-22	02단	大邱稻作樂觀
106653	鮮滿版	1922-07-22	02단	水源池護岸工事
106654	鮮滿版	1922-07-22	03단	墓邊で踊り狂ふ盆が近づく
106655	鮮滿版	1922-07-22	03단	吉田理事頓死眞相/鮮銀行員の不安
106656	鮮滿版	1922-07-22	04단	誘拐罪は釜山が多い/新山司法主任談
106657	鮮滿版	1922-07-22	05단	諸熊元署長收監
106658	鮮滿版	1922-07-22	05단	坊門及方圓社名家勝繼碁戰/百廿七回(9)
106659	鮮滿版	1922-07-22	06단	各地だより(釜山より/鳥致院より)
106660	鮮滿版	1922-07-23	01단	全鮮野球界の覇を爭ふ六校選手 各校選手の猛練習振り 廿五日愈よ朝鮮野球大會/關係者茶話會
106661	鮮滿版	1922-07-23	01단	南海の驛路(二〇)/麥原朝臣
106662	鮮滿版	1922-07-23	02단	間島に東拓開展しやう/鈴木支店長談
106663	鮮滿版	1922-07-23	03단	會議所聯合會/續報
106664	鮮滿版	1922-07-23	04단	鮮人評議員も亦辭表提出
106665	鮮滿版	1922-07-23	04단	煙草需給狀況
106666	鮮滿版	1922-07-23	05단	坊門及方圓社名家勝繼碁戰/百廿七回(10)
106667	鮮滿版	1922-07-23	05단	軍馬拂下げ/佐藤一等獸醫談
106668	鮮滿版	1922-07-23	05단	光州の學校問題
106669	鮮滿版	1922-07-23	05단	松永課長東上
106670	鮮滿版	1922-07-23	05단	新義州梅雨期/鴨綠江の增水
106671	鮮滿版	1922-07-23	06단	各地だより(平壤より/咸興より)
106672	鮮滿版	1922-07-23	06단	半島茶話
106673	鮮滿版	1922-07-25	01단	募集至難の朝鮮移民/却って內地に出稼ぎする鮮人/珍現象の表裏

일련번호	판명	간행일	단수	기사명
106674	鮮滿版	1922-07-25	01단	間島の賊團/奧地に引揚ぐ
106675	鮮滿版	1922-07-25	01단	國境に電鐵
106676	鮮滿版	1922-07-25	01단	電氣事業現狀
106677	鮮滿版	1922-07-25	02단	撤兵と東支/沿線居留民
106678	鮮滿版	1922-07-25	02단	討伐軍百草溝へ
106679	鮮滿版	1922-07-25	02단	守備隊存置要望
106680	鮮滿版	1922-07-25	02단	安東住民杞憂す
106681	鮮滿版	1922-07-25	02단	遞信高等科入學
106682	鮮滿版	1922-07-25	03단	麻布の家庭工業
106683	鮮滿版	1922-07-25	03단	麗水校役員當選
106684	鮮滿版	1922-07-25	03단	整理委員任命
106685	鮮滿版	1922-07-25	03단	附設學校認可
106686	鮮滿版	1922-07-25	03단	縣知事の兄人質
106687	鮮滿版	1922-07-25	04단	運送業と仲仕/斤量制から紛紜
106688	鮮滿版	1922-07-25	04단	政治運動には携って居ない去、李兩女の談
106689	鮮滿版	1922-07-25	04단	大詐欺事件か/浦項署俄に活動
106690	鮮滿版	1922-07-25	04단	脫稅者再檢擧か/倉橋家財を沒收さる
106691	鮮滿版	1922-07-25	04단	支那官兵の强奪
106692	鮮滿版	1922-07-25	05단	坊門及方圓社名家勝繼碁戰/百廿七回(１１)
106693	鮮滿版	1922-07-25	05단	買上げた蠅五斗
106694	鮮滿版	1922-07-25	05단	署長護送さる
106695	鮮滿版	1922-07-25	06단	各地だより(平壤より/沃川より/全州より/雄基より/海州より/龍山より)
106696	鮮滿版	1922-07-25	06단	會(歡迎會)
106697	鮮滿版	1922-07-25	06단	人(齋藤咸北知事/福井縣勸業課長)
106698	鮮滿版	1922-07-25	06단	半島茶話
106699	鮮滿版	1922-07-26	01단	吾輩の最新銀行論(廿六)/銀行罪惡史(承前)/石井特製バランス・シイトの解剖
106700	鮮滿版	1922-07-26	01단	英國の經濟的地位/英國財務官森賢吾
106701	鮮滿版	1922-07-26	02단	大株仲買の無自覺/改法の精神に背反
106702	鮮滿版	1922-07-26	04단	米國濠炭輸入
106703	鮮滿版	1922-07-26	04단	印棉作柄と潤雨
106704	鮮滿版	1922-07-26	04단	關稅率改正案
106705	鮮滿版	1922-07-26	05단	仲買妥協案成る大株特權問題
106706	鮮滿版	1922-07-26	05단	全國銑鐵在庫高
106707	鮮滿版	1922-07-26	05단	營稅と棉業者
106708	鮮滿版	1922-07-26	06단	輸入毛絲數量

일련번호	판명	간행일	단수	기사명
106709	鮮滿版	1922-07-26	06단	神戸外米市況
106710	鮮滿版	1922-07-26	06단	大阪鐵貨發着
106711	鮮滿版	1922-07-26	06단	近海弗々備船
106712	鮮滿版	1922-07-27	01단	守備隊撤退後は『不安で堪らぬ』と軍司令部に陣情書の山
106713	鮮滿版	1922-07-27	01단	總會前に行員淘汰/美濃部總裁の肚裡
106714	鮮滿版	1922-07-27	01단	迎日漁業組合/發展計劃
106715	鮮滿版	1922-07-27	02단	秋蠶飼育增加
106716	鮮滿版	1922-07-27	02단	元會線工事概況
106717	鮮滿版	1922-07-27	03단	國境守備兵力或は增員か/隱岐軍高級副官談
106718	鮮滿版	1922-07-27	03단	獨立不逞團/二派協同して活動
106719	鮮滿版	1922-07-27	03단	聽衆悲憤の涙に咽ぶ間島問題を解剖/サラケ出された哀話、悲劇の數々/最近間島事情講演會
106720	鮮滿版	1922-07-27	04단	朝鮮紡績工女同盟罷業尚擴大の模樣
106721	鮮滿版	1922-07-27	04단	獨立團軍隊稅關を襲ふ
106722	鮮滿版	1922-07-27	04단	官服を纏ふ惡漢
106723	鮮滿版	1922-07-27	04단	金泉署落成式
106724	鮮滿版	1922-07-27	05단	坊門及方圓社名家勝繼碁戰/百廿七回(１３)
106725	鮮滿版	1922-07-27	05단	將校馬拂下
106726	鮮滿版	1922-07-27	05단	各地だより(鎭南浦より/平壤より/光州より)
106727	鮮滿版	1922-07-27	05단	人(加茂正雄氏(東大敎授)/亥角仲藏氏(全北知事)/澤田豊丈氏(慶南知事)/金寬鉉氏(忠南知事))
106728	鮮滿版	1922-07-27	06단	半島茶話
106729	鮮滿版	1922-07-28	01단	內地移住鮮人は濟州島出身者が多い/大阪を中心とした其の生活狀態(職業と收入/生活狀態/敎育程度/分布狀態)
106730	鮮滿版	1922-07-28	01단	危險分子には內地の官憲も手を燒いてゐる/藤本京畿道高等課長談
106731	鮮滿版	1922-07-28	01단	守備隊存置請願/順天市民大會の決議
106732	鮮滿版	1922-07-28	01단	鮮內監獄擴張計劃
106733	鮮滿版	1922-07-28	02단	全北聯合物産品評會/今秋開催
106734	鮮滿版	1922-07-28	02단	城津惠山鎭間道路改修問題
106735	鮮滿版	1922-07-28	03단	兵器支廠移轉難
106736	鮮滿版	1922-07-28	03단	京畿道夏期講習
106737	鮮滿版	1922-07-28	04단	朝鮮の物價依然騰貴
106738	鮮滿版	1922-07-28	04단	京城に赤痢猖獗/當分終熄の模樣なし
106739	鮮滿版	1922-07-28	04단	赤化宣傳者入込む/美人連の一團
106740	鮮滿版	1922-07-28	04단	支那兵到着

일련번호	판명	간행일	단수	기사명
106741	鮮滿版	1922-07-28	04단	遊覽者のため列車時間變更
106742	鮮滿版	1922-07-28	05단	米輸移出狀況
106743	鮮滿版	1922-07-28	05단	堆肥製造獎勵
106744	鮮滿版	1922-07-28	05단	元雄基署長收監さる/連累者數名と共に
106745	鮮滿版	1922-07-28	05단	引揚作業中の膠州丸顚覆
106746	鮮滿版	1922-07-28	05단	城津の出水
106747	鮮滿版	1922-07-28	06단	各地だより(三千浦より/羅南より/全州より)
106748	鮮滿版	1922-07-28	06단	運動界(全州殖銀勝つ)
106749	鮮滿版	1922-07-28	06단	半島茶話
106750	鮮滿版	1922-07-29	01단	總督府豫算審議
106751	鮮滿版	1922-07-29	01단	李王殿下震怒遊さる/韓男爵を御前に召して
106752	鮮滿版	1922-07-29	01단	平壤商議事態惡化す/鮮人議員總辭職
106753	鮮滿版	1922-07-29	01단	資本家氣取りの鈴木文治氏
106754	鮮滿版	1922-07-29	02단	勞働團體組織は朝鮮では困難
106755	鮮滿版	1922-07-29	02단	暑くなると起る上水道問題
106756	鮮滿版	1922-07-29	02단	日本海橫斷航路利用獎勵
106757	鮮滿版	1922-07-29	02단	孫浩駿氏等收監/文書僞造事件
106758	鮮滿版	1922-07-29	03단	慶北陸棉作況
106759	鮮滿版	1922-07-29	03단	群山貿易盛況
106760	鮮滿版	1922-07-29	04단	成南金融組合況
106761	鮮滿版	1922-07-29	04단	カルトブ會の寄附金募集
106762	鮮滿版	1922-07-29	04단	群山の諸講演
106763	鮮滿版	1922-07-29	04단	不逞鮮人と警官隊の衝突
106764	鮮滿版	1922-07-29	04단	毒草を喰って一家六人慘死
106765	鮮滿版	1922-07-29	04단	各地だより(平壤より/仁川より/釜山より/咸興より/光州より)
106766	鮮滿版	1922-07-29	05단	半島茶話
106767	鮮滿版	1922-07-30	01단	壯絶快絶龍山原頭に覇を爭ふ全鮮野球大會第一日/龍中先づ釜商を屠る 龍中十五釜商六
106768	鮮滿版	1922-07-30	01단	龍山兵器支廠移轉問題具體化す
106769	鮮滿版	1922-07-30	01단	軍縮と守備隊撤退期
106770	鮮滿版	1922-07-30	02단	八月一齊に異動淘汰/西田參謀長談
106771	鮮滿版	1922-07-30	03단	孫洪駿氏釋放運動と裏面
106772	鮮滿版	1922-07-30	03단	金泉病院位置爭奪運動
106773	鮮滿版	1922-07-30	03단	朝鮮無盡令
106774	鮮滿版	1922-07-30	04단	頓挫した運河開設案
106775	鮮滿版	1922-07-30	04단	仁川築港擴張と期成同盟會

일련번호	판명	간행일	단수	기사명
106776	鮮滿版	1922-07-30	04단	農産輸出と東岸交通機關
106777	鮮滿版	1922-07-30	04단	濃霧と航海難
106778	鮮滿版	1922-07-30	05단	光州市民大會
106779	鮮滿版	1922-07-30	05단	朝鮮棉作好況
106780	鮮滿版	1922-07-30	05단	濟州美人を中心に鮮人が大亂鬪高津署で芽出度く解決
106781	鮮滿版	1922-07-30	05단	狂へる父/倅の嫁を慘殺す
106782	鮮滿版	1922-07-30	06단	收繭豫想高
106783	鮮滿版	1922-07-30	06단	內鮮兒童比較調査
106784	鮮滿版	1922-07-30	06단	先帝十年祭遙拜
106785	鮮滿版	1922-07-30	06단	大中教諭溺死
106786	鮮滿版	1922-07-30	06단	營口の虎疫患者

1922년 8월 (선만판)

일련번호	판명	간행일	단수	기사명
106787	鮮滿版	1922-08-01	01단	局部課の廢合行はれん/朝鮮總督府の行政整理
106788	鮮滿版	1922-08-01	01단	守備隊撤廢に就き 軍部首腦の感想(大庭軍司令官/管第二十師團長/安滿軍參謀長/西田二十師團參謀長)/海州の決議文
106789	鮮滿版	1922-08-01	01단	龍山原頭の爭覇戰 暮色に包まれて止む 朝鮮野球大會第一日續報/京中捷つ 釜中善戰敗る/仁商對龍中 戰ひ決せず/有吉總監語る 試球式場にて
106790	鮮滿版	1922-08-01	03단	鮮鐵衛生博覽會
106791	鮮滿版	1922-08-01	04단	辭令
106792	鮮滿版	1922-08-01	04단	水に浸った龍山の慘狀/特派員の實見
106793	鮮滿版	1922-08-01	05단	坊門及方圓社名家勝繼碁戰/百廿八回(1)
106794	鮮滿版	1922-08-01	06단	軍醫兵卒毆打
106795	鮮滿版	1922-08-01	06단	商人殺し死刑
106796	鮮滿版	1922-08-01	06단	所有權確認訴訟
106797	鮮滿版	1922-08-01	06단	各地だより(咸興より/釜山より)
106798	鮮滿版	1922-08-02	01단	京管局の遊覽地施設/久保京管局長の言明(仁川/東來溫泉/佛國寺ホテル/其他)
106799	鮮滿版	1922-08-02	01단	輸移入稅撤廢如何/財源捻出難
106800	鮮滿版	1922-08-02	01단	京城府の道路改修/本年度に着工
106801	鮮滿版	1922-08-02	01단	戀愛と結婚(上)/廚川白村
106802	鮮滿版	1922-08-02	02단	朝鮮漁業船改良の急務/堀江農商務技師談
106803	鮮滿版	1922-08-02	03단	滿鐵整理/川合滿鐵參事談
106804	鮮滿版	1922-08-02	03단	馬山線の改善/佐藤運轉課長談
106805	鮮滿版	1922-08-02	04단	歌詞應募當選者
106806	鮮滿版	1922-08-02	04단	慶北道製紙業
106807	鮮滿版	1922-08-02	04단	大田高女問題
106808	鮮滿版	1922-08-02	05단	坊門及方圓社名家勝繼碁戰/百廿八回(2)
106809	鮮滿版	1922-08-02	05단	大邱水道補助問題
106810	鮮滿版	1922-08-02	05단	生徒を救って死した/豊田教諭の校葬執行
106811	鮮滿版	1922-08-02	05단	敗けた釜山の兩チーム/來年は雪辱せん意氣込み
106812	鮮滿版	1922-08-02	06단	爲替貯金狀況
106813	鮮滿版	1922-08-02	06단	連絡船更代
106814	鮮滿版	1922-08-02	06단	生徒が賣藥行商/學校維持の爲め
106815	鮮滿版	1922-08-03	01단	支那司法權回收期如何/宮川外務書記官談
106816	鮮滿版	1922-08-03	01단	囚人善化方針/佐藤檢事長談
106817	鮮滿版	1922-08-03	01단	戀愛と結婚(下)/廚川白村氏講演
106818	鮮滿版	1922-08-03	02단	慶北米作生産費
106819	鮮滿版	1922-08-03	02단	釜山鮮人教員舍宅料支給を連署して請願

일련번호	판명	간행일	단수	기사명
106820	鮮滿版	1922-08-03	03단	朝鮮警部入水自殺
106821	鮮滿版	1922-08-03	03단	全鮮の自殺と他殺と變死者
106822	鮮滿版	1922-08-03	04단	北鮮と間島(一)/漂泊生
106823	鮮滿版	1922-08-03	05단	坊門及方圓社名家勝繼碁戰/百廿八回(３)
106824	鮮滿版	1922-08-04	01단	手當を目的に海軍將校の鹹首運動/軍縮の裏面に潛む珍現象
106825	鮮滿版	1922-08-04	01단	福釜間の無線電話 九月愈々開始/所要動力
106826	鮮滿版	1922-08-04	01단	林氏辭任/特別平議員を
106827	鮮滿版	1922-08-04	02단	間島貿易減額/馬賊騷ぎの影響
106828	鮮滿版	1922-08-04	02단	清津防波堤修築/國庫補助請願
106829	鮮滿版	1922-08-04	03단	釋王寺/元山にて一記者
106830	鮮滿版	1922-08-04	03단	京釜線不通で旅客釜山に停滯/復舊は五日以後だらう
106831	鮮滿版	1922-08-04	04단	釜山日赤社員
106832	鮮滿版	1922-08-04	04단	平壤の火事/賣藥屋から出火
106833	鮮滿版	1922-08-04	04단	各地だより(平壤より/清津より)
106834	鮮滿版	1922-08-04	05단	北鮮と間島(二)/漂泊生
106835	鮮滿版	1922-08-04	05단	坊門及方圓社名家勝繼碁戰/百廿八回(４)
106836	鮮滿版	1922-08-05	01단	日本に對する批難の聲/頭道溝事件について(上)
106837	鮮滿版	1922-08-05	01단	群山に旅客輻湊し 當局有志接待に忙がし/大田の混雜/釜山の旅客海路に依り仁川に回航/下關の滯貨
106838	鮮滿版	1922-08-05	03단	物價引下に公設市場を利用する釜山府の方針
106839	鮮滿版	1922-08-05	04단	齊藤總督を相手取る/所有權移轉手續履行請求
106840	鮮滿版	1922-08-05	04단	金剛山(上)/京城にて一記者
106841	鮮滿版	1922-08-05	05단	坊門及方圓社名家勝繼碁戰/百廿八回(５)
106842	鮮滿版	1922-08-05	05단	貧者救濟に巡査が率先す
106843	鮮滿版	1922-08-05	05단	各地だより(釜山より/全州より)
106844	鮮滿版	1922-08-06	01단	龍山地方浸水家屋 三千百餘戶に達す/龍山治水委員會決議/旭川防水工事/列車開通 六日午後迄に/平壤の增水/鎭南浦の豪雨
106845	鮮滿版	1922-08-06	01단	金剛山(下)/京城にて一記者
106846	鮮滿版	1922-08-06	03단	明年度豫算査定期/來十日頃
106847	鮮滿版	1922-08-06	03단	鮮銀行務整理/人員一割淘汰か
106848	鮮滿版	1922-08-06	03단	連絡時間短縮
106849	鮮滿版	1922-08-06	04단	『內地の歌』梶原敎論入選/佳作當選者 吉永女史語る
106850	鮮滿版	1922-08-06	04단	平壤客月貿易
106851	鮮滿版	1922-08-06	04단	辭領
106852	鮮滿版	1922-08-06	04단	韓掌侍長不興を蒙る/李王の御激怒
106853	鮮滿版	1922-08-06	05단	錦山郡に鑛泉

일련번호	판명	간행일	단수	기사명
106854	鮮滿版	1922-08-06	05단	朴教主訴へらる
106855	鮮滿版	1922-08-06	05단	高仁植捕縛
106856	鮮滿版	1922-08-06	05단	各地だより(平壤より/鎭南浦より/釜山より)
106857	鮮滿版	1922-08-06	05단	坊門及方圓社名家勝繼碁戰/百廿八回(6)
106858	鮮滿版	1922-08-08	01단	完成の急を要する朝鮮の治水事業/原土木部長談
106859	鮮滿版	1922-08-08	01단	憲兵司令部は廢止されぬ/前田憲兵司令官の言明
106860	鮮滿版	1922-08-08	01단	土地改良案成立させたい/西村殖産局長の言明
106861	鮮滿版	1922-08-08	01단	棉作良好/作付段別增加
106862	鮮滿版	1922-08-08	02단	*成川からも請願 守備隊引留/晋州の陳情*
106863	鮮滿版	1922-08-08	03단	朝鮮火保事業/河內山社長談
106864	鮮滿版	1922-08-08	03단	産米改良標語/入選者發表
106865	鮮滿版	1922-08-08	03단	鎭南浦府尹更迭
106866	鮮滿版	1922-08-08	04단	辭令
106867	鮮滿版	1922-08-08	04단	朝鮮野球大會訓練院で准優勝戰/仁商三Ａ龍中一
106868	鮮滿版	1922-08-08	04단	*十日間降續いた豪雨 四日から霽上った/京畿道の被害*
106869	鮮滿版	1922-08-08	05단	坊門及方圓社名家勝繼碁戰/百廿八回(7)
106870	鮮滿版	1922-08-08	05단	安奉線列車不通/五日來の豪雨で
106871	鮮滿版	1922-08-08	05단	釜山に白蟻發生
106872	鮮滿版	1922-08-08	06단	子供を伴れて彷徨ふ鮮人/發狂せる妻を尋ねて
106873	鮮滿版	1922-08-08	06단	半島茶話
106874	鮮滿版	1922-08-09	01단	在學生と徵兵猶豫/朝鮮にも均霑
106875	鮮滿版	1922-08-09	01단	赤十字社朝鮮總會/十月八日擧行
106876	鮮滿版	1922-08-09	01단	總督府から指圖が出た/會議所の紛擾を圓く納めよと
106877	鮮滿版	1922-08-09	01단	*京中軍全鮮の覇權を掌握す 朝鮮野球大會優勝戰の結果/京中六仁商零/優勝旗授與式 大會の最後を飾る美はしき挿話*
106878	鮮滿版	1922-08-09	02단	治水問題/代表者奔走す
106879	鮮滿版	1922-08-09	02단	外米輸入漸增趨勢
106880	鮮滿版	1922-08-09	03단	物價騰貴/出水の影響
106881	鮮滿版	1922-08-09	03단	會議所聯合會決議/要路に提出
106882	鮮滿版	1922-08-09	03단	朝鮮醫學大會
106883	鮮滿版	1922-08-09	04단	齒科醫試驗期
106884	鮮滿版	1922-08-09	04단	豆滿江出材旺盛
106885	鮮滿版	1922-08-09	04단	苗木移入檢査
106886	鮮滿版	1922-08-09	04단	朝鮮婦人會も目覺しき進步です/柴田學務局長婦人談
106887	鮮滿版	1922-08-09	05단	坊門及方圓社名家勝繼碁戰/百廿八回(8)
106888	鮮滿版	1922-08-09	05단	殖銀支店長異動

일련번호	판명	간행일	단수	기사명
106889	鮮滿版	1922-08-09	05단	各地だより(平壤より/咸興より)
106890	鮮滿版	1922-08-09	05단	半島茶話
106891	鮮滿版	1922-08-10	01단	朝鮮の治水計劃は七千萬圓の巨額を要す
106892	鮮滿版	1922-08-10	01단	悉く日本製品を用ふる福岡釜山間無線電話/十月初旬に試驗
106893	鮮滿版	1922-08-10	01단	全鮮府協議員懇談會/京城で開催
106894	鮮滿版	1922-08-10	01단	鮮米移出上半期に一千八百餘萬石
106895	鮮滿版	1922-08-10	01단	鮮米宣傳成功した/田中商工課長談
106896	鮮滿版	1922-08-10	02단	水利事業各道に勃興/起工計劃狀況(舒川水利組合/開山面水利組合/德道水利組合/一山水利組合/永北水利組合/博川水利組合/同仁水利組合/安鶴水利組合/蟾津江水利組合/益沃水利組合/大正水利組合)
106897	鮮滿版	1922-08-10	03단	貿易港修築方針
106898	鮮滿版	1922-08-10	03단	北鮮四港貿易
106899	鮮滿版	1922-08-10	04단	赤十字衛生展覽會
106900	鮮滿版	1922-08-10	04단	*鮮人學費負擔/平壤府*
106901	鮮滿版	1922-08-10	04단	鮮人內地渡航
106902	鮮滿版	1922-08-10	04단	木浦客月貿易
106903	鮮滿版	1922-08-10	04단	高女昇格請願
106904	鮮滿版	1922-08-10	04단	煙草耕作狀況
106905	鮮滿版	1922-08-10	05단	城電創立總會
106906	鮮滿版	1922-08-10	05단	鮮人虐殺事件/調查會組織
106907	鮮滿版	1922-08-10	05단	大虎出沒し家畜を咬殺す
106908	鮮滿版	1922-08-10	05단	崇德學校問題
106909	鮮滿版	1922-08-10	05단	坊門及方圓社名家勝繼碁戰/百廿九回(1)
106910	鮮滿版	1922-08-10	06단	人(澤永鎭南浦府尹)
106911	鮮滿版	1922-08-10	06단	各地だより(鎭南浦より/龍山より)
106912	鮮滿版	1922-08-10	06단	半島茶話
106913	鮮滿版	1922-08-11	01단	日本に對する批難の聲/頭道溝事件について(下)
106914	鮮滿版	1922-08-11	01단	憲兵整理/撤兵後に斷行
106915	鮮滿版	1922-08-11	01단	新龍山側/防水工事緊要
106916	鮮滿版	1922-08-11	02단	引揚後の釜山兵舍問題/商校の寄宿舍か
106917	鮮滿版	1922-08-11	03단	鮮米客月輸移出
106918	鮮滿版	1922-08-11	04단	*キルクロ卷煙草 專賣局で新製/年産額*
106919	鮮滿版	1922-08-11	05단	坊門及方圓社名家勝繼碁戰/百廿九回(2)
106920	鮮滿版	1922-08-11	05단	王家近親の負債は何れ程あるか判らぬ/某關係當局の言明
106921	鮮滿版	1922-08-11	05단	定期乘車券/九月から改正

일련번호	판명	간행일	단수	기사명
106922	鮮滿版	1922-08-11	05단	各地だより(龍山より/南川より)
106923	鮮滿版	1922-08-11	06단	半島茶話
106924	鮮滿版	1922-08-12	01단	府制改造に對する漸進急進兩派の意見
106925	鮮滿版	1922-08-12	01단	平安南道豫算編成平々凡々か/福島內務部長談
106926	鮮滿版	1922-08-12	01단	北鮮と間島(三)/漂泊生
106927	鮮滿版	1922-08-12	02단	京城水道擴張/河上博士調査
106928	鮮滿版	1922-08-12	03단	憲兵縮小に就き/三原高級副官談
106929	鮮滿版	1922-08-12	03단	簡易水道の試み
106930	鮮滿版	1922-08-12	04단	守備隊引留陳情
106931	鮮滿版	1922-08-12	04단	東拓農監整理
106932	鮮滿版	1922-08-12	04단	平壤客月金融
106933	鮮滿版	1922-08-12	05단	坊門及方圓社名家勝繼碁戰/百廿九回(3)
106934	鮮滿版	1922-08-12	05단	京管局雇員受賞
106935	鮮滿版	1922-08-12	05단	石橋氏着陸場
106936	鮮滿版	1922-08-12	05단	沙里院金組設立
106937	鮮滿版	1922-08-12	06단	平壤より
106938	鮮滿版	1922-08-12	06단	半島茶話
106939	鮮滿版	1922-08-13	01단	北鮮と間島(四)/漂泊生
106940	鮮滿版	1922-08-13	01단	廿師管下歸休兵千六百餘名(隱岐高級副官談)
106941	鮮滿版	1922-08-13	01단	會議所聯合會/九月中旬開催
106942	鮮滿版	1922-08-13	01단	高女設立問題/四つ巴の態
106943	鮮滿版	1922-08-13	02단	仁川客月貿易
106944	鮮滿版	1922-08-13	02단	內地に働く朝鮮人人夫等が評判が良い/矢島事務官談
106945	鮮滿版	1922-08-13	02단	中等學校競技の跡を顧みて
106946	鮮滿版	1922-08-13	04단	京中ナイン元氣良く/遠征の途に就く
106947	鮮滿版	1922-08-13	05단	總監夫人釜山に上陸
106948	鮮滿版	1922-08-13	05단	永興出水 咸鏡線不通/淸川江增水
106949	鮮滿版	1922-08-13	05단	坊門及方圓社名家勝繼碁戰/百廿九回(4)
106950	鮮滿版	1922-08-13	06단	京元線夜行列車好績/寢臺車を連結
106951	鮮滿版	1922-08-13	06단	ポセットから雄基を衝かん/不逞鮮人の計劃
106952	鮮滿版	1922-08-13	06단	瀆職署長有罪
106953	鮮滿版	1922-08-13	06단	漁業者非賣同盟
106954	鮮滿版	1922-08-13	06단	半島茶話
106955	鮮滿版	1922-08-15	01단	戰の跡/老雄『神商』を敵とし京中軍善戰す 戰ひ利あらず遂に敗る 全國中等學校野球爭霸戰/全國爭霸戰滿洲代表軍健鬪記 魁偉揃ひの白兵戰 南滿工業軍惜敗す 京津代表立命館中學との對戰

일련번호	판명	간행일	단수	기사명
106956	鮮滿版	1922-08-15	04단	鮮軍縮小/兩師團歸休兵三千名以上
106957	鮮滿版	1922-08-15	04단	言論取締/司法權の發動
106958	鮮滿版	1922-08-15	04단	鈴木氏入社說
106959	鮮滿版	1922-08-15	04단	辭令
106960	鮮滿版	1922-08-15	05단	坊門及方圓社名家勝繼碁戰/百廿九回(５)
106961	鮮滿版	1922-08-15	05단	西伯利引揚邦人五百名/清津へ流込む
106962	鮮滿版	1922-08-15	05단	間島地方の支那人乞食/鮮人に金穀强要
106963	鮮滿版	1922-08-15	05단	損害要償訴訟/總督を相手取り
106964	鮮滿版	1922-08-15	06단	京城局慰安會
106965	鮮滿版	1922-08-15	06단	各地だより(平壤より/光州より)
106966	鮮滿版	1922-08-15	06단	半島茶話
106967	鮮滿版	1922-08-16	01단	西部に偏る鐵道分布/東海岸線計劃に着手
106968	鮮滿版	1922-08-16	01단	通貨縮小よりも信用回復/有賀殖銀頭取談
106969	鮮滿版	1922-08-16	01단	平壤府都計準備/總督府から技手が出張して踏査
106970	鮮滿版	1922-08-16	01단	平壤の洪水
106971	鮮滿版	1922-08-16	03단	無線電話/開放の時期
106972	鮮滿版	1922-08-16	03단	國民代表會 上海に開催/當局の監視
106973	鮮滿版	1922-08-16	03단	高麗共産黨の宣傳
106974	鮮滿版	1922-08-16	03단	朝鮮步兵募集(應募者資格/同特典)
106975	鮮滿版	1922-08-16	04단	中堅靑年講習
106976	鮮滿版	1922-08-16	04단	釜山交換所監視
106977	鮮滿版	1922-08-16	04단	釜山旅館不振
106978	鮮滿版	1922-08-16	04단	糞尿處理試驗
106979	鮮滿版	1922-08-16	05단	坊門及方圓社名家勝繼碁戰/百廿九回(６)
106980	鮮滿版	1922-08-16	05단	山銀支店開設
106981	鮮滿版	1922-08-16	05단	海州醫院長辭職
106982	鮮滿版	1922-08-16	05단	大同江減水す/浸水家屋に淸潔法施行
106983	鮮滿版	1922-08-16	05단	訓練院運動場/施設に着工
106984	鮮滿版	1922-08-16	06단	各地だより(平壤より/鎭南浦より)
106985	鮮滿版	1922-08-16	06단	半島茶話
106986	鮮滿版	1922-08-17	01단	蠶業の歷史ある朝鮮の養蠶は有望だ/鈴木高等蠶絲學校敎授談
106987	鮮滿版	1922-08-17	01단	私設鐵道補助/明年度も同額
106988	鮮滿版	1922-08-17	01단	新任小將西田友幸氏
106989	鮮滿版	1922-08-17	01단	新任小將木村益三氏
106990	鮮滿版	1922-08-17	01단	關東絲令部附/貴志彌次郎少將
106991	鮮滿版	1922-08-17	01단	北鮮と間島(五)/漂泊生

일련번호	판명	간행일	단수	기사명
106992	鮮滿版	1922-08-17	02단	鹽田增設計劃
106993	鮮滿版	1922-08-17	02단	判事特任制度
106994	鮮滿版	1922-08-17	03단	全鮮會社消長
106995	鮮滿版	1922-08-17	03단	*鮮人勞働者の集まる秋成村の水電工事 鮮人代表者の實地踏査/鮮人勞働者を虐待處か 實力があるので珍重して居る 新潟縣當局者の言明*
106996	鮮滿版	1922-08-17	05단	坊門及方圓社名家勝繼碁戰/百廿九回(７)
106997	鮮滿版	1922-08-17	05단	妙齡の女性投身か否か/聯絡船上の疑問
106998	鮮滿版	1922-08-17	05단	諸態の罪狀/雄基事件豫番終結
106999	鮮滿版	1922-08-17	06단	各地だより(羅南より/咸興より)
107000	鮮滿版	1922-08-18	01단	守備隊引揚ぐるも警官增員せず/丸山警務局長談
107001	鮮滿版	1922-08-18	01단	滿鐵豫算緊縮方針/島滿鐵理事談
107002	鮮滿版	1922-08-18	01단	陸軍異動
107003	鮮滿版	1922-08-18	02단	衛生展覽會/十月七日から
107004	鮮滿版	1922-08-18	02단	公普校擴張と鮮人の負擔力
107005	鮮滿版	1922-08-18	02단	北鮮と間島(六)/漂泊生
107006	鮮滿版	1922-08-18	03단	府廳新築調査
107007	鮮滿版	1922-08-18	03단	昨年傳染病統計
107008	鮮滿版	1922-08-18	04단	金肥需要近況
107009	鮮滿版	1922-08-18	04단	谷村旅團長赴任
107010	鮮滿版	1922-08-18	04단	北靑に醫師無し
107011	鮮滿版	1922-08-18	04단	木浦財界沈衰
107012	鮮滿版	1922-08-18	04단	辭令
107013	鮮滿版	1922-08-18	05단	坊門及方圓社名家勝繼碁戰/百廿九回(８)
107014	鮮滿版	1922-08-18	05단	貧と戰ひ漁船の改良に成功した尹相弼氏
107015	鮮滿版	1922-08-18	05단	廿師團の午砲/京城府に引繼
107016	鮮滿版	1922-08-18	05단	廿師團除隊式
107017	鮮滿版	1922-08-18	06단	拜殿前で情死
107018	鮮滿版	1922-08-18	06단	各地だより(光州より/平壤より)
107019	鮮滿版	1922-08-18	06단	半島茶話
107020	鮮滿版	1922-08-19	01단	滿鐵が鮮鐵を合併するも積極的には行るまい/弓削鐵道部長談
107021	鮮滿版	1922-08-19	01단	教育上の功績者/總督府で選獎
107022	鮮滿版	1922-08-19	01단	移入稅撤廢問題/當局側の意向
107023	鮮滿版	1922-08-19	02단	貸出超過/全鮮金融趨勢
107024	鮮滿版	1922-08-19	03단	不許可とならん釜山證券會社
107025	鮮滿版	1922-08-19	03단	道路網工程

일련번호	판명	간행일	단수	기사명
107026	鮮滿版	1922-08-19	04단	製煙增大計劃
107027	鮮滿版	1922-08-19	04단	咸南漁政方針
107028	鮮滿版	1922-08-19	04단	慶北産業懇談會
107029	鮮滿版	1922-08-19	04단	木浦府民怒る
107030	鮮滿版	1922-08-19	04단	武器密輸/新義州で發覺
107031	鮮滿版	1922-08-19	05단	奧田少將去る/長男は見習士官
107032	鮮滿版	1922-08-19	05단	在京獨人窮境
107033	鮮滿版	1922-08-19	05단	坊門及方圓社名家勝繼碁戰/百廿九回(９)
107034	鮮滿版	1922-08-19	06단	各地だより(晉州より/全州より/大田より)
107035	鮮滿版	1922-08-19	06단	半島茶話
107036	鮮滿版	1922-08-20	01단	試錬を經た架橋工事/本間技師談
107037	鮮滿版	1922-08-20	01단	*虎疫豫防 新義州で防疫會議開催/豫防策考究*
107038	鮮滿版	1922-08-20	01단	南支航路/總督府では補助の意あり
107039	鮮滿版	1922-08-20	02단	谷村新少將/此機會に露國研究
107040	鮮滿版	1922-08-20	02단	倶樂部取締/田中局長談
107041	鮮滿版	1922-08-20	02단	守備隊引揚反對/瓦房店居留民
107042	鮮滿版	1922-08-20	03단	京管局表彰規定
107043	鮮滿版	1922-08-20	03단	京城府豆腐生産額
107044	鮮滿版	1922-08-20	03단	京城商人が物價調節に目覺めた/眞先に吳服が二割五分引
107045	鮮滿版	1922-08-20	03단	*鮮人獨立黨朝鮮內に侵入せんとす/馬賊樺甸蹂躪*
107046	鮮滿版	1922-08-20	04단	甘浦築港準備
107047	鮮滿版	1922-08-20	04단	大田の意思貫徹
107048	鮮滿版	1922-08-20	04단	浦潮昆布輸入
107049	鮮滿版	1922-08-20	04단	死肉を啖ふ/梅毒の迷信女
107050	鮮滿版	1922-08-20	04단	七校長脫會す/學生大會から
107051	鮮滿版	1922-08-20	05단	教主の命日に信徒不穩の宣傳
107052	鮮滿版	1922-08-20	05단	鮮人教員同盟辭職
107053	鮮滿版	1922-08-20	05단	各地だより(龍山より/平壤より/鳥致院より/淸津から)
107054	鮮滿版	1922-08-20	05단	坊門及方圓社名家勝繼碁戰/百廿九回(１０)
107055	鮮滿版	1922-08-20	06단	半島茶話
107056	鮮滿版	1922-08-22	01단	物價引下には國民の自覺を要す/田中商工課長談
107057	鮮滿版	1922-08-22	01단	朝鮮煙草値下は講究の餘地あり/青木專賣局長談(大邱物價引下)
107058	鮮滿版	1922-08-22	01단	基督教教勢衰頹/外人宣教師は布教方針を一變せん
107059	鮮滿版	1922-08-22	01단	計劃遠大な蘭谷農場/科學力を極度に應用する
107060	鮮滿版	1922-08-22	02단	*平壤驛改築計劃/京義線各驛*

일련번호	판명	간행일	단수	기사명
107061	鮮滿版	1922-08-22	02단	大庭司令官北鮮視察豫定
107062	鮮滿版	1922-08-22	03단	綿布運賃引下/海運界の近況
107063	鮮滿版	1922-08-22	03단	遼東の海賊退治/日支官憲聯繫して追擊
107064	鮮滿版	1922-08-22	03단	歸休銓衡に不平を抱く/鮮軍の殘留兵
107065	鮮滿版	1922-08-22	04단	木浦公職者連袂辭職す
107066	鮮滿版	1922-08-22	04단	辭令
107067	鮮滿版	1922-08-22	04단	黃海島に又復豪雨/交通杜絶す
107068	鮮滿版	1922-08-22	05단	巡査の制帽/新たに代はる
107069	鮮滿版	1922-08-22	05단	武裝不逞鮮人/渭城で擊破さる
107070	鮮滿版	1922-08-22	05단	軍曹拳銃自殺
107071	鮮滿版	1922-08-22	05단	各地だより(平壤より/鎭南浦より/咸興より/釜山より)
107072	鮮滿版	1922-08-22	05단	坊門及方圓社名家勝繼碁戰/百廿九回(１１)
107073	鮮滿版	1922-08-22	06단	人(谷村少將/工兵監會田少將/渡邊少將(新任步兵第四十旅團長))
107074	鮮滿版	1922-08-22	06단	半島茶話
107075	鮮滿版	1922-08-23	01단	京城の電氣事業統一/吉村府尹は在任中に是非とも實現する意氣込み
107076	鮮滿版	1922-08-23	01단	支那人勞働者が跋扈するも之を抑壓する法令はない
107077	鮮滿版	1922-08-23	01단	各驛敷地/剩餘地整理
107078	鮮滿版	1922-08-23	02단	郵貯取立實施/加納局長談
107079	鮮滿版	1922-08-23	02단	滿銀設立に關し東拓鮮銀の言分
107080	鮮滿版	1922-08-23	03단	國境衛生狀態/牧田軍醫部長談
107081	鮮滿版	1922-08-23	03단	平壤府分課改正/楠野府尹談
107082	鮮滿版	1922-08-23	03단	簡易工業獎勵
107083	鮮滿版	1922-08-23	04단	不動産賣買閑散
107084	鮮滿版	1922-08-23	04단	吉州城が取毀たれて南門がタッタ百圓に落札した
107085	鮮滿版	1922-08-23	04단	釜山に必要な人事相談所/加々尾署長談
107086	鮮滿版	1922-08-23	04단	石橋氏飛行/十月下旬決行
107087	鮮滿版	1922-08-23	05단	罌粟栽培狀況
107088	鮮滿版	1922-08-23	05단	軍經理出張所廢止
107089	鮮滿版	1922-08-23	05단	第二高女改築
107090	鮮滿版	1922-08-23	05단	邱全有志提携
107091	鮮滿版	1922-08-23	05단	自動車顚落
107092	鮮滿版	1922-08-23	05단	收賄署長公判期
107093	鮮滿版	1922-08-23	05단	各地だより(光州より/大田より/雄基より)
107094	鮮滿版	1922-08-23	06단	半島茶話

일련번호	판명	간행일	단수	기사명
107095	鮮滿版	1922-08-24	01단	刻煙草だけ朝鮮も値下げしやう/但し其程度は未だ明言出來ぬ/靑木專賣局長の言明
107096	鮮滿版	1922-08-24	01단	必需品の運賃引下/實施期は九月か十月中
107097	鮮滿版	1922-08-24	01단	中央市場開設の要/澤村內務課長談
107098	鮮滿版	1922-08-24	01단	流失せる橋梁の復舊工事 基本調査を斟酌する方針/河川修築 刻下の急務
107099	鮮滿版	1922-08-24	01단	京城法院改築議に伴ふ國民の觀念と法衙の位置/橫田法務局長談
107100	鮮滿版	1922-08-24	03단	釜山電鐵買收價格決定近し
107101	鮮滿版	1922-08-24	03단	省峴隧道/貫通は今秋
107102	鮮滿版	1922-08-24	03단	軍隊が引揚げれば國民も引揚げるサ/原田高級副官談
107103	鮮滿版	1922-08-24	04단	鹽田擴張方針
107104	鮮滿版	1922-08-24	04단	除穢調査委員
107105	鮮滿版	1922-08-24	04단	釜山客月貿易
107106	鮮滿版	1922-08-24	05단	慶北面有林成績
107107	鮮滿版	1922-08-24	05단	齋藤總督歸任
107108	鮮滿版	1922-08-24	05단	辭令
107109	鮮滿版	1922-08-24	05단	鮮人醫學生/女學生と情死
107110	鮮滿版	1922-08-24	05단	坊門及方圓社名家勝繼碁戰/百廿九回（１２）
107111	鮮滿版	1922-08-24	06단	淸津で二囚破獄
107112	鮮滿版	1922-08-24	06단	半島茶話
107113	鮮滿版	1922-08-25	01단	物價を引下げやうと 京城會議所が動き出した/大邱でも官民協力し 九月一日から物價引下斷行/釜山の物價は不自然だ 飛鋪理事官談
107114	鮮滿版	1922-08-25	01단	主要港灣の諸施設/原土木局長談
107115	鮮滿版	1922-08-25	01단	國境の軍隊生活
107116	鮮滿版	1922-08-25	02단	鮮內の過激運動取締方針
107117	鮮滿版	1922-08-25	03단	上旬全鮮貿易/入超百餘萬圓
107118	鮮滿版	1922-08-25	04단	鐵道網調査費
107119	鮮滿版	1922-08-25	04단	天道敎復紛糾
107120	鮮滿版	1922-08-25	04단	咸北衛生狀態
107121	鮮滿版	1922-08-25	04단	陶道尹吉林に向ふ
107122	鮮滿版	1922-08-25	04단	釜山通過外人數
107123	鮮滿版	1922-08-25	04단	驅逐隊淸津着
107124	鮮滿版	1922-08-25	04단	平南棉作良好
107125	鮮滿版	1922-08-25	04단	羅南の戶口數
107126	鮮滿版	1922-08-25	05단	大豊水田進捗
107127	鮮滿版	1922-08-25	05단	後藤倉庫社長

일련번호	판명	간행일	단수	기사명
107128	鮮滿版	1922-08-25	05단	狂暴な巡査/犯人を撲殺す
107129	鮮滿版	1922-08-25	05단	迎日灣大豊漁
107130	鮮滿版	1922-08-25	05단	咸北農産農作
107131	鮮滿版	1922-08-25	05단	不正看守免職
107132	鮮滿版	1922-08-25	05단	流失材拾集
107133	鮮滿版	1922-08-25	05단	子を絞めて投身
107134	鮮滿版	1922-08-25	06단	各地だより(釜山より/咸興より)
107135	鮮滿版	1922-08-25	06단	半島茶話
107136	鮮滿版	1922-08-26	01단	お役人さんも有ゆる業者の主人も廿九日會議所で膝突合せ/物價引下の御相談
107137	鮮滿版	1922-08-26	01단	朝鮮で物價の高い譯/大村會議所書記長談
107138	鮮滿版	1922-08-26	01단	先月も日用品が騰貴した
107139	鮮滿版	1922-08-26	02단	釜山記者團決議
107140	鮮滿版	1922-08-26	02단	豫約電話は今の處困難です/飯倉工務課長談
107141	鮮滿版	1922-08-26	03단	水利事業奬勵
107142	鮮滿版	1922-08-26	03단	飛行隊擴張
107143	鮮滿版	1922-08-26	03단	普通文官試驗
107144	鮮滿版	1922-08-26	03단	*洪水に襲はれた恐怖 龍山に落付いた避難者の實話/橋梁の流失八十餘個 避難民の慘狀/復舊工事 原土木部長巡視/金化の浸水家屋*
107145	鮮滿版	1922-08-26	04단	南鐵東部線起工
107146	鮮滿版	1922-08-26	04단	馬山慈惠院開始
107147	鮮滿版	1922-08-26	04단	全南夏秋蠶豫想
107148	鮮滿版	1922-08-26	04단	德山驛新設
107149	鮮滿版	1922-08-26	05단	警察巡回病院/蔚山署の試み
107150	鮮滿版	1922-08-26	05단	釜山虎疫豫防
107151	鮮滿版	1922-08-26	05단	朋輩に殺さる
107152	鮮滿版	1922-08-26	05단	各地だより(龍山より/馬山より/全州より/鳥致院より)
107153	鮮滿版	1922-08-26	06단	半島茶話
107154	鮮滿版	1922-08-27	01단	關東州に州議會など出來るものでない/關東廳側の辯明の數々
107155	鮮滿版	1922-08-27	01단	迂闊に宣傳には乘られぬ/撤兵したとて在留人は引揚げぬ/總督府某當局の談
107156	鮮滿版	1922-08-27	01단	*公設市場を物價引下に利用 釜山では府直接に新設する 本田釜山府尹談/平陽でも吳服店が値下 但し夏物が主*
107157	鮮滿版	1922-08-27	01단	水害復舊費/巨額の見込
107158	鮮滿版	1922-08-27	03단	林業支場五箇所に設置
107159	鮮滿版	1922-08-27	03단	慶北釀造品評會十月二十日から

일련번호	판명	간행일	단수	기사명
107160	鮮滿版	1922-08-27	03단	鎭南浦擴張費の計上は 明年度豫算には不可能か/鎭南浦府尹澤永氏の抱負
107161	鮮滿版	1922-08-27	04단	證券交換所調査
107162	鮮滿版	1922-08-27	04단	大邱道路共進會
107163	鮮滿版	1922-08-27	05단	平南棉增收見込
107164	鮮滿版	1922-08-27	05단	平南教育功勞者
107165	鮮滿版	1922-08-27	05단	辭令
107166	鮮滿版	1922-08-27	05단	囚人五十名絶食同盟/食物の事から
107167	鮮滿版	1922-08-27	05단	朴浩三の死體/遺族に引渡し
107168	鮮滿版	1922-08-27	05단	各地だより(平壤より/全州より/大田より)
107169	鮮滿版	1922-08-27	06단	半島茶話
107170	鮮滿版	1922-08-29	01단	天圖經鐵妨害運動/間島に排日熱起る
107171	鮮滿版	1922-08-29	01단	平壤府市區改正/事業速成か
107172	鮮滿版	1922-08-29	01단	全鮮夏秋蠶增收見込
107173	鮮滿版	1922-08-29	01단	引揚鮮人/北鮮三港に上陸
107174	鮮滿版	1922-08-29	01단	黃海平野の洪水
107175	鮮滿版	1922-08-29	02단	瓦電側の申出/事業全部を買收されたしと
107176	鮮滿版	1922-08-29	02단	武川參謀長着任/民衆とよく接觸しやうと
107177	鮮滿版	1922-08-29	03단	各宗聯合大會/九月六日開會
107178	鮮滿版	1922-08-29	03단	社會事業講習
107179	鮮滿版	1922-08-29	04단	清津府戶口增加
107180	鮮滿版	1922-08-29	04단	勞働同盟會創立
107181	鮮滿版	1922-08-29	04단	正論會組織
107182	鮮滿版	1922-08-29	04단	大邱汚物處分場
107183	鮮滿版	1922-08-29	04단	辭令
107184	鮮滿版	1922-08-29	04단	依蘭の農民三百名/延吉縣に押寄す
107185	鮮滿版	1922-08-29	05단	大雨後は俄かに秋冷モウ暑くならぬ
107186	鮮滿版	1922-08-29	05단	久保博士危篤
107187	鮮滿版	1922-08-29	05단	盲詩人の消息
107188	鮮滿版	1922-08-29	05단	海印寺の內訌
107189	鮮滿版	1922-08-29	05단	李鍝公御歸東期
107190	鮮滿版	1922-08-29	05단	河東郡の落雷
107191	鮮滿版	1922-08-29	05단	釜山鎭の火事
107192	鮮滿版	1922-08-29	06단	不正技手公判
107193	鮮滿版	1922-08-29	06단	各地だより(平壤より/鎭南浦より)
107194	鮮滿版	1922-08-29	06단	半島茶話
107195	鮮滿版	1922-08-30	01단	一日に九匁宛肥る赤ちゃん

일련번호	판명	간행일	단수	기사명
107196	鮮滿版	1922-08-30	01단	*私設鐵道工事進捗 鐵道網の完成/補助增額*
107197	鮮滿版	1922-08-30	02단	平南被害約二百萬圓
107198	鮮滿版	1922-08-30	02단	船賃引下至難/松崎朝郵專務談
107199	鮮滿版	1922-08-30	02단	鮮鐵剩餘地/馬山の拂下運動
107200	鮮滿版	1922-08-30	03단	衛生展覽會出品
107201	鮮滿版	1922-08-30	03단	佐世保滿鮮間聯絡飛行/十月擧行航程七百五十餘哩
107202	鮮滿版	1922-08-30	03단	天圖經鐵工事中止/妨害運動追報
107203	鮮滿版	1922-08-30	04단	*大邱財界底堅し/會寧不況*
107204	鮮滿版	1922-08-30	04단	不景氣で夜遁が多い/京城の昨今
107205	鮮滿版	1922-08-30	05단	地球磁氣觀測/大谷中佐が雄基で
107206	鮮滿版	1922-08-30	05단	進永のドルメン近く發掘せん
107207	鮮滿版	1922-08-30	05단	馬山の運動熱/練兵場の解放
107208	鮮滿版	1922-08-30	05단	鮮人立退かず/裡里農場から
107209	鮮滿版	1922-08-30	05단	各地だより(平壤より/咸興より/羅南より/雄基より/馬山より/全州より)
107210	鮮滿版	1922-08-31	01단	京城府の普校增設方針/澤村理事官談
107211	鮮滿版	1922-08-31	01단	羅南物價調節
107212	鮮滿版	1922-08-31	01단	*撤兵後は馬賊が跳梁する 安滿參謀長談/北滿は物騷だ 橘副官談/守備隊撤廢反對(四平街市民大會決議文/長春市民會決議)*
107213	鮮滿版	1922-08-31	02단	今少し私鐵を理解せよ/賀田殖銀專務談
107214	鮮滿版	1922-08-31	02단	平壤府の三期殘部工事/補助を申請す
107215	鮮滿版	1922-08-31	03단	過激思想取締/白上警察部長談
107216	鮮滿版	1922-08-31	03단	渡邊師團長着任
107217	鮮滿版	1922-08-31	03단	邪教取締請願
107218	鮮滿版	1922-08-31	04단	統營で水産品評會
107219	鮮滿版	1922-08-31	04단	*鮮人勞働者 失業者多し/支那人の賃銀 鮮人より安い/理髮賃も安い*
107220	鮮滿版	1922-08-31	04단	警官瀆職公判
107221	鮮滿版	1922-08-31	05단	寡婦巡査を傷く
107222	鮮滿版	1922-08-31	05단	各地だより(鳥致院より/全州より/大田より)
107223	鮮滿版	1922-08-31	05단	半島茶話

1922년 9월 (선만판)

일련번호	판명	간행일	단수	기사명
107224	鮮滿版	1922-09-01	01단	物價値下の大評議が有耶無耶/各自に勝手な事を並べた
107225	鮮滿版	1922-09-01	01단	洪水の犧牲者四百　水上に演ぜられた悲劇/黃海道の損害高　土木費丈で二百萬圓に及ぶ/洪水慘話
107226	鮮滿版	1922-09-01	02단	本年末は遊金がダブつく/藤森一銀支店長談
107227	鮮滿版	1922-09-01	02단	平壤の小賣相場騰貴
107228	鮮滿版	1922-09-01	03단	土地改良會社案は大藏省が應諾せず西村殖産局長更に上京せん
107229	鮮滿版	1922-09-01	03단	鮮銀行員淘汰期
107230	鮮滿版	1922-09-01	03단	福島咸北內務部長
107231	鮮滿版	1922-09-01	04단	三機龍山に向ふ
107232	鮮滿版	1922-09-01	04단	轉寢して長崎へ
107233	鮮滿版	1922-09-01	05단	辭令
107234	鮮滿版	1922-09-01	05단	各地だより(咸興より/龍山より/釜山より/光州より/平壤より)
107235	鮮滿版	1922-09-01	06단	半島茶話
107236	鮮滿版	1922-09-02	01단	京城府の都市計劃/成案は十一月
107237	鮮滿版	1922-09-02	01단	チタ政府が鮮人歸化强制/歸化證なき者は追放すと
107238	鮮滿版	1922-09-02	01단	補給金問題で滿鮮商議聯合總會を開かう
107239	鮮滿版	1922-09-02	01단	高麗共産黨鮮內宣傳企圖
107240	鮮滿版	1922-09-02	01단	守備隊撤退と地方民の感想
107241	鮮滿版	1922-09-02	02단	中旬貨物移動
107242	鮮滿版	1922-09-02	02단	釜山に漁港要望/生果特定運賃
107243	鮮滿版	1922-09-02	02단	地方改良講習會
107244	鮮滿版	1922-09-02	02단	朝鮮人は寧ろ安南人に近い/日本人に近いのは滿洲人/深町學士の血液調査の結果
107245	鮮滿版	1922-09-02	03단	殖銀支店開設說
107246	鮮滿版	1922-09-02	03단	大邱の圖書館
107247	鮮滿版	1922-09-02	03단	廿師團長檢閱
107248	鮮滿版	1922-09-02	03단	朝鮮神社上棟式は明年初秋迄に/伊東忠太博士談
107249	鮮滿版	1922-09-02	04단	北栗住民困憊の一例/慰問使巡視/洪水中の出産
107250	鮮滿版	1922-09-02	04단	浦潮引揚民元山に上陸
107251	鮮滿版	1922-09-02	04단	平壤地方物騷强盜頻々たり
107252	鮮滿版	1922-09-02	04단	敵前渡河演習
107253	鮮滿版	1922-09-02	05단	虐殺の形跡無し/信越工事事件
107254	鮮滿版	1922-09-02	05단	夫婦殺し捕はる
107255	鮮滿版	1922-09-02	05단	警察功勞章下賜
107256	鮮滿版	1922-09-02	05단	各地だより(平壤より/鎭南浦より/光州より/釜山より)
107257	鮮滿版	1922-09-02	06단	半島茶話

일련번호	판명	간행일	단수	기사명
107258	鮮滿版	1922-09-02	06단	人(田子內務省社會局長/竹內遞信局長)
107259	鮮滿版	1922-09-03	01단	鐵道敷設と北鮮開發/弓削鐵道部長談
107260	鮮滿版	1922-09-03	01단	*京城府の普通校增設と當局の考慮/特別教授開始*
107261	鮮滿版	1922-09-03	02단	大邱府の人口/五萬二千餘人
107262	鮮滿版	1922-09-03	02단	東亞勸業現狀/佐々木專務談
107263	鮮滿版	1922-09-03	02단	辯護士開業許可方針改正/出張所も不許可
107264	鮮滿版	1922-09-03	02단	移民事業存續/東拓側の言明
107265	鮮滿版	1922-09-03	03단	大乙教復擡頭
107266	鮮滿版	1922-09-03	03단	全鮮主要畜産額
107267	鮮滿版	1922-09-03	03단	平南農作良好
107268	鮮滿版	1922-09-03	04단	平南夏秋蠶增收
107269	鮮滿版	1922-09-03	04단	慶北明年度新事業
107270	鮮滿版	1922-09-03	04단	*洪水に襲はれて此世からなる餓鬼道に陷つた北栗面の慘狀 全黃海道警視談/北栗面堤防工事 工夫三千人を集める大事業*
107271	鮮滿版	1922-09-03	05단	時永監察官
107272	鮮滿版	1922-09-03	05단	清津海陸運輸
107273	鮮滿版	1922-09-03	05단	晉州繁榮會役員
107274	鮮滿版	1922-09-03	05단	赤巴隊を編成し鐵道破壞を企つ
107275	鮮滿版	1922-09-03	06단	釜山の自殺者近來殖えた
107276	鮮滿版	1922-09-03	06단	各地だより(平壤より/清津より/馬山より)
107277	鮮滿版	1922-09-05	01단	郵便貯金利子引上と殖銀理事談
107278	鮮滿版	1922-09-05	01단	朝鮮郵船運賃引下/滿鐵と打合中
107279	鮮滿版	1922-09-05	01단	物價引下協議近く對案決定
107280	鮮滿版	1922-09-05	01단	清津物價引下
107281	鮮滿版	1922-09-05	01단	獸疫豫防費を總督府豫算に計上
107282	鮮滿版	1922-09-05	01단	浦潮支店鮮銀存置決定
107283	鮮滿版	1922-09-05	02단	歸還憲兵處分と當局
107284	鮮滿版	1922-09-05	02단	西伯利引揚民に混じて侵入を企つ赤化委員
107285	鮮滿版	1922-09-05	02단	司獄官練習會
107286	鮮滿版	1922-09-05	02단	免囚保護事業と監獄課長談
107287	鮮滿版	1922-09-05	03단	人事相談所近況
107288	鮮滿版	1922-09-05	03단	朝鮮勞働總同盟會組織
107289	鮮滿版	1922-09-05	03단	魚村林造營計劃/清津漁業組合
107290	鮮滿版	1922-09-05	04단	全鮮商議と議題
107291	鮮滿版	1922-09-05	04단	全鮮商議釜山代表
107292	鮮滿版	1922-09-05	04단	馬山公設市場

일련번호	판명	간행일	단수	기사명
107293	鮮滿版	1922-09-05	04단	辭令
107294	鮮滿版	1922-09-05	04단	釜山證券立會中止と府尹の言明
107295	鮮滿版	1922-09-05	04단	黄海水害と樂觀する穀物商
107296	鮮滿版	1922-09-05	05단	伊川地方の豪雨/溺死者廿八流/失家屋百三戸
107297	鮮滿版	1922-09-05	05단	局子街破獄囚六名逮捕
107298	鮮滿版	1922-09-05	05단	朝鮮貴族の沒落
107299	鮮滿版	1922-09-05	05단	感電焦死
107300	鮮滿版	1922-09-05	05단	群全野庭球大會
107301	鮮滿版	1922-09-05	06단	各地だより(龍山より/咸興より/大田より)
107302	鮮滿版	1922-09-05	06단	人(中村健太郎氏/長野直彦氏)
107303	鮮滿版	1922-09-05	06단	半島茶話
107304	鮮滿版	1922-09-06	01단	浦潮撤兵と碎氷船問題
107305	鮮滿版	1922-09-06	01단	平壤豪雨水害を憂慮
107306	鮮滿版	1922-09-06	01단	近く竣成の開城幼年監と新計劃
107307	鮮滿版	1922-09-06	02단	囚人收容方針
107308	鮮滿版	1922-09-06	02단	法令に據る醫師會設立
107309	鮮滿版	1922-09-06	02단	崇實學校經過
107310	鮮滿版	1922-09-06	02단	外交部の電命/北滿情報
107311	鮮滿版	1922-09-06	03단	京城本年度の府稅
107312	鮮滿版	1922-09-06	03단	釜山府の死亡統計
107313	鮮滿版	1922-09-06	03단	最近國境視察團談
107314	鮮滿版	1922-09-06	03단	水害救濟會の內訌
107315	鮮滿版	1922-09-06	04단	慈惠院長後任要望
107316	鮮滿版	1922-09-06	04단	水産養殖部工事
107317	鮮滿版	1922-09-06	04단	列車に交庫設備
107318	鮮滿版	1922-09-06	04단	西殖鐵道復舊
107319	鮮滿版	1922-09-06	04단	黄海道諸學校始業
107320	鮮滿版	1922-09-06	04단	總督府より慰問
107321	鮮滿版	1922-09-06	04단	龍山修養團發會式
107322	鮮滿版	1922-09-06	04단	病苦の巡査を獻身看護に努めた優い女
107323	鮮滿版	1922-09-06	05단	夥しい前科者/二十四人に一人の比例
107324	鮮滿版	1922-09-06	05단	馬賊支軍を追擊
107325	鮮滿版	1922-09-06	05단	封印を破って引致
107326	鮮滿版	1922-09-06	06단	各地より(平壤より/全州より/鎭南浦より/雄基より)
107327	鮮滿版	1922-09-06	06단	半島茶話
107328	鮮滿版	1922-09-07	01단	日銀利下と殖銀理事談
107329	鮮滿版	1922-09-07	01단	各地水害と鐵道被害/復舊費に腐心

일련번호	판명	간행일	단수	기사명
107330	鮮滿版	1922-09-07	01단	會社ぞめき/行々予
107331	鮮滿版	1922-09-07	02단	朝鮮土地改良會社/大藏當局と交涉中
107332	鮮滿版	1922-09-07	02단	電鐵府營を先決問題
107333	鮮滿版	1922-09-07	03단	總督府の專賣狀況/煙草の生産に努力
107334	鮮滿版	1922-09-07	04단	激增した京城各種團體
107335	鮮滿版	1922-09-07	04단	高い莫斯科の物價
107336	鮮滿版	1922-09-07	05단	先月末鮮鐵在貨
107337	鮮滿版	1922-09-07	05단	極東社會主義者大會
107338	鮮滿版	1922-09-07	05단	高麗韓族聯合大會
107339	鮮滿版	1922-09-07	05단	主義宣傳の密議を凝らす二鮮婦人
107340	鮮滿版	1922-09-07	06단	中物里の馬賊團
107341	鮮滿版	1922-09-07	06단	漁船行方不明/六名共溺死か
107342	鮮滿版	1922-09-07	06단	近づいた馬賊團の跳梁期
107343	鮮滿版	1922-09-07	06단	朝鮮の初霜
107344	鮮滿版	1922-09-07	06단	會(田中師團長)
107345	鮮滿版	1922-09-08	01단	宗教の天職を忘れし「七海の閃光」の著者
107346	鮮滿版	1922-09-08	01단	爆彈記念/九月二日の遭難日
107347	鮮滿版	1922-09-08	03단	頭道溝事件調査と川越外務參事官談
107348	鮮滿版	1922-09-08	03단	總督府の檢疫對馬丸から開始
107349	鮮滿版	1922-09-08	03단	捗々しからぬ平壤物價引下/不熱心な會議所
107350	鮮滿版	1922-09-08	04단	*平壤地方の豪雨/各線不通*
107351	鮮滿版	1922-09-08	04단	大邱商議臨時會
107352	鮮滿版	1922-09-08	05단	會社ぞめき(續)/行々予
107353	鮮滿版	1922-09-08	05단	浦潮引揚內地人
107354	鮮滿版	1922-09-08	05단	大邱局八月受拂額
107355	鮮滿版	1922-09-08	05단	雄基稅關新廳舍
107356	鮮滿版	1922-09-08	05단	大同郡に不逞鮮人侵入/軍資を强奪
107357	鮮滿版	1922-09-08	05단	各地だより(羅南より/龍山より)
107358	鮮滿版	1922-09-08	05단	半島茶話
107359	鮮滿版	1922-09-09	01단	金融組合の預金制限は餘りに酷/當局批難の聲高し
107360	鮮滿版	1922-09-09	01단	*黃海道水害と警察部の報告/黃海農産豫想*
107361	鮮滿版	1922-09-09	01단	水害調査約三千萬圓
107362	鮮滿版	1922-09-09	01단	平壤公設市場一割値下げ
107363	鮮滿版	1922-09-09	01단	平壤商議の紛糾/府尹も手をひく
107364	鮮滿版	1922-09-09	02단	學校組合議員に普選實行されん
107365	鮮滿版	1922-09-09	02단	朝鮮中央輕鐵/佐藤社長談
107366	鮮滿版	1922-09-09	03단	江西郡の農作物被害

일련번호	판명	간행일	단수	기사명
107367	鮮滿版	1922-09-09	03단	東萊溫泉改修/愈滿鐵の手で
107368	鮮滿版	1922-09-09	03단	學生の排日宣傳
107369	鮮滿版	1922-09-09	03단	撤兵と僭稱政府移轉
107370	鮮滿版	1922-09-09	03단	朝鮮醫學會
107371	鮮滿版	1922-09-09	03단	天圖輕鐵工事開始
107372	鮮滿版	1922-09-09	03단	平壤八月經濟況
107373	鮮滿版	1922-09-09	04단	八月朝線運輸狀況
107374	鮮滿版	1922-09-09	04단	辭令
107375	鮮滿版	1922-09-09	04단	全州の殺人未遂
107376	鮮滿版	1922-09-09	04단	七人組の强盜團悉く逮捕
107377	鮮滿版	1922-09-09	04단	龍山排水工事不正發覺
107378	鮮滿版	1922-09-09	05단	陸續馬賊の群に支那軍隊の叛亂
107379	鮮滿版	1922-09-09	05단	起訴と裏面
107380	鮮滿版	1922-09-09	05단	家屋倒壞して卽死
107381	鮮滿版	1922-09-09	05단	二等卒の無錢遊興
107382	鮮滿版	1922-09-09	06단	各地だより(釜山より/鳥致院より/大田より)
107383	鮮滿版	1922-09-09	06단	半島茶話
107384	鮮滿版	1922-09-10	01단	撤兵と國境/軍參謀長談
107385	鮮滿版	1922-09-10	01단	撤兵は打擊/邦人のみではない/鮮銀支店長談
107386	鮮滿版	1922-09-10	01단	不用土地賣却と鐵道部長談
107387	鮮滿版	1922-09-10	02단	釜山の虎疫豫防注射
107388	鮮滿版	1922-09-10	02단	總督府の虎疫豫防警戒
107389	鮮滿版	1922-09-10	02단	氣殘な西伯利/十年の勞苦も水の泡
107390	鮮滿版	1922-09-10	03단	黃海水害調査農務課發表
107391	鮮滿版	1922-09-10	03단	罹災社員救濟/京管局具體案
107392	鮮滿版	1922-09-10	03단	天圖線敷設難
107393	鮮滿版	1922-09-10	04단	南滿貯蓄現狀鮮銀小西支店長談
107394	鮮滿版	1922-09-10	04단	新設された生活改善促進會
107395	鮮滿版	1922-09-10	05단	釜山社會施設近く工事に着手
107396	鮮滿版	1922-09-10	05단	全鮮商議追加案
107397	鮮滿版	1922-09-10	05단	高女生に常識養成
107398	鮮滿版	1922-09-10	05단	全南農作物良好
107399	鮮滿版	1922-09-10	05단	巡查教所習落成式
107400	鮮滿版	1922-09-10	05단	全南棉作好況
107401	鮮滿版	1922-09-10	06단	普通學校增築決定
107402	鮮滿版	1922-09-10	06단	奇篤な兵卒
107403	鮮滿版	1922-09-10	06단	各地だより(浦項より/榮山浦より)

일련번호	판명	간행일	단수	기사명
107404	鮮滿版	1922-09-10	06단	半島茶話
107405	鮮滿版	1922-09-12	01단	水害罹災民の保護/當局者間に打合中
107406	鮮滿版	1922-09-12	01단	煙草値下と運賃低減
107407	鮮滿版	1922-09-12	01단	京城府廳新敷地決定
107408	鮮滿版	1922-09-12	01단	地方官は政黨から超越/白上新內務部長談
107409	鮮滿版	1922-09-12	02단	平壤水源地に電動力据付け
107410	鮮滿版	1922-09-12	02단	*平壤商議紛擾で會員に檄文配附/檄文*
107411	鮮滿版	1922-09-12	02단	會社ぞめき(續)/行々予
107412	鮮滿版	1922-09-12	03단	特産物陣列會/共進會は中止
107413	鮮滿版	1922-09-12	03단	虎疫豫防注射
107414	鮮滿版	1922-09-12	03단	引揚民漸增
107415	鮮滿版	1922-09-12	04단	高麗政廳設立大會
107416	鮮滿版	1922-09-12	04단	朝鮮問題懇話會
107417	鮮滿版	1922-09-12	04단	有吉總監東上
107418	鮮滿版	1922-09-12	04단	馬山府議補選
107419	鮮滿版	1922-09-12	04단	辭令
107420	鮮滿版	1922-09-12	04단	京城の社會施設擴張の要あり
107421	鮮滿版	1922-09-12	05단	不正米商釜山に多い
107422	鮮滿版	1922-09-12	05단	露人富豪咸北で牧場經營
107423	鮮滿版	1922-09-12	05단	赤痢と窒扶斯患者續出の態
107424	鮮滿版	1922-09-12	05단	金鵄の年金を增額せよとの請願
107425	鮮滿版	1922-09-12	05단	「斷崖」劇活寫
107426	鮮滿版	1922-09-12	06단	忍込んで痛い目
107427	鮮滿版	1922-09-12	06단	川口學士盜難
107428	鮮滿版	1922-09-12	06단	各地だより(平壤より/咸興より/大邱より/木浦より)
107429	鮮滿版	1922-09-13	01단	發育の良い進一君
107430	鮮滿版	1922-09-13	01단	朝鮮の物價引下策/十四項目が決定された
107431	鮮滿版	1922-09-13	01단	合點の行かぬ我外交策/自稱新蒙古王の縱橫談
107432	鮮滿版	1922-09-13	03단	京城商議會頭
107433	鮮滿版	1922-09-13	03단	三線代表協議
107434	鮮滿版	1922-09-13	03단	海州普校新築
107435	鮮滿版	1922-09-13	03단	會社ぞめき(續)/行々予
107436	鮮滿版	1922-09-13	04단	慶北果實況
107437	鮮滿版	1922-09-13	04단	客月淸津貿易
107438	鮮滿版	1922-09-13	04단	辭令
107439	鮮滿版	1922-09-13	04단	不逞獨立團員二名逮捕さる
107440	鮮滿版	1922-09-13	04단	金應天の企圖

일련번호	판명	간행일	단수	기사명
107441	鮮滿版	1922-09-13	04단	鶴松理の鑛泉
107442	鮮滿版	1922-09-13	05단	各地だより(平壤より/咸興より/鳥致院より/全州より/大田より/木浦より)
107443	鮮滿版	1922-09-13	06단	人(大庭朝鮮軍司令官/久保要藏氏(滿鐵京管局長))
107444	鮮滿版	1922-09-13	06단	半島茶話
107445	鮮滿版	1922-09-14	01단	面目を一新せる朝鮮と當面の諸施政/有吉政務總監談(形狀一變/內鮮融和/水害と豊作/豫算編成/關稅輕減)
107446	鮮滿版	1922-09-14	02단	水害復舊費/國費丈でも七百萬圓以上
107447	鮮滿版	1922-09-14	02단	憲兵淘汰二百五十名
107448	鮮滿版	1922-09-14	02단	辯護士試驗受驗者尠し/橫田法務局長談
107449	鮮滿版	1922-09-14	02단	首府の施設は臺灣に及ばぬ/篠田衛成病院長談
107450	鮮滿版	1922-09-14	03단	釜山教育施設/山上學務主任談
107451	鮮滿版	1922-09-14	03단	間島馬賊跳梁の裏面には吳佩孚の手が廻つて居る
107452	鮮滿版	1922-09-14	03단	朝鮮の煙草割安である/今村庶務課長談
107453	鮮滿版	1922-09-14	04단	禁酒同盟會
107454	鮮滿版	1922-09-14	04단	兩氏に有功章
107455	鮮滿版	1922-09-14	04단	辭令
107456	鮮滿版	1922-09-14	05단	朝鮮の昆蟲/咸北には獨逸のアポロ蝶が居る
107457	鮮滿版	1922-09-14	05단	警備船難破す
107458	鮮滿版	1922-09-14	05단	金文奎の罪狀
107459	鮮滿版	1922-09-14	06단	投身者弔魂祭
107460	鮮滿版	1922-09-14	06단	東拓運動會
107461	鮮滿版	1922-09-14	06단	各地だより(龍山より/雄基より)
107462	鮮滿版	1922-09-14	06단	半島茶話
107463	鮮滿版	1922-09-15	01단	高女に高等科併置の階梯/それには補習科を充實せしめる/坪內京城第一高女校長談
107464	鮮滿版	1922-09-15	01단	內地渡航證改正の要/加々尾署長談
107465	鮮滿版	1922-09-15	01단	朝鮮炭と不燃燒物處理
107466	鮮滿版	1922-09-15	01단	朝鮮の音樂教育(上)/渡邊廣島縣師教諭談
107467	鮮滿版	1922-09-15	03단	平壤商議總辭職決議
107468	鮮滿版	1922-09-15	03단	鮮銀人員淘汰/淺見支店長談
107469	鮮滿版	1922-09-15	04단	會社ぞめき(續)/行々予
107470	鮮滿版	1922-09-15	04단	鹽田擴張事業
107471	鮮滿版	1922-09-15	04단	全南棉收豫想
107472	鮮滿版	1922-09-15	04단	靑魚豊漁見込
107473	鮮滿版	1922-09-15	05단	引揚げた娘子軍/奧地へ方向轉換
107474	鮮滿版	1922-09-15	05단	西伯利農産物/今年は豊作

일련번호	판명	간행일	단수	기사명
107475	鮮滿版	1922-09-15	05단	着水場調査
107476	鮮滿版	1922-09-15	06단	各地だより(平壤より/大邱より/海州より/全州より)
107477	鮮滿版	1922-09-16	01단	支那人勞働者を排斥するも適者生存を何うとも出來ぬ/陳副領事談
107478	鮮滿版	1922-09-16	01단	行政整理各局課で調査
107479	鮮滿版	1922-09-16	01단	私鐵運賃引下至難か
107480	鮮滿版	1922-09-16	01단	大豆收穫八十四萬石
107481	鮮滿版	1922-09-16	01단	朝鮮の音樂教育(下)/渡邊廣島縣師教諭談
107482	鮮滿版	1922-09-16	02단	全鮮の人口/一千七百餘萬
107483	鮮滿版	1922-09-16	02단	大庭軍司令官/教育總監に榮轉說
107484	鮮滿版	1922-09-16	02단	漁業組合組織/釜山で運動
107485	鮮滿版	1922-09-16	03단	法院事件增加
107486	鮮滿版	1922-09-16	03단	學議選擧資格
107487	鮮滿版	1922-09-16	04단	伊達財務部長着任
107488	鮮滿版	1922-09-16	04단	京城除穢問題
107489	鮮滿版	1922-09-16	04단	廿師團徵兵檢査
107490	鮮滿版	1922-09-16	04단	海州水道擴張議
107491	鮮滿版	1922-09-16	04단	龍塘浦埋立工事
107492	鮮滿版	1922-09-16	05단	淸津の水産物
107493	鮮滿版	1922-09-16	05단	辭令
107494	鮮滿版	1922-09-16	05단	李王妃兩殿下 目赤總會に台臨/衛生展覽會
107495	鮮滿版	1922-09-16	05단	伊炳俊の一隊鮮內に侵入
107496	鮮滿版	1922-09-16	05단	列車に消火器
107497	鮮滿版	1922-09-16	05단	各地だより(龍山より/平壤より/鳥致院より/晉州より)
107498	鮮滿版	1922-09-16	06단	半島茶話
107499	鮮滿版	1922-09-17	01단	京城電氣事業府營か否か 諸方面の意見/府でも着々府營の計劃を進めてゐる 澤村府理事官談
107500	鮮滿版	1922-09-17	01단	間島經濟一班(一)/渡部薰風
107501	鮮滿版	1922-09-17	03단	無闇矢鱈に攻擊したって效果はない 總督府警務當局談/府營にしないのが抑の問違だよ 川江滿鐵參事談/府營決して惡くはないが之も考へ物 遞信當局者談
107502	鮮滿版	1922-09-17	04단	京城の中央市場設置までには半年以上を要す/府當局曰く
107503	鮮滿版	1922-09-17	04단	幼年監獄廿四日開監
107504	鮮滿版	1922-09-17	05단	平壤商議評議員會 總辭職決議續報/森岡氏曰く
107505	鮮滿版	1922-09-17	05단	連絡扱驛擴張
107506	鮮滿版	1922-09-17	05단	城津築港起工期
107507	鮮滿版	1922-09-17	06단	爆彈密造十六道溝で

일련번호	판명	간행일	단수	기사명
107508	鮮滿版	1922-09-17	06단	信徒連袂脫敎
107509	鮮滿版	1922-09-17	06단	各地だより(大田より/淸津より)
107510	鮮滿版	1922-09-17	06단	半島茶話
107511	鮮滿版	1922-09-19	01단	朝鮮の行政整理に就き官民の意向/總監の腕が判る 滿鐵某重役談/行政整理も骨だ 土木當局者談/今が整理の時期 朝鮮憲兵隊一將校談
107512	鮮滿版	1922-09-19	02단	朝鮮には馴染が多い 大西新事務官談/運動好きな新學務課長橫田氏語る
107513	鮮滿版	1922-09-19	03단	物價調査釜山で開始/朝郵船賃引下二十日から實施/煙草値下に鮮人側の不平
107514	鮮滿版	1922-09-19	04단	國境には不要物々しき警戒/井上本部長談
107515	鮮滿版	1922-09-19	04단	黃海復舊至難/架橋方針一變
107516	鮮滿版	1922-09-19	04단	非衛生支廳舍/京城府の財務課
107517	鮮滿版	1922-09-19	05단	滿鐵計劃遂行
107518	鮮滿版	1922-09-19	05단	閑院元師宮御渡鮮日割/御日程/御隨員
107519	鮮滿版	1922-09-19	05단	平壤のチブス
107520	鮮滿版	1922-09-19	05단	各地より(平壤より/淸津より/釜山より)
107521	鮮滿版	1922-09-19	06단	人(竹內友次郎氏(遞信局長)/大塚常三郎氏(總督府內務局長)/時實秋穗氏(總督府監察官))
107522	鮮滿版	1922-09-19	06단	半島茶話
107523	鮮滿版	1922-09-20	01단	ボールを手にした橫田理事官
107524	鮮滿版	1922-09-20	01단	守備隊引揚後滿洲の警備は警官增員か憲兵配置か/憲兵は困難だ 總督府警務局桑氏談/要は充實さ 軍當局者談/兎に角難關 法務當局談
107525	鮮滿版	1922-09-20	01단	間島經濟一班(二)/渡部薰風
107526	鮮滿版	1922-09-20	02단	褐炭埋藏量十億噸/之が研究の爲試驗場新設
107527	鮮滿版	1922-09-20	03단	郵貯デー計劃
107528	鮮滿版	1922-09-20	03단	除穢用具移轉
107529	鮮滿版	1922-09-20	04단	港灣關係者請待
107530	鮮滿版	1922-09-20	04단	新義州監獄落成
107531	鮮滿版	1922-09-20	05단	牧場王の視察
107532	鮮滿版	1922-09-20	05단	李王殿下又復御下興/廟域に標杭を打込まれて
107533	鮮滿版	1922-09-20	05단	畸形兒現はる
107534	鮮滿版	1922-09-20	05단	コレラか否か
107535	鮮滿版	1922-09-20	05단	各地より(平壤より/海州より/咸興より/淸津より)
107536	鮮滿版	1922-09-20	06단	會(宮崎又治郎氏(總督府稅關長)/李揆眞氏(新任郡守))
107537	鮮滿版	1922-09-20	06단	半島茶話
107538	鮮滿版	1922-09-21	01단	世界中を赤化せんとする/勞農政府の亂暴な訓令

일련번호	판명	간행일	단수	기사명
107539	鮮滿版	1922-09-21	01단	電燈需要八萬二千動力は不振
107540	鮮滿版	1922-09-21	01단	植林急務/燃料問題も治水問題も此に繫る
107541	鮮滿版	1922-09-21	01단	間島經濟一班(三)/渡部薰風
107542	鮮滿版	1922-09-21	02단	消費節約/官吏强制貯金
107543	鮮滿版	1922-09-21	03단	畜牛市場京城に設置
107544	鮮滿版	1922-09-21	03단	捨てた金は微々たるものサ/長尾大佐談
107545	鮮滿版	1922-09-21	04단	釜山死活問題/實業家の憂慮
107546	鮮滿版	1922-09-21	04단	京木電話開通
107547	鮮滿版	1922-09-21	04단	朝鮮保險創立
107548	鮮滿版	1922-09-21	05단	辭令
107549	鮮滿版	1922-09-21	05단	金銀鑛巨文島で發見
107550	鮮滿版	1922-09-21	05단	空券發行事件
107551	鮮滿版	1922-09-21	06단	藝術寫眞募集
107552	鮮滿版	1922-09-21	06단	各地だより(平壤より/城津より/淸津より/木浦より)
107553	鮮滿版	1922-09-21	06단	半島茶話
107554	鮮滿版	1922-09-22	01단	間島の警備問題 總督府か外務省か本來の歸屬は何れぞ/威壓が肝要だ 某軍事當局談/輕々には行かぬ 法務當局者談/警官を轉籍さすさ 憲兵司令部當局者談
107555	鮮滿版	1922-09-22	01단	會社ぞめき(續)/行々予
107556	鮮滿版	1922-09-22	02단	公定價格を制定した上で商人に値下を納得せしめやう
107557	鮮滿版	1922-09-22	03단	金輪解禁よりも貸出の引締め
107558	鮮滿版	1922-09-22	04단	平壤監獄の安いお仕事
107559	鮮滿版	1922-09-22	04단	暴利商人を釜山で公表する
107560	鮮滿版	1922-09-22	04단	集合收監方針に決定
107561	鮮滿版	1922-09-22	04단	閑院總裁宮隨員
107562	鮮滿版	1922-09-22	05단	標杭打込問題
107563	鮮滿版	1922-09-22	05단	鎭南浦で鑛泉發見
107564	鮮滿版	1922-09-22	05단	金泉病院設置
107565	鮮滿版	1922-09-22	05단	平南道の工業
107566	鮮滿版	1922-09-22	05단	各地だより(釜山より/大邱より/新義州より)
107567	鮮滿版	1922-09-22	06단	半島茶話
107568	鮮滿版	1922-09-23	01단	會社ぞめき(續)/行々予
107569	鮮滿版	1922-09-23	01단	鮮銀淘汰第一回開始
107570	鮮滿版	1922-09-23	01단	漁港の代りに軍港とは大變/花輪書記長談
107571	鮮滿版	1922-09-23	01단	哀れを止めた驛辨當/痛棒を喰った宿屋飲食店/コレラの及ぼした影響
107572	鮮滿版	1922-09-23	02단	鐵道豫定線/完城の日遠し

일련번호	판명	간행일	단수	기사명
107573	鮮滿版	1922-09-23	02단	府廳改築急務
107574	鮮滿版	1922-09-23	03단	電氣事業發展
107575	鮮滿版	1922-09-23	04단	東亞煙草課稅問題
107576	鮮滿版	1922-09-23	04단	支那兵出動の虛を馬賊襲擊す
107577	鮮滿版	1922-09-23	05단	諸態事件公判
107578	鮮滿版	1922-09-23	05단	各地より(釜山より)
107579	鮮滿版	1922-09-24	01단	*京城府の除穢問題/何よりも之が先決問題だ 有賀殖銀頭取談/府では之に就て二ツの案がある 澤村府理事官談/洪水で屢々洗っては貰ふが 龍山警察當局談*
107580	鮮滿版	1922-09-24	01단	警察の道場を假避病舍に
107581	鮮滿版	1922-09-24	03단	感化院南鮮に設立
107582	鮮滿版	1922-09-24	03단	*歐露を無視したのが根本の誤/松平代表は決斷力に乏しい/林田代議士談*
107583	鮮滿版	1922-09-24	04단	會社ぞめき(續)/行々子
107584	鮮滿版	1922-09-24	04단	西伯利引揚民間島に入る
107585	鮮滿版	1922-09-24	04단	兵舍處分問題
107586	鮮滿版	1922-09-24	04단	豫定線變更か
107587	鮮滿版	1922-09-24	04단	漁業會社合同
107588	鮮滿版	1922-09-24	04단	憲兵隊歸還
107589	鮮滿版	1922-09-24	05단	平壤でチブス猖獗/公會堂を假病院に使用
107590	鮮滿版	1922-09-24	05단	セミヨノフ將軍東萊移住か
107591	鮮滿版	1922-09-24	05단	眞性コレラ
107592	鮮滿版	1922-09-24	05단	大石佛秋季大祭
107593	鮮滿版	1922-09-24	05단	各地だより(平壤より/大邱より/群山より/鳥致院より)
107594	鮮滿版	1922-09-26	01단	*非難の多い電話交換 加納局長の申し分/徒に交換手を責めるは惡い 府當局談/交換手が增長の結果ではあるまいか 京城某實業家談/待遇を良くして人員を殖やせ龍山某直志談/加入者にも斯麽手落がある 京城局一交換手談*
107595	鮮滿版	1922-09-26	02단	守備隊引揚と不逞鮮人/朝鮮に取っては時節柄の問題
107596	鮮滿版	1922-09-26	02단	*兼二浦の死活問題 製鐵所の前途/銑鐵と副業で維持 會社當局談/新式購買法が打擊 某實業家談/不況對策を講究す 行政當局談*
107597	鮮滿版	1922-09-26	04단	上旬朝鮮貿易
107598	鮮滿版	1922-09-26	04단	鮮米對支輸出
107599	鮮滿版	1922-09-26	04단	京城會議所提案
107600	鮮滿版	1922-09-26	05단	セ軍の大金塊/隱した所在を發見された
107601	鮮滿版	1922-09-26	05단	*總裁宮歡迎準備/記念品捧呈/御滯京日程*
107602	鮮滿版	1922-09-26	05단	勤續四十五年小使表彰さる

일련번호	판명	간행일	단수	기사명
107603	鮮滿版	1922-09-26	05단	諸態事件判決
107604	鮮滿版	1922-09-26	06단	各地だより(龍山より/鎭南浦より/釜山より)
107605	鮮滿版	1922-09-26	06단	半島茶話
107606	鮮滿版	1922-09-27	01단	日本貨幣に引換を急ぎ局子街へ支那錢を持込む
107607	鮮滿版	1922-09-27	01단	撤兵しても危險は無い/西伯利の近情/時實內務局長談
107608	鮮滿版	1922-09-27	01단	縱斷幹線複線問題/當分實現至難
107609	鮮滿版	1922-09-27	01단	會社ぞめき(終)/行々予
107610	鮮滿版	1922-09-27	02단	總督府新廳舍工程進捗
107611	鮮滿版	1922-09-27	02단	小運賃引下問題
107612	鮮滿版	1922-09-27	02단	總裁宮行啓日割/總督府發表
107613	鮮滿版	1922-09-27	03단	金輸解禁是非/中村殖銀理事談
107614	鮮滿版	1922-09-27	03단	魚市場合同急速には成るまい
107615	鮮滿版	1922-09-27	04단	忌はしき迷信
107616	鮮滿版	1922-09-27	04단	全南稻作豫想/二百十八萬石
107617	鮮滿版	1922-09-27	04단	京城勞銀上る
107618	鮮滿版	1922-09-27	04단	鮮鐵在荷減少
107619	鮮滿版	1922-09-27	04단	西鮮亞麻栽培
107620	鮮滿版	1922-09-27	05단	馬山道路問題
107621	鮮滿版	1922-09-27	05단	出征隊への慰問袋が四年間倉庫內に埋って居た
107622	鮮滿版	1922-09-27	05단	馬賊團吉林を狙ふ/張學良氏討伐に向った
107623	鮮滿版	1922-09-27	06단	新羅丸で安産
107624	鮮滿版	1922-09-27	06단	各地だより(馬山より)
107625	鮮滿版	1922-09-27	06단	半島茶話
107626	鮮滿版	1922-09-28	01단	龍山の改造問題 官民各方面の意見/人爲的の設備が何より肝要だ 京城某實業家談/出來得るならば早く解決したい 府當局者談/行りたいは山々だが金に困る 岡田府龍山出張所長談
107627	鮮滿版	1922-09-28	02단	明年度豫算本年同樣/和田財務局長談
107628	鮮滿版	1922-09-28	02단	開城の幼年監/橫田法務局長談
107629	鮮滿版	1922-09-28	02단	西鮮から
107630	鮮滿版	1922-09-28	03단	新博士內村氏/鳴疽菌の新研究
107631	鮮滿版	1922-09-28	04단	平南陳列場/井川勤業課長談
107632	鮮滿版	1922-09-28	04단	內政獨立運動
107633	鮮滿版	1922-09-28	04단	規約貯金組合
107634	鮮滿版	1922-09-28	04단	二十師團演習
107635	鮮滿版	1922-09-28	05단	除穢事業講究
107636	鮮滿版	1922-09-28	05단	囚人作業獎勵

일련번호	판명	간행일	단수	기사명
107637	鮮滿版	1922-09-28	05단	北咸木材活況
107638	鮮滿版	1922-09-28	05단	辭令
107639	鮮滿版	1922-09-28	05단	米暴落/圓に四升の時代が來るだらう
107640	鮮滿版	1922-09-28	06단	閑院宮殿下慶州御見物御豫定
107641	鮮滿版	1922-09-28	06단	北鮮の運動熱
107642	鮮滿版	1922-09-28	06단	各地だより(平壤より/羅南より)
107643	鮮滿版	1922-09-28	06단	半島茶話
107644	鮮滿版	1922-09-29	01단	大平壤の輪廓如何三案の中何れぞ
107645	鮮滿版	1922-09-29	01단	朝鮮の勞働組合の前途/佐伯平南道高等警察課長談
107646	鮮滿版	1922-09-29	01단	天圖輕鐵工事中止の態
107647	鮮滿版	1922-09-29	02단	京城空地多し/課稅するか
107648	鮮滿版	1922-09-29	02단	兩建問題に對し鮮銀側の意嚮
107649	鮮滿版	1922-09-29	03단	滯納者が多い/平壤府の對策
107650	鮮滿版	1922-09-29	03단	寺洞鑛の炭量/水谷少將談
107651	鮮滿版	1922-09-29	03단	平南米收豫想五十萬餘石
107652	鮮滿版	1922-09-29	04단	道路綱速成方針
107653	鮮滿版	1922-09-29	04단	京城物價騰落
107654	鮮滿版	1922-09-29	04단	登記收入狀況
107655	鮮滿版	1922-09-29	04단	極東競技大會朝鮮第一次豫選會/注意事項決定した
107656	鮮滿版	1922-09-29	05단	全南棉作樂觀
107657	鮮滿版	1922-09-29	05단	塵芥處分法講究
107658	鮮滿版	1922-09-29	05단	共産黨員殺さる
107659	鮮滿版	1922-09-29	05단	豫防注射をしない者は鴨綠江の鐵橋を渡らせぬ
107660	鮮滿版	1922-09-29	06단	不逞鮮人出沒
107661	鮮滿版	1922-09-29	06단	破獄囚橫行す
107662	鮮滿版	1922-09-29	06단	地方通信競技會
107663	鮮滿版	1922-09-29	06단	各地より(平壤より/晉州より)
107664	鮮滿版	1922-09-30	01단	長春會議決裂が朝鮮に及ぼす影響 大變だとも云ひ左程でないとも云ふ/イザとなれば國境を固める 丸山總督府警務局長談/朝鮮には必ず影響する 遞信當局談/不逞團は必ずや騷がう 憲兵司令部當局者談/左程の影響は來まいと思ふ 某實業家談/國境は脅かされるだらう 大庭軍司令官談/方面に依ては影響があらう 軍某將校談
107665	鮮滿版	1922-09-30	03단	果實魚類輸入禁止
107666	鮮滿版	1922-09-30	03단	黃海米作豫想八十萬餘石
107667	鮮滿版	1922-09-30	03단	在米鮮人狀況/半井事務官談
107668	鮮滿版	1922-09-30	04단	除穢事業費增加

일련번호	판명	간행일	단수	기사명
107669	鮮滿版	1922-09-30	04단	四十名の不逞鮮人駐在所を包圍攻擊/警官妻女と共に防戰
107670	鮮滿版	1922-09-30	04단	鯖の大漁/船に積切れず
107671	鮮滿版	1922-09-30	04단	他人の土地に無斷で建築/加々尾署長談
107672	鮮滿版	1922-09-30	04단	引揚民淸津着
107673	鮮滿版	1922-09-30	05단	獻上品製作
107674	鮮滿版	1922-09-30	05단	各地だより(平壤より/鎭南浦より/淸津より/咸興より/大田より/光州より)
107675	鮮滿版	1922-09-30	06단	人(土師警務局事務官/山口京城憲兵隊長/坂第二十師團兵器部長)

1922년 10월 (선만판)

일련번호	판명	간행일	단수	기사명
107676	鮮滿版	1922-10-01	01단	物價調節の聲で眞先に米が暴落し/地方農民の困憊一方でない
107677	鮮滿版	1922-10-01	01단	平壤不況/貸出し警戒
107678	鮮滿版	1922-10-01	01단	株救濟は不可/某消息通談
107679	鮮滿版	1922-10-01	02단	倉庫獎勵/低資融通
107680	鮮滿版	1922-10-01	02단	特務機關/西伯利に存置
107681	鮮滿版	1922-10-01	02단	三線聯絡廢止/久保京管局長談
107682	鮮滿版	1922-10-01	03단	道路は宗廟を迂回するに內定
107683	鮮滿版	1922-10-01	03단	少年囚收容方針
107684	鮮滿版	1922-10-01	03단	平南署長異動
107685	鮮滿版	1922-10-01	04단	派遣警官應援
107686	鮮滿版	1922-10-01	04단	私鐵資金增大
107687	鮮滿版	1922-10-01	04단	兩信託合倂難
107688	鮮滿版	1922-10-01	04단	露國兩代表を狙ふ/浦潮政府の間者
107689	鮮滿版	1922-10-01	04단	馬賊團 鮮人に擊退さる/臥龍溝に侵入/冬籠り前に襲擊
107690	鮮滿版	1922-10-01	05단	馬山の住宅難
107691	鮮滿版	1922-10-01	05단	山路司令官轉任か
107692	鮮滿版	1922-10-01	05단	監督課長會議
107693	鮮滿版	1922-10-01	05단	米豆取引配當
107694	鮮滿版	1922-10-01	05단	支兵隊長に反抗
107695	鮮滿版	1922-10-01	05단	淩辱事件判決
107696	鮮滿版	1922-10-01	06단	各地だより(平壤より/鎭南浦より/釜山より/馬山より)
107697	鮮滿版	1922-10-01	06단	人(安滿朝鮮軍參謀長/林少將(新任北京公使附武官)/中野平南警察部長)
107698	鮮滿版	1922-10-01	06단	半島茶話
107699	鮮滿版	1922-10-03	01단	今後は在外鮮人だ/これが救濟に研究して居る/有吉總監談
107700	鮮滿版	1922-10-03	01단	鴨綠江下流の島嶼/鮮支何れに歸屬するか
107701	鮮滿版	1922-10-03	01단	京城府水源擴張/地下水を利用
107702	鮮滿版	1922-10-03	01단	新博士內村安太郎氏/病原體の鑑別點を確認した
107703	鮮滿版	1922-10-03	02단	派遣警官に/丸山局長の訓示
107704	鮮滿版	1922-10-03	03단	畜産功勞者/大會で表彰
107705	鮮滿版	1922-10-03	03단	新聞紙規則/改正の要點
107706	鮮滿版	1922-10-03	03단	城津築港工事/起工式は明年
107707	鮮滿版	1922-10-03	03단	虎疫豫防施設
107708	鮮滿版	1922-10-03	04단	監理派牧師大會
107709	鮮滿版	1922-10-03	04단	鮮銀支配人異動

일련번호	판명	간행일	단수	기사명
107710	鮮滿版	1922-10-03	04단	働き過ぎた早川社長/病狀は危險狀態を去らぬ/松岡滿鐵理事談
107711	鮮滿版	1922-10-03	04단	*總裁宮奉迎準備 李王御出迎へ/釜山奉迎豫定*
107712	鮮滿版	1922-10-03	05단	辭令
107713	鮮滿版	1922-10-03	05단	慶州で發見したドルメンの話/大阪公普校長談
107714	鮮滿版	1922-10-03	06단	京管局弔魂祭
107715	鮮滿版	1922-10-03	06단	各地だより(淸津より/釜山より/光州より)
107716	鮮滿版	1922-10-03	06단	半島茶話
107717	鮮滿版	1922-10-04	01단	西海岸干潟地利用/鹽田開田養殖(鹽田擴張/産米增收/養殖事業)
107718	鮮滿版	1922-10-04	01단	鮮人に參政權を與へるのはたゞ時期の問題のみである/白上千葉縣內務部長談
107719	鮮滿版	1922-10-04	01단	首實驗(1)/流行の蝨の座
107720	鮮滿版	1922-10-04	02단	宗廟問題眞相/醜き爭鬪の餘波
107721	鮮滿版	1922-10-04	03단	咸北物産品評會
107722	鮮滿版	1922-10-04	03단	京城府豫備費
107723	鮮滿版	1922-10-04	04단	淸津軸木移出高
107724	鮮滿版	1922-10-04	04단	咸北校長會議
107725	鮮滿版	1922-10-04	04단	鎭南浦から旅順へ一氣に飛ぶのが難關だ/操縱者川口中尉談
107726	鮮滿版	1922-10-04	05단	龍山公園候補地/孝昌園
107727	鮮滿版	1922-10-04	05단	咸北の開鱈
107728	鮮滿版	1922-10-04	05단	內地引揚の鮮人多し/下關驛の混雜
107729	鮮滿版	1922-10-04	05단	各地だより(平壤より/淸津より/雄基より/羅南より)
107730	鮮滿版	1922-10-04	06단	半島茶話
107731	鮮滿版	1922-10-05	01단	緩衝地帶は良いが武器處分は輕々に出來ぬ/三原高級副官談
107732	鮮滿版	1922-10-05	01단	滿鮮の工業を調査する/米國商務官の談片
107733	鮮滿版	1922-10-05	01단	電動力發達の餘地あり/內地に比せば百五十分一の現狀
107734	鮮滿版	1922-10-05	01단	首實驗(2)/鮮銀總裁
107735	鮮滿版	1922-10-05	02단	東京を憧れて上京する鮮人/大久保高等課長談
107736	鮮滿版	1922-10-05	03단	鮮銀兌換券收縮/財界不況の反影
107737	鮮滿版	1922-10-05	04단	支那商民等が日本警官引止
107738	鮮滿版	1922-10-05	04단	大邱奉迎準備
107739	鮮滿版	1922-10-05	04단	鮮人內地渡航
107740	鮮滿版	1922-10-05	04단	在外勞働者調査會
107741	鮮滿版	1922-10-05	04단	釜山生活改善會
107742	鮮滿版	1922-10-05	05단	撤兵しても在滿邦人は引揚げぬ/滿鐵本社某重役談

일련번호	판명	간행일	단수	기사명
107743	鮮滿版	1922-10-05	05단	金堤郡衙移築
107744	鮮滿版	1922-10-05	05단	早川社長は三週間で恢復/久保京管局長談
107745	鮮滿版	1922-10-05	05단	支那の署長が義捐金を募り差額を取った
107746	鮮滿版	1922-10-05	06단	追撃隊の活動
107747	鮮滿版	1922-10-05	06단	京城圖書館開館
107748	鮮滿版	1922-10-05	06단	緋錦映ふ金剛の紅葉
107749	鮮滿版	1922-10-06	01단	東拓の經營振り頗る評判が惡い眞個か何うか當局者の辯明/東拓の撤退は考慮を要する 土木當局談/果して事實なら要らぬ 龍山某實業家談/其麼妄說を信ずる者はない 東拓當局の談
107750	鮮滿版	1922-10-06	01단	首實驗(３)/加納副總裁
107751	鮮滿版	1922-10-06	03단	天圖輕鐵は着工認可を待つのみだ/堺總領事談
107752	鮮滿版	1922-10-06	03단	京城社會施設/充實が必要
107753	鮮滿版	1922-10-06	04단	間島の馬賊團/市街襲擊計劃
107754	鮮滿版	1922-10-06	04단	漁郎端に燈臺
107755	鮮滿版	1922-10-06	04단	ワウタンに定期船
107756	鮮滿版	1922-10-06	05단	京城の傳染病
107757	鮮滿版	1922-10-06	05단	慶北醸造品評會
107758	鮮滿版	1922-10-06	05단	鮮人車夫組合
107759	鮮滿版	1922-10-06	05단	各地だより(晉州より/清津より)
107760	鮮滿版	1922-10-07	01단	早川社長の卒倒した奉天小學校(見舞の訪客踵を接して來る)
107761	鮮滿版	1922-10-07	01단	間島の警備は總督府へ委任せよ イヤ外務省でやる困るのは在留民ばかり/總督府に一任すべきだ 某當局談/之は頗る難問題である 龍山警察當局者談/詰らぬ役人根性は不可ぬ 某歸來者談
107762	鮮滿版	1922-10-07	03단	內地から資金を得て鮮銀活動せん/鈴木新理事談
107763	鮮滿版	1922-10-07	03단	財界不況
107764	鮮滿版	1922-10-07	04단	日赤總會へ賜金
107765	鮮滿版	1922-10-07	04단	辭令
107766	鮮滿版	1922-10-07	04단	鎭南浦から兩機安着/飛行經過報告(飛行經過)
107767	鮮滿版	1922-10-07	05단	不隱な郵便物/長春局で發見
107768	鮮滿版	1922-10-07	05단	女子庭球大會
107769	鮮滿版	1922-10-07	05단	各地だより(龍山より/咸興より/全州より/鳥致院より/大邱より)
107770	鮮滿版	1922-10-07	06단	半島茶話

일련번호	판명	간행일	단수	기사명
107771	鮮滿版	1922-10-08	01단	鮮銀が滿洲に手を出すは惡い　否大いに發展せよとの輿論/朝鮮丈では資金運用に困る　鮮銀幹部談/其麽事は問題には成らぬ　總督府財務當局談/滿洲だって鮮銀の勢力が某實業家談
107772	鮮滿版	1922-10-08	02단	閑院宮京城御安着　李王殿下御出迎へ/文武官　御接見
107773	鮮滿版	1922-10-08	03단	各立脚點と利害を關係が/府當局談
107774	鮮滿版	1922-10-08	03단	京城府路面改修/本年度の豫定
107775	鮮滿版	1922-10-08	03단	釜山の電話交換不成績/小島局長の辯明
107776	鮮滿版	1922-10-08	04단	內鮮官吏交代/村上警察部長談
107777	鮮滿版	1922-10-08	04단	襲來の風說は手段だよ/危險なのは馬賊よりも支那兵/國友警務課長談
107778	鮮滿版	1922-10-08	05단	穀物商聯合大會/木浦で開催
107779	鮮滿版	1922-10-08	05단	釜山人事相談所計劃/飛鋪理事官談
107780	鮮滿版	1922-10-08	05단	品評會授賞式
107781	鮮滿版	1922-10-08	06단	辭令
107782	鮮滿版	1922-10-08	06단	各地だより(平壤より/釜山より/淸津より)
107783	鮮滿版	1922-10-08	06단	半島茶話
107784	鮮滿版	1922-10-10	01단	海軍飛行機海州着水
107785	鮮滿版	1922-10-10	01단	今回は三度目の御渡鮮宮殿下の御盛德に就き　有吉總監謹話/殿下の御慈心　早川社長の病狀をお尋ね
107786	鮮滿版	1922-10-10	01단	全南の中學設置問題光州、木浦、羅州の運動/無暗に騷ぐのは爲にならぬ總督府當局者談/門外漢ではサッパリ判らぬ土木當局談/大局から打算して定るのだ某實業家團/好適地は何うしても光州か某消息通談
107787	鮮滿版	1922-10-10	03단	土地會社を官營にしたいと云ふ意見が中央に多い/西村殖産局長談
107788	鮮滿版	1922-10-10	03단	西鮮三道共進會計劃/井川勸業課長談
107789	鮮滿版	1922-10-10	05단	貯金も出來、勉强もした/明照學園の鮮人廿七名
107790	鮮滿版	1922-10-10	05단	東京平壤間石橋氏の飛行/近く決行する
107791	鮮滿版	1922-10-10	05단	陸路より間島へ/鮮人異動五千
107792	鮮滿版	1922-10-10	05단	各地だより(平壤より/鳥致院より/雄基より)
107793	鮮滿版	1922-10-10	06단	賣藥配付
107794	鮮滿版	1922-10-10	06단	伊川品評會
107795	鮮滿版	1922-10-10	06단	半島茶話
107796	鮮滿版	1922-10-11	01단	京城御着の閑院宮殿下(南大門驛から自動車に召して朝鮮ホテルへ)
107797	鮮滿版	1922-10-11	01단	燃料調査機關設置近し/西村殖産局長談
107798	鮮滿版	1922-10-11	01단	平壤チブス豫防/岩井博士談

일련번호	판명	간행일	단수	기사명
107799	鮮滿版	1922-10-11	01단	鎭南浦振興策/川添會議所會頭談
107800	鮮滿版	1922-10-11	02단	首實檢(4)/李王職次官
107801	鮮滿版	1922-10-11	03단	統營水産品評會/來廿一日から
107802	鮮滿版	1922-10-11	03단	總裁宮御諭旨/朝鮮本部第三回社員總會御諭旨/篤志看護婦人會發會式御諭旨
107803	鮮滿版	1922-10-11	04단	少年軍創設
107804	鮮滿版	1922-10-11	04단	客車等級色別
107805	鮮滿版	1922-10-11	04단	天道教人日記念日
107806	鮮滿版	1922-10-11	05단	衛兵暴行事件判決
107807	鮮滿版	1922-10-11	05단	金泉商工會
107808	鮮滿版	1922-10-11	05단	各地だより(平壤より/鎭南浦より/晉州より/大田より)
107809	鮮滿版	1922-10-11	06단	半島茶話
107810	鮮滿版	1922-10-12	01단	移入稅全部撤廢に努力する/大村書記長談
107811	鮮滿版	1922-10-12	01단	東海岸海陸設備/地方民の熱望
107812	鮮滿版	1922-10-12	01단	首實檢(5)/有吉政務總監
107813	鮮滿版	1922-10-12	02단	煙草原葉/栽培改良の要
107814	鮮滿版	1922-10-12	02단	鴨綠江沿岸コレラ豫防/衛生當局の方針
107815	鮮滿版	1922-10-12	03단	鎭南浦復活の材料/海水浴場開設と鑛泉の湧出
107816	鮮滿版	1922-10-12	03단	鐘路改修工事/下水溝の設備が不完全だと
107817	鮮滿版	1922-10-12	04단	齊藤總督東上
107818	鮮滿版	1922-10-12	04단	「筑摩」警備
107819	鮮滿版	1922-10-12	04단	辯護士受驗九十五名から合格した者たった四名のみ
107820	鮮滿版	1922-10-12	05단	羅南宴會慣例
107821	鮮滿版	1922-10-12	05단	龍山幼稚園
107822	鮮滿版	1922-10-12	05단	宮殿下/師團御巡視(御下賜金/鮮米獻上)
107823	鮮滿版	1922-10-12	06단	約手拒絶問題
107824	鮮滿版	1922-10-12	06단	強盜捕はる
107825	鮮滿版	1922-10-12	06단	各地だより(全州より/咸興より/淸津より)
107826	鮮滿版	1922-10-13	01단	一事に深いよりも百事に廣い事を望む/和田財務局長の訓示
107827	鮮滿版	1922-10-13	01단	今が私鐵擴張の時機だが資金難は何う解決するか/賀田殖鐵專務談
107828	鮮滿版	1922-10-13	01단	首實檢(6)/水野前總監(上)
107829	鮮滿版	1922-10-13	02단	水産試驗場增設計劃/水産學校倂置
107830	鮮滿版	1922-10-13	03단	南鮮の日本化/小泉通譯官談
107831	鮮滿版	1922-10-13	03단	家庭工業調査
107832	鮮滿版	1922-10-13	04단	平南節約宣傳

일련번호	판명	간행일	단수	기사명
107833	鮮滿版	1922-10-13	04단	省峴隊道貫通
107834	鮮滿版	1922-10-13	04단	大豆出廻り
107835	鮮滿版	1922-10-13	04단	西鮮殖鐵新施設
107836	鮮滿版	1922-10-13	05단	朝鮮郵船配當
107837	鮮滿版	1922-10-13	05단	海林の親日鮮人危殆/馬賊不逞團が入込むので
107838	鮮滿版	1922-10-13	05단	電話で申込め往診に應ずる/平壤赤十字支部の大活動
107839	鮮滿版	1922-10-13	05단	宗像氏不正説/鮮銀側打消す
107840	鮮滿版	1922-10-13	06단	過激鮮人控訴
107841	鮮滿版	1922-10-13	06단	各地だより(大邱より/光州より)
107842	鮮滿版	1922-10-13	06단	半島茶話
107843	鮮滿版	1922-10-14	01단	政治家も外交家も滿蒙を理解しない/變裝して視察した實業家の談
107844	鮮滿版	1922-10-14	01단	私鐵の補給金問題/わいわい騷ぐ事はない/弓削鐵道部長
107845	鮮滿版	1922-10-14	01단	首實檢(7)/前總監水野(下)
107846	鮮滿版	1922-10-14	02단	朝鮮の水産政策/試驗場漁港水産學校
107847	鮮滿版	1922-10-14	03단	滿鐵移管說/久保京管局長談
107848	鮮滿版	1922-10-14	03단	鮮銀移管問題
107849	鮮滿版	1922-10-14	04단	水力不振の因
107850	鮮滿版	1922-10-14	04단	北鮮航路不振
107851	鮮滿版	1922-10-14	04단	平壤職業需給
107852	鮮滿版	1922-10-14	04단	平壤假病舍增築
107853	鮮滿版	1922-10-14	05단	供御用穀物獻上
107854	鮮滿版	1922-10-14	05단	テ博士渡鮮
107855	鮮滿版	1922-10-14	05단	福岡縣で內鮮結婚/結果は良好
107856	鮮滿版	1922-10-14	05단	釜山の宿曳一軒一人に制限/加々尾署長談
107857	鮮滿版	1922-10-14	06단	光政團の匪徒/武力侵入計劃
107858	鮮滿版	1922-10-14	06단	李王家御贈品
107859	鮮滿版	1922-10-14	06단	「海の極み」劇
107860	鮮滿版	1922-10-14	06단	平壤の初霜
107861	鮮滿版	1922-10-14	06단	各地だより(龍山より)
107862	鮮滿版	1922-10-14	06단	
107863	鮮滿版	1922-10-15	01단	閑院宮殿下大邱御着
107864	鮮滿版	1922-10-15	01단	撤兵後の浦潮航路 財政難の浦潮政府に碎氷が出來るかどうか/碎氷が出來るか否かの問題 松崎朝郵專務談/命令航路丈は己むを得まい 滿鐵某重役談/將來有望でも採算上無理だ 遞信當局談
107865	鮮滿版	1922-10-15	02단	首實檢(8)/河內山前財務

일련번호	판명	간행일	단수	기사명
107866	鮮滿版	1922-10-15	03단	地方人に誠意が無いから東萊に保養地を作らない/久保京管局長談
107867	鮮滿版	1922-10-15	04단	第二回朝鮮美展/明春五月初旬開會/柴田學務局課長談
107868	鮮滿版	1922-10-15	05단	光化門取毀反對/鮮人側の運動
107869	鮮滿版	1922-10-15	05단	支那の家族主義/孔子敎から道敎へ移る
107870	鮮滿版	1922-10-15	06단	朱綠溝の不逞團/擊壤された
107871	鮮滿版	1922-10-15	06단	各地だより(釜山より)
107872	鮮滿版	1922-10-15	06단	半島茶話
107873	鮮滿版	1922-10-17	01단	閑院宮殿下御手植(慶州保存會庭團の記念樹)
107874	鮮滿版	1922-10-17	01단	舞鶴と北鮮航路/嚴潮朝郵支店長談
107875	鮮滿版	1922-10-17	02단	滿鮮兩線時間改正必要/佐藤運輸課長談
107876	鮮滿版	1922-10-17	02단	鳩飼ひと西伯利/日下部中尉談
107877	鮮滿版	1922-10-17	03단	揚部隊引揚/張督軍の電命
107878	鮮滿版	1922-10-17	03단	引揚憲兵遲延
107879	鮮滿版	1922-10-17	03단	大橋社長回答
107880	鮮滿版	1922-10-17	03단	高崎司令官披露宴
107881	鮮滿版	1922-10-17	04단	申興雨氏渡米
107882	鮮滿版	1922-10-17	04단	辭令
107883	鮮滿版	1922-10-17	04단	平壤記者團決議と公開狀/窒扶斯蔓延で(決議/公開狀/)
107884	鮮滿版	1922-10-17	05단	平北のコレラ/終熄の模樣なし
107885	鮮滿版	1922-10-17	05단	釜山小學生徒/虎眼患者多し
107886	鮮滿版	1922-10-17	05단	各地だより(龍山より/平壤より/咸興より/淸津より/大田より/三千浦より)
107887	鮮滿版	1922-10-18	01단	對岸地の保護問題 外務省が便か總督府が宜いか/變事の時丈の援助は困る 某警務官談/まあまあ現狀で結構だね 憲兵司令部當局者談/大方針決定の必要がある 某歸來者談/急に應じ得るのが眼目だ 軍當局者談/總督府所管が便利だらう 某實業家談
107888	鮮滿版	1922-10-18	01단	首實檢(9)/和田現局長
107889	鮮滿版	1922-10-18	03단	長野新學務局長曰く/朝鮮は全く未知の土地だが及ばぬながら十分やって見る
107890	鮮滿版	1922-10-18	04단	朝鮮小作法/成案近し
107891	鮮滿版	1922-10-18	05단	郵貯運用/近藤事務官談
107892	鮮滿版	1922-10-18	05단	日支鐵道聯絡/支那も鑢て承知しやう/渡邊監理官談
107893	鮮滿版	1922-10-18	05단	東萊溫泉擴張/澤田知事の奔走
107894	鮮滿版	1922-10-18	06단	港灣關係者來營
107895	鮮滿版	1922-10-18	06단	釀造受賞者
107896	鮮滿版	1922-10-18	06단	各地だより(光州より/羅南より)

일련번호	판명	간행일	단수	기사명
107897	鮮滿版	1922-10-18	06단	半島茶話
107898	鮮滿版	1922-10-19	01단	息拔の爲め滿洲へ行く/中山關東州新警務局長談
107899	鮮滿版	1922-10-19	01단	出版物を渇望する北鮮/林圖書館主任談
107900	鮮滿版	1922-10-19	01단	首實檢(１０)/竹內遞信局長
107901	鮮滿版	1922-10-19	02단	海難事故漸增
107902	鮮滿版	1922-10-19	02단	天道教新派の意氣込
107903	鮮滿版	1922-10-19	02단	平壤のチブス/漸く終熄する
107904	鮮滿版	1922-10-19	03단	京城學校不足
107905	鮮滿版	1922-10-19	04단	舞鶴寄港未定
107906	鮮滿版	1922-10-19	04단	取引拒絶取消
107907	鮮滿版	1922-10-19	04단	興銀設立困難
107908	鮮滿版	1922-10-19	05단	李氏兩派軋轢■■
107909	鮮滿版	1922-10-19	05단	海州に實科高女
107910	鮮滿版	1922-10-19	05단	各地だより(平壤より/水原より)
107911	鮮滿版	1922-10-20	01단	內地轉任で力拔けした/岸本秋田縣新知事談
107912	鮮滿版	1922-10-20	01단	平壤のチブス/病源が不明
107913	鮮滿版	1922-10-20	01단	首實檢(１１)/弓削鐵道部長
107914	鮮滿版	1922-10-20	02단	平壤府豫算編成/楠野府尹談
107915	鮮滿版	1922-10-20	03단	滿鐵が朱乙溫泉を改造する
107916	鮮滿版	1922-10-20	04단	炭田調査/燃料問題解決の第一步
107917	鮮滿版	1922-10-20	04단	銘酒地に決まった馬山/品評會の結果
107918	鮮滿版	1922-10-20	05단	平壤家庭工業/當局は獎勵方針
107919	鮮滿版	1922-10-20	05단	馬山港灣調査
107920	鮮滿版	1922-10-20	06단	長野局長赴任
107921	鮮滿版	1922-10-20	06단	各地だより(平壤より/全州より/光州より/馬山より)
107922	鮮滿版	1922-10-21	01단	第二次物價調節策を發表する
107923	鮮滿版	1922-10-21	01단	天圖輕鐵/工事繼續近し
107924	鮮滿版	1922-10-21	01단	監獄改築/徐々に實行
107925	鮮滿版	1922-10-21	01단	首實檢(１２)/齋藤咸北知事
107926	鮮滿版	1922-10-21	02단	北鮮では兵卒も紳士/小佐治副官談
107927	鮮滿版	1922-10-21	02단	鎭南浦貿易展覽會/廿八日より開催
107928	鮮滿版	1922-10-21	03단	全鮮學組管理者大會
107929	鮮滿版	1922-10-21	03단	本月中に赴任/時永新內務部長談
107930	鮮滿版	1922-10-21	03단	慶北釀造品評會
107931	鮮滿版	1922-10-21	04단	秋の夜の京城より/N生
107932	鮮滿版	1922-10-21	04단	鹽田擴張急務
107933	鮮滿版	1922-10-21	05단	陽平郡燃料節約

일련번호	판명	간행일	단수	기사명
107934	鮮滿版	1922-10-21	05단	醫師試驗合格者
107935	鮮滿版	1922-10-21	05단	雄基電鐵起工期
107936	鮮滿版	1922-10-21	05단	淸津貿易
107937	鮮滿版	1922-10-21	05단	各地だより(咸興より)
107938	鮮滿版	1922-10-21	06단	人(陣內喜三氏(新任迎日郡守)/草場辰己氏(總督府御用掛))
107939	鮮滿版	1922-10-21	06단	逝ける滿鐵王の逸話/平民主義と慈愛
107940	鮮滿版	1922-10-22	01단	婦人聯合大會朝鮮代表者(右孫貞圭女史、京口さだ女史)
107941	鮮滿版	1922-10-22	01단	最近の浦潮事情/時永元監察官談(呆れた檢疫官/汽車も動かぬ/悲慘な貨車生活/赤、白の運命/鮮人の恐い者/八人の爲に軍艦)
107942	鮮滿版	1922-10-22	01단	首實檢(１３)/時實監察官(上)
107943	鮮滿版	1922-10-22	02단	平壤のチブス問題/病源を究めよ/水源地に死體 平壤地方法院板野檢事談/赤貧者の救濟 平壤府山下庶務課長談
107944	鮮滿版	1922-10-22	04단	總督更迭說は事實らしい/元師陞級說を否定せぬ
107945	鮮滿版	1922-10-22	04단	關東州新警務局長中山佐之氏の家庭(右より中田局長、令孃幸子、夫人桂子)
107946	鮮滿版	1922-10-22	05단	下水完成緊要/京城府民の輿論
107947	鮮滿版	1922-10-22	06단	三山校長不信任決議/工業校生盟休
107948	鮮滿版	1922-10-22	06단	救護員囑託
107949	鮮滿版	1922-10-22	06단	各地だより(平壤より/雄基より)
107950	鮮滿版	1922-10-22	06단	半島茶話
107951	鮮滿版	1922-10-24	01단	朝鮮統治に關する/有識階級の意見
107952	鮮滿版	1922-10-24	01단	小學教員給國庫支辨/學組管理者會議から請願
107953	鮮滿版	1922-10-24	01단	京城府生活調査/都市施設の資料
107954	鮮滿版	1922-10-24	01단	在滿鮮人救濟/米穀組合組織
107955	鮮滿版	1922-10-24	02단	チブス撲滅に就き/楠野府尹の回答
107956	鮮滿版	1922-10-24	02단	首實檢(１４)/時實監察官(下)
107957	鮮滿版	1922-10-24	03단	仁取支店を京城に設置するか
107958	鮮滿版	1922-10-24	04단	鮮人青田賣買
107959	鮮滿版	1922-10-24	04단	盈德の珍らしき牛/日本牛の祖先朝鮮牛の祖先は印度牛から分布したか
107960	鮮滿版	1922-10-24	05단	黑山島の鯛漁
107961	鮮滿版	1922-10-24	05단	統營品評會發會式
107962	鮮滿版	1922-10-24	05단	畜産協會總會
107963	鮮滿版	1922-10-24	05단	有吉總監一行
107964	鮮滿版	1922-10-24	05단	辭令
107965	鮮滿版	1922-10-24	05단	人力車の脫稅/自家用に多い
107966	鮮滿版	1922-10-24	06단	各地だより(龍山より/光州より/大田より)

일련번호	판명	간행일	단수	기사명
107967	鮮滿版	1922-10-24	06단	人(長野幹氏(新任學務局長)/柴田善三郎氏(新任三重縣知事))
107968	鮮滿版	1922-10-24	06단	半島茶話
107969	鮮滿版	1922-10-25	01단	西伯利に居殘る鮮人二十萬人を何う保護するか/愚の骨頂だ 大村京城商議書記長談/當局も無謀だ 某有力者談/不可解な政策だ 龍山某實業家談
107970	鮮滿版	1922-10-25	01단	首實檢(１５)/前田司令官(上)
107971	鮮滿版	1922-10-25	03단	小學教員給を國庫支辨とせば/負擔は斯樣だ
107972	鮮滿版	1922-10-25	03단	金剛山の氣象觀測所/本月中に開始
107973	鮮滿版	1922-10-25	04단	荒煙草民營廢止の時期/當局で考慮中
107974	鮮滿版	1922-10-25	04단	鮮人の多い南部ウスリー/新田工務課長談
107975	鮮滿版	1922-10-25	05단	宋伯の態度/鮮人學生に注目さる＞
107976	鮮滿版	1922-10-25	05단	總督府天長節祝賀
107977	鮮滿版	1922-10-25	05단	朝鮮勞働聯盟會
107978	鮮滿版	1922-10-25	06단	仁川客月貿易
107979	鮮滿版	1922-10-25	06단	馬山電燈料値下
107980	鮮滿版	1922-10-25	06단	琿春材木沈衰
107981	鮮滿版	1922-10-25	06단	半島茶話
107982	鮮滿版	1922-10-26	01단	現內閣を糺彈する材料多々/棚瀬代議士談
107983	鮮滿版	1922-10-26	01단	平凡ではあるが節約は第一/小野通運支店長談
107984	鮮滿版	1922-10-26	01단	首實檢(１６)/前田司令官(下)
107985	鮮滿版	1922-10-26	02단	平壤監獄/因人と生活
107986	鮮滿版	1922-10-26	02단	平壤財界險惡/銀行側の警戒
107987	鮮滿版	1922-10-26	02단	不逞團の所在と首領
107988	鮮滿版	1922-10-26	03단	在外鮮人診療機關
107989	鮮滿版	1922-10-26	04단	産業技術會議
107990	鮮滿版	1922-10-26	04단	穀物貿易組合
107991	鮮滿版	1922-10-26	04단	有吉總監南行
107992	鮮滿版	1922-10-26	04단	各地だより(平壤より/淸津より/馬山より)
107993	鮮滿版	1922-10-27	01단	妻の遺骸を求めて/釜山に上陸した原淨一氏
107994	鮮滿版	1922-10-27	01단	農家一戶に牛一頭を飼はしめよ/西村殖産局長の訓示
107995	鮮滿版	1922-10-27	01단	川村新滿鐵社長は拓殖行政に理解ある人/有吉政務總監談
107996	鮮滿版	1922-10-27	01단	首實檢(１７)/松永前翰長
107997	鮮滿版	1922-10-27	03단	圖們江材/流筏期と交通機關の整備
107998	鮮滿版	1922-10-27	03단	鮮鐵改良費/增加を免れず

일련번호	판명	간행일	단수	기사명
107999	鮮滿版	1922-10-27	04단	白軍系の露人間島へ逃げ込むだらう 支那官憲の對策協議/敗殘の將卒とその家族　ポセットから元山に來る/有力家 陸續來る
108000	鮮滿版	1922-10-27	04단	全鮮米穀商大會/木浦で開催
108001	鮮滿版	1922-10-27	04단	上旬朝鮮貿易
108002	鮮滿版	1922-10-27	04단	平壤御輿渡御/十一月に擧行か
108003	鮮滿版	1922-10-27	05단	鮮鐵在荷增加
108004	鮮滿版	1922-10-27	05단	各地だより(平壤より/全州より)
108005	鮮滿版	1922-10-27	06단	半島茶話
108006	鮮滿版	1922-10-28	01단	朝鮮へ流込む浦潮からの避難者/取締は嚴密にせねばならぬ/警務當局談
108007	鮮滿版	1922-10-28	01단	妻を殺された男と家を燒き出された畫家
108008	鮮滿版	1922-10-28	02단	父を案ずる憐れな孤兒
108009	鮮滿版	1922-10-28	03단	鎭南浦展覽會/廿八日開催
108010	鮮滿版	1922-10-28	03단	見せ金無くて支那人送還さる
108011	鮮滿版	1922-10-28	03단	統營水産品評會
108012	鮮滿版	1922-10-28	03단	三銀首腦更送
108013	鮮滿版	1922-10-28	04단	讀みに來い圖書館へ/林主任談
108014	鮮滿版	1922-10-28	04단	辭令
108015	鮮滿版	1922-10-28	04단	各地だより(咸興より/平壤より/金泉より)
108016	鮮滿版	1922-10-28	05단	半島茶話
108017	鮮滿版	1922-10-28	05단	
108018	鮮滿版	1922-10-29	01단	首實檢(１８)/亥角全北知事
108019	鮮滿版	1922-10-29	01단	馬賊に備ふる砲臺
108020	鮮滿版	1922-10-29	01단	赤軍國境に迫るか/不逞鮮人と馬賊の行動
108021	鮮滿版	1922-10-29	02단	婦人大會と在鮮人の感想/活躍の指導を某高級將校夫人談/來年は是非とも滿鐵某重役夫人談/日鮮婦人の融和 某實業家夫人談
108022	鮮滿版	1922-10-29	03단	有吉總監の眼に映じた咸北/交通教育機關の整備が急務
108023	鮮滿版	1922-10-29	04단	商業學校要望/平壤府民の輿論
108024	鮮滿版	1922-10-29	04단	京城高工紛糾/生徒側強硬
108025	鮮滿版	1922-10-29	05단	派遣憲兵歸還
108026	鮮滿版	1922-10-29	05단	貯金デー成績
108027	鮮滿版	1922-10-29	05단	廿浦築港認可
108028	鮮滿版	1922-10-29	05단	雄慶電話開通
108029	鮮滿版	1922-10-29	06단	各地だより(平壤より/龍山より)
108030	鮮滿版	1922-10-29	06단	人(齋藤實氏(朝鮮總督)/仁田博士(東大教授)/加藤常次郎氏(京城高等校長))

일련번호	판명	간행일	단수	기사명
108031	鮮滿版	1922-10-29	06단	半島茶話
108032	鮮滿版	1922-10-31	01단	首實檢(１９)/靑木專賣局長
108033	鮮滿版	1922-10-31	01단	移入稅の一部撤廢/來年度からと云ふ譯に行かぬ/齋藤總督の言明
108034	鮮滿版	1922-10-31	01단	委託金塊を抵當に貸出/それは出來ぬ鮮銀側の辯明
108035	鮮滿版	1922-10-31	01단	侵入軍武裝解除/間島でやる
108036	鮮滿版	1922-10-31	02단	朝鮮貿易十月に入り/頓に不況
108037	鮮滿版	1922-10-31	03단	漁港修築と水産業奬勵
108038	鮮滿版	1922-10-31	04단	社會事業に子供を考慮せよ/京城府の輿論
108039	鮮滿版	1922-10-31	04단	爭議原因調査/山口保安課長談
108040	鮮滿版	1922-10-31	05단	釜山空券問題/有加頭取談
108041	鮮滿版	1922-10-31	05단	浦潮航路問題/松崎朝郵專務談
108042	鮮滿版	1922-10-31	05단	安東虎疫猖獗
108043	鮮滿版	1922-10-31	05단	京城衛生施設
108044	鮮滿版	1922-10-31	06단	仁川公會堂
108045	鮮滿版	1922-10-31	06단	組合弊害打破
108046	鮮滿版	1922-10-31	06단	醴泉品評會
108047	鮮滿版	1922-10-31	06단	朝鮮郵船決算
108048	鮮滿版	1922-10-31	06단	南江船橋落つ
108049	鮮滿版	1922-10-31	06단	本社見學
108050	鮮滿版	1922-10-31	06단	各地だより(淸津より)

1922년 11월 (선만판)

일련번호	판명	간행일	단수	기사명
108051	鮮滿版	1922-11-01	01단	首實檢(２０)/柴田前局長(上)
108052	鮮滿版	1922-11-01	01단	結婚して女性の性格一變/朝鮮の結婚慣習の惡弊/橋本海州地方法院長談
108053	鮮滿版	1922-11-01	01단	露人避難者朝鮮經由一萬人を下らず
108054	鮮滿版	1922-11-01	01단	朝鮮東部交通機關完備の必要
108055	鮮滿版	1922-11-01	01단	通信機關利用率と分布現狀
108056	鮮滿版	1922-11-01	02단	まだ罷める時機でない/嘉納副總裁談
108057	鮮滿版	1922-11-01	03단	皮附人蔘輸出取締り
108058	鮮滿版	1922-11-01	04단	二十五萬圓の哈爾賓小學校/赤木京師校長談
108059	鮮滿版	1922-11-01	05단	西間島馬賊の根據地
108060	鮮滿版	1922-11-01	05단	鎭南浦展覽會/第一日の盛況
108061	鮮滿版	1922-11-01	05단	郵貯增加趨勢
108062	鮮滿版	1922-11-01	06단	灌漑事業急務
108063	鮮滿版	1922-11-01	06단	水産加工獎勵
108064	鮮滿版	1922-11-01	06단	各地より(平壤より/三千浦より)
108065	鮮滿版	1922-11-02	01단	第一に緊要なのは朝鮮水産業者の結束/齋藤總督談
108066	鮮滿版	1922-11-02	01단	露國避難民の傷病者に手當をするのに大忙がし/松下日赤出張所主任談
108067	鮮滿版	1922-11-02	01단	首實檢(２１)/柴田前局長(下)
108068	鮮滿版	1922-11-02	02단	滿洲財界救濟策/鈴木鮮銀理事談
108069	鮮滿版	1922-11-02	03단	朝鮮の通信力/埃及と伯仲
108070	鮮滿版	1922-11-02	04단	韓氏共有林返還を嘆願/之で私立校を設立する計劃
108071	鮮滿版	1922-11-02	05단	釜山福岡無線電話/通話開始近し
108072	鮮滿版	1922-11-02	05단	新義州建築界
108073	鮮滿版	1922-11-02	05단	朝鮮鰻生産高/十萬四千餘貫
108074	鮮滿版	1922-11-02	05단	教會學校新改築/長老派の大發
108075	鮮滿版	1922-11-02	06단	海州金融逼迫
108076	鮮滿版	1922-11-02	06단	半島茶話
108077	鮮滿版	1922-11-03	01단	首實檢(２２)/有賀殖銀頭取(上)
108078	鮮滿版	1922-11-03	01단	本社主催の關西婦人聯合會を世界的のものとしたい/朝鮮婦人某有力者談
108079	鮮滿版	1922-11-03	01단	調節の要諦 平壤署の宣傳/物價調節の要諦
108080	鮮滿版	1922-11-03	02단	蠶業と機織業とを家庭工業として獎勵
108081	鮮滿版	1922-11-03	02단	電話回線增設方針
108082	鮮滿版	1922-11-03	04단	晉州陸棉樂觀
108083	鮮滿版	1922-11-03	04단	淸津檢疫所工程
108084	鮮滿版	1922-11-03	05단	大庭司令官東上

일련번호	판명	간행일	단수	기사명
108085	鮮滿版	1922-11-03	05단	大邱商議書記長
108086	鮮滿版	1922-11-03	05단	木材工場全燒
108087	鮮滿版	1922-11-03	05단	各地より(晋州より/大田より)
108088	鮮滿版	1922-11-04	01단	首實檢(２３)/有賀殖銀頭取(下)
108089	鮮滿版	1922-11-04	01단	滿洲に逃入した白軍 之に對する張督軍の態度/武裝解除白軍三百名
108090	鮮滿版	1922-11-04	01단	運動界(朝鮮陸上競技)
108091	鮮滿版	1922-11-04	02단	滿鐵は東萊溫泉を斷念『金を出して嫌がられては』/大內京管局庶務課長談
108092	鮮滿版	1922-11-04	03단	授産場の必要/府當局も考慮中
108093	鮮滿版	1922-11-04	04단	電氣事業發展
108094	鮮滿版	1922-11-04	04단	海州を荒した不逞漢局送り
108095	鮮滿版	1922-11-04	05단	兩頭の牛産まる
108096	鮮滿版	1922-11-04	05단	各地より(鎭海より)
108097	鮮滿版	1922-11-04	05단	人(有吉政務總監/西村殖産局長)
108098	鮮滿版	1922-11-04	05단	無理解の結婚が生む朝鮮家庭の悲劇
108099	鮮滿版	1922-11-04	06단	故國の地を踏みて/桐山龍山署長談
108100	鮮滿版	1922-11-05	01단	首實檢(２４)/丸山警務局長(上)
108101	鮮滿版	1922-11-05	01단	早婚の弊に鑑みて/結婚年齡が高められる
108102	鮮滿版	1922-11-05	01단	間島郵便局撤廢問題/關係地方民の憂慮尠からず
108103	鮮滿版	1922-11-05	01단	名稱を變へ內政獨立請願/解散後の善後
108104	鮮滿版	1922-11-05	02단	數理の觀念が鮮農に乏しい/東拓側の言分
108105	鮮滿版	1922-11-05	02단	京城佛敎慈濟院
108106	鮮滿版	1922-11-05	03단	鮮銀總裁更迭說/廣瀨事務官否認
108107	鮮滿版	1922-11-05	04단	適齡屆出注意
108108	鮮滿版	1922-11-05	04단	官立病院長會議
108109	鮮滿版	1922-11-05	04단	東拓農監會議
108110	鮮滿版	1922-11-05	04단	法定醫師會組織
108111	鮮滿版	1922-11-05	05단	咸北檢査員會同
108112	鮮滿版	1922-11-05	05단	大邱商業着工
108113	鮮滿版	1922-11-05	05단	大邱穀物組合
108114	鮮滿版	1922-11-05	05단	婦人會へ賜金
108115	鮮滿版	1922-11-05	05단	爆藥密賣者取調
108116	鮮滿版	1922-11-05	06단	各地より(光州より/釜山より/全州より)
108117	鮮滿版	1922-11-05	06단	人(李堈公殿下(朝鮮軍司令部附)/尾野實信大將(關東軍司令官)/加納岩三郎氏(京城郵便局長)/金東準氏(中樞院通譯官))

일련번호	판명	간행일	단수	기사명
108118	鮮滿版	1922-11-07	01단	*憐むべき避難民を如何に處置するか 支那側とも交渉する大塚內務局長談/我が同情に蘇生した避難民の歡喜/ス提督の艦隊*
108119	鮮滿版	1922-11-07	01단	首相始め藏相に會見して諒解を求める/朝鮮豫算を支持する/有吉政務總監語る
108120	鮮滿版	1922-11-07	02단	無線電話釜山送信所/大西技手談
108121	鮮滿版	1922-11-07	02단	首實檢(２５)/丸山警務局長(中)
108122	鮮滿版	1922-11-07	03단	米作豫想各道收穫別
108123	鮮滿版	1922-11-07	03단	郵便局所擴張
108124	鮮滿版	1922-11-07	04단	鮮鐵在貨狀況
108125	鮮滿版	1922-11-07	04단	辭令
108126	鮮滿版	1922-11-07	04단	李王殿下日本食を召さる
108127	鮮滿版	1922-11-07	04단	各地より(平壤より/元山より/咸興より/全州より/木浦より)
108128	鮮滿版	1922-11-07	06단	人(今泉茂松氏(京管局査察官)/大內要氏(京管局庶務課長)/尾野陸軍大將(關東軍司令官)/前田憲兵隊司令官/北村遞信技師/總督府郡守申鉉泰氏)
108129	鮮滿版	1922-11-07	06단	半島茶話
108130	鮮滿版	1922-11-08	01단	朝鮮の爲め萬丈の氣焰を吐いた安昌男氏(東京から大阪へ一氣に飛んで花環を受けた)
108131	鮮滿版	1922-11-08	01단	盲目詩人エロシエンコの勞農露國土産話(長春特電三日發)/莫斯科市民酒色に耽ると
108132	鮮滿版	1922-11-08	01단	道慈惠醫院の努力を望む/齋藤總督の訓示
108133	鮮滿版	1922-11-08	01단	首實檢(２６)/丸山警務局長(下)
108134	鮮滿版	1922-11-08	03단	浦潮航路有望/松崎朝郵專務談
108135	鮮滿版	1922-11-08	04단	總督南鮮巡視
108136	鮮滿版	1922-11-08	04단	豆門鐵道運轉
108137	鮮滿版	1922-11-08	04단	咸北産の鑵詰
108138	鮮滿版	1922-11-08	05단	南浦展覽會好績
108139	鮮滿版	1922-11-08	05단	美林發掘/原牛の遺骨を搜査した
108140	鮮滿版	1922-11-08	05단	各地より(光州より/平壤より)
108141	鮮滿版	1922-11-08	06단	西鮮から
108142	鮮滿版	1922-11-08	06단	半島茶話
108143	鮮滿版	1922-11-09	01단	首實檢(２７)/赤池前局長(上)

일련번호	판명	간행일	단수	기사명
108144	鮮滿版	1922-11-09	01단	*逃げて來る白軍の敗殘者を救ふがよいか何うか人道上から見殺しならぬ/人道上から見て棄てられるか 總督府當局談/救濟するのは當然の事である 土木當局談/懷に入った窮鳥を見殺に出來ぬ 某實業家談/赤でも白でも窮した者は助ける 軍當局者談*
108145	鮮滿版	1922-11-09	03단	內地人の義務教育問題何んとかせずばなるまい/長野新學務局長の赴任談
108146	鮮滿版	1922-11-09	04단	釜山商人は不正直で困る/加々尾署長談
108147	鮮滿版	1922-11-09	05단	自家用煙草耕作嚴重に取締る
108148	鮮滿版	1922-11-09	05단	黃海水利組合各地に設置
108149	鮮滿版	1922-11-09	05단	生牛取引旺盛
108150	鮮滿版	1922-11-09	06단	殖銀支店長異動
108151	鮮滿版	1922-11-09	06단	各地より(釜山より/木浦より)
108152	鮮滿版	1922-11-09	06단	半島茶話
108153	鮮滿版	1922-11-10	01단	新進飛行家謝安兩君の氣焰/謝君は臺北で遊覽飛行廣告飛行をやり飛行家養成所をも開き安君も同樣の大希望を持って居る(第一謝文達君談/第二安昌男君談)
108154	鮮滿版	1922-11-10	01단	軍人以外の避難者三千名奉天に落付く事に決定
108155	鮮滿版	1922-11-10	01단	國境に砲臺新築の要無し/原田高級副官談
108156	鮮滿版	1922-11-10	01단	釜山の電鐵買收問題價格が定まらぬ
108157	鮮滿版	1922-11-10	02단	關釜聯絡と三線時間改正/種田旅客課長談
108158	鮮滿版	1922-11-10	02단	鮮農會社設立宋伯の計劃
108159	鮮滿版	1922-11-10	03단	鐵道聯帶區域擴張
108160	鮮滿版	1922-11-10	03단	全州公園落成
108161	鮮滿版	1922-11-10	04단	武器密輸企圖者の素姓
108162	鮮滿版	1922-11-10	05단	陳東山の馬賊密山縣城占領
108163	鮮滿版	1922-11-10	05단	汽船を拾ふ/白軍の落物か
108164	鮮滿版	1922-11-10	05단	三校對校競技高工優勝す
108165	鮮滿版	1922-11-10	06단	各地より(雄基より/大田より)
108166	鮮滿版	1922-11-10	06단	半島茶話
108167	鮮滿版	1922-11-11	01단	首實檢(２８)/赤池前局長(下)
108168	鮮滿版	1922-11-11	01단	鮮米の眞價を宣傳せよ天日常次朗氏談
108169	鮮滿版	1922-11-11	01단	道路網完成方針/土木當局談
108170	鮮滿版	1922-11-11	02단	京城に家屋が殖え貸家がボツボツ出る
108171	鮮滿版	1922-11-11	03단	京城府法人所得五百三十餘萬圓
108172	鮮滿版	1922-11-11	04단	龍山管內鮮人は柔順/宮島龍山署司法主任談
108173	鮮滿版	1922-11-11	04단	鐵道速成緊急/鐵道當局談
108174	鮮滿版	1922-11-11	05단	下關奉天間時間短縮時期

일련번호	판명	간행일	단수	기사명
108175	鮮滿版	1922-11-11	05단	全鮮穀物商大會
108176	鮮滿版	1922-11-11	05단	石炭埋藏量調査
108177	鮮滿版	1922-11-11	06단	瓦斯事業監督
108178	鮮滿版	1922-11-11	06단	棉作增加傾向
108179	鮮滿版	1922-11-11	06단	半島茶話
108180	鮮滿版	1922-11-12	01단	首實檢(２９)/齋藤總督(一)
108181	鮮滿版	1922-11-12	01단	國有財産調査は朝鮮でも臺灣でもやる/奧平財産整理委員談
108182	鮮滿版	1922-11-12	01단	朝鮮の私鐵經營內地に比し大きなハンヂキャップ
108183	鮮滿版	1922-11-12	02단	平元線順川を通過さして吳れとの請願
108184	鮮滿版	1922-11-12	03단	滿洲の取引所合同談/藤尾勸信專務談
108185	鮮滿版	1922-11-12	03단	値下げは時機でない/理髮師の申分
108186	鮮滿版	1922-11-12	04단	國境交通復舊
108187	鮮滿版	1922-11-12	04단	製鹽不足現狀
108188	鮮滿版	1922-11-12	05단	客月商況金融
108189	鮮滿版	1922-11-12	06단	鮮銀支店長異動
108190	鮮滿版	1922-11-12	06단	各地より(仁川より/木浦より)
108191	鮮滿版	1922-11-12	06단	人(李堈公殿下(陸軍中將)/前田昇少將(朝鮮憲兵司令官)/加納岩二郎氏(京城郵便局長))
108192	鮮滿版	1922-11-12	06단	半島茶話
108193	鮮滿版	1922-11-14	01단	首實檢(３０)/齋藤總督(二)
108194	鮮滿版	1922-11-14	01단	露國避難民の處置は政府の命令に依ってする/齋藤總督の言明
108195	鮮滿版	1922-11-14	01단	文化的施設を中心とし今後の朝鮮を進ませる/長野新學務局長談
108196	鮮滿版	1922-11-14	01단	國境地方の警官の勞苦/安滿參謀長談
108197	鮮滿版	1922-11-14	03단	鮮米輸送船內地寄港問題/松崎朝郵專務談
108198	鮮滿版	1922-11-14	04단	北鮮陳列の不評/貿易商會を相手取り出品者の苦情
108199	鮮滿版	1922-11-14	04단	財界救濟懇談
108200	鮮滿版	1922-11-14	05단	大邱値下運動
108201	鮮滿版	1922-11-14	05단	爆藥密賣取締
108202	鮮滿版	1922-11-14	05단	義明學校盟休
108203	鮮滿版	1922-11-14	05단	慈惠院落成式
108204	鮮滿版	1922-11-14	05단	各地より(馬山より/龍山より/大田より)
108205	鮮滿版	1922-11-14	06단	半島茶話

일련번호	판명	간행일	단수	기사명
108206	鮮滿版	1922-11-15	01단	不逞鮮人團が赤軍と提携し國境を脅かすか伺うか/ナ二驚く程の事は無い　總督府當局談/恐るべきは彼の赤い思想だ　軍當局者談/慥かに不穩の度は増さう　某消息通談/赤軍よりも不逞團に困る　朝鮮憲兵當局者談)
108207	鮮滿版	1922-11-15	02단	敗殘せる白軍が哈爾賓を根據地にチタを攻略する計劃
108208	鮮滿版	1922-11-15	03단	道知事一部異動說
108209	鮮滿版	1922-11-15	04단	憲兵整理約三百名
108210	鮮滿版	1922-11-15	04단	東萊溫泉問題/久保京管局長談
108211	鮮滿版	1922-11-15	04단	本田府尹否認/辭任說は無根
108212	鮮滿版	1922-11-15	04단	平壤貿易發展
108213	鮮滿版	1922-11-15	05단	仁川輸出穀物
108214	鮮滿版	1922-11-15	05단	咸北地稅義務者
108215	鮮滿版	1922-11-15	05단	棉花取引狀況
108216	鮮滿版	1922-11-15	05단	橫道子街燒盡/馬賊の襲擊で
108217	鮮滿版	1922-11-15	06단	醫學生の醜態
108218	鮮滿版	1922-11-15	06단	各地より(咸興より)
108219	鮮滿版	1922-11-15	06단	半島茶話
108220	鮮滿版	1922-11-16	01단	首實檢(３１)/齋藤總督(三)
108221	鮮滿版	1922-11-16	01단	憐れな白軍落人の身の上/山口高等警察課長談
108222	鮮滿版	1922-11-16	01단	京城普通校不足甚し/鮮人側の申分
108223	鮮滿版	1922-11-16	02단	京城人口廿六萬八千餘
108224	鮮滿版	1922-11-16	02단	鮮米を改良せば內地は勿論滿洲に輸出の餘地あり
108225	鮮滿版	1922-11-16	03단	京城局增築
108226	鮮滿版	1922-11-16	03단	通信效果宣傳
108227	鮮滿版	1922-11-16	03단	全鮮病院數
108228	鮮滿版	1922-11-16	03단	鳥崎參謀長轉任
108229	鮮滿版	1922-11-16	04단	大邱銀行支配人
108230	鮮滿版	1922-11-16	04단	齋藤總督歸任
108231	鮮滿版	1922-11-16	04단	辭令
108232	鮮滿版	1922-11-16	04단	京城大阪間通話が出來るやうになるかも知れぬ
108233	鮮滿版	1922-11-16	04단	死刑囚に人間の涙/ひたすら聖書を讀耽る金益相實家の話を聞いて泣く四人殺の政七
108234	鮮滿版	1922-11-16	05단	支那人自衛團武裝解除さる
108235	鮮滿版	1922-11-16	05단	迷信で墓發掘
108236	鮮滿版	1922-11-16	05단	大保丸沈沒
108237	鮮滿版	1922-11-16	06단	各地より(龍山より/淸津より)
108238	鮮滿版	1922-11-16	06단	半島茶話

일련번호	판명	간행일	단수	기사명
108239	鮮滿版	1922-11-17	01단	七星門外に停車場を設置して呉れと朝鮮人側の運動/平元線分岐點
108240	鮮滿版	1922-11-17	01단	平壤に起る電燈府營問題/府尹と會社側との意嚮
108241	鮮滿版	1922-11-17	01단	京城附近の住宅地/東へ南へと發展する形勢
108242	鮮滿版	1922-11-17	02단	鮮鐵私鐵聯絡擴張/岡田營業課長談
108243	鮮滿版	1922-11-17	03단	本年度の監察方針/時實監察談
108244	鮮滿版	1922-11-17	03단	東洋大學分校設立/境野學長談
108245	鮮滿版	1922-11-17	04단	水産物檢査/等級制の必要
108246	鮮滿版	1922-11-17	04단	白軍の歸國を許し赤軍は危害を加へないと/同志を賣るヂ將軍 騎兵曹長の憤慨/露國避難民長津に向ふ/避難民の窮狀
108247	鮮滿版	1922-11-17	05단	釜山料金値下
108248	鮮滿版	1922-11-17	05단	私鐵收益狀況
108249	鮮滿版	1922-11-17	05단	辭令
108250	鮮滿版	1922-11-17	06단	馬賊招降局新設
108251	鮮滿版	1922-11-17	06단	鮮軍武裝解除
108252	鮮滿版	1922-11-17	06단	各地より(咸興より/鎭南浦より/全州より)
108253	鮮滿版	1922-11-17	06단	半島茶話
108254	鮮滿版	1922-11-18	01단	蓆の上でパンを嚙る避難民この窮狀に付込む惡商人古川配章主任談/備兵を率る避難したヤ島の王樣/兩派軋轢/救濟委員會組織
108255	鮮滿版	1922-11-18	01단	首實檢(４２)/齋藤總督(四)
108256	鮮滿版	1922-11-18	02단	糞尿溜場移轉されるか
108257	鮮滿版	1922-11-18	03단	京城の上水道來月から値下
108258	鮮滿版	1922-11-18	03단	停車場問題上京委員出發/皮肉な一觀察
108259	鮮滿版	1922-11-18	04단	總督巡視豫定
108260	鮮滿版	1922-11-18	04단	京城料金値下
108261	鮮滿版	1922-11-18	04단	殖銀支店長異動
108262	鮮滿版	1922-11-18	04단	各地より(木浦より/金泉より/浦項より/羅南より/淸津より)
108263	鮮滿版	1922-11-18	05단	半島茶話
108264	鮮滿版	1922-11-19	01단	新滿鐵社長に對する各方面の希望(兎に角官僚味は棄てゝ欲しい龍山某實業家談/滿鐵は滿洲だけの滿鐵ではない某實業家談/チウ少し太ッ腹を見せて欲しい滿鐵關係の某將校談)
108265	鮮滿版	1922-11-19	02단	朝鮮の鐵道電化は遼遠先づ鐵道網完成が急務だ/鐵道部當局談
108266	鮮滿版	1922-11-19	03단	參政權の建白書に調印取纏め中

일련번호	판명	간행일	단수	기사명
108267	鮮滿版	1922-11-19	04단	守備隊撤退と奧地の不安
108268	鮮滿版	1922-11-19	04단	三菱製鐵所が社宅を拂下る
108269	鮮滿版	1922-11-19	04단	鮮銀第二次淘汰說
108270	鮮滿版	1922-11-19	04단	河川航路獎勵
108271	鮮滿版	1922-11-19	05단	南鮮鐵道新線
108272	鮮滿版	1922-11-19	05단	西鮮殖鐵決算
108273	鮮滿版	1922-11-19	05단	莞島郡の海蘿
108274	鮮滿版	1922-11-19	05단	泥醉漢がレールを枕に/宗警部談
108275	鮮滿版	1922-11-19	05단	李先生の遺墨を總督に進上
108276	鮮滿版	1922-11-19	05단	市場往復に割引乘車券發行
108277	鮮滿版	1922-11-19	06단	各地より(平壤より/龍山より)
108278	鮮滿版	1922-11-19	06단	半島茶話
108279	鮮滿版	1922-11-21	01단	首實檢(３３)/齋藤總督(五)
108280	鮮滿版	1922-11-21	01단	災愚敎から一派分立
108281	鮮滿版	1922-11-21	01단	支那領事館淸津に新設
108282	鮮滿版	1922-11-21	01단	漢銀は危險でない/水口理財課長談
108283	鮮滿版	1922-11-21	02단	法官異動方針/橫田法務局長談
108284	鮮滿版	1922-11-21	02단	間島投資有望/鈴木東拓支店長談
108285	鮮滿版	1922-11-21	02단	朝鮮水産會社事業內容
108286	鮮滿版	1922-11-21	03단	總督巡視地點
108287	鮮滿版	1922-11-21	03단	無線電話試驗
108288	鮮滿版	1922-11-21	03단	新建がドシドシ殖えても家賃高で矢張り住宅難
108289	鮮滿版	1922-11-21	04단	天道敎分立計劃
108290	鮮滿版	1922-11-21	04단	辭令
108291	鮮滿版	1922-11-21	05단	醫院藥價引下來月一日より
108292	鮮滿版	1922-11-21	05단	次順姬の婚儀
108293	鮮滿版	1922-11-21	05단	兵士や警官に眼鏡を掛ける者が多くなった(某軍醫談/警務當局談)
108294	鮮滿版	1922-11-21	05단	各地より(木浦より/大邱より)
108295	鮮滿版	1922-11-21	06단	會(京城煙草總會/全鮮元賣大會)
108296	鮮滿版	1922-11-21	06단	人(嘉納德三郎氏(鮮銀副總裁)/向井中將(侍從武官)/藤川利三郎氏(慶北知事))
108297	鮮滿版	1922-11-21	06단	半島茶話
108298	鮮滿版	1922-11-22	01단	首實檢(３４)/久保京管局長(上)
108299	鮮滿版	1922-11-22	01단	朝鮮の米價問題に就いて/西村殖産局長談
108300	鮮滿版	1922-11-22	01단	西伯利在住鮮人救濟事業從來と變りなし/大塚內務局長語る

일련번호	판명	간행일	단수	기사명
108301	鮮滿版	1922-11-22	01단	七星門外停車場設置運動有望
108302	鮮滿版	1922-11-22	02단	良くなった浦潮航路
108303	鮮滿版	1922-11-22	03단	警察官增募
108304	鮮滿版	1922-11-22	03단	在支郵便局撤廢後には邦人局員を採用せよ
108305	鮮滿版	1922-11-22	04단	漁郞端燈臺結氷で工事中止
108306	鮮滿版	1922-11-22	04단	角網免許出願
108307	鮮滿版	1922-11-22	04단	李堈公殿下兩陛下に御對面
108308	鮮滿版	1922-11-22	04단	淋しい平壤空家は殖えても家賃は下らぬ
108309	鮮滿版	1922-11-22	05단	白軍から得た武器彈藥全部張氏の手へ/雄基で引揚けた武器
108310	鮮滿版	1922-11-22	05단	死傷者には十分慰藉の法を講ずる/久保京管局長談
108311	鮮滿版	1922-11-22	05단	米國領事の癩病院視察
108312	鮮滿版	1922-11-22	05단	浪花節や手踊で大浮れに浮れた精神病患者慰安會
108313	鮮滿版	1922-11-22	06단	各地より(平壤より/大邱より)
108314	鮮滿版	1922-11-22	06단	半島茶話
108315	鮮滿版	1922-11-23	01단	首實檢(３５)/久保京管局長(下)
108316	鮮滿版	1922-11-23	01단	危險箇所を五十哩の速力で驀進　信號揭示の有無が問題　交管局の發表には承服し兼る　當局側は萬事不行屆/列車椿事の損害　卅萬圓/高野軍醫の努力　負傷者に緊急手當/鮮鐵に取っては今年は厄年
108317	鮮滿版	1922-11-23	02단	家屋稅來年度より實施す
108318	鮮滿版	1922-11-23	02단	滿蒙銀行設立と當業者の觀測
108319	鮮滿版	1922-11-23	02단	京城上水道の擴張には三百萬圓以上を要する
108320	鮮滿版	1922-11-23	03단	京城府內に於ける最近の勞銀
108321	鮮滿版	1922-11-23	04단	葉煙草は二割五分減
108322	鮮滿版	1922-11-23	04단	仲仕が組合組織/小運賃値下の方法
108323	鮮滿版	1922-11-23	04단	新穀出廻振はず
108324	鮮滿版	1922-11-23	05단	私設鐵道困る/拂込金の澁滯で
108325	鮮滿版	1922-11-23	05단	新築する京城府廳舍/規模を大にせよ
108326	鮮滿版	1922-11-23	05단	屎尿處分研究
108327	鮮滿版	1922-11-23	05단	避難民救濟　外國宣教師團起つ/國境方面に不逞團跳梁/赤軍の布告/革命軍來る
108328	鮮滿版	1922-11-23	06단	西大門監獄現狀
108329	鮮滿版	1922-11-23	06단	憲兵司令官巡視
108330	鮮滿版	1922-11-23	06단	祖先の骨を食ふ
108331	鮮滿版	1922-11-23	06단	德川畜産織物品評會
108332	鮮滿版	1922-11-23	06단	警官表彰
108333	鮮滿版	1922-11-24	01단	長鞭

일련번호	판명	간행일	단수	기사명
108334	鮮滿版	1922-11-24	01단	警務費削った上に尚削られては到底立ち行かぬ/總督府警務局滾す
108335	鮮滿版	1922-11-24	01단	河川改修調査に着手
108336	鮮滿版	1922-11-24	01단	海陸交通聯絡と總督府の方針
108337	鮮滿版	1922-11-24	02단	副業獎勵大邱府の計劃
108338	鮮滿版	1922-11-24	02단	新教科書編纂
108339	鮮滿版	1922-11-24	02단	學校組合議員補缺選擧
108340	鮮滿版	1922-11-24	03단	辭令
108341	鮮滿版	1922-11-24	03단	乘務員の過失/列車顚覆稀事 車輛編成改正が必要/殉職者告別式
108342	鮮滿版	1922-11-24	03단	獨立運動に女子も參加/近く上海で會議
108343	鮮滿版	1922-11-24	03단	馬島燈臺
108344	鮮滿版	1922-11-24	04단	齋藤總督癲病院を視る
108345	鮮滿版	1922-11-24	04단	露國避難民泣いて感謝す
108346	鮮滿版	1922-11-24	04단	重大事件の端緒を得た雜誌『新天地』の差押へから
108347	鮮滿版	1922-11-24	04단	半島茶話
108348	鮮滿版	1922-11-24	05단	朝鮮水産界に盡したい/協谷洋次郎氏語る
108349	鮮滿版	1922-11-24	05단	口附莨が殖えた
108350	鮮滿版	1922-11-24	05단	列車增發
108351	鮮滿版	1922-11-24	05단	各地より(全州より)
108352	鮮滿版	1922-11-24	05단	人(久保要藏氏(京管局長)/ゴシンリン氏(南米駐在支那公使))
108353	鮮滿版	1922-11-25	01단	南市の列車顚覆
108354	鮮滿版	1922-11-25	01단	守備隊撤退とその後始末
108355	鮮滿版	1922-11-25	01단	本月上半貿易
108356	鮮滿版	1922-11-25	01단	朝鮮財界沈衰/金融緩慢
108357	鮮滿版	1922-11-25	02단	
108358	鮮滿版	1922-11-25	02단	新遞信局長蒲原久四郎氏
108359	鮮滿版	1922-11-25	02단	首實檢(３６)/長野學務局長
108360	鮮滿版	1922-11-25	03단	總督馬鎭巡視
108361	鮮滿版	1922-11-25	03단	釜山電燈値下
108362	鮮滿版	1922-11-25	04단	池上院長轉任
108363	鮮滿版	1922-11-25	04단	辭令
108364	鮮滿版	1922-11-25	04단	お詫びの言葉が無い/久保京管局長談
108365	鮮滿版	1922-11-25	04단	元山の自軍/樺太へ行くか
108366	鮮滿版	1922-11-25	05단	避難民哈爾賓へ
108367	鮮滿版	1922-11-25	05단	京城の車夫が組合を組織する
108368	鮮滿版	1922-11-25	05단	半島茶話

일련번호	판명	간행일	단수	기사명
108369	鮮滿版	1922-11-26	01단	首實檢(３７)/李咸南知事
108370	鮮滿版	1922-11-26	01단	局子街に於ける露人の有樣/間島にて渡部薰太郎
108371	鮮滿版	1922-11-26	03단	朝鮮人の通信力利用貧弱
108372	鮮滿版	1922-11-26	04단	水産試驗場に水産校附設
108373	鮮滿版	1922-11-26	04단	光州順天間交通路一變せん/潭陽線開通後
108374	鮮滿版	1922-11-26	05단	鮮米輸送高二萬四千餘噸
108375	鮮滿版	1922-11-26	05단	元山の白軍に惡疫流行
108376	鮮滿版	1922-11-26	05단	各地より(平壤より/馬山より)
108377	鮮滿版	1922-11-26	06단	オンドルの季節が來た
108378	鮮滿版	1922-11-26	06단	半島茶話
108379	鮮滿版	1922-11-28	01단	二年間に完成した警防機關の充實/大庭大將談
108380	鮮滿版	1922-11-28	01단	亡命白軍の處置目當もつかず困ったものだ 矢島社會課長談/幼兒に食糧供給 /救護費追加支出
108381	鮮滿版	1922-11-28	01단	首實檢(３８)/大庭前司令官(上)
108382	鮮滿版	1922-11-28	03단	宋伯の暗中飛躍/總督の後釜を狙ふとの說
108383	鮮滿版	1922-11-28	04단	巡査減給初任者だけ
108384	鮮滿版	1922-11-28	04단	繩叺檢査問題
108385	鮮滿版	1922-11-28	05단	軍司令官副官
108386	鮮滿版	1922-11-28	05단	漣川郵便所
108387	鮮滿版	1922-11-28	05단	兩巡査赤軍に襲はる
108388	鮮滿版	1922-11-28	05단	京仁線時間改正
108389	鮮滿版	1922-11-28	05단	自動車墜落
108390	鮮滿版	1922-11-28	05단	各地より(大邱より/木浦より/鳥致院より)
108391	鮮滿版	1922-11-28	06단	人(齋藤實氏(朝鮮總督)/前田昇少將(憲兵司令官)/尾野實信氏(關東軍司令官))
108392	鮮滿版	1922-11-28	06단	半島茶話
108393	鮮滿版	1922-11-29	01단	首實檢(３９)/大庭前司令官(中)
108394	鮮滿版	1922-11-29	01단	赤化した浦潮の近況 恐しいのは赤軍よりも不逞鮮人/赤化後の浦潮は極く平穩だ/赤化は今や實行期に入ってる/武器事件の事實は斯うである/怖がられるは赤軍よりも不逞團
108395	鮮滿版	1922-11-29	02단	郵便物の自動車遞送は內地よりも發達して居る/營業自動車の合同統一
108396	鮮滿版	1922-11-29	02단	京城の社會施設完成方針
108397	鮮滿版	1922-11-29	04단	七星門外驛設置/期成同盟會決議
108398	鮮滿版	1922-11-29	04단	京城納稅不良
108399	鮮滿版	1922-11-29	04단	全羅水力認可
108400	鮮滿版	1922-11-29	04단	根炭騰貴す

일련번호	판명	간행일	단수	기사명
108401	鮮滿版	1922-11-29	05단	各地より(晋州より/大田より/平壤より)
108402	鮮滿版	1922-11-29	05단	半島茶話
108403	鮮滿版	1922-11-29	06단	守備隊撤退と邊土の朝鮮人/某有力者談(內鮮融和に就て/守備隊撤退に就て)
108404	鮮滿版	1922-11-30	01단	首實檢(４０)/大庭前司令官(下)
108405	鮮滿版	1922-11-30	01단	朝鮮史を編纂する/全卷一萬頁の大册子
108406	鮮滿版	1922-11-30	01단	蒲原新遞信局長曰く 『朝鮮に行くのだから全く白紙ですよ』
108407	鮮滿版	1922-11-30	01단	釜上航路を成立させずに朝鮮を去るのは殘念/竹內臺灣新警務局長談
108408	鮮滿版	1922-11-30	01단	滿蒙銀行甘く出來るか東拓側は否認
108409	鮮滿版	1922-11-30	03단	持物を金にしたいとス提督が釜山で奔走
108410	鮮滿版	1922-11-30	03단	自動車顚覆し尹參與官負傷
108411	鮮滿版	1922-11-30	03단	各地より(釜山より/大邱より/咸興より)
108412	鮮滿版	1922-11-30	04단	釜山家屋建築九百十六戶
108413	鮮滿版	1922-11-30	04단	大庭大將別宴
108414	鮮滿版	1922-11-30	05단	半島茶話
108415	鮮滿版	1922-12-01	01단	學藝會と子供の藝術/南大門と第一高女
108416	鮮滿版	1922-12-01	01단	菊池新軍司令官に對する諸方面の希望/軍人獨特の意地ッ張はご免だ總督府某氏談/兎に角總てに碎けて欲しい龍山某實業家談/民衆の福利の爲に努力を希ふ某實業家談
108417	鮮滿版	1922-12-01	02단	大邱に出來る新市場/面積二萬坪收用人員五萬
108418	鮮滿版	1922-12-01	04단	土地改良基本調査/事業班の現狀
108419	鮮滿版	1922-12-01	04단	滿鐵沿線で警察側と陸軍側とが反目して居る/哈府を追放された石川の素破拔き
108420	鮮滿版	1922-12-01	05단	工藝品陳列館
108421	鮮滿版	1922-12-01	05단	露國避難艦船/二日釜山拔錨
108422	鮮滿版	1922-12-01	05단	各地より(晋州より)
108423	鮮滿版	1922-12-02	01단	改造されつゝある平壤
108424	鮮滿版	1922-12-02	01단	旅順要港部愈よ閉鎖/防備隊は佐世保の所屬
108425	鮮滿版	1922-12-02	01단	舊露國避難民悲慘の極/救濟せずばなるまい
108426	鮮滿版	1922-12-02	02단	平南豫算編成難/篠田知事談
108427	鮮滿版	1922-12-02	02단	首實檢(４１)/本田釜山府尹(上)
108428	鮮滿版	1922-12-02	03단	被選擧權獲得運動
108429	鮮滿版	1922-12-02	03단	錦州歐文電報豫納金が必要
108430	鮮滿版	1922-12-02	03단	建築調査部門
108431	鮮滿版	1922-12-02	04단	辭令

일련번호	판명	간행일	단수	기사명
108432	鮮滿版	1922-12-02	04단	歸屬せる白軍を虐殺/赤軍は最初の聲明を反古にす
108433	鮮滿版	1922-12-02	04단	浚渫船行方不明
108434	鮮滿版	1922-12-02	04단	各地より(龍山より/羅南より/全州より/咸興より/淸津より)
108435	鮮滿版	1922-12-02	05단	羅南入營者着期
108436	鮮滿版	1922-12-02	05단	潭陽線開通祝賀
108437	鮮滿版	1922-12-02	05단	李公堈殿下
108438	鮮滿版	1922-12-02	06단	人(安武直夫氏(總督府文書課長)/小林晴治郎氏(京城醫專教授)/福島亦八氏(龍山中學校長))
108439	鮮滿版	1922-12-02	06단	半島茶話
108440	鮮滿版	1922-12-03	01단	俸給生活者の勢力/年末には京城を中心に三百萬圓の金が潤ふ
108441	鮮滿版	1922-12-03	01단	寒い所から暑い所へ/竹內臺灣警務局長談
108442	鮮滿版	1922-12-03	01단	西原借款後始末/困ったものだ
108443	鮮滿版	1922-12-03	02단	鑛業界恢復機運/總督府鑛務當局談
108444	鮮滿版	1922-12-03	02단	煙草作況/今村庶務課長談
108445	鮮滿版	1922-12-03	03단	少年審判所/朝鮮で設置は前途遼遠
108446	鮮滿版	1922-12-03	03단	寒と飢の問答/內鮮人保護に就て
108447	鮮滿版	1922-12-03	03단	大庭將軍を送る/龍山にて一記者
108448	鮮滿版	1922-12-03	04단	前海要港部司令官百武三郎氏
108449	鮮滿版	1922-12-03	04단	副賞贈與
108450	鮮滿版	1922-12-03	04단	白軍の假政府元山に組織
108451	鮮滿版	1922-12-03	05단	勞農政府から資金を受けたか
108452	鮮滿版	1922-12-03	05단	米國實業團沿海州視察
108453	鮮滿版	1922-12-03	05단	勞銀と物價/住井支店長談
108454	鮮滿版	1922-12-03	06단	私鐵合倂問題
108455	鮮滿版	1922-12-03	06단	京城道路改修
108456	鮮滿版	1922-12-03	06단	朱乙溫泉改善
108457	鮮滿版	1922-12-03	06단	半島茶話
108458	鮮滿版	1922-12-05	01단	朝鮮大學豫科開設/柴崎京中校長談
108459	鮮滿版	1922-12-05	01단	間島領事館火災に就き/末松警視談
108460	鮮滿版	1922-12-05	01단	首實檢(４２)/本田釜山府尹(下)
108461	鮮滿版	1922-12-05	02단	平壤不景氣/資金融通協議
108462	鮮滿版	1922-12-05	03단	私鐵工事現狀/朝鮮中鐵/金剛山電鐵/南朝鮮鐵道/朝鮮京南/朝鮮産鐵/朝鮮森林
108463	鮮滿版	1922-12-05	04단	朝鮮水害義金分配
108464	鮮滿版	1922-12-05	04단	實業學校問題
108465	鮮滿版	1922-12-05	05단	京管驛長異動

일련번호	판명	간행일	단수	기사명
108466	鮮滿版	1922-12-05	05단	各宗聯合會が托鉢開始/元山避難露人救濟の爲め
108467	鮮滿版	1922-12-05	05단	安昌男氏/鄕土飛行準備
108468	鮮滿版	1922-12-05	05단	看守にも功勞章授與
108469	鮮滿版	1922-12-05	05단	『內地の歌』教科書に收錄
108470	鮮滿版	1922-12-05	05단	爆發物密輸事件/本町署の活動
108471	鮮滿版	1922-12-05	05단	各地より(大田より/木浦より/咸興より)
108472	鮮滿版	1922-12-05	06단	辭令
108473	鮮滿版	1922-12-05	06단	半島茶話
108474	鮮滿版	1922-12-06	01단	首實檢(４３)/矢島社會課長(上)
108475	鮮滿版	1922-12-06	01단	浦潮には送還せず白軍は當分朝鮮で救護/避難露人收容所建設に決定/救濟義金募集
108476	鮮滿版	1922-12-06	01단	朝鮮博覽會の時には施政十五周年である/田中商工課長談
108477	鮮滿版	1922-12-06	01단	平南道の産業政策/篠田知事談
108478	鮮滿版	1922-12-06	03단	プランジャー喞筒使用/京城水源地に
108479	鮮滿版	1922-12-06	03단	平南金融組合聯合會事務所
108480	鮮滿版	1922-12-06	04단	師範校新設計劃/平安當局の意向
108481	鮮滿版	1922-12-06	05단	撫順炭拂戻/朝鮮にも均霑せしめよ
108482	鮮滿版	1922-12-06	05단	鮮農困憊の狀
108483	鮮滿版	1922-12-06	05단	百武司令官着任期
108484	鮮滿版	1922-12-06	05단	蒲原局長赴任期
108485	鮮滿版	1922-12-06	05단	辯論差止事件/法曹界の一問題
108486	鮮滿版	1922-12-06	06단	各地より(平壤より/馬山より/淸津より)
108487	鮮滿版	1922-12-07	01단	首實檢(４４)/矢島社會課長(下)
108488	鮮滿版	1922-12-07	01단	露國避難民救護策/收容所の建築/給與品の補給
108489	鮮滿版	1922-12-07	01단	ス提督毒吐く/釜山側の辯明
108490	鮮滿版	1922-12-07	02단	滿洲財界は自然淘汰を待つが良い
108491	鮮滿版	1922-12-07	02단	仁川貿易/一億圓臺を突破するか
108492	鮮滿版	1922-12-07	03단	京城の歲末/釘本金物店主談
108493	鮮滿版	1922-12-07	03단	運輸本部長/朝鮮巡視
108494	鮮滿版	1922-12-07	04단	軍馬を雄基へ
108495	鮮滿版	1922-12-07	04단	大邱貨物減少
108496	鮮滿版	1922-12-07	04단	安昌男氏は九日から飛行する 京城を中心として西鮮へも南鮮へも/朝日の後援を忘れませぬ 安昌男氏談
108497	鮮滿版	1922-12-07	05단	蘆田問題で陳情
108498	鮮滿版	1922-12-07	05단	釜山警察新築
108499	鮮滿版	1922-12-07	05단	鯖漁活況

일련번호	판명	간행일	단수	기사명
108500	鮮滿版	1922-12-07	05단	年賀郵便京城局で今年は百萬通/加納局長談
108501	鮮滿版	1922-12-07	06단	辯論差止問題眞相は斯うだ/前澤判事談
108502	鮮滿版	1922-12-07	06단	浚渫船發見
108503	鮮滿版	1922-12-07	06단	半島茶話
108504	鮮滿版	1922-12-08	01단	首實檢(４５)/山口高等課長(上)
108505	鮮滿版	1922-12-08	01단	天日製鹽高/七千五百餘萬斤
108506	鮮滿版	1922-12-08	01단	平南豫算編成
108507	鮮滿版	1922-12-08	01단	鐵道用地拂下
108508	鮮滿版	1922-12-08	01단	京城實業敎育機關
108509	鮮滿版	1922-12-08	02단	煙草優良種栽培
108510	鮮滿版	1922-12-08	02단	歲末市況豫想
108511	鮮滿版	1922-12-08	02단	暮れてゆく鮮都より/N生
108512	鮮滿版	1922-12-08	04단	京信合併計劃
108513	鮮滿版	1922-12-08	04단	咸北豆調製改良
108514	鮮滿版	1922-12-08	05단	龍山管內火災數
108515	鮮滿版	1922-12-08	05단	孫督軍を騙した男/天津で捕はる
108516	鮮滿版	1922-12-08	05단	對岸の馬賊/輯安縣を襲ふ
108517	鮮滿版	1922-12-08	05단	洪原の漁民/漁業が出來ず
108518	鮮滿版	1922-12-08	06단	百圓紙幣五枚/輸送中紛失
108519	鮮滿版	1922-12-08	06단	各地より(平壤より/雄基より)
108520	鮮滿版	1922-12-09	01단	首實檢(４６)/山口高等課長(中)
108521	鮮滿版	1922-12-09	01단	『見放されたら日本の藻屑となる』 露國落武者の心情/毛布交付
108522	鮮滿版	1922-12-09	01단	朝鮮の勞働諸團體/內面は獨立運動を企圖
108523	鮮滿版	1922-12-09	03단	平穩裡に越年する/中村殖銀理事談
108524	鮮滿版	1922-12-09	03단	女子大學の分校設置は時勢の要求に適應するものだ
108525	鮮滿版	1922-12-09	04단	地籍測量/內地以上に進捗して居る
108526	鮮滿版	1922-12-09	05단	明年度の私鐵補給金/弓削鐵道部長談
108527	鮮滿版	1922-12-09	05단	五里津道路問題
108528	鮮滿版	1922-12-09	05단	辭令(京城)
108529	鮮滿版	1922-12-09	05단	京城仁川間往復飛行十日に決行
108530	鮮滿版	1922-12-09	05단	學生の風紀頹廢/警務官の警戒
108531	鮮滿版	1922-12-09	06단	各地より(晋州より/大邱より)
108532	鮮滿版	1922-12-09	06단	人(山內陸軍大佐(陸軍省兵器村課長)/川瀨亮少將(陸軍運輸部本部長)/國友尚謙氏(總督府警務課長)/安屋榮夫氏(總督府庶務部長)/菊池愼太郞少將(新任朝鮮軍司令官))
108533	鮮滿版	1922-12-09	06단	半島茶話

일련번호	판명	간행일	단수	기사명
108534	鮮滿版	1922-12-10	01단	首實檢(４７)/山口高等課長(下)
108535	鮮滿版	1922-12-10	01단	在米邦人が北鮮に移住すとせば果樹栽培が一番良い/鈴木東拓支店長談
108536	鮮滿版	1922-12-10	01단	平壤府豫算編成/山下內務課長談
108537	鮮滿版	1922-12-10	02단	民刑事令改正要領
108538	鮮滿版	1922-12-10	03단	山下汽船新航路開始說/松崎朝郵專務談
108539	鮮滿版	1922-12-10	04단	防備隊兵舍/總督府に引渡
108540	鮮滿版	1922-12-10	04단	朝鮮人住宅/局子街に建設
108541	鮮滿版	1922-12-10	04단	鍾路路面整理
108542	鮮滿版	1922-12-10	05단	文華大學協議會
108543	鮮滿版	1922-12-10	05단	川角通譯官
108544	鮮滿版	1922-12-10	05단	辭令(京城)
108545	鮮滿版	1922-12-10	05단	山田氏の蒐めた遺物/博物館に陳列
108546	鮮滿版	1922-12-10	06단	鴨綠江結氷/車馬氷上通行
108547	鮮滿版	1922-12-10	06단	各地より(仁川より/釜山より)
108548	鮮滿版	1922-12-10	06단	半島茶話
108549	鮮滿版	1922-12-12	01단	*平壤府新事業/汚物捨場 圖書館 運動場/教育施設*
108550	鮮滿版	1922-12-12	01단	土木法令/制定及改正
108551	鮮滿版	1922-12-12	02단	河川改修/原土木部長談
108552	鮮滿版	1922-12-12	02단	菊池新司令官/十四日着任
108553	鮮滿版	1922-12-12	02단	滿洲財界救濟/土岐事務總長談
108554	鮮滿版	1922-12-12	03단	裁判所令改正
108555	鮮滿版	1922-12-12	03단	癩病院の近況
108556	鮮滿版	1922-12-12	03단	冬期の燃料家庭用は煉炭/工藤物産社員談
108557	鮮滿版	1922-12-12	04단	*京城年末商況(米/大豆/線絲布/金融)*
108558	鮮滿版	1922-12-12	04단	資金集散狀況
108559	鮮滿版	1922-12-12	04단	土官校入學試驗
108560	鮮滿版	1922-12-12	04단	新岩洞に郵便所
108561	鮮滿版	1922-12-12	05단	延社郵便局
108562	鮮滿版	1922-12-12	05단	辭令(京城)
108563	鮮滿版	1922-12-12	05단	強風を冒し安氏飛ぶ
108564	鮮滿版	1922-12-12	05단	京城驛と改稱/一月一日から實施
108565	鮮滿版	1922-12-12	05단	酒井通信員
108566	鮮滿版	1922-12-12	05단	各地より(馬山より/大邱より/清津より)
108567	鮮滿版	1922-12-12	06단	半島茶話
108568	鮮滿版	1922-12-13	01단	土地會社は實現が一寸困難だ/その譯は斯うであると某實業家語る

일련번호	판명	간행일	단수	기사명
108569	鮮滿版	1922-12-13	01단	朝鮮靑年の思想が變った/雜誌「新天地」事件の一例
108570	鮮滿版	1922-12-13	01단	朝鮮に渡る金銅作りの孔子像/元陸軍大臣陸鐘允氏が三十年間朝夕奉侍した
108571	鮮滿版	1922-12-13	03단	間島警官交代
108572	鮮滿版	1922-12-13	03단	鮮人旅行證明廢止/警務局の困難
108573	鮮滿版	1922-12-13	04단	警官表彰式
108574	鮮滿版	1922-12-13	04단	楚山郵便局
108575	鮮滿版	1922-12-13	04단	迎日灣の鰊漁
108576	鮮滿版	1922-12-13	04단	米を抱へて困る農民
108577	鮮滿版	1922-12-13	05단	土地擔保
108578	鮮滿版	1922-12-13	05단	氷上で衝突/中江鎭搜査隊と不逞鮮人團
108579	鮮滿版	1922-12-13	05단	平壤の家賃/警察署の調査
108580	鮮滿版	1922-12-13	05단	各地より(仁川より/龍山より/新義州より/淸津より/全州より/金泉より)
108581	鮮滿版	1922-12-13	06단	半島茶話
108582	鮮滿版	1922-12-14	01단	首實檢(４８)/大庭大將(補遺)
108583	鮮滿版	1922-12-14	01단	『朝鮮の開發に努力する覺悟だ』菊池軍司令官語る
108584	鮮滿版	1922-12-14	01단	監獄で生産する煉瓦/柿原監獄課長談
108585	鮮滿版	1922-12-14	01단	總督府臨時會議/豫算問題か
108586	鮮滿版	1922-12-14	01단	海軍の民衆化に努める/百武司令官談
108587	鮮滿版	1922-12-14	02단	刑事課の獨立/馬野警察部長談
108588	鮮滿版	1922-12-14	03단	龍山兵器支廠/移轉問題
108589	鮮滿版	1922-12-14	04단	西鮮の物價/京城との比較
108590	鮮滿版	1922-12-14	04단	退職資金增加/靑島引渡間際の不平/司令官の英斷で鎭壓
108591	鮮滿版	1922-12-14	04단	法衙改築計劃
108592	鮮滿版	1922-12-14	05단	電話網調査
108593	鮮滿版	1922-12-14	05단	京城學組負擔
108594	鮮滿版	1922-12-14	05단	補償金分配
108595	鮮滿版	1922-12-14	05단	小松事務官歸還
108596	鮮滿版	1922-12-14	05단	辭令(京城)
108597	鮮滿版	1922-12-14	05단	安氏の巡回飛行/明春に延期
108598	鮮滿版	1922-12-14	06단	各地より(咸興より/浦項より)
108599	鮮滿版	1922-12-14	06단	會(土木建築協會/京城學校會/全鮮農業會)
108600	鮮滿版	1922-12-14	06단	人(加納岩二郎氏(京城郵便局長)/橫田五郎氏(法務局長)/守屋榮夫氏(總督府參事官))
108601	鮮滿版	1922-12-14	06단	半島茶話
108602	鮮滿版	1922-12-15	01단	首實檢(４９)/鮮銀總裁(補遺の一)

일련번호	판명	간행일	단수	기사명
108603	鮮滿版	1922-12-15	01단	旅行證明を廢止するも國境方面は大丈夫だ/丸山警務局長談
108604	鮮滿版	1922-12-15	01단	滿洲財界を立直すには玉石を分ちて救濟するが良い/川上東拓理事談
108605	鮮滿版	1922-12-15	03단	中鐵が外資輸入一千萬圓
108606	鮮滿版	1922-12-15	03단	中樞院に鮮人書記官
108607	鮮滿版	1922-12-15	04단	建白書に大邱支部は調印しない
108608	鮮滿版	1922-12-15	04단	地下室に事務所/女性の會員もある/疑問の無産者同盟會
108609	鮮滿版	1922-12-15	05단	水産組合に補助金支給
108610	鮮滿版	1922-12-15	05단	應援警官引揚
108611	鮮滿版	1922-12-15	05단	光國富豪渡鮮
108612	鮮滿版	1922-12-15	05단	木浦に穀物市場
108613	鮮滿版	1922-12-15	05단	李王妃殿下/救濟金下賜
108614	鮮滿版	1922-12-15	05단	鮮婦人傳習生/同盟休業
108615	鮮滿版	1922-12-15	06단	仁川の痘瘡
108616	鮮滿版	1922-12-15	06단	統營で鰯法要
108617	鮮滿版	1922-12-15	06단	各地より(大邱より/大田より)
108618	鮮滿版	1922-12-15	06단	半島茶話
108619	鮮滿版	1922-12-16	01단	首實檢(５０)/鮮銀總裁(補遺の二)
108620	鮮滿版	1922-12-16	01단	避難民早晩送還/川角通譯官談
108621	鮮滿版	1922-12-16	01단	日本の旅券認められぬ浦潮の近況/小松事務官談
108622	鮮滿版	1922-12-16	02단	下關で扱ふ朝鮮鮮魚四千萬圓內外/郡水産課長談
108623	鮮滿版	1922-12-16	02단	海運不況/石垣朝郵營業課長談
108624	鮮滿版	1922-12-16	03단	釜山の周旋業不許可の方針/加々尾署長談
108625	鮮滿版	1922-12-16	04단	京取合併問題/京信側の不利
108626	鮮滿版	1922-12-16	04단	高倉氏の辣腕を免れた仁取
108627	鮮滿版	1922-12-16	05단	登記回復申請
108628	鮮滿版	1922-12-16	05단	略式裁判實施
108629	鮮滿版	1922-12-16	05단	林野調査成績
108630	鮮滿版	1922-12-16	05단	蒲原局長赴任
108631	鮮滿版	1922-12-16	05단	咸鏡中部線工程
108632	鮮滿版	1922-12-16	05단	浦項に新航路
108633	鮮滿版	1922-12-16	05단	木浦貿易活況
108634	鮮滿版	1922-12-16	06단	米人銀行計劃
108635	鮮滿版	1922-12-16	06단	連絡取扱驛
108636	鮮滿版	1922-12-16	06단	各地より(新義州より/淸津より)

일련번호	판명	간행일	단수	기사명
108637	鮮滿版	1922-12-16	06단	人(西村保吉氏(總督府殖産局長)/レベデン少將(露國白軍代表))
108638	鮮滿版	1922-12-16	06단	半島茶話
108639	鮮滿版	1922-12-17	01단	首實檢(５１)/竹內局長(補遺)
108640	鮮滿版	1922-12-17	01단	文化施設に力瘤を入れて在鮮外人布教費が膨脹する
108641	鮮滿版	1922-12-17	01단	電氣應用著きし進步/水電利用有望
108642	鮮滿版	1922-12-17	02단	京城公立校現狀
108643	鮮滿版	1922-12-17	02단	間島に落延びた白軍の窮狀/間島にて渡部薫太郎
108644	鮮滿版	1922-12-17	04단	鮮運同友會組織
108645	鮮滿版	1922-12-17	04단	鐵道郵便局移管
108646	鮮滿版	1922-12-17	04단	信託會社合併談
108647	鮮滿版	1922-12-17	05단	總督府貿易調査
108648	鮮滿版	1922-12-17	05단	李王家から御婚儀獻上品/美術品製作所で製作する
108649	鮮滿版	1922-12-17	05단	小ルーズ/虎狩に北進
108650	鮮滿版	1922-12-17	06단	各地より(平壤より/咸興より/光州より)
108651	鮮滿版	1922-12-19	01단	首實檢(５２)/安武前文書課長
108652	鮮滿版	1922-12-19	01단	落魄したとは云へ白軍に此意氣あり　レベデフ將軍談/我同志は死んでも彼等に降らぬ/赤軍の末路も突發的に來やう
108653	鮮滿版	1922-12-19	01단	間島の避難露人/本社の好意に感泣した
108654	鮮滿版	1922-12-19	01단	押收武器輸送
108655	鮮滿版	1922-12-19	02단	朝鮮戶籍令近く發布
108656	鮮滿版	1922-12-19	03단	國粹會朝鮮本部排斥/記者團の決議
108657	鮮滿版	1922-12-19	03단	菊池新軍司令官を迎ふ/龍山にて一記者
108658	鮮滿版	1922-12-19	04단	地方官更迭說
108659	鮮滿版	1922-12-19	04단	鮮語試驗成績
108660	鮮滿版	1922-12-19	05단	榮山浦に米券倉庫
108661	鮮滿版	1922-12-19	05단	黃海道から本社へ謝辭/義捐金募集に就き
108662	鮮滿版	1922-12-19	05단	鐵道分會滿洲視察
108663	鮮滿版	1922-12-19	05단	同文書院試驗
108664	鮮滿版	1922-12-19	05단	滯納者は京城で不動産を差押へる
108665	鮮滿版	1922-12-19	05단	年賀郵便發信者の粗漏/加納局長談
108666	鮮滿版	1922-12-19	06단	海壕商會主收監
108667	鮮滿版	1922-12-19	06단	酒井通信員葬儀
108668	鮮滿版	1922-12-19	06단	半島茶話
108669	鮮滿版	1922-12-20	01단	首實檢(５３)/吉松京城府尹(上)
108670	鮮滿版	1922-12-20	01단	破産法と和議法/一月一日から朝鮮にも實施

일련번호	판명	간행일	단수	기사명
108671	鮮滿版	1922-12-20	01단	何事も研究の上で/蒲原新局長談
108672	鮮滿版	1922-12-20	01단	水産學校/釜山試驗場に附設される
108673	鮮滿版	1922-12-20	01단	平壤の電燈府營問題/府當局者談
108674	鮮滿版	1922-12-20	02단	東拓の外債募集說/容易であるまい
108675	鮮滿版	1922-12-20	03단	浦潮から引揚げた邦人/損害補償請願
108676	鮮滿版	1922-12-20	03단	監獄增改築/外壁は煉瓦積
108677	鮮滿版	1922-12-20	04단	共用線增設/事業繰延か
108678	鮮滿版	1922-12-20	04단	年末運輸狀況
108679	鮮滿版	1922-12-20	04단	優良保線丁場
108680	鮮滿版	1922-12-20	04단	菊池司令官招宴
108681	鮮滿版	1922-12-20	05단	間島の米作有望
108682	鮮滿版	1922-12-20	05단	大連工業募生
108683	鮮滿版	1922-12-20	05단	抱米を農家手離し/出廻り初む
108684	鮮滿版	1922-12-20	05단	白軍が乘逃した帆船/圓滿に買取る
108685	鮮滿版	1922-12-20	06단	數名の强盜/金泉の富豪宅に闖入した
108686	鮮滿版	1922-12-20	06단	金泉活動常設館
108687	鮮滿版	1922-12-20	06단	各地より(咸興より/羅南より)
108688	鮮滿版	1922-12-21	01단	首實檢(５４)/吉松京城府尹(下)
108689	鮮滿版	1922-12-21	01단	初等敎育機關の不備/學校も不足なら敎員も不足
108690	鮮滿版	1922-12-21	01단	朝鮮金融界平穩である/藤森一銀支店長談
108691	鮮滿版	1922-12-21	02단	京城府の社會施設/完成方針
108692	鮮滿版	1922-12-21	03단	私鐵補助延長/賀田殖鐵專務談
108693	鮮滿版	1922-12-21	04단	敦賀北鮮線舞鶴/立神丸宮津寄航
108694	鮮滿版	1922-12-21	04단	安氏が鄕土飛行をしたので朝鮮に航空熱が勃興した/服部大尉談
108695	鮮滿版	1922-12-21	04단	李太王建碑問題/餘り大きくしないが良い
108696	鮮滿版	1922-12-21	05단	山銀支店近況/高橋支店長談
108697	鮮滿版	1922-12-21	05단	避難民救護で布敎師連の奮起
108698	鮮滿版	1922-12-22	01단	內鮮無線電話成績/遞信省發表(接續試驗/混信防止/第二次試驗)
108699	鮮滿版	1922-12-22	01단	民衆に溫昧を/龍山署員の心意氣美はし
108700	鮮滿版	1922-12-22	02단	聯絡船改良/加藤船舶課長談
108701	鮮滿版	1922-12-22	02단	辭職した商議連/認可を督促す
108702	鮮滿版	1922-12-22	03단	新聞規則改正
108703	鮮滿版	1922-12-22	03단	修養團設置
108704	鮮滿版	1922-12-22	03단	平壤電車課新設
108705	鮮滿版	1922-12-22	03단	慶北病院長

일련번호	판명	간행일	단수	기사명
108706	鮮滿版	1922-12-22	04단	露國避難民へ/義捐金送附(獨立運動を企てた慶北道評議員李庭福)
108707	鮮滿版	1922-12-22	04단	雇員焚死す
108708	鮮滿版	1922-12-22	04단	元山の火事
108709	鮮滿版	1922-12-22	04단	驛長不正事件
108710	鮮滿版	1922-12-22	04단	金鐘範取調べ
108711	鮮滿版	1922-12-22	04단	巡査表彰
108712	鮮滿版	1922-12-22	05단	各地より(晉州より/木浦より/清津より)
108713	鮮滿版	1922-12-22	05단	人(安屋榮夫氏(總督府參事官)/小野田又四郎氏(國粹會朝鮮本部理事)/有吉忠一氏(政務總監)/松村松盛氏(總督秘書官))
108714	鮮滿版	1922-12-22	05단	半島茶話
108715	鮮滿版	1922-12-23	01단	首實檢(５５)/山口憲兵大佐(上)
108716	鮮滿版	1922-12-23	01단	朝鮮議會開設要求/板橋氏の提唱
108717	鮮滿版	1922-12-23	01단	醫大開校十三年に延期された/志賀病院長談
108718	鮮滿版	1922-12-23	01단	鮮鐵驛長打合會
108719	鮮滿版	1922-12-23	01단	平川南滿醫大教授博士となる
108720	鮮滿版	1922-12-23	02단	鮮米格付決定
108721	鮮滿版	1922-12-23	02단	勸業信託紛擾
108722	鮮滿版	1922-12-23	02단	桐山署長辭職
108723	鮮滿版	1922-12-23	02단	京城の白米消費/內鮮人の割合
108724	鮮滿版	1922-12-23	03단	寒さに苦む避難民/總督府で收容設備に盡力す
108725	鮮滿版	1922-12-23	04단	父兄が校長排斥/貞信女校紛擾
108726	鮮滿版	1922-12-23	04단	李鍝公御歸鮮
108727	鮮滿版	1922-12-23	04단	各地より(晋州より/木浦より/新義州より)
108728	鮮滿版	1922-12-23	04단	近松遺品及參考品展覽會圖錄
108729	鮮滿版	1922-12-23	05단	人(上野少佐(軍參謀)/安滿少將(軍參謀長)/陶山氏晨父逝去)
108730	鮮滿版	1922-12-23	05단	半島茶話
108731	鮮滿版	1922-12-24	01단	首實檢(５６)/山口憲兵大佐(下)
108732	鮮滿版	1922-12-24	01단	都市計劃令を制定し/京城、平壤、大邱、釜山に實施
108733	鮮滿版	1922-12-24	01단	京城府豫算編成/矢張り財源難
108734	鮮滿版	1922-12-24	01단	京城電鐵/車輛の改善と線路の延長
108735	鮮滿版	1922-12-24	01단	憲兵整理/首腦から下士兵に及ふ
108736	鮮滿版	1922-12-24	02단	平壤の缺點は物資の乏しい事/澤事務官談
108737	鮮滿版	1922-12-24	03단	滿鮮を熱愛するが故に/福島莊平氏談
108738	鮮滿版	1922-12-24	03단	牧島市區改正の暗礁/本田府尹談
108739	鮮滿版	1922-12-24	04단	總督府の回答/會議所聯合會の決議に對し

일련번호	판명	간행일	단수	기사명
108740	鮮滿版	1922-12-24	04단	客月釜山貿易
108741	鮮滿版	1922-12-24	05단	中鐵時間改正
108742	鮮滿版	1922-12-24	05단	滿鐵社宅工程
108743	鮮滿版	1922-12-24	05단	各地より(元山より/大邱より)
108744	鮮滿版	1922-12-24	05단	半島茶話
108745	鮮滿版	1922-12-26	01단	首實檢(５７)/筆者より
108746	鮮滿版	1922-12-26	01단	下關通過の朝鮮人/證明書廢止から從來に倍加
108747	鮮滿版	1922-12-26	01단	京城に榮養研究所を設置する計劃
108748	鮮滿版	1922-12-26	01단	平壤の汚物處分問題/摘野府尹談
108749	鮮滿版	1922-12-26	02단	御眞影御下賜/京城第二高女に
108750	鮮滿版	1922-12-26	02단	小作人組合/松汀里で組織
108751	鮮滿版	1922-12-26	02단	民立大學設置
108752	鮮滿版	1922-12-26	02단	仁川築港請願
108753	鮮滿版	1922-12-26	02단	戶籍令の要點
108754	鮮滿版	1922-12-26	03단	上旬朝鮮貿易
108755	鮮滿版	1922-12-26	03단	北鮮貿易線現狀
108756	鮮滿版	1922-12-26	04단	組合銀行帳尻
108757	鮮滿版	1922-12-26	04단	辭令(京城)
108758	鮮滿版	1922-12-26	04단	各地より(釜山より/晉州より/大邱より/木浦より/淸津より/雄基より)
108759	鮮滿版	1922-12-27	01단	滿鮮事業界/本年の回顧
108760	鮮滿版	1922-12-27	01단	*吉林省の露避難民 宛然餓虎の態/衛生列車編成/白軍汽船*
108761	鮮滿版	1922-12-27	01단	土木工事と復舊事業
108762	鮮滿版	1922-12-27	02단	開墾事業進捗遲々/それだけ前途に望みが多い
108763	鮮滿版	1922-12-27	03단	京城記者大會/退場者續出す
108764	鮮滿版	1922-12-27	04단	中學校設置/光州に決定
108765	鮮滿版	1922-12-27	04단	爲替貯金取扱時間延長
108766	鮮滿版	1922-12-27	04단	久保局長令後
108767	鮮滿版	1922-12-27	05단	衛生課分室新築
108768	鮮滿版	1922-12-27	05단	共濟社に解散命令
108769	鮮滿版	1922-12-27	05단	桐山氏に感謝狀
108770	鮮滿版	1922-12-27	05단	朝鮮洋畫會
108771	鮮滿版	1922-12-27	05단	各地より(木浦より/羅南より)
108772	鮮滿版	1922-12-28	01단	讀者から/滿鐵の醜事
108773	鮮滿版	1922-12-28	01단	通信普及を妨げる陋習/遞信局ではコレを打破する方針
108774	鮮滿版	1922-12-28	01단	京城驛と改稱/一月一日から
108775	鮮滿版	1922-12-28	01단	水産組合改造/制令で規定する

일련번호	판명	간행일	단수	기사명
108776	鮮滿版	1922-12-28	01단	煙草作柄不良/靑木專賣局長談
108777	鮮滿版	1922-12-28	02단	京城商業校舍/建設に決定
108778	鮮滿版	1922-12-28	02단	滿鮮運動界を顧みて
108779	鮮滿版	1922-12-28	03단	京管局長後任說
108780	鮮滿版	1922-12-28	03단	無盡業者取締
108781	鮮滿版	1922-12-28	04단	京城預金增加
108782	鮮滿版	1922-12-28	04단	光明停留場
108783	鮮滿版	1922-12-28	04단	各地より(平壤より/羅南より/淸津より)
108784	鮮滿版	1922-12-28	05단	半島茶話

1922년 12월 (선만판)

일련번호	판명	간행일	단수	기사명
108415	鮮滿版	1922-12-01	01단	學藝會と子供の藝術/南大門と第一高女
108416	鮮滿版	1922-12-01	01단	菊池新軍司令官に對する諸方面の希望/軍人獨特の意地ッ張はご免だ總督府某氏談/兎に角總てに碎けて欲しい龍山某實業家談/民衆の福利の爲に努力を希ふ某實業家談
108417	鮮滿版	1922-12-01	02단	大邱に出來る新市場/面積二萬坪收用人員五萬
108418	鮮滿版	1922-12-01	04단	土地改良基本調査/事業班の現狀
108419	鮮滿版	1922-12-01	04단	滿鐵沿線で警察側と陸軍側とが反目して居る/哈府を追放された石川の素破拔き
108420	鮮滿版	1922-12-01	05단	工藝品陳列館
108421	鮮滿版	1922-12-01	05단	露國避難艦船/二日釜山拔錨
108422	鮮滿版	1922-12-01	05단	各地より(晉州より)
108423	鮮滿版	1922-12-02	01단	改造されつゝある平壤
108424	鮮滿版	1922-12-02	01단	旅順要港部愈よ閉鎖/防備隊は佐世保の所屬
108425	鮮滿版	1922-12-02	01단	舊露國避難民悲慘の極/救濟せずばなるまい
108426	鮮滿版	1922-12-02	02단	平南豫算編成難/篠田知事談
108427	鮮滿版	1922-12-02	02단	首實檢(４１)/本田釜山府尹(上)
108428	鮮滿版	1922-12-02	03단	被選擧權獲得運動
108429	鮮滿版	1922-12-02	03단	錦州歐文電報豫納金が必要
108430	鮮滿版	1922-12-02	03단	建築調査部門
108431	鮮滿版	1922-12-02	04단	辭令
108432	鮮滿版	1922-12-02	04단	歸屬せる白軍を虐殺/赤軍は最初の聲明を反古にす
108433	鮮滿版	1922-12-02	04단	浚渫船行方不明
108434	鮮滿版	1922-12-02	04단	各地より(龍山より/羅南より/全州より/咸興より/淸津より)
108435	鮮滿版	1922-12-02	05단	羅南入營者着期
108436	鮮滿版	1922-12-02	05단	潭陽線開通祝賀
108437	鮮滿版	1922-12-02	05단	李公塥殿下
108438	鮮滿版	1922-12-02	06단	人(安武直夫氏(總督府文書課長)/小林晴治郎氏(京城醫專教授)/福島亦八氏(龍山中學校長))
108439	鮮滿版	1922-12-02	06단	半島茶話
108440	鮮滿版	1922-12-03	01단	俸給生活者の勢力/年末には京城を中心に三百萬圓の金が潤ふ
108441	鮮滿版	1922-12-03	01단	寒い所から暑い所へ/竹內臺灣警務局長談
108442	鮮滿版	1922-12-03	01단	西原借款後始末/困ったものだ
108443	鮮滿版	1922-12-03	02단	鑛業界恢復機運/總督府鑛務當局談
108444	鮮滿版	1922-12-03	02단	煙草作況/今村庶務課長談
108445	鮮滿版	1922-12-03	03단	少年審判所/朝鮮で設置は前途遼遠

일련번호	판명	간행일	단수	기사명
108446	鮮滿版	1922-12-03	03단	寒と飢の問答/內鮮人保護に就て
108447	鮮滿版	1922-12-03	03단	大庭將軍を送る/龍山にて一記者
108448	鮮滿版	1922-12-03	04단	前海要港部司令官百武三郎氏
108449	鮮滿版	1922-12-03	04단	副賞贈與
108450	鮮滿版	1922-12-03	04단	白軍の假政府元山に組織
108451	鮮滿版	1922-12-03	05단	勞農政府から資金を受けたか
108452	鮮滿版	1922-12-03	05단	米國實業團沿海州視察
108453	鮮滿版	1922-12-03	05단	勞銀と物價/住井支店長談
108454	鮮滿版	1922-12-03	06단	私鐵合倂問題
108455	鮮滿版	1922-12-03	06단	京城道路改修
108456	鮮滿版	1922-12-03	06단	朱乙溫泉改善
108457	鮮滿版	1922-12-03	06단	半島茶話
108458	鮮滿版	1922-12-05	01단	朝鮮大學豫科開設/柴崎京中校長談
108459	鮮滿版	1922-12-05	01단	間島領事館火災に就き/末松警視談
108460	鮮滿版	1922-12-05	01단	首實檢(４２)/本田釜山府尹(下)
108461	鮮滿版	1922-12-05	02단	平壤不景氣/資金融通協議
108462	鮮滿版	1922-12-05	03단	私鐵工事現狀/朝鮮中鐵/金剛山電鐵/南朝鮮鐵道/朝鮮京南/朝鮮産鐵/朝鮮森林
108463	鮮滿版	1922-12-05	04단	朝鮮水害義金分配
108464	鮮滿版	1922-12-05	04단	實業學校問題
108465	鮮滿版	1922-12-05	05단	京管驛長異動
108466	鮮滿版	1922-12-05	05단	各宗聯合會が托鉢開始/元山避難露人救濟の爲め
108467	鮮滿版	1922-12-05	05단	安昌男氏/鄕土飛行準備
108468	鮮滿版	1922-12-05	05단	看守にも功勞章授與
108469	鮮滿版	1922-12-05	05단	『內地の歌』教科書に收錄
108470	鮮滿版	1922-12-05	05단	爆發物密輸事件/本町署の活動
108471	鮮滿版	1922-12-05	05단	各地より(大田より/木浦より/咸興より)
108472	鮮滿版	1922-12-05	06단	辭令
108473	鮮滿版	1922-12-05	06단	半島茶話
108474	鮮滿版	1922-12-06	01단	首實檢(４３)/矢島社會課長(上)
108475	鮮滿版	1922-12-06	01단	浦潮には送還せず白軍は當分朝鮮で救護/避難露人收容所建設に決定/救濟義金募集
108476	鮮滿版	1922-12-06	01단	朝鮮博覽會の時には施政十五周年である/田中商工課長談
108477	鮮滿版	1922-12-06	01단	平南道の産業政策/篠田知事談
108478	鮮滿版	1922-12-06	03단	プランジャー喞筒使用/京城水源地に
108479	鮮滿版	1922-12-06	03단	平南金融組合聯合會事務所

일련번호	판명	간행일	단수	기사명
108480	鮮滿版	1922-12-06	04단	師範校新設計劃/平安當局の意向
108481	鮮滿版	1922-12-06	05단	撫順炭拂戾/朝鮮にも均霑せしめよ
108482	鮮滿版	1922-12-06	05단	鮮農困憊の狀
108483	鮮滿版	1922-12-06	05단	百武司令官着任期
108484	鮮滿版	1922-12-06	05단	蒲原局長赴任期
108485	鮮滿版	1922-12-06	05단	辯論差止事件/法曹界の一問題
108486	鮮滿版	1922-12-06	06단	各地より(平壤より/馬山より/淸津より)
108487	鮮滿版	1922-12-07	01단	首實檢(４４)/矢島社會課長(下)
108488	鮮滿版	1922-12-07	01단	露國避難民救護策/收容所の建築/給與品の補給
108489	鮮滿版	1922-12-07	01단	ス提督毒吐く/釜山側の辯明
108490	鮮滿版	1922-12-07	02단	滿洲財界は自然淘汰を待つが良い
108491	鮮滿版	1922-12-07	02단	仁川貿易/一億圓臺を突破するか
108492	鮮滿版	1922-12-07	03단	京城の歲末/釘本金物店主談
108493	鮮滿版	1922-12-07	03단	運輸本部長/朝鮮巡視
108494	鮮滿版	1922-12-07	04단	軍馬を雄基へ
108495	鮮滿版	1922-12-07	04단	大邱貨物減少
108496	鮮滿版	1922-12-07	04단	*安昌男氏は九日から飛行する 京城を中心として西鮮へも南鮮へも/朝日の後援を忘れませぬ 安昌男氏談*
108497	鮮滿版	1922-12-07	05단	蘆田問題で陳情
108498	鮮滿版	1922-12-07	05단	釜山警察新築
108499	鮮滿版	1922-12-07	05단	鯖漁活況
108500	鮮滿版	1922-12-07	05단	年賀郵便京城局で今年は百萬通/加納局長談
108501	鮮滿版	1922-12-07	06단	辯論差止問題眞相は斯うだ/前澤判事談
108502	鮮滿版	1922-12-07	06단	浚渫船發見
108503	鮮滿版	1922-12-07	06단	半島茶話
108504	鮮滿版	1922-12-08	01단	首實檢(４５)/山口高等課長(上)
108505	鮮滿版	1922-12-08	01단	天日製鹽高/七千五百餘萬斤
108506	鮮滿版	1922-12-08	01단	平南豫算編成
108507	鮮滿版	1922-12-08	01단	鐵道用地拂下
108508	鮮滿版	1922-12-08	01단	京城實業敎育機關
108509	鮮滿版	1922-12-08	02단	煙草優良種栽培
108510	鮮滿版	1922-12-08	02단	歲末市況豫想
108511	鮮滿版	1922-12-08	02단	暮れてゆく鮮都より/N生
108512	鮮滿版	1922-12-08	04단	京信合倂計劃
108513	鮮滿版	1922-12-08	04단	咸北豆調製改良
108514	鮮滿版	1922-12-08	05단	龍山管內火災數
108515	鮮滿版	1922-12-08	05단	孫督軍を騙した男/天津で捕はる

일련번호	판명	간행일	단수	기사명
108516	鮮滿版	1922-12-08	05단	對岸の馬賊/輯安縣を襲ふ
108517	鮮滿版	1922-12-08	05단	洪原の漁民/漁業が出來ず
108518	鮮滿版	1922-12-08	06단	百圓紙幣五枚/輸送中紛失
108519	鮮滿版	1922-12-08	06단	各地より(平壤より/雄基より)
108520	鮮滿版	1922-12-09	01단	首實檢(４６)/山口高等課長(中)
108521	鮮滿版	1922-12-09	01단	「見放されたら日本の藻屑となる」露國落武者の心情/毛布交付
108522	鮮滿版	1922-12-09	01단	朝鮮の勞働諸團體/內面は獨立運動を企圖
108523	鮮滿版	1922-12-09	03단	平穩裡に越年する/中村殖銀理事談
108524	鮮滿版	1922-12-09	03단	女子大學の分校設置は時勢の要求に適應するものだ
108525	鮮滿版	1922-12-09	04단	地籍測量/內地以上に進捗して居る
108526	鮮滿版	1922-12-09	05단	明年度の私鐵補給金/弓削鐵道部長談
108527	鮮滿版	1922-12-09	05단	五里津道路問題
108528	鮮滿版	1922-12-09	05단	辭令(京城)
108529	鮮滿版	1922-12-09	05단	京城仁川間往復飛行十日に決行
108530	鮮滿版	1922-12-09	05단	學生の風紀頹廢/警務官の警戒
108531	鮮滿版	1922-12-09	06단	各地より(晉州より/大邱より)
108532	鮮滿版	1922-12-09	06단	人(山內陸軍大佐(陸軍省兵器村課長)/川瀨亮少將(陸軍運輸部本部長)/國友尙謙氏(總督府警務課長)/安屋榮夫氏(總督府庶務部長)/菊池愼太郎少將(新任朝鮮軍司令官))
108533	鮮滿版	1922-12-09	06단	半島茶話
108534	鮮滿版	1922-12-10	01단	首實檢(４７)/山口高等課長(下)
108535	鮮滿版	1922-12-10	01단	在米邦人が北鮮に移住すとせば果樹栽培が一番良い/鈴木東拓支店長談
108536	鮮滿版	1922-12-10	01단	平壤府豫算編成/山下內務課長談
108537	鮮滿版	1922-12-10	02단	民刑事令改正要領
108538	鮮滿版	1922-12-10	03단	山下汽船新航路開始說/松崎朝郵專務談
108539	鮮滿版	1922-12-10	04단	防備隊兵舍/總督府に引渡
108540	鮮滿版	1922-12-10	04단	朝鮮人住宅/局子街に建設
108541	鮮滿版	1922-12-10	04단	鍾路路面整理
108542	鮮滿版	1922-12-10	05단	文華大學協議會
108543	鮮滿版	1922-12-10	05단	三角通譯官
108544	鮮滿版	1922-12-10	05단	辭令(京城)
108545	鮮滿版	1922-12-10	05단	山田氏の蒐めた遺物/博物館に陳列
108546	鮮滿版	1922-12-10	06단	鴨綠江結氷/車馬氷上通行
108547	鮮滿版	1922-12-10	06단	各地より(仁川より/釜山より)
108548	鮮滿版	1922-12-10	06단	半島茶話
108549	鮮滿版	1922-12-12	01단	平壤府新事業/汚物捨場 圖書館 運動場/教育施設

일련번호	판명	간행일	단수	기사명
108550	鮮滿版	1922-12-12	01단	土木法令/制定及改正
108551	鮮滿版	1922-12-12	02단	河川改修/原土木部長談
108552	鮮滿版	1922-12-12	02단	菊池新司令官/十四日着任
108553	鮮滿版	1922-12-12	02단	滿洲財界救濟/土岐事務總長談
108554	鮮滿版	1922-12-12	03단	裁判所令改正
108555	鮮滿版	1922-12-12	03단	癩病院の近況
108556	鮮滿版	1922-12-12	03단	冬期の燃料家庭用は煉炭/工藤物産社員談
108557	鮮滿版	1922-12-12	04단	京城年末商況(米/大豆/綿絲布/金融)
108558	鮮滿版	1922-12-12	04단	資金集散狀況
108559	鮮滿版	1922-12-12	04단	土官校入學試驗
108560	鮮滿版	1922-12-12	04단	新岩洞に郵便所
108561	鮮滿版	1922-12-12	05단	延社郵便局
108562	鮮滿版	1922-12-12	05단	辭令(京城)
108563	鮮滿版	1922-12-12	05단	强風を冒し安氏飛ぶ
108564	鮮滿版	1922-12-12	05단	京城驛と改稱/一月一日から實施
108565	鮮滿版	1922-12-12	05단	酒井通信員
108566	鮮滿版	1922-12-12	05단	各地より(馬山より/大邱より/淸津より)
108567	鮮滿版	1922-12-12	06단	半島茶話
108568	鮮滿版	1922-12-13	01단	土地會社は實現が一寸困難だ/その譯は斯うであると某實業家語る
108569	鮮滿版	1922-12-13	01단	朝鮮靑年の思想が變った/雜誌「新天地」事件の一例
108570	鮮滿版	1922-12-13	01단	朝鮮に渡る金銅作りの孔子像/元陸軍大臣陸鐘允氏が三十年間朝夕奉侍した
108571	鮮滿版	1922-12-13	03단	間島警官交代
108572	鮮滿版	1922-12-13	03단	鮮人旅行證明廢止/警務局の困難
108573	鮮滿版	1922-12-13	04단	警官表彰式
108574	鮮滿版	1922-12-13	04단	楚山郵便局
108575	鮮滿版	1922-12-13	04단	迎目灣の鰊漁
108576	鮮滿版	1922-12-13	04단	米を抱へて困る農民
108577	鮮滿版	1922-12-13	05단	土地擔保
108578	鮮滿版	1922-12-13	05단	氷上で衝突/中江鎭搜査隊と不逞鮮人團
108579	鮮滿版	1922-12-13	05단	平壤の家賃/警察署の調査
108580	鮮滿版	1922-12-13	05단	各地より(仁川より/龍山より/新義州より/淸津より/全州より/金泉より)
108581	鮮滿版	1922-12-13	06단	半島茶話
108582	鮮滿版	1922-12-14	01단	首實檢(４８)/大庭大將(補遺)
108583	鮮滿版	1922-12-14	01단	『朝鮮の開發に努力する覺悟だ』菊池軍司令官語る

일련번호	판명	간행일	단수	기사명
108584	鮮滿版	1922-12-14	01단	監獄で生産する煉瓦/柿原監獄課長談
108585	鮮滿版	1922-12-14	01단	總督府臨時會議/豫算問題か
108586	鮮滿版	1922-12-14	01단	海軍の民衆化に努める/百武司令官談
108587	鮮滿版	1922-12-14	02단	刑事課の獨立/馬野警察部長談
108588	鮮滿版	1922-12-14	03단	龍山兵器支廠/移轉問題
108589	鮮滿版	1922-12-14	04단	西鮮の物價/京城との比較
108590	鮮滿版	1922-12-14	04단	退職資金增加/靑島引渡間際の不平/司令官の英斷で鎭壓
108591	鮮滿版	1922-12-14	04단	法衙改築計劃
108592	鮮滿版	1922-12-14	05단	電話網調査
108593	鮮滿版	1922-12-14	05단	京城學組負擔
108594	鮮滿版	1922-12-14	05단	補償金分配
108595	鮮滿版	1922-12-14	05단	小松事務官歸還
108596	鮮滿版	1922-12-14	05단	辭令(京城)
108597	鮮滿版	1922-12-14	05단	安氏の巡回飛行/明春に延期
108598	鮮滿版	1922-12-14	06단	各地より(咸興より/浦項より)
108599	鮮滿版	1922-12-14	06단	會(土木建築協會/全鮮農業會)
108600	鮮滿版	1922-12-14	06단	人(加納岩二郎氏(京城郵便局長)/橫田五郎氏(法務局長)/守屋榮夫氏(總督府參事官))
108601	鮮滿版	1922-12-14	06단	半島茶話
108602	鮮滿版	1922-12-15	01단	首實檢(４９)/鮮銀總裁(補遺の一)
108603	鮮滿版	1922-12-15	01단	旅行證明を廢止するも國境方面は大丈夫だ/丸山警務局長談
108604	鮮滿版	1922-12-15	01단	滿洲財界を立直すには玉石を分ちて救濟するが良い/川上東拓理事談
108605	鮮滿版	1922-12-15	03단	中鐵が外資輸入一千萬圓
108606	鮮滿版	1922-12-15	03단	中樞院に鮮人書記官
108607	鮮滿版	1922-12-15	04단	建白書に大邱支部は調印しない
108608	鮮滿版	1922-12-15	04단	地下室に事務所/女性の會員もある/疑問の無産者同盟會
108609	鮮滿版	1922-12-15	05단	水産組合に補助金支給
108610	鮮滿版	1922-12-15	05단	應援警官引揚
108611	鮮滿版	1922-12-15	05단	光國富豪渡鮮
108612	鮮滿版	1922-12-15	05단	木浦に穀物市場
108613	鮮滿版	1922-12-15	05단	李王妃殿下/救濟金下賜
108614	鮮滿版	1922-12-15	05단	鮮婦人傳習生/同盟休業
108615	鮮滿版	1922-12-15	06단	仁川の痘瘡
108616	鮮滿版	1922-12-15	06단	統營で鰯法要
108617	鮮滿版	1922-12-15	06단	各地より(大邱より/大田より)

일련번호	판명	간행일	단수	기사명
108618	鮮滿版	1922-12-15	06단	半島茶話
108619	鮮滿版	1922-12-16	01단	首實檢(５０)/鮮銀總裁(補遺の二)
108620	鮮滿版	1922-12-16	01단	避難民早晩送還/川角通譯官談
108621	鮮滿版	1922-12-16	01단	日本の旅券認められぬ浦潮の近況/小松事務官談
108622	鮮滿版	1922-12-16	02단	下關で扱ふ朝鮮鮮魚四千萬圓內外/郡水産課長談
108623	鮮滿版	1922-12-16	02단	海軍不況/石垣朝郵營業課長談
108624	鮮滿版	1922-12-16	03단	釜山の周旋業不許可の方針/加々尾署長談
108625	鮮滿版	1922-12-16	04단	京取合併問題/京信側の不利
108626	鮮滿版	1922-12-16	04단	高倉氏の辣腕を免れた仁取
108627	鮮滿版	1922-12-16	05단	登記回復申請
108628	鮮滿版	1922-12-16	05단	略式裁判實施
108629	鮮滿版	1922-12-16	05단	林野調査成績
108630	鮮滿版	1922-12-16	05단	蒲原局長赴任
108631	鮮滿版	1922-12-16	05단	咸鏡中部線工程
108632	鮮滿版	1922-12-16	05단	浦項に新航路
108633	鮮滿版	1922-12-16	05단	木浦貿易活況
108634	鮮滿版	1922-12-16	06단	米人銀行計劃
108635	鮮滿版	1922-12-16	06단	連絡取扱驛
108636	鮮滿版	1922-12-16	06단	各地より(新義州より/清津より)
108637	鮮滿版	1922-12-16	06단	人(西村保吉氏(總督府殖産局長)/レベデン少將(露國白軍代表))
108638	鮮滿版	1922-12-16	06단	半島茶話
108639	鮮滿版	1922-12-17	01단	首實檢(５１)/竹內局長(補遺)
108640	鮮滿版	1922-12-17	01단	文化施設に力瘤を入れて在鮮外人布教費が膨脹する
108641	鮮滿版	1922-12-17	01단	電氣應用著きし進步/水電利用有望
108642	鮮滿版	1922-12-17	02단	京城公立校現狀
108643	鮮滿版	1922-12-17	02단	間島に落延びた白軍の窮狀/間島にて渡部薰太郎
108644	鮮滿版	1922-12-17	04단	鮮運同友會組織
108645	鮮滿版	1922-12-17	04단	鐵道郵便局移管
108646	鮮滿版	1922-12-17	04단	信託會社合併談
108647	鮮滿版	1922-12-17	05단	總督府貿易調査
108648	鮮滿版	1922-12-17	05단	李王家から御婚儀獻上品/美術品製作所で製作する
108649	鮮滿版	1922-12-17	05단	小ルーズ/虎狩に北進
108650	鮮滿版	1922-12-17	06단	各地より(平壤より/咸興より/光州より)
108651	鮮滿版	1922-12-19	01단	首實檢(５２)/安武前文書課長

일련번호	판명	간행일	단수	기사명
108652	鮮滿版	1922-12-19	01단	落魄したとは云へ白軍に此意氣あり レベデフ將軍談/我同志は死んでも彼等に降らぬ/赤軍の末路も突發的に來やう
108653	鮮滿版	1922-12-19	01단	間島の避難露人/本社の好意に感泣した
108654	鮮滿版	1922-12-19	01단	押收武器輸送
108655	鮮滿版	1922-12-19	02단	朝鮮戸籍令近く發布
108656	鮮滿版	1922-12-19	03단	國粹會朝鮮本部排斥/記者團の決議
108657	鮮滿版	1922-12-19	03단	菊池新軍司令官を迎ふ/龍山にて一記者
108658	鮮滿版	1922-12-19	04단	地方官更迭説
108659	鮮滿版	1922-12-19	04단	鮮語試驗成績
108660	鮮滿版	1922-12-19	05단	榮山浦に米券倉庫
108661	鮮滿版	1922-12-19	05단	黃海道から本社へ謝辭/義捐金募集に就き
108662	鮮滿版	1922-12-19	05단	鐵道分會滿洲視察
108663	鮮滿版	1922-12-19	05단	同文書院試驗
108664	鮮滿版	1922-12-19	05단	滯納者は京城で不動産を差押へる
108665	鮮滿版	1922-12-19	05단	年賀郵便發信者の粗漏/加納局長談
108666	鮮滿版	1922-12-19	06단	平壤府陸路黑海壕商會主收監
108667	鮮滿版	1922-12-19	06단	酒井通信員葬儀
108668	鮮滿版	1922-12-19	06단	半島茶話
108669	鮮滿版	1922-12-20	01단	首實檢(５３)/吉松京城府尹(上)
108670	鮮滿版	1922-12-20	01단	破産法と和議法/一月一日から朝鮮にも實施
108671	鮮滿版	1922-12-20	01단	何事も研究の上で/蒲原新局長談
108672	鮮滿版	1922-12-20	01단	水産學校/釜山試驗場に附設される
108673	鮮滿版	1922-12-20	01단	平壤の電燈府營問題/府當局者談
108674	鮮滿版	1922-12-20	02단	東拓の外債募集説/容易であるまい
108675	鮮滿版	1922-12-20	03단	浦潮から引揚げた邦人/損害補償請願
108676	鮮滿版	1922-12-20	03단	監獄增改築/外壁は煉瓦積
108677	鮮滿版	1922-12-20	04단	共用線增設/事業繰延か
108678	鮮滿版	1922-12-20	04단	年末運輸狀況
108679	鮮滿版	1922-12-20	04단	優良保線丁場
108680	鮮滿版	1922-12-20	04단	菊池司令官招宴
108681	鮮滿版	1922-12-20	05단	間島の米作有望
108682	鮮滿版	1922-12-20	05단	大連工業募生
108683	鮮滿版	1922-12-20	05단	抱米を農家手離し/出廻り初む
108684	鮮滿版	1922-12-20	05단	白軍が乘逃した帆船/圓滿に買取る
108685	鮮滿版	1922-12-20	06단	數名の強盜/金泉の富豪宅に闖入した
108686	鮮滿版	1922-12-20	06단	金泉活動常設館

일련번호	판명	간행일	단수	기사명
108687	鮮滿版	1922-12-20	06단	各地より(咸興より/羅南より)
108688	鮮滿版	1922-12-21	01단	首實檢(５４)/吉松京城府尹(下)
108689	鮮滿版	1922-12-21	01단	初等教育機關の不備/學校も不足なら教員も不足
108690	鮮滿版	1922-12-21	01단	朝鮮金融界平穩である/藤森一銀支店長談
108691	鮮滿版	1922-12-21	02단	京城府の社會施設/完成方針
108692	鮮滿版	1922-12-21	03단	私鐵補助延長/賀田殖鐵專務談
108693	鮮滿版	1922-12-21	04단	敦賀北鮮線舞鶴/立神丸宮津寄航
108694	鮮滿版	1922-12-21	04단	安氏が鄕土飛行をしたので朝鮮に航空熱が勃興した/服部大尉談
108695	鮮滿版	1922-12-21	04단	李太王建碑問題/餘り大きくしないが良い
108696	鮮滿版	1922-12-21	05단	山銀支店近況/高橋支店長談
108697	鮮滿版	1922-12-21	05단	避難民救護で布教師連の奮起
108698	鮮滿版	1922-12-22	01단	內鮮無線電話成績/遞信省發表(接續試驗/混信防止/第二次試驗)
108699	鮮滿版	1922-12-22	01단	民衆に溫昧を/龍山署員の心意氣美はし
108700	鮮滿版	1922-12-22	02단	聯絡船改良/加藤船舶課長談
108701	鮮滿版	1922-12-22	02단	辭職した商議連/認可を督促す
108702	鮮滿版	1922-12-22	03단	新聞規則改正
108703	鮮滿版	1922-12-22	03단	修養團設置
108704	鮮滿版	1922-12-22	03단	平壤電車課新設
108705	鮮滿版	1922-12-22	03단	慶北病院長
108706	鮮滿版	1922-12-22	04단	露國避難民へ/義捐金送附(獨立運動企慶北道評議員李庭福?)
108707	鮮滿版	1922-12-22	04단	雇員焚死す
108708	鮮滿版	1922-12-22	04단	元山の火事
108709	鮮滿版	1922-12-22	04단	驛長不正事件
108710	鮮滿版	1922-12-22	04단	金鐘範取調べ
108711	鮮滿版	1922-12-22	04단	巡査表彰
108712	鮮滿版	1922-12-22	05단	各地より(晉州より/木浦より/淸津より)
108713	鮮滿版	1922-12-22	05단	人(安屋榮夫氏(總督府參事官)/小野田又四郎氏(國粹會朝鮮本部理事)/有吉忠一氏(政務總監)/松村松盛氏(總督秘書官))
108714	鮮滿版	1922-12-22	05단	半島茶話
108715	鮮滿版	1922-12-23	01단	首實檢(５５)/山口憲兵大佐(上)
108716	鮮滿版	1922-12-23	01단	朝鮮議會開設要求/板橋氏の提唱
108717	鮮滿版	1922-12-23	01단	醫大開校十三年に延期された/志賀病院長談
108718	鮮滿版	1922-12-23	01단	鮮鐵驛長打合會
108719	鮮滿版	1922-12-23	01단	平川南滿醫大教授博士となる

일련번호	판명	간행일	단수	기사명
108720	鮮滿版	1922-12-23	02단	鮮米格付決定
108721	鮮滿版	1922-12-23	02단	勸業信託紛擾
108722	鮮滿版	1922-12-23	02단	桐山署長辭職
108723	鮮滿版	1922-12-23	02단	京城の白米消費/內鮮人の割合
108724	鮮滿版	1922-12-23	03단	寒さに苦む避難民/總督府で收容設備に盡力す
108725	鮮滿版	1922-12-23	04단	父兄が校長排斥/貞信女校紛擾
108726	鮮滿版	1922-12-23	04단	李鍝公御歸鮮
108727	鮮滿版	1922-12-23	04단	各地より(晉州より/木浦より/新義州より)
108728	鮮滿版	1922-12-23	04단	近松遺品及參考品展覽會圖錄
108729	鮮滿版	1922-12-23	05단	人(上野少佐(軍參謀)/安滿少將(軍參謀長)/陶山氏晨父逝去)
108730	鮮滿版	1922-12-23	05단	半島茶話
108731	鮮滿版	1922-12-24	01단	首實檢(５６)/山口憲兵大佐(下)
108732	鮮滿版	1922-12-24	01단	都市計劃令を制定し/京城、平壤、大邱、釜山に實施
108733	鮮滿版	1922-12-24	01단	京城府豫算編成/矢張り財源難
108734	鮮滿版	1922-12-24	01단	京城電鐵/車輛の改善と線路の延長
108735	鮮滿版	1922-12-24	01단	憲兵整理/首腦から下士兵に及ふ
108736	鮮滿版	1922-12-24	02단	平壤の缺點は物資の乏しい事/澤事務官談
108737	鮮滿版	1922-12-24	03단	滿鮮を熱愛するが故に/福島莊平氏談
108738	鮮滿版	1922-12-24	03단	牧島市區改正の暗礁/本田府尹談
108739	鮮滿版	1922-12-24	04단	總督府の回答/會議所聯合會の決議に對し
108740	鮮滿版	1922-12-24	04단	客月釜山貿易
108741	鮮滿版	1922-12-24	05단	中鐵時間改正
108742	鮮滿版	1922-12-24	05단	滿鐵社宅工程
108743	鮮滿版	1922-12-24	05단	各地より(元山より/大邱より)
108744	鮮滿版	1922-12-24	05단	半島茶話
108745	鮮滿版	1922-12-26	01단	首實檢(５７)/筆者より
108746	鮮滿版	1922-12-26	01단	下關通過の朝鮮人/證明書廢止から從來に倍加
108747	鮮滿版	1922-12-26	01단	京城に榮養研究所を設置する計劃
108748	鮮滿版	1922-12-26	01단	平壤の汚物處分問題/摘野府尹談
108749	鮮滿版	1922-12-26	02단	御眞影御下賜/京城第二高女に
108750	鮮滿版	1922-12-26	02단	小作人組合/松汀里で組織
108751	鮮滿版	1922-12-26	02단	民立大學設置
108752	鮮滿版	1922-12-26	02단	仁川築港請願
108753	鮮滿版	1922-12-26	02단	戶籍令の要點
108754	鮮滿版	1922-12-26	03단	上旬朝鮮貿易
108755	鮮滿版	1922-12-26	03단	北鮮貿易線現狀

일련번호	판명	간행일	단수	기사명
108756	鮮滿版	1922-12-26	04단	組合銀行帳尻
108757	鮮滿版	1922-12-26	04단	辭令(京城)
108758	鮮滿版	1922-12-26	04단	各地より(釜山より/晉州より/大邱より/木浦より/淸津より/雄基より)
108759	鮮滿版	1922-12-27	01단	滿鮮事業界/本年の回顧
108760	鮮滿版	1922-12-27	01단	吉林省の露避難民 宛然餓虎の態/衛生列車編成/白軍汽船
108761	鮮滿版	1922-12-27	01단	土木工事と復舊事業
108762	鮮滿版	1922-12-27	02단	開墾事業進捗遲々/それだけ前途に望みが多い
108763	鮮滿版	1922-12-27	03단	京城記者大會/退場者續出す
108764	鮮滿版	1922-12-27	04단	中學校設置/光州に決定
108765	鮮滿版	1922-12-27	04단	爲替貯金取扱時間延長
108766	鮮滿版	1922-12-27	04단	久保局長令後
108767	鮮滿版	1922-12-27	05단	衛生課分室新築
108768	鮮滿版	1922-12-27	05단	共濟社に解散命令
108769	鮮滿版	1922-12-27	05단	桐山氏に感謝狀
108770	鮮滿版	1922-12-27	05단	朝鮮洋畫會
108771	鮮滿版	1922-12-27	05단	各地より(木浦より/羅南より)
108772	鮮滿版	1922-12-28	01단	讀者から/滿鐵の醜事
108773	鮮滿版	1922-12-28	01단	通信普及を妨ける陋習/遞信局ではコレを打破する方針
108774	鮮滿版	1922-12-28	01단	京城驛と改稱/一月一日から
108775	鮮滿版	1922-12-28	01단	水産組合改造/制令で規定する
108776	鮮滿版	1922-12-28	01단	煙草作柄不良/靑木專賣局長談
108777	鮮滿版	1922-12-28	02단	京城商業校舍/建設に決定
108778	鮮滿版	1922-12-28	02단	滿鮮運動界を顧みて
108779	鮮滿版	1922-12-28	03단	京管局長後任說
108780	鮮滿版	1922-12-28	03단	無盡業者取締
108781	鮮滿版	1922-12-28	04단	京城預金增加
108782	鮮滿版	1922-12-28	04단	光明停留場
108783	鮮滿版	1922-12-28	04단	各地より(平壤より/羅南より/淸津より)
108784	鮮滿版	1922-12-28	05단	半島茶話

아사히신문 외지판(조선판) 기사명 색인

1923년

1923년 1월 (선만판)

일련번호	판명	간행일	단수	기사명
108785	鮮滿版	1923-01-05	01단	人園禮讃(1)/首實檢の後釜
108786	鮮滿版	1923-01-05	01단	平和は人類共通の欲求で萬邦の冀ふ所/齋藤朝鮮總督談
108787	鮮滿版	1923-01-05	02단	三十年後を豫想して立案する/京城都市計劃案
108788	鮮滿版	1923-01-05	02단	朝鮮の正月
108789	鮮滿版	1923-01-05	03단	淸津城津兩築港案
108790	鮮滿版	1923-01-05	04단	朝鮮民立大學/一月上旬發起人會を
108791	鮮滿版	1923-01-05	04단	光州に女學校新設
108792	鮮滿版	1923-01-05	04단	內政獨立陳情
108793	鮮滿版	1923-01-05	05단	避難民五千名/元山でお正月
108794	鮮滿版	1923-01-05	05단	入隊式
108795	鮮滿版	1923-01-05	05단	龍山師團陸軍始
108796	鮮滿版	1923-01-05	05단	鬱陵島より
108797	鮮滿版	1923-01-05	05단	人(菊地朝鮮軍司令官/谷村朝鮮軍經理部長)
108798	鮮滿版	1923-01-05	05단	半島茶話
108799	鮮滿版	1923-01-06	01단	人國禮讃(2)/齋藤副官(上)
108800	鮮滿版	1923-01-06	01단	年頭の感/菊池朝鮮軍司令官談
108801	鮮滿版	1923-01-06	01단	國民の一大使命/朝鮮總督府政務總監/有吉忠一
108802	鮮滿版	1923-01-06	03단	新春を迎へて全鮮農民の發奮を促す/總督府殖産局長/西村保吉氏談
108803	鮮滿版	1923-01-06	04단	孝子節婦/總督から表彰
108804	鮮滿版	1923-01-06	05단	道産業技術官會議/諮問事項
108805	鮮滿版	1923-01-06	05단	淸津より
108806	鮮滿版	1923-01-06	05단	半島茶話
108807	鮮滿版	1923-01-07	01단	人國禮讃(3)/齋藤副官(下)
108808	鮮滿版	1923-01-07	01단	經濟界の整理時代/有賀殖銀頭取談
108809	鮮滿版	1923-01-07	01단	露國の正月/若い娘が二週間も踊り拔き元日早朝には「夫定め」をする/露國領事スコロズモフ氏談
108810	鮮滿版	1923-01-07	05단	水源地電化計劃/起債に依るか
108811	鮮滿版	1923-01-07	05단	半島茶話
108812	鮮滿版	1923-01-09	01단	いと嚴肅な朝鮮京管の朝賀/箋文と表裏を奉る
108813	鮮滿版	1923-01-09	01단	平安南道の水利事業/平安南道知事/篠田治策氏談
108814	鮮滿版	1923-01-09	03단	朝鮮の猪
108815	鮮滿版	1923-01-09	04단	學校組合負擔/京城は輕くない
108816	鮮滿版	1923-01-09	05단	西海岸の開發/産業的に有望
108817	鮮滿版	1923-01-09	05단	新春の昌德宮/兩殿下御近狀
108818	鮮滿版	1923-01-09	06단	*露國避難民收容所建設 食料も供給/傳染病續發*
108819	鮮滿版	1923-01-09	06단	大阪屋女房自殺

일련번호	판명	간행일	단수	기사명
108820	鮮滿版	1923-01-09	06단	半島茶話
108821	鮮滿版	1923-01-10	01단	人國禮讚(４)/守屋榮夫君(一)
108822	鮮滿版	1923-01-10	01단	平壤府の明年度事業概要/平壤府尹/楠野俊成氏談
108823	鮮滿版	1923-01-10	03단	朝鮮に議會を置け/國民協會の目標換へ
108824	鮮滿版	1923-01-10	03단	猪の仙人(上)/朝鮮傳奇物語
108825	鮮滿版	1923-01-10	04단	昨年の釜山多忙であった/本田府尹談
108826	鮮滿版	1923-01-10	05단	産米技手配置
108827	鮮滿版	1923-01-10	05단	築港問題審議
108828	鮮滿版	1923-01-10	06단	全鮮耕地面積
108829	鮮滿版	1923-01-10	06단	辭令
108830	鮮滿版	1923-01-10	06단	各地より(全州より)
108831	鮮滿版	1923-01-10	06단	半島茶話
108832	鮮滿版	1923-01-11	01단	滿鮮に於ける平壤の産業的地位/平壤商業會議所會頭/福島莊平
108833	鮮滿版	1923-01-11	01단	支那の正月/嚴かな中産階級の儀式/酒と煙草に入浸る土民/M大人の追懷談
108834	鮮滿版	1923-01-11	03단	私鐵建設/本年は百哩
108835	鮮滿版	1923-01-11	04단	稅關縮小/稅關吏も減員
108836	鮮滿版	1923-01-11	04단	釜山に兒童博物館/飛舖理事官談
108837	鮮滿版	1923-01-11	04단	支那綿布商/鮮商を壓迫
108838	鮮滿版	1923-01-11	05단	淸津府民決議(決議)
108839	鮮滿版	1923-01-11	05단	鮮支郵便交換
108840	鮮滿版	1923-01-11	05단	辭令
108841	鮮滿版	1923-01-11	06단	郵便物爆發/中に弄具の拳/銃と紙製爆發
108842	鮮滿版	1923-01-11	06단	半島茶話
108843	鮮滿版	1923-01-12	01단	人國禮讚(５)/守屋榮夫君(二)
108844	鮮滿版	1923-01-12	01단	朝鮮に議會設置 尙早か何うか/朝鮮議會惡くはないが時期が早い 總督府當局一員談/結構ではあるが實現は六箇しい 龍山某實業家談/兎に角考究を要する問題だ 某憲兵將校談/朝鮮にも當然必要だと思ふ 某實業家談
108845	鮮滿版	1923-01-12	04단	府協議會公開期/三月からか
108846	鮮滿版	1923-01-12	04단	郵便局所一郡一ヶ所/內地同樣にするには一億圓以上要る
108847	鮮滿版	1923-01-12	05단	感化院元山に設置
108848	鮮滿版	1923-01-12	05단	水力調査河川豫定
108849	鮮滿版	1923-01-12	05단	邱鎭鐵道運動
108850	鮮滿版	1923-01-12	05단	速水丸難破して聯絡船に救はる
108851	鮮滿版	1923-01-12	06단	在浦邦人/赤軍に操縱されて居るか

일련번호	판명	간행일	단수	기사명
108852	鮮滿版	1923-01-12	06단	誤って學友を敎室で射擊
108853	鮮滿版	1923-01-12	06단	殺人犯捕はる
108854	鮮滿版	1923-01-12	06단	半島茶話
108855	鮮滿版	1923-01-12	07단	肉塊(十二)/谷崎潤一郎/田中良畵
108856	鮮滿版	1923-01-13	01단	人國禮讚(５)/守屋榮夫君(三)
108857	鮮滿版	1923-01-13	01단	移入稅撤廢に就て財務當局の說明
108858	鮮滿版	1923-01-13	01단	土地會社設立は不得策/その金を旣設會社に注込め
108859	鮮滿版	1923-01-13	01단	河川令近く制定
108860	鮮滿版	1923-01-13	02단	水産會法/四月から實施
108861	鮮滿版	1923-01-13	03단	鑛業界復活の曙光
108862	鮮滿版	1923-01-13	04단	舍音の弊/制度の罪でなく人の問題だ/鈴木東拓支店長談
108863	鮮滿版	1923-01-13	04단	中央電話局/京城に設置
108864	鮮滿版	1923-01-13	05단	客月仁川貿易
108865	鮮滿版	1923-01-13	05단	學校組合新設
108866	鮮滿版	1923-01-13	05단	虐げられて竊み/妙齡な看護婦
108867	鮮滿版	1923-01-13	06단	會(土木會議/實銀株主總會/鹽業技術會議/高等警察會議/地方行政講習)
108868	鮮滿版	1923-01-13	06단	半島茶話
108869	鮮滿版	1923-01-14	01단	朝鮮婚姻の弊風改善/平安南道社會課長嚴理事官談
108870	鮮滿版	1923-01-14	01단	京城府議選擧/十一月執行
108871	鮮滿版	1923-01-14	01단	正米出廻り/船荷順調
108872	鮮滿版	1923-01-14	01단	水産會令公布
108873	鮮滿版	1923-01-14	02단	大邱上水擴張
108874	鮮滿版	1923-01-14	02단	京城防疫施設
108875	鮮滿版	1923-01-14	03단	平南面長會同
108876	鮮滿版	1923-01-14	04단	慶北兩港修築
108877	鮮滿版	1923-01-14	04단	昨年淸津貿易
108878	鮮滿版	1923-01-14	04단	一家四人十一圓で暮す/朝鮮小作農の生活/懶惰に夢死し向上に目醒めぬ
108879	鮮滿版	1923-01-14	05단	週間取引不振
108880	鮮滿版	1923-01-14	05단	辭令(龍山)
108881	鮮滿版	1923-01-14	06단	不正漁船を一齊掃蕩/『楓』の出動
108882	鮮滿版	1923-01-14	06단	罷業洋靴職工/自ら生産して大廉賣をやる
108883	鮮滿版	1923-01-14	06단	半島茶話
108884	鮮滿版	1923-01-16	01단	朝鮮佛敎を復興せしめる中央敎務所の目的/島田總督府宗敎課長談
108885	鮮滿版	1923-01-16	01단	京城道路修築/都市計劃の前提

일련번호	판명	간행일	단수	기사명
108886	鮮滿版	1923-01-16	01단	人國禮讚(７)/守屋榮夫君(四)
108887	鮮滿版	1923-01-16	02단	三川改修/明年度着工
108888	鮮滿版	1923-01-16	02단	邱全鐵道/豫定線概況
108889	鮮滿版	1923-01-16	03단	ジトリックス局子街に入る
108890	鮮滿版	1923-01-16	03단	ヤンコスキー/運搬業を始む
108891	鮮滿版	1923-01-16	03단	本町署移築
108892	鮮滿版	1923-01-16	04단	淸津法衙昇格
108893	鮮滿版	1923-01-16	04단	安州鮮商決議/決議文
108894	鮮滿版	1923-01-16	04단	浮いたかと思ふと直ぐ落付いた年末年始/子供の洋服が流行り出した/橋本三越支店長談
108895	鮮滿版	1923-01-16	04단	怪事件の眞相/背任罪で起訴
108896	鮮滿版	1923-01-16	05단	全州に師範學校
108897	鮮滿版	1923-01-16	05단	辭令(京城)
108898	鮮滿版	1923-01-16	05단	漢江の氷滑會
108899	鮮滿版	1923-01-16	05단	各地より(龍山より/羅南より/馬山より/大田より)
108900	鮮滿版	1923-01-16	06단	半島茶話
108901	鮮滿版	1923-01-17	01단	人國禮讚(８)/今村鞆君(上)
108902	鮮滿版	1923-01-17	01단	總督府の言論取締りに對する各方面の意見/解放もするが取締りも止むを得ぬ事 山口總督府高等警察課長談/無暗に抑壓は惡いが相當の制裁は良い 某實業家談/言論壓迫も根本問題と見解による 橫田法務局長談/神經を餘りに尖すのも考へ物だ 山口京城憲兵隊長談
108903	鮮滿版	1923-01-17	04단	警官淘汰/新進者拔擢
108904	鮮滿版	1923-01-17	04단	排水工事補助
108905	鮮滿版	1923-01-17	05단	慶南釀造分析所/移轉問題起る
108906	鮮滿版	1923-01-17	05단	大邱に大降雪
108907	鮮滿版	1923-01-17	05단	半島茶話
108908	鮮滿版	1923-01-18	01단	人國禮讚(９)/今村鞆君(中)
108909	鮮滿版	1923-01-18	01단	西鮮各郡新施設/十二年度實施
108910	鮮滿版	1923-01-18	02단	鮮人登用/通信事業に
108911	鮮滿版	1923-01-18	02단	鮮銀券印刷/印刷局でやる
108912	鮮滿版	1923-01-18	02단	平壤航空隊/飛行場改造
108913	鮮滿版	1923-01-18	03단	京城覆審法院/光化門に移築
108914	鮮滿版	1923-01-18	03단	京城教育施設
108915	鮮滿版	1923-01-18	04단	交通機關整備
108916	鮮滿版	1923-01-18	04단	仁川分監廢止
108917	鮮滿版	1923-01-18	04단	京電擴張計劃
108918	鮮滿版	1923-01-18	05단	平南教育事業

일련번호	판명	간행일	단수	기사명
108919	鮮滿版	1923-01-18	05단	新義州新施設
108920	鮮滿版	1923-01-18	05단	羅南戶口增加
108921	鮮滿版	1923-01-18	06단	各地より(淸津より/羅南より/鳥致院より/雄基より)
108922	鮮滿版	1923-01-19	01단	人國禮讚(１０)/今村鞆君(下)
108923	鮮滿版	1923-01-19	01단	鮮鐵の經營は總督府の直營か 滿鐵委任が良いか/我々は滿鐵の經營に滿足してゐる 賀田殖鐵專務談/鮮鐵が旨く動くのは滿鐵があるからだ 滿鐵某重役談/善惡は第三者の判斷に委せやう 弓削鐵道部長談
108924	鮮滿版	1923-01-19	03단	猪の仙人(下)/朝鮮傳奇物語
108925	鮮滿版	1923-01-19	04단	辭任說私は知らぬ/久保京管局長談
108926	鮮滿版	1923-01-19	05단	大邱の藥令市/今年は不況
108927	鮮滿版	1923-01-19	05단	淸溪川河床整理
108928	鮮滿版	1923-01-19	05단	朝鮮線時間改正
108929	鮮滿版	1923-01-19	05단	安滿參謀長待命說
108930	鮮滿版	1923-01-19	06단	光州中學期成會
108931	鮮滿版	1923-01-19	06단	海事協會役員
108932	鮮滿版	1923-01-19	06단	各地より(大邱より)
108933	鮮滿版	1923-01-19	06단	半島茶話
108934	鮮滿版	1923-01-20	01단	人國禮讚(１１)/渡邊豊日子君(上)
108935	鮮滿版	1923-01-20	01단	國有林野を讓與する齊藤總督の地方團體に對する訓示
108936	鮮滿版	1923-01-20	01단	民心靜謐は表面のみ裏面はこの通りだ
108937	鮮滿版	1923-01-20	02단	教科書/五百萬冊印刷
108938	鮮滿版	1923-01-20	03단	天圖輕鐵契約/京城で締結
108939	鮮滿版	1923-01-20	03단	スケーチング/冬季唯一の遊び
108940	鮮滿版	1923-01-20	04단	私鐵合同條件/賀田殖鉄專務談
108941	鮮滿版	1923-01-20	04단	辭令
108942	鮮滿版	1923-01-20	05단	赤行囊を竊取/金川驛構內で
108943	鮮滿版	1923-01-20	05단	滿洲米試食會
108944	鮮滿版	1923-01-20	05단	各地より(新義州より/鳥致院より/羅南より)
108945	鮮滿版	1923-01-20	06단	半島茶話
108946	鮮滿版	1923-01-21	01단	人國禮讚(１２)/渡邊豊日子君(下)
108947	鮮滿版	1923-01-21	01단	濟世利民の本願を成就せしめよ 三十本山の住職に對する有吉政務總監の訓示/住持召集に就き島田宗教課長談
108948	鮮滿版	1923-01-21	02단	京城の中央市場/位置が決らぬ
108949	鮮滿版	1923-01-21	02단	內鮮共學支障がある/河野南大門校長
108950	鮮滿版	1923-01-21	03단	鮮鐵の將來/齊藤總督談
108951	鮮滿版	1923-01-21	04단	警務局の整理/國友警務局長談
108952	鮮滿版	1923-01-21	04단	算盤の取れぬ目下の海運界/松崎朝郵專務談

일련번호	판명	간행일	단수	기사명
108953	鮮滿版	1923-01-21	05단	旅順防備隊檢閱/栃內長官出張
108954	鮮滿版	1923-01-21	05단	昨年釜山貿易/一億千餘萬圓
108955	鮮滿版	1923-01-21	05단	法衙職員增加
108956	鮮滿版	1923-01-21	05단	信託會社合同
108957	鮮滿版	1923-01-21	06단	憲兵隊副官會議
108958	鮮滿版	1923-01-21	06단	各地より(龍山より/淸津より)
108959	鮮滿版	1923-01-21	06단	半島茶話
108960	鮮滿版	1923-01-23	01단	人國禮讚(１３)/國友尙謙君(上)
108961	鮮滿版	1923-01-23	01단	各道に師範學校/設置方針
108962	鮮滿版	1923-01-23	01단	嚴選の結果移民好績/田淵東拓支配人談
108963	鮮滿版	1923-01-23	02단	參政權附與建白/金明濬氏談
108964	鮮滿版	1923-01-23	02단	財政調査會/設置計劃
108965	鮮滿版	1923-01-23	03단	工業振興方策/會議所聯合會に附議する
108966	鮮滿版	1923-01-23	03단	獄內作業擴張/囚人工錢增加
108967	鮮滿版	1923-01-23	04단	仁川貿易發展祝賀會/二月九日擧行
108968	鮮滿版	1923-01-23	04단	七星門外に新驛設置確定
108969	鮮滿版	1923-01-23	04단	釜山道路補助/澤田知事談
108970	鮮滿版	1923-01-23	04단	北鮮港灣施設
108971	鮮滿版	1923-01-23	05단	學校費評議會公開
108972	鮮滿版	1923-01-23	05단	郡廳雄基に移轉
108973	鮮滿版	1923-01-23	06단	各地より(淸津より/咸興より/大田より)
108974	鮮滿版	1923-01-23	06단	半島茶話
108975	鮮滿版	1923-01-24	01단	民心は果して安定乎 不逞者續々侵入 爆彈は飛び拳銃は鳴る 警察官は頻頻と殺傷され民間人士は盛んに脅迫されてゐる 之に對し世間は斯ういって居る/赤裸々に申せば決して安定しては居らぬ 軍事當局者談/安定はして居らぬがしかし總督府が惡いのでは無い 鈴木東拓支店長談/其れは立場と解釋のしやうに依って異ふ 法務當局談/物事には表裏がある事さへ考へたら問題ぢゃない 總督府當局一員談/爆彈が飛んだって朝鮮統治は微動だにせぬ 前田憲兵司令官談
108976	鮮滿版	1923-01-24	02단	藤川慶北道知事から本社へ謝辭/義捐金送附に就いて
108977	鮮滿版	1923-01-24	04단	京城東京間通話試驗/近く實施
108978	鮮滿版	1923-01-24	04단	驛辨檢査成績/水原が第一等
108979	鮮滿版	1923-01-24	04단	十年前に別れた妻と娘
108980	鮮滿版	1923-01-24	04단	親子三人慘死
108981	鮮滿版	1923-01-24	05단	各地より(馬山より/光州より)
108982	鮮滿版	1923-01-24	05단	半島茶話
108983	鮮滿版	1923-01-25	01단	人國禮讚(１４)/國友尙謙君(下)

일련번호	판명	간행일	단수	기사명
108984	鮮滿版	1923-01-25	01단	*露國避難民の處置 北鮮開墾說は駄目だ 大塚內務局長談/赤化は衣食に窮した結果だらう/レベデフは結局內地か米國へ/土地開墾は絶對に駄目だ*
108985	鮮滿版	1923-01-25	01단	間島の支那郵便/渡部生
108986	鮮滿版	1923-01-25	04단	內鮮共學尚早/赤木師範校長談
108987	鮮滿版	1923-01-25	05단	交通機關整備の趨勢
108988	鮮滿版	1923-01-25	05단	淸津府新事業
108989	鮮滿版	1923-01-25	06단	京城納稅不良
108990	鮮滿版	1923-01-25	06단	分析所移轉反對
108991	鮮滿版	1923-01-25	06단	各地より(鳥致院より/雄基より)
108992	鮮滿版	1923-01-26	01단	人國禮讚(１５)/鈴木一來君
108993	鮮滿版	1923-01-26	01단	電氣事業に鮮人使用/木本京電專務談
108994	鮮滿版	1923-01-26	01단	書籍印刷會社創立
108995	鮮滿版	1923-01-26	02단	棉花出廻增加
108996	鮮滿版	1923-01-26	02단	巨鐘に絡む少女の怨(一)/母よ何故に妾を生みし
108997	鮮滿版	1923-01-26	03단	禁酒禁煙の決心から酒製造及煙草耕作免許證を返納する者が續出する
108998	鮮滿版	1923-01-26	03단	日支鐵道時間改正/六月一日から實施
108999	鮮滿版	1923-01-26	04단	木浦戶口數
109000	鮮滿版	1923-01-26	04단	漢城銀行總會
109001	鮮滿版	1923-01-26	05단	各地より(大邱より/鳥致院より/全州より/大田より/咸興より/羅南より)
109002	鮮滿版	1923-01-26	06단	半島茶話
109003	鮮滿版	1923-01-27	01단	人國禮讚(１６)/朴重陽君(上)
109004	鮮滿版	1923-01-27	01단	初巡視/菊池軍司令官談
109005	鮮滿版	1923-01-27	03단	林業現狀/林業技術官に對する西村局長の訓示
109006	鮮滿版	1923-01-27	03단	巨鐘に絡む少女の怨二/母よ何故に妾を生みし
109007	鮮滿版	1923-01-27	05단	烏蘇里の鮮人を赤軍に編入
109008	鮮滿版	1923-01-27	05단	鮮銀職員異動
109009	鮮滿版	1923-01-27	05단	各地より(平壤より/淸津より/馬山より/鳥致院より)
109010	鮮滿版	1923-01-27	06단	半島茶話
109011	鮮滿版	1923-01-28	01단	人國禮讚(１７)/朴重陽君(下)
109012	鮮滿版	1923-01-28	01단	釜山人口七萬八千餘
109013	鮮滿版	1923-01-28	01단	外國船出入許可/國境兩江へ
109014	鮮滿版	1923-01-28	01단	大同江上のスケート大會/寫眞說明
109015	鮮滿版	1923-01-28	02단	金融組合發展/江口黃海道理財課長談
109016	鮮滿版	1923-01-28	03단	請願通信施設(施設事項/請願者の資格/請願者の負擔すべき經費)

일련번호	판명	간행일	단수	기사명
109017	鮮滿版	1923-01-28	04단	兇漢捜査の犧牲者
109018	鮮滿版	1923-01-28	04단	公普校增築急務
109019	鮮滿版	1923-01-28	04단	全南の玉珧貝
109020	鮮滿版	1923-01-28	05단	山林會役員
109021	鮮滿版	1923-01-28	05단	婦人科部長藝妓を傷け/告訴されるか
109022	鮮滿版	1923-01-28	05단	各地より(淸津より/晋州より/城津より)
109023	鮮滿版	1923-01-28	06단	半島茶話
109024	鮮滿版	1923-01-30	01단	人國禮讚(１８)/福島莊平君(上)
109025	鮮滿版	1923-01-30	01단	今年は朝鮮の選擧年/五月の學校組合議員から十一月には道府議員改選
109026	鮮滿版	1923-01-30	01단	朝鮮の幼年者は國語に興味を持って居る/敎授用語は現在の儘でよい/松本淑明女學校幹事談
109027	鮮滿版	1923-01-30	03단	請願通信施設制度の趣旨/蒲原遞信局長談
109028	鮮滿版	1923-01-30	04단	山口憲兵隊長/少將に昇進說
109029	鮮滿版	1923-01-30	04단	書籍を定價通りに賣り/組合から迫害を受ける書店
109030	鮮滿版	1923-01-30	05단	上三峰滯貨對策
109031	鮮滿版	1923-01-30	05단	損害要償訴訟/工夫の寡婦から
109032	鮮滿版	1923-01-30	06단	背任罪判決
109033	鮮滿版	1923-01-30	06단	拳銃强盜闖入
109034	鮮滿版	1923-01-30	06단	京城より
109035	鮮滿版	1923-01-30	06단	半島茶話
109036	鮮滿版	1923-01-31	01단	兌換券統一問題 福田博士の酷評/兌換券統一はせぬのが正當だ 鮮銀當務者談/困る事がある 中村殖銀理事談/低資融通が出來たらそれも良い 某實業家談/希望はしてるるが實現は困難 總督府財務局某當局談/結構だが實現は六かしい 龍山一實業家談/我々には何等の關係は無い 府當局談
109037	鮮滿版	1923-01-31	03단	金産出五百萬圓
109038	鮮滿版	1923-01-31	03단	光化門電話分局設置/嘉納京城局長談
109039	鮮滿版	1923-01-31	03단	電鐵開通祝賀を機會に平壤で展覽會を開催する
109040	鮮滿版	1923-01-31	03단	巨鐘に絡む少女の怨(三)/母よ何故に妾を生みし
109041	鮮滿版	1923-01-31	04단	平壤新豫算編成/新事業概要
109042	鮮滿版	1923-01-31	04단	モヒ取締改正
109043	鮮滿版	1923-01-31	05단	楚山を根據に不逞人討伐計劃
109044	鮮滿版	1923-01-31	05단	湯屋の石炭に爆藥が混入
109045	鮮滿版	1923-01-31	05단	亥角知事令孃
109046	鮮滿版	1923-01-31	05단	各地より(海州より/咸興より/羅南より)
109047	鮮滿版	1923-01-31	06단	半島茶話

1923년 2월 (선만판)

일련번호	판명	간행일	단수	기사명
109048	鮮滿版	1923-02-01	01단	李王家の植林事業上林次官が立てた/王家財政安泰策
109049	鮮滿版	1923-02-01	01단	衆議院朝鮮事業公債/委員會長決定
109050	鮮滿版	1923-02-01	01단	圖書定價販賣/同盟會の宣言(宣言)
109051	鮮滿版	1923-02-01	01단	行詰っての合同談でない/賀田殖鐵專務談
109052	鮮滿版	1923-02-01	02단	龍山衛戌司令官
109053	鮮滿版	1923-02-01	02단	巨鐘に絡む少女の怨(四)/母よ何故に妾を生みし
109054	鮮滿版	1923-02-01	03단	保稅庫引出品四月から免稅
109055	鮮滿版	1923-02-01	03단	請願書調印者
109056	鮮滿版	1923-02-01	03단	實業教育機關充實急務
109057	鮮滿版	1923-02-01	04단	石炭調査研究
109058	鮮滿版	1923-02-01	04단	淸津に漁港修築
109059	鮮滿版	1923-02-01	04단	迎日で鰊の大漁
109060	鮮滿版	1923-02-01	04단	各地より(京城より/鳥致院より)
109061	鮮滿版	1923-02-01	04단	半島茶話
109062	鮮滿版	1923-02-02	01단	人國禮讚(１９)/福島莊平君(下)
109063	鮮滿版	1923-02-02	01단	造林經營の要諦/西村殖産局長談
109064	鮮滿版	1923-02-02	01단	機業有望/當局獎勵方針
109065	鮮滿版	1923-02-02	01단	爆彈事件近頃少くなった/佐川高等主任談
109066	鮮滿版	1923-02-02	02단	東京奉天間列車時間八時間內外を短縮する
109067	鮮滿版	1923-02-02	03단	縫物よりも常識を問へ/坪內第一高女校長談
109068	鮮滿版	1923-02-02	03단	巨鐘に絡む少女の怨(五)/母よ何故に妾を生みし
109069	鮮滿版	1923-02-02	05단	東亞煙草爭議/小作人の對抗
109070	鮮滿版	1923-02-02	05단	白鳳丸巡航/鰊漁業調査
109071	鮮滿版	1923-02-02	06단	各地より(京城より)
109072	鮮滿版	1923-02-02	06단	人(上田常吉氏(京城置專教授)/近藤英三氏(京城高商教授)/山本督道氏(京城高商教授)/トレバリン氏(英國アームストロング會社重役))
109073	鮮滿版	1923-02-02	06단	半島茶話
109074	鮮滿版	1923-02-03	01단	人國禮讚(２０)/石原留吉君
109075	鮮滿版	1923-02-03	01단	移民政策を確立せよ/衆議院に建議案提出
109076	鮮滿版	1923-02-03	01단	日銀に鮮銀合併の輿論起る
109077	鮮滿版	1923-02-03	01단	巨鐘に絡む少女の怨(六)/母よ何故に妾を生みし
109078	鮮滿版	1923-02-03	03단	水産事業寄附金低資で貸出す
109079	鮮滿版	1923-02-03	04단	南滿鐵道豫定線谷城線に決定
109080	鮮滿版	1923-02-03	04단	大邱都計委員會松井府尹報告
109081	鮮滿版	1923-02-03	04단	舊年末市況
109082	鮮滿版	1923-02-03	05단	宗魚忠南から獻上

일련번호	판명	간행일	단수	기사명
109083	鮮滿版	1923-02-03	05단	三等寢臺車十一日から
109084	鮮滿版	1923-02-03	06단	基督學校盟休/昇格問題から
109085	鮮滿版	1923-02-03	06단	清津より
109086	鮮滿版	1923-02-03	06단	半島茶話
109087	鮮滿版	1923-02-04	01단	人國禮讚(２１)/篠田治策君(下)
109088	鮮滿版	1923-02-04	01단	副業として鼈業有望/當局助長方針
109089	鮮滿版	1923-02-04	01단	京城の隣接面理合倂の時期
109090	鮮滿版	1923-02-04	01단	政治季節に朝鮮事情宣傳/大村書記長談
109091	鮮滿版	1923-02-04	02단	銀行業に營業稅を賦課/長尾理事官談
109092	鮮滿版	1923-02-04	02단	物價調節は現下の趨勢/釜山府當局談
109093	鮮滿版	1923-02-04	02단	巨鐘に絡む少女の怨(七)/母よ何故に妾を生みし
109094	鮮滿版	1923-02-04	03단	慶北武德館建設
109095	鮮滿版	1923-02-04	04단	露國避難民鮮內で雇傭申込が多い
109096	鮮滿版	1923-02-04	05단	平壤家賃高し府から家主に警告する
109097	鮮滿版	1923-02-04	05단	各地より(京城より/咸興より/馬山より/全州より)
109098	鮮滿版	1923-02-04	05단	半島茶話
109099	鮮滿版	1923-02-06	01단	巨鐘に絡む少女の怨(八)/母よ何故に妾を生みし
109100	鮮滿版	1923-02-06	01단	六十萬冊の教科書/十日頃から全鮮に賣出す
109101	鮮滿版	1923-02-06	01단	在滿小銀行統一問題/鈴木鮮銀理事談
109102	鮮滿版	1923-02-06	01단	支那軍隊間島引揚
109103	鮮滿版	1923-02-06	01단	价川鑛石を兼二浦製鐵所で使用/松田所長談
109104	鮮滿版	1923-02-06	03단	博多釜山間定期航路開始
109105	鮮滿版	1923-02-06	03단	鍊買出し問題/一强敵現はる
109106	鮮滿版	1923-02-06	03단	小鹿島の天刑病院/牧田朝鮮軍軍醫部長
109107	鮮滿版	1923-02-06	04단	朝鮮步兵隊入營試驗
109108	鮮滿版	1923-02-06	04단	會社設立に反對
109109	鮮滿版	1923-02-06	04단	吉田評議員留致
109110	鮮滿版	1923-02-06	05단	分析所存置
109111	鮮滿版	1923-02-06	05단	辭令
109112	鮮滿版	1923-02-06	05단	各地より(京城より/光州より/全州より/新義州より)
109113	鮮滿版	1923-02-06	05단	半島茶話
109114	鮮滿版	1923-02-07	01단	人國禮讚(２２)/篠田治策君(下)
109115	鮮滿版	1923-02-07	01단	大藏省の望む鮮銀監督權の把握/其方法は日銀に合倂か/發券權の統一か
109116	鮮滿版	1923-02-07	02단	瓜哇に鮮銀支店 掛井理事談/少々變だが外國進出も良い 某實業家談
109117	鮮滿版	1923-02-07	03단	平壤記念展五月廿日から

일련번호	판명	간행일	단수	기사명
109118	鮮滿版	1923-02-07	03단	白軍避難民教化機關建設
109119	鮮滿版	1923-02-07	04단	京城火葬場問題/越川衛生主任談
109120	鮮滿版	1923-02-07	04단	据置郵貯現狀
109121	鮮滿版	1923-02-07	05단	海州內地人戶口
109122	鮮滿版	1923-02-07	05단	各地より(京城より/大邱より/木浦より/羅南より)
109123	鮮滿版	1923-02-07	06단	半島茶話
109124	鮮滿版	1923-02-08	01단	人國禮讚(２３)/橫田五郎君
109125	鮮滿版	1923-02-08	01단	道尹公署の疑問の古碑 間島にて/渡部生
109126	鮮滿版	1923-02-08	04단	朝鮮の郵貯殆ど全部を低資に貸出す
109127	鮮滿版	1923-02-08	04단	漁港施設焦眉の急務
109128	鮮滿版	1923-02-08	05단	道路敷買收に朝鮮人の不平
109129	鮮滿版	1923-02-08	06단	鮮電北鮮に發展
109130	鮮滿版	1923-02-08	06단	滿鐵案內記編纂
109131	鮮滿版	1923-02-08	06단	各地より(大田より/■■より)
109132	鮮滿版	1923-02-09	01단	平壤府財源講究/電燈府營論更に再燃か
109133	鮮滿版	1923-02-09	01단	オランカイ運搬の一缺點/支那牛馬車の越江禁止
109134	鮮滿版	1923-02-09	01단	平壤物價調節/李保安課長談
109135	鮮滿版	1923-02-09	01단	人國禮讚(２４)/加納岩次郎君
109136	鮮滿版	1923-02-09	02단	忠北道評議會五日より開會
109137	鮮滿版	1923-02-09	02단	灌水料緩和陳情
109138	鮮滿版	1923-02-09	03단	紋章懸賞募集
109139	鮮滿版	1923-02-09	03단	子供の頃には村の餓鬼大將/學校は勿論大嫌ひだった/新橫綱源氏山の生立ち
109140	鮮滿版	1923-02-09	04단	本社の後援を希ふ群山府民/築港促進大會
109141	鮮滿版	1923-02-09	05단	爆彈を持ち決死隊員鮮內に潜入
109142	鮮滿版	1923-02-09	05단	長白縣知事馬賊に脅さる
109143	鮮滿版	1923-02-09	05단	淸州の火事
109144	鮮滿版	1923-02-09	05단	各地より(京城より/全州より/鳥致院より/浦項より)
109145	鮮滿版	1923-02-09	05단	半島茶話
109146	鮮滿版	1923-02-10	01단	人國禮讚(２５)/警察と憲兵(一)/時局と人々
109147	鮮滿版	1923-02-10	01단	官吏の古手で會社重役の壟斷 子飼者の不平 これではウダツが上らない/誰だって癪に觸らうぢやないか 某消息通談/入る時には斯んな抱負も持って居た 一銀行員談/官界の方が物色し易いからだらう 總督府財務局事務官談/是非の批判はマジ研究した上の事だ 府當局談/形式に流れて行くのは眞に遺憾だ 滿鐵一重役談
109148	鮮滿版	1923-02-10	05단	京城商況(米/大豆/線絲布/粟/砂糖/金融)

일련번호	판명	간행일	단수	기사명
109149	鮮滿版	1923-02-10	05단	慶北新豫算大綱
109150	鮮滿版	1923-02-10	06단	各地より(京城より/大邱より)
109151	鮮滿版	1923-02-10	06단	半島茶話
109152	鮮滿版	1923-02-11	01단	人國禮讚(２６)/警察と憲兵(二)/噂の噂
109153	鮮滿版	1923-02-11	01단	在滿不逞人取締は支那官憲の諒解を得て日本警官が活動せねば駄目/中川關東廳警務局長談
109154	鮮滿版	1923-02-11	01단	國葬日に歌舞音曲停止
109155	鮮滿版	1923-02-11	02단	滿洲に競馬法制定の請願
109156	鮮滿版	1923-02-11	03단	遼陽に紡績會社設立/住井三井支店長談
109157	鮮滿版	1923-02-11	04단	京城塵芥處分/越川衛生主任談
109158	鮮滿版	1923-02-11	04단	平壤慈惠醫院改築速進運動
109159	鮮滿版	1923-02-11	05단	平壤チブス豫防/府民に强制注射
109160	鮮滿版	1923-02-11	05단	龍江隧道貫通
109161	鮮滿版	1923-02-11	05단	友人を殺して床下に隱した
109162	鮮滿版	1923-02-11	06단	各地より(京城より/大邱より/元山より)
109163	鮮滿版	1923-02-11	06단	半島茶話
109164	鮮滿版	1923-02-13	01단	鎭南浦は不凍港か/結氷期に巨船の出入/廿六年來の記錄破り
109165	鮮滿版	1923-02-13	01단	內地同樣の資格が得れる/高普校及專門校卒業生/半井學務課長談
109166	鮮滿版	1923-02-13	01단	サラリーメンの生活費と文化生活費/京城府調査係の調査結果
109167	鮮滿版	1923-02-13	02단	張氏の對日態度/中川警務局長談(保護も討伐も其誠意は慥にある/滿洲の警官增員は今の處未定だ)
109168	鮮滿版	1923-02-13	03단	御獎勵金社會事業團體に御下賜
109169	鮮滿版	1923-02-13	04단	貨物運賃引下運動
109170	鮮滿版	1923-02-13	04단	龍山無線電信遞信局に引繼
109171	鮮滿版	1923-02-13	04단	菊池軍司令官西鮮巡視豫定
109172	鮮滿版	1923-02-13	04단	川崎皮膚科長博士論文起草
109173	鮮滿版	1923-02-13	04단	漢城銀株券を宮內省で御買上
109174	鮮滿版	1923-02-13	04단	京取短期廢止
109175	鮮滿版	1923-02-13	05단	妻の腹を割き內臟を攫出す
109176	鮮滿版	1923-02-13	05단	辭令
109177	鮮滿版	1923-02-13	05단	各地より(京城より/淸津より/晋州より/咸興より/大田より)
109178	鮮滿版	1923-02-13	05단	半島茶話
109179	鮮滿版	1923-02-14	01단	人國禮讚(２７)/警察を憲兵(三)/盲目と眼明
109180	鮮滿版	1923-02-14	01단	鮮銀の滿洲放資の目的は小銀行を合倂するにある

일련번호	판명	간행일	단수	기사명
109181	鮮滿版	1923-02-14	01단	間送電報廢止朝鮮も早晩さうならう/近藤副事務官談
109182	鮮滿版	1923-02-14	01단	咸北から牛肉の移輸出
109183	鮮滿版	1923-02-14	03단	仁川築港擴張運動
109184	鮮滿版	1923-02-14	03단	上水道工費補助
109185	鮮滿版	1923-02-14	03단	殖鐵資金借入
109186	鮮滿版	1923-02-14	04단	醫師試驗施行
109187	鮮滿版	1923-02-14	04단	辯護士資格附與委員會で採擇
109188	鮮滿版	1923-02-14	04단	辭令
109189	鮮滿版	1923-02-14	04단	小火らしい大きく傳へられた神溪寺の火事
109190	鮮滿版	1923-02-14	04단	洋靴職工團同業を壓迫す
109191	鮮滿版	1923-02-14	05단	張天炳釋放さる
109192	鮮滿版	1923-02-14	05단	釜山の猩紅熱
109193	鮮滿版	1923-02-14	05단	各地より(鳥致院より/大邱より/咸興より/仁川より)
109194	鮮滿版	1923-02-14	06단	半島茶話
109195	鮮滿版	1923-02-15	01단	人國禮讚(２８)/前田少將(捕道)
109196	鮮滿版	1923-02-15	01단	朝鮮と南支航路/北支航路の成績を見た上で近く實現されやう
109197	鮮滿版	1923-02-15	01단	內鮮共學の趣旨に悖る寄附金
109198	鮮滿版	1923-02-15	01단	馘る飛ぶ物凄い噂/平安南道の行政整理說
109199	鮮滿版	1923-02-15	02단	公課は過重/內地人その輕減を叫ぶ
109200	鮮滿版	1923-02-15	03단	社會事業的方面に活動/眼を覺した京城衛生試驗所
109201	鮮滿版	1923-02-15	04단	貨物が尠い朝鮮束海岸と裏日本航路
109202	鮮滿版	1923-02-15	04단	朝鮮側の提案/滿鮮商議聯合會へ
109203	鮮滿版	1923-02-15	04단	藥劑師試驗
109204	鮮滿版	1923-02-15	05단	北滿のお土産/渡邊濃務課長談
109205	鮮滿版	1923-02-15	05단	九州朝鮮間定期航空路開拓/太刀洗飛行隊で計劃
109206	鮮滿版	1923-02-15	05단	釜山の火事
109207	鮮滿版	1923-02-15	05단	滿鮮歌留多大會
109208	鮮滿版	1923-02-15	05단	各地より(鳥致院より)
109209	鮮滿版	1923-02-15	05단	大田總督府技師/中田侍從武官/渡邊一等藥劑正
109210	鮮滿版	1923-02-15	06단	飛行將校任命
109211	鮮滿版	1923-02-15	06단	品部曹長は最初の犧牲者/軍司令官から弔電
109212	鮮滿版	1923-02-15	06단	半島茶話
109213	鮮滿版	1923-02-16	01단	人國禮讚(２９)/筆者より一言
109214	鮮滿版	1923-02-16	01단	平壤府新豫算案
109215	鮮滿版	1923-02-16	01단	慶南の新事業
109216	鮮滿版	1923-02-16	01단	港灣修築繰延方針

일련번호	판명	간행일	단수	기사명
109217	鮮滿版	1923-02-16	01단	平壤監獄生産品
109218	鮮滿版	1923-02-16	02단	靈光水利組合創立總會
109219	鮮滿版	1923-02-16	02단	淸津貿易高
109220	鮮滿版	1923-02-16	02단	組合手形交換開始/三月一日から
109221	鮮滿版	1923-02-16	02단	風水害復舊費に八十八萬九千圓を計上/應急治水費にも四千一萬圓を支出/總督府明年度豫算
109222	鮮滿版	1923-02-16	02단	好況は一時的淸津の木材界
109223	鮮滿版	1923-02-16	03단	淸津の舊歲末市況振はず
109224	鮮滿版	1923-02-16	04단	崇慕殿建立と役員選擧
109225	鮮滿版	1923-02-16	04단	傷病兵のために信川溫泉にち陸軍療養所/下檢分した相馬軍醫の話
109226	鮮滿版	1923-02-16	04단	保光中學校盟休騷ぎ宣敎師連も弱る
109227	鮮滿版	1923-02-16	04단	下賜金
109228	鮮滿版	1923-02-16	05단	各地より(公州より/淸州より/三千浦より/大田より/平壤より)
109229	鮮滿版	1923-02-16	06단	長田京城女子商普校長/齋藤新義州高普校長
109230	鮮滿版	1923-02-16	06단	半島茶話
109231	鮮滿版	1923-02-17	01단	人國禮讚(３０)/遠藤達君
109232	鮮滿版	1923-02-17	01단	李王家財政整理と基本財産造成のため大規模の造林計劃/各道に互って約二萬町步
109233	鮮滿版	1923-02-17	01단	仁川港擴張建議案提出
109234	鮮滿版	1923-02-17	01단	明年度の淸津學校組合費
109235	鮮滿版	1923-02-17	02단	納稅成績下良
109236	鮮滿版	1923-02-17	02단	奏任待遇面長佳節をトして
109237	鮮滿版	1923-02-17	03단	入學期迫る/學校案內記/京城師範學校
109238	鮮滿版	1923-02-17	04단	全鮮學生聯合會更めて組織
109239	鮮滿版	1923-02-17	04단	鎭南浦は不凍港/前途益有望視さる
109240	鮮滿版	1923-02-17	05단	忽ち二千名/物産獎勵會に入會
109241	鮮滿版	1923-02-17	05단	京城東京間接續通話試驗
109242	鮮滿版	1923-02-17	05단	晋州民憤慨す
109243	鮮滿版	1923-02-17	06단	官舍へ强盜
109244	鮮滿版	1923-02-17	06단	謀議を凝らす露國領事
109245	鮮滿版	1923-02-17	06단	三つ兒を生む
109246	鮮滿版	1923-02-17	06단	藝妓と心中
109247	鮮滿版	1923-02-17	06단	菊池司令官の請宴
109248	鮮滿版	1923-02-17	06단	仁川體育會新役員
109249	鮮滿版	1923-02-17	06단	半島茶話
109250	鮮滿版	1923-02-18	01단	朝鮮相撲/東京國技館で興行

일련번호	판명	간행일	단수	기사명
109251	鮮滿版	1923-02-18	01단	拓殖省設置建議案提出
109252	鮮滿版	1923-02-18	01단	織物關稅撤廢請願
109253	鮮滿版	1923-02-18	02단	鎭南浦築港速成請願
109254	鮮滿版	1923-02-18	02단	鐵道敷設か實測に着手す
109255	鮮滿版	1923-02-18	02단	移入稅撤廢と釜山の影響/松井稅關長談
109256	鮮滿版	1923-02-18	03단	入學期迫る/學校案內記/京城第一高女校
109257	鮮滿版	1923-02-18	04단	楮樹四千三百萬本慶北製紙界發展
109258	鮮滿版	1923-02-18	04단	朝鮮線の列車にも移動警察/當局の準備進む/實施はたゞ時の問題
109259	鮮滿版	1923-02-18	05단	京畿道の海岸に魚付林を造成/林務課で計劃
109260	鮮滿版	1923-02-18	05단	避難民を喰物にする西伯利ゴロ
109261	鮮滿版	1923-02-18	05단	大邱驛にホテルが出來る
109262	鮮滿版	1923-02-18	05단	聯合品評會は今秋義城で開催
109263	鮮滿版	1923-02-18	06단	獨立守備隊耐寒行軍
109264	鮮滿版	1923-02-18	06단	各地より(京城より/全州より)
109265	鮮滿版	1923-02-18	06단	半島茶話
109266	鮮滿版	1923-02-20	01단	人國禮讚(３１)/前川利三郎君
109267	鮮滿版	1923-02-20	01단	內地品非買の宣傳京城では禁止され 講演會で氣勢を揚ぐ/平壤では平穩に擧行した
109268	鮮滿版	1923-02-20	02단	大興電氣値下再考を促さる
109269	鮮滿版	1923-02-20	02단	新財源電燈府營問題/愈本式に調査にかゝる
109270	鮮滿版	1923-02-20	03단	憲兵隊整理
109271	鮮滿版	1923-02-20	03단	刑事巡査講習
109272	鮮滿版	1923-02-20	03단	忠北新豫算案
109273	鮮滿版	1923-02-20	04단	諸態は無罪
109274	鮮滿版	1923-02-20	04단	訓戒郵便局
109275	鮮滿版	1923-02-20	04단	會則違反審議
109276	鮮滿版	1923-02-20	04단	離婚同盟會
109277	鮮滿版	1923-02-20	04단	各地より(京城より/龍山より/馬山より/木浦より/鳥致院より/淸津より)
109278	鮮滿版	1923-02-20	04단	入學期迫る/學校案內記/京城中學校
109279	鮮滿版	1923-02-20	06단	半島茶話
109280	鮮滿版	1923-02-21	01단	人國禮讚(３２)/松井信助君
109281	鮮滿版	1923-02-21	01단	運賃低減問題は十分考慮の餘地がある/岩瀨貨物係主任談
109282	鮮滿版	1923-02-21	02단	金泉に上水道敷設計劃成る
109283	鮮滿版	1923-02-21	02단	入學期迫る/學校案內記/善隣商業學校
109284	鮮滿版	1923-02-21	03단	不景氣に崇られて中學志願者が減少する/島龍中學校長

일련번호	판명	간행일	단수	기사명
109285	鮮滿版	1923-02-21	04단	土木費地方補助
109286	鮮滿版	1923-02-21	04단	郡廳引留運動
109287	鮮滿版	1923-02-21	05단	聯合艦隊五月初旬來港
109288	鮮滿版	1923-02-21	05단	各地より(京城より/龍山より/大邱より/馬山より/咸興より)
109289	鮮滿版	1923-02-21	06단	半島茶話
109290	鮮滿版	1923-02-22	01단	*靑島牛は靑島の産でない 朝鮮牛には勝てない/渡邊農務課長談/屠畜數四十六萬餘頭/屠畜場新築*
109291	鮮滿版	1923-02-22	01단	西鮮より
109292	鮮滿版	1923-02-22	02단	朝鮮憲兵にも退職賜金を衆議院に請願した
109293	鮮滿版	1923-02-22	03단	營林廠廢止不可/殖産當局者談
109294	鮮滿版	1923-02-22	04단	入學期迫る/學校案內記/京城府立商業學校
109295	鮮滿版	1923-02-22	04단	摸範林平南に設定
109296	鮮滿版	1923-02-22	04단	京城府に宿泊所設置/府當局者談
109297	鮮滿版	1923-02-22	05단	土耳其煙草栽培
109298	鮮滿版	1923-02-22	05단	副業奬勵方針
109299	鮮滿版	1923-02-22	05단	各家に五萬圓を作らす計劃
109300	鮮滿版	1923-02-22	06단	元山より
109301	鮮滿版	1923-02-22	06단	半島茶話
109302	鮮滿版	1923-02-23	01단	支那官憲と共同動作を執って不逞團を討伐する/丸山警務局長談
109303	鮮滿版	1923-02-23	01단	*宣傳しても大行列をやっても物産奬勵會は物にならぬ 之を壓迫する官憲も惡い/宣傳ビラ/自作自給宣傳*
109304	鮮滿版	1923-02-23	01단	群山港の國營修築/衆議院に請願書提出(要旨/理由)
109305	鮮滿版	1923-02-23	03단	汽船損害に補償しない/請願委員會で白川次官の言明
109306	鮮滿版	1923-02-23	03단	間島から咸北へ移住鮮人引揚
109307	鮮滿版	1923-02-23	03단	通俗大學講座
109308	鮮滿版	1923-02-23	03단	李灌鎔氏歸鄉
109309	鮮滿版	1923-02-23	04단	各地より(龍山より/大邱より/木浦より/釜山より/馬山より/鳥致院より/平壤より/清津より)
109310	鮮滿版	1923-02-23	04단	入學期迫る/學校案內記/京畿道立商業學校
109311	鮮滿版	1923-02-23	05단	半島茶話
109312	鮮滿版	1923-02-24	01단	朝鮮の行政整理本月中には發表される/有吉政務總監言明

일련번호	판명	간행일	단수	기사명
109313	鮮滿版	1923-02-24	01단	*兵器支廠は龍山の邪魔物か 急に移轉する必要があるか何うか/在ったって爾く邪魔になるまいよ 憲兵某將校談/大して急を要する程の問題でない 某實業家談/行く行くは移轉して貰はねばならぬ 總督府當局者談/ナニワイワイ騷ぐ程の問題ぢやない 軍當局者談/今俄に邪魔物扱にするのは考へもの 某府協議員談*
109314	鮮滿版	1923-02-24	01단	人國禮讚(３３)/大塚常三郎君(一)
109315	鮮滿版	1923-02-24	05단	*多獅島築港の建議案本年も衆議院に提出/醫藥分業請願*
109316	鮮滿版	1923-02-24	06단	客月釜山貿易
109317	鮮滿版	1923-02-24	06단	辭令
109318	鮮滿版	1923-02-24	06단	各地雜信(京城より/海州より)
109319	鮮滿版	1923-02-25	01단	人國禮讚(３４)/大塚常三郎君(二)
109320	鮮滿版	1923-02-25	01단	植民地裁判の統一に關する質問の要旨
109321	鮮滿版	1923-02-25	01단	現物市場昇格熱旺盛
109322	鮮滿版	1923-02-25	01단	新教科書出來上る
109323	鮮滿版	1923-02-25	01단	入學期迫る/學校案內記/龍山中學校
109324	鮮滿版	1923-02-25	02단	局員一致し能率を增進する/橋川新局長談
109325	鮮滿版	1923-02-25	03단	旅順防備隊檢疫三月中旬施行
109326	鮮滿版	1923-02-25	03단	京城學費賦課
109327	鮮滿版	1923-02-25	03단	荷動依然尠し
109328	鮮滿版	1923-02-25	04단	殖銀配當案可決
109329	鮮滿版	1923-02-25	04단	若き女二人が誘惑された徑路
109330	鮮滿版	1923-02-25	05단	各地より(光州より/咸興より/浦項より/大邱より/淸津より)
109331	鮮滿版	1923-02-25	06단	半島茶話
109332	鮮滿版	1923-02-27	01단	人國禮讚(３５)/大塚常三郎君(三)
109333	鮮滿版	1923-02-27	01단	*朝鮮大臣設置モノにはなるまい/拓殖務省にも贊成せぬ/有吉政務總監の言明*
109334	鮮滿版	1923-02-27	01단	全州大邱間鐵道敷設建議案提出
109335	鮮滿版	1923-02-27	01단	高等警察課長後任
109336	鮮滿版	1923-02-27	01단	*李王職の新次官は柔道初段の剛者 國際法通の篠田博士/新潟縣內務部長に榮轉する千葉氏/大分縣警察部長に榮轉する菊山氏*
109337	鮮滿版	1923-02-27	02단	軍馬下檢査/角田一等獸醫談
109338	鮮滿版	1923-02-27	03단	貯金實話當選
109339	鮮滿版	1923-02-27	04단	辭令
109340	鮮滿版	1923-02-27	04단	各地より(平壤より/龍山より/淸津より/木浦より/鳥致院より/咸興より/馬山より)

일련번호	판명	간행일	단수	기사명
109341	鮮滿版	1923-02-27	06단	人(志村中央試驗所技師/高橋總督府道警視/海傳海州高普校長/志村總督府判事/中村總督府判事/アーサー·ハイド·レー氏(京城英國領事)/西村保吉氏(總督府殖産局長))
109342	鮮滿版	1923-02-27	06단	半島茶話
109343	鮮滿版	1923-02-28	01단	間島の朝鮮人日本の國籍離脫(上) ソンナに手輕な問題か/些かの辜で騷立てるは考物 韓相龍氏談/我儘孃の家出の樣なものさ 大村京城商議書記長談/此際國籍を判然定るがよい 陳京城支那副領事談/外國に歸化は絶對に不可能 有吉政務總監談
109344	鮮滿版	1923-02-28	02단	東亞煙草賠償金も營業者補償も出せぬ 請願委員會で和田財務局長の言明/移出織物關稅 撤廢請願採擇/競馬法請願採擇
109345	鮮滿版	1923-02-28	03단	新指定面
109346	鮮滿版	1923-02-28	04단	平南道新事業/篠田知事談
109347	鮮滿版	1923-02-28	04단	陸軍療養所信川に決定
109348	鮮滿版	1923-02-28	04단	港灣政策調査/原土木部長談
109349	鮮滿版	1923-02-28	04단	李王第五十回誕辰に祝賀宴を盛大に開催/儒生は白日場に募集
109350	鮮滿版	1923-02-28	04단	各地より(木浦より/鎭南浦より/鳥致院より/羅南より/大邱より)
109351	鮮滿版	1923-02-28	05단	二月上半貿易
109352	鮮滿版	1923-02-28	05단	某國宣敎師暗中飛躍/避難民に接近して或劃策
109353	鮮滿版	1923-02-28	06단	半島茶話

1923년 3월 (선만판)

일련번호	판명	간행일	단수	기사명
109354	鮮滿版	1923-03-01	01단	何故朝鮮人はモ少し日本人を理解して吳れないのだらう/菊池軍司令官談
109355	鮮滿版	1923-03-01	01단	間島の朝鮮人日本の國籍離脫(下) ソンナに手經な問題か/要するに此は重大問題だ 土木當局談/其裏面には例の黑幕がある 某間島通談/其麼事が實現出來るものか 菊池朝鮮軍司令官談
109356	鮮滿版	1923-03-01	02단	西鮮の新知事異動評/澤田慶北新知事
109357	鮮滿版	1923-03-01	03단	京城府廳新敷地/吉松府尹談
109358	鮮滿版	1923-03-01	04단	主要都市改良工事費
109359	鮮滿版	1923-03-01	05단	全州專賣支局移轉說は無根
109360	鮮滿版	1923-03-01	05단	公有水面埋立令
109361	鮮滿版	1923-03-01	06단	京城學組豫算
109362	鮮滿版	1923-03-01	06단	電氣職工養成所
109363	鮮滿版	1923-03-01	06단	財務協會組織
109364	鮮滿版	1923-03-01	06단	大邱中學休校/猩紅熱發生し
109365	鮮滿版	1923-03-02	01단	人國禮讚(３６)/生田淸三郎君(上)
109366	鮮滿版	1923-03-02	01단	群山港の國營修築 衆議院に建議案提出/汽船補償請願 政府參考送附
109367	鮮滿版	1923-03-02	02단	公園道路改修
109368	鮮滿版	1923-03-02	02단	先高は手持薄
109369	鮮滿版	1923-03-02	02단	總督府會計課長
109370	鮮滿版	1923-03-02	02단	千葉氏赴任期
109371	鮮滿版	1923-03-02	02단	辭令
109372	鮮滿版	1923-03-02	02단	榮轉の人所感や抱負(時實京畿道知事/千葉新潟縣內務部長/田中總督府監察官/和田慶南新知事/桑原水産課長)
109373	鮮滿版	1923-03-02	03단	朝鮮體育協會/理事會懇談
109374	鮮滿版	1923-03-02	04단	我が警官隊が上海と天津に急行した/二手に別れて大活動
109375	鮮滿版	1923-03-02	04단	各地より(龍山より/咸興より/鳥致院より/木浦より)
109376	鮮滿版	1923-03-02	07단	ドクトル敷津氏創案/梅毒の治療法注射手術の厭な人に喜ばれる自宅で手經に出來る最善療法同病者の大福音
109377	鮮滿版	1923-03-03	01단	李王職新長官閔泳綺氏
109378	鮮滿版	1923-03-03	01단	滿洲中央銀行設置建議案が提出された
109379	鮮滿版	1923-03-03	01단	內地人敎員給を國庫支辨にして吳れと衆議院に請願を提出した/郡衙設置 江景から請願
109380	鮮滿版	1923-03-03	01단	總督府淘汰人員各所管別/勅任參與員減員
109381	鮮滿版	1923-03-03	02단	平壤會議所紛擾解決/現狀の儘で
109382	鮮滿版	1923-03-03	03단	給養打切/露國避難民の身の振り方

일련번호	판명	간행일	단수	기사명
109383	鮮滿版	1923-03-03	03단	浦潮禁輸/船積荷戻し
109384	鮮滿版	1923-03-03	03단	西鮮より
109385	鮮滿版	1923-03-03	04단	咸南から兩部長轉任
109386	鮮滿版	1923-03-03	04단	客月物價騰貴
109387	鮮滿版	1923-03-03	04단	東拓社員異動
109388	鮮滿版	1923-03-03	05단	辭令
109389	鮮滿版	1923-03-03	05단	三十萬圓要償訴訟
109390	鮮滿版	1923-03-03	05단	爆藥密輸犯人
109391	鮮滿版	1923-03-03	06단	各地より(淸津より/大邱より/龍山より/三千浦より/浦項より/光州より)
109392	鮮滿版	1923-03-04	01단	人國禮讚(３７)/生田淸三郎君(下)
109393	鮮滿版	1923-03-04	01단	國境道路の改修/兩江に沿うて路幅十五間としたい當局の意嚮
109394	鮮滿版	1923-03-04	01단	朝鮮美展審査委員銓衡/半井學務課長談
109395	鮮滿版	1923-03-04	01단	東海岸線敷設計劃
109396	鮮滿版	1923-03-04	01단	植民地の政治も硏究したい/薄田新事務官談
109397	鮮滿版	1923-03-04	02단	農村爭議增加趨勢
109398	鮮滿版	1923-03-04	02단	山崎事務官哈爾賓に駐在
109399	鮮滿版	1923-03-04	02단	取引所設置運動/大邱市民大會
109400	鮮滿版	1923-03-04	03단	會議所聯合會/五月七日から
109401	鮮滿版	1923-03-04	03단	電鐵のみ買收/釜山協議會決議
109402	鮮滿版	1923-03-04	03단	全鮮靑年黨大會京城で開崔
109403	鮮滿版	1923-03-04	04단	貴族文雅倶樂部
109404	鮮滿版	1923-03-04	04단	郵便局所改善
109405	鮮滿版	1923-03-04	04단	忠南署長異動
109406	鮮滿版	1923-03-04	04단	勇敢な白鳳丸/沿海州漁狀調査
109407	鮮滿版	1923-03-04	04 단	聯合唱歌大會
109408	鮮滿版	1923-03-04	05 단	各地より(龍山より/鳥致院より/咸興より/公州より/馬山より)
109409	鮮滿版	1923-03-04	06 단	人(菅野第二十師團長/武川大佐(第二十師團參謀長))
109410	鮮滿版	1923-03-04	06 단	半島茶話
109411	鮮滿版	1923-03-06	01단	人國禮讚(３８)/坪內孝君(上)
109412	鮮滿版	1923-03-06	01단	國境警備は兵隊が良い警官は遁腰
109413	鮮滿版	1923-03-06	01단	水利組合增設の趨勢
109414	鮮滿版	1923-03-06	01단	衛戍病院擴張は急務だ/篠田院長談
109415	鮮滿版	1923-03-06	02단	陸軍記念日朝鮮軍の祝典
109416	鮮滿版	1923-03-06	02단	京城高商入學試驗問題/鈴木校長談

일련번호	판명	간행일	단수	기사명
109417	鮮滿版	1923-03-06	03단	學議選擧權淸津で擴張
109418	鮮滿版	1923-03-06	03단	物産奬勵會に反對運動起る
109419	鮮滿版	1923-03-06	04단	李根澔男薨去
109420	鮮滿版	1923-03-06	04단	閔長官の略歷
109421	鮮滿版	1923-03-06	04단	泉崎新事務官
109422	鮮滿版	1923-03-06	05단	咸南豫算可決
109423	鮮滿版	1923-03-06	05단	辭令
109424	鮮滿版	1923-03-06	05단	各地より(平壤より/龍山より/大邱より/海州より/淸津より)
109425	鮮滿版	1923-03-06	06단	半島茶話
109426	鮮滿版	1923-03-07	01단	人國禮讚(３９)/坪內孝君(中)
109427	鮮滿版	1923-03-07	01단	在外指定學校職員恩給年數加算の特典/衆議院請願委員會で採擇
109428	鮮滿版	1923-03-07	01단	煙草補償採擇
109429	鮮滿版	1923-03-07	01단	京城の公園施設/四個を完成する當局の計劃
109430	鮮滿版	1923-03-07	01단	稻作增收
109431	鮮滿版	1923-03-07	02단	群山築港採擇に決す
109432	鮮滿版	1923-03-07	02단	模範林位置調査
109433	鮮滿版	1923-03-07	02단	金鑛業復興
109434	鮮滿版	1923-03-07	03단	全南道評會
109435	鮮滿版	1923-03-07	03단	大阪へ行く朝鮮人諸君に注意の數々/中田警部談
109436	鮮滿版	1923-03-07	04단	船橋里道路計劃
109437	鮮滿版	1923-03-07	04단	平北署長異動
109438	鮮滿版	1923-03-07	04단	薄田事務官
109439	鮮滿版	1923-03-07	04단	短艇部新設/滿鐵京管局で
109440	鮮滿版	1923-03-07	05단	各地より(京城より/咸興より/龍山より/新義州より)
109441	鮮滿版	1923-03-07	06단	半島茶話
109442	鮮滿版	1923-03-08	01단	人國禮讚(４０)/坪內孝君(下)
109443	鮮滿版	1923-03-08	01단	在米減少農家手放す
109444	鮮滿版	1923-03-08	01단	未墾地七萬餘町步
109445	鮮滿版	1923-03-08	01단	朝鮮總督の國務大臣兼任に就き質問
109446	鮮滿版	1923-03-08	01단	浦潮局から日本郵便返送/橘川京城局長談
109447	鮮滿版	1923-03-08	02단	京城の土地所有色別/地價は內地人の方が多い
109448	鮮滿版	1923-03-08	02단	載寧江改修請願書提出
109449	鮮滿版	1923-03-08	03단	本田前釜山府尹辯護士になる
109450	鮮滿版	1923-03-08	03단	城壁撤廢企圖
109451	鮮滿版	1923-03-08	03단	うるさい所

일련번호	판명	간행일	단수	기사명
109452	鮮滿版	1923-03-08	04단	總督府新事務官泉崎三郎氏
109453	鮮滿版	1923-03-08	04단	印刷募株締切
109454	鮮滿版	1923-03-08	04단	漂流一夜を明し遭難者救はる
109455	鮮滿版	1923-03-08	05단	各地より(大邱より/大田より/鳥致院より/全州より/清津より)
109456	鮮滿版	1923-03-08	06단	半島茶話
109457	鮮滿版	1923-03-09	01단	『到底應じ得られぬ』 白川陸軍次官の意見/元朝鮮憲兵に退職賜金給與の請願
109458	鮮滿版	1923-03-09	01단	朝鮮內の會社消長/會社數八百九十二社資本金五億餘圓
109459	鮮滿版	1923-03-09	01단	湖南地方の小作人米價安で困憊
109460	鮮滿版	1923-03-09	01단	奏任待遇の面長
109461	鮮滿版	1923-03-09	02단	圖書館建設に決定
109462	鮮滿版	1923-03-09	03단	大學敷地調査中
109463	鮮滿版	1923-03-09	03단	私鐵合同至難/土屋南鐵社長談
109464	鮮滿版	1923-03-09	04단	京城社會施設
109465	鮮滿版	1923-03-09	04단	京城輪廓調査
109466	鮮滿版	1923-03-09	04단	內地の地主連が小作爭議に疲れ果て家財を處分して渡鮮する
109467	鮮滿版	1923-03-09	04단	『サーベル帶んで威張る時代は過ぎた』 山口高等警察課長談
109468	鮮滿版	1923-03-09	05단	甜菜栽培增加
109469	鮮滿版	1923-03-09	05단	在滿鮮人窮狀
109470	鮮滿版	1923-03-09	06단	各地より(釜山より/大邱より/金泉より/海州より)
109471	鮮滿版	1923-03-09	06단	半島茶話
109472	鮮滿版	1923-03-10	01단	人國禮讚(４１)/原田貞吉君
109473	鮮滿版	1923-03-10	01단	學生の風紀問題(上)時節柄考察すべき事/束縛する事は考へものだ福島龍山中學校長談/自由な立場に立たしめよ半井學務課長談/嚴重な制裁を加へる考だ林滿鐵圖書館主任談圖書館規則
109474	鮮滿版	1923-03-10	02단	十八年前の奉天戰を回顧して/菊池軍司令官談
109475	鮮滿版	1923-03-10	03단	滿洲財界を救濟するには銀行の信用を向上するが急務/鈴木鮮銀理事談
109476	鮮滿版	1923-03-10	05단	咸鏡線開通期來年十月一日
109477	鮮滿版	1923-03-10	05단	ヤ氏牧場計劃
109478	鮮滿版	1923-03-10	06단	畜牛肺炎流行
109479	鮮滿版	1923-03-10	06단	皇民會の宣傳
109480	鮮滿版	1923-03-10	06단	各地より(清津より/城津より/新義州より)

일련번호	판명	간행일	단수	기사명
109481	鮮滿版	1923-03-11	01단	學生の風紀問題(中) 時節柄考察すべき事/餘り嚴しい眼て見ては固る 鈴木高商校長談/頭から壓迫するが能でない 坪內一高女校長談/考慮を要する 谷京城府尹談/無意味な接近はさせないが良い 原田軍高級參謀談/懦弱な精神は運動て驅逐せよ 田代善隣商業學校長談
109482	鮮滿版	1923-03-11	02단	經費がないので決議だけで實行出來ぬ/朝鮮産業調査會の頓挫
109483	鮮滿版	1923-03-11	02단	ナニ大した事件ぢゃない/山口京城憲兵隊長談
109484	鮮滿版	1923-03-11	03단	水利事業資金充實/建議案提出
109485	鮮滿版	1923-03-11	04단	巡査整理本月中に終了
109486	鮮滿版	1923-03-11	04단	部長異動
109487	鮮滿版	1923-03-11	04단	柞蠶增加
109488	鮮滿版	1923-03-11	04단	京城の公普校擴張の必要
109489	鮮滿版	1923-03-11	05단	晋州停車場位置
109490	鮮滿版	1923-03-11	05단	公設市場改善
109491	鮮滿版	1923-03-11	05단	各地より(京城より/鳥致院より/海州より/咸興より)
109492	鮮滿版	1923-03-11	06단	半島茶話
109493	鮮滿版	1923-03-13	01단	學生の風紀問題(下) 時節柄考察すべき事/責任の一半は家庭にも在る ■■京中校長談/低いレベルに抑壓するな 赤木京城師範校長談/家の構造を改造せよ 矢島總督府社會課長談/先生だって人間だ 某新進教育家談/眞面目に研究して欲しい滿鐵某重役談
109494	鮮滿版	1923-03-13	01단	人國禮讚(４２)/官人の榮枯
109495	鮮滿版	1923-03-13	04단	小作爭議生活難から
109496	鮮滿版	1923-03-13	04단	司法官は整理よりも增員/構田法務局長談
109497	鮮滿版	1923-03-13	05단	米田平南知事着任の所感
109498	鮮滿版	1923-03-13	05단	農村金融策/有賀殖銀頭取談
109499	鮮滿版	1923-03-13	06단	淸津府新豫算
109500	鮮滿版	1923-03-13	06단	各地より(京城より/仁川より/平壤より/晋州より/大田より)
109501	鮮滿版	1923-03-14	01단	內地人敎員の俸給を國庫支辨とする請願採擇/鎭南浦築港速成請願採擇/郡衙設置請願政府參考送付
109502	鮮滿版	1923-03-14	01단	京城府街路鋪裝工費三百萬圓
109503	鮮滿版	1923-03-14	01단	煉炭制限水谷鑛業部長談
109504	鮮滿版	1923-03-14	01단	人國禮讚(４３)/千葉了君
109505	鮮滿版	1923-03-14	02단	慶北道評會
109506	鮮滿版	1923-03-14	02단	鮮銀行員異動

일련번호	판명	간행일	단수	기사명
109507	鮮滿版	1923-03-14	03단	鮮人醫師滿洲で活動(腹痛を癒して支那の囑託醫/巡回診療から澤山な籾を)
109508	鮮滿版	1923-03-14	03단	棉花栽培增加
109509	鮮滿版	1923-03-14	04단	工務事務所長異動
109510	鮮滿版	1923-03-14	04단	佟道尹着任
109511	鮮滿版	1923-03-14	04단	農業生徒盟休
109512	鮮滿版	1923-03-14	04단	各地だより(京城より/大邱より/馬山より/全州より/咸興より/淸津より)
109513	鮮滿版	1923-03-14	06단	半島茶話
109514	鮮滿版	1923-03-15	01단	京管局兒童圖書館
109515	鮮滿版	1923-03-15	01단	取引所問題前途遼遠 當局の意嚮
109516	鮮滿版	1923-03-15	01단	人國禮讚(４４)/吉村謙一郎君
109517	鮮滿版	1923-03-15	02단	陸軍無線愈よ移管/蒲原遞信局長談
109518	鮮滿版	1923-03-15	03단	稅關支廳浦項に設置
109519	鮮滿版	1923-03-15	03단	基督敎徒/衰頹の傾向
109520	鮮滿版	1923-03-15	04단	除穢事業/京城大連の比較
109521	鮮滿版	1923-03-15	05단	軍用鳩
109522	鮮滿版	1923-03-15	05단	金塊引渡要望/避難露民から
109523	鮮滿版	1923-03-15	05단	京城高商卒業生
109524	鮮滿版	1923-03-15	05단	庚子記念幼稚園
109525	鮮滿版	1923-03-15	05단	寺洞商人の狼狽
109526	鮮滿版	1923-03-15	06단	小指の血を母に呑ました
109527	鮮滿版	1923-03-15	06단	滿鮮對抗競技
109528	鮮滿版	1923-03-15	06단	各地より(京城より/公州より)
109529	鮮滿版	1923-03-16	01단	大邱覆審及地方法院(廿二日新榮落成式擧行)
109530	鮮滿版	1923-03-16	01단	內地から小作農を招致する
109531	鮮滿版	1923-03-16	01단	京城內地間長距離通話期時日を要する
109532	鮮滿版	1923-03-16	01단	京城學校費豫算
109533	鮮滿版	1923-03-16	01단	人國禮讚(４５)/富永一二君(上)
109534	鮮滿版	1923-03-16	02단	水源調査課遞信局に設置
109535	鮮滿版	1923-03-16	03단	樹苗朝鮮移入
109536	鮮滿版	1923-03-16	03단	山腹切開工事
109537	鮮滿版	1923-03-16	03단	天道敎維新靑年會/記念日に總會
109538	鮮滿版	1923-03-16	04단	生産業新機運
109539	鮮滿版	1923-03-16	04단	京城地稅納附者
109540	鮮滿版	1923-03-16	04단	大阪の豫選大會に朝鮮を代表する四選手
109541	鮮滿版	1923-03-16	05단	客月淸津貿易

일련번호	판명	간행일	단수	기사명
109542	鮮滿版	1923-03-16	05단	木氏渡鮮
109543	鮮滿版	1923-03-16	05단	手癖の惡い兵士
109544	鮮滿版	1923-03-16	06단	各地より(全州より/馬山より/釜山より)
109545	鮮滿版	1923-03-17	01단	射殺された兇漢と鍾路署の爆彈犯人 警官四名を殺傷した男は恐ろしい陰謀の張本人?/溫突を蹴破って闖入曉を破る拳銃の亂射包圍を突いて犯人遁る/大瞻不敵の彼れ凄じきその最期/引攫まへたま>絶命す兇彈に殪れた田村刑事/哀れ家族/重傷の警官
109546	鮮滿版	1923-03-17	05단	李太王建碑問題圓滿解決
109547	鮮滿版	1923-03-17	05단	圖書館の昨今/林滿鐵圖書館主任談/圖書館の組織改造(家庭文庫/兒童圖書館)
109548	鮮滿版	1923-03-17	06단	營業稅賦課/無盡會社に
109549	鮮滿版	1923-03-17	06단	兩築港起工式
109550	鮮滿版	1923-03-17	06단	各地より(咸興より/全州より)
109551	鮮滿版	1923-03-18	01단	野心家が事を企み王家に累を及ぼす太王碑の年號鏤刻問題/某朝鮮人有力者談
109552	鮮滿版	1923-03-18	01단	舍音制度を撤廢せよ/ベルビー博士談
109553	鮮滿版	1923-03-18	01단	浦潮近況/京城公普校擴張の財源 長尾理事官談
109554	鮮滿版	1923-03-18	01단	「東三省革命軍」の正體/間島にて/渡部生
109555	鮮滿版	1923-03-18	03단	鮮滿は二度目/和田慶南知事談
109556	鮮滿版	1923-03-18	04단	小學校聯合唱歌會を廳きて
109557	鮮滿版	1923-03-18	04단	三課長外遊期
109558	鮮滿版	1923-03-18	04단	羅南面新豫算
109559	鮮滿版	1923-03-18	04단	『日本政府に賠償を嚴談する』 江連を恨むカムドロンの昂奮
109560	鮮滿版	1923-03-18	04단	朝鮮美展は石造殿で開催する
109561	鮮滿版	1923-03-18	04단	朝鮮柔道大會
109562	鮮滿版	1923-03-18	04단	各地より(咸興より/淸津より/新義州より)
109563	鮮滿版	1923-03-18	05단	辭令
109564	鮮滿版	1923-03-18	06단	半島茶話
109565	鮮滿版	1923-03-20	01단	滿鮮貿易の不均衡は繩叭輸出で救はれる
109566	鮮滿版	1923-03-20	01단	民立大學促進運動
109567	鮮滿版	1923-03-20	01단	上三峰の滯貨一掃策/機關車增發と支那馬車運轉
109568	鮮滿版	1923-03-20	01단	浦潮で禁止の鮮銀券流通問題/伊藤支店長談
109569	鮮滿版	1923-03-20	01단	人國禮讚(46)/富永一二君(下)
109570	鮮滿版	1923-03-20	02단	チブス豫防に力を入れる/藤原警察部長談
109571	鮮滿版	1923-03-20	03단	檢事座席變更 全鮮辯護士大會へ提案/行政訴訟の途を啓きたい

일련번호	판명	간행일	단수	기사명
109572	鮮滿版	1923-03-20	04단	京城勞銀騰貴
109573	鮮滿版	1923-03-20	04단	血淸所擴張
109574	鮮滿版	1923-03-20	04단	各地より(大邱より/元山より/咸興より/羅南より)
109575	鮮滿版	1923-03-21	01단	京城公普校授業料增徵/長尾府理事官談(增設急務/改築方針)
109576	鮮滿版	1923-03-21	01단	物産奬勵會の影響/不壤では物價が騰った
109577	鮮滿版	1923-03-21	01단	人國禮讚(４７)/大山時雄君(上)
109578	鮮滿版	1923-03-21	03단	農家一戶に畜牛一頭/當局の奬勵方針
109579	鮮滿版	1923-03-21	03단	內地滿鮮間直通線/架設計劃
109580	鮮滿版	1923-03-21	04단	鮮入勞働者の團體申込みに/斡旋する門司勞働共濟會
109581	鮮滿版	1923-03-21	04단	國庫補助の要なしと副申し有志を怒らす
109582	鮮滿版	1923-03-21	05단	府營發電所を漣川郡に設置
109583	鮮滿版	1923-03-21	05단	龍山の發展/岡田府龍山出張所主任談(龍山發展狀況/商工業界/官有地拂下げ)
109584	鮮滿版	1923-03-21	05단	列車遭難者待遇/大內滿鐵庶務課長談
109585	鮮滿版	1923-03-21	05단	咸鏡線通過地新浦か北靑か
109586	鮮滿版	1923-03-21	06단	全鮮靑年黨大會
109587	鮮滿版	1923-03-21	06단	陸軍運輸部縮小
109588	鮮滿版	1923-03-21	06단	家畜信託計劃
109589	鮮滿版	1923-03-21	06단	郵便所新設準備
109590	鮮滿版	1923-03-21	06단	各地より(元山より/海州より)
109591	鮮滿版	1923-03-22	01단	春の彰德幼稚園
109592	鮮滿版	1923-03-22	01단	何を措いても吉會線だ/菊池軍司令官の北鮮感
109593	鮮滿版	1923-03-22	01단	自治制は前途遼遠/大塚內務局長談
109594	鮮滿版	1923-03-22	01단	在滿四銀行合同のバック/加納鮮銀副總裁談
109595	鮮滿版	1923-03-22	02단	人國禮讚(４８)/大山時雄君(下)
109596	鮮滿版	1923-03-22	03단	全鮮會社消長
109597	鮮滿版	1923-03-22	04단	釜山府新豫算
109598	鮮滿版	1923-03-22	04단	大和繪や古代布を摸したものが今年の春着にハヤり出す/橋本三越支店長談
109599	鮮滿版	1923-03-22	05단	水源地電化起債
109600	鮮滿版	1923-03-22	05단	元山海水浴計劃
109601	鮮滿版	1923-03-22	06단	朝鮮美展五月開催
109602	鮮滿版	1923-03-22	06단	競馬會/四月一日から
109603	鮮滿版	1923-03-22	06단	運動界(撞球大會)
109604	鮮滿版	1923-03-22	06단	各地より(平壤より/全州より)
109605	鮮滿版	1923-03-23	01단	人國禮讚(４９)/半井淸君(上)

일련번호	판명	간행일	단수	기사명
109606	鮮滿版	1923-03-23	01단	金融機關間島に設置
109607	鮮滿版	1923-03-23	01단	京城公普校起債して新築
109608	鮮滿版	1923-03-23	01단	朝鮮馬の改良/角田一等獸醫談
109609	鮮滿版	1923-03-23	02단	家畜市場改善
109610	鮮滿版	1923-03-23	02단	京城綿麻布況
109611	鮮滿版	1923-03-23	02단	鎭南浦の繁榮策
109612	鮮滿版	1923-03-23	04단	輕鐵公司披露
109613	鮮滿版	1923-03-23	05단	淸津府戶口數
109614	鮮滿版	1923-03-23	05단	法學專門卒業生
109615	鮮滿版	1923-03-23	05단	辭令
109616	鮮滿版	1923-03-23	05단	最近の滿鐵圖書館/中等學校卒業生で滿員
109617	鮮滿版	1923-03-23	06단	各地より(馬山だより/全州より/元山より/咸興より)
109618	鮮滿版	1923-03-24	01단	幹線道路改修順序/京城麻當局談
109619	鮮滿版	1923-03-24	01단	チブス豫防注射/平壤で實施
109620	鮮滿版	1923-03-24	01단	人國禮讚(５０)/半井淸君(下)
109621	鮮滿版	1923-03-24	02단	鮮鐵改修の計劃はない/石川保線課長談
109622	鮮滿版	1923-03-24	02단	都市改良調査
109623	鮮滿版	1923-03-24	03단	道評議會を傍聽して地方制度の改正を想ふ
109624	鮮滿版	1923-03-24	03단	朝鮮美展審査員
109625	鮮滿版	1923-03-24	04단	京城府新豫算
109626	鮮滿版	1923-03-24	04단	郵便局所整理
109627	鮮滿版	1923-03-24	05단	蔬菜市場必要
109628	鮮滿版	1923-03-24	05단	黃海道敎育事業
109629	鮮滿版	1923-03-24	05단	平南師範開始期
109630	鮮滿版	1923-03-24	05단	小野田洋灰增産
109631	鮮滿版	1923-03-24	06단	各地より(木浦より/大邱より/淸津より)
109632	鮮滿版	1923-03-25	01단	「募債保證案の否決で力を落した」齋藤朝鮮總督談
109633	鮮滿版	1923-03-25	01단	關東州に三審制度來年から實施したい建議案委員會で/伊集院關東州長官の答辯
109634	鮮滿版	1923-03-25	01단	朝鮮に於ける馬匹の改良に就て/朝鮮競馬倶樂部會長/荒井初太郎氏談
109635	鮮滿版	1923-03-25	02단	道評議員の希望開陳 平南道の成績/平南豫算議了
109636	鮮滿版	1923-03-25	05단	電車府營決議 釜山府民大會/決議
109637	鮮滿版	1923-03-25	05단	平壤の都計/宮館府尹談
109638	鮮滿版	1923-03-25	05단	平壤展覽會準備
109639	鮮滿版	1923-03-25	05단	平壤學校費議了
109640	鮮滿版	1923-03-25	06단	晋州面豫算可決

일련번호	판명	간행일	단수	기사명
109641	鮮滿版	1923-03-25	06단	各地より(雄基より/咸興より)
109642	鮮滿版	1923-03-27	01단	朝鮮に冷淡?/東拓側の辯
109643	鮮滿版	1923-03-27	01단	間島の朝鮮民團規則/渡邊生
109644	鮮滿版	1923-03-27	02단	慶南道廳は移轉しない/齋藤總督の言明
109645	鮮滿版	1923-03-27	03단	落膽せずに合同に努力せよ/鈴木鮮銀理事談
109646	鮮滿版	1923-03-27	04단	京管局長を辭任した久保氏/立候補するか
109647	鮮滿版	1923-03-27	04단	朝鮮諸建議案委員會で可決
109648	鮮滿版	1923-03-27	04단	水産合同問題/西村殖産局長談
109649	鮮滿版	1923-03-27	04단	兩地の要望と當局の意嚮
109650	鮮滿版	1923-03-27	05단	平南地方金融/佐藤金融聯合會長談
109651	鮮滿版	1923-03-27	05단	京城物價騰貴
109652	鮮滿版	1923-03-27	05단	種痘令內容
109653	鮮滿版	1923-03-27	05단	齋藤總督來壤期
109654	鮮滿版	1923-03-27	05단	大邱府新豫算
109655	鮮滿版	1923-03-27	05단	小公園京城で施設
109656	鮮滿版	1923-03-27	06단	朝鮮美展會場/陳列館に決定
109657	鮮滿版	1923-03-27	06단	各地より(龍山より/元山より/城津より/清津より)
109658	鮮滿版	1923-03-28	01단	チブス豫防接種/內村平壤慈惠院長談
109659	鮮滿版	1923-03-28	01단	精神病者の始末に困る/衛生當局者談
109660	鮮滿版	1923-03-28	01단	人國禮讚(５１)/土師盛貞君
109661	鮮滿版	1923-03-28	02단	南鮮視察所感/蒲原遞信局長談
109662	鮮滿版	1923-03-28	02단	京城圖書館增築/■李範昇氏談
109663	鮮滿版	1923-03-28	03단	各地より(京城より/馬山より/大邱より/平壤より/新義州より)
109664	鮮滿版	1923-03-28	04단	今期議會に提出された請願二千八百餘件(一)/人氣を呼んだ農村問題と愛憎を盡された普選問題
109665	鮮滿版	1923-03-28	05단	肺ヂストマを征伐する
109666	鮮滿版	1923-03-29	01단	低利な資金を政府に出させよ/嘉納鮮銀副總裁談
109667	鮮滿版	1923-03-29	01단	釜山の要望大半は貫徹/大池道評議員談
109668	鮮滿版	1923-03-29	01단	金塊引渡しに奔走するイ將軍
109669	鮮滿版	1923-03-29	01단	人國禮讚(５２)/倉橋銤君
109670	鮮滿版	1923-03-29	02단	共電式普及遼遠
109671	鮮滿版	1923-03-29	03단	咸南巡査減俸
109672	鮮滿版	1923-03-29	04단	今期議會に提出された請願二千八百餘件(二)/奇拔なものと風變りなもの
109673	鮮滿版	1923-03-29	04단	埋築會社に非難
109674	鮮滿版	1923-03-29	05단	電氣時計分掌局に設置

일련번호	판명	간행일	단수	기사명
109675	鮮滿版	1923-03-29	05단	倅に虐待された憐れな老母
109676	鮮滿版	1923-03-29	05단	結婚獎勵會解散
109677	鮮滿版	1923-03-29	05단	各地より(京城より)
109678	鮮滿版	1923-03-29	06단	內鮮融和を體現した人/高橋牧師逝く
109679	鮮滿版	1923-03-30	01단	人國禮讚(５３)/川崎末五郎君
109680	鮮滿版	1923-03-30	01단	大連高女生の本社見學
109681	鮮滿版	1923-03-30	01단	移出入指定港十八港發表
109682	鮮滿版	1923-03-30	01단	滿鐵列車無線電信裝置
109683	鮮滿版	1923-03-30	02단	平壤府豫算/宮館府尹の說明
109684	鮮滿版	1923-03-30	03단	三月上半貿易
109685	鮮滿版	1923-03-30	03단	令期議會に提出された請願二千八百件(三)/面目を改めた請願委員會
109686	鮮滿版	1923-03-30	04단	肺ヂストマ根絕の方法決定す/平南黃海兩道協同で
109687	鮮滿版	1923-03-30	05단	京城高工卒業生
109688	鮮滿版	1923-03-30	05단	黃海道警官異動
109689	鮮滿版	1923-03-30	06단	各地より(京城より/全州より/咸興より)
109690	鮮滿版	1923-03-31	01단	公設市場費修正案可決/平壤府協議會
109691	鮮滿版	1923-03-31	01단	滅切り殖えたお土産建議案/粒の良いものは少い
109692	鮮滿版	1923-03-31	02단	人國禮讚(５４)/藤原喜藏君
109693	鮮滿版	1923-03-31	02단	大村新京畿商業學校長
109694	鮮滿版	1923-03-31	02단	東洋基督教會/寄附募集中止
109695	鮮滿版	1923-03-31	03단	憲兵隊整理
109696	鮮滿版	1923-03-31	03단	平南陳列場規模
109697	鮮滿版	1923-03-31	04단	書籍會社創立
109698	鮮滿版	1923-03-31	05단	普通學校新設
109699	鮮滿版	1923-03-31	05단	貴婦人が防火宣傳隊釜山で組織
109700	鮮滿版	1923-03-31	05단	二選手更に參加
109701	鮮滿版	1923-03-31	06단	各地より(大浦より/大邱より/大田より/咸興より)

1923년 4월 (선만판)

일련번호	판명	간행일	단수	기사명
109702	鮮滿版	1923-04-01	01단	指定港に漁港施設を爲せ
109703	鮮滿版	1923-04-01	01단	對露送金/鮮銀の犠牲
109704	鮮滿版	1923-04-01	01단	四銀行合同と鮮銀の扶助
109705	鮮滿版	1923-04-01	01단	人國禮讚(５５)/田中武雄君
109706	鮮滿版	1923-04-01	02단	豫約電話令發布近し
109707	鮮滿版	1923-04-01	02단	衛生試驗所發展
109708	鮮滿版	1923-04-01	02단	取引所問題
109709	鮮滿版	1923-04-01	03단	咸鏡線近況
109710	鮮滿版	1923-04-01	03단	女子高普設置建議
109711	鮮滿版	1923-04-01	04단	國境に立ちて/菊池司令官談
109712	鮮滿版	1923-04-01	04단	大阪商品見本市
109713	鮮滿版	1923-04-01	04단	初等科を御卒業の李勇吉君四月幼年校に御入學/今秋久方振りに御歸鮮
109714	鮮滿版	1923-04-01	05단	各地より(光州より)
109715	鮮滿版	1923-04-01	05단	青年大會に解散を命じ警官警戒す
109716	鮮滿版	1923-04-01	05단	京城人事相談所近來頗る繁忙
109717	鮮滿版	1923-04-01	06단	全鮮弓道大會/四月十五日
109718	鮮滿版	1923-04-01	06단	費込み書記處刑
109719	鮮滿版	1923-04-01	06단	兄樣姉樣お目出度う
109720	鮮滿版	1923-04-03	01단	否決された私鐵保證法案 合同談行惱む 善後策如何/保證に代る便宜を與へん 齋藤總督談/合同せぬなら考へがある 和田財務局長談/鮮銀に一肌拔いて欲しい 有賀殖銀頭取談/世間の同情を矢はぬやう 鈴木鮮銀理事談/如何なる援助も與へやう 大內京管局 庶務課長談
109721	鮮滿版	1923-04-03	02단	隣家と提携するが肝要/不逞鮮人の巨魁は外に在る/前田憲兵司令官談
109722	鮮滿版	1923-04-03	04단	東拓の外資輸入で朝鮮の金融も潤ふだらう/鈴木東拓支店長談
109723	鮮滿版	1923-04-03	04단	財界近況中村殖銀理事談
109724	鮮滿版	1923-04-03	04단	平壤府協議會終了
109725	鮮滿版	1923-04-03	05단	南滿獨立團太東溝に移動
109726	鮮滿版	1923-04-03	05단	清津普通校新築
109727	鮮滿版	1923-04-03	05단	銀行員の詐欺失敗して捕はる
109728	鮮滿版	1923-04-03	06단	名地より(平壤より/清津より/羅南より/大邱より/光州より)

일련번호	판명	간행일	단수	기사명
109729	鮮滿版	1923-04-04	01단	否決された私鐵保證案(承前)合同談行惱む善後策如何/一時に巨額の保證は無用釘本商議會頭談/補給が居喰にならぬやう鈴木東拓支店長談/理窟言ひつゝ合同するさ某消息通談
109730	鮮滿版	1923-04-04	01단	人國禮讚(５６)/釘本藤次郎君(上)
109731	鮮滿版	1923-04-04	02단	*教員會議 試驗勉强研究/心理試驗機*
109732	鮮滿版	1923-04-04	03단	大阪湯屋業聯合會
109733	鮮滿版	1923-04-04	03단	京城府新廳舍設計
109734	鮮滿版	1923-04-04	04단	京城に施療所建設/朝赤の新事業
109735	鮮滿版	1923-04-04	04단	何人が海藻を採っても良い
109736	鮮滿版	1923-04-04	04단	陣容を改めた平壤體育協會
109737	鮮滿版	1923-04-04	05단	鮮人産業調査會奉天で組織
109738	鮮滿版	1923-04-04	05단	在滿鮮人不安
109739	鮮滿版	1923-04-04	05단	經濟問題大學講座
109740	鮮滿版	1923-04-04	05단	郵便貯金現狀
109741	鮮滿版	1923-04-04	05단	名地より(馬山より/鎭海より/咸興より/雄基より)
109742	鮮滿版	1923-04-04	06단	半島茶話
109743	鮮滿版	1923-04-05	01단	人國禮讚(５７)釘本藤次郎君(下)
109744	鮮滿版	1923-04-05	01단	民立大學寄附金募集順序
109745	鮮滿版	1923-04-05	01단	京畿金融組合五十箇に達す
109746	鮮滿版	1923-04-05	01단	佛教慈濟院現狀/溪內理事談
109747	鮮滿版	1923-04-05	02단	乃城の禁酒禁煙壓制的にやる
109748	鮮滿版	1923-04-05	02단	最近の釜山 釜山にて/青山生
109749	鮮滿版	1923-04-05	03단	道水産會認可
109750	鮮滿版	1923-04-05	04단	石窟庵への道路近く改修する
109751	鮮滿版	1923-04-05	04단	清津築港起工式
109752	鮮滿版	1923-04-05	04단	黃海豫算議了
109753	鮮滿版	1923-04-05	05단	晉州停車場位置
109754	鮮滿版	1923-04-05	05단	商議聯合會延期
109755	鮮滿版	1923-04-05	05단	鎭南浦商議評議員(內地人/朝鮮人)
109756	鮮滿版	1923-04-05	06단	鐵道學校夜學部
109757	鮮滿版	1923-04-05	06단	人(安滿軍參謀長/早瀬川主計正(新陸軍貪軍長)/谷林主計監(軍經理部長)/安藤文三郎氏(新京管局長)/新庄祐二郎氏(新任警務局高等警察課長))
109758	鮮滿版	1923-04-05	06단	半島茶話
109759	鮮滿版	1923-04-06	01단	人國禮讚(５８)/香椎源太郎君
109760	鮮滿版	1923-04-06	01단	資産階級には十分負擔力がある/教育費を此方面に求めよ

일련번호	판명	간행일	단수	기사명
109761	鮮滿版	1923-04-06	02단	鮮人醫師北滿に增置
109762	鮮滿版	1923-04-06	02단	週間延長を許可して貰ひたい/釘本社長談
109763	鮮滿版	1923-04-06	02단	第一印象(一)/日くあり氣な獨身生活(上)/渡邊新任平南內務部長
109764	鮮滿版	1923-04-06	04단	東拓葉煙草仲立/本年より廢止
109765	鮮滿版	1923-04-06	04단	平南社會課新事業(統契長講習會/青年團幹部溝習會)
109766	鮮滿版	1923-04-06	05단	小包郵便出入
109767	鮮滿版	1923-04-06	05단	平南道警官異動
109768	鮮滿版	1923-04-06	05단	咸南水産會組織
109769	鮮滿版	1923-04-06	05단	咸興の飛行演習/十日より開始
109770	鮮滿版	1923-04-06	06단	名地より(咸興より/海州より)
109771	鮮滿版	1923-04-06	06단	半島茶話
109772	鮮滿版	1923-04-07	01단	人國禮讚(５９)/大池忠助君
109773	鮮滿版	1923-04-07	01단	教育研究會の改造/朝鮮教育會と改稱し施政方針を決定して活動する
109774	鮮滿版	1923-04-07	01단	守備隊引揚げ後の治安/內鮮人では見方が違ふ
109775	鮮滿版	1923-04-07	01단	第一印象(二)/日くあり氣な獨身生活(下)/渡邊新任平南內務部長
109776	鮮滿版	1923-04-07	04단	天國輕鐵工事再開
109777	鮮滿版	1923-04-07	04단	東方文華大學
109778	鮮滿版	1923-04-07	05단	苦學黨組織
109779	鮮滿版	1923-04-07	05단	貯金管理所長
109780	鮮滿版	1923-04-07	05단	淸州丸離礁
109781	鮮滿版	1923-04-07	05단	名地より(龍山より)
109782	鮮滿版	1923-04-07	05단	會(商議併合會/朝鮮重役會)
109783	鮮滿版	1923-04-07	05단	朝鮮は時代に遲れて居る/安藤局長の訓示
109784	鮮滿版	1923-04-07	06단	半島茶話
109785	鮮滿版	1923-04-08	01단	大邱春季野球大會入場式
109786	鮮滿版	1923-04-08	01단	奉仕的態度の立派なに感心/朝鮮模範青年の內地感想談
109787	鮮滿版	1923-04-08	01단	美展役員
109788	鮮滿版	1923-04-08	01단	圖們線延長と雄基の死活問題
109789	鮮滿版	1923-04-08	02단	兩階級の軋轢
109790	鮮滿版	1923-04-08	02단	元山を引揚げ白軍再擧するか
109791	鮮滿版	1923-04-08	03단	レ博士來鮮
109792	鮮滿版	1923-04-08	03단	咸北豫算可決
109793	鮮滿版	1923-04-08	03단	彦陽線期成運動
109794	鮮滿版	1923-04-08	03단	架橋進捗運動

일련번호	판명	간행일	단수	기사명
109795	鮮滿版	1923-04-08	04단	勿體なくも御自ら介抱して下さったブランコから落ちた私を北白川宮樣のお慈悲深さ/高崎釜山高女敎諭謹話
109796	鮮滿版	1923-04-08	04단	朝鮮産馬が良くなった/角田一等獸醫談
109797	鮮滿版	1923-04-08	04단	金佐鎭歸順申出
109798	鮮滿版	1923-04-08	04단	久野久子女史/滿鮮で演奏
109799	鮮滿版	1923-04-08	04단	名地より(龍山より/大邱より/平壤より/淸津より/雄基より)
109800	鮮滿版	1923-04-08	06단	半島茶話
109801	鮮滿版	1923-04-10	01단	浦潮で鮮銀券の流通禁止は目下の處では不可能
109802	鮮滿版	1923-04-10	01단	加納氏の鮮銀總裁設/嘉納副總裁は否認す
109803	鮮滿版	1923-04-10	01단	第一印象(三)/前人氣の惡い米田新知事/誤解もあるらしい
109804	鮮滿版	1923-04-10	03단	滿鐵がやる釜山の施設/川村社長談
109805	鮮滿版	1923-04-10	03단	朝鮮美展會場と會期
109806	鮮滿版	1923-04-10	03단	機械に趣味を持たれた/北白川宮樣の御技倆/野砲の射擊に御堪能/寫眞は玄人以上のお出來/菊地朝鮮軍司令官謹話
109807	鮮滿版	1923-04-10	04단	義擧團組織/靑年黨の對抗策
109808	鮮滿版	1923-04-10	04단	仁川取引所總會
109809	鮮滿版	1923-04-10	04단	平壤航空隊活動
109810	鮮滿版	1923-04-10	05단	名地より(釜山より/大邱より/光州より/全州より/咸興より/元山より)
109811	鮮滿版	1923-04-10	06단	半島茶話
				辭令
109812	鮮滿版	1923-04-11	01단	大藏省の管下に鮮銀を置くは考へ物/堀江博士の繼橫談
109813	鮮滿版	1923-04-11	01단	鐵道豫算の緊縮で豫定工事が遲延する
109814	鮮滿版	1923-04-11	01단	第一印象(四)齋藤總督と同藩の誼/藤原新任平南警察部長
109815	鮮滿版	1923-04-11	02단	酒稅/五百十九萬餘圓
109816	鮮滿版	1923-04-11	03단	鎭海に來る/染川新法務長本社員に語る
109817	鮮滿版	1923-04-11	03단	新建築の京城第二高女/古屋校長談
109818	鮮滿版	1923-04-11	04단	岡本平壤署長/初出仕して語る
109819	鮮滿版	1923-04-11	04단	小學生徒貯金/名地の比較
109820	鮮滿版	1923-04-11	04단	京城河川改修
109821	鮮滿版	1923-04-11	05단	架橋促進協議
109822	鮮滿版	1923-04-11	05단	稚鼈共同飼育
109823	鮮滿版	1923-04-11	05단	平壤府課長更迭
109824	鮮滿版	1923-04-11	05단	海州師範校開設
109825	鮮滿版	1923-04-11	05단	齋藤總督來馬

일련번호	판명	간행일	단수	기사명
109826	鮮滿版	1923-04-11	05단	新興會を組織し失業鮮人救濟
109827	鮮滿版	1923-04-11	05단	精米工場燒失
109828	鮮滿版	1923-04-11	05단	名地より(平壤より/淸津より/大邱より/晉州より/光州より)
109829	鮮滿版	1923-04-11	05단	半島茶話
109830	鮮滿版	1923-04-12	01단	巴城春秋(一)/朝鮮人のいへる
109831	鮮滿版	1923-04-12	01단	和龍縣の日支輕鐵は今秋まで延期
109832	鮮滿版	1923-04-12	01단	自動車遞送國境で開始
109833	鮮滿版	1923-04-12	01단	未種痘者に京城で種痘
109834	鮮滿版	1923-04-12	01단	能吏山下氏晉州に行く
109835	鮮滿版	1923-04-12	02단	龍山野砲隊で野球チームを造る/小室聯隊長談
109836	鮮滿版	1923-04-12	02단	第一印象(五)/若々しい宮館新府尹/無表情な人、宣傳は巧い
109837	鮮滿版	1923-04-12	04단	家族慰安警察協會/春季運動會
109838	鮮滿版	1923-04-12	04단	警察協會の野外劇(忠臣藏山崎街道)
109839	鮮滿版	1923-04-12	05단	月曜團優勝す
109840	鮮滿版	1923-04-12	05단	跛の松蟲
109841	鮮滿版	1923-04-12	05단	名地より(龍山より/京城より/木浦より/大邱より/光州より)
109842	鮮滿版	1923-04-12	06단	半島茶話
109843	鮮滿版	1923-04-13	01단	巴城春秋(二)/牡丹臺夜話
109844	鮮滿版	1923-04-13	01단	氣乘薄の情勢に失望/朝鮮實業視察團/朝鮮航路問題
109845	鮮滿版	1923-04-13	01단	金剛山電燈京城進出說/木元京電專務談
109846	鮮滿版	1923-04-13	02단	簡易保險を朝鮮にも實施/商議聯合會へ平壤から提案
109847	鮮滿版	1923-04-13	03단	齋藤總督視察
109848	鮮滿版	1923-04-13	03단	東宮の御慶事に李王家よりの獻上品/手箱と太刀掛と書棚
109849	鮮滿版	1923-04-13	03단	護路兵一營馬賊となる/東支線不安
109850	鮮滿版	1923-04-13	04단	南浦會議所役員
109851	鮮滿版	1923-04-13	04단	西蓮湖排水竣成
109852	鮮滿版	1923-04-13	05단	金泉陸上競技
109853	鮮滿版	1923-04-13	05단	名地より(京城より/仁川より/全州より)
109854	鮮滿版	1923-04-13	05단	過去一年の龍山を回顧して
109855	鮮滿版	1923-04-13	06단	半島茶話
109856	鮮滿版	1923-04-14	01단	本社門司支局移轉/大阪朝日新聞支局/電話特長
109857	鮮滿版	1923-04-14	01단	京城市況(米/大豆/綿絲布/粟/砂糖/金融)
109858	鮮滿版	1923-04-14	01단	巴城春秋(３)/朝鮮の總裁
109859	鮮滿版	1923-04-14	03단	穩城郡で水田開拓計劃/水利組合組織

일련번호	판명	간행일	단수	기사명
109860	鮮滿版	1923-04-14	04단	里葬で行った/警部補の葬儀
109861	鮮滿版	1923-04-14	04단	夜學敎師の惡事
109862	鮮滿版	1923-04-14	05단	名地より(平壤より/淸津より/大邱より/羅南より/光州より)
109863	鮮滿版	1923-04-14	06단	本社見學
109864	鮮滿版	1923-04-14	06단	會(道知事會議/可法官會議/警察部長會議/消防組頭會/衛生課長會議)
109865	鮮滿版	1923-04-14	06단	半島茶話
109866	鮮滿版	1923-04-15	01단	巴城春秋(四)/花祭りの日
109867	鮮滿版	1923-04-15	01단	私設鐵道建設順調
109868	鮮滿版	1923-04-15	01단	勞銀騰貴
109869	鮮滿版	1923-04-15	01단	平壤記念展覽會/準備進捗す
109870	鮮滿版	1923-04-15	01단	京取代引行爲/實銀資金融通
109871	鮮滿版	1923-04-15	02단	簡保提案理由
109872	鮮滿版	1923-04-15	02단	小包郵便漸增
109873	鮮滿版	1923-04-15	02단	大邱煙草生産
109874	鮮滿版	1923-04-15	03단	麗水面祝賀會
109875	鮮滿版	1923-04-15	03단	北京に銀行を建て土地を買ひ入れた朴容萬の屯田兵制/在滿鮮人自治團組織許されず
109876	鮮滿版	1923-04-15	03단	勞銀高の噂に釣られて行く朝鮮人/折角內地に辿り着いても就職口なく下宿でゴロゴロ
109877	鮮滿版	1923-04-15	03단	大邱春季祭典盛大にやる
109878	鮮滿版	1923-04-15	04단	樂器の賣行/第一ーが蓄音機次がヴァイオリン
109879	鮮滿版	1923-04-15	05단	名地より(京城より/龍山より/大田より/咸興より)
109880	鮮滿版	1923-04-15	06단	半島茶話
109881	鮮滿版	1923-04-17	01단	巴城春秋(五)/瓜はめは
109882	鮮滿版	1923-04-17	01단	總督府の施設には片手落の點が多い/鮮內を視察した北滿靑年の感想
109883	鮮滿版	1923-04-17	01단	鮮鐵主要幹線/電化調査
109884	鮮滿版	1923-04-17	01단	京城府新廳舍は理想的設計/土木部と直營建築物
109885	鮮滿版	1923-04-17	02단	道廳舍改築至難
109886	鮮滿版	1923-04-17	03단	鎭南浦金融組合改善
109887	鮮滿版	1923-04-17	03단	大豆から木材へ淸津の海運界
109888	鮮滿版	1923-04-17	03단	浦鹽への輸入品關稅は高率
109889	鮮滿版	1923-04-17	04단	淸津貿易高
109890	鮮滿版	1923-04-17	04단	慶北春蠶豫想
109891	鮮滿版	1923-04-17	04단	平壤慈惠病院增築
109892	鮮滿版	1923-04-17	04단	赤色馬賊襲來/橫道河子混亂狀態に陷る

일련번호	판명	간행일	단수	기사명
109893	鮮滿版	1923-04-17	05단	龍山へ愛兄の顔を見に亡き妻を想ふ原淨一氏
109894	鮮滿版	1923-04-17	05단	記者團歡迎委員決定
109895	鮮滿版	1923-04-17	05단	名地より(平壤より/龍山より/咸興より/全州より/鎭南浦より)
109896	鮮滿版	1923-04-17	06단	半島茶話
109897	鮮滿版	1923-04-18	01단	巴城春秋(六)/殿下に謁して
109898	鮮滿版	1923-04-18	01단	『衛生』から觀た朝鮮/鮮人の生活と習慣改善が必要/牧田朝鮮軍軍醫部長談
109899	鮮滿版	1923-04-18	01단	預金利子が高く事業家は金利高に苦む/預金爭奪戰の原因
109900	鮮滿版	1923-04-18	03단	私鐵合同は六月末/鮮銀の援助、政府の補助/和田財務局長談
109901	鮮滿版	1923-04-18	04단	銀行合同/朝鮮商業と元山商業
109902	鮮滿版	1923-04-18	05단	人事相談所を警察署に倂置
109903	鮮滿版	1923-04-18	05단	列車增發要望
109904	鮮滿版	1923-04-18	05단	和布採取場爭議
109905	鮮滿版	1923-04-18	05단	咸興學議當選者
109906	鮮滿版	1923-04-18	05단	三南銀行紛擾/金專務等拘束
109907	鮮滿版	1923-04-18	06단	名地より(平壤より/馬山より/大田より)
109908	鮮滿版	1923-04-19	01단	東支鐵道を武力奪還する極東政府の肚裏
109909	鮮滿版	1923-04-19	01단	鮮銀系以外の銀行は何うするか/在滿四銀行の合併問題
109910	鮮滿版	1923-04-19	01단	優良教員の逆移出を防げ
109911	鮮滿版	1923-04-19	02단	第一期檢閱を終へて/菊池軍司令官の感想
109912	鮮滿版	1923-04-19	03단	朝鮮協會廣島で組織
109913	鮮滿版	1923-04-19	04단	滿鐵圖書館を社會に公開せよ
109914	鮮滿版	1923-04-19	04단	除穢に泥炭利用
109915	鮮滿版	1923-04-19	04단	大邱移輸出入
109916	鮮滿版	1923-04-19	04단	華紋蓆御用品出來
109917	鮮滿版	1923-04-19	05단	安東電氣會社設立
109918	鮮滿版	1923-04-19	05단	百萬人に虎疫豫防注射
109919	鮮滿版	1923-04-19	05단	樂安小作爭議
109920	鮮滿版	1923-04-19	05단	鎭南浦運動會
109921	鮮滿版	1923-04-19	05단	乘車賃割引
109922	鮮滿版	1923-04-19	05단	沈村に不時着陸
109923	鮮滿版	1923-04-19	05단	名地だより(平壤より/城津より/淸津より)
109924	鮮滿版	1923-04-19	06단	半島茶話
109925	鮮滿版	1923-04-20	01단	朝鮮軍惜敗す 鮮滿柔道大會/滿鐵家族慰安運動會/平壤店員運動會

일련번호	판명	간행일	단수	기사명
109926	鮮滿版	1923-04-20	01단	朝鮮問題を內地では重大視する/和田財務局長談
109927	鮮滿版	1923-04-20	01단	金融が塞って金利が高いのだ/預金協定などはダメだ/中村殖銀理事談
109928	鮮滿版	1923-04-20	02단	他地方から資本家を誘致/在藤內務課長談
109929	鮮滿版	1923-04-20	03단	內鮮融合愛の結晶/木村特務と熙子さんの感想
109930	鮮滿版	1923-04-20	04단	警官の妻女に助産婦の免狀
109931	鮮滿版	1923-04-20	05단	鰊買出し盛況/魚價も頗る高い
109932	鮮滿版	1923-04-20	06단	名地より(咸興より/晉州より)
109933	鮮滿版	1923-04-20	06단	半島茶話
109934	鮮滿版	1923-04-21	01단	朝鮮の工業を獨立獨步せしむるには良職工の養成/工業思想の普及/金融の疏通/三山中央試驗所長談
109935	鮮滿版	1923-04-21	01단	撤退後の兵舍處分/大澤一等主計談
109936	鮮滿版	1923-04-21	01단	平壤府廳舍改築の議/稅關支署跡へ
109937	鮮滿版	1923-04-21	02단	朝鮮の衛生施設不備/牧田軍警部長談
109938	鮮滿版	1923-04-21	03단	公設診療所撤療しない平壤府の意向
109939	鮮滿版	1923-04-21	03단	移入高が判らぬ移入稅撤廢の結果
109940	鮮滿版	1923-04-21	03단	全南棉作增大
109941	鮮滿版	1923-04-21	04단	孟山の電話要望
109942	鮮滿版	1923-04-21	04단	咸興飛行雨の爲め中止/着陸場の乾くを待ち斷行
109943	鮮滿版	1923-04-21	04단	金若水の行動警官を騷がす
109944	鮮滿版	1923-04-21	04단	兵卒哨令違反
109945	鮮滿版	1923-04-21	05단	野球リーグ戰/實業團と專門校
109946	鮮滿版	1923-04-21	05단	名地だより(京城より/平壤より/馬山より/光州より/公州より/鳥致院より)
109947	鮮滿版	1923-04-21	06단	半島茶話
109948	鮮滿版	1923-04-22	01단	朝鮮にも簡易保險を實施したい/高橋事務官談
109949	鮮滿版	1923-04-22	01단	白國實業團九州から朝鮮へ
109950	鮮滿版	1923-04-22	01단	金融組合金利引下要望の聲
109951	鮮滿版	1923-04-22	01단	牛疫血精製造
109952	鮮滿版	1923-04-22	01단	花の春が來た赭土の朝鮮にも
109953	鮮滿版	1923-04-22	02단	燒酎脫稅取締
109954	鮮滿版	1923-04-22	02단	慶北武德館建設
109955	鮮滿版	1923-04-22	03단	全羅水電計劃
109956	鮮滿版	1923-04-22	03단	平壤補習女學校
109957	鮮滿版	1923-04-22	04단	露領居住の非歸化鮮人に赤軍が寫眞を撮らせる
109958	鮮滿版	1923-04-22	04단	專門校陸上競技聯盟會の組織
109959	鮮滿版	1923-04-22	04단	步哨中に腹痛/便所に行って禁錮一箇月

일련번호	판명	간행일	단수	기사명
109960	鮮滿版	1923-04-22	05단	金剛山案內
109961	鮮滿版	1923-04-22	05단	名地だより(平壤より/咸興より/淸津より/元山より/光州より)
109962	鮮滿版	1923-04-22	06단	半島茶話
109963	鮮滿版	1923-04-24	01단	公州の櫻
109964	鮮滿版	1923-04-24	01단	勸業債券を朝鮮で募集しない/有賀殖銀頭取の言明
109965	鮮滿版	1923-04-24	01단	朝鮮人が渡航するのは內地の方が暮し良いからだ/矢島社會課長談
109966	鮮滿版	1923-04-24	02단	憲兵を廢め警官にする國境の警備
109967	鮮滿版	1923-04-24	02단	驛增置/驛間距離短縮の爲め調査
109968	鮮滿版	1923-04-24	03단	琿春の郵便物訓戎局に吸收/日支間に一問題を惹起せぬか
109969	鮮滿版	1923-04-24	03단	郵便貯金と龍山の金融/梶山龍山局長談
109970	鮮滿版	1923-04-24	04단	勝湖里線增發不可能/京管局の回答
109971	鮮滿版	1923-04-24	04단	元山白軍內紛
109972	鮮滿版	1923-04-24	04단	元山下水計劃
109973	鮮滿版	1923-04-24	04단	組合銀行帳尻
109974	鮮滿版	1923-04-24	05단	三等寢臺車評判が宜しい/佐藤運轉課長談
109975	鮮滿版	1923-04-24	05단	路上口演して消防施設成る
109976	鮮滿版	1923-04-24	05단	金堤郡衙落成式
109977	鮮滿版	1923-04-24	06단	名地だより(大邱より/木浦より/光州より)
109978	鮮滿版	1923-04-24	06단	半島茶話
109979	鮮滿版	1923-04-25	01단	市來藏相、同文書院生徒に挨拶(大阪朝日新聞社廣間に於て)
109980	鮮滿版	1923-04-25	01단	働いて損をする小作農と地士/自作農は僅少な利得があ/平安南道農務課調査
109981	鮮滿版	1923-04-25	02단	博多木浦間航路開始/木浦商議から要望/博多側でも盡力
109982	鮮滿版	1923-04-25	03단	平北道假廳舍急造/道廳燒失善後
109983	鮮滿版	1923-04-25	03단	朝鮮少年新運動敎會/天道敎で組織
109984	鮮滿版	1923-04-25	03단	膀胱から萬年筆
109985	鮮滿版	1923-04-25	04단	北鮮運輸と咸鏡線の速成
109986	鮮滿版	1923-04-25	04단	普校三校增設/學年延長中止
109987	鮮滿版	1923-04-25	05단	勞農政府の命を受け入鮮計劃
109988	鮮滿版	1923-04-25	05단	蠅驅除の標語
109989	鮮滿版	1923-04-25	05단	畑中の石が放尿すると云ふ傳說が壞された
109990	鮮滿版	1923-04-25	05단	南鮮競馬大會
109991	鮮滿版	1923-04-25	05단	名地だより(木浦より/羅南より/淸津より/光州より)
109992	鮮滿版	1923-04-25	06단	半島茶話

일련번호	판명	간행일	단수	기사명
109993	鮮滿版	1923-04-26	01단	*私鐵合同せば七千萬圓の大會社　社長專務候補の噂　/三社が參加しない理由併し將來は合同するだらう　弓削鐵道部長談*
109994	鮮滿版	1923-04-26	01단	全鮮水産共進會會場決定
109995	鮮滿版	1923-04-26	01단	內鮮間郵便物發着回數增加
109996	鮮滿版	1923-04-26	02단	滿鐵整理/安藤京管局長談
109997	鮮滿版	1923-04-26	03단	複線未し/石川保線課長談
109998	鮮滿版	1923-04-26	03단	清津港の貿易上の價値/木村府尹談
109999	鮮滿版	1923-04-26	04단	平南水産會認可
110000	鮮滿版	1923-04-26	04단	上納された天日草織の花筵/田母澤御用邸に御使用
110001	鮮滿版	1923-04-26	04단	民衆運動の雜誌
110002	鮮滿版	1923-04-26	04단	替玉試驗十七名
110003	鮮滿版	1923-04-26	04단	名池だより(平壤より/咸興より/羅南より/清津より)
110004	鮮滿版	1923-04-26	05단	京城水源地電化/重油機械据付
110005	鮮滿版	1923-04-26	05단	慶州電氣成立
110006	鮮滿版	1923-04-26	06단	半島茶話
110007	鮮滿版	1923-04-27	01단	內鮮實業家大會を京城で開催
110008	鮮滿版	1923-04-27	01단	平壤の市區改正着工/家屋移轉通牒
110009	鮮滿版	1923-04-27	01단	金在鎭の歸順申込魂膽當局に看破さる
110010	鮮滿版	1923-04-27	01단	鮮人渡航者の爲に努力する/木村淸氏談
110011	鮮滿版	1923-04-27	02단	馬山學議改選
110012	鮮滿版	1923-04-27	02단	水利狀態調査
				三南銀行紛擾解決
110013	鮮滿版	1923-04-27	02단	六月には國境地方に飛行する/平壤航空隊の行事計劃
110014	鮮滿版	1923-04-27	02단	*馬選手の出場しないのは外部から壓迫を加へられたのだ/四選手を送る*
110015	鮮滿版	1923-04-27	03단	安州電話開通
110016	鮮滿版	1923-04-27	03단	咸興上水料金
110017	鮮滿版	1923-04-27	05단	釜山の客引全廢/清水驛長談
110018	鮮滿版	1923-04-27	05단	一匹の蠅が十五億に繁殖する
110019	鮮滿版	1923-04-27	05단	實業家取調べ
110020	鮮滿版	1923-04-27	05단	名地だより(大邱より/馬山より/咸興より)
110021	鮮滿版	1923-04-27	06단	半島茶話
110022	鮮滿版	1923-04-28	01단	巴城春秋(７)/荒める人々
110023	鮮滿版	1923-04-28	01단	廣島縣産の貿易品展覽會を今夏京城で開催する
110024	鮮滿版	1923-04-28	01단	鹽と砂糖の消費量朝鮮はまだまだ多くなる
110025	鮮滿版	1923-04-28	01단	米人西伯利に活動/赤軍と鐵道敷設交涉

일련번호	판명	간행일	단수	기사명
110026	鮮滿版	1923-04-28	02단	露支國境交通禁止/密偵防止策
110027	鮮滿版	1923-04-28	03단	鴨綠江航行の船舶に王道尹が課稅
110028	鮮滿版	1923-04-28	03단	總督府醫院現況/志賀同院長談
110029	鮮滿版	1923-04-28	05단	赤軍旅券調査
110030	鮮滿版	1923-04-28	05단	小包郵便激增
110031	鮮滿版	1923-04-28	05단	平壤電車取締
110032	鮮滿版	1923-04-28	05단	電話增設數
110033	鮮滿版	1923-04-28	05단	全洞民を不逞人が對岸に伴れ去る/輯安縣取締
110034	鮮滿版	1923-04-28	06단	猩紅熱大邱で猖獗
110035	鮮滿版	1923-04-28	06단	名地より(京城より/釜山より)
110036	鮮滿版	1923-04-28	06단	半島茶話
110037	鮮滿版	1923-04-29	01단	巴城春秋(８)/李範昇君日ふ
110038	鮮滿版	1923-04-29	01단	平壤驛の擴張急務/會議所から要望書提出
110039	鮮滿版	1923-04-29	01단	貞洞分室校舍に利用
110040	鮮滿版	1923-04-29	01단	京城物價騰貴(騰貴/低落/保合)
110041	鮮滿版	1923-04-29	02단	巴城の櫻/衛戍病院觀櫻會
110042	鮮滿版	1923-04-29	04단	人蔘耕作者授賞
110043	鮮滿版	1923-04-29	04단	白丁壓迫/學生連の傾向
110044	鮮滿版	1923-04-29	04단	高利貸退治/龜浦で始まる
110045	鮮滿版	1923-04-29	05단	米國武官怒る/無效の査照を檢査されて
110046	鮮滿版	1923-04-29	05단	名地より(光州より/三千浦より/元山より)
110047	鮮滿版	1923-04-29	06단	半島茶話

1923년 5월 (선만판)

일련번호	판명	간행일	단수	기사명
110048	鮮滿版	1923-05-01	01단	巴城春秋(９)/圖書館の話
110049	鮮滿版	1923-05-01	01단	交通運輸上好果を期待される私鐵六會社の合同/私鐵合同と賀田西鮮專務歸談/合同後の私鐵
110050	鮮滿版	1923-05-01	02단	歸任の途有吉總監語る
110051	鮮滿版	1923-05-01	03단	御慶事と李王家/代理が上京
110052	鮮滿版	1923-05-01	03단	經理部長會議と谷林主計監談
110053	鮮滿版	1923-05-01	03단	城津學議の改選
110054	鮮滿版	1923-05-01	04단	木浦學校組合選擧
110055	鮮滿版	1923-05-01	04단	金融組合長理事當選
110056	鮮滿版	1923-05-01	04단	羅南の金組選擧鮮人側勝つ
110057	鮮滿版	1923-05-01	04단	コールの批難と鮮銀
110058	鮮滿版	1923-05-01	05단	極東政府の外船上陸解除/朝郵專務談
110059	鮮滿版	1923-05-01	05단	各地だより(光州より)
110060	鮮滿版	1923-05-01	05단	鮮人馬賊跋扈の抗議
110061	鮮滿版	1923-05-01	06단	肺ヂストマ豫防法攻究
110062	鮮滿版	1923-05-01	06단	野砲記念式
110063	鮮滿版	1923-05-01	06단	赤軍の警戒出張所/支那人銃殺さる
110064	鮮滿版	1923-05-01	06단	半島茶話
110065	鮮滿版	1923-05-02	01단	日本一の人道鐵橋/平壤を對岸に進出させる大同江人道鐵橋の工事
110066	鮮滿版	1923-05-02	01단	城津の競爭熱
110067	鮮滿版	1923-05-02	02단	十一月末には全工事完成する天圖輕便鐵道
110068	鮮滿版	1923-05-02	03단	成川視察歸談/佐伯高等課長
110069	鮮滿版	1923-05-02	03단	元城金組總會
110070	鮮滿版	1923-05-02	03단	各地より(晋州より/光州より/咸興より/雄基より)
110071	鮮滿版	1923-05-02	04단	各地とも槪して平穩/一日の勞働祭
110072	鮮滿版	1923-05-02	04단	慶興法院支廳を慶源に移せ/郡民大會で決議
110073	鮮滿版	1923-05-02	05단	羅南の流感猖獗
110074	鮮滿版	1923-05-02	05단	生魚の冷藏運搬七月下旬から開始
110075	鮮滿版	1923-05-02	05단	渡滬せんとする鮮人學生門司署で取調らる
110076	鮮滿版	1923-05-02	05단	外人宣敎師が鮮人に對して救濟施設計劃
110077	鮮滿版	1923-05-02	05단	支那領から鮮人引揚げる再三の罰金を憤り
110078	鮮滿版	1923-05-02	06단	小作人から農場へ要求幾分を容れて解決
110079	鮮滿版	1923-05-02	06단	支那人の兩殺傷事件
110080	鮮滿版	1923-05-02	06단	半島茶話
110081	鮮滿版	1923-05-03	01단	朝鮮近海航行船舶に無電で氣象電報之れで海難事故は減じゃう

일련번호	판명	간행일	단수	기사명
110082	鮮滿版	1923-05-03	01단	大同江の水運利用/平南道廳の研究
110083	鮮滿版	1923-05-03	01단	平壤府本年度の土木事業
110084	鮮滿版	1923-05-03	01단	聯合商品陣列大會/今秋大邱で開く
110085	鮮滿版	1923-05-03	02단	朝鮮國境の警備に就て某消息通談
110086	鮮滿版	1923-05-03	03단	有吉總監歸談
110087	鮮滿版	1923-05-03	03단	會議室新築
110088	鮮滿版	1923-05-03	03단	咸鏡北線業績
110089	鮮滿版	1923-05-03	03단	北鮮四港貿易比較
110090	鮮滿版	1923-05-03	03단	城津築港起工
110091	鮮滿版	1923-05-03	03단	穀物木材置場に第四期海面埋立
110092	鮮滿版	1923-05-03	04단	羅南金組好績
110093	鮮滿版	1923-05-03	04단	朝鮮記者協會
110094	鮮滿版	1923-05-03	04단	各地より(咸興より/清津より)
110095	鮮滿版	1923-05-03	04단	保險契約の激增と割引漸次滿洲へ手を擴げる
110096	鮮滿版	1923-05-03	05단	鮮婦人の家出季節と傳說
110097	鮮滿版	1923-05-03	05단	鮮人馬賊と誤認された總督府囑託一行の遭難
110098	鮮滿版	1923-05-03	05단	朝鮮沿岸航行船員緩和
110099	鮮滿版	1923-05-03	05단	卒業生の騷ぐ釜商の廢止形式/和田知事語る
110100	鮮滿版	1923-05-03	06단	大官暗殺の決死隊と警戒
110101	鮮滿版	1923-05-03	06단	本社國境特派員
110102	鮮滿版	1923-05-03	06단	半島茶話
110103	鮮滿版	1923-05-03	06단	運動界(平壤の庭球試合)
110104	鮮滿版	1923-05-03	06단	人(齋藤京畿商業校長赴任/有吉政務總監)
110105	鮮滿版	1923-05-04	01단	巴城春秋(１０)/燈火親しむ頃
110106	鮮滿版	1923-05-04	01단	鮮人の向學熱勃興/平南の教育機關不足と補充策
110107	鮮滿版	1923-05-04	01단	銀行會社簇出と合同問題
110108	鮮滿版	1923-05-04	01단	朝鮮に榮轉の大工原博士
110109	鮮滿版	1923-05-04	02단	清津の漁港擴張隣接面を併合して
110110	鮮滿版	1923-05-04	02단	支那鐵道の現狀/顧問井上博士語る
110111	鮮滿版	1923-05-04	03단	軸木內地供給
110112	鮮滿版	1923-05-04	03단	各地より(京城より/釜山より/木浦より/馬山より/鎭海より)
110113	鮮滿版	1923-05-04	04단	不逞者の暴擧は私腹を肥す術策に過ぎぬ/滑稽極まる主義の標榜
110114	鮮滿版	1923-05-04	04단	味に變りはない鮮海の魚類運搬の手當誤って居た/協谷水産試驗場長の研究
110115	鮮滿版	1923-05-04	05단	借家人のため借家調査/平壤署の民衆化

일련번호	판명	간행일	단수	기사명
110116	鮮滿版	1923-05-04	05단	辯護士資格請願
110117	鮮滿版	1923-05-04	06단	敬老式
110118	鮮滿版	1923-05-04	06단	協贊會協議會
110119	鮮滿版	1923-05-04	06단	運動界(大邱の陸上競技大會)
110120	鮮滿版	1923-05-04	06단	半島茶話
110121	鮮滿版	1923-05-05	01단	鮮內に於ける支那人勞働者/將來の考究問題か
110122	鮮滿版	1923-05-05	01단	四銀行合同と救濟資金
110123	鮮滿版	1923-05-05	01단	間島滯貨二十萬袋に及ぶが木材と共に七月出廻る
110124	鮮滿版	1923-05-05	01단	滿鐵車輛計劃十二年度完成
110125	鮮滿版	1923-05-05	01단	巴城春秋(１１)/木本君の家
110126	鮮滿版	1923-05-05	02단	新勸業模範傷長大工原博士語る
110127	鮮滿版	1923-05-05	02단	海運界漸く好況に入る
110128	鮮滿版	1923-05-05	03단	鼊種製造豫定數
110129	鮮滿版	1923-05-05	03단	新繭資金融通
110130	鮮滿版	1923-05-05	03단	五月のレコード富士由印
110131	鮮滿版	1923-05-05	03단	各地だより(咸興より/龍山より/光州より)
110132	鮮滿版	1923-05-05	04단	咸昌醴泉間線工事中止と醴泉有志の決行運動
110133	鮮滿版	1923-05-05	05단	府に買收決定/米宣教師の山林
110134	鮮滿版	1923-05-05	05단	朝鮮線時刻改正七月一日から
110135	鮮滿版	1923-05-05	05단	浦項の遭難死體百數名に達す/一々姓名は判らぬので無緣佛に
110136	鮮滿版	1923-05-05	05단	元山穀物市場の家宅捜査延取引停止を命せらる/原因は預金帳の雲隱れ
110137	鮮滿版	1923-05-05	06단	炮手團五百反旗を飜す
110138	鮮滿版	1923-05-05	06단	武力派の陰謀
110139	鮮滿版	1923-05-05	06단	半島茶話
110140	鮮滿版	1923-05-06	01단	平壤立川間長距離飛行計劃/來釜した石橋飛行士語る
110141	鮮滿版	1923-05-06	01단	大牧場も夢かヤンコスキー弱る
110142	鮮滿版	1923-05-06	01단	朝鮮の生命保險契約と簡保實施の機運
110143	鮮滿版	1923-05-06	01단	淸流を利用して巴城を美化せしめよ
110144	鮮滿版	1923-05-06	02단	保險契約高
110145	鮮滿版	1923-05-06	02단	水南極洞間線咸鏡線第十工區
110146	鮮滿版	1923-05-06	03단	大內京管庶務課長
110147	鮮滿版	1923-05-06	03단	各地より(咸興より/京城より/光州より/大田より)
110148	鮮滿版	1923-05-06	04단	棉作と朝鮮の傳說迷信中々面白いものがある
110149	鮮滿版	1923-05-06	04단	新任朝鮮總督府道事務官/大島破竹郎氏
110150	鮮滿版	1923-05-06	05단	平壤市街電開通期

일련번호	판명	간행일	단수	기사명
110151	鮮滿版	1923-05-06	05단	平壤市街電記念展二十二日より
110152	鮮滿版	1923-05-06	05단	平壤に競馬場設置
110153	鮮滿版	1923-05-06	05단	南波洞事件嫌疑者の怪しい溺死
110154	鮮滿版	1923-05-06	06단	糞尿汲取中三名窒死毒瓦斯の爲か
110155	鮮滿版	1923-05-06	06단	半島茶話
110156	鮮滿版	1923-05-08	01단	*國境を視察した齋藤總督新義州で語る/丸山藝務局長談*
110157	鮮滿版	1923-05-08	01단	當初の豫定通り南鮮鐵道の竣工を望むべく光州の市民大會
110158	鮮滿版	1923-05-08	01단	私鐵合同後の二問題/建設計劃と軌道條は何うなる
110159	鮮滿版	1923-05-08	01단	噸數に現はれた橫斷航路兩線盛衰
110160	鮮滿版	1923-05-08	02단	軍經理會議
110161	鮮滿版	1923-05-08	02단	馬山學校組合會議員選擧競爭
110162	鮮滿版	1923-05-08	02단	四月の檢查大豆約三萬袋
110163	鮮滿版	1923-05-08	03단	各地だより(光州より/咸興より/平壤より)
110164	鮮滿版	1923-05-08	03단	朝鮮各地に流行の禁煙禁酒/專賣に對する反抗から
110165	鮮滿版	1923-05-08	04단	鎭海に來る兩艦隊廿一日迄に入港
110166	鮮滿版	1923-05-08	04단	或程度までの位置は占め得る/鮮展審查員小室氏語る
110167	鮮滿版	1923-05-08	05단	大同江人道鐵橋豫定期間に竣工を陳情
110168	鮮滿版	1923-05-08	05단	北京で大敎會を計劃中の天道敎當局の眼光る
110169	鮮滿版	1923-05-08	05단	韓愼敎又復陰謀民衆會を設立
110170	鮮滿版	1923-05-08	05단	メーデー當日の爆藥押收/調べて見ると許可を得た井戸堀用
110171	鮮滿版	1923-05-08	06단	メーデーに生徒の萬歲騷ぎ警察の取調べ
110172	鮮滿版	1923-05-08	06단	靑年黨大會再開を決す
110173	鮮滿版	1923-05-08	06단	郵便所長の官金費消
110174	鮮滿版	1923-05-08	06단	會(木浦新報祝賀會)
110175	鮮滿版	1923-05-08	06단	人(木村府尹/大日方原降氏(帝通京城支社長)/百武司令官の巡航)
110176	鮮滿版	1923-05-08	06단	半島茶話
110177	鮮滿版	1923-05-09	01단	鮮人も納稅に理解を持つやうになって來た/平壤に於ける納稅奇譚
110178	鮮滿版	1923-05-09	01단	撫順炭の輸出に就いて/赤羽滿鐵理事說明
110179	鮮滿版	1923-05-09	01단	新義州森林の伐採量が少いとの批難に對して野手營林廳長談
110180	鮮滿版	1923-05-09	02단	平壤府臨時協議會/追加豫算附議
110181	鮮滿版	1923-05-09	03단	馬山學議候補愈決定
110182	鮮滿版	1923-05-09	03단	木浦商取引高
110183	鮮滿版	1923-05-09	03단	金融組合總會

일련번호	판명	간행일	단수	기사명
110184	鮮滿版	1923-05-09	03단	繁榮會總會
110185	鮮滿版	1923-05-09	03단	平南棉作段高
110186	鮮滿版	1923-05-09	04단	電氣檢査の遲延で不平の聲が起る
110187	鮮滿版	1923-05-09	04단	春蠶掃立豫想
110188	鮮滿版	1923-05-09	04단	朝鮮美術展覽會十一日より開會
110189	鮮滿版	1923-05-09	04단	哀れを止むる白軍の殘黨/四名の士官候補生が上海へ
110190	鮮滿版	1923-05-09	04단	列車時刻改正で郵便集配時間も改正されやう
110191	鮮滿版	1923-05-09	05단	各地だより(馬山より/鎭海より)
110192	鮮滿版	1923-05-09	05단	第二艦隊鎭海入港期
110193	鮮滿版	1923-05-09	05단	晋州に衡平社設立/朝鮮の水平社
110194	鮮滿版	1923-05-09	05단	民衆の爲に盡して評判の良い平南郡部の警官
110195	鮮滿版	1923-05-09	06단	我子を殺した山縣大尉夫人/自分の傷は淺い
110196	鮮滿版	1923-05-09	06단	人(大內課長葬儀)
110197	鮮滿版	1923-05-09	06단	運動界(滿鐵運動會)
110198	鮮滿版	1923-05-09	06단	半島茶話
110199	鮮滿版	1923-05-10	01단	巴城春秋(１２)/包金のお餞別
110200	鮮滿版	1923-05-10	01단	交通運輸の發達と當局の努力と希望
110201	鮮滿版	1923-05-10	01단	第四期の海面埋立遂行荷揚場に使用
110202	鮮滿版	1923-05-10	01단	北鮮の各漁場逐年世の注目を惹く
110203	鮮滿版	1923-05-10	01단	郡廳舍と裁判所雄基へ移轉運動/慶源も引留の運動
110204	鮮滿版	1923-05-10	02단	城津學校議員選擧結果
110205	鮮滿版	1923-05-10	02단	朝鮮の信託會社
110206	鮮滿版	1923-05-10	03단	城津の雲母事業
110207	鮮滿版	1923-05-10	03단	城津電氣總會
110208	鮮滿版	1923-05-10	04단	各地だより(京城より)
110209	鮮滿版	1923-05-10	04단	長足の發達を爲しつゝある朝鮮の電氣事業電氣洪水に遭遇するだらう
110210	鮮滿版	1923-05-10	04단	光州繁榮會
110211	鮮滿版	1923-05-10	04단	夫婦共謀で嬰兒を生埋舊惡の發覺
110212	鮮滿版	1923-05-10	04단	運動善技界(自轉車競走會)
110213	鮮滿版	1923-05-10	05단	淸安寺まで(上)/N生
110214	鮮滿版	1923-05-10	06단	會(中厚校長會議/視學官會議/朝鮮教育總會)
110215	鮮滿版	1923-05-10	06단	人(入城中の鐵道協會員三百名)
110216	鮮滿版	1923-05-10	06단	半島茶話
110217	鮮滿版	1923-05-11	01단	巴城春秋(１３)/京電の商ひ
110218	鮮滿版	1923-05-11	01단	內鮮連絡飛行/愈十五日から決行
110219	鮮滿版	1923-05-11	01단	平壤府憲兵隊宿舍移轉は贊成だ/小河憲兵隊長談

일련번호	판명	간행일	단수	기사명
110220	鮮滿版	1923-05-11	02단	スバット式に搭乗せる石橋勝浪氏
110221	鮮滿版	1923-05-11	03단	商議聯合會
110222	鮮滿版	1923-05-11	04단	各地だより(大田より/光州より)
110223	鮮滿版	1923-05-11	04단	朝鮮美術展入選者發表
110224	鮮滿版	1923-05-11	04단	新義州に遊園地計劃
110225	鮮滿版	1923-05-11	05단	蔚山電氣不認可と善後策協議
110226	鮮滿版	1923-05-11	05단	病院に祕密結社
110227	鮮滿版	1923-05-11	05단	强盗殺人判決
110228	鮮滿版	1923-05-11	05단	運動界(安東大運動會/庭球個人試合)
110229	鮮滿版	1923-05-11	05단	淸安まで(下)
110230	鮮滿版	1923-05-11	06단	
110231	鮮滿版	1923-05-11	06단	會(憲兵隊長會議/警察部長會議/三團體家族野遊會)
110232	鮮滿版	1923-05-11	06단	人(菊池軍司令官/尙侯爵令夫人及津輕伯爵夫人/久野久子女史)
110233	鮮滿版	1923-05-11	06단	半島茶話
110234	鮮滿版	1923-05-12	01단	巴城春秋(１４)/夫婦櫻見物
110235	鮮滿版	1923-05-12	01단	渡り鳥の休翼所竹島で渡り鳥の調査/種々珍奇な鳥が此所まで來るが大抵此所で死んでしまふ
110236	鮮滿版	1923-05-12	01단	擡頭しかけて來た鮮內の佛教
110237	鮮滿版	1923-05-12	01단	滿鐵氣焰/岩本滿鐵軍務所長語る
110238	鮮滿版	1923-05-12	02단	安東商議議員會/四銀行合同經過報告
110239	鮮滿版	1923-05-12	03단	軍醫分團合同研究會
110240	鮮滿版	1923-05-12	04단	咸北道廳の鮮人靑年會指導
110241	鮮滿版	1923-05-12	04단	淸津水産檢査
110242	鮮滿版	1923-05-12	04단	咸北移出穀類
110243	鮮滿版	1923-05-12	04단	高麗人蔘會社計劃
110244	鮮滿版	1923-05-12	04단	各地だより(光州より/咸興より/羅南より/金泉より)
110245	鮮滿版	1923-05-12	06단	鴨綠江上流の不逞取締/日支警察連絡して
110246	鮮滿版	1923-05-12	06단	浦潮勞農政府の排日傾向
110247	鮮滿版	1923-05-12	06단	人(安滿少將(軍參謀長))
110248	鮮滿版	1923-05-12	06단	半島茶話
110249	鮮滿版	1923-05-13	01단	巴城春秋(１５)/寺内甦へる
110250	鮮滿版	1923-05-13	01단	朝鮮美術展授賞者氏名
110251	鮮滿版	1923-05-13	01단	城津築港起工式順序
110252	鮮滿版	1923-05-13	02단	天圖輕鐵工事進陟
110253	鮮滿版	1923-05-13	02단	木浦學校議員/候補者の面々
110254	鮮滿版	1923-05-13	02단	京城學校議員/選擧と有權者

일련번호	판명	간행일	단수	기사명
110255	鮮滿版	1923-05-13	02단	各種會社狀況
110256	鮮滿版	1923-05-13	03단	各地だより(安東より/咸興より/京城より/新義州より)
110257	鮮滿版	1923-05-13	04단	新義州の大發展/人口年々增加
110258	鮮滿版	1923-05-13	05단	新義州に市場新設の計劃/土地買占が流行る
110259	鮮滿版	1923-05-13	05단	大邱十二日會設立土地の進運を圖る
110260	鮮滿版	1923-05-13	05단	朝鮮勞働聯盟決議事項
110261	鮮滿版	1923-05-13	05단	忠南の無料診察
110262	鮮滿版	1923-05-13	05단	永同市場に豪雨降雹/商品流失多し
110263	鮮滿版	1923-05-13	05단	神社佛閣に暴行する犯人嚴探中
110264	鮮滿版	1923-05-13	06단	共産黨一味と爆彈事件公判
110265	鮮滿版	1923-05-13	06단	阿蘇噴火口に投身する處を抱止めらる
110266	鮮滿版	1923-05-13	06단	書記二命引致公金に關してか
110267	鮮滿版	1923-05-13	06단	運動界(短艇試漕)
110268	鮮滿版	1923-05-13	06단	人(中野咸鏡北道知事)
110269	鮮滿版	1923-05-13	06단	半島茶話
110270	鮮滿版	1923-05-15	01단	河川の改修調査に着手/朝鮮の幼稚な河川利用
110271	鮮滿版	1923-05-15	01단	朝鮮取引所令と現物市場昇格問題
110272	鮮滿版	1923-05-15	01단	高等普通學校を慶州に設置計劃
110273	鮮滿版	1923-05-15	01단	民立大學運動
110274	鮮滿版	1923-05-15	01단	馬山學校議員未曾有の競爭
110275	鮮滿版	1923-05-15	02단	不動産銀設立と東拓の影響
110276	鮮滿版	1923-05-15	02단	參謀長會議と安滿少將談
110277	鮮滿版	1923-05-15	03단	木浦の海草問題又復紛擾
110278	鮮滿版	1923-05-15	03단	鮮人內地視察
110279	鮮滿版	1923-05-15	03단	尚州紬組合組織
110280	鮮滿版	1923-05-15	03단	各地だより(金泉より/鎭海より/龍山より/新義州より/安東より/馬山より/光州より)
110281	鮮滿版	1923-05-15	04단	近日鎭海灣入港の第二艦隊
110282	鮮滿版	1923-05-15	05단	郵便貯金宣傳
110283	鮮滿版	1923-05-15	05단	木浦上水畫簡開放
110284	鮮滿版	1923-05-15	05단	大火後の臨江縣諸機關復舊は數個月後
110285	鮮滿版	1923-05-15	05단	國境は今尚寒景色
110286	鮮滿版	1923-05-15	05단	琿春襲擊の脅迫
110287	鮮滿版	1923-05-15	05단	藥店で陰謀
110288	鮮滿版	1923-05-15	06단	爆彈事件判決
110289	鮮滿版	1923-05-15	06단	平安神宮例察
110290	鮮滿版	1923-05-15	06단	運動界(食料組合運動會)

일련번호	판명	간행일	단수	기사명
110291	鮮滿版	1923-05-15	06단	人(會寧稅關支署長田原丈松氏/伊藤元山稅關稅務課長/田山花袋氏(小說家)/魚佳一等主計正(元朝鮮軍附)/鐵道協會參列者の視察)
110292	鮮滿版	1923-05-15	06단	半島茶話
110293	鮮滿版	1923-05-16	01단	巴城春秋(１６)/靑木君の流連
110294	鮮滿版	1923-05-16	01단	內地人居住者の殖えぬ安東/原因は不景氣の爲か
110295	鮮滿版	1923-05-16	01단	出漁團の一番槍は石川縣
110296	鮮滿版	1923-05-16	01단	平壤道路開設
110297	鮮滿版	1923-05-16	02단	平壤學議推薦
110298	鮮滿版	1923-05-16	02단	雄基へ二官衙移轉の請願
110299	鮮滿版	1923-05-16	02단	平南新設學校
110300	鮮滿版	1923-05-16	02단	降雨と麥作遲延/乾稻播種不能
110301	鮮滿版	1923-05-16	03단	安東出荷殷盛
110302	鮮滿版	1923-05-16	03단	平南振興會
110303	鮮滿版	1923-05-16	04단	內地視察
110304	鮮滿版	1923-05-16	04단	各地だより(安東より/咸興より/全州より)
110305	鮮滿版	1923-05-16	05단	內鮮連絡大飛行着々準備中
110306	鮮滿版	1923-05-16	05단	平壤大邱間連絡飛行
110307	鮮滿版	1923-05-16	05단	安東修養團と專務所設置
110308	鮮滿版	1923-05-16	05단	淸津築港起工式
110309	鮮滿版	1923-05-16	05단	商品は多少下落した/移出入稅一部撤廢影響
110310	鮮滿版	1923-05-16	06단	道廳技手二名天然痘に罹る
110311	鮮滿版	1923-05-16	06단	猩紅熱流行の兆/平壤の警戒
110312	鮮滿版	1923-05-16	06단	元警部縊死
110313	鮮滿版	1923-05-16	06단	咸平演武場の火事
110314	鮮滿版	1923-05-16	06단	運動界(全州野球戰)
110315	鮮滿版	1923-05-16	06단	半島茶話
110316	鮮滿版	1923-05-17	01단	巴城春秋(１７)/貞洞の部落
110317	鮮滿版	1923-05-17	01단	朝鮮の沿近海航路既往の如き不便は尠くなった
110318	鮮滿版	1923-05-17	01단	安東市街の陸軍用地滿鐵へ倂合問題
110319	鮮滿版	1923-05-17	01단	咸鏡線開通後の松峴洞
110320	鮮滿版	1923-05-17	02단	京城學議選擧
110321	鮮滿版	1923-05-17	03단	最近發見された城津附近の炭田
110322	鮮滿版	1923-05-17	03단	小牧茶屋を訪ねて
110323	鮮滿版	1923-05-17	04단	朝鮮の柞蠶業
110324	鮮滿版	1923-05-17	05단	全羅叺獎勵
110325	鮮滿版	1923-05-17	05단	各地だより(淸津より/鳥致院より/元山より)

일련번호	판명	간행일	단수	기사명
110326	鮮滿版	1923-05-17	06단	勞農政府の宣傳文を受取った朝鮮丸の屆出で
110327	鮮滿版	1923-05-17	06단	赤化宣傳の美人隊入京の噂
110328	鮮滿版	1923-05-17	06단	發砲した鮮人獨立軍に支那官兵の應戰
110329	鮮滿版	1923-05-17	06단	侍天務布教所
110330	鮮滿版	1923-05-17	06단	運動界(リーグ野球戰)
110331	鮮滿版	1923-05-17	06단	人(滿鐵鐵道部長藤根壽吉氏)
110332	鮮滿版	1923-05-18	01단	寬甸臨江兩縣の防穀令/領事館より反省を促す
110333	鮮滿版	1923-05-18	01단	郡廳支廳の移轉運動で雄基から陳情委員
110334	鮮滿版	1923-05-18	01단	眞先に着手した車踰嶺隧道/兩江拓林の工事
110335	鮮滿版	1923-05-18	01단	寫眞說明/十三日擧行した大邱乘馬俱樂部主催大邱慶山同乘馬道乘會員出發の光景
110336	鮮滿版	1923-05-18	02단	米穀出廻多し
110337	鮮滿版	1923-05-18	02단	合同會社總會
110338	鮮滿版	1923-05-18	03단	鮮展を觀て(上)/N生
110339	鮮滿版	1923-05-18	03단	淸津四月貿易
110340	鮮滿版	1923-05-18	03단	各地より(光州より)
110341	鮮滿版	1923-05-18	03단	朝鮮に取引所/設置問題と當局の意嚮
110342	鮮滿版	1923-05-18	03단	露國學校出の鮮人を選拔して共産主義宣傳
110343	鮮滿版	1923-05-18	03단	各地で催した共産黨記念式盛に排日を叫ぶ
110344	鮮滿版	1923-05-18	04단	滿鐵鮮人診療
110345	鮮滿版	1923-05-18	05단	土匪襲擊事件と一般鮮人の噂
110346	鮮滿版	1923-05-18	05단	軍隊不穩文書/憲兵隊の活動
110347	鮮滿版	1923-05-18	05단	元の雇主を脅迫
110348	鮮滿版	1923-05-18	05단	滿鮮視察
110349	鮮滿版	1923-05-18	05단	運動界(新義州市民運動會/庭球爭霸戰/庭球戰/京管局のメンバー)
110350	鮮滿版	1923-05-18	06단	人(菊池軍司令官/渡邊中將(軍馬補充部本部長))
110351	鮮滿版	1923-05-18	06단	半島茶話
110352	鮮滿版	1923-05-19	01단	鮮展を觀て(下)/N生
110353	鮮滿版	1923-05-19	01단	朝鮮水産共進會/十月十日より釜山で開く
110354	鮮滿版	1923-05-19	01단	最近の安東商況輸入貿易活況
110355	鮮滿版	1923-05-19	02단	沿海警備艦の百武中將語る
110356	鮮滿版	1923-05-19	03단	水産議員選擧
110357	鮮滿版	1923-05-19	03단	大邱學議選擧有權者大會
110358	鮮滿版	1923-05-19	04단	安東に滿鐵事務所
110359	鮮滿版	1923-05-19	04단	各地より(安東より/光州より/京城より)
110360	鮮滿版	1923-05-19	05단	教育者表彰朝鮮最初の試み

일련번호	판명	간행일	단수	기사명
110361	鮮滿版	1923-05-19	05단	木浦靑島間定期航路進捗
110362	鮮滿版	1923-05-19	05단	鴨綠江鐵橋の敷板張替へ
110363	鮮滿版	1923-05-19	05단	態の良い放遂を喰ひ營口へ向ふヂテリックス將軍
110364	鮮滿版	1923-05-19	05단	結婚を拒絶され一家六人銃殺
110365	鮮滿版	1923-05-19	05단	上海假政府の決定事項
110366	鮮滿版	1923-05-19	06단	刑事課の强盗事件活動
110367	鮮滿版	1923-05-19	06단	運動界(咸興市民運動會)
110368	鮮滿版	1923-05-19	06단	人(谷林軍主計監/池田軍獸醫部長/川口秀雄氏(京官局參事))
110369	鮮滿版	1923-05-19	06단	半島茶話
110370	鮮滿版	1923-05-20	01단	發布されんとする朝鮮取引所令と設置地
110371	鮮滿版	1923-05-20	01단	最近の間島/大島咸北財務課長談
110372	鮮滿版	1923-05-20	01단	完成を望む港灣施設
110373	鮮滿版	1923-05-20	01단	淸津學校組合費等級賦課決定
110374	鮮滿版	1923-05-20	02단	平南水産議員當選
110375	鮮滿版	1923-05-20	02단	本道水産會議員當選(漁業者/製造販賣業者)
110376	鮮滿版	1923-05-20	02단	極東共和政府から支那に交渉說/東支鐵道附の要求
110377	鮮滿版	1923-05-20	03단	勤務演習召集
110378	鮮滿版	1923-05-20	03단	各地より(新義州より/安東より/鎭南浦より/光州より)
110379	鮮滿版	1923-05-20	04단	朝鮮産業發達促進と博覽會開會說
110380	鮮滿版	1923-05-20	04단	福岡釜山間無線電話/近く再度の試驗
110381	鮮滿版	1923-05-20	04단	橋板長替と左側通行禁止
110382	鮮滿版	1923-05-20	04단	鮮人學生の斷指同盟其筋の內査
110383	鮮滿版	1923-05-20	05단	警察隊の馬賊討伐一名を仆す
110384	鮮滿版	1923-05-20	05단	砲艦で江海上警戒
110385	鮮滿版	1923-05-20	05단	春蠶種紙密輸入
110386	鮮滿版	1923-05-20	05단	亡命露人注意
110387	鮮滿版	1923-05-20	06단	馬賊の爲に大尉等五名殺さる阿片輸送中
110388	鮮滿版	1923-05-20	06단	橫着な鮮人/土地不案內の鮮人の懷中をねらふ
110389	鮮滿版	1923-05-20	06단	天井から銃器
110390	鮮滿版	1923-05-20	06단	人(奉天省寬甸縣知事汪翔氏)
110391	鮮滿版	1923-05-20	06단	半島茶話
110392	鮮滿版	1923-05-22	01단	水利事業の普及と農耕法改良奬勵/朝鮮産米增産の根本
110393	鮮滿版	1923-05-22	01단	褐炭の利用研究
110394	鮮滿版	1923-05-22	01단	城津電燈と面經營
110395	鮮滿版	1923-05-22	01단	寫眞說明/始めて動いた平壤府營の戰車(郵便局前にて)
110396	鮮滿版	1923-05-22	02단	木浦の區長選擧囑託制を廢して

일련번호	판명	간행일	단수	기사명
110397	鮮滿版	1923-05-22	02단	稗解除の獎勵
110398	鮮滿版	1923-05-22	03단	囚人作業好績設備完成計劃
110399	鮮滿版	1923-05-22	03단	各地より(鎭海より/大田より/平壤より/金泉より/龍山より)
110400	鮮滿版	1923-05-22	04단	平壤市街電車營業開始二十日から
110401	鮮滿版	1923-05-22	04단	平壤飛行隊開隊式
110402	鮮滿版	1923-05-22	04단	素晴らしい鮮展の盛況
110403	鮮滿版	1923-05-22	04단	給水增加と給水制限/京城の上水道
110404	鮮滿版	1923-05-22	05단	滿鐵巡回診療
110405	鮮滿版	1923-05-22	05단	管理者排斥
110406	鮮滿版	1923-05-22	05단	普天教の擧式反對派突擊せんとす
110407	鮮滿版	1923-05-22	05단	白軍持出しの船舶うっかり買ふと手を燒く
110408	鮮滿版	1923-05-22	05단	朴容滿と爆彈銃器の噂
110409	鮮滿版	1923-05-22	05단	城津に疑獄續出
110410	鮮滿版	1923-05-22	06단	容易に終結せぬ義烈團の豫審
110411	鮮滿版	1923-05-22	06단	校長宅へ泥棒生徒の手で逮捕
110412	鮮滿版	1923-05-22	06단	會(軍司令官の請宴/師團長の請宴)
110413	鮮滿版	1923-05-22	06단	人(菊池朝鮮軍軍司令官)
110414	鮮滿版	1923-05-22	06단	半島茶話
110415	鮮滿版	1923-05-23	01단	咸南平野を荒す/龍興江改修速成を叫ぶ三郡民一齊に起って當局に請願す
110416	鮮滿版	1923-05-23	01단	營林廠拂下木材値上の噂と當局の談
110417	鮮滿版	1923-05-23	01단	私鐵合同と前滿鐵社長野村氏語る
110418	鮮滿版	1923-05-23	02단	安東に設置した鐵道事務所と佐藤所長の談
110419	鮮滿版	1923-05-23	02단	間地と土地增價稅申請/大邱都市計劃財源として
110420	鮮滿版	1923-05-23	03단	大邱學議當選
110421	鮮滿版	1923-05-23	03단	木浦學議當選
110422	鮮滿版	1923-05-23	03단	大正十年以前の地方費待遇在職者の不平
110423	鮮滿版	1923-05-23	03단	教育賞授與
110424	鮮滿版	1923-05-23	03단	嘉禾章を贈らる
110425	鮮滿版	1923-05-23	03단	各地より(光州より/咸興より/馬山より/安東より/新義州より)
110426	鮮滿版	1923-05-23	05단	古來の賭地權が敗訴の判決例
110427	鮮滿版	1923-05-23	05단	英艦ダーバン號
110428	鮮滿版	1923-05-23	05단	女醫を公醫に慶北警察部で採用
110429	鮮滿版	1923-05-23	05단	臨海學校設立
110430	鮮滿版	1923-05-23	06단	歸國を喜ばぬ白軍の避難民歸國すると懲役

일련번호	판명	간행일	단수	기사명
110431	鮮滿版	1923-05-23	06단	新義州耶蘇教徒牧師に不平を抱き分立の計劃
110432	鮮滿版	1923-05-23	06단	慰問袋中の金札を拔取り一問題となる
110433	鮮滿版	1923-05-23	06단	半島茶話
110434	鮮滿版	1923-05-24	01단	盛大に擧行せんとする淸津築港起工式/市民は準備に熱狂
110435	鮮滿版	1923-05-24	01단	東拓外債の使途
110436	鮮滿版	1923-05-24	01단	城津の築港工程
110437	鮮滿版	1923-05-24	01단	新築中の朝鮮總督府廳舍正面
110438	鮮滿版	1923-05-24	02단	築港祝賀繰上げ
110439	鮮滿版	1923-05-24	02단	東拓の移民募集困難で見合せ
110440	鮮滿版	1923-05-24	02단	麗水港に汽船寄港計劃
110441	鮮滿版	1923-05-24	03단	滿坦蒙言
110442	鮮滿版	1923-05-24	03단	失敗した鍊船五百餘隻も出掛けたが
110443	鮮滿版	1923-05-24	03단	煙草消費額
110444	鮮滿版	1923-05-24	03단	米穀出廻高昨年と大差無い
110445	鮮滿版	1923-05-24	03단	姬鱒卵孵化す
110446	鮮滿版	1923-05-24	04단	各地だより(金泉より)
110447	鮮滿版	1923-05-24	04단	運動に理解ある團長が得たい/安東運動團一部の希望
110448	鮮滿版	1923-05-24	05단	鍊船を脅迫する不逞團/今日迄の被害數十萬圓
110449	鮮滿版	1923-05-24	05단	日支聯絡して馬賊討伐に努めたい/王寬甸縣知事語る
110450	鮮滿版	1923-05-24	05단	第九工區の長隧道貫通
110451	鮮滿版	1923-05-24	06단	新聞發行者に其筋の眼が光る
110452	鮮滿版	1923-05-24	06단	決死隊警戒安東縣に入る
110453	鮮滿版	1923-05-24	06단	運動界(武道天會)
110454	鮮滿版	1923-05-24	06단	會(朝鮮記者協會)
110455	鮮滿版	1923-05-24	06단	人(陸軍中將趙男逝去/奧田德三郎氏(新任朝鮮軍經理敎員三等主計正)/東邊鎭守使兼第七旅團長湯開忱氏/田中武雄氏(咸北警察部長)/下山陸軍大將(新朝鮮軍參謀部附)/下村進氏(咸北理事官)/樋地連治氏(咸北道視學)/中村滿二氏(法務局屬))
110456	鮮滿版	1923-05-24	06단	半島茶話
110457	鮮滿版	1923-05-25	01단	安東鐵の附屬地滿鐵に移管問題兩者の意見一致
110458	鮮滿版	1923-05-25	01단	何と言っても米の增殖が最も急務だ/朴忠北知事語る
110459	鮮滿版	1923-05-25	01단	鮮內電信電話利用增加と增設希望
110460	鮮滿版	1923-05-25	02단	滿洲金融緩和の爲大藏省から融通決定したらしい
110461	鮮滿版	1923-05-25	02단	各地だより(光州より/仁川より)
110462	鮮滿版	1923-05-25	03단	平壤學議當選
110463	鮮滿版	1923-05-25	04단	新義州學議戰

일련번호	판명	간행일	단수	기사명
110464	鮮滿版	1923-05-25	04단	馬山學議當選
110465	鮮滿版	1923-05-25	04단	面協議員當選
110466	鮮滿版	1923-05-25	04단	更に滿鐵では大阪と門司に案內所設置
110467	鮮滿版	1923-05-25	04단	開通當日の平壤市電成績
110468	鮮滿版	1923-05-25	05단	阿片事件公判第三日
110469	鮮滿版	1923-05-25	05단	內地から護送して來た詐欺漢は同名異人本人憤慨す
110470	鮮滿版	1923-05-25	06단	義烈團の美人使者警戒
110471	鮮滿版	1923-05-25	06단	檀木盜伐事件目下取調中
110472	鮮滿版	1923-05-25	06단	金若山等又復陰謀を企つ
110473	鮮滿版	1923-05-25	06단	半島茶話
110474	鮮滿版	1923-05-26	01단	二千萬圓の會社を起し鮮人救濟事業企劃/鄭昞朝氏の志望漸く緒に就く
110475	鮮滿版	1923-05-26	01단	平壤驛改築其他の要望に對して安藤京管局長の意見
110476	鮮滿版	1923-05-26	01단	城津遊廓の指定地問題
110477	鮮滿版	1923-05-26	02단	鎭南浦商工敎昇格許可
110478	鮮滿版	1923-05-26	02단	滿洲財界救濟の低資融通問題と藤平滿商專務談
110479	鮮滿版	1923-05-26	03단	宋伯歸城談上京中の各種運動
110480	鮮滿版	1923-05-26	03단	安東高女敷地問題
110481	鮮滿版	1923-05-26	03단	形式だけ廢校して事實は繼續で解決釜山第一商校
110482	鮮滿版	1923-05-26	03단	各地より(木浦より)
110483	鮮滿版	1923-05-26	04단	*平壤市電開通記念展開會式擧行/展覽會景況*
110484	鮮滿版	1923-05-26	04단	水産供進出品と物産陣列所擴張
110485	鮮滿版	1923-05-26	04단	安東の瓦斯工事着手
110486	鮮滿版	1923-05-26	04단	海藻問屋と海女の紛擾永年に亘って未だ解けぬ
110487	鮮滿版	1923-05-26	05단	元山穀物市場の疑獄事件近日豫審に廻される模樣
110488	鮮滿版	1923-05-26	06단	烏賊で六名中毒二名危篤
110489	鮮滿版	1923-05-26	06단	全秀南氏の畵
110490	鮮滿版	1923-05-26	06단	人(川江秀雄氏(京官管局參事)/岡田滿鐵營業課長)
110491	鮮滿版	1923-05-26	06단	半島茶話
110492	鮮滿版	1923-05-27	01단	朝鮮私鐵合同と批評一般の主意を惹起
110493	鮮滿版	1923-05-27	01단	朝鮮の小麥作況
110494	鮮滿版	1923-05-27	01단	間島へ判事出張裁判說に對し栃原檢査正語る
110495	鮮滿版	1923-05-27	01단	三道浪頭の汽船出入激增で荷客吸收競爭
110496	鮮滿版	1923-05-27	02단	內地朝鮮航路
110497	鮮滿版	1923-05-27	02단	朝鮮鐵道重役總督府に一任
110498	鮮滿版	1923-05-27	02단	平南造酒高
110499	鮮滿版	1923-05-27	02단	平南の甜菜

일련번호	판명	간행일	단수	기사명
110500	鮮滿版	1923-05-27	02단	平壤府の戸口
110501	鮮滿版	1923-05-27	02단	魚菜株式會社
110502	鮮滿版	1923-05-27	02단	各地より(鳥致院より/京城より/會寧より/安東より/全州より)
110503	鮮滿版	1923-05-27	04단	新義州發展の叫び議論時期は過ぎた錦織府尹語る
110504	鮮滿版	1923-05-27	05단	上水設備擴張
110505	鮮滿版	1923-05-27	05단	增殖したらしい大同江の姬鱒
110506	鮮滿版	1923-05-27	05단	向學心があっても入學が出來ない白丁の境遇
110507	鮮滿版	1923-05-27	05단	露人本國へ送還
110508	鮮滿版	1923-05-27	05단	上海の代表會議
110509	鮮滿版	1923-05-27	06단	強盜未遂
110510	鮮滿版	1923-05-27	06단	河豚で死亡
110511	鮮滿版	1923-05-27	06단	運動界(野球試合/リレー競走)
110512	鮮滿版	1923-05-27	06단	會(府尹郡守會議/商議總會/建築協會總會)
110513	鮮滿版	1923-05-27	06단	人(陸大生一行/クライスラー氏(世界的提案家)/遠藤遙氏(滿鐵本社經理部長))
110514	鮮滿版	1923-05-27	06단	半島茶話
110515	鮮滿版	1923-05-29	01단	朝鮮に於ける鐵道現狀今後/少くも五千哩を要する
110516	鮮滿版	1923-05-29	01단	朝鮮沿岸航路と産業狀態
110517	鮮滿版	1923-05-29	01단	南鮮鐵速成請願
110518	鮮滿版	1923-05-29	01단	咸鏡線工事
110519	鮮滿版	1923-05-29	01단	採木公司理事長永田氏辭任
110520	鮮滿版	1923-05-29	02단	二部敎授施行
110521	鮮滿版	1923-05-29	02단	各地より(咸興より/新義州より/光州より/京城より/平壤より/鳥致院より/大田より)
110522	鮮滿版	1923-05-29	04단	平壤市電開通式
110523	鮮滿版	1923-05-29	04단	鮮展買上品
110524	鮮滿版	1923-05-29	04단	新義州署の民衆化
110525	鮮滿版	1923-05-29	05단	記念展審査
110526	鮮滿版	1923-05-29	05단	金融職員表彰
110527	鮮滿版	1923-05-29	05단	城津の濃霧
110528	鮮滿版	1923-05-29	05단	女丈夫西伯利お菊哈爾濱に居る
110529	鮮滿版	1923-05-29	05단	大熊を射止める
110530	鮮滿版	1923-05-29	05단	水利事業の紛擾
110531	鮮滿版	1923-05-29	06단	大邱の耶蘇敎徒格鬪新舊管理者の爭ひ
110532	鮮滿版	1923-05-29	06단	人(東拓京城駐在理事)
110533	鮮滿版	1923-05-29	06단	半島茶話

일련번호	판명	간행일	단수	기사명
110534	鮮滿版	1923-05-30	01단	安東財界不振現狀と某有力者談
110535	鮮滿版	1923-05-30	01단	安東の木材會社經營難に陷る
110536	鮮滿版	1923-05-30	01단	全國遞信局長會議から歸任の蒲原遞信局長談
110537	鮮滿版	1923-05-30	02단	釜山繁榮會例會
110538	鮮滿版	1923-05-30	02단	金融組合の活動府民の半を組合員に
110539	鮮滿版	1923-05-30	02단	朝鮮金融界
110540	鮮滿版	1923-05-30	03단	全南水稻採種田
110541	鮮滿版	1923-05-30	03단	浦潮の積荷全く自由となる
110542	鮮滿版	1923-05-30	03단	保安林の指令
110543	鮮滿版	1923-05-30	03단	淸津學校林/造成四十一町步
110544	鮮滿版	1923-05-30	03단	東拓の金融緩和策
110545	鮮滿版	1923-05-30	04단	火災保險狀況
110546	鮮滿版	1923-05-30	04단	領事館工事
110547	鮮滿版	1923-05-30	04단	鐵道學校夜學
110548	鮮滿版	1923-05-30	04단	各地より(釜山より/咸興より/光州より)
110549	鮮滿版	1923-05-30	05단	糧棧から伐採の手數料輕減の强談判公司で跳付ける
110550	鮮滿版	1923-05-30	05단	羅南騎兵隊の軍旗祭
110551	鮮滿版	1923-05-30	05단	平南の施療數
110552	鮮滿版	1923-05-30	05단	私設鼇業組合から手數料徵收/柞鼇業者の奮起
110553	鮮滿版	1923-05-30	06단	紛擾は解決したが迷惑を蒙る海女
110554	鮮滿版	1923-05-30	06단	移住鮮人を脅迫
110555	鮮滿版	1923-05-30	06단	咸北公職者の本社見學
110556	鮮滿版	1923-05-30	06단	運動界(庭球試合)
110557	鮮滿版	1923-05-30	06단	人(新義州より本道警務課長前田善)
110558	鮮滿版	1923-05-31	01단	巴城春秋(１８)/バス・コントロール
110559	鮮滿版	1923-05-31	01단	朝鮮船舶令の統一希望と總督府の意嚮
110560	鮮滿版	1923-05-31	01단	上海釜山直通航路問題/原田朝郵社長談
110561	鮮滿版	1923-05-31	02단	博多釜山間定期航路開設/六月二日初航海
110562	鮮滿版	1923-05-31	02단	學校議院改選/京城と龍山
110563	鮮滿版	1923-05-31	03단	豫定線起工請願
110564	鮮滿版	1923-05-31	03단	金泉商工會長選擧
110565	鮮滿版	1923-05-31	03단	落成した二校
110566	鮮滿版	1923-05-31	03단	各地より(全州より/光州より)
110567	鮮滿版	1923-05-31	04단	大邱に衡平社支部
110568	鮮滿版	1923-05-31	04단	新義州へ密輸入燒酎が一番多い
110569	鮮滿版	1923-05-31	05단	赤化運動と其筋の活動
110570	鮮滿版	1923-05-31	05단	運動界(全鮮庭球大會/野球リーグ戰)

일련번호	판명	간행일	단수	기사명
110571	鮮滿版	1923-05-31	05단	會(レコード音樂會)
110572	鮮滿版	1923-05-31	05단	人(ウエンライト氏(元華府會議當時の米國陸軍次官現下院議員))
110573	鮮滿版	1923-05-31	05단	半島茶話

1923년 6월 (선만판)

일련번호	판명	간행일	단수	기사명
110574	鮮滿版	1923-06-01	01단	商品陣列大會/本年十月大邱で開會
110575	鮮滿版	1923-06-01	01단	魚類輸送法と漁具改良/脇谷水産試驗場長談
110576	鮮滿版	1923-06-01	01단	損失は免れぬ！平壤電車/宮館府尹語る
110577	鮮滿版	1923-06-01	02단	京城學議選擧候補者の面々
110578	鮮滿版	1923-06-01	02단	府尹郡守會議
110579	鮮滿版	1923-06-01	02단	全鮮水産共進會協議會
110580	鮮滿版	1923-06-01	02단	麥畑作稍良好/二毛作は全滅
110581	鮮滿版	1923-06-01	03단	咸北師範試驗
110582	鮮滿版	1923-06-01	03단	朝鮮組銀成績
110583	鮮滿版	1923-06-01	03단	貿易組合協議會
110584	鮮滿版	1923-06-01	03단	三南銀株主總會
110585	鮮滿版	1923-06-01	03단	晋州公會堂建設決定
110586	鮮滿版	1923-06-01	04단	全南羅州の摸範矯風會
110587	鮮滿版	1923-06-01	04단	鐵道ホテルに男女給仕を置く
110588	鮮滿版	1923-06-01	04단	電車展授賞式
110589	鮮滿版	1923-06-01	04단	廣濟會に下附金
110590	鮮滿版	1923-06-01	04단	衡平社支部組織
110591	鮮滿版	1923-06-01	05단	觀光會の盛況
110592	鮮滿版	1923-06-01	05단	平壤の『時』の宣傳
110593	鮮滿版	1923-06-01	05단	東萊面の面長問題から鮮人騷ぐ
110594	鮮滿版	1923-06-01	05단	不逞者から蒙った鍊出漁者の被害
110595	鮮滿版	1923-06-01	05단	上海假政府議政院會議の分裂
110596	鮮滿版	1923-06-01	05단	輯安縣では鮮人の武器彈藥所持者をも取締る
110597	鮮滿版	1923-06-01	06단	馬賊の一隊防備所を燒拂ふ/官兵の大敗北
110598	鮮滿版	1923-06-01	06단	運動界(野球戰/武道大會)
110599	鮮滿版	1923-06-01	06단	會(北鮮琵琶大會)
110600	鮮滿版	1923-06-01	06단	半島茶話
110601	鮮滿版	1923-06-02	01단	邦人の發展せぬ安東/何うすれば繁榮するか
110602	鮮滿版	1923-06-02	01단	朝鮮の在米高
110603	鮮滿版	1923-06-02	01단	新義州水源地增設工事
110604	鮮滿版	1923-06-02	01단	一道に一地法院を有する樣になった
110605	鮮滿版	1923-06-02	01단	滿洲商銀の合同協議總會
110606	鮮滿版	1923-06-02	02단	大邱水道擴張豫備工事
110607	鮮滿版	1923-06-02	02단	黑鉛事業擡頭か
110608	鮮滿版	1923-06-02	02단	小作人相助會
110609	鮮滿版	1923-06-02	02단	平壤憲兵隊の敷地移讓問題/當局も移讓の意嚮

일련번호	판명	간행일	단수	기사명
110610	鮮滿版	1923-06-02	03단	各地より(平壤より/京城より/全州より/咸興より/龍山より)
110611	鮮滿版	1923-06-02	04단	一般農民が旱魃を杞憂
110612	鮮滿版	1923-06-02	04단	城津慈惠醫院開院期
110613	鮮滿版	1923-06-02	05단	鴨綠江鐵橋工事
110614	鮮滿版	1923-06-02	05단	大邱の東京相撲
110615	鮮滿版	1923-06-02	05단	武德館起工式
110616	鮮滿版	1923-06-02	05단	新式自動車城津で不許可
110617	鮮滿版	1923-06-02	05단	露國避難民/鐵道工事に從事
110618	鮮滿版	1923-06-02	05단	平壤の傳染病發生と警戒
110619	鮮滿版	1923-06-02	06단	最近の不逞團幹部
110620	鮮滿版	1923-06-02	06단	東支鐵赤化に美人の宣傳隊/護路司令官の防止策考究
110621	鮮滿版	1923-06-02	06단	運動界(全鮮庭球大會)
110622	鮮滿版	1923-06-02	06단	人(總督代理原土木部長等一行)
110623	鮮滿版	1923-06-02	06단	半島茶話
110624	鮮滿版	1923-06-03	01단	安東電車問題/新義州に延長敷設と各方面の意見
110625	鮮滿版	1923-06-03	01단	東拓の今後/積極的方針で進む
110626	鮮滿版	1923-06-03	01단	城津郵便局移轉問題
110627	鮮滿版	1923-06-03	02단	大玉大豆擡頭
110628	鮮滿版	1923-06-03	02단	各地より(鎭海より/馬山より/雄基より/全州より)
110629	鮮滿版	1923-06-03	03단	北鮮勸業會社總會
110630	鮮滿版	1923-06-03	03단	朝鮮の衛生狀態/昨年より良好
110631	鮮滿版	1923-06-03	04단	平壤の各種宣傳
110632	鮮滿版	1923-06-03	04단	依然嚴重な輸出入取締
110633	鮮滿版	1923-06-03	04단	大邱に於ける本年の氷/高値で押通すか
110634	鮮滿版	1923-06-03	04단	權康惠の打った一芝居から大格鬪
110635	鮮滿版	1923-06-03	05단	ボツボツ馬賊團の活動時期となる
110636	鮮滿版	1923-06-03	05단	新乾源猛襲の兇暴團判決/義烈團以上で死刑四名無期九名
110637	鮮滿版	1923-06-03	05단	露國避難民雄基に上陸を拒まれ再び元山へ戻り元山でも一問題
110638	鮮滿版	1923-06-03	06단	郵便局長の公金橫領發覺
110639	鮮滿版	1923-06-03	06단	恐喝手段に放火
110640	鮮滿版	1923-06-03	06단	運動界(天勝滿鐵對戰)
110641	鮮滿版	1923-06-03	06단	半島茶話
110642	鮮滿版	1923-06-05	01단	滿鮮商議聯合會決定事項/當路官廳へ提出
110643	鮮滿版	1923-06-05	01단	巴城春秋(１９)/美しい夫人と

일련번호	판명	간행일	단수	기사명
110644	鮮滿版	1923-06-05	02단	牛皮産額
110645	鮮滿版	1923-06-05	02단	朝鮮貿易額
110646	鮮滿版	1923-06-05	02단	平壤府廳舍移轉說有力
110647	鮮滿版	1923-06-05	03단	釜山學議當選
110648	鮮滿版	1923-06-05	03단	元山學議當選
110649	鮮滿版	1923-06-05	03단	平南春鹽成績
110650	鮮滿版	1923-06-05	04단	石橋勝浪氏が內鮮連絡飛行をするまで苦心慘憺、同情に堪へぬ
110651	鮮滿版	1923-06-05	04단	久邇宮野球台覽
110652	鮮滿版	1923-06-05	04단	各地より(光州より/大田より)
110653	鮮滿版	1923-06-05	05단	平壤飛行隊開隊記念式
110654	鮮滿版	1923-06-05	05단	支那兵の亂暴/取締に出た我警官を引ずり廻す
110655	鮮滿版	1923-06-05	06단	槍投げで重傷
110656	鮮滿版	1923-06-05	06단	半島茶話
110657	鮮滿版	1923-06-06	01단	巴城春秋(２０)/落人の群
110658	鮮滿版	1923-06-06	01단	江原道廳を元山に移轉計劃
110659	鮮滿版	1923-06-06	01단	民立大學期成大會
110660	鮮滿版	1923-06-06	01단	龍山學議豫選
110661	鮮滿版	1923-06-06	01단	未解決の水利問題
110662	鮮滿版	1923-06-06	02단	平北の春鹽
110663	鮮滿版	1923-06-06	02단	水産總代會
110664	鮮滿版	1923-06-06	02단	各地より(咸興より/鳥致院より/大邱より/安東より)
110665	鮮滿版	1923-06-06	04단	三等食堂車
110666	鮮滿版	1923-06-06	04단	京城上水道消費量調節
110667	鮮滿版	1923-06-06	04단	宋伯鐵拳を喰ふ/朝鮮小作人相互會の內訌
110668	鮮滿版	1923-06-06	05단	馬賊に金品を贈る
110669	鮮滿版	1923-06-06	05단	支那官兵の暴行/我官憲から抗議
110670	鮮滿版	1923-06-06	05단	平南の山火事
110671	鮮滿版	1923-06-06	05단	地方法院落成式
110672	鮮滿版	1923-06-06	05단	震動試驗を終へて/大森博士談
110673	鮮滿版	1923-06-06	06단	運動界(庭球團統一/庭球リーグ戰)
110674	鮮滿版	1923-06-06	06단	人(素人寫眞例會)
110675	鮮滿版	1923-06-06	06단	半島茶話
110676	鮮滿版	1923-06-07	01단	京管局の組織變更/安藤京管局長歸談
110677	鮮滿版	1923-06-07	01단	朝鮮の國有未墾地
110678	鮮滿版	1923-06-07	01단	朝鮮と水利資金
110679	鮮滿版	1923-06-07	01단	銀行合同問題一段落か

일련번호	판명	간행일	단수	기사명
110680	鮮滿版	1923-06-07	02단	私鐵合同に就き/朝鮮中鐵鈴木取締役談
110681	鮮滿版	1923-06-07	02단	江原咸南兩道行政區域變更/期成會の成立を見ん
110682	鮮滿版	1923-06-07	02단	新義州學議戰
110683	鮮滿版	1923-06-07	02단	刑務所の狹隘/改築に迫られる
110684	鮮滿版	1923-06-07	03단	平壤貿易額
110685	鮮滿版	1923-06-07	03단	豆粕雜穀輸出激增
110686	鮮滿版	1923-06-07	03단	京城組銀成績
110687	鮮滿版	1923-06-07	03단	大邱驛成績
110688	鮮滿版	1923-06-07	04단	各地より(京城より/鎭南浦より/平壤より/新義州より)
110689	鮮滿版	1923-06-07	04단	棉花取締規則を發布して/品質の向上を圖る平安道農務課
110690	鮮滿版	1923-06-07	05단	支那側に補助金を交付するは怪しからんと憤慨する/我木材業者組合
110691	鮮滿版	1923-06-07	05단	入安する苦力が著しく減じた
110692	鮮滿版	1923-06-07	05단	竹島の渡鳥調査の結果
110693	鮮滿版	1923-06-07	05단	衡平社との衝突から牛肉を食はぬ一般鮮人
110694	鮮滿版	1923-06-07	06단	暴行支那兵は懲罰に附して解決
110695	鮮滿版	1923-06-07	06단	半島茶話
110696	鮮滿版	1923-06-08	01단	巴城春秋(２１)/醜男の隨一/大橋次郎氏
110697	鮮滿版	1923-06-08	01단	産業開發の急務から道路網の完成を急ぐ總督府當局の努力
110698	鮮滿版	1923-06-08	01단	公立實業校規定改正と/長野學務局長談
110699	鮮滿版	1923-06-08	01단	朝鮮鐵道實行豫算と/富田經理課主任談
110700	鮮滿版	1923-06-08	02단	清津管內の郵便所要望地
110701	鮮滿版	1923-06-08	02단	命令航路增加
110702	鮮滿版	1923-06-08	03단	咸北師範開校式
110703	鮮滿版	1923-06-08	03단	各地より(咸興より/京城より)
110704	鮮滿版	1923-06-08	04단	年々增加の投身者/船舶側の防止苦心
110705	鮮滿版	1923-06-08	05단	浦項港の遭難者に下賜金分配
110706	鮮滿版	1923-06-08	05단	全南時の記念日
110707	鮮滿版	1923-06-08	05단	金融組合の表彰
110708	鮮滿版	1923-06-08	05단	全南石首魚場/蝟島の移管運動
110709	鮮滿版	1923-06-08	05단	釜山の猩紅熱猖獗
110710	鮮滿版	1923-06-08	06단	義烈團の飛躍
110711	鮮滿版	1923-06-08	06단	元山の火事/四戶全燒す
110712	鮮滿版	1923-06-08	06단	運動界(野球リーグ戰/京城運動界/滿鐵軍再敗)
110713	鮮滿版	1923-06-08	06단	半島茶話

일련번호	판명	간행일	단수	기사명
110714	鮮滿版	1923-06-09	01단	巴城春秋(２２)/靑春の歌
110715	鮮滿版	1923-06-09	01단	希望と計劃/米田平南知事語る
110716	鮮滿版	1923-06-09	01단	沿線の鮮人敎育を滿鐵に委任の實行方法硏究
110717	鮮滿版	1923-06-09	02단	間島琿春地方の富源調査/鈴木商店社員を派す
110718	鮮滿版	1923-06-09	02단	困った火田民/丹羽平南勸業課長語る
110719	鮮滿版	1923-06-09	03단	鎭南浦學議選擧結果
110720	鮮滿版	1923-06-09	03단	全南養蠶良好
110721	鮮滿版	1923-06-09	03단	貿易南役員會
110722	鮮滿版	1923-06-09	03단	各地より(咸興より/光州より/馬山より/釜山より/大田より)
110723	鮮滿版	1923-06-09	05단	內鮮人圓滿に共學/敎育令改正以後
110724	鮮滿版	1923-06-09	05단	淸津で福井物産陳列/七月下旬から
110725	鮮滿版	1923-06-09	05단	蠅一合二十錢で買上げる羅南の蠅驅除
110726	鮮滿版	1923-06-09	06단	脫稅事件は罰金
110727	鮮滿版	1923-06-09	06단	毒藥入の玉蜀黍を小兒が食ふ
110728	鮮滿版	1923-06-09	06단	平安道廳鎭祭
110729	鮮滿版	1923-06-09	06단	雄基開港祝賀
110730	鮮滿版	1923-06-09	06단	運動界(安東運動界活躍/新義州對義州戰)
110731	鮮滿版	1923-06-09	06단	會(寫眞俱樂部組織)
110732	鮮滿版	1923-06-09	06단	人(新舊司令官去來期)
110733	鮮滿版	1923-06-10	01단	極東大會に於ける滿洲代表選手評 大阪にて(上)/岡部生
110734	鮮滿版	1923-06-10	01단	色んな財界の噂/後藤鮮銀安東支店長語る
110735	鮮滿版	1923-06-10	02단	森林地帶視察談
110736	鮮滿版	1923-06-10	02단	簡閱點呼日割/第二十師團管內
110737	鮮滿版	1923-06-10	03단	沿岸航路增加
110738	鮮滿版	1923-06-10	03단	鴨綠江材の米國輸出を試む
110739	鮮滿版	1923-06-10	03단	郡で價格を査定して繭の共同販賣
110740	鮮滿版	1923-06-10	04단	各地より(淸津より/木浦より/天安より/京城より)
110741	鮮滿版	1923-06-10	05단	鮮人の迷信/幼兒の糞尿で顏を洗ふと美人になる
110742	鮮滿版	1923-06-10	05단	急行券の哩制限/大邱夏期大學
110743	鮮滿版	1923-06-10	05단	
110744	鮮滿版	1923-06-10	05단	遞信局の電氣時計設置
110745	鮮滿版	1923-06-10	05단	朝鮮紙は金牌/舞鶴記念展で
110746	鮮滿版	1923-06-10	05단	平壤飛行隊の實彈射擊豫行演習
110747	鮮滿版	1923-06-10	05단	簡易驛請願/平南線岐陽大平間に
110748	鮮滿版	1923-06-10	06단	無盡營業課稅
110749	鮮滿版	1923-06-10	06단	馬賊が知事に脅迫狀要求を容れる

일련번호	판명	간행일	단수	기사명
110750	鮮滿版	1923-06-10	06단	十二年目に脫營兵捕はる
110751	鮮滿版	1923-06-10	06단	人(田山花袋氏/ゾルフ氏(獨大使))
110752	鮮滿版	1923-06-10	06단	半島茶話
110753	鮮滿版	1923-06-12	01단	極東大會に於ける滿洲代表選手評 大阪にて(二)/岡部生
110754	鮮滿版	1923-06-12	01단	新水道完成で鎭南浦甦る
110755	鮮滿版	1923-06-12	01단	安東普通學校擴張
110756	鮮滿版	1923-06-12	01단	清津新埋立地處分
110757	鮮滿版	1923-06-12	02단	雄基電燈創立
110758	鮮滿版	1923-06-12	02단	竝木取締規則
110759	鮮滿版	1923-06-12	02단	鹽酸加里輸入手續
110760	鮮滿版	1923-06-12	02단	田植始まる/雨量が少いので農家困る
110761	鮮滿版	1923-06-12	02단	終點を木浦に/大連靑島航路延長
110762	鮮滿版	1923-06-12	02단	不逞團の自治會組織
110763	鮮滿版	1923-06-12	03단	南條敎會の紛爭/裁判沙汰となる
110764	鮮滿版	1923-06-12	03단	煙草の代用に桑の葉を喫む
110765	鮮滿版	1923-06-12	04단	全鮮自轉車競走大會
110766	鮮滿版	1923-06-12	04단	正に竣工せんとする咸南北靑農業學校
110767	鮮滿版	1923-06-12	05단	大邱に競馬場
110768	鮮滿版	1923-06-12	05단	殉職警官招魂祭と武道大會
110769	鮮滿版	1923-06-12	05단	地主の頌德碑を小作人が建立
110770	鮮滿版	1923-06-12	05단	古刀を贈る
110771	鮮滿版	1923-06-12	05단	各地より(京城より/光州より/咸興より/清津より/城津より/新義州より)
110772	鮮滿版	1923-06-12	06단	半島茶話
110773	鮮滿版	1923-06-13	01단	極東大會に於ける滿洲代表選手評 大阪にて(下)/岡部生
110774	鮮滿版	1923-06-13	01단	移入稅撤廢後の鎭南浦/輸移入物は何れも激增
110775	鮮滿版	1923-06-13	01단	海事行政改正內容/蒲原遞信局長談
110776	鮮滿版	1923-06-13	01단	新義州學校組合議員選擧
110777	鮮滿版	1923-06-13	02단	石頭岑子の無煙炭坑內狀
110778	鮮滿版	1923-06-13	03단	六道溝に魚市場設置
110779	鮮滿版	1923-06-13	03단	西海岸は不漁
110780	鮮滿版	1923-06-13	03단	米豆移出高
110781	鮮滿版	1923-06-13	04단	發動機船聯絡許可
110782	鮮滿版	1923-06-13	04단	討伐隊を差向けて棉以外の作物は引拔く變った懲罰
110783	鮮滿版	1923-06-13	04단	城津の人事相談至って閑散
110784	鮮滿版	1923-06-13	04단	農民大擧して總督府に押寄せ/官有地拂下中止を迫る
110785	鮮滿版	1923-06-13	04단	安奉線を稼ぐ箱乘りの一味/通遠堡で捕はる

일련번호	판명	간행일	단수	기사명
110786	鮮滿版	1923-06-13	05단	可愛い「時」の宣傳隊/大成功を收む
110787	鮮滿版	1923-06-13	05단	鮮內に流れ込む如何はしい刊行物/當局で取締る
110788	鮮滿版	1923-06-13	05단	濃霧と冷氣
110789	鮮滿版	1923-06-13	05단	死因は衝動/過失致死事件は豫審免訴
110790	鮮滿版	1923-06-13	06단	面書記の橫領
110791	鮮滿版	1923-06-13	06단	運動界(鮮滿對抗劍道大會/今秋安東で開催)
110792	鮮滿版	1923-06-13	06단	各地より(京城より/安東より/雄基より/平壤より)
110793	鮮滿版	1923-06-14	01단	巴城春秋(２３)/ゴ高話拜聽
110794	鮮滿版	1923-06-14	01단	當面の問題は何も知らぬと突張る/齋藤總督
110795	鮮滿版	1923-06-14	01단	朝鮮に於ける上水道普及程度
110796	鮮滿版	1923-06-14	02단	咸北府尹郡守會議/十八日から開催
110797	鮮滿版	1923-06-14	02단	羅南中學設置運動/內鮮共學實現か
110798	鮮滿版	1923-06-14	02단	學校組合議員選擧(京城/鎭南浦)
110799	鮮滿版	1923-06-14	03단	助役議長渡鮮/漁港問題で
110800	鮮滿版	1923-06-14	03단	遞信局新事業
110801	鮮滿版	1923-06-14	03단	黎明期にある朝鮮の體育界/第六回極東大會を觀て(上)/河津彦四郎
110802	鮮滿版	1923-06-14	04단	鮮內では支那人に追はれ內地では失業に逐はれる鮮人勞働者の處置は重大な社會問題
110803	鮮滿版	1923-06-14	04단	信徒離反/天道敎の苦肉策
110804	鮮滿版	1923-06-14	05단	蒙古牛輸出計劃
110805	鮮滿版	1923-06-14	05단	筏取引旺盛
110806	鮮滿版	1923-06-14	06단	主義者脫出/不穩文を撒いて
110807	鮮滿版	1923-06-14	06단	京城高普又復紛糾/盟休主謀者處分から
110808	鮮滿版	1923-06-14	06단	平南地方に喜雨臻る
110809	鮮滿版	1923-06-14	06단	鶴巢籠る
110810	鮮滿版	1923-06-14	06단	白米昂騰
110811	鮮滿版	1923-06-14	06단	各地より(天安より)
110812	鮮滿版	1923-06-15	01단	巴城春秋(２４)/多衆の代表
110813	鮮滿版	1923-06-15	01단	日支直通列車運轉は支那側極力反對す/安東稅關を廢し保稅制度に改正
110814	鮮滿版	1923-06-15	01단	京城本年度の所得額/前年より減少
110815	鮮滿版	1923-06-15	01단	炭礦線列車增發容認
110816	鮮滿版	1923-06-15	03단	高女移管運動
110817	鮮滿版	1923-06-15	03단	慶北の苹果作況/柿は收穫皆無
110818	鮮滿版	1923-06-15	03단	黎明期にある朝鮮の體育界/第六回極東大會を觀て(下)/河津彦四郎
110819	鮮滿版	1923-06-15	04단	平壤運輸事務所獨立

일련번호	판명	간행일	단수	기사명
110820	鮮滿版	1923-06-15	04단	全南筏橋鐵道請願
110821	鮮滿版	1923-06-15	04단	釜山棧橋客引/改善するならば許可してもよい/加々尾釜山署長談
110822	鮮滿版	1923-06-15	05단	釜山の猩紅熱猖獗
110823	鮮滿版	1923-06-15	05단	大韓統義府不逞團に襲はる
110824	鮮滿版	1923-06-15	06단	各地より(京城より/龍山より/光州より)
110825	鮮滿版	1923-06-15	06단	運動界(天勝對協會野球戰/水原高農勝つ)
110826	鮮滿版	1923-06-15	06단	人(田山花袋氏)
110827	鮮滿版	1923-06-16	01단	巴城春秋(２３)/從軍記章
110828	鮮滿版	1923-06-16	01단	都市計劃/調査進陟
110829	鮮滿版	1923-06-16	01단	海岸鐵道問題
110830	鮮滿版	1923-06-16	01단	公有水面埋立令/內容が複雜になった
110831	鮮滿版	1923-06-16	01단	安東縣の輸出絹紬は量目が一定しないと福井縣から御小言
110832	鮮滿版	1923-06-16	02단	新義州排水道近く完成
110833	鮮滿版	1923-06-16	02단	鮮魚運搬用の大冷藏船來る
110834	鮮滿版	1923-06-16	02단	慶北春繭出廻る
110835	鮮滿版	1923-06-16	02단	京釜線列車時間改正/七月一日から實施
110836	鮮滿版	1923-06-16	03단	低資貸付高
110837	鮮滿版	1923-06-16	03단	水産製造高
110838	鮮滿版	1923-06-16	04단	釜山船具商組合非難さる
110839	鮮滿版	1923-06-16	04단	穀類檢查激增
110840	鮮滿版	1923-06-16	04단	棉花栽培指導
110841	鮮滿版	1923-06-16	05단	主義者の仕業か/不穩文書を捨てる
110842	鮮滿版	1923-06-16	05단	麗水水産學校生徒盟休
110843	鮮滿版	1923-06-16	05단	鮮匪調査員一行馬賊と交戰
110844	鮮滿版	1923-06-16	05단	怪しい戎克
110845	鮮滿版	1923-06-16	06단	安東に活寫常設館
110846	鮮滿版	1923-06-16	06단	本事見學
110847	鮮滿版	1923-06-16	06단	運動界(鮮鐵社友會が水上に活躍)
110848	鮮滿版	1923-06-16	06단	各地より(京城より/羅南より/大邱より)
110849	鮮滿版	1923-06-17	01단	巴城春秋(２６)/第二高女の祝
110850	鮮滿版	1923-06-17	01단	內鮮共學はお互に勵むから好結果/諏訪原新義州商業校長談
110851	鮮滿版	1923-06-17	01단	南鮮鐵道豫定線變更運動
110852	鮮滿版	1923-06-17	02단	碎米輸出期間延長
110853	鮮滿版	1923-06-17	02단	平北面職員講習會

일련번호	판명	간행일	단수	기사명
110854	鮮滿版	1923-06-17	02단	印花稅負擔額
110855	鮮滿版	1923-06-17	02단	浦港寄航開始
110856	鮮滿版	1923-06-17	03단	間島襲擊說と馬賊の動靜
110857	鮮滿版	1923-06-17	03단	日本街壓倒さる/安東縣支那街の發展
110858	鮮滿版	1923-06-17	04단	荒繩で縛り毆り殺す
110859	鮮滿版	1923-06-17	04단	避暑地めぐり(東萊溫泉/月尾島/元山)
110860	鮮滿版	1923-06-17	04단	面技手の指導に就て
110861	鮮滿版	1923-06-17	05단	各地より(安義より/咸興より/馬山より/大邱より/鎭海より)
110862	鮮滿版	1923-06-19	01단	滿鮮電話聯絡の必要/實現せしめんとて協議
110863	鮮滿版	1923-06-19	01단	朝鮮の收繭高
110864	鮮滿版	1923-06-19	01단	多獅島築港/有望を具陳
110865	鮮滿版	1923-06-19	01단	江景學議當選
110866	鮮滿版	1923-06-19	01단	財政調査委員
110867	鮮滿版	1923-06-19	01단	春繭出廻と價額
110868	鮮滿版	1923-06-19	02단	麥作減收か
110869	鮮滿版	1923-06-19	02단	豆滿江の流筏/增水で能く流れる
110870	鮮滿版	1923-06-19	02단	正條植奬勵
110871	鮮滿版	1923-06-19	03단	平南水産總代會
110872	鮮滿版	1923-06-19	03단	兵事事務打合會
110873	鮮滿版	1923-06-19	03단	銀行成績
110874	鮮滿版	1923-06-19	03단	各地より(全州より/安義より/咸興より/鎭南浦より)
110875	鮮滿版	1923-06-19	04단	改正される列車時刻と安藤理事談
110876	鮮滿版	1923-06-19	05단	振替貯金利用宣傳
110877	鮮滿版	1923-06-19	05단	京取株紛糾問題/武內勸信社長語る
110878	鮮滿版	1923-06-19	05단	共謀で財産騙取
110879	鮮滿版	1923-06-19	05단	鮮外情報一束
110880	鮮滿版	1923-06-19	06단	運動界(野球試合/安東運動界振興)
110881	鮮滿版	1923-06-19	06단	會(京城覆審法院長城數馬氏)
110882	鮮滿版	1923-06-19	06단	人(田中武雄氏(咸北警察部長より本府警務局事務官に榮轉)/前田憲兵司令官一行)
110883	鮮滿版	1923-06-19	06단	半島茶話
110884	鮮滿版	1923-06-20	01단	巴城春秋(２７)/學校で踊と劇
110885	鮮滿版	1923-06-20	01단	鮮滿間の長距離電話/一日も早く實現させたい/遞信局近藤副事務官語る
110886	鮮滿版	1923-06-20	01단	優良麥收穫高
110887	鮮滿版	1923-06-20	01단	本年は十個所の郵便所を新設/成田平壤局長談

일련번호	판명	간행일	단수	기사명
110888	鮮滿版	1923-06-20	02단	合同銀頭取に中村氏就任說/藤平滿洲商業專務語る
110889	鮮滿版	1923-06-20	02단	晋州學議改選
110890	鮮滿版	1923-06-20	03단	水原學議當選
110891	鮮滿版	1923-06-20	03단	晋州學校組合管理者改選
110892	鮮滿版	1923-06-20	03단	鮮銀と瓜哇支店
110893	鮮滿版	1923-06-20	03단	朝鮮に水銀鑛
110894	鮮滿版	1923-06-20	04단	各地より(光州より/海州より)
110895	鮮滿版	1923-06-20	04단	商品陳列大會計劃報告
110896	鮮滿版	1923-06-20	05단	平壤電氣六月から値下
110897	鮮滿版	1923-06-20	05단	今尙綿入季節/城津の冷氣
110898	鮮滿版	1923-06-20	05단	逮捕した强盜は巡警殺しの馬賊の元兇
110899	鮮滿版	1923-06-20	05단	學生講演と取締
110900	鮮滿版	1923-06-20	05단	不逞者の頭目梁起澤逃亡の噂
110901	鮮滿版	1923-06-20	06단	鮮外情報
110902	鮮滿版	1923-06-20	06단	文藝雜誌計劃
110903	鮮滿版	1923-06-20	06단	運動界(城津大運動會)
110904	鮮滿版	1923-06-20	06단	人(菊池軍司令官/過般入京した駐日獨逸大使ゾルフ氏/安東鐵路巡警總局長孫源江氏)
110905	鮮滿版	1923-06-20	06단	半島茶話
110906	鮮滿版	1923-06-21	01단	巴城春秋(２８)/外語演說
110907	鮮滿版	1923-06-21	01단	問題になってゐる京城公立小學授業料
110908	鮮滿版	1923-06-21	01단	採伐料の僅少に就き/多田榮吉氏語る
110909	鮮滿版	1923-06-21	02단	副島伯の朝鮮視察談
110910	鮮滿版	1923-06-21	02단	大邱學校組合會
110911	鮮滿版	1923-06-21	03단	買回料低減問題
110912	鮮滿版	1923-06-21	03단	慶北と副業共進會
110913	鮮滿版	1923-06-21	03단	大邱の繭出廻と資金貸出
110914	鮮滿版	1923-06-21	04단	延平島不漁
110915	鮮滿版	1923-06-21	04단	生繭重量取引獎勵
110916	鮮滿版	1923-06-21	04단	各地より(天安より/龍山より)
110917	鮮滿版	1923-06-21	05단	六萬坪の荒地
110918	鮮滿版	1923-06-21	05단	山東省の雜多な邪敎流行
110919	鮮滿版	1923-06-21	05단	中江鎭新賀坡鎭間試驗航行
110920	鮮滿版	1923-06-21	05단	齋藤總督に請願
110921	鮮滿版	1923-06-21	05단	傳書鳩好成績
110922	鮮滿版	1923-06-21	06단	露領歸客談
110923	鮮滿版	1923-06-21	06단	平壤の勞働組合

일련번호	판명	간행일	단수	기사명
110924	鮮滿版	1923-06-21	06단	殉職警官招魂祭
110925	鮮滿版	1923-06-21	06단	運動界(學校聯合運動會)
110926	鮮滿版	1923-06-21	06단	半島茶話
110927	鮮滿版	1923-06-22	01단	巴城春秋(２８)/文士花袋サン
110928	鮮滿版	1923-06-22	01단	全北平野灌漑の水利事業竣工式
110929	鮮滿版	1923-06-22	01단	菊池軍司令官の巡視歸談
110930	鮮滿版	1923-06-22	04단	北滿の小麥大豆作況良好
110931	鮮滿版	1923-06-22	04단	神溪寺附近の養鱒好績
110932	鮮滿版	1923-06-22	04단	商議役員當選
110933	鮮滿版	1923-06-22	04단	各地より(雄基より)
110934	鮮滿版	1923-06-22	04단	著しい七道溝の發展
110935	鮮滿版	1923-06-22	05단	國費補助を受けて松の害蟲を驅除
110936	鮮滿版	1923-06-22	05단	昆蟲調査中のキング氏
110937	鮮滿版	1923-06-22	05단	馬賊頭目の殘虐極まる申立
110938	鮮滿版	1923-06-22	05단	鮮外情報
110939	鮮滿版	1923-06-22	05단	運動界(互友會勝つ/野球試合/硬球試合/陸上競技會/庭球試合)
110940	鮮滿版	1923-06-22	06단	會(商業銀行總會/京城穀物信託)
110941	鮮滿版	1923-06-22	06단	人(齋藤總督/藤村忠助氏(元京日支配人))
110942	鮮滿版	1923-06-23	01단	巴城春秋(３０)/新田讓二君
110943	鮮滿版	1923-06-23	01단	朝鮮に於ける道路網改正計劃
110944	鮮滿版	1923-06-23	01단	私設鐵道合同期日
110945	鮮滿版	1923-06-23	01단	地方官會議から/生田平北知事歸談
110946	鮮滿版	1923-06-23	02단	京城公立商校新築豫算
110947	鮮滿版	1923-06-23	02단	炭價調節其他/滿鐵から回答
110948	鮮滿版	1923-06-23	03단	咸北水産會/役員と豫算
110949	鮮滿版	1923-06-23	03단	各地より(京城より/鎭南浦より/光州より)
110950	鮮滿版	1923-06-23	04단	朝鮮の電氣計器の檢定近く實現
110951	鮮滿版	1923-06-23	04단	百萬圓を要する淸津の水道/一日二十五萬立方尺給水
110952	鮮滿版	1923-06-23	04단	副業品展出品
110953	鮮滿版	1923-06-23	05단	朝鮮の郵便貯金普及の宣傳
110954	鮮滿版	1923-06-23	05단	鹽盆津の長隧道開通/二十四日祝賀會
110955	鮮滿版	1923-06-23	05단	不逞者取締と國境に特務機關
110956	鮮滿版	1923-06-23	05단	古墳發掘
110957	鮮滿版	1923-06-23	05단	女子の新運動/アダムス女史講演
110958	鮮滿版	1923-06-23	06단	石で毆打した死體/犯人逮捕さる
110959	鮮滿版	1923-06-23	06단	運動界(野球試合)

일련번호	판명	간행일	단수	기사명
110960	鮮滿版	1923-06-23	06단	半島茶話
110961	鮮滿版	1923-06-24	01단	朝鮮の高等女學校を官立要望の聲(上)/其の要望は土地の發展策から井上京城女子技藝學校長談/當然官立にすべき者坪內京城第一高女校長談/全く急要の問題龍山石原磯二郎氏談/官立にせぬのが變だ赤井鐵道學校長談/贊成ではあるが實現は至難だ谷京城府尹談
110962	鮮滿版	1923-06-24	02단	內地から流入の資金
110963	鮮滿版	1923-06-24	02단	稅關檢查は到着地の稅關で出來る
110964	鮮滿版	1923-06-24	03단	王子製紙休場と原料木材拂下料減額交涉
110965	鮮滿版	1923-06-24	03단	水源山林に害蟲
110966	鮮滿版	1923-06-24	03단	新義州學組會
110967	鮮滿版	1923-06-24	03단	浦潮の貨幣換算
110968	鮮滿版	1923-06-24	03단	森林鐵道開通
110969	鮮滿版	1923-06-24	04단	各地より(咸興より/龍山より/天安より)
110970	鮮滿版	1923-06-24	04단	水道消費量激增と夜間給水停止
110971	鮮滿版	1923-06-24	04단	特に無電が好績/空中實射演習で
110972	鮮滿版	1923-06-24	05단	平壤避病舍建築
110973	鮮滿版	1923-06-24	05단	入京した露國文豪スキターレツ氏
110974	鮮滿版	1923-06-24	05단	星州大邱間道路期成同盟會
110975	鮮滿版	1923-06-24	05단	盛に米國へ行く白軍避難民
110976	鮮滿版	1923-06-24	05단	益壓迫される衡平社の決議/絕對に牛を屠殺せぬ
110977	鮮滿版	1923-06-24	06단	臺灣で娼妓に賣飛ばされんとした鮮人の妻
110978	鮮滿版	1923-06-24	06단	本春來の降雨狀況
110979	鮮滿版	1923-06-24	06단	運動界(安東庭球リーグ戰)
110980	鮮滿版	1923-06-24	06단	半島茶話
110981	鮮滿版	1923-06-26	01단	巴城春秋(31)/筏節の都へ
110982	鮮滿版	1923-06-26	01단	朝鮮の高等學校を官立要望の聲(下)/女學校を道立にする途だけは開けてゐる長野總督府學務局長談/道で引取り內鮮共學にすればよい忠淸南道某氏談/內鮮均一主義平壤高等女學校長
110983	鮮滿版	1923-06-26	02단	平壤の諸問題/宮館府尹語る
110984	鮮滿版	1923-06-26	02단	調査中の發電水力
110985	鮮滿版	1923-06-26	03단	安東の中學問題/岩本地方事務所長語る
110986	鮮滿版	1923-06-26	03단	平壤驛改築其他の回答
110987	鮮滿版	1923-06-26	04단	馬山の南鐵線運動
110988	鮮滿版	1923-06-26	04단	各地より(大邱より/淸津より/鎭南浦より/大田より/咸興より/鎭海より/馬山より)
110989	鮮滿版	1923-06-26	05단	全國商品博と協贊會

일련번호	판명	간행일	단수	기사명
110990	鮮滿版	1923-06-26	05단	安東神社奉遷
110991	鮮滿版	1923-06-26	06단	内部から崩れかゝった上海の假政府
110992	鮮滿版	1923-06-26	06단	不逞鮮人の自滅
110993	鮮滿版	1923-06-26	06단	時間改正と京元線
110994	鮮滿版	1923-06-26	06단	半島茶話
110995	鮮滿版	1923-06-27	01단	安東に中學要望/多分實現するだらう
110996	鮮滿版	1923-06-27	01단	朝鮮の電信線/延長七千百八十里
110997	鮮滿版	1923-06-27	01단	新殖銀理事中村氏語る
110998	鮮滿版	1923-06-27	01단	東拓の滿鮮理事駐在制を復活
110999	鮮滿版	1923-06-27	02단	水稻作良好
111000	鮮滿版	1923-06-27	02단	東拓の麥作良好
111001	鮮滿版	1923-06-27	02단	山林害蟲損害
111002	鮮滿版	1923-06-27	02단	地方改良班
111003	鮮滿版	1923-06-27	02단	各地より(京城より/平壤より/天安より/新義州より/大田より)
111004	鮮滿版	1923-06-27	03단	南行北行を上り下りに改める朝鮮線
111005	鮮滿版	1923-06-27	03단	六月に大降雪/平南寧遠地方
111006	鮮滿版	1923-06-27	03단	北滿移住鮮人の保護/派遣官本部を哈爾賓に移す
111007	鮮滿版	1923-06-27	04단	江連に苦められた露國人來釜
111008	鮮滿版	1923-06-27	04단	湖南地方の小作爭議激增
111009	鮮滿版	1923-06-27	04단	船舶に防疫事務
111010	鮮滿版	1923-06-27	04단	歸來鮮人警戒
111011	鮮滿版	1923-06-27	04단	喧嘩で死傷者
111012	鮮滿版	1923-06-27	04단	鮮童の銃彈盜み
111013	鮮滿版	1923-06-27	06단	事件は何か/京城本町署の活動
111014	鮮滿版	1923-06-27	06단	運動界(柔道大會/天勝軍勝つ/庭球大會/京中勝つ/全平壤軍のメンバー)
111015	鮮滿版	1923-06-27	06단	半島茶話
111016	鮮滿版	1923-06-28	01단	巴城春秋(３２)/國境より平壤
111017	鮮滿版	1923-06-28	01단	内地へ渡航の鮮人よりも國に殘された家族の方が一層苦しんで居る
111018	鮮滿版	1923-06-28	01단	眞の日鮮融和は教育勃興に竢つ外は無い/長野學務局長談
111019	鮮滿版	1923-06-28	01단	安東行政統一問題/荒川民團議長語る
111020	鮮滿版	1923-06-28	02단	醫者拂底と醫專增設の必要/志賀總督醫院長談
111021	鮮滿版	1923-06-28	02단	船橋里の都市計劃更正
111022	鮮滿版	1923-06-28	03단	新筏俄然活況
111023	鮮滿版	1923-06-28	03단	京城ビルブローカー

일련번호	판명	간행일	단수	기사명
111024	鮮滿版	1923-06-28	03단	各地より(清津より)
111025	鮮滿版	1923-06-28	04단	朝鮮の相撲脚戲大會
111026	鮮滿版	1923-06-28	04단	表彰金で田を買ふ
111027	鮮滿版	1923-06-28	04단	市街電車開通で人力車夫の窮狀
111028	鮮滿版	1923-06-28	05단	平壤避病舍新築
111029	鮮滿版	1923-06-28	05단	上海假政府員鮮內調査に潛入
111030	鮮滿版	1923-06-28	05단	愈解けぬ大韓統義府と全德元の紛爭
111031	鮮滿版	1923-06-28	05단	京南線の時間改正
111032	鮮滿版	1923-06-28	05단	運動界(城津大運動會/滿鐵軍勝つ)
111033	鮮滿版	1923-06-28	05단	スキターレツ氏講演(上)/二十四日メソヂスト教會にて
111034	鮮滿版	1923-06-28	06단	半島茶話
111035	鮮滿版	1923-06-29	01단	巴城春秋(３３)/大同江畔
111036	鮮滿版	1923-06-29	01단	鮮鐵運賃値下斷行か內容は極祕にされてゐる/安東長春間の特定運賃が高い引下希望者が多い
111037	鮮滿版	1923-06-29	01단	盛漁期の沿岸漁業/丹羽勸業課長談
111038	鮮滿版	1923-06-29	01단	冷藏船七隻近く更に大型を
111039	鮮滿版	1923-06-29	02단	朝鮮に音樂學校設立/明十三年度に
111040	鮮滿版	1923-06-29	02단	新義州の夏期衛生警戒
111041	鮮滿版	1923-06-29	03단	鴨綠江鐵橋の開閉時間變更
111042	鮮滿版	1923-06-29	03단	校長轉任で憤慨
111043	鮮滿版	1923-06-29	03단	スキターレツ氏講演(中)/二十四日メソヂスト教會にて
111044	鮮滿版	1923-06-29	04단	國境の不逞團增加
111045	鮮滿版	1923-06-29	04단	鮮外情報
111046	鮮滿版	1923-06-29	05단	衡平社支部發會
111047	鮮滿版	1923-06-29	05단	各地より(咸興より/京城より)
111048	鮮滿版	1923-06-29	05단	運動界(協會軍勝つ/少年野球大會/庭球戰/釜山稅關慘敗)
111049	鮮滿版	1923-06-29	06단	會(全鮮實業大會)
111050	鮮滿版	1923-06-29	06단	人(齋藤總督/有吉政務總監)
111051	鮮滿版	1923-06-29	06단	半島茶話
111052	鮮滿版	1923-06-30	01단	朝鮮の産業開發/尾崎東拓理事語る
111053	鮮滿版	1923-06-30	01단	朝鮮の郵便所/漸次增加する
111054	鮮滿版	1923-06-30	01단	張作霖氏の孫副官語る
111055	鮮滿版	1923-06-30	01단	全鮮司法官一日に異動發表
111056	鮮滿版	1923-06-30	01단	咸北水産會新事業/今回の總會で可決
111057	鮮滿版	1923-06-30	02단	靑年會と基金
111058	鮮滿版	1923-06-30	02단	京城に在る中華兩等小學
111059	鮮滿版	1923-06-30	02단	北鮮諸港殷盛

일련번호	판명	간행일	단수	기사명
111060	鮮滿版	1923-06-30	02단	道路改修
111061	鮮滿版	1923-06-30	02단	會社銀行(海銀今期配當/殖銀配當据置/新義州電燈株式會社)
111062	鮮滿版	1923-06-30	02단	各地より(光州より/安義より/城津より)
111063	鮮滿版	1923-06-30	03단	飛行隊の聯合演習
111064	鮮滿版	1923-06-30	03단	京仁線時間改正
111065	鮮滿版	1923-06-30	04단	總督の與へた印象/全南島巡りで
111066	鮮滿版	1923-06-30	04단	慶州上水道敷設調査
111067	鮮滿版	1923-06-30	04단	浦項水道着工
111068	鮮滿版	1923-06-30	04단	布教記念祭
111069	鮮滿版	1923-06-30	04단	大邱慈惠醫院院內大刷新
111070	鮮滿版	1923-06-30	05단	汽車時間改正と鮮滿行新聞/新しい記事が見られる
111071	鮮滿版	1923-06-30	05단	半島茶話

1923년 7월 (선만판)

일련번호	판명	간행일	단수	기사명
111072	鮮滿版	1923-07-01	01단	巴城春秋(３４)/平壤のお歷々
111073	鮮滿版	1923-07-01	01단	朝鮮の改正戶籍制度一日から實施
111074	鮮滿版	1923-07-01	01단	府協議會に諮問した京城府廳舍移轉新築の件
111075	鮮滿版	1923-07-01	01단	丸山警務局長歸任の途語る
111076	鮮滿版	1923-07-01	02단	露支鮮國境談/前田憲兵司令官語る
111077	鮮滿版	1923-07-01	03단	市場面經營
111078	鮮滿版	1923-07-01	03단	各地より(京城より/雄基より/大邱より/平壤より/鳥致院より)
111079	鮮滿版	1923-07-01	04단	平壤府の上水道擴張/國庫補助申請
111080	鮮滿版	1923-07-01	04단	平壤と太刀洗の交互飛行愈九月に擧行
111081	鮮滿版	1923-07-01	04단	警官の妻女に速成産婆講習
111082	鮮滿版	1923-07-01	05단	上海に眞正虎疫/仁川港の警戒
111083	鮮滿版	1923-07-01	06단	三等食堂車一日から運轉
111084	鮮滿版	1923-07-01	06단	運動界(安東軍の祝賀戰/安東軍勝利/庭球リーグ戰)
111085	鮮滿版	1923-07-01	06단	人(齋藤總督/丸山總督府警務局長/石黑總督府地方課長)
111086	鮮滿版	1923-07-01	06단	半島茶話
111087	鮮滿版	1923-07-03	01단	學校組合議員選擧權擴張建議案
111088	鮮滿版	1923-07-03	01단	多獅島築港硏究書類提出
111089	鮮滿版	1923-07-03	01단	鐵道事務所長會議歸談
111090	鮮滿版	1923-07-03	01단	移動警察は朝鮮では尙早/丸山警務局長談
111091	鮮滿版	1923-07-03	01단	大田學議當選
111092	鮮滿版	1923-07-03	02단	安東高女敷地決定
111093	鮮滿版	1923-07-03	02단	慶北製紙改良
111094	鮮滿版	1923-07-03	02단	北鮮は豊作
111095	鮮滿版	1923-07-03	02단	機業講習好績
111096	鮮滿版	1923-07-03	02단	各地より(咸興より/全州より/鎭海より/馬山より/城津より)
111097	鮮滿版	1923-07-03	02단	スキターレツ氏講演(下)
111098	鮮滿版	1923-07-03	04단	全南に豹三頭現る/二頭射止める
111099	鮮滿版	1923-07-03	04단	汽車時間改正から郵便集配時刻も變る
111100	鮮滿版	1923-07-03	04단	馬鈴薯/食用の注意
111101	鮮滿版	1923-07-03	05단	社會雜俎
111102	鮮滿版	1923-07-03	05단	浦潮引揚の救恤申請取纏め
111103	鮮滿版	1923-07-03	05단	慶北の內地渡航者數
111104	鮮滿版	1923-07-03	05단	仁川商業生の同盟休校
111105	鮮滿版	1923-07-03	05단	土里對岸の不逞露國軍籍に投ず
111106	鮮滿版	1923-07-03	06단	西鮮から

일련번호	판명	간행일	단수	기사명
111107	鮮滿版	1923-07-03	06단	運動界(來鮮の野球チーム/天勝團歸還/專門校聯盟成績)
111108	鮮滿版	1923-07-04	01단	巴城春秋(３５)/女支配人
111109	鮮滿版	1923-07-04	01단	朝鮮の塊炭利用と研究
111110	鮮滿版	1923-07-04	01단	西鮮牛移出の新路/鎭南浦より福岡福浦を經て神戸地方に新移出
111111	鮮滿版	1923-07-04	02단	京城府の直接稅
111112	鮮滿版	1923-07-04	02단	中等校長會議實地授業參觀
111113	鮮滿版	1923-07-04	02단	京仁間汽動車運轉
111114	鮮滿版	1923-07-04	03단	鮮內で製紙事業採算が立たぬ
111115	鮮滿版	1923-07-04	04단	平南副業出品
111116	鮮滿版	1923-07-04	04단	繁榮會の決議
111117	鮮滿版	1923-07-04	04단	平北郡守會議
111118	鮮滿版	1923-07-04	04단	煙草耕作段別
111119	鮮滿版	1923-07-04	04단	晉州學議改選
111120	鮮滿版	1923-07-04	05단	學校管理者
111121	鮮滿版	1923-07-04	05단	各地より(淸津より/龍山より)
111122	鮮滿版	1923-07-04	05단	安東に運動場改設計劃
111123	鮮滿版	1923-07-04	05단	奉天釜山間急行列車增發と平山安東驛長談
111124	鮮滿版	1923-07-04	06단	衡平社も農民も其筋の說諭に服す
111125	鮮滿版	1923-07-04	06단	會計主任の惡事
111126	鮮滿版	1923-07-04	06단	半島茶話
111127	鮮滿版	1923-07-05	01단	巴城春秋(３６)/お伽王
111128	鮮滿版	1923-07-05	01단	朝鮮野球大會七月廿五日前後に擧行
111129	鮮滿版	1923-07-05	01단	勞農露國側の日露交涉意見
111130	鮮滿版	1923-07-05	01단	滿銀合同委員會臨席談
111131	鮮滿版	1923-07-05	02단	朝鮮鐵の社債募集
111132	鮮滿版	1923-07-05	02단	軍事輸送改正協議
111133	鮮滿版	1923-07-05	03단	直接租稅額
111134	鮮滿版	1923-07-05	03단	鐵道用地拂下
111135	鮮滿版	1923-07-05	03단	物産品評會
111136	鮮滿版	1923-07-05	03단	平南麥收減少
111137	鮮滿版	1923-07-05	04단	記者協會員視察
111138	鮮滿版	1923-07-05	04단	各地より(天安より)
111139	鮮滿版	1923-07-05	04단	兩圖書館槪況 林滿鐵圖書館主任談/安東圖書館
111140	鮮滿版	1923-07-05	04단	平壤の名物/妓生と蕎麥
111141	鮮滿版	1923-07-05	05단	間島の裁判事件/今後は會寧支廳で取扱ふ
111142	鮮滿版	1923-07-05	06단	橫領理事結審

일련번호	판명	간행일	단수	기사명
111143	鮮滿版	1923-07-05	06단	西鮮から
111144	鮮滿版	1923-07-06	01단	巴城春秋(３７)/口の惡い先生
111145	鮮滿版	1923-07-06	01단	朝鮮鐵に移動警察明年度より實施
111146	鮮滿版	1923-07-06	01단	逐年增加の郵便爲替
111147	鮮滿版	1923-07-06	01단	上水道と避病舍國費補助申請に上京中の宮館府尹歸任談
111148	鮮滿版	1923-07-06	02단	運河と築港問題/米田參事談
111149	鮮滿版	1923-07-06	02단	浦項水道敷設認可あり次第着工
111150	鮮滿版	1923-07-06	03단	劣等水田に揷秧
111151	鮮滿版	1923-07-06	03단	種痘證を持たぬ朝鮮人の內地入を阻止/下關市會の決議で總督府に建議
111152	鮮滿版	1923-07-06	04단	各地より(安東より/清津から)
111153	鮮滿版	1923-07-06	04단	塵芥を燒いて浴場經營/新しい塵芥處理法調査
111154	鮮滿版	1923-07-06	05단	警官決死隊の不逞討伐/農事洞襲擊事件/第一回は失敗
111155	鮮滿版	1923-07-06	05단	暗々裡に獨立思想を注入する少年團
111156	鮮滿版	1923-07-06	05단	支那兵の暴行/結局陳謝す
111157	鮮滿版	1923-07-06	05단	操車係の轢死
111158	鮮滿版	1923-07-06	06단	運動界(新義州勝つ/靑年聯合運動會/安東軍の祝賀會)
111159	鮮滿版	1923-07-06	06단	人(新藤寬三郎氏(新任木浦支廳檢事)/四位義正氏(新任晉州支廳判事)/木村淸津府尹)
111160	鮮滿版	1923-07-06	06단	半島茶話
111161	鮮滿版	1923-07-07	01단	朝鮮の鹽消費高/不足額二億二千萬斤/輸入額著しく增加す
111162	鮮滿版	1923-07-07	01단	朝鮮馬の改良問題/消息通は駄目だといふ
111163	鮮滿版	1923-07-07	01단	組合銀行預金
111164	鮮滿版	1923-07-07	01단	群山木浦に寄港/北支那航路
111165	鮮滿版	1923-07-07	02단	片山銀鮮理事語る
111166	鮮滿版	1923-07-07	02단	副業品展へ內地の出品勸誘
111167	鮮滿版	1923-07-07	02단	大邱の製絲家と消費量
111168	鮮滿版	1923-07-07	02단	咸北へ移入茶
111169	鮮滿版	1923-07-07	02단	會社銀行(京城電氣會社/漢城銀行/朝鮮實業銀行/朝鮮商業銀行)
111170	鮮滿版	1923-07-07	03단	各地より(咸興より/京城より/新義州より/光州より)
111171	鮮滿版	1923-07-07	03단	支那領より盛に武裝不逞團の侵入/我官憲必死となりて防止に努む
111172	鮮滿版	1923-07-07	03단	夏期休暇を利用し巡回講演/在京留學生の計劃
111173	鮮滿版	1923-07-07	03단	三等急行は未だ必要はありません/江藤運轉課長談
111174	鮮滿版	1923-07-07	04단	朝鮮の藥劑師朝鮮藥學校の昇格請願
111175	鮮滿版	1923-07-07	05단	金剛周遊旅程

일련번호	판명	간행일	단수	기사명
111176	鮮滿版	1923-07-07	05단	高等普通學生の受持教諭排斥
111177	鮮滿版	1923-07-07	05단	京城の傳染病患者
111178	鮮滿版	1923-07-07	05단	運動界(女子庭球大會/司令部庭球戰/庭球リーグ戰/滿鐵軍遠征)
111179	鮮滿版	1923-07-07	06단	會(全鮮會頭集會)
111180	鮮滿版	1923-07-07	06단	社會雜俎
111181	鮮滿版	1923-07-07	06단	鮮外情報
111182	鮮滿版	1923-07-07	06단	半島茶話
111183	鮮滿版	1923-07-08	01단	巴城春秋(３８)/東拓返笑く
111184	鮮滿版	1923-07-08	01단	疲弊した鮮人農民勸業公司で救濟
111185	鮮滿版	1923-07-08	01단	海州市區改正實行
111186	鮮滿版	1923-07-08	01단	浦項學議當選
111187	鮮滿版	1923-07-08	01단	全南牛皮移出激減
111188	鮮滿版	1923-07-08	01단	牛疫氣腫疽發生
111189	鮮滿版	1923-07-08	02단	城津地方凶作か/濃霧と氣溫低下で
111190	鮮滿版	1923-07-08	02단	粟螟蟲發生
111191	鮮滿版	1923-07-08	02단	松汀里移出米穀
111192	鮮滿版	1923-07-08	02단	各地より(羅南より/光州より/龍山より/天安より)
111193	鮮滿版	1923-07-08	03단	平壤に府民水泳場設置準備中
111194	鮮滿版	1923-07-08	04단	海州慈惠醫院現場所に新築
111195	鮮滿版	1923-07-08	04단	新換浦架橋
111196	鮮滿版	1923-07-08	04단	飛行隊と野砲隊聯合演習
111197	鮮滿版	1923-07-08	05단	雄基電燈は新式機械で安價に
111198	鮮滿版	1923-07-08	05단	靴下製造工の同盟罷業賃金値下から
111199	鮮滿版	1923-07-08	05단	新義州の火葬場本年度中に設置
111200	鮮滿版	1923-07-08	05단	淸津の星ヶ丘遊廓移轉問題起る
111201	鮮滿版	1923-07-08	06단	絞殺された姙婦
111202	鮮滿版	1923-07-08	06단	運動界(相撲大會)
111203	鮮滿版	1923-07-08	06단	會
111204	鮮滿版	1923-07-08	06단	人(新任警察部長野田鞆雄氏/咸北內務部長福島泗太郎氏)
111205	鮮滿版	1923-07-08	06단	半島茶話
111206	鮮滿版	1923-07-10	01단	巴城春秋(３９)/貧しい學校
111207	鮮滿版	1923-07-10	01단	朝鮮の干拓事業/補助金を交附して普及獎勵
111208	鮮滿版	1923-07-10	01단	飼育成功の上は七十萬頭の緬羊飼育
111209	鮮滿版	1923-07-10	01단	宣教師諸君の諒解が嬉しい/有吉政務總監談
111210	鮮滿版	1923-07-10	02단	鎭南浦築港速成運動
111211	鮮滿版	1923-07-10	02단	平壤町里組合長會議

일련번호	판명	간행일	단수	기사명
111212	鮮滿版	1923-07-10	03단	朝鮮貴族救濟策/李王職篠田次官談
111213	鮮滿版	1923-07-10	03단	上水道自然流下式採擇請求
111214	鮮滿版	1923-07-10	04단	京城貿易額
111215	鮮滿版	1923-07-10	04단	府協議員懇談會
111216	鮮滿版	1923-07-10	04단	動力農具講習會
111217	鮮滿版	1923-07-10	04단	各地より(鎭南浦より/安義より/咸興より)
111218	鮮滿版	1923-07-10	05단	安東縣の疫病流行
111219	鮮滿版	1923-07-10	05단	吉州に神社建立
111220	鮮滿版	1923-07-10	05단	高麗朝時代の發掘物
111221	鮮滿版	1923-07-10	05단	橫領書記判決
111222	鮮滿版	1923-07-10	06단	隊長が馬賊に急變して强奪
111223	鮮滿版	1923-07-10	06단	鮮外情報
111224	鮮滿版	1923-07-10	06단	社會雜俎
111225	鮮滿版	1923-07-10	06단	運動界(庭球リーグ戰終る/端艇リーグ戰)
111226	鮮滿版	1923-07-10	06단	半島茶話
111227	鮮滿版	1923-07-11	01단	巴城春秋(４０)/議員に當選
111228	鮮滿版	1923-07-11	01단	關東州に於ける競馬公布八月一日より實施
111229	鮮滿版	1923-07-11	01단	本年の金融狀況
111230	鮮滿版	1923-07-11	01단	合同私鐵の重役人選問題
111231	鮮滿版	1923-07-11	01단	全鮮電氣協會
111232	鮮滿版	1923-07-11	02단	仁川臨海學校
111233	鮮滿版	1923-07-11	02단	內地と朝鮮東海岸及び浦潮航路多大の主意を惹く
111234	鮮滿版	1923-07-11	02단	新浦鰊漁活況
111235	鮮滿版	1923-07-11	02단	滿洲視察談
111236	鮮滿版	1923-07-11	03단	各地より(龍山より/馬山より/鎭海より)
111237	鮮滿版	1923-07-11	04단	車步道が下水溝か何れを選ぶ?
111238	鮮滿版	1923-07-11	05단	慶山に送電點燈
111239	鮮滿版	1923-07-11	05단	京城本町鋪裝
111240	鮮滿版	1923-07-11	05단	水上署の改革を圖る/安東縣水上署長
111241	鮮滿版	1923-07-11	05단	若布採取問題
111242	鮮滿版	1923-07-11	05단	慶興對岸露領の在住者に徵檢
111243	鮮滿版	1923-07-11	05단	支那官憲の不法/査證附の貨物を不正品と見做す
111244	鮮滿版	1923-07-11	06단	赤旗團と獨立團の提携
111245	鮮滿版	1923-07-11	06단	鹽密輸取締
111246	鮮滿版	1923-07-11	06단	運動界(庭球リーグ戰績/陸上競技研究會)
111247	鮮滿版	1923-07-11	06단	會(地方改長講習會)
111248	鮮滿版	1923-07-11	06단	半島茶話

일련번호	판명	간행일	단수	기사명
111249	鮮滿版	1923-07-12	01단	巴城春秋(４１)/二人半の兒
111250	鮮滿版	1923-07-12	01단	副業共進會に仁川では飛行機や軍艦の派遣を請ひ水族館を新設
111251	鮮滿版	1923-07-12	01단	安東鮮人增加と住宅難
111252	鮮滿版	1923-07-12	01단	支那の日貨排斥と京城の影響
111253	鮮滿版	1923-07-12	01단	淸津銀行業者が緊縮を協議す
111254	鮮滿版	1923-07-12	02단	平南の春鼈
111255	鮮滿版	1923-07-12	02단	慶北の秋鼈
111256	鮮滿版	1923-07-12	02단	龍山信用組成績
111257	鮮滿版	1923-07-12	02단	各地より(海州より/咸興より/雄基より/全南より)
111258	鮮滿版	1923-07-12	04단	平壤府に運動場設置/御成婚記念事業
111259	鮮滿版	1923-07-12	05단	急行列車で郵便物も便利
111260	鮮滿版	1923-07-12	05단	雄基と慶興間自動車遞送開始
111261	鮮滿版	1923-07-12	05단	苦力の儲ける賃金
111262	鮮滿版	1923-07-12	05단	新義州の傳染病警戒
111263	鮮滿版	1923-07-12	05단	依然紛擾中の上海國民代表會議
111264	鮮滿版	1923-07-12	06단	憤激した漁夫等武裝して警備隊
111265	鮮滿版	1923-07-12	06단	廣寧の虎疫は赤痢
111266	鮮滿版	1923-07-12	06단	運動界(庭球大會出場/鮮人野球團)
111267	鮮滿版	1923-07-12	06단	人(河村靜水氏(檢事正)山澤佐一郎氏(檢事)新井胖氏(部長、判事)/咸鏡北道地方課長三浦濟吉氏)
111268	鮮滿版	1923-07-12	06단	半島茶話
111269	鮮滿版	1923-07-13	01단	巴城春秋(４２)/半仙日記
111270	鮮滿版	1923-07-13	01단	平北道立師範/小學校舍の一部で開校
111271	鮮滿版	1923-07-13	02단	晉州學議候補
111272	鮮滿版	1923-07-13	04단	小麥の品質向上を圖る
111273	鮮滿版	1923-07-13	04단	平南の春繭販賣
111274	鮮滿版	1923-07-13	04단	副業に養鷄宣傳
111275	鮮滿版	1923-07-13	04단	淸津刑務所の脫獄囚/逮捕又は殺された者
111276	鮮滿版	1923-07-13	05단	男女數百名の漁夫爭鬪若布採取の事から
111277	鮮滿版	1923-07-13	05단	銅貨の流入に困る支那當局の交涉
111278	鮮滿版	1923-07-13	05단	半島茶話
111279	鮮滿版	1923-07-14	01단	飛行機二機平壤から羅南へ飛ぶ/羅南全市民の歡迎
111280	鮮滿版	1923-07-14	01단	鎭南浦漁業活況
111281	鮮滿版	1923-07-14	01단	財務部長會議歸談
111282	鮮滿版	1923-07-14	03단	平南金肥製造高
111283	鮮滿版	1923-07-14	03단	平南棉作段高

일련번호	판명	간행일	단수	기사명
111284	鮮滿版	1923-07-14	04단	濃霧と果樹被害
111285	鮮滿版	1923-07-14	04단	全州より
111286	鮮滿版	1923-07-14	04단	支那領の英國製煙草販賣禁止
111287	鮮滿版	1923-07-14	04단	活動寫眞で牛疫豫防宣傳
111288	鮮滿版	1923-07-14	04단	己が女房を裸體にして腹の上で松葉を焚く/病氣平癒を祈る奧地鮮人の迷信
111289	鮮滿版	1923-07-14	05단	東洋學院の教師生徒等收監さる
111290	鮮滿式	1923-07-14	05단	出張所上棟式
111291	鮮滿版	1923-07-14	05단	人(慶源郡守玄斗榮氏)
111292	鮮滿版	1923-07-15	01단	朝鮮棉花增收計劃/總督府の品質改良獎勵
111293	鮮滿版	1923-07-15	01단	大邱學校組合會議
111294	鮮滿版	1923-07-15	01단	木材標準價/安東木材組合の決定
111295	鮮滿版	1923-07-15	01단	築堤工事施行
111296	鮮滿版	1923-07-15	01단	水産製造品
111297	鮮滿版	1923-07-15	02단	慶北春繭實收
111298	鮮滿版	1923-07-15	02단	平北の春蠶
111299	鮮滿版	1923-07-15	02단	附武官更迭
111300	鮮滿版	1923-07-15	02단	鯖鑵詰工場
111301	鮮滿版	1923-07-15	02단	各地より(新義州より/安東より/光州より/咸興より)
111302	鮮滿版	1923-07-15	03단	淸津の上空で飛機宙返り羅南から訪問
111303	鮮滿版	1923-07-15	04단	李王妃殿下洋式生活に御興
111304	鮮滿版	1923-07-15	04단	支那側納得/抑留艦船も乘組鮮人も釋放
111305	鮮滿版	1923-07-15	04단	淸津の公設市場改善
111306	鮮滿版	1923-07-15	04단	平壤公市賣上
111307	鮮滿版	1923-07-15	04단	競馬法と館令
111308	鮮滿版	1923-07-15	04단	道醫巡回診療
111309	鮮滿版	1923-07-15	05단	警官に劍道教授
111310	鮮滿版	1923-07-15	05단	新義州の水道水質檢査
111311	鮮滿版	1923-07-15	05단	大邱の俥夫同盟休業して道廳に懇願
111312	鮮滿版	1923-07-15	05단	元稅關吏茶碗自殺/原因に不審な點
111313	鮮滿版	1923-07-15	05단	支那人の浮說流布
111314	鮮滿版	1923-07-15	06단	大邱で過激演說/辯士取調べらる
111315	鮮滿版	1923-07-15	06단	滿鐵のタイピスト募集
111316	鮮滿版	1923-07-15	06단	畸形牛
111317	鮮滿版	1923-07-15	06단	運動界(京鐵軍慘敗)
111318	鮮滿版	1923-07-15	06단	會(朝鮮森林鐵開業式)
111319	鮮滿版	1923-07-15	06단	半島茶話

일련번호	판명	간행일	단수	기사명
111320	鮮滿版	1923-07-17	01단	巴城春秋(４３)/總督泳ぐ
111321	鮮滿版	1923-07-17	01단	漸次增加する京城府の起債
111322	鮮滿版	1923-07-17	01단	平元鐵道起工延期乎/政治問題化すまい
111323	鮮滿版	1923-07-17	02단	間島と北鮮穀物商聯合會取引改善決議
111324	鮮滿版	1923-07-17	02단	浦項濱田直航路開始と視察團
111325	鮮滿版	1923-07-17	03단	合同鐵と重役の退職者
111326	鮮滿版	1923-07-17	03단	江原道廳移轉/期成會設立
111327	鮮滿版	1923-07-17	03단	籾賣買改善
111328	鮮滿版	1923-07-17	03단	全南海藻回着
111329	鮮滿版	1923-07-17	04단	各地より(京城より/龍山より/木浦より/光州より/仁川より/全州より)
111330	鮮滿版	1923-07-17	05단	大同江改修實行委員上京
111331	鮮滿版	1923-07-17	05단	北滿奧地は百花の眞盛り/旅行者は馬賊の出沒に困る
111332	鮮滿版	1923-07-17	05단	實父を殺された金支部長の報告
111333	鮮滿版	1923-07-17	06단	信託業者取締
111334	鮮滿版	1923-07-17	06단	安東の赤痢猖獗
111335	鮮滿版	1923-07-17	06단	支那中尉の入獄
111336	鮮滿版	1923-07-17	06단	運動界(庭球リーグ成績)
111337	鮮滿版	1923-07-17	06단	半島茶話
111338	鮮滿版	1923-07-18	01단	巴城春秋(４２)/赤自動車
111339	鮮滿版	1923-07-18	01단	朝鮮貴族の窮境と財産維持方法制定を總督府及び宮內省へ建策の計劃
111340	鮮滿版	1923-07-18	01단	鮮米の內地移出と品質改善問題
111341	鮮滿版	1923-07-18	01단	鮮銀副總裁引退の加納氏語る
111342	鮮滿版	1923-07-18	02단	水上警察局長干氏語る
111343	鮮滿版	1923-07-18	03단	軍馬補充支部敷地問題落着
111344	鮮滿版	1923-07-18	03단	商業會の活躍/事務所新築
111345	鮮滿版	1923-07-18	03단	學議競爭激烈
111346	鮮滿版	1923-07-18	04단	淸津築港工程
111347	鮮滿版	1923-07-18	04단	新滿洲銀頭取/中村光吉氏語る
111348	鮮滿版	1923-07-18	04단	林間と臨海學校
111349	鮮滿版	1923-07-18	04단	畜牛共濟組合
111350	鮮滿版	1923-07-18	05단	各地より(咸興より/光州より)
111351	鮮滿版	1923-07-18	05단	晉州停車場確定
111352	鮮滿版	1923-07-18	05단	漁夫で賑ふ/堀業島
111353	鮮滿版	1923-07-18	06단	官有林盜伐/犯人は數十名
111354	鮮滿版	1923-07-18	06단	僞造銀貨義州附近で屢發見

일련번호	판명	간행일	단수	기사명
111355	鮮滿版	1923-07-18	06단	東洋學院事件と金思國
111356	鮮滿版	1923-07-18	06단	陰謀公判延期
111357	鮮滿版	1923-07-18	06단	半島茶話
111358	鮮滿版	1923-07-19	01단	總督府感化院元山港外松田灣に設置
111359	鮮滿版	1923-07-19	01단	大邱の産業/總督府の努力
111360	鮮滿版	1923-07-19	01단	民立大學は至難らしい
111361	鮮滿版	1923-07-19	01단	多獅島築港問題
111362	鮮滿版	1923-07-19	01단	咸北學議聯合大會淸津で開催
111363	鮮滿版	1923-07-19	02단	滄浪閣の改修/篠田李王職次官談
111364	鮮滿版	1923-07-19	02단	水源地送水力
111365	鮮滿版	1923-07-19	02단	關東州憲兵分隊檢閱歸談
111366	鮮滿版	1923-07-19	03단	鴨綠江材悲觀
111367	鮮滿版	1923-07-19	03단	咸北煙草賣上
111368	鮮滿版	1923-07-19	03단	淸津港出穀高/五十萬袋位
111369	鮮滿版	1923-07-19	03단	間島農家持米
111370	鮮滿版	1923-07-19	03단	長春署長に榮轉の加藤氏語る
111371	鮮滿版	1923-07-19	04단	淸津港貿易額
111372	鮮滿版	1923-07-19	04단	全南陸地棉作柄
111373	鮮滿版	1923-07-19	04단	會社銀行(朝鮮火災海上)
111374	鮮滿版	1923-07-19	04단	元山より
111375	鮮滿版	1923-07-19	04단	火田民を人夫に使用
111376	鮮滿版	1923-07-19	04단	全南出稼鮮人と送金額
111377	鮮滿版	1923-07-19	05단	釜山府からの水産共進出品
111378	鮮滿版	1923-07-19	05단	勞農政府の極東物資缺乏救濟策
111379	鮮滿版	1923-07-19	05단	聯絡船の投死者/頗る多いので看視人を増加
111380	鮮滿版	1923-07-19	05단	不逞團と關係ある間島の私立學校
111381	鮮滿版	1923-07-19	05단	全南和順面倂合の紛議
111382	鮮滿版	1923-07-19	06단	閉鎖學校の剩餘金から告訴
111383	鮮滿版	1923-07-19	06단	運動界(安東庭球部出場)
111384	鮮滿版	1923-07-19	06단	會(棉作主任會議)
111385	鮮滿版	1923-07-19	06단	人(咸鏡北道學務課森屬一行)
111386	鮮滿版	1923-07-19	06단	半島茶話
111387	鮮滿版	1923-07-20	01단	巴城春秋(４３)/譽の家寶
111388	鮮滿版	1923-07-20	01단	平壤附近から出る無盡藏の粉炭/使用法と效果の普及が必要
111389	鮮滿版	1923-07-20	01단	間島主民年々増加
111390	鮮滿版	1923-07-20	01단	御慶事獻上品

일련번호	판명	간행일	단수	기사명
111391	鮮滿版	1923-07-20	01단	大連輸出激增/近海運賃好況の因
111392	鮮滿版	1923-07-20	03단	流筏作業支障
111393	鮮滿版	1923-07-20	03단	會社銀行(朝鮮實業銀行)
111394	鮮滿版	1923-07-20	03단	各地より(鎭海より/咸興より/光州より)
111395	鮮滿版	1923-07-20	04단	釜山東萊間自動車運轉認可あり次第開始
111396	鮮滿版	1923-07-20	04단	平南の物産陳列場既に上棟式も濟む
111397	鮮滿版	1923-07-20	05단	婦人の股にブラ下げて燒酎密輸入/總督府取締に苦む
111398	鮮滿版	1923-07-20	05단	不穩團を組織して良民を脅迫
111399	鮮滿版	1923-07-20	05단	全財産を勞動協會へ
111400	鮮滿版	1923-07-20	05단	靑年に武器支給/赤軍の警戒
111401	鮮滿版	1923-07-20	06단	私立五山小學の同盟休校
111402	鮮滿版	1923-07-20	06단	東邊甲種商業の紛擾と調停策
111403	鮮滿版	1923-07-20	06단	黑山島で內地女殺さる
111404	鮮滿版	1923-07-20	06단	安東寄附電話
111405	鮮滿版	1923-07-20	06단	運動界(東京俱樂部來る)
111406	鮮滿版	1923-07-21	01단	鮮內の發電力/前途頗る有望
111407	鮮滿版	1923-07-21	01단	朝鮮の生産工業發達と家庭工業の普及獎勵
111408	鮮滿版	1923-07-21	01단	下流支那側に鮮人增加/金州領事の慰問
111409	鮮滿版	1923-07-21	01단	鎭南浦築港速成可能
111410	鮮滿版	1923-07-21	02단	各地より(大田より/全州より/雄基より)
111411	鮮滿版	1923-07-21	03단	大同江改修を總督府に運動/德永土木課長談/丹羽平南勸業課長談
111412	鮮滿版	1923-07-21	04단	留學生團活動
111413	鮮滿版	1923-07-21	05단	朝鮮野球大會愈二十四日より開會/柔道大會優勝者滿洲軍へ 本社から優勝旗/少年野球大會/善隣軍大勝/水上競技大會/專門校庭球大會/京鐵軍歸城
111414	鮮滿版	1923-07-21	05단	馬山府協議員の遺言に依て解剖
111415	鮮滿版	1923-07-21	05단	支那官憲の馬賊襲來警戒
111416	鮮滿版	1923-07-21	05단	依然盟休して首席教諭排斥/東邊甲商生
111417	鮮滿版	1923-07-21	06단	僞巡查の暴行/逮捕公判に附せらる
111418	鮮滿版	1923-07-21	06단	半島茶話
111419	鮮滿版	1923-07-22	01단	參加チーム八校で近來にない接戰を見るだらう/朝鮮野球大會
111420	鮮滿版	1923-07-22	01단	朝鮮臺灣の國有財産處理問題
111421	鮮滿版	1923-07-22	01단	福岡釜山間無線電話實現に努力
111422	鮮滿版	1923-07-22	01단	對露支貿易助成機關の增設擴張
111423	鮮滿版	1923-07-22	02단	教育令改正と步兵銃使用
111424	鮮滿版	1923-07-22	02단	北支那中部鐵道視察歸談/石川京鐵局參事語る

일련번호	판명	간행일	단수	기사명
111425	鮮滿版	1923-07-22	02단	事實か何うか爆擊大隊設置
111426	鮮滿版	1923-07-22	03단	私立校教員認定委員會規定
111427	鮮滿版	1923-07-22	03단	叺製造獎勵
111428	鮮滿版	1923-07-22	03단	德川郡蠶業發達
111429	鮮滿版	1923-07-22	03단	荒刻同業組合
111430	鮮滿版	1923-07-22	04단	鑛業權出願數
111431	鮮滿版	1923-07-22	04단	各地より(咸興より/海州より)
111432	鮮滿版	1923-07-22	04단	內地から續々出品/副業共進會へ
111433	鮮滿版	1923-07-22	05단	路面が頗る良くなる/道路共進會の效果
111434	鮮滿版	1923-07-22	05단	ブダペストより
111435	鮮滿版	1923-07-22	05단	沿海州の昆布買/今年は大弱り
111436	鮮滿版	1923-07-22	05단	圖們江岸の地下から軍用の珍器發見
111437	鮮滿版	1923-07-22	06단	獨立守備隊引揚の準備
111438	鮮滿版	1923-07-22	06단	朝鮮と過激思想取締令/丸山局長語る
111439	鮮滿版	1923-07-22	06단	鮮外情報
111440	鮮滿版	1923-07-22	06단	半島茶話
111441	鮮滿版	1923-07-24	01단	朝鮮野生鳥獸研究所を新設
111442	鮮滿版	1923-07-24	01단	朝鮮の財界觀測
111443	鮮滿版	1923-07-24	01단	咸鏡兩道の産業勃興/交通機關の發達に連れて
111444	鮮滿版	1923-07-24	01단	光州中學敷地問題
111445	鮮滿版	1923-07-24	01단	給料規定改正
111446	鮮滿版	1923-07-24	01단	御慶事朝鮮敷物獻上か/大邱府から
111447	鮮滿版	1923-07-24	02단	大邱教育會補助支給廢止/道當局を批難
111448	鮮滿版	1923-07-24	02단	轉任して來た南安東署長語る
111449	鮮滿版	1923-07-24	02단	全鮮實業家大會計劃
111450	鮮滿版	1923-07-24	02단	平壤から請願の現物市場設置は不許可となる
111451	鮮滿版	1923-07-24	03단	咸南の道路改修
111452	鮮滿版	1923-07-24	03단	船舶假碇泊地に無線電信要望
111453	鮮滿版	1923-07-24	03단	中村頭取赴任
111454	鮮滿版	1923-07-24	03단	商業學校移管式
111455	鮮滿版	1923-07-24	04단	果樹組合創立
111456	鮮滿版	1923-07-24	04단	會社銀行(勸業信託減資)
111457	鮮滿版	1923-07-24	04단	各地より(咸興より/木浦より/全洲より)
111458	鮮滿版	1923-07-24	04단	朝鮮でも入學難
111459	鮮滿版	1923-07-24	05단	軍人と學生の共同臨海學校
111460	鮮滿版	1923-07-24	05단	平北の巡回診療
111461	鮮滿版	1923-07-24	05단	赤軍の應募兵衣食不給で困憊

일련번호	판명	간행일	단수	기사명
111462	鮮滿版	1923-07-24	05단	支那人の巡査殺日本協力で嚴探
111463	鮮滿版	1923-07-24	06단	營口の鮮人米商へ强盜
111464	鮮滿版	1923-07-24	06단	運動界(野球戰/聯盟規約/庭球大會)
111465	鮮滿版	1923-07-24	06단	會(中樞院會議/京畿道教育會)
111466	鮮滿版	1923-07-25	01단	巴城春秋(４５)/茶碗の髭
111467	鮮滿版	1923-07-25	01단	刻下の急務とされて居る河川の改修と上流の植林
111468	鮮滿版	1923-07-25	01단	滿洲に不動産銀設立問題/尾崎東拓理事語る
111469	鮮滿版	1923-07-25	01단	前途有望の朝鮮棉作/棉花主任會の訓示
111470	鮮滿版	1923-07-25	02단	全南鐵道踏査
111471	鮮滿版	1923-07-25	02단	光州發電所位置問題
111472	鮮滿版	1923-07-25	03단	咸南と森林鐵道速成を翹望
111473	鮮滿版	1923-07-25	03단	尾崎東拓理事視察歸談
111474	鮮滿版	1923-07-25	04단	醫學講習會近く決定
111475	鮮滿版	1923-07-25	04단	各地より(雄基より/馬山より/大邱より)
111476	鮮滿版	1923-07-25	05단	日鮮人の祖先は北方から南下/鳥居龍藏博士談
111477	鮮滿版	1923-07-25	05단	大邱市外電話一線增設に決定
111478	鮮滿版	1923-07-25	05단	布哇在住鮮人靑年視察團の行動
111479	鮮滿版	1923-07-25	06단	赤軍の旅者取締對岸の煙秋地方
111480	鮮滿版	1923-07-25	06단	無産者同志會組織さる
111481	鮮滿版	1923-07-25	06단	松山代議士に損害賠償要求
111482	鮮滿版	1923-07-25	06단	會(各道畜産技術官會議/エスペラント音樂會)
111483	鮮滿版	1923-07-25	06단	半島茶話
111484	鮮滿版	1923-07-26	01단	巴城春秋(４６)/髭の哀別
111485	鮮滿版	1923-07-26	01단	滿洲の事業資金/美濃部鮮銀總裁談
111486	鮮滿版	1923-07-26	01단	大邱で催す特産品陳列着々準備進陟
111487	鮮滿版	1923-07-26	01단	志賀博士の日露交涉觀
111488	鮮滿版	1923-07-26	02단	南鐵から入社する課長級
111489	鮮滿版	1923-07-26	02단	全南綾州鐵道請願
111490	鮮滿版	1923-07-26	02단	咸興教育會創立
111491	鮮滿版	1923-07-26	03단	滿洲の圖書館視察/林京鐵局圖書館主任語る
111492	鮮滿版	1923-07-26	04단	光州中學敷地解決
111493	鮮滿版	1923-07-26	04단	麗水水産取引
111494	鮮滿版	1923-07-26	04단	咸南の輸入蠶種
111495	鮮滿版	1923-07-26	04단	全南檢米數量
111496	鮮滿版	1923-07-26	04단	咸興教員講習會
111497	鮮滿版	1923-07-26	05단	富士紡擴張
111498	鮮滿版	1923-07-26	05단	各地より(光州より/京城より/金泉より/鎭南浦より)

일련번호	판명	간행일	단수	기사명
111499	鮮滿版	1923-07-26	05단	咸南道の人事相談上半期で二千八百
111500	鮮滿版	1923-07-26	06단	安東縣に入込む筏夫二萬潛入馬賊警戒
111501	鮮滿版	1923-07-26	06단	練習艦來港期
111502	鮮滿版	1923-07-26	06단	汲んで暫くすると赤褐色になる水/新掘の不思議な井
111503	鮮滿版	1923-07-26	06단	勞農政府の鮮人取締方針改正
111504	鮮滿版	1923-07-26	06단	朝鮮の郵便詐欺/當局の防止硏究
111505	鮮滿版	1923-07-27	01단	巴城春秋（４７）/涼しい講演
111506	鮮滿版	1923-07-27	01단	朝鮮の取引所問題/各地より設立出願
111507	鮮滿版	1923-07-27	01단	遞信局に調査部設置/局員の犯罪防止ための
111508	鮮滿版	1923-07-27	01단	合同私鐵を總督府事業論
111509	鮮滿版	1923-07-27	02단	陽德地方の産業視察談
111510	鮮滿版	1923-07-27	02단	本社の全國通信會議
111511	鮮滿版	1923-07-27	03단	貨物置場の埋立を決行
111512	鮮滿版	1923-07-27	04단	米生産者と阪地新取引
111513	鮮滿版	1923-07-27	04단	埋立地を賣て府廳を新築
111514	鮮滿版	1923-07-27	05단	兩鹽田工事一方は完成
111515	鮮滿版	1923-07-27	05단	鮮內新設會社
111516	鮮滿版	1923-07-27	05단	安東豆粕取引
111517	鮮滿版	1923-07-27	05단	平北普通學校數
111518	鮮滿版	1923-07-27	05단	着筏數
111519	鮮滿版	1923-07-27	05단	光州人口激增
111520	鮮滿版	1923-07-27	05단	各地より（平壤より/光州より）
111521	鮮滿版	1923-07-27	06단	福井縣の名産卽賣會
111522	鮮滿版	1923-07-27	06단	上海の假政府內訌續出で信用地に墜つ
111523	鮮滿版	1923-07-27	06단	京城の火災調査/十年間の統計
111524	鮮滿版	1923-07-27	06단	競馬會
111525	鮮滿版	1923-07-27	06단	癩患者全治歸鄕
111526	鮮滿版	1923-07-28	01단	巴城春秋（４８）/祖國へ
111527	鮮滿版	1923-07-28	01단	朝鮮の稻作/此儘で經過すれば豊作
111528	鮮滿版	1923-07-28	01단	不況の朝鮮航路船漸次恢復に向はん
111529	鮮滿版	1923-07-28	01단	全州の女子高校設立問題/近く具體案作成
111530	鮮滿版	1923-07-28	01단	害蟲發生と驅除
111531	鮮滿版	1923-07-28	02단	朝鮮外國貿易
111532	鮮滿版	1923-07-28	02단	鮮鐵在貨數
111533	鮮滿版	1923-07-28	02단	黃海道廳新築か
111534	鮮滿版	1923-07-28	02단	春川學議當選
111535	鮮滿版	1923-07-28	02단	金肥試驗好績

일련번호	판명	간행일	단수	기사명
111536	鮮滿版	1923-07-28	03단	學議演說會
111537	鮮滿版	1923-07-28	03단	北星會の巡講
111538	鮮滿版	1923-07-28	03단	會社銀行(漢銀株主總會/商銀株主總會/海東銀行總會/勸信臨時總會)
111539	鮮滿版	1923-07-28	03단	各地より(木浦より)
111540	鮮滿版	1923-07-28	04단	外人村より
111541	鮮滿版	1923-07-28	04단	養犬學校卒業證は頸輪
111542	鮮滿版	1923-07-28	04단	雨傘を貸す新幕郵便所
111543	鮮滿版	1923-07-28	05단	淸津の戶口激增
111544	鮮滿版	1923-07-28	05단	東洋共產黨大會廿五日より開會
111545	鮮滿版	1923-07-28	05단	最新式の武器には不逞者も驚いて居る/隱岐朝鮮軍高級副官視察談
111546	鮮滿版	1923-07-28	05단	國境を越えて馬賊の來襲/當局の努力が必要
111547	鮮滿版	1923-07-28	06단	痲醉劑を使ふ竊盜團/京城の泥棒跋扈
111548	鮮滿版	1923-07-28	06단	劍銃を携へて部落民を脅迫す/直ちに捕へらる
111549	鮮滿版	1923-07-28	06단	赤軍に鮮人又捕はる
111550	鮮滿版	1923-07-28	06단	警察官招魂祭
111551	鮮滿版	1923-07-28	06단	社會雜俎
111552	鮮滿版	1923-07-28	06단	人(總督府遞信局事務官)
111553	鮮滿版	1923-07-29	01단	*京城訓練院の鷄林選手權の爭奪 全鮮野球大會第一日/龍山中學對太田中學二十一對一龍中勝/京城中學對釜山商業六對三京中決勝/槪評*
111554	鮮滿版	1923-07-29	03단	*訓練院原頭火を吐く一勝者戰 全鮮中等學校野球大會第二日/京城中學對釜山中學/徽文高普對龍山中學/槪評*
111555	鮮滿版	1923-07-29	04단	朝鮮の覇權徽文に移り優勝旗燦として輝く/興味ある京中との試合
111556	鮮滿版	1923-07-29	06단	警務局豫算
111557	鮮滿版	1923-07-29	06단	晉州學議當選
111558	鮮滿版	1923-07-29	06단	愈決定した臺北水道/大屯山麓を水源地に
111559	鮮滿版	1923-07-29	06단	臺灣に盲人增加
111560	鮮滿版	1923-07-29	06단	各校の臨海學校
111561	鮮滿版	1923-07-29	06단	文化協會員家宅搜査を受く
111562	鮮滿版	1923-07-31	01단	朝鮮の土地改良事業/來年度豫算にどんな形式で現はれるか
111563	鮮滿版	1923-07-31	01단	總督府各部の豫算
111564	鮮滿版	1923-07-31	01단	朝鮮憲兵の異動內定
111565	鮮滿版	1923-07-31	01단	*朝鮮野球大會雜觀/京中軍泣く*
111566	鮮滿版	1923-07-31	02단	軍司令部管下の人員整理/人員は四十名

일련번호	판명	간행일	단수	기사명
111567	鮮滿版	1923-07-31	02단	記者團互盟會
111568	鮮滿版	1923-07-31	02단	各地より(釜山より/金州より/平壤より/咸興より)
111569	鮮滿版	1923-07-31	05단	どの方面から見ても甚だ有望/臺灣航路について島本港灣課長談
111570	鮮滿版	1923-07-31	05단	總督府から出張して古墳發掘續行
111571	鮮滿版	1923-07-31	05단	逸見の京城入/惡家主や暴利會社の大恐慌
111572	鮮滿版	1923-07-31	06단	ウインド競技會と廣告印刷物展
111573	鮮滿版	1923-07-31	06단	運動界(東京軍勝つ)
111574	鮮滿版	1923-07-31	06단	人(山本貫一氏)

1923년 8월 (선만판)

일련번호	판명	간행일	단수	기사명
111575	鮮滿版	1923-08-01	01단	朝鮮の水利事業明年度より實行の第一步に入る
111576	鮮滿版	1923-08-01	01단	漫然內地に渡る勞働鮮人の取締方法
111577	鮮滿版	1923-08-01	01단	郵便局所新設と改廢
111578	鮮滿版	1923-08-01	01단	*朝鮮野球大會の後を顧みて/朝鮮大會槪評*
111579	鮮滿版	1923-08-01	02단	簡閱點呼執行
111580	鮮滿版	1923-08-01	02단	康津學校敷地問題
111581	鮮滿版	1923-08-01	02단	鮮人中等學校の銃器使用問題/某體操敎師語る
111582	鮮滿版	1923-08-01	03단	黃海挿秧終了
111583	鮮滿版	1923-08-01	03단	各地より(羅南より/咸興より/釜山より/木浦より/大田より)
111584	鮮滿版	1923-08-01	04단	最近に於ける全州の諸問題
111585	鮮滿版	1923-08-01	05단	特産品展覽會の協替會事業
111586	鮮滿版	1923-08-01	05단	專任校醫巡回
111587	鮮滿版	1923-08-01	05단	行方不明になった遞送人の郵便物遲延して配達さる
111588	鮮滿版	1923-08-01	06단	領事館へ大蛇白鳥二羽丸呑み
111589	鮮滿版	1923-08-01	06단	迷信から墓地發掘
111590	鮮滿版	1923-08-01	06단	逸見の家賃引下演說/科料に處せられた上中止される
111591	鮮滿版	1923-08-02	01단	朝鮮の通信機關/今後は郵便所長に鮮人任命
111592	鮮滿版	1923-08-02	01단	朝鮮の普選熱漸次旺盛
111593	鮮滿版	1923-08-02	01단	咸北署長會議
111594	鮮滿版	1923-08-02	01단	牛肉需要增加と畜産會社設立
111595	鮮滿版	1923-08-02	01단	巴城春秋(４９)/深編笠
111596	鮮滿版	1923-08-02	02단	國費補助で松毛蟲驅除
111597	鮮滿版	1923-08-02	02단	釀造麯子發見
111598	鮮滿版	1923-08-02	02단	支那鐵道の亂脈はお話にならぬ/安藤局長の視察談
111599	鮮滿版	1923-08-02	03단	滿銀創立總會
111600	鮮滿版	1923-08-02	03단	平壤府協議會
111601	鮮滿版	1923-08-02	03단	各地より(淸津より/光州より/雄基より/馬山より)
111602	鮮滿版	1923-08-02	05단	御成婚記念に圖書館設立/平壤府の計劃
111603	鮮滿版	1923-08-02	05단	大邱府立圖書館竣成す
111604	鮮滿版	1923-08-02	05단	白軍避難民/愈某地へ送る
111605	鮮滿版	1923-08-02	05단	嚴重に理髮業者取締
111606	鮮滿版	1923-08-02	06단	勞働共濟會に土地建物を寄附
111607	鮮滿版	1923-08-02	06단	病死を他殺と主張し警官公醫に暴行
111608	鮮滿版	1923-08-02	06단	露監視を銃殺した兇漢/七年前の大罪發覺
111609	鮮滿版	1923-08-02	06단	運動界(東京俱樂部勝つ)
111610	鮮滿版	1923-08-03	01단	巴城春秋(５０)/黑焦の手

일련번호	판명	간행일	단수	기사명
111611	鮮滿版	1923-08-03	01단	朝鮮米實收高と移輸入
111612	鮮滿版	1923-08-03	01단	牛の增殖は目下の緊要事/望月獸疫血精所長語る
111613	鮮滿版	1923-08-03	01단	朝鮮の漁業/北鮮漁業活況
111614	鮮滿版	1923-08-03	02단	財政調査會設置其他/和田財務局長歸談
111615	鮮滿版	1923-08-03	02단	資金需要尠し
111616	鮮滿版	1923-08-03	02단	光州電氣改善
111617	鮮滿版	1923-08-03	03단	咸南道の天候/稻作は不良か
111618	鮮滿版	1923-08-03	03단	面長協議會
111619	鮮滿版	1923-08-03	04단	警部補增員
111620	鮮滿版	1923-08-03	04단	鑛山試掘
111621	鮮滿版	1923-08-03	04단	淸津より
111622	鮮滿版	1923-08-03	04단	生活難から穴居生活/四十四箇所もある
111623	鮮滿版	1923-08-03	05단	天圖輕便鐵道九月一日開通
111624	鮮滿版	1923-08-03	05단	納凉音樂會
111625	鮮滿版	1923-08-03	05단	雄基の豚飼養者に注意
111626	鮮滿版	1923-08-03	05단	張作霖の不逞者掃蕩
111627	鮮滿版	1923-08-03	05단	藝術協會公演
111628	鮮滿版	1923-08-03	05단	社會雜俎
111629	鮮滿版	1923-08-03	06단	鮮外情報
111630	鮮滿版	1923-08-03	06단	運動界(東京軍勝つ/高商軍大勝/徽文校着阪期)
111631	鮮滿版	1923-08-03	06단	會(討論會)
111632	鮮滿版	1923-08-04		缺號
111633	鮮滿版	1923-08-05		缺號
111634	鮮滿版	1923-08-06		休刊
111635	鮮滿版	1923-08-07		缺號
111636	鮮滿版	1923-08-08	01단	內地資本の輸入を圖れ/產業の開發が肝要と島田代議士は語る
111637	鮮滿版	1923-08-08	01단	咸鏡南道水利と將來/米で千二百萬圓
111638	鮮滿版	1923-08-08	01단	電燈架設交涉
111639	鮮滿版	1923-08-08	01단	大平壤建設の基調は大同江運河の實現にある(四)
111640	鮮滿版	1923-08-08	02단	東省の發展と資金借入
111641	鮮滿版	1923-08-08	02단	西鮮一帶に亙る洪水被害慘狀言語に絶す/平壤及び其下流甚し
111642	鮮滿版	1923-08-08	03단	社界雜俎
111643	鮮滿版	1923-08-08	04단	炊き出し二萬人に達す/奸商檢擧、家賃昂騰、發狂の慘事(奸商を檢擧す/家賃倍額となる/發狂の悲慘事/救助を受けた數/鎭南浦の同情)

일련번호	판명	간행일	단수	기사명
111644	鮮滿版	1923-08-08	04단	國境警備と機關銃/當局では其を認めぬと云々
111645	鮮滿版	1923-08-08	05단	警察に女事務員/釜山署の試み
111646	鮮滿版	1923-08-08	05단	人を斬った巡査は泥醉してゐた
111647	鮮滿版	1923-08-08	06단	襤褸と紙屑內地へ送って製紙原料
111648	鮮滿版	1923-08-08	06단	醫學講習生募集
111649	鮮滿版	1923-08-08	06단	各地より(龍山より)
111650	鮮滿版	1923-08-08	06단	半島茶話
111651	鮮滿版	1923-08-09	01단	大平壤建設の基調は大同江運河の實現にある(五)
111652	鮮滿版	1923-08-09	01단	朝鮮と露支貿易
111653	鮮滿版	1923-08-09	01단	平壤の洪水
111654	鮮滿版	1923-08-09	02단	實行の容易な農家の副業
111655	鮮滿版	1923-08-09	03단	棉花作付增加
111656	鮮滿版	1923-08-09	04단	朝鮮資金集散狀況
111657	鮮滿版	1923-08-09	04단	差別撤廢の實を擧げて朝鮮人の好感を買った洪水の跡は徐々に恢復(鐵道の不通/電車も復舊)
111658	鮮滿版	1923-08-09	05단	有吉政務總監
111659	鮮滿版	1923-08-09	05단	洪水善後策愼重に講究せよ
111660	鮮滿版	1923-08-09	06단	朝鮮馬は內地の改良馬に劣らぬ/緒方騎兵課長談
111661	鮮滿版	1923-08-09	06단	國境警備と武術獎勵
111662	鮮滿版	1923-08-09	06단	布施辰治氏の義烈團事件辯護
111663	鮮滿版	1923-08-09	06단	各地より(木浦より/感興より)
111664	鮮滿版	1923-08-10	01단	巴城春秋(５１)/軍の食堂/七月某日
111665	鮮滿版	1923-08-10	01단	平壤を水の都に/大同江改修機運促進
111666	鮮滿版	1923-08-10	01단	鮮銀移管に就て奧平伯語る
111667	鮮滿版	1923-08-10	02단	殖銀支店長異動
111668	鮮滿版	1923-08-10	02단	洪水慘害の跡 今後は救助と衛生に注意/電車動かず 電輿浸水のため/救名橋となる大同江人道鐵橋/上水道復舊 府當局の努力/鐵道從業員は貨車生活 黑澤京鐵局次長談
111669	鮮滿版	1923-08-10	03단	工兵隊が輕鐵敷設
111670	鮮滿版	1923-08-10	03단	必勝を期して鳴尾へ/植民地健兒の手腕を見せますと意氣旺んな大連商業選手一行
111671	鮮滿版	1923-08-10	05단	赤軍の暴狀/鮮人の作った罌粟を沒收す
111672	鮮滿版	1923-08-10	05단	蒙古地方は稻作全滅/鮮人饑餓に瀕す
111673	鮮滿版	1923-08-10	05단	北鮮運輸組織變更
111674	鮮滿版	1923-08-10	05단	檢疫が樂になる內滿鮮防疫官聯合會議で協議
111675	鮮滿版	1923-08-10	05단	生膽取り？/鮮童虎口を遁る

일련번호	판명	간행일	단수	기사명
111676	鮮滿版	1923-08-10	06단	各地より(大邱より/會寧より)
111677	鮮滿版	1923-08-10	06단	運動界(朝鮮縱斷駛走/白石、八尋兩氏の壯擧)
111678	鮮滿版	1923-08-10	06단	半島茶話
111679	鮮滿版	1923-08-11	01단	巴城春秋(５２)/將軍の始球
111680	鮮滿版	1923-08-11	01단	京城の下水道大改修當局で調査中
111681	鮮滿版	1923-08-11	01단	平壤市民會/水害救濟に活動
111682	鮮滿版	1923-08-11	02단	京城上水道改良/水源池を電化しメートル制給水實施
111683	鮮滿版	1923-08-11	03단	大邱上水は晝間斷水
111684	鮮滿版	1923-08-11	03단	東拓製鹽計劃
111685	鮮滿版	1923-08-11	04단	淸津人口激增
111686	鮮滿版	1923-08-11	04단	滿洲救濟資金
111687	鮮滿版	1923-08-11	04단	榴散彈百五十發一時に爆發/羅南合同火藥庫の椿事
111688	鮮滿版	1923-08-11	05단	社會雜俎
111689	鮮滿版	1923-08-11	05단	副業共進會/會期中の餘興
111690	鮮滿版	1923-08-11	05단	全國特産品陳列大會/準備進む
111691	鮮滿版	1923-08-11	05단	統計展覽會/今秋京城で開催
111692	鮮滿版	1923-08-11	05단	步砲連合演習
111693	鮮滿版	1923-08-11	06단	この頃殖えた武器密輸事件/裏面に婦人が活動
111694	鮮滿版	1923-08-11	06단	法廷の通譯には一種の威壓を感じる/布施氏語る
111695	鮮滿版	1923-08-11	06단	不穩學生二名會寧で逮捕
111696	鮮滿版	1923-08-11	06단	慰問袋募集
111697	鮮滿版	1923-08-11	06단	水産會新役員
111698	鮮滿版	1923-08-11	06단	咸興より
111699	鮮滿版	1923-08-12	01단	巴城春秋(５５)/假裝患者
111700	鮮滿版	1923-08-12	01단	大同江改修速成請願/各會社より總督へ
111701	鮮滿版	1923-08-12	02단	鴨綠江材は一割値上げ
111702	鮮滿版	1923-08-12	04단	晉州地方の稻作良好
111703	鮮滿版	1923-08-12	04단	全鮮棉作狀況
111704	鮮滿版	1923-08-12	04단	社會雜俎
111705	鮮滿版	1923-08-12	04단	平壤は飲料水缺乏/當分苦しまねばならぬ
111706	鮮滿版	1923-08-12	05단	李鍵公殿下御歸鮮/殿下の御近狀 淺沼氏語る
111707	鮮滿版	1923-08-12	05단	奉祝獻上品
111708	鮮滿版	1923-08-12	05단	臺灣豫算會議
111709	鮮滿版	1923-08-12	05단	馬山重砲兵大隊撤廢說は全くの風說に過ぎぬ
111710	鮮滿版	1923-08-12	05단	練習艦隊來る
111711	鮮滿版	1923-08-12	05단	鮎狩/南江
111712	鮮滿版	1923-08-12	06단	內鮮の緣組

일련번호	판명	간행일	단수	기사명
111713	鮮滿版	1923-08-12	06단	朝鮮線收入額
111714	鮮滿版	1923-08-12	06단	中堅靑年講習
111715	鮮滿版	1923-08-12	06단	各地より(新義州より/馬山より)
111716	鮮滿版	1923-08-12	06단	人(那須太三郎少將(新任朝鮮憲兵司令官)/安滿中將(新任航空本部長))
111717	鮮滿版	1923-08-14	01단	巴城春秋(５４)/松崎大尉
111718	鮮滿版	1923-08-14	01단	御內帑金下賜聖恩感泣の極み/米田平安南道知事謹話
111719	鮮滿版	1923-08-14	01단	京城府の學校費
111720	鮮滿版	1923-08-14	02단	平安南道の水害による道路復舊工事
111721	鮮滿版	1923-08-14	03단	郵便廳舍と新築
111722	鮮滿版	1923-08-14	03단	最近の海運界
111723	鮮滿版	1923-08-14	04단	煙草耕作面積
111724	鮮滿版	1923-08-14	04단	各地より(全南より/安東より/新義州より/仁川より/馬山より)
111725	鮮滿版	1923-08-14	04단	大紛擾を惹起した水害善後市民大會輿論の趨勢が判る
111726	鮮滿版	1923-08-14	05단	遠征の途に就いた徽文軍十日の夜大阪に向ふ
111727	鮮滿版	1923-08-14	06단	冷藏船廻航/市場も漁業家も喜ぶ
111728	鮮滿版	1923-08-14	06단	グラウンド竣工近し
111729	鮮滿版	1923-08-15	01단	朝鮮の水電調査
111730	鮮滿版	1923-08-15	01단	副業功績者表彰規程發布
111731	鮮滿版	1923-08-15	01단	安東居留民團臨時大會
111732	鮮滿版	1923-08-15	01단	鮮銀京城商況
111733	鮮滿版	1923-08-15	01단	東拓法中改正と尾崎理事談
111734	鮮滿版	1923-08-15	02단	産業鐵開通後は尙州が第一位を占めるであらう
111735	鮮滿版	1923-08-15	02단	會寧水道設計
111736	鮮滿版	1923-08-15	02단	朝鮮の道府面
111737	鮮滿版	1923-08-15	02단	有吉政務總監
111738	鮮滿版	1923-08-15	03단	會社銀行(京城電氣會社)
111739	鮮滿版	1923-08-15	03단	各地より(全州より/大田より/光州より)
111740	鮮滿版	1923-08-15	04단	朝鮮線の豪雨被害と防禦工事
111741	鮮滿版	1923-08-15	04단	燃料問題から溫突改造
111742	鮮滿版	1923-08-15	04단	今度の洪水は四百年目
111743	鮮滿版	1923-08-15	04단	御成婚記念に大邱府の彩光燈
111744	鮮滿版	1923-08-15	05단	改正された興行取締規則
111745	鮮滿版	1923-08-15	05단	大連に回教寺院建設
111746	鮮滿版	1923-08-15	05단	警察の呼出狀で病氣を治す/鮮人の迷信
111747	鮮滿版	1923-08-15	05단	不逞者の巨魁家宅搜査を受く

일련번호	판명	간행일	단수	기사명
111748	鮮滿版	1923-08-15	06단	大元教を創立して一儲けせんとする山師
111749	鮮滿版	1923-08-15	06단	船中で分娩/姿を晦す無情な夫
111750	鮮滿版	1923-08-15	06단	業務橫領事件
111751	鮮滿版	1923-08-15	06단	紙幣僞造未遂判決
111752	鮮滿版	1923-08-16	01단	巴城春秋(５５)/馬の嚔
111753	鮮滿版	1923-08-16	01단	關釜間海底電話は單に經費の問題
111754	鮮滿版	1923-08-16	01단	憲兵隊敷地讓受陳情
111755	鮮滿版	1923-08-16	01단	大洪水が水産物に及ぼした影響
111756	鮮滿版	1923-08-16	02단	大邱經濟狀況
111757	鮮滿版	1923-08-16	02단	警備艦巡航
111758	鮮滿版	1923-08-16	02단	御成婚に蓆獻上
111759	鮮滿版	1923-08-16	03단	記念に公園設置
111760	鮮滿版	1923-08-16	03단	忠北教育會創立
111761	鮮滿版	1923-08-16	03단	安東銀行團取引上の改正
111762	鮮滿版	1923-08-16	04단	朝鮮では數年前から佛前結婚が行はれてゐる
111763	鮮滿版	1923-08-16	04단	多獅島築港が竣成したら運賃が安くなる/中村新義州稅關支署長談
111764	鮮滿版	1923-08-16	04단	盛に外人が避暑する九味浦/海水浴場としては鮮內第一
111765	鮮滿版	1923-08-16	05단	淸津小學の敷地問題解決
111766	鮮滿版	1923-08-16	05단	農業校新築
111767	鮮滿版	1923-08-16	05단	農作物況
111768	鮮滿版	1923-08-16	06단	衛生展覽會
111769	鮮滿版	1923-08-16	06단	僞造爆藥密賣團檢事局に送らる
111770	鮮滿版	1923-08-16	06단	義勇內鮮人表彰さる/脫獄事件功勞者
111771	鮮滿版	1923-08-16	06단	不義の兒を殺す
111772	鮮滿版	1923-08-16	06단	運動界(有段者試合)
111773	鮮滿版	1923-08-17	01단	巴城春秋(５６)/馬舐める
111774	鮮滿版	1923-08-17	01단	空中から激勵/張飛行士の妙技と祝福された徽文高普/鳴尾原頭の壯觀
111775	鮮滿版	1923-08-17	02단	京鐵局の社會施說/安藤局長語る
111776	鮮滿版	1923-08-17	04단	本府の救濟/米田知事の要請
111777	鮮滿版	1923-08-17	04단	郵便局所員に鮮人判任官養成
111778	鮮滿版	1923-08-17	04단	營造物復舊/國庫補助と起債
111779	鮮滿版	1923-08-17	05단	農業巡回講演
111780	鮮滿版	1923-08-17	05단	義烈團檢擧の兩警部表彰
111781	鮮滿版	1923-08-17	05단	私鐵も運賃引下を實行してほしい
111782	鮮滿版	1923-08-17	05단	在鮮宣教師の日本語硏究

일련번호	판명	간행일	단수	기사명
111783	鮮滿版	1923-08-17	06단	北星會講演の珍らしい現象
111784	鮮滿版	1923-08-17	06단	巡査部長の妻の變死/疑はしい死因
111785	鮮滿版	1923-08-17	06단	社界雜俎
111786	鮮滿版	1923-08-18	01단	巴城春秋(５７)/聚遠閣
111787	鮮滿版	1923-08-18	01단	朝鮮の製鹽高/自給自足を計劃
111788	鮮滿版	1923-08-18	01단	廣梁灣鹽田の堤防決潰個所速に復舊を圖る
111789	鮮滿版	1923-08-18	01단	生命保險界爭奪戰行はる
111790	鮮滿版	1923-08-18	02단	最近の哈爾賓事情/山崎總督府事務官談
111791	鮮滿版	1923-08-18	02단	主要港在米高
111792	鮮滿版	1923-08-18	02단	元山商況不振
111793	鮮滿版	1923-08-18	03단	朝鮮沿岸と近海航行船舶數
111794	鮮滿版	1923-08-18	03단	會寧貿易額
111795	鮮滿版	1923-08-18	03단	各地より(咸興より/龍山より/仁川より)
111796	鮮滿版	1923-08-18	05단	*大邱府學議七名辭表提出/府尹の盡力で一時解決*
111797	鮮滿版	1923-08-18	05단	穴に住む人
111798	鮮滿版	1923-08-18	06단	義烈團で檢擧された家族に義捐金
111799	鮮滿版	1923-08-18	06단	獨立團員の劃策
111800	鮮滿版	1923-08-18	06단	社會雜俎
111801	鮮滿版	1923-08-19	01단	徽文軍の攻擊銳し大連軍の霸業成らず/記錄九Ａ四/兩軍祕術を盡す/鳴尾爭霸戰雜記
111802	鮮滿版	1923-08-19	04단	平壤府ならば低資融通可能か宮館府尹の談
111803	鮮滿版	1923-08-19	04단	干潟地利用
111804	鮮滿版	1923-08-19	05단	水害善後策嘆願書提出
111805	鮮滿版	1923-08-19	05단	前例のない鎭南浦の海嘯/僅か二時間で百萬圓の被害
111806	鮮滿版	1923-08-19	05단	諸會開會と特産其他を紹介の準備
111807	鮮滿版	1923-08-19	05단	新羅の古器物/觀覽者激增
111808	鮮滿版	1923-08-19	06단	全州より
111809	鮮滿版	1923-08-19	06단	行囊五個發見/沈沒郵便行囊
111810	鮮滿版	1923-08-21	01단	徽文軍の霸業成らず善戰して遂に敗る/鳴尾原頭の白兵戰
111811	鮮滿版	1923-08-21	02단	府協議員改選
111812	鮮滿版	1923-08-21	02단	商工聯合協議
111813	鮮滿版	1923-08-21	02단	募債宣傳留意
111814	鮮滿版	1923-08-21	03단	黃海農作物況
111815	鮮滿版	1923-08-21	03단	金泉商會理事會
111816	鮮滿版	1923-08-21	03단	土工傳習
111817	鮮滿版	1923-08-21	03단	朝鮮郵船異動

일련번호	판명	간행일	단수	기사명
111818	鮮滿版	1923-08-21	03단	會社銀行(朝鮮殖産銀行定時總會)
111819	鮮滿版	1923-08-21	03단	各地より(平壤より/咸興より/馬山より/淸津より/鳥致院より)
111820	鮮滿版	1923-08-21	04단	水害善後策(生田知事語る/米田知事談/猛烈なりし原因/製材所悉く流失/黃海道の被害)
111821	鮮滿版	1923-08-21	05단	陣列所大會と列車賃金割引
111822	鮮滿版	1923-08-21	05단	智異登山一行無事下山す
111823	鮮滿版	1923-08-21	05단	殉職警官建碑
111824	鮮滿版	1923-08-21	05단	運動界(神商對滿鐵/體育協會協議/野球リーグ戰)
111825	鮮滿版	1923-08-21	05단	人(安滿中將/原田大佐/隱岐大佐/橘少佐/安藤京鐵局長/川江京鐵局參事/富田領事/柴田一能僧正/新任朝鮮憲兵司令官)
111826	鮮滿版	1923-08-22	01단	安東の水害は三十年來の大洪水 王道尹の善後策/一千名を亡くした憐れな殘存者 水害地視察談/水害後の惡疫防止/營林廠の損害
111827	鮮滿版	1923-08-22	02단	朝鮮の金融組合
111828	鮮滿版	1923-08-22	03단	慶州高普學校設立計劃
111829	鮮滿版	1923-08-22	03단	朝鮮に有望な貿易品/米國商務省發表
111830	鮮滿版	1923-08-22	03단	利便を受けるやうになった船舶積量と檢査
111831	鮮滿版	1923-08-22	03단	東拓米作段別
111832	鮮滿版	1923-08-22	03단	在外鮮人
111833	鮮滿版	1923-08-22	04단	各地より(光州より/寧古塔より)
111834	鮮滿版	1923-08-22	04단	聯合飛行演習と大邱の準備
111835	鮮滿版	1923-08-22	04단	發掘漆器は精巧の極みである/六角紫水氏談
111836	鮮滿版	1923-08-22	04단	コレラを警戒せよ/關水衛生課長談
111837	鮮滿版	1923-08-22	05단	特産陳列大會と附屬の諸會
111838	鮮滿版	1923-08-22	05단	淸淸の電話複式/加入者の奮發次第
111839	鮮滿版	1923-08-22	05단	露國避難船艦窮狀の極み
111840	鮮滿版	1923-08-22	05단	三國匪出現
111841	鮮滿版	1923-08-22	06단	間島の馬賊は阿片の上前取り
111842	鮮滿版	1923-08-22	06단	暴行鮮人事件意外に擴大するか
111843	鮮滿版	1923-08-22	06단	他の事件から舊惡露顯
111844	鮮滿版	1923-08-22	06단	社會雜俎
111845	鮮滿版	1923-08-22	06단	運動界(グラウンド開き)
111846	鮮滿版	1923-08-22	06단	人(岡田神鐵局長/草場少佐/露國渡米學生團一行)
111847	鮮滿版	1923-08-23	01단	巴城春秋(５８)/氷樂町人
111848	鮮滿版	1923-08-23	01단	滿鐵朝鮮線の豫算
111849	鮮滿版	1923-08-23	01단	浦項の上水道敷設計劃

일련번호	판명	간행일	단수	기사명
111850	鮮滿版	1923-08-23	01단	公州金融組合/組合長理事當選
111851	鮮滿版	1923-08-23	02단	新穀の出廻り二三箇月後に迫る
111852	鮮滿版	1923-08-23	02단	各地より(雄基より)
111853	鮮滿版	1923-08-23	03단	十八貫の古釜發掘/稀代の珍品
111854	鮮滿版	1923-08-23	03단	歸鄕學生歡迎
111855	鮮滿版	1923-08-23	03단	無事に下山した智異山登山隊
111856	鮮滿版	1923-08-23	04단	水利組合費の負擔過重で陳情
111857	鮮滿版	1923-08-23	04단	大敷網紛擾漁業法違反として漁具差押へらる
111858	鮮滿版	1923-08-23	05단	溝の中の女/鮮婦人の洗濯
111859	鮮滿版	1923-08-23	05단	不逞者林得山の陰謀
111860	鮮滿版	1923-08-23	05단	臺灣總督府寄進の明治神宮壁畫
111861	鮮滿版	1923-08-23	06단	義捐演藝大會
111862	鮮滿版	1923-08-23	06단	社會雜俎
111863	鮮滿版	1923-08-23	06단	人(スミス博士(メソヂスト朝鮮部長)/志村遞信局海事課長/陸軍運輸部淸津出張所長步兵大尉伊東隆吉氏)
111864	鮮滿版	1923-08-24	01단	巴城春秋(５９)/文士劇
111865	鮮滿版	1923-08-24	01단	水害罹災民に木村を單價の半額で支給
111866	鮮滿版	1923-08-24	01단	總領事に昇格の噂ある安東領事館
111867	鮮滿版	1923-08-24	01단	私鐵線路は道名を採る/九月一日から實施
111868	鮮滿版	1923-08-24	02단	浦項濱田直行開通の曙光見ゆ
111869	鮮滿版	1923-08-24	02단	問題のカラハン氏來奉
111870	鮮滿版	1923-08-24	03단	新朝鮮軍參謀長赤井少將語る
111871	鮮滿版	1923-08-24	03단	各地より(京城より/馬山より)
111872	鮮滿版	1923-08-24	04단	各地聯絡飛行/九月下旬開始
111873	鮮滿版	1923-08-24	04단	馬賊の出沒と警備電話/張作霖の企劃
111874	鮮滿版	1923-08-24	05단	水害慰問に來新/田中監察官語る
111875	鮮滿版	1923-08-24	05단	運動場から古珍器發掘
111876	鮮滿版	1923-08-24	05단	旱魃と灌漑計劃
111877	鮮滿版	1923-08-24	06단	優秀な移民募集は困難
111878	鮮滿版	1923-08-24	06단	露領移轉派に對する最後の會議
111879	鮮滿版	1923-08-24	06단	日探の嫌疑で赤軍に鮮人捕はる/一人は逃れ一人は銃刑
111880	鮮滿版	1923-08-24	06단	運動界(マラソン選手入壤/安東に到着)
111881	鮮滿版	1923-08-24	06단	人(安藤京鐵局長/砲兵監鈴木中將)
111882	鮮滿版	1923-08-25	01단	危機に陷れる鎭南浦築港擴張案全府民の輿論で進め
111883	鮮滿版	1923-08-25	01단	將來有望な咸北の石炭(三井物産住井京城支店長談)
111884	鮮滿版	1923-08-25	01단	京城組銀成績
111885	鮮滿版	1923-08-25	01단	水害と地主の善後策

일련번호	판명	간행일	단수	기사명
111886	鮮滿版	1923-08-25	02단	銀行合併說
111887	鮮滿版	1923-08-25	02단	水害と大根代作
111888	鮮滿版	1923-08-25	02단	朝鮮對外貿易
111889	鮮滿版	1923-08-25	02단	平南夏秋蠶
111890	鮮滿版	1923-08-25	02단	鮮滿視察
111891	鮮滿版	1923-08-25	03단	會社銀行(朝鮮鐵道總會)
111892	鮮滿版	1923-08-25	03단	會寧より
111893	鮮滿版	1923-08-25	03단	京城の噂
111894	鮮滿版	1923-08-25	03단	芽の出た麥を食べる罹災民/一日一食の者が多い
111895	鮮滿版	1923-08-25	03단	猛虎狩/慶北と京畿道で
111896	鮮滿版	1923-08-25	03단	巡査が大虎射殺
111897	鮮滿版	1923-08-25	03단	手押輕鐵竣工
111898	鮮滿版	1923-08-25	04단	遞信局の電氣時計据附/各戶に普及出願者がある
111899	鮮滿版	1923-08-25	04단	在鮮露國領事は如何に生計してゐろか
111900	鮮滿版	1923-08-25	05단	肺ヂストマ豫防規則發布
111901	鮮滿版	1923-08-25	05단	苹果豊作
111902	鮮滿版	1923-08-25	05단	囚人作品授賞
111903	鮮滿版	1923-08-25	05단	北滿に於ける不逞近況/鮮人を脅す
111904	鮮滿版	1923-08-25	05단	共産黨靑年會へ入會した鮮人
111905	鮮滿版	1923-08-25	06단	海水浴から外人と鮮人が相爭ふ
111906	鮮滿版	1923-08-25	06단	移轉先に窮した上海假政府
111907	鮮滿版	1923-08-25	06단	支那官兵馬賊に惱まさる
111908	鮮滿版	1923-08-25	06단	社會雜俎
111909	鮮滿版	1923-08-25	06단	人(千葉敬正氏(文部省實業補習敎育主事)/川口秀雄氏(京鐵局參事)/赤井少將(新任朝鮮軍參謀長)/元田拓殖事務局長)
111910	鮮滿版	1923-08-26	01단	巴城春秋(６０)/學議抱負
111911	鮮滿版	1923-08-26	01단	今回の洪水に鑒み堤防修築計劃/安東と新義州
111912	鮮滿版	1923-08-26	01단	金剛山撮影隊の出發
111913	鮮滿版	1923-08-26	02단	木林商の窮境と救濟策
111914	鮮滿版	1923-08-26	03단	綿作被害高
111915	鮮滿版	1923-08-26	03단	大會に於ける公平無私の扱ひに感心する徽文軍/來年は必勝を期すると釜山で語る
111916	鮮滿版	1923-08-26	04단	平壤の戶口
111917	鮮滿版	1923-08-26	04단	龍山より
111918	鮮滿版	1923-08-26	05단	海嘯で食鹽不足/漁業者に配布
111919	鮮滿版	1923-08-26	05단	大邱の物價

일련번호	판명	간행일	단수	기사명
111920	鮮滿版	1923-08-26	05단	勿禁龜浦間で列車脫線/死傷者無し
111921	鮮滿版	1923-08-26	05단	殺人嫌疑者を警察から奪ひ半殺しにす
111922	鮮滿版	1923-08-26	06단	倍達會員控訴
111923	鮮滿版	1923-08-26	06단	義烈團一味の控訴提起
111924	鮮滿版	1923-08-26	06단	藝妓と仲居の抱合情死
111925	鮮滿版	1923-08-26	06단	運動界(テニス大會/野球戰/野球リーグ戰/水泳大會)
111926	鮮滿版	1923-08-28	01단	間島及び琿春地方の水田の灌漑工事
111927	鮮滿版	1923-08-28	02단	抑留邦船入港
111928	鮮滿版	1923-08-28	03단	千潟事業被害
111929	鮮滿版	1923-08-28	03단	普通學校認可
111930	鮮滿版	1923-08-28	03단	大邱都市委員
111931	鮮滿版	1923-08-28	03단	城津築港二期工事
111932	鮮滿版	1923-08-28	03단	水害地へ勅使
111933	鮮滿版	1923-08-28	04단	京城府廳舍設計圖研究
111934	鮮滿版	1923-08-28	04단	仁川港在米高
111935	鮮滿版	1923-08-28	04단	鮮人商況/相變らず夏枯れ
111936	鮮滿版	1923-08-28	04단	各地より(木浦より/雄基より)
111937	鮮滿版	1923-08-28	04단	平壤の疾病警戒
111938	鮮滿版	1923-08-28	05단	又復水道で淸津府民の頭痛
111939	鮮滿版	1923-08-28	05단	釜山の露國避難船窮餘一隻を賣る
111940	鮮滿版	1923-08-28	05단	滿鐵社宅建築
111941	鮮滿版	1923-08-28	05단	思想批判講演
111942	鮮滿版	1923-08-28	05단	溫突改造講習
111943	鮮滿版	1923-08-29	01단	平壤の防疫方針
111944	鮮滿版	1923-08-29	01단	安東木材組合製村中止 採木公司の値上と割戻廢止から/野手廠長語る
111945	鮮滿版	1923-08-29	01단	釧路丸便り(上)/突如暗黑の海上に數千萬の怪火現はる/玄界洋夜の美觀
111946	鮮滿版	1923-08-29	02단	浦項濱田間直航問題
111947	鮮滿版	1923-08-29	03단	平北道廳移轉問題反對運動起る
111948	鮮滿版	1923-08-29	03단	大邱府協議會
111949	鮮滿版	1923-08-29	04단	特産品陳列九月中旬竣工
111950	鮮滿版	1923-08-29	04단	各地より(咸興より/木浦より/雄基より)
111951	鮮滿版	1923-08-29	05단	水害道路着々復舊
111952	鮮滿版	1923-08-29	05단	九月一日から營業開始の朝鮮鐵道
111953	鮮滿版	1923-08-29	06단	城津慈惠病院開業
111954	鮮滿版	1923-08-29	06단	國境茂山に市內電話

일련번호	판명	간행일	단수	기사명
111955	鮮滿版	1923-08-29	06단	水害義捐金滿鐵から一萬圓
111956	鮮滿版	1923-08-29	06단	支那官憲の不逞鮮人取締
111957	鮮滿版	1923-08-29	06단	運動界(徽文軍歸城/野球大會出場/大每野球團)
111958	鮮滿版	1923-08-30	01단	四郡聯合畜産品評と晉州協贊會
111959	鮮滿版	1923-08-30	01단	出穀近し/商人の頭痛は?
111960	鮮滿版	1923-08-30	01단	安東支那側の堤防建設
111961	鮮滿版	1923-08-30	01단	全鮮水道會議
111962	鮮滿版	1923-08-30	01단	金剛山撮影隊の釜山着
111963	鮮滿版	1923-08-30	02단	合同新會社の課長等決定/社長は大村氏か
111964	鮮滿版	1923-08-30	02단	鎭海面長辭任と後任者續出
111965	鮮滿版	1923-08-30	02단	和田局長上京
111966	鮮滿版	1923-08-30	02단	各地より(馬山より/全州より)
111967	鮮滿版	1923-08-30	03단	釧路丸便り(中)/千五百の避難露民粟パンを嚙って死を待つ/餓死者は其儘水葬する
111968	鮮滿版	1923-08-30	03단	搜す實父に邂逅した/在布哇故國訪問團の女生監督
111969	鮮滿版	1923-08-30	04단	臺北の遙弔式
111970	鮮滿版	1923-08-30	04단	驅逐艦隊入港
111971	鮮滿版	1923-08-30	04단	晉州の喜雨
111972	鮮滿版	1923-08-30	05단	不逞者郵便行囊を開く
111973	鮮滿版	1923-08-30	05단	靴下職工の盟休解決す
111974	鮮滿版	1923-08-30	05단	全州の賭博公判
111975	鮮滿版	1923-08-30	05단	肅親王第六王子朝憲王の觀音詣で
111976	鮮滿版	1923-08-30	06단	修養團講演會
111977	鮮滿版	1923-08-30	06단	京城近事
111978	鮮滿版	1923-08-30	06단	人(赤井少將(軍參謀長)/永井二等軍醫正/岡田京鐵局營業課長)
111979	鮮滿版	1923-08-30	07단	背教者(115)/小さき墮落(四)/小山內薰作田中良畵
111980	鮮滿版	1923-08-31	01단	山本內閣が及ぼす朝鮮經濟界の影響/可なりの刺戟を與へやう
111981	鮮滿版	1923-08-31	01단	廣梁灣鹽田復舊工費
111982	鮮滿版	1923-08-31	01단	政變に就て某大官語る
111983	鮮滿版	1923-08-31	01단	京城に着した金剛山撮影隊
111984	鮮滿版	1923-08-31	02단	天圖輕鐵開通と間島米豆出廻り增加
111985	鮮滿版	1923-08-31	03단	水害と減免稅地調査終る
111986	鮮滿版	1923-08-31	03단	慶北安東普通學校設立/着々準備進陟
111987	鮮滿版	1923-08-31	03단	三坂派出所成る
111988	鮮滿版	1923-08-31	03단	交通博へ出品

일련번호	판명	간행일	단수	기사명
111989	鮮滿版	1923-08-31	04단	水道會議提案
111990	鮮滿版	1923-08-31	04단	慶北稻作況
111991	鮮滿版	1923-08-31	04단	大仕掛けの鰤廻游試驗
111992	鮮滿版	1923-08-31	04단	繼續事業たる平元鐵道起工中止/豫算緊縮の犧牲となる
111993	鮮滿版	1923-08-31	04단	新義州の電話複式を希望
111994	鮮滿版	1923-08-31	04단	思想團體の宣傳費/爭奪から暴擧
111995	鮮滿版	1923-08-31	05단	咸興より
111996	鮮滿版	1923-08-31	06단	多田丸竣工/新乫波迄溯江可能
111997	鮮滿版	1923-08-31	06단	全州電燈の値上
111998	鮮滿版	1923-08-31	06단	在米人からの送金で上海假政府蘇生の思ひす
111999	鮮滿版	1923-08-31	06단	全平壤勝つ/龍山軍大勝/高女庭球團歸る/明大軍歸東/天狗軍勝つ
112000	鮮滿版	1923-08-31	06단	新任赤井軍參謀長

1923년 9월 (선만판)

일련번호	판명	간행일	단수	기사명
112001	鮮滿版	1923-09-01	01단	朝鮮國境防備と滿洲領事會議十月京城で開かれる
112002	鮮滿版	1923-09-01	01단	總督府豫算/有吉政務總監語る
112003	鮮滿版	1923-09-01	01단	朝鮮私鐵の指定銀行
112004	鮮滿版	1923-09-01	01단	釧路丸便り(下)/輝しい改造の街/釜山の夜と鮮女の群/對馬名物鳶と烏、屋根の石
112005	鮮滿版	1923-09-01	03단	水害慰問使
112006	鮮滿版	1923-09-01	03단	羅南中學設置來年度豫算に計上
112007	鮮滿版	1923-09-01	03단	稻作豊作の見込
112008	鮮滿版	1923-09-01	04단	棉作柄良好
112009	鮮滿版	1923-09-01	04단	水害田地と免税
112010	鮮滿版	1923-09-01	04단	京城の法人會社
112011	鮮滿版	1923-09-01	04단	太刀洗平壤間往復連絡飛行九月四日から開始
112012	鮮滿版	1923-09-01	04단	選擧權を有夫以外の婦人にも與へよ/朝鮮の普選運動
112013	鮮滿版	1923-09-01	04단	大邱の土産選定
112014	鮮滿版	1923-09-01	05단	龍山より
112015	鮮滿版	1923-09-01	05단	朝鮮の衡平運動/村山慶南警察部長語る
112016	鮮滿版	1923-09-01	05단	京城の道路鋪裝
112017	鮮滿版	1923-09-01	06단	迎日灣の大敷網は全滅か警察署に取押へられた〻め
112018	鮮滿版	1923-09-01	06단	元郡守と森林主事の橫領收賄有罪
112019	鮮滿版	1923-09-01	06단	義烈團員控訴取下げ
112020	鮮滿版	1923-09-01	06단	社會雜俎
112021	鮮滿版	1923-09-01	06단	會(校長の謝恩式)
112022	鮮滿版	1923-09-02	01단	京城米豆取引所期成同盟會設立
112023	鮮滿版	1923-09-02	01단	朝鮮の郵便通信利用力
112024	鮮滿版	1923-09-02	01단	水害慰問勅使の視察/優渥なる聖旨傳達
112025	鮮滿版	1923-09-02	03단	水害狀況報告と復舊陳情生田平北知事語る
112026	鮮滿版	1923-09-02	03단	黃海道の水害六百町步
112027	鮮滿版	1923-09-02	03단	朝鮮の養蜂狀態
112028	鮮滿版	1923-09-02	04단	材木の郡安東の大喧嘩(上)/採木公可對木材業者
112029	鮮滿版	1923-09-02	04단	森林鐵開通咸興萬歲橋間
112030	鮮滿版	1923-09-02	04단	元山は平年作
112031	鮮滿版	1923-09-02	04단	各地より(全南より/南鮮より)
112032	鮮滿版	1923-09-02	04단	總督閑話/記者連を笑はせる
112033	鮮滿版	1923-09-02	05단	內務局の認可に手間收る沙里院の電燈事業
112034	鮮滿版	1923-09-02	05단	晉州の綱引
112035	鮮滿版	1923-09-02	05단	半ズボンに制定する龍山中學
112036	鮮滿版	1923-09-02	05단	內地氣象の速達を受ける爲無電機特設

일련번호	판명	간행일	단수	기사명
112037	鮮滿版	1923-09-02	06단	辭令を賣歩く
112038	鮮滿版	1923-09-02	06단	龍山の火事放火らしい
112039	鮮滿版	1923-09-02	06단	二尊洞の赤痢
112040	鮮滿版	1923-09-02	06단	運動界(全善庭球大會/野球試合)
112041	鮮滿版	1923-09-02	06단	人(スタール博士/步兵第八十聯隊/龍本懸內務部)
112042	鮮滿版	1923-09-04		缺號
112043	鮮滿版	1923-09-05		缺號
112044	鮮滿版	1923-09-06		缺號
112045	鮮滿版	1923-09-07		缺號
112046	鮮滿版	1923-09-08		缺號
112047	鮮滿版	1923-09-09		缺號
112048	鮮滿版	1923-09-10		休刊
112049	鮮滿版	1923-09-11		缺號
112050	鮮滿版	1923-09-12		缺號
112051	鮮滿版	1923-09-13		缺號
112052	鮮滿版	1923-09-14		缺號
112053	鮮滿版	1923-09-15		缺號
112054	鮮滿版	1923-09-16		缺號
112055	鮮滿版	1923-09-17		休刊
112056	鮮滿版	1923-09-18		缺號
112057	鮮滿版	1923-09-19		缺號
112058	鮮滿版	1923-09-20	01단	大震災と各地の義捐金(羅南/淸津/晉州/咸北)/歸鮮する避難者/暴利取締(雄基/晉州)
112059	鮮滿版	1923-09-20	01단	地震と豪雨に苛まれて東海道線難工事の實況/命がけで踏査した特派員の視察記
112060	鮮滿版	1923-09-20	02단	載寧江改修問題三十萬圓で應急修理
112061	鮮滿版	1923-09-20	03단	淸津普通學校新築
112062	鮮滿版	1923-09-20	04단	天圖の奧地工事一部は廷期一部は續行
112063	鮮滿版	1923-09-20	04단	朝鮮兒童を救った驛掌の慘死阪神電車靑木停留場にて
112064	鮮滿版	1923-09-20	04단	八歲の少年人命救助
112065	鮮滿版	1923-09-20	05단	咸興より
112066	鮮滿版	1923-09-20	06단	狼が來襲して牧牛を殺す
112067	鮮滿版	1923-09-20	06단	漁夫に手帳逃走を防止
112068	鮮滿版	1923-09-20	06단	白軍露人のパン賣り
112069	鮮滿版	1923-09-20	06단	當選者の美擧
112070	鮮滿版	1923-09-21	01단	震災と朝鮮(一)/金融方面は當分手控への姿/商品界は沈衰化粧品は全滅 /明年の朝鮮豫算は大丈夫だ

일련번호	판명	간행일	단수	기사명
112071	鮮滿版	1923-09-21	01단	地震が潰した名所舊蹟/淺草區丈けで寺が百十六も燒失した/回向院が燒けて新回向院が出來るか
112072	鮮滿版	1923-09-21	02단	八月中の對內貿易前年より減少
112073	鮮滿版	1923-09-21	02단	咸鏡北道の工業沿革
112074	鮮滿版	1923-09-21	03단	朝鮮音樂について(一)/一、妓生/石川義一氏(寄)
112075	鮮滿版	1923-09-21	04단	成北の種牡牛充實計劃
112076	鮮滿版	1923-09-21	04단	慶州學議當選
112077	鮮滿版	1923-09-21	05단	慶州電氣工事
112078	鮮滿版	1923-09-21	05단	咸興より
112079	鮮滿版	1923-09-21	06단	副業品評は中止せず
112080	鮮滿版	1923-09-21	06단	東京方面への送金に就て水間鮮銀部長語る
112081	鮮滿版	1923-09-21	06단	半島茶話
112082	鮮滿版	1923-09-22	01단	震災と朝鮮(二)/一千三百萬圓の金は何うしても作る/誤解から來る影響が怖しい/花柳界は宛然火の消えたやうだ/鐵道は一日に二萬圓からの損である
112083	鮮滿版	1923-09-22	01단	地震の哀話/十人の家族に死別れた人/勇敢な擔架行列/健氣な看護婦の働き
112084	鮮滿版	1923-09-22	03단	朝鮮民謠について(二)/(一、妓生(續)/二、民謠)/石川義一氏(寄)
112085	鮮滿版	1923-09-22	04단	花柳界は宛然火の消えたやうだ
112086	鮮滿版	1923-09-22	05단	鐵道は一日に二萬圓からの損である
112087	鮮滿版	1923-09-22	04단	二十師團通信對抗演習
112088	鮮滿版	1923-09-22	05단	震災地へ義勇隊出發
112089	鮮滿版	1923-09-22	05단	朝鮮の義損金
112090	鮮滿版	1923-09-22	05단	除隊延期の噂と軍當局の談
112091	鮮滿版	1923-09-22	06단	釜山の赤痢豫防
112092	鮮滿版	1923-09-22	06단	共産黨黨員數
112093	鮮滿版	1923-09-22	06단	念佛庵上棟式
112094	鮮滿版	1923-09-22	06단	半島茶話
112095	鮮滿版	1923-09-23	01단	不完全不備の判例除去/判決例調査會で調査の結果
112096	鮮滿版	1923-09-23	01단	驚く可き茂山の密林地帶
112097	鮮滿版	1923-09-23	01단	沿海州の農況平年の七分作
112098	鮮滿版	1923-09-23	01단	鮮人醫師でも高等官になれる
112099	鮮滿版	1923-09-23	01단	水害救濟と復舊費補組
112100	鮮滿版	1923-09-23	01단	朝鮮民謠について(三)/二、民搖(續)/石川義一氏(寄)
112101	鮮滿版	1923-09-23	02단	刑事事務講習十七日より一週間
112102	鮮滿版	1923-09-23	02단	民間製材概況
112103	鮮滿版	1923-09-23	02단	雄基電燈創立

일련번호	판명	간행일	단수	기사명
112104	鮮滿版	1923-09-23	03단	各地より(龍山より/仁川より/光州より)
112105	鮮滿版	1923-09-23	03단	暴利取締令で物價は變らぬ/淸津の物價/木浦の義金發送/釜山驛通過の罹災者と行先
112106	鮮滿版	1923-09-23	05단	震災餘話
112107	鮮滿版	1923-09-23	05단	震災で競技は中止せぬ/有吉朝鮮體育協會長語る
112108	鮮滿版	1923-09-23	05단	競馬大會開催
112109	鮮滿版	1923-09-23	05단	巡査が臨時に學校の先生/高陽郡延禧面
112110	鮮滿版	1923-09-23	05단	支那官憲武器を所持する鮮人を取締る
112111	鮮滿版	1923-09-23	06단	北長老派の密議
112112	鮮滿版	1923-09-23	06단	巡査殺し判決
112113	鮮滿版	1923-09-23	06단	社會雜俎
112114	鮮滿版	1923-09-23	06단	半島茶話
112115	鮮滿版	1923-09-25	01단	內地震災に對する朝鮮人の同情相互扶助の精神から/震災と在鮮人の覺悟有吉政務總監談/淸津府の災害義捐金/旅順の震災活寫大盛況を呈す
112116	鮮滿版	1923-09-25	01단	朝鮮民謠について(四)/三、民謠の將來/石川義一氏(寄)
112117	鮮滿版	1923-09-25	02단	道評議會繰土げ自然改選期は遲れる
112118	鮮滿版	1923-09-25	03단	宦プラに成れる道水産會豫算
112119	鮮滿版	1923-09-25	03단	內地送金狀況
112120	鮮滿版	1923-09-25	03단	朝鮮片倉兩製絲合併せん
112121	鮮滿版	1923-09-25	04단	平南師範學校明年度から三年制
112122	鮮滿版	1923-09-25	04단	雄基貿易額
112123	鮮滿版	1923-09-25	04단	昨今の漁況トンと不振
112124	鮮滿版	1923-09-25	04단	全鮮水産共進會愈十月八日より開く
112125	鮮滿版	1923-09-25	05단	元山商議書記
112126	鮮滿版	1923-09-25	05단	商議選擧名簿
112127	鮮滿版	1923-09-25	05단	小作料豫想
112128	鮮滿版	1923-09-25	05단	平壤より
112129	鮮滿版	1923-09-25	05단	副業共進は何うなる
112130	鮮滿版	1923-09-25	05단	平南商品陳十一月一日より開館
112131	鮮滿版	1923-09-25	06단	參政權運動
112132	鮮滿版	1923-09-25	06단	上海の邦人虎疫患者
112133	鮮滿版	1923-09-25	06단	社會雜俎
112134	鮮滿版	1923-09-25	06단	人(河田鎭海要塞司令官/慶興郡庶務課長道慶寅一氏/淸津地方法院檢事正河村靜水氏)
112135	鮮滿版	1923-09-25	06단	半島茶話
112136	鮮滿版	1923-09-26	01단	暗影を投じた干拓事業の前途對應策を講ずれば良い
112137	鮮滿版	1923-09-26	01단	鮮鐵在貨狀況

일련번호	판명	간행일	단수	기사명
112138	鮮滿版	1923-09-26	01단	咸鏡北道の水産/咸鏡北道商工課調査
112139	鮮滿版	1923-09-26	01단	南山雜話(１)/船頭だよ
112140	鮮滿版	1923-09-26	03단	震災と京鐵局影響は何うか
112141	鮮滿版	1923-09-26	03단	大田學組管理者
112142	鮮滿版	1923-09-26	03단	橫濱裁判所長以下は當然殉職である/橫田京成高等法院長談
112143	鮮滿版	1923-09-26	04단	各地より(平壤より/光州より/金泉より/木浦より)
112144	鮮滿版	1923-09-26	05단	煙管から靴下へ東萊人の職業
112145	鮮滿版	1923-09-26	05단	牛を咬み殺した猛虎狩り
112146	鮮滿版	1923-09-26	05단	奇贈品の無料で船舶へ積込む
112147	鮮滿版	1923-09-26	05단	遭難者追悼會
112148	鮮滿版	1923-09-26	06단	スキタレツ氏歸國か
112149	鮮滿版	1923-09-26	06단	朝鮮旅館協會新設
112150	鮮滿版	1923-09-26	06단	運動界(庭球大會/庭球試合/野球對抗試合)
112151	鮮滿版	1923-09-26	06단	半島茶話
112152	鮮滿版	1923-09-27	01단	朝鮮總督府出張所で罹災鮮人救護と授産通信事務を扱ふ
112153	鮮滿版	1923-09-27	01단	朝鮮水産業不振 總督府で加工業奬勵 /水産不振憤慨特に咸南が甚し
112154	鮮滿版	1923-09-27	01단	南山雜話(２)/少女唄ふ
112155	鮮滿版	1923-09-27	03단	水害罹災民に家屋復興費恩賜金の配分
112156	鮮滿版	1923-09-27	03단	朝鮮の治安狀態
112157	鮮滿版	1923-09-27	04단	大邱新聞協會廿九日發會式
112158	鮮滿版	1923-09-27	04단	銀行の引締めと商業家の對策
112159	鮮滿版	1923-09-27	04단	朝鮮の電信電話回線增加と郵便局舍新增築問題/震災で或は延期か
112160	鮮滿版	1923-09-27	05단	國境巡視/支那水上警察局長一行
112161	鮮滿版	1923-09-27	05단	咸興より
112162	鮮滿版	1923-09-27	05단	斷然所期通り開催に決す副業共進會
112163	鮮滿版	1923-09-27	05단	平壤牛悲觀の要なし此上底落しまい
112164	鮮滿版	1923-09-27	06단	城津の震災義捐金品
112165	鮮滿版	1923-09-27	06단	茂山への自動車遞送十月一日より實施
112166	鮮滿版	1923-09-27	06단	卽賣品も關稅免除特產品陳列大會
112167	鮮滿版	1923-09-27	06단	運動界(平壤リーグ戰)
112168	鮮滿版	1923-09-27	07단	焰の行方(十三)/橘末雄作/(古家新畵)
112169	鮮滿版	1923-09-28	01단	南山雜話(３)/震災雜話
112170	鮮滿版	1923-09-28	01단	無盡蔣の稱ある北鮮國境の木材運輸機關の完備が急務
112171	鮮滿版	1923-09-28	01단	鎭海市街愈拂下に決定

일련번호	판명	간행일	단수	기사명
112172	鮮滿版	1923-09-28	01단	大阪商船が馬山航路再興
112173	鮮滿版	1923-09-28	02단	東拓社員異動
112174	鮮滿版	1923-09-28	03단	各地より(龍山より/馬山より)
112175	鮮滿版	1923-09-28	04단	副業共進會と各種の催物
112176	鮮滿版	1923-09-28	04단	震災以來歸鮮者多し
112177	鮮滿版	1923-09-28	04단	馬山の義捐金
112178	鮮滿版	1923-09-28	05단	苦しい中から露國領事の義擧
112179	鮮滿版	1923-09-28	05단	滯納利子で訴願/金八十三錢也で總督に
112180	鮮滿版	1923-09-28	05단	溫突改良講習
112181	鮮滿版	1923-09-28	05단	東大門署の大治動/普天教幹部を逮捕
112182	鮮滿版	1923-09-28	05단	假政府反對者浦潮へ乘込む
112183	鮮滿版	1923-09-28	05단	虹原社展覽會
112184	鮮滿版	1923-09-28	06단	社會雜俎
112185	鮮滿版	1923-09-28	06단	運動界(野球リーグ戰/全平壤軍遠征)
112186	鮮滿版	1923-09-28	06단	人(川村萬鐵社長)
112187	鮮滿版	1923-09-28	06단	半島茶話
112188	鮮滿版	1923-09-29	01단	南山雜話(４)/火星座
112189	鮮滿版	1923-09-29	01단	*罹災鮮人一千名が相愛の王國 相愛會本部で燒跡の形付けに應じてゐる(老若男女/行人の眼/一航の需/命令の下/會寧の義捐金と慰問袋)*
112190	鮮滿版	1923-09-29	02단	水産豫算遂に認可さる
112191	鮮滿版	1923-09-29	02단	平南水害復舊工事
112192	鮮滿版	1923-09-29	03단	震災地から兩氏歸鮮朝鮮貴族代表の
112193	鮮滿版	1923-09-29	04단	新事業絶望となる/宮館平壤府尹談
112194	鮮滿版	1923-09-29	04단	山品點數六萬に達す特産品陳列大會進捗
112195	鮮滿版	1923-09-29	04단	朝鮮各婦人會みら廢娼運動/眞先に仁川婦人矯風會支部起つ
112196	鮮滿版	1923-09-29	04단	釜山に上陸したスキタレツ氏夫妻直に北行した
112197	鮮滿版	1923-09-29	05단	慶北稻作狀況
112198	鮮滿版	1923-09-29	05단	各地より(龍山より/平壤より)
112199	鮮滿版	1923-09-29	06단	全鮮競馬大會十一月大邱で開く
112200	鮮滿版	1923-09-29	06단	佛教團の追悼會
112201	鮮滿版	1923-09-29	06단	安東縣に移轉する大韓統義府員
112202	鮮滿版	1923-09-29	06단	不逞事件判決
112203	鮮滿版	1923-09-29	06단	會寧小學學藝會
112204	鮮滿版	1923-09-29	06단	運動界(龍鐵鄉軍五山十組二)
112205	鮮滿版	1923-09-29	06단	會(朝鮮農會總會)

일련번호	판명	간행일	단수	기사명
112206	鮮滿版	1923-09-30	01단	*懷中無一物で再び內地へ逆戾り　鮮滿方面に落ち延びた內地人の罹災者/罹災鮮人に社會の同情集まる　彼等は等しく感激す*
112207	鮮滿版	1923-09-30	01단	震災後の鮮內物價と金融硬塞
112208	鮮滿版	1923-09-30	01단	大邱に開かれる全國特産品陳列大會會場
112209	鮮滿版	1923-09-30	03단	釜山納稅不良
112210	鮮滿版	1923-09-30	04단	安義間聯絡と交通機關/井上參事談
112211	鮮滿版	1923-09-30	04단	八月淸津貿易
112212	鮮滿版	1923-09-30	04단	初期通りにやる副業共進と平井商工課長談
112213	鮮滿版	1923-09-30	04단	畜犬品評會計劃
112214	鮮滿版	1923-09-30	05단	社會雜俎
112215	鮮滿版	1923-09-30	05단	「不逞漢」三名逮捕
112216	鮮滿版	1923-09-30	05단	龍山義捐金品/消防隊の活動
112217	鮮滿版	1923-09-30	05단	責任者懲戒不發彈破裂事件
112218	鮮滿版	1923-09-30	05단	迷信から人妻を凌辱
112219	鮮滿版	1923-09-30	05단	運動界(京鐵リーグ戰/大弓競技大會/運動會中止)
112220	鮮滿版	1923-09-30	06단	人(安藤京鐵局長/牧田軍醫監/池田軍一等獸醫正)
112221	鮮滿版	1923-09-30	06단	會(全鮮産業大會/賞品授與式)
112222	鮮滿版	1923-09-30	06단	各地より(京成より/感興より/光州より)
112223	鮮滿版	1923-09-30	07단	焰の行方(十六)/橘末雄作/(古家新畵)

1923년 10월 (선만판)

일련번호	판명	간행일	단수	기사명
112224	鮮滿版	1923-10-02	01단	南山雜話(５)/失敗の劇
112225	鮮滿版	1923-10-02	01단	秋の大邱は大賑ひ/特産品陳列大會を機會に催される諸大會
112226	鮮滿版	1923-10-02	01단	低資融通とその利用に就て/銀行業者の意見
112227	鮮滿版	1923-10-02	02단	副業模範品巡回展覽會計劃
112228	鮮滿版	1923-10-02	02단	船橋里の電話近く平壤へ編入
112229	鮮滿版	1923-10-02	02단	淸會線は會寧驛で圖們鐵と聯絡
112230	鮮滿版	1923-10-02	03단	全北稻作收穫豫想高
112231	鮮滿版	1923-10-02	03단	平南水稻增收
112232	鮮滿版	1923-10-02	03단	棉花は好況
112233	鮮滿版	1923-10-02	04단	大豆走り
112234	鮮滿版	1923-10-02	04단	新義州署改築
112235	鮮滿版	1923-10-02	04단	初等教員採用試驗
112236	鮮滿版	1923-10-02	04단	感狀を貰った鮮婦人/死に面しつゝも託された乳兒を最後まで護った/震災が生んだ美談の一つ
112237	鮮滿版	1923-10-02	05단	永興學校と改稱
112238	鮮滿版	1923-10-02	05단	晋天教利用さる不穩ビラ事件の眞相
112239	鮮滿版	1923-10-02	05단	關係者取調べらる平壤製菓の不始末暴露か
112240	鮮滿版	1923-10-02	05단	流言して拘留
112241	鮮滿版	1923-10-02	05단	無茶な官兵鮮人二名を擊つ
112242	鮮滿版	1923-10-02	06단	各地より(平壤より/咸興より/全州より)
112243	鮮滿版	1923-10-02	06단	半島茶話
112244	鮮滿版	1923-10-03	01단	金剛山(１)/麥原朝臣
112245	鮮滿版	1923-10-03	01단	東京諸學校開校期
112246	鮮滿版	1923-10-03	01단	咸北稻作狀況
112247	鮮滿版	1923-10-03	01단	大邱の全國特産品陳列大會會塲の一部
112248	鮮滿版	1923-10-03	02단	各地より(雄基より/龍山より)
112249	鮮滿版	1923-10-03	03단	麥粉移入激增思惑買多し
112250	鮮滿版	1923-10-03	03단	副業共進會開館式順序
112251	鮮滿版	1923-10-03	04단	獄中から義金/同情さるゝ殺人囚
112252	鮮滿版	1923-10-03	04단	根を絶やさぬ/煙草と燒酎の密輸
112253	鮮滿版	1923-10-03	05단	軍法會議二件
112254	鮮滿版	1923-10-03	05단	製菓重役送致
112255	鮮滿版	1923-10-03	05단	流彈で重傷
112256	鮮滿版	1923-10-03	05단	社會雜俎
112257	鮮滿版	1923-10-03	05단	鮮外情報

일련번호	판명	간행일	단수	기사명
112258	鮮滿版	1923-10-03	06단	運動界(北鮮野球大會/體協野球大會/小年野球大會/大邱野球第一回戰)
112259	鮮滿版	1923-10-03	06단	會(農業校長會/南業校長會)
112260	鮮滿版	1923-10-03	06단	人(菊池軍司令官/菅野第二十師團長/赤井軍參謀長)
112261	鮮滿版	1923-10-03	06단	半島茶話
112262	鮮滿版	1923-10-04	01단	金剛山(２)/麥原朝臣
112263	鮮滿版	1923-10-04	01단	釜山に根據地を置いて海軍の飛行演習/佐世保航空隊から下調査
112264	鮮滿版	1923-10-04	01단	支那の土地貸與問題交涉して解決
112265	鮮滿版	1923-10-04	01단	全南實業家大會
112266	鮮滿版	1923-10-04	01단	金泉面議選擧形勢
112267	鮮滿版	1923-10-04	02단	大田面長辭表問題
112268	鮮滿版	1923-10-04	02단	全鮮記者大會釜山で開催
112269	鮮滿版	1923-10-04	02단	降雨が無いので流筏が出來ぬ
112270	鮮滿版	1923-10-04	03단	黃海公醫增設
112271	鮮滿版	1923-10-04	03단	非邑電燈認可
112272	鮮滿版	1923-10-04	03단	各地より(釜山より)
112273	鮮滿版	1923-10-04	03단	普天教支部の昇格披露式
112274	鮮滿版	1923-10-04	04단	水産共進會不正商人嚴重に取締る
112275	鮮滿版	1923-10-04	04단	副業共進會審查職員
112276	鮮滿版	1923-10-04	04단	副業共進參觀團
112277	鮮滿版	1923-10-04	04단	健康診斷成績
112278	鮮滿版	1923-10-04	05단	爆藥を溫突に隱して爆發/爆藥所持で家宅搜査中
112279	鮮滿版	1923-10-04	05단	六十圓足らずの俸給で三千圓貯めた男コロリと死ぬ
112280	鮮滿版	1923-10-04	06단	釜山の火事
112281	鮮滿版	1923-10-04	06단	運動界(平壤中學優勝ラ軍惜敗す/京城鮮銀捷つ/全平壤軍敗る)
112282	鮮滿版	1923-10-04	06단	半島茶話
112283	鮮滿版	1923-10-05	01단	金剛山(３)/麥原朝臣
112284	鮮滿版	1923-10-05	01단	政府の豫算方針と咸鏡南北線連絡工事/何うなるだらう
112285	鮮滿版	1923-10-05	01단	勞資間の希望接近/光州郡地主大會
112286	鮮滿版	1923-10-05	01단	元山商議當選
112287	鮮滿版	1923-10-05	02단	穀物商人團の大豆買入行惱み
112288	鮮滿版	1923-10-05	03단	岡參謀の北鮮談
112289	鮮滿版	1923-10-05	03단	朝鮮時報發展
112290	鮮滿版	1923-10-05	03단	各地より(咸興より/雄基より)
112291	鮮滿版	1923-10-05	04단	議政府の栗

일련번호	판명	간행일	단수	기사명
112292	鮮滿版	1923-10-05	04단	京城の副共へ淸津の特設館
112293	鮮滿版	1923-10-05	04단	靑年會館增築
112294	鮮滿版	1923-10-05	04단	大邱刀劍會發會式を擧ぐ
112295	鮮滿版	1923-10-05	05단	不逞者に苦しむ東邊道/當局の對策
112296	鮮滿版	1923-10-05	05단	馬賊團討伐
112297	鮮滿版	1923-10-05	05단	寫眞屋殺し死刑
112298	鮮滿版	1923-10-05	06단	社會雜俎
112299	鮮滿版	1923-10-05	06단	乘合自動車競願
112300	鮮滿版	1923-10-05	06단	運動界(學生庭球大會/陸上競技會/遠征軍再捷す/鮮銀對全平壤)
112301	鮮滿版	1923-10-05	06단	人(安藤京鐵局長/八尋京畿道農務課長)
112302	鮮滿版	1923-10-05	06단	半島茶話
112303	鮮滿版	1923-10-06	01단	特産品陳列大會十四日から大邱で開催する/全鮮記者大會
112304	鮮滿版	1923-10-06	01단	新義州市街整理補給明年度から四箇年繼續
112305	鮮滿版	1923-10-06	01단	地方事務所に合併された安東民團の解散式
112306	鮮滿版	1923-10-06	01단	鐵道學校維持積立金
112307	鮮滿版	1923-10-06	02단	鮮農民の金融機關計劃
112308	鮮滿版	1923-10-06	02단	金剛山(4)/麥原朝臣
112309	鮮滿版	1923-10-06	03단	元山の大豆本年は平年以上
112310	鮮滿版	1923-10-06	03단	母校を失った鮮人學生と救濟策
112311	鮮滿版	1923-10-06	04단	男女學生歸鮮
112312	鮮滿版	1923-10-06	04단	馬山府の義捐金
112313	鮮滿版	1923-10-06	04단	柿の獎勵品種
112314	鮮滿版	1923-10-06	04단	各地より(京城より)
112315	鮮滿版	1923-10-06	05단	閔廷槇が財産を賣らんとす閔妃殿下の甥
112316	鮮滿版	1923-10-06	05단	判事の原告毆打命令事件
112317	鮮滿版	1923-10-06	06단	惡德記者收容
112318	鮮滿版	1923-10-06	06단	爆藥を盜まる
112319	鮮滿版	1923-10-06	06단	運動界(野球戰成績/庭球大會)
112320	鮮滿版	1923-10-06	06단	人(安藤京鐵局長/黑澤京鐵次長)
112321	鮮滿版	1923-10-06	06단	半島茶話
112322	鮮滿版	1923-10-07	01단	五日から開館した朝鮮副業共進會
112323	鮮滿版	1923-10-07	01단	震災の影響で米穀資金/需要を見ない
112324	鮮滿版	1923-10-07	01단	隔離病舍新築と普校改築/平壤府新事業
112325	鮮滿版	1923-10-07	01단	咸北と間島の出穀豫想五十萬石
112326	鮮滿版	1923-10-07	01단	金剛山(5)/麥原朝臣

일련번호	판명	간행일	단수	기사명
112327	鮮滿版	1923-10-07	02단	支商側に能く賣れる群山の綿布類
112328	鮮滿版	1923-10-07	02단	鮮鐵在貨狀況
112329	鮮滿版	1923-10-07	03단	家畜開市日變更
112330	鮮滿版	1923-10-07	03단	各地より(龍山より/大田より/光州より)
112331	鮮滿版	1923-10-07	04단	蠅取デー
112332	鮮滿版	1923-10-07	04단	咸北の義捐金
112333	鮮滿版	1923-10-07	04단	本年の羅南祭
112334	鮮滿版	1923-10-07	05단	朝鮮鐵道の貨物運賃引下
112335	鮮滿版	1923-10-07	05단	店頭裝飾競技
112336	鮮滿版	1923-10-07	05단	咸興部隊來津
112337	鮮滿版	1923-10-07	05단	金泉面議七名辭職面長も辭表提出
112338	鮮滿版	1923-10-07	06단	普天教不穩事件は不平分子の誣告
112339	鮮滿版	1923-10-07	06단	咸北の茸狩と狩獵
112340	鮮滿版	1923-10-07	06단	繪畵展覽計劃
112341	鮮滿版	1923-10-07	06단	人氣振興講演會
112342	鮮滿版	1923-10-07	06단	運動界(全淸津勝つ)
112343	鮮滿版	1923-10-07	06단	人
112344	鮮滿版	1923-10-09	01단	金剛山(６)/麥原朝臣
112345	鮮滿版	1923-10-09	01단	流筏下能で木材商困難
112346	鮮滿版	1923-10-09	01단	管內視察談/米田平南知事
112347	鮮滿版	1923-10-09	01단	平北道廳舍建築進捗
112348	鮮滿版	1923-10-09	02단	豊穰の咸南
112349	鮮滿版	1923-10-09	02단	咸興の不況と金融界
112350	鮮滿版	1923-10-09	02단	道路品評會
112351	鮮滿版	1923-10-09	02단	金泉面議員面長辭表提出後報
112352	鮮滿版	1923-10-09	03단	副共視察團
112353	鮮滿版	1923-10-09	03단	官粮店會社
112354	鮮滿版	1923-10-09	04단	各地より(龍山より/安東より)
112355	鮮滿版	1923-10-09	05단	震災地から歸った/松村祕書官談
112356	鮮滿版	1923-10-09	05단	水害義捐金
112357	鮮滿版	1923-10-09	05단	各大會と滿鐵の車輌增結と割引
112358	鮮滿版	1923-10-09	05단	大邱神社大祭
112359	鮮滿版	1923-10-09	05단	兩師團の來營延期決定
112360	鮮滿版	1923-10-09	06단	攻防演習終了
112361	鮮滿版	1923-10-09	06단	爆彈陰匿の不逞者逮捕
112362	鮮滿版	1923-10-09	06단	運動界(秋期野球大會/庭球と野球試合/大田中學勝つ)
112363	鮮滿版	1923-10-09	06단	半島茶話

일련번호	판명	간행일	단수	기사명
112364	鮮滿版	1923-10-10	01단	朝鮮に於ける郵便局所不足と當局の增設計劃
112365	鮮滿版	1923-10-10	01단	明年度朝鮮豫算震災で編成替成る
112366	鮮滿版	1923-10-10	01단	不良少年少女感化良好
112367	鮮滿版	1923-10-10	01단	齋藤總督訓示/全鮮內務部長會議席上
112368	鮮滿版	1923-10-10	02단	震災と金融界/破綻者は續出せまい
112369	鮮滿版	1923-10-10	03단	府協議會員の證券詐欺
112370	鮮滿版	1923-10-10	03단	國境巡視談/赤井軍參謀長談
112371	鮮滿版	1923-10-10	03단	局長會議
112372	鮮滿版	1923-10-10	03단	各地より(馬鎭より/晋州より)
112373	鮮滿版	1923-10-10	04단	副共餘滴/第一日所見
112374	鮮滿版	1923-10-10	04단	震災の影響で平壤牛の內地移出宣傳員を派遣する
112375	鮮滿版	1923-10-10	04단	本社撮影の震災寫眞/到る所盛況
112376	鮮滿版	1923-10-10	05단	平壤より(初雪/煉炭/庭球/財界/實踐)
112377	鮮滿版	1923-10-10	05단	馬山附近の狩獵地
112378	鮮滿版	1923-10-10	06단	元山商議鮮人議員側の二問題協議
112379	鮮滿版	1923-10-10	06단	秋季競馬大會
112380	鮮滿版	1923-10-10	06단	共産主義者七名を檢擧す
112381	鮮滿版	1923-10-10	06단	運動界(庭球リーグ戰/庭球爭覇戰/マラソン競走)
112382	鮮滿版	1923-10-10	06단	半島茶話
112383	鮮滿版	1923-10-11	01단	金剛山(７)/麥原朝臣
112384	鮮滿版	1923-10-11	01단	安東の行政が愈民團から地方事務所へ
112385	鮮滿版	1923-10-11	01단	田舍でも交通開發熱望
112386	鮮滿版	1923-10-11	01단	鮮鐵資金問題/佐藤專務語る
112387	鮮滿版	1923-10-11	02단	光陽學組議員改選から一問題
112388	鮮滿版	1923-10-11	02단	安藤局長歸談
112389	鮮滿版	1923-10-11	02단	各地より(光州より/全州より)
112390	鮮滿版	1923-10-11	03단	京城市況盛返す
112391	鮮滿版	1923-10-11	03단	本場では鴨綠江節が衰へる/高瀨舟を鮮支人に占められる
112392	鮮滿版	1923-10-11	04단	大邱に永久的の飛行機着陸場設置
112393	鮮滿版	1923-10-11	04단	航空隊の祝賀飛行
112394	鮮滿版	1923-10-11	04단	土産物展餘興
112395	鮮滿版	1923-10-11	05단	兩會の團體見物交換
112396	鮮滿版	1923-10-11	05단	學議辭表を撤回圓滿に解決
112397	鮮滿版	1923-10-11	05단	面協議員辭表問題解決
112398	鮮滿版	1923-10-11	05단	不逞者の入京警戒
112399	鮮滿版	1923-10-11	06단	吳軍務代理銃殺

일련번호	판명	간행일	단수	기사명
112400	鮮滿版	1923-10-11	06단	統計展懸賞投票
112401	鮮滿版	1923-10-11	06단	秋の半島藝術界より
112402	鮮滿版	1923-10-11	06단	運動界(大邱野球大會成績)
112403	鮮滿版	1923-10-11	06단	人(菊池軍司令官)
112404	鮮滿版	1923-10-11	06단	半島茶話
112405	鮮滿版	1923-10-12	01단	最大緊縮の朝鮮豫算/有吉總監急遽東上
112406	鮮滿版	1923-10-12	01단	震災と朝鮮の保險界多少の影響はある
112407	鮮滿版	1923-10-12	01단	慶北養蠶家大會
112408	鮮滿版	1923-10-12	01단	清津海運界
112409	鮮滿版	1923-10-12	01단	副業共進會觀覽者の感想(遖お上の催しだけに整って居る/出品物の値上げとは合點が行かね/共進會場は宛然戒嚴令を布いたやうだ/折角引つ張り出されて見ずに歸る)
112410	鮮滿版	1923-10-12	02단	朝鮮鐵收入
112411	鮮滿版	1923-10-12	02단	釜山職業紹介所
112412	鮮滿版	1923-10-12	02단	塚原檢事正巡閱
112413	鮮滿版	1923-10-12	03단	各地より(雄基より/咸興より)
112414	鮮滿版	1923-10-12	03단	採木公司着筏數/購買力が低いのに邦人材木業者は値上の小言を言ふ
112415	鮮滿版	1923-10-12	03단	朝鮮警官の服裝改正研究/第一着に劍から
112416	鮮滿版	1923-10-12	05단	電光を弱めて正確な時報
112417	鮮滿版	1923-10-12	05단	特産陳列出品多し
112418	鮮滿版	1923-10-12	05단	特陳中大邱の宿泊料協定
112419	鮮滿版	1923-10-12	05단	小包郵便利用の增加と局所增設
112420	鮮滿版	1923-10-12	05단	吉黑兩省に飛行機分廠
112421	鮮滿版	1923-10-12	06단	馬齡薯を荒す熊狩が盛ん
112422	鮮滿版	1923-10-12	06단	軍資募集の怪漢捕はる
112423	鮮滿版	1923-10-12	06단	水産觀覽準備
112424	鮮滿版	1923-10-12	06단	運動界(全鮮柔道大會/全鮮弓術大會/京城運動具商會/滿鐵軟球團)
112425	鮮滿版	1923-10-12	06단	會(蠶絲會總會)
112426	鮮滿版	1923-10-12	06단	人(菊池軍司令官)
112427	鮮滿版	1923-10-13	01단	悲況に陷り金融業者の態度を怨む/平壤の商人困窮す
112428	鮮滿版	1923-10-13	02단	朝鮮新聞紙法改正要求可決新聞通信社協議
112429	鮮滿版	1923-10-13	03단	平壤商議の鮮人候補決定/大勢は朴經錫一派で定まるか
112430	鮮滿版	1923-10-13	03단	咸鏡線第四工區の竣成
112431	鮮滿版	1923-10-13	04단	鰯の大漁
112432	鮮滿版	1923-10-13	04단	商議役員當選

일련번호	판명	간행일	단수	기사명
112433	鮮滿版	1923-10-13	04단	各地より(咸興より)
112434	鮮滿版	1923-10-13	04단	副共餘滴
112435	鮮滿版	1923-10-13	04단	平壤府の勞働爭議
112436	鮮滿版	1923-10-13	05단	陸軍機動演習
112437	鮮滿版	1923-10-13	05단	長老敎會の紛擾新舊思想衝突
112438	鮮滿版	1923-10-13	05단	不穩宣傳者又復檢擧さる
112439	鮮滿版	1923-10-13	05단	强盜殺人公判
112440	鮮滿版	1923-10-13	05단	運動界(平壤庭球俱樂部)
112441	鮮滿版	1923-10-14	01단	土地貸下が又復問題
112442	鮮滿版	1923-10-14	01단	十一年末の朝鮮人口
112443	鮮滿版	1923-10-14	01단	朝鮮の金融緩和策外債か制限外發行か
112444	鮮滿版	1923-10-14	02단	製絲業を大に奬勵
112445	鮮滿版	1923-10-14	02단	新敎科書編纂
112446	鮮滿版	1923-10-14	02단	平壤府營電車成績/第二期工事も近い
112447	鮮滿版	1923-10-14	03단	朝鮮農會總會
112448	鮮滿版	1923-10-14	03단	東拓の借入金
112449	鮮滿版	1923-10-14	04단	京城金融平靜
112450	鮮滿版	1923-10-14	04단	木材應急輸送
112451	鮮滿版	1923-10-14	04단	殖銀産業資金
112452	鮮滿版	1923-10-14	04단	會社銀行(勸業信託總會)
112453	鮮滿版	1923-10-14	04단	各地より(光州より/淸津より/龍山より)
112454	鮮滿版	1923-10-14	05단	安東縣の火災瀕出と豫防
112455	鮮滿版	1923-10-14	05단	水害罹災者に恩賜金配分
112456	鮮滿版	1923-10-14	05단	支那の禁輸で赤露の食糧欠乏
112457	鮮滿版	1923-10-14	05단	社會雜俎
112458	鮮滿版	1923-10-14	06단	修學旅行(幼年學校生徒/京城師範/公州師範)
112459	鮮滿版	1923-10-14	06단	運動界(朝鮮オリンピック大會/運動具貸與)
112460	鮮滿版	1923-10-14	06단	半島茶話
112461	鮮滿版	1923-10-16	01단	全國特産品陳列大會開會式擧行
112462	鮮滿版	1923-10-16	01단	副業共進會會期延長請願更に十日間
112463	鮮滿版	1923-10-16	01단	學組議員選擧權擴張建議と/納稅者數
112464	鮮滿版	1923-10-16	01단	平壤府協議員選擧運動始まる/府政刷新の好機
112465	鮮滿版	1923-10-16	01단	金剛山(8)/麥原朝臣
112466	鮮滿版	1923-10-16	02단	總督府の補助は何うなる/生田平北知事談
112467	鮮滿版	1923-10-16	03단	新義州材木業者の困窮と其の原因
112468	鮮滿版	1923-10-16	04단	鮮鐵資金纏まる
112469	鮮滿版	1923-10-16	04단	巾着網に條件

일련번호	판명	간행일	단수	기사명
112470	鮮滿版	1923-10-16	04단	統計展審査長
112471	鮮滿版	1923-10-16	04단	各地より(平壤より/龍山より/寧古塔より/咸興より/雄基より)
112472	鮮滿版	1923-10-16	05단	陳列館落成式と鐵橋開通式/本年掉尾の賑ひを呈せん
112473	鮮滿版	1923-10-16	06단	滯納と財産差押
112474	鮮滿版	1923-10-16	06단	會寧商校の義金
112475	鮮滿版	1923-10-16	06단	釋迦遺骨觀覽
112476	鮮滿版	1923-10-16	06단	運動界(滿鐵對殖銀戰/運動會)
112477	鮮滿版	1923-10-16	06단	人(高坂一惠氏)
112478	鮮滿版	1923-10-16	06단	半島茶話
112479	鮮滿版	1923-10-17	01단	朝鮮人の自覺から選擧界に時代を劃せん/平壤府政の大變化か
112480	鮮滿版	1923-10-17	01단	輸入稅減免と朝鮮
112481	鮮滿版	1923-10-17	01단	兩評議員の任期延長制令
112482	鮮滿版	1923-10-17	01단	新義州府廳舍改築問題
112483	鮮滿版	1923-10-17	02단	京城府協議會議員選擧十一月廿一日執行
112484	鮮滿版	1923-10-17	02단	來年度鐵道事業公債打切奈何
112485	鮮滿版	1923-10-17	02단	鮮米移出增加
112486	鮮滿版	1923-10-17	03단	殖銀頭取歸談
112487	鮮滿版	1923-10-17	03단	富田前領事語る
112488	鮮滿版	1923-10-17	03단	京城の上水道各般の施設擴大
112489	鮮滿版	1923-10-17	03단	內地人の孤兒を愛育する鮮婦人
112490	鮮滿版	1923-10-17	04단	總監の獻上品
112491	鮮滿版	1923-10-17	04단	各地より(龍山より/羅南より/淸津より)
112492	鮮滿版	1923-10-17	04단	基督同盟組織
112493	鮮滿版	1923-10-17	05단	朝鮮靑年聯合大會
112494	鮮滿版	1923-10-17	05단	國民協會の參政權運動
112495	鮮滿版	1923-10-17	05단	三夫婦揃ふた者五家族もある/內地人側にはない
112496	鮮滿版	1923-10-17	05단	高瀨船を襲ふ不逞者馬賊
112497	鮮滿版	1923-10-17	06단	實父を殺す
112498	鮮滿版	1923-10-17	06단	修學旅行
112499	鮮滿版	1923-10-17	06단	運動界(全鮮オリンピック大會)
112500	鮮滿版	1923-10-17	06단	半島茶話
112501	鮮滿版	1923-10-18	01단	金剛山(9)/麥原朝臣
112502	鮮滿版	1923-10-18	01단	山口縣を中心に內鮮融和の波紋を全國に描かうと云ふ企圖/在住鮮人一萬の生活
112503	鮮滿版	1923-10-18	01단	約八千町步の國有林を讓渡さる/總督府から平安南道へ

일련번호	판명	간행일	단수	기사명
112504	鮮滿版	1923-10-18	03단	安東の土地問題
112505	鮮滿版	1923-10-18	03단	元山商議書記長
112506	鮮滿版	1923-10-18	03단	各地より(雄基より/光州より)
112507	鮮滿版	1923-10-18	04단	平壤大邱間飛行/特陳協贊會の祝賀飛行
112508	鮮滿版	1923-10-18	04단	副共餘滴/五七日所見
112509	鮮滿版	1923-10-18	04단	安東の死活問題上一千萬圓の地價が零
112510	鮮滿版	1923-10-18	06단	大盛況の特陳大會/團體見物も多い
112511	鮮滿版	1923-10-18	06단	半島茶話
112512	鮮滿版	1923-10-19	01단	金剛山(１０)/麥原朝臣
112513	鮮滿版	1923-10-19	01단	鮮米の增收と調製法改良宣傳
112514	鮮滿版	1923-10-19	01단	朝鮮商業會議所聯合會
112515	鮮滿版	1923-10-19	01단	平壤商議の金融陳情奏效か/本府も銀行も諒解す
112516	鮮滿版	1923-10-19	02단	鎭南浦築港着手來年度の豫算案に計上されん
112517	鮮滿版	1923-10-19	03단	栗移出激減震災の影響で
112518	鮮滿版	1923-10-19	03단	朝鮮の會社數
112519	鮮滿版	1923-10-19	04단	各地より(鎭南浦より/雄基より)
112520	鮮滿版	1923-10-19	04단	興京地方の不逞者跋扈
112521	鮮滿版	1923-10-19	04단	開かれた秋期競馬大會(第一競馬/第二競馬/第三競馬/第四競馬/第五競馬/第六競馬/第七競馬/第八競馬/第九競馬/みもの臺上から)
112522	鮮滿版	1923-10-19	06단	半島茶話
112523	鮮滿版	1923-10-20	01단	著しく發達した朝鮮の海運界/併し依然收入は少い
112524	鮮滿版	1923-10-20	01단	研究中の六道溝市街方面の堤防工事
112525	鮮滿版	1923-10-20	01단	道評議會期本年だけは明年二月か
112526	鮮滿版	1923-10-20	01단	新任羅南師團井上參謀長語る
112527	鮮滿版	1923-10-20	02단	尾崎東拓理事歸任の途語る
112528	鮮滿版	1923-10-20	02단	各地より(釜山より/光州より/安東より)
112529	鮮滿版	1923-10-20	03단	安東の死活問題(下)/一千萬圓の地價が零
112530	鮮滿版	1923-10-20	03단	本社の震災活寫/海州の盛況
112531	鮮滿版	1923-10-20	04단	巡回學藝會/平南孟山の新計劃
112532	鮮滿版	1923-10-20	04단	大同橋完成は十一月下旬か
112533	鮮滿版	1923-10-20	04단	鮮人のみの傳染病舍に就て區別するのは如何との說
112534	鮮滿版	1923-10-20	05단	全鮮秋期競馬大會/第二日(第一競馬/第二競馬/第三競馬/第四競馬/第五競馬/第六競馬/第七競馬/第八競馬/第九競馬/第十競馬/第十一競馬/みもの臺上から/大每陣容/柔道試合)
112535	鮮滿版	1923-10-20	06단	不穩思想を宣傳して捕はる
112536	鮮滿版	1923-10-20	06단	運動界(釜中軍勝つ)

일련번호	판명	간행일	단수	기사명
112537	鮮滿版	1923-10-20	06단	半島茶話
112538	鮮滿版	1923-10-21	01단	地震に對する水道施設/全國水道協議會列席の/樋下田技師歸談
112539	鮮滿版	1923-10-21	02단	金融の緩和に就て/橫山大銀頭取談
112540	鮮滿版	1923-10-21	02단	淸津の築港工事六厘方進む
112541	鮮滿版	1923-10-21	02단	春秋畵會展覽會(上)/平壤公會堂に於て
112542	鮮滿版	1923-10-21	03단	三菱煉炭活躍す
112543	鮮滿版	1923-10-21	03단	淸津釀造組合
112544	鮮滿版	1923-10-21	03단	咸南國境の守備隊引揚說と地方民の陳情
112545	鮮滿版	1923-10-21	04단	長さ二寸もある雹が降る
112546	鮮滿版	1923-10-21	04단	本社撮影の震災寫眞觀覽者の感銘
112547	鮮滿版	1923-10-21	04단	津浦鐵道夜行列車再開
112548	鮮滿版	1923-10-21	05단	運動界(秋季リーグ戰/西鮮野球大會)
112549	鮮滿版	1923-10-21	05단	各地だより(咸興より/全州より/龍山より)
112550	鮮滿版	1923-10-21	06단	人(齋藤總督一行)
112551	鮮滿版	1923-10-21	06단	半島茶話
112552	鮮滿版	1923-10-23	01단	金剛山(１１)/宿の細君
112553	鮮滿版	1923-10-23	01단	京城府の起債事業最少限度八十萬圓にする
112554	鮮滿版	1923-10-23	01단	營林廠の製材業中止說と/野手廠長談
112555	鮮滿版	1923-10-23	01단	鎭南浦でも金融緩和運動
112556	鮮滿版	1923-10-23	02단	海事行政と訓示
112557	鮮滿版	1923-10-23	02단	水害復舊工事
112558	鮮滿版	1923-10-23	03단	東拓の旣定事業變更せぬ
112559	鮮滿版	1923-10-23	03단	鰊の初漁珍らしい大鰊
112560	鮮滿版	1923-10-23	03단	警察署長會議
112561	鮮滿版	1923-10-23	04단	各地より(咸興より/雄基より/新義州より)
112562	鮮滿版	1923-10-23	04단	落雷が電線に感電して數名死傷
112563	鮮滿版	1923-10-23	05단	崇義校の同盟休校事件/飯粒を落せば罰金
112564	鮮滿版	1923-10-23	05단	運動界(元山高女遠征して平壤高女に捷つ/女子庭球大會/少年庭球大會/元山商業運動會)
112565	鮮滿版	1923-10-23	06단	會(農學校落成式)
112566	鮮滿版	1923-10-23	06단	半島茶話
112567	鮮滿版	1923-10-24	01단	朝鮮西海岸に於ける海潮發電の調査/併し財界の現狀では實現至難
112568	鮮滿版	1923-10-24	01단	營林廠の製材業を民營希望
112569	鮮滿版	1923-10-24	01단	安東の土地貸下問題
112570	鮮滿版	1923-10-24	01단	春秋畵展覽會(下)/平壤公會堂に於て

일련번호	판명	간행일	단수	기사명
112571	鮮滿版	1923-10-24	02단	金融組合は貸出制限をせぬ
112572	鮮滿版	1923-10-24	03단	稅務監督局設置請願
112573	鮮滿版	1923-10-24	03단	間島歸客談
112574	鮮滿版	1923-10-24	04단	內外朝鮮貿易
112575	鮮滿版	1923-10-24	04단	殖銀の貸出方針
112576	鮮滿版	1923-10-24	05단	咸南の牛と苹果/副共で名譽賞
112577	鮮滿版	1923-10-24	05단	京城組銀帳尻
112578	鮮滿版	1923-10-24	05단	畜産品評會
112579	鮮滿版	1923-10-24	05단	畜産品評閉會
112580	鮮滿版	1923-10-24	05단	西鮮日日創刊
112581	鮮滿版	1923-10-24	05단	各地より(咸興より)
112582	鮮滿版	1923-10-24	05단	海軍の調査飛行
112583	鮮滿版	1923-10-24	05단	支那の工人を東京に送る
112584	鮮滿版	1923-10-24	05단	光成高普の紛紜
112585	鮮滿版	1923-10-24	06단	金融梗塞し布木商倒産す
112586	鮮滿版	1923-10-24	06단	光州の小作爭議
112587	鮮滿版	1923-10-24	06단	爆藥で重傷
112588	鮮滿版	1923-10-24	06단	市民館成る
112589	鮮滿版	1923-10-24	06단	社會雜俎
112590	鮮滿版	1923-10-24	06단	人(菊池軍司令官/河原文部書記官/廣島幼年學校生徒)
112591	鮮滿版	1923-10-25	01단	金剛山(１２)/麥原朝臣
112592	鮮滿版	1923-10-25	01단	平壤府議選擧形勢漸く白熱し來る
112593	鮮滿版	1923-10-25	01단	鎮南浦の第二水道完成期は春陽の頃
112594	鮮滿版	1923-10-25	01단	寫眞說明/新築落成し近く開館式を行ふ平安南道立物産陳列館
112595	鮮滿版	1923-10-25	02단	新義州の協議員改選
112596	鮮滿版	1923-10-25	02단	新義州郵便局工事進陟
112597	鮮滿版	1923-10-25	03단	清津府では更に埋立計劃/荷置塲とは別に
112598	鮮滿版	1923-10-25	04단	米領事館新築
112599	鮮滿版	1923-10-25	04단	豫算削減と朝鮮鐵道の影響
112600	鮮滿版	1923-10-25	04단	日糖製産旺盛/平壤分工塲で
112601	鮮滿版	1923-10-25	04단	各地より(城津より/鎮南浦より)
112602	鮮滿版	1923-10-25	05단	上水道事務打合會
112603	鮮滿版	1923-10-25	06단	一日間で龍井から清津へ/天圖鐵の連絡で
112604	鮮滿版	1923-10-25	06단	女學生寄宿舍を脱出す/平壤崇義同盟休校事件
112605	鮮滿版	1923-10-25	06단	長老派の紛擾解決/モヘット宣教師の仲裁で
112606	鮮滿版	1923-10-25	06단	爆藥破裂して四人重輕傷

일련번호	판명	간행일	단수	기사명
112607	鮮滿版	1923-10-26	01단	金剛山(１３)/麥原朝臣
112608	鮮滿版	1923-10-26	01단	今度の震災を機會に內鮮人融合の新芽が吹出すであらう/有吉政務總監談
112609	鮮滿版	1923-10-26	02단	北鮮と間島地方の交通運輸機關急務/完成を希望する同地方居住者
112610	鮮滿版	1923-10-26	02단	朝鮮繭の信用を失墜す/愛知縣から警告來る
112611	鮮滿版	1923-10-26	03단	平壤にも博物分館設置/明年度に實現せん
112612	鮮滿版	1923-10-26	04단	武器賣買を引受ける會社
112613	鮮滿版	1923-10-26	04단	龍山の新市場
112614	鮮滿版	1923-10-26	04단	京龍近事
112615	鮮滿版	1923-10-26	05단	殆ど跡を絶った彈藥密輸/釜山水上署長談
112616	鮮滿版	1923-10-26	05단	奇特な鮮人
112617	鮮滿版	1923-10-26	05단	藝術だより
112618	鮮滿版	1923-10-26	05단	各地より(咸興より)
112619	鮮滿版	1923-10-26	06단	運動界(十哩マラソン/少年庭球大會/庭球試合/陸上競技會)
112620	鮮滿版	1923-10-27	01단	全鮮商議聯合會と刻下の緊急問題/釘本會頭語る
112621	鮮滿版	1923-10-27	01단	輸入免稅と新義州稅關內の影響
112622	鮮滿版	1923-10-27	01단	原木の拂下を受けて製材の上內地輸送
112623	鮮滿版	1923-10-27	01단	金剛山(１４)/麥原朝臣
112624	鮮滿版	1923-10-27	02단	豊橋發送の繭に支那玉繭を發見した難波屬語る
112625	鮮滿版	1923-10-27	03단	大同江鐵橋開通と物産陳列開館祝賀會
112626	鮮滿版	1923-10-27	03단	第二十師團秋期機動演習
112627	鮮滿版	1923-10-27	04단	平壤附近の古墳を發掘したら立派な博物館が出來る/關野博士講演
112628	鮮滿版	1923-10-27	04단	馬賊の跳梁で輯安縣一帶住民の不安
112629	鮮滿版	1923-10-27	04단	不逞團の來襲なく平安南道は無難
112630	鮮滿版	1923-10-27	05단	檢察官から無罪の論告を受け/失火事件無罪
112631	鮮滿版	1923-10-27	05단	殺人大工判決
112632	鮮滿版	1923-10-27	06단	運動界(柔道大會/硬球選手權戰績/大每勝つ)
112633	鮮滿版	1923-10-27	06단	人(長野學務局長)
112634	鮮滿版	1923-10-27	06단	半島茶話
112635	鮮滿版	1923-10-28	01단	朝鮮會議所聯合會と鮮銀其他の希望要項
112636	鮮滿版	1923-10-28	01단	朝鮮水産共進會/褒賞授與式擧行
112637	鮮滿版	1923-10-28	01단	安東の地方委員選擧は十二月一日
112638	鮮滿版	1923-10-28	01단	震災後に於ける金融組合狀況
112639	鮮滿版	1923-10-28	02단	日支柞蠶協會/實現の運となる
112640	鮮滿版	1923-10-28	02단	敦賀線と伏木線/上半期貿易比較

일련번호	판명	간행일	단수	기사명
112641	鮮滿版	1923-10-28	02단	對外朝鮮貿易
112642	鮮滿版	1923-10-28	03단	穩城平野開墾
112643	鮮滿版	1923-10-28	03단	佐世保元山間の海軍飛行元山へ安着/觀衆飛行士の周圍を取卷く盛況
112644	鮮滿版	1923-10-28	03단	平壤でも茶代廢止斷行
112645	鮮滿版	1923-10-28	03단	朝鮮煙草は値上の時機でない/靑木專賣局長談
112646	鮮滿版	1923-10-28	04단	各地より(龍山より/光州より/平壤より)
112647	鮮滿版	1923-10-28	04단	馬賊來襲說で長奉道路工事の賦役人を解散
112648	鮮滿版	1923-10-28	05단	松毛蟲燒殺
112649	鮮滿版	1923-10-28	05단	革新黨の請願
112650	鮮滿版	1923-10-28	05단	馬賊は冬籠りで間島は無事だらう
112651	鮮滿版	1923-10-28	05단	妓生の檢黴反對/懇諭で納得
112652	鮮滿版	1923-10-28	05단	普成專門校生徒の盟休/校長の辭任を惜んで
112653	鮮滿版	1923-10-28	05단	平壤の初氷
112654	鮮滿版	1923-10-28	06단	鮮鐵だより
112655	鮮滿版	1923-10-28	06단	運動界(新義州庭球聯合大會/滿鐵軍敗る/庭球試合/野球試合)
112656	鮮滿版	1923-10-28	06단	人(谷村軍主計監(新任東學經理部長)/加藤二等主計正(第二十師團司令部附))
112657	鮮滿版	1923-10-28	06단	半島茶話
112658	鮮滿版	1923-10-30	01단	鮮人遭難者大追悼會
112659	鮮滿版	1923-10-30	01단	平壤府議改選に朝鮮人候補簇立す/內鮮人の定員二十名なるに朝鮮人側で二十五名を超ゆ
112660	鮮滿版	1923-10-30	01단	重要政務協議打合會
112661	鮮滿版	1923-10-30	01단	砂金鑛好況
112662	鮮滿版	1923-10-30	02단	朝鮮私鐵急に完成は經費の上から困難
112663	鮮滿版	1923-10-30	02단	倭城臺閑話
112664	鮮滿版	1923-10-30	03단	府協議員選擧後援會成る
112665	鮮滿版	1923-10-30	04단	事業經營困難
112666	鮮滿版	1923-10-30	04단	必要の向には貸す
112667	鮮滿版	1923-10-30	04단	釜山貿易狀況
112668	鮮滿版	1923-10-30	05단	佛敎慈濟院竣工
112669	鮮滿版	1923-10-30	05단	各地より(大田より/龍山より/咸興より)
112670	鮮滿版	1923-10-30	06단	成績良好であった副業共進會
112671	鮮滿版	1923-10-30	06단	國境方面は相變らず平穩でない/牧田軍醫部長談
112672	鮮滿版	1923-10-30	06단	人(齋藤總督/有吉政務總監)
112673	鮮滿版	1923-10-30	06단	半島茶話
112674	鮮滿版	1923-10-31	01단	金剛山(１５)/麥原朝臣

일련번호	판명	간행일	단수	기사명
112675	鮮滿版	1923-10-31	01단	朝鮮人有權者大會で聯立理想候補を確定す/大東同志會一派妨害せしも十三名を推薦す
112676	鮮滿版	1923-10-31	01단	土地收用の手續/平壤護岸工事
112677	鮮滿版	1923-10-31	01단	電氣測定令に就いて/高崎電氣課長談
112678	鮮滿版	1923-10-31	02단	崇義女學校閉鎖の外無からん/同盟休校事件から
112679	鮮滿版	1923-10-31	03단	各地より(咸興より/安東より)
112680	鮮滿版	1923-10-31	03단	安義間に客車運轉の計劃/鐵道當局の調査
112681	鮮滿版	1923-10-31	03단	道警視增員
112682	鮮滿版	1923-10-31	04단	大々的に古墳發掘史蹟保存會の手で着手
112683	鮮滿版	1923-10-31	05단	南滿中學堂の同盟休校/自炊長が米五石を使込んだため
112684	鮮滿版	1923-10-31	05단	亂暴な學校當局
112685	鮮滿版	1923-10-31	05단	不逞團の橫行で國境の物情惡化/警備一層嚴重
112686	鮮滿版	1923-10-31	06단	死體を遺して不逞團逃走/巡査と戰ふ
112687	鮮滿版	1923-10-31	06단	社會雜俎
112688	鮮滿版	1923-10-31	06단	半島茶話

1923년 11월 (선만판)

일련번호	판명	간행일	단수	기사명
112689	鮮滿版	1923-11-01	01단	金剛山（６０）/麥原朝臣
112690	鮮滿版	1923-11-01	01단	東拓の小作人救濟/水害海嘯被害者に對して
112691	鮮滿版	1923-11-01	01단	公證規則問題又復紛糾
112692	鮮滿版	1923-11-01	02단	馬山協議會員改選狀況
112693	鮮滿版	1923-11-01	03단	淸津の逐鹿界/今回の有權者數
112694	鮮滿版	1923-11-01	03단	晋州面議競爭日に激烈となる
112695	鮮滿版	1923-11-01	04단	內部職別改正/總督府鐵道部
112696	鮮滿版	1923-11-01	04단	靑年聯合決議
112697	鮮滿版	1923-11-01	04단	淸津穀物組合/新役員顏觸
112698	鮮滿版	1923-11-01	04단	地方稅減免/水害及び海嘯被害につき
112699	鮮滿版	1923-11-01	05단	震災地へ木材
112700	鮮滿版	1923-11-01	05단	各地より(馬山より/淸津より)
112701	鮮滿版	1923-11-01	05단	樂浪城址踏査
112702	鮮滿版	1923-11-01	05단	豫約電話開始
112703	鮮滿版	1923-11-01	05단	二十師團の旅團對抗演習
112704	鮮滿版	1923-11-01	06단	郵便競技會
112705	鮮滿版	1923-11-01	06단	聯合實彈射擊
112706	鮮滿版	1923-11-01	06단	元巡査の情死
112707	鮮滿版	1923-11-01	06단	運動界(中等學校對抗競技大會/對抗劍道大會)
112708	鮮滿版	1923-11-01	06단	人(弓削鐵道部長/アルヴァート・エル・ファーウエル氏一行八名)
112709	鮮滿版	1923-11-02	01단	金剛山（１７）/麥原朝臣
112710	鮮滿版	1923-11-02	01단	商議聯合會から請願書發送
112711	鮮滿版	1923-11-02	01단	咸興の農家と商家經濟的打擊
112712	鮮滿版	1923-11-02	01단	內地送金狀況
112713	鮮滿版	1923-11-02	01단	貸出資金と回收
112714	鮮滿版	1923-11-02	01단	京城の商況不振と金融難
112715	鮮滿版	1923-11-02	02단	棉花共同販賣
112716	鮮滿版	1923-11-02	02단	鮮鐵運輸收入
112717	鮮滿版	1923-11-02	02단	楊承慶氏歸國
112718	鮮滿版	1923-11-02	02단	各地より(全州より/咸興より/馬山より)
112719	鮮滿版	1923-11-02	04단	馬賊根絶の策を廻らす張作霖
112720	鮮滿版	1923-11-02	04단	我等の誠心も通じたであらう/震災地から歸った/國友警務課長談
112721	鮮滿版	1923-11-02	05단	警備船配置
112722	鮮滿版	1923-11-02	05단	日支共に不逞團掃蕩
112723	鮮滿版	1923-11-02	05단	爆彈原料調査

일련번호	판명	간행일	단수	기사명
112724	鮮滿版	1923-11-02	05단	兩紛擾事件其後の經過
112725	鮮滿版	1923-11-02	06단	平壤券番燒く
112726	鮮滿版	1923-11-02	06단	運動界(硬球優勝試合/劍道大會/自轉車競技會)
112727	鮮滿版	1923-11-02	06단	會(野外撮影會)
112728	鮮滿版	1923-11-02	06단	人(加藤警視轉任內定/安藤京鐵局長/福原俊丸男/中野深氏(京鐵局工務課長))
112729	鮮滿版	1923-11-02	06단	半島茶話
112730	鮮滿版	1923-11-02	07단	地震哀話焰の行方(四十九)/橘末雄作古家新畫
112731	鮮滿版	1923-11-03	01단	朝鮮人有識者結束して米國宣教師の反省を求む稀有の事實であるが時代の反映に外ならぬ
112732	鮮滿版	1923-11-03	01단	金剛山(１８)/麥原朝臣
112733	鮮滿版	1923-11-03	02단	西鮮道明年土木工事
112734	鮮滿版	1923-11-03	02단	大豆改良計劃
112735	鮮滿版	1923-11-03	02단	全鮮籾調査數
112736	鮮滿版	1923-11-03	03단	郵便局長會議
112737	鮮滿版	1923-11-03	03단	中學工事請負
112738	鮮滿版	1923-11-03	03단	明太魚の取引市場設置問題
112739	鮮滿版	1923-11-03	03단	繰棉檢查問題
112740	鮮滿版	1923-11-03	04단	慶州電氣會社
112741	鮮滿版	1923-11-03	04단	會社銀行(仁川米豆總會)
112742	鮮滿版	1923-11-03	04단	各地より(大田より)
112743	鮮滿版	1923-11-03	04단	朝鮮宣傳の講演と活寫
112744	鮮滿版	1923-11-03	04단	果樹品評會受賞者
112745	鮮滿版	1923-11-03	05단	好成績で閉會した特産陳
112746	鮮滿版	1923-11-03	05단	落成式と展覽會
112747	鮮滿版	1923-11-03	05단	大邱に建った全鮮一の武德殿
112748	鮮滿版	1923-11-03	06단	社會雜俎
112749	鮮滿版	1923-11-03	06단	運動界(朝鮮オリムピック大會の跡を顧みて/N生)
112750	鮮滿版	1923-11-04	01단	平安南道の鮮人教育に就て/阿部學務課長談
112751	鮮滿版	1923-11-04	01단	愈近く內地へ輸送する木材
112752	鮮滿版	1923-11-04	01단	米作豫想高
112753	鮮滿版	1923-11-04	01단	京城自由畫展
112754	鮮滿版	1923-11-04	02단	枕木に最適の落葉松伐採
112755	鮮滿版	1923-11-04	02단	黃海秋蠶成績
112756	鮮滿版	1923-11-04	02단	咸南國境新賀乭近況
112757	鮮滿版	1923-11-04	03단	各地より(咸興より)
112758	鮮滿版	1923-11-04	04단	電話料其他に就て杉野局長語る

일련번호	판명	간행일	단수	기사명
112759	鮮滿版	1923-11-04	04단	國境の美人産地を說く/落合江界郵便局長
112760	鮮滿版	1923-11-04	05단	道路品評會
112761	鮮滿版	1923-11-04	05단	西鮮三道特産品共進會開催說再燃す
112762	鮮滿版	1923-11-04	05단	通信競技大會
112763	鮮滿版	1923-11-04	05단	國境に支那側も日本同數警官を配置する/吉田書記生談
112764	鮮滿版	1923-11-04	06단	拳銃棍棒で鮮人勞働者の亂鬪/警察隊の手で漸く鎭撫
112765	鮮滿版	1923-11-04	06단	運動界(海州體育協會發會)
112766	鮮滿版	1923-11-04	06단	人(長野學務局長)
112767	鮮滿版	1923-11-04	06단	半島茶話
112768	鮮滿版	1923-11-04	07단	地震哀話焰の行方(五十一)/橘末雄作古家新畫
112769	鮮滿版	1923-11-06	01단	朝鮮に於ける郵便貯金現狀/貯金思想向上資金は鮮內に融通
112770	鮮滿版	1923-11-06	01단	東京大阪兩地に朝鮮館設立の遊說
112771	鮮滿版	1923-11-06	01단	好成績で閉會した水産共進會
112772	鮮滿版	1923-11-06	01단	平壤府議改選に十名は落選/偵察から激戰に移る
112773	鮮滿版	1923-11-06	02단	協贊理事會
112774	鮮滿版	1923-11-06	02단	靈光四面免稅
112775	鮮滿版	1923-11-06	02단	學校評議改選
112776	鮮滿版	1923-11-06	03단	各地より(龍山より/咸興より/光州より)
112777	鮮滿版	1923-11-06	03단	値上した淸津港運賃十一月一日から實施
112778	鮮滿版	1923-11-06	04단	平壤と傳染病
112779	鮮滿版	1923-11-06	04단	三夫婦揃ふた內地人を發見す大同橋渡初式の
112780	鮮滿版	1923-11-06	04단	長興社遷宮式
112781	鮮滿版	1923-11-06	04단	警察署長の肝煎で茶代廢止協議
112782	鮮滿版	1923-11-06	04단	鯖船衝突沈沒乘組員救はる
112783	鮮滿版	1923-11-06	05단	釜山署の浮浪者狩り
112784	鮮滿版	1923-11-06	05단	社會雜俎
112785	鮮滿版	1923-11-06	05단	運動界(陸上競技會/庭球納會/聯隊の野球試合)
112786	鮮滿版	1923-11-06	05단	火星座の俊寬
112787	鮮滿版	1923-11-06	06단	人(菊池軍司令官/松岡滿鐵理事)
112788	鮮滿版	1923-11-06	06단	半島茶話
112789	鮮滿版	1923-11-07	01단	郵貯激增と貯金爲替管理支所新設の必要
112790	鮮滿版	1923-11-07	01단	電話規則改正の調査
112791	鮮滿版	1923-11-07	01단	平安南道學務課新事業
112792	鮮滿版	1923-11-07	01단	金剛山(１９)/麥原朝臣
112793	鮮滿版	1923-11-07	02단	畜産市場成功

일련번호	판명	간행일	단수	기사명
112794	鮮滿版	1923-11-07	02단	陳情委員東上
112795	鮮滿版	1923-11-07	02단	松汀里叺檢査
112796	鮮滿版	1923-11-07	03단	*臺灣鹽移入/京南鐵道社債*
112797	鮮滿版	1923-11-07	03단	好成績を擧げた釜山の避難民救護所四日で一先づ打切
112798	鮮滿版	1923-11-07	04단	各地より(咸興より)
112799	鮮滿版	1923-11-07	04단	鮮寺用寺の鐵塔は千年以前のもの
112800	鮮滿版	1923-11-07	05단	地主連の小作人救濟/平南道中和郡で
112801	鮮滿版	1923-11-07	05단	外人義捐金
112802	鮮滿版	1923-11-07	05단	授業料が納められず三百名の兒童が休業して農業をやる
112803	鮮滿版	1923-11-07	05단	奉天の最高軍事會議
112804	鮮滿版	1923-11-07	06단	國民協會內訌
112805	鮮滿版	1923-11-07	06단	露人入國禁止
112806	鮮滿版	1923-11-07	06단	逃走支店長下關で捕はる
112807	鮮滿版	1923-11-07	06단	高女に猩紅熱
112808	鮮滿版	1923-11-07	06단	音樂界
112809	鮮滿版	1923-11-07	06단	人(恩田鋼吉氏(日本郵船上海支店長))
112810	鮮滿版	1923-11-07	06단	半島茶話
112811	鮮滿版	1923-11-08	01단	朝鮮に對する補給金交附は確實らしい/治水事業は見合せるより外ない
112812	鮮滿版	1923-11-08	01단	金剛山(２０)/麥原朝臣
112813	鮮滿版	1923-11-08	02단	遞信事務の模範は矢張り米國/山本遞信事務官歸朝談
112814	鮮滿版	1923-11-08	03단	平安南道緊縮豫算編成/西鮮共進會費計上道評議會來月招策
112815	鮮滿版	1923-11-08	04단	平壤商議改選も激戰を豫想される何人が會頭たるか
112816	鮮滿版	1923-11-08	05단	米穀資金融通
112817	鮮滿版	1923-11-08	05단	鹽務局收入
112818	鮮滿版	1923-11-08	05단	鮮鐵在貨減少
112819	鮮滿版	1923-11-08	05단	組銀十月帳尻
112820	鮮滿版	1923-11-08	06단	十月不渡手形
112821	鮮滿版	1923-11-08	06단	東拓貸 附殘高
112822	鮮滿版	1923-11-08	06단	淸酒需要增加
112823	鮮滿版	1923-11-08	06단	運動界(最後の優勝者)
112824	鮮滿版	1923-11-08	06단	人(若山工兵課長/來北中の長野學務局長/河東碧梧桐氏)
112825	鮮滿版	1923-11-08	06단	半島茶話
112826	鮮滿版	1923-11-09	01단	金剛山(２１)/麥原朝臣
112827	鮮滿版	1923-11-09	01단	棉花實收八分七厘の增收見込み
112828	鮮滿版	1923-11-09	01단	海難事故と二審制實施希望

일련번호	판명	간행일	단수	기사명
112829	鮮滿版	1923-11-09	01단	製炭法改良
112830	鮮滿版	1923-11-09	02단	鑛業界好況
112831	鮮滿版	1923-11-09	02단	京南鐵資金難
112832	鮮滿版	1923-11-09	03단	全南稻作豫想
112833	鮮滿版	1923-11-09	03단	榮山浦檢米成績
112834	鮮滿版	1923-11-09	03단	小手亡豆鮮內品出穀始る
112835	鮮滿版	1923-11-09	03단	鮮鐵營業成績
112836	鮮滿版	1923-11-09	04단	各地より(安東より/咸興より)
112837	鮮滿版	1923-11-09	05단	安義間電話料輕減問題輕々に決定出來ぬ
112838	鮮滿版	1923-11-09	05단	淸津體育協會近く實現
112839	鮮滿版	1923-11-09	05단	咸鏡北線水南極洞間工事
112840	鮮滿版	1923-11-09	06단	店頭裝飾授賞
112841	鮮滿版	1923-11-09	06단	演習終了
112842	鮮滿版	1923-11-09	06단	古墳發掘物岡野博士の鑑定
112843	鮮滿版	1923-11-09	06단	納稅督勵好績
112844	鮮滿版	1923-11-09	06단	運動界(競技大會紛める)
112845	鮮滿版	1923-11-09	06단	人(菊池軍司令官/大島侍從武官)
112846	鮮滿版	1923-11-10	01단	滿鐵が具體的に鴨綠江水電調査
112847	鮮滿版	1923-11-10	01단	朝鮮の蠶業發達の獎勵
112848	鮮滿版	1923-11-10	01단	稅務監督局設置に就て
112849	鮮滿版	1923-11-10	01단	金剛山(２２)/麥原朝臣
112850	鮮滿版	1923-11-10	02단	海林伐採と輕鐵敷設
112851	鮮滿版	1923-11-10	02단	宗敎分布狀態
112852	鮮滿版	1923-11-10	02단	浦項濱田間直通航路
112853	鮮滿版	1923-11-10	02단	憲兵撤退延期
112854	鮮滿版	1923-11-10	03단	海南松旨面漁況
112855	鮮滿版	1923-11-10	03단	流筏順調
112856	鮮滿版	1923-11-10	03단	京鐵局便り
112857	鮮滿版	1923-11-10	04단	大同橋渡初式內鮮各時代の樣式で來る三十日擧行/渡橋式に就て渡邊總督府囑託談
112858	鮮滿版	1923-11-10	04단	副業の記念日設定
112859	鮮滿版	1923-11-10	05단	賞恤の御沙汰を拜した鮮人
112860	鮮滿版	1923-11-10	05단	感心な鮮人學生鄕里へ歸る
112861	鮮滿版	1923-11-10	05단	町野大佐總督府を訪問
112862	鮮滿版	1923-11-10	06단	機關銃を据ゑるなと嚴重なもの賊徒防禦の城塞
112863	鮮滿版	1923-11-10	06단	運動界(北鮮武道大會/陸上競技成績/庭球大會)
112864	鮮滿版	1923-11-10	06단	半島茶話

일련번호	판명	간행일	단수	기사명
112865	鮮滿版	1923-11-11	01단	震災罹災民へ贈る毛布蒲團募集に京城婦人聯合會の大活動/賛成同情者續出す
112866	鮮滿版	1923-11-11	01단	朝鮮の河川利用基本調査を急ぐ
112867	鮮滿版	1923-11-11	01단	大邱會議所評議員選擧十五日執行
112868	鮮滿版	1923-11-11	01단	金剛山(２３)/麥原朝臣
112869	鮮滿版	1923-11-11	02단	統契改善計劃
112870	鮮滿版	1923-11-11	02단	銀行擔保肩替
112871	鮮滿版	1923-11-11	03단	大邱府稅未納額
112872	鮮滿版	1923-11-11	03단	金融聯合移轉
112873	鮮滿版	1923-11-11	03단	平壤より
112874	鮮滿版	1923-11-11	03단	崇實中學校教師總辭職/指定拒否理由に憤慨して
112875	鮮滿版	1923-11-11	05단	朝鮮人醫師高等官任命の嚆矢/平壤慈惠院金衡翼氏
112876	鮮滿版	1923-11-11	05단	聯合物産盛況
112877	鮮滿版	1923-11-11	05단	支那地主連の土地回收と對策
112878	鮮滿版	1923-11-11	05단	醵金は生活費/不逞者の企て
112879	鮮滿版	1923-11-11	06단	大邱の結霜
112880	鮮滿版	1923-11-11	06단	梨花學堂のキミチーデー
112881	鮮滿版	1923-11-11	06단	藝術だより
112882	鮮滿版	1923-11-11	06단	商業の文藝會
112883	鮮滿版	1923-11-13	01단	普選實現と朝鮮如何なる影響があるか/彼我一樣にする事は困難だ東拓尾崎理事談/全く良い氣運が到達した國民協會總務李炳烈氏談/植民地では何の影響もあるまい龍山石原磯次郎氏談
112884	鮮滿版	1923-11-13	02단	豫算の關係で遅れて居る朝鮮の海員二審制
112885	鮮滿版	1923-11-13	02단	義州假廳舍利用問題
112886	鮮滿版	1923-11-13	02단	釜山府協議員廿日執行の豫定
112887	鮮滿版	1923-11-13	03단	平壤府豫算
112888	鮮滿版	1923-11-13	03단	醸造業者の請願/原料檢査料の撤廢
112889	鮮滿版	1923-11-13	03단	全南教育總會
112890	鮮滿版	1923-11-13	03단	靈光干拓竣工
112891	鮮滿版	1923-11-13	04단	各地より(咸興より/光州より)
112892	鮮滿版	1923-11-13	04단	朝鮮人で初めて醫官(高等官)に任用された金衡翼氏
112893	鮮滿版	1923-11-13	04단	肺ヂストマ撲滅奬勵懸賞を附して
112894	鮮滿版	1923-11-13	04단	船橋里發展
112895	鮮滿版	1923-11-13	05단	氷上を水上自動車/來年冬は滑走艇
112896	鮮滿版	1923-11-13	05단	大同江にも輕快船現はる運航至便とならん
112897	鮮滿版	1923-11-13	05단	釜山府小學校の廓淸斷行
112898	鮮滿版	1923-11-13	05단	淸津の無盡問題解決

일련번호	판명	간행일	단수	기사명
112899	鮮滿版	1923-11-13	06단	崇實中學教師辭表撤回/校長の慰留により
112900	鮮滿版	1923-11-13	06단	釜山の猩紅熱再燃
112901	鮮滿版	1923-11-13	06단	煽動されて盟休
112902	鮮滿版	1923-11-13	06단	運動界(野球戰)
112903	鮮滿版	1923-11-14	01단	平壤をして工業地たらしむる方策につき/西村殖産局長談
112904	鮮滿版	1923-11-14	01단	小切手廢止問題解決す
112905	鮮滿版	1923-11-14	01단	航行不可能
112906	鮮滿版	1923-11-14	01단	貯金管理支所
112907	鮮滿版	1923-11-14	01단	京城府協議員選擧
112908	鮮滿版	1923-11-14	01단	財務監督局設置運動
112909	鮮滿版	1923-11-14	02단	牛市場が出來る
112910	鮮滿版	1923-11-14	02단	納稅滯納多し
112911	鮮滿版	1923-11-14	02단	各地より(全州より/龍山より/安義より/咸興より)
112912	鮮滿版	1923-11-14	04단	豆滿江に鐵橋架設日支合聯 で
112913	鮮滿版	1923-11-14	04단	復興建築材料運賃は二割引
112914	鮮滿版	1923-11-14	04단	自家用莨耕作禁止は民族的嗜好品に對する脅威
112915	鮮滿版	1923-11-14	04단	生徒保健調査
112916	鮮滿版	1923-11-14	04단	鐵路警備演習
112917	鮮滿版	1923-11-14	04단	晋州丸沈沒海員審判
112918	鮮滿版	1923-11-14	05단	大商の銀山丸北鮮に就船
112919	鮮滿版	1923-11-14	06단	大同の小作爭議
112920	鮮滿版	1923-11-14	06단	漁船顚覆して溺死と飢死三名蘇生す
112921	鮮滿版	1923-11-14	06단	不逞者郵便局を襲ふ
112922	鮮滿版	1923-11-14	06단	非常報知機
112923	鮮滿版	1923-11-14	06단	人(關東軍新任司令官白川中將)
112924	鮮滿版	1923-11-15	01단	朝鮮私鐵の將來/弓削鐵道部長談
112925	鮮滿版	1923-11-15	01단	漸く緊張して來た新義州協議員選擧形勢
112926	鮮滿版	1923-11-15	01단	金剛山(２４)/麥原朝臣
112927	鮮滿版	1923-11-15	02단	馬山府選擧界
112928	鮮滿版	1923-11-15	02단	協議會員選擧
112929	鮮滿版	1923-11-15	02단	鮮支製材狀況
112930	鮮滿版	1923-11-15	03단	間島學事視察談
112931	鮮滿版	1923-11-15	04단	高女校長後任問題
112932	鮮滿版	1923-11-15	04단	産馬種付不良
112933	鮮滿版	1923-11-15	05단	淸津移出入額
112934	鮮滿版	1923-11-15	05단	東拓會社本來の使命に傾く/開拓、灌漑に低資融通

일련번호	판명	간행일	단수	기사명
112935	鮮滿版	1923-11-15	05단	朝鮮線貨物成績
112936	鮮滿版	1923-11-15	05단	百三十銀行支店
112937	鮮滿版	1923-11-15	05단	各地より(咸興より)
112938	鮮滿版	1923-11-15	06단	慶北沿岸の虎疫豫防注射を行ふ
112939	鮮滿版	1923-11-15	06단	求職者が多い京城の人事相談所
112940	鮮滿版	1923-11-15	06단	鮮鐵馬郡開通
112941	鮮滿版	1923-11-15	06단	新義州戸口調べ
112942	鮮滿版	1923-11-15	06단	運動界(劍道大會)
112943	鮮滿版	1923-11-16	01단	素晴らしい前景氣の罹災民に夜具寄贈の婦人講演會と學藝會
112944	鮮滿版	1923-11-16	01단	平壤府に於ける諸施設の改善を圖る/府尹宮館貞一氏談
112945	鮮滿版	1923-11-16	01단	金剛山(２５)/麥原朝臣
112946	鮮滿版	1923-11-16	03단	朝鮮の小作爭議は內地と趣を異にする/其理由は集約農法でないから
112947	鮮滿版	1923-11-16	04단	大邱評議改選
112948	鮮滿版	1923-11-16	04단	羅南面議選擧
112949	鮮滿版	1923-11-16	05단	全南棉花騰貴
112950	鮮滿版	1923-11-16	05단	海南麥稈眞田業
112951	鮮滿版	1923-11-16	05단	海龍縣知事更迭
112952	鮮滿版	1923-11-16	05단	辭令
112953	鮮滿版	1923-11-16	05단	各地より(光州より)
112954	鮮滿版	1923-11-16	06단	漸次不景氣の京城商況
112955	鮮滿版	1923-11-16	06단	南鮮狩獵大會
112956	鮮滿版	1923-11-16	06단	機關車衝突連結方轢かる
112957	鮮滿版	1923-11-16	06단	運動界(滿鐵社友會)
112958	鮮滿版	1923-11-16	06단	人(平山驛長榮轉)
112959	鮮滿版	1923-11-17	01단	緩和された金融界
112960	鮮滿版	1923-11-17	01단	大邱府商議當選
112961	鮮滿版	1923-11-17	01단	朝鮮の爲に働く田中玄黃氏朝鮮を去る/朝鮮留學生督學部長となって
112962	鮮滿版	1923-11-17	02단	元山協議改選
112963	鮮滿版	1923-11-17	02단	鮮人內地渡航と證明書問題/總督府大官談
112964	鮮滿版	1923-11-17	02단	豆滿江架橋解決は誤聞では無いか /弓削鐵道部長談
112965	鮮滿版	1923-11-17	02단	金剛山(２６)/震災地へ
112966	鮮滿版	1923-11-17	03단	鮮鐵より
112967	鮮滿版	1923-11-17	03단	逐鹿漫話
112968	鮮滿版	1923-11-17	04단	各地より(全州より/咸興より/光州より)

일련번호	판명	간행일	단수	기사명
112969	鮮滿版	1923-11-17	04단	學校勤續表彰
112970	鮮滿版	1923-11-17	05단	東三省內の匪賊討伐
112971	鮮滿版	1923-11-17	05단	釜中生の軍隊生活見學
112972	鮮滿版	1923-11-17	05단	釜山通過外人
112973	鮮滿版	1923-11-17	05단	生徒副業補助
112974	鮮滿版	1923-11-17	05단	元山署の活動/學校建築不正事件か
112975	鮮滿版	1923-11-17	06단	唱歌會計劃
112976	鮮滿版	1923-11-17	06단	運動界(競技聯合成績)
112977	鮮滿版	1923-11-17	06단	人(赤羽滿鐵知事)
112978	鮮滿版	1923-11-18	01단	詔書を拜して齋藤總督語る
112979	鮮滿版	1923-11-18	01단	完成した淸津大埋築
112980	鮮滿版	1923-11-18	01단	朝鮮私鐵會社新設に就て/賀田殖鐵事務談
112981	鮮滿版	1923-11-18	02단	震災地へ輸送の木材/總價格百萬圓
112982	鮮滿版	1923-11-18	02단	平壤商議選擧權問題
112983	鮮滿版	1923-11-18	02단	私鐵合同報告總會
112984	鮮滿版	1923-11-18	03단	普通校にも複式敎授許可
112985	鮮滿版	1923-11-18	03단	咸鏡線工事豫算の都合で中止
112986	鮮滿版	1923-11-18	03단	長城叺製造進步
112987	鮮滿版	1923-11-18	03단	移管昇格の釜山府立病院實現は延期か
112988	鮮滿版	1923-11-18	04단	元山金融狀況
112989	鮮滿版	1923-11-18	04단	京鐵局貨動高
112990	鮮滿版	1923-11-18	04단	會社銀行(金剛山鐵道總會)
112991	鮮滿版	1923-11-18	04단	各地より(木浦より/咸興より/光州より)
112992	鮮滿版	1923-11-18	05단	御成婚記念と大運動場
112993	鮮滿版	1923-11-18	05단	平北道廳移轉と祝賀
112994	鮮滿版	1923-11-18	05단	平壤附近の古墳發掘
112995	鮮滿版	1923-11-18	05단	不正商人のため平壤栗移出檢査の必要
112996	鮮滿版	1923-11-18	05단	女子高普生は職業に向ふ者が多い婚期が遲れるので
112997	鮮滿版	1923-11-18	06단	事業班出張
112998	鮮滿版	1923-11-18	06단	借地權公認取扱手續發布で府民の不安一掃
112999	鮮滿版	1923-11-18	06단	平壤の初雪
113000	鮮滿版	1923-11-18	06단	不逞團に襲はれて鮮人の移轉
113001	鮮滿版	1923-11-18	06단	人(井上新參謀長)
113002	鮮滿版	1923-11-20	01단	罹災民に同情せよ 各辯士の熱辯に聽衆感動す 京城婦人聯合會總會/地震に就て 池田工學士婦人/大震災の跡を見て 總督府 矢島社會課長/歐米に於ける婦人の活動 京城第一高女相川敎諭

일련번호	판명	간행일	단수	기사명
113003	鮮滿版	1923-11-20	04단	遺族等が遺産提供を肯ぜぬ韓鎭達財團/遺族を取卷く策士連と當局の眠
113004	鮮滿版	1923-11-20	04단	朝鮮財界と手形交換高
113005	鮮滿版	1923-11-20	04단	在滿領事會議廿日より三日間
113006	鮮滿版	1923-11-20	05단	羅南面議候補
113007	鮮滿版	1923-11-20	05단	羅南協議選擧と候補者の申合せ
113008	鮮滿版	1923-11-20	05단	海州面議改選/內地人側無競爭
113009	鮮滿版	1923-11-20	06단	鮮鐵だより
113010	鮮滿版	1923-11-20	06단	咸北の特産品式賣會內地で開催
113011	鮮滿版	1923-11-20	06단	支郡官憲に逮捕された不逞團
113012	鮮滿版	1923-11-20	06단	海州の雪
113013	鮮滿版	1923-11-20	06단	競技聯盟規約
113014	鮮滿版	1923-11-21	01단	四百の少女童の感激に光輝ある復興へ 京城婦人聯合大會第二日/婦人大會餘滴 第二日
113015	鮮滿版	1923-11-21	02단	産米輸移出額
113016	鮮滿版	1923-11-21	02단	海州慈惠醫院工事
113017	鮮滿版	1923-11-21	03단	金泉面長辭職と後任問題
113018	鮮滿版	1923-11-21	03단	京城驛新築は明後年迄繰延か
113019	鮮滿版	1923-11-21	03단	對岸の經濟調査を淸津府の試み
113020	鮮滿版	1923-11-21	04단	東淸線本冬の伐木狀況
113021	鮮滿版	1923-11-21	04단	流筏作業終る
113022	鮮滿版	1923-11-21	04단	各地より(咸興より)
113023	鮮滿版	1923-11-21	04단	平安南道の物陳經營に就て丹羽勸業課長談
113024	鮮滿版	1923-11-21	05단	淸津鮮婦人生活改善と覺醒
113025	鮮滿版	1923-11-21	05단	郵貯デー全郵便局一齊に貯金の勸誘
113026	鮮滿版	1923-11-21	05단	大邱府の水産物と蔬菜需要供給狀況
113027	鮮滿版	1923-11-21	05단	震災とホテルの不況
113028	鮮滿版	1923-11-21	05단	淸津から茂山へ自動車直通
113029	鮮滿版	1923-11-21	06단	立退を迫られる安東舊街の邦商
113030	鮮滿版	1923-11-21	06단	益擴大する學校建築不正事件
113031	鮮滿版	1923-11-21	06단	馬賊團の對抗鮮人が原因
113032	鮮滿版	1923-11-21	06단	釜山の初霜
113033	鮮滿版	1923-11-21	06단	慶北廳對全北道友
113034	鮮滿版	1923-11-22	01단	同胞 救濟學藝會滿堂唯感激に醉ふ/婦人大會第三日(學藝會一部/學藝會二部)
113035	鮮滿版	1923-11-22	02단	婦人大會餘滴/第三日
113036	鮮滿版	1923-11-22	03단	朝鮮事情宣傳は大成功/丸山警務局長談

일련번호	판명	간행일	단수	기사명
113037	鮮滿版	1923-11-22	03단	平壤商議會頭候補土木協會活躍す
113038	鮮滿版	1923-11-22	04단	各地協議當選(金泉/羅南/木浦/會寧/大邱/清津)
113039	鮮滿版	1923-11-22	04단	馬山の事業計劃/寺島府尹歸談
113040	鮮滿版	1923-11-22	05단	別に驚く事はない/釜山病院の移管期と消息通談
113041	鮮滿版	1923-11-22	05단	各地より(平壤より/咸興より)
113042	鮮滿版	1923-11-22	05단	飛行郵便の開設計劃
113043	鮮滿版	1923-11-22	06단	稅關の關係で安義間の汽動車運轉難
113044	鮮滿版	1923-11-22	06단	安東の午 報に音響機目下制作中
113045	鮮滿版	1923-11-22	06단	大邱府協議候補岡氏取調べらる
113046	鮮滿版	1923-11-22	06단	慶北評論社長判決
113047	鮮滿版	1923-11-22	06단	釜山の火事
113048	鮮滿版	1923-11-23	01단	明春の朝鮮財界豫想相當に景氣を持直すだらう
113049	鮮滿版	1923-11-23	01단	米の收納大遲延/天候不順で籾が乾かぬため
113050	鮮滿版	1923-11-23	01단	會社解散より新設が多い
113051	鮮滿版	1923-11-23	01단	釜山協議當選
113052	鮮滿版	1923-11-23	02단	晉州協議當選
113053	鮮滿版	1923-11-23	02단	各地面議當選(大田/金泉)
113054	鮮滿版	1923-11-23	02단	今春以來の間島穀物清津通過量
113055	鮮滿版	1923-11-23	03단	本道製造蠶種
113056	鮮滿版	1923-11-23	03단	朝鮮內地貿易
113057	鮮滿版	1923-11-23	03단	十月組銀成績
113058	鮮滿版	1923-11-23	03단	全南落山處分
113059	鮮滿版	1923-11-23	04단	各地より(平壤より/咸興より/光州より)
113060	鮮滿版	1923-11-23	04단	鐵橋下に公園施設平安南道で行ふ
113061	鮮滿版	1923-11-23	04단	殖えて來た女子遊 學生/女中志願も現はる
113062	鮮滿版	1923-11-23	05단	朝鮮警察官の服制が變る/巡査の佩劍其他
113063	鮮滿版	1923-11-23	05단	物陳開所式/總督も臨場
113064	鮮滿版	1923-11-23	05단	平壤で飛行機制作
113065	鮮滿版	1923-11-23	05단	康津郡民陳情
113066	鮮滿版	1923-11-23	05단	清津の穀物商安堵の胸をさする
113067	鮮滿版	1923-11-23	05단	火田民の取締/四百餘戶を取毀つ
113068	鮮滿版	1923-11-23	06단	全南醫院と患者
113069	鮮滿版	1923-11-23	06단	北鮮電線故障/降雪の爲めか頻出
113070	鮮滿版	1923-11-23	06단	東邊道尹から不逞取締訓令
113071	鮮滿版	1923-11-23	06단	武裝 鮮人警官隊と交戰
113072	鮮滿版	1923-11-23	06단	釜山の猩紅熱
113073	鮮滿版	1923-11-23	06단	運動界(柔道爭覇戰とオリムピック大會)

일련번호	판명	간행일	단수	기사명
113074	鮮滿版	1923-11-23	06단	人(延琿鎭守使丁超少將/中野咸北知事/鈴木間島總領事)
113075	鮮滿版	1923-11-24	01단	震災で復活した安義間の木材業者/併し油斷はならぬと實業家は語る
113076	鮮滿版	1923-11-24	01단	安東地方區委員選擧十二月一日施行
113077	鮮滿版	1923-11-24	01단	鮮米の差別撤廢
113078	鮮滿版	1923-11-24	01단	大邱商議役員當選/會頭は河井氏
113079	鮮滿版	1923-11-24	02단	大阪からの商値注文で木材商の結束崩れる
113080	鮮滿版	1923-11-24	02단	平壤府協議會議員當選/內鮮人各十名當選(鎭南浦/京城府)
113081	鮮滿版	1923-11-24	03단	元山協議當選
113082	鮮滿版	1923-11-24	03단	兼二浦面協議員選擧無效問題起る
113083	鮮滿版	1923-11-24	03단	領事會議諸件
113084	鮮滿版	1923-11-24	04단	東京芝浦へ豆滿江材輸送
113085	鮮滿版	1923-11-24	04단	對岸試賣會/淸津は海産物
113086	鮮滿版	1923-11-24	04단	棉花活氣豫想
113087	鮮滿版	1923-11-24	04단	各地より(咸興より)
113088	鮮滿版	1923-11-24	04단	長春の蓄妾令
113089	鮮滿版	1923-11-24	05단	上海航路問題/恩田朝郵專務は語る
113090	鮮滿版	1923-11-24	05단	平壤栗改良法
113091	鮮滿版	1923-11-24	05단	淸津稅關の棧橋を修理
113092	鮮滿版	1923-11-24	06단	優秀な製品を出す大邱刑務所
113093	鮮滿版	1923-11-24	06단	再擧の資金に白軍の艦船賣却
113094	鮮滿版	1923-11-24	06단	無免許で募金
113095	鮮滿版	1923-11-24	06단	半島茶話
113096	鮮滿版	1923-11-25	01단	*議員當選(馬山/鎭海/新義州/水原/木浦)/協議當選辭職*
113097	鮮滿版	1923-11-25	01단	先頃竣成した龍井村站
113098	鮮滿版	1923-11-25	02단	牧師や教師に諒解を求む平安南道の新計劃
113099	鮮滿版	1923-11-25	02단	新義州郵便局愈移轉
113100	鮮滿版	1923-11-25	03단	仁川に飛行學校設立に內定
113101	鮮滿版	1923-11-25	03단	在滿領事會議に就て某氏談
113102	鮮滿版	1923-11-25	04단	道評議會招 集
113103	鮮滿版	1923-11-25	04단	殖銀の債券發行
113104	鮮滿版	1923-11-25	04단	金剛電の發電明年六月迄延期
113105	鮮滿版	1923-11-25	04단	鮮鐵融通金
113106	鮮滿版	1923-11-25	04단	安東柞蠶絲況
113107	鮮滿版	1923-11-25	04단	殖銀部長異動
113108	鮮滿版	1923-11-25	04단	岸上技師榮轉
113109	鮮滿版	1923-11-25	04단	各地より(咸興より)

일련번호	판명	간행일	단수	기사명
113110	鮮滿版	1923-11-25	05단	得る所が多かった婦人大會學務當局語る
113111	鮮滿版	1923-11-25	05단	不逞漢の來襲一喝して走らす
113112	鮮滿版	1923-11-25	05단	總督府感化院多分十二月一日
113113	鮮滿版	1923-11-25	06단	開通祝賀會
113114	鮮滿版	1923-11-25	06단	拂戻は預入店だけに改めた殖銀
113115	鮮滿版	1923-11-25	06단	古錢 發掘
113116	鮮滿版	1923-11-25	06단	艦舶 賣却に奔走中の白軍
113117	鮮滿版	1923-11-25	06단	自動車橋上から墜落乘客重輕傷
113118	鮮滿版	1923-11-25	06단	半島茶話
113119	鮮滿版	1923-11-27	01단	緊縮豫算ながら事業費に重きを置く米田平安南道知事談
113120	鮮滿版	1923-11-27	02단	財務監督局と財務署設置財務機關統一
113121	鮮滿版	1923-11-27	02단	何等の收穫も無かった/在滿領事會議と某列席者談
113122	鮮滿版	1923-11-27	03단	開始の準備は出來てゐる/上海釜山航路恩田朝郵專務談
113123	鮮滿版	1923-11-27	03단	製材活況と原木難
113124	鮮滿版	1923-11-27	04단	無資格者當選で大田面議選擧問題起る
113125	鮮滿版	1923-11-27	04단	伏木、敦賀への兩橫斷航路と其の成績
113126	鮮滿版	1923-11-27	04단	米檢規定改正と米生産費減少
113127	鮮滿獎	1923-11-27	04단	納稅貯金勸獎
113128	鮮滿版	1923-11-27	04단	今年は滯貨無し
113129	鮮滿版	1923-11-27	04단	各地より(咸興より/馬山より)
113130	鮮滿版	1923-11-27	05단	內地人も殖えた傳習生應募者
113131	鮮滿版	1923-11-27	05단	終航作業終る
113132	鮮滿版	1923-11-27	05단	新義州局移轉
113133	鮮滿版	1923-11-27	06단	不景氣で不逞團の窮狀
113134	鮮滿版	1923-11-27	06단	屋根裏から爆彈其筋に捕はる
113135	鮮滿版	1923-11-27	06단	愚民を欺いて捕はる
113136	鮮滿版	1923-11-27	06단	運動界(滿洲軍大勝)
113137	鮮滿版	1923-11-27	06단	半島茶話
113138	鮮滿版	1923-11-28	01단	東洋一と稱せらるゝ大同橋の竣工に際して建設技師本間德雄氏語る/大同橋架橋を完成せしめた土木部大同江出張所長本間德雄氏
113139	鮮滿版	1923-11-28	01단	臺灣瑣言
113140	鮮滿版	1923-11-28	02단	朝鮮對外貿易
113141	鮮滿版	1923-11-28	02단	光州刑務所製紙
113142	鮮滿版	1923-11-28	02단	鐵道新線踏査
113143	鮮滿版	1923-11-28	02단	姬 鱒放流成功か
113144	鮮滿版	1923-11-28	03단	商普學校設立

일련번호	판명	간행일	단수	기사명
113145	鮮滿版	1923-11-28	03단	各地より(咸興より/光州より)
113146	鮮滿版	1923-11-28	04단	朝鮮の自動車可なり發達
113147	鮮滿版	1923-11-28	04단	朝鮮オリムピック活動寫眞
113148	鮮滿版	1923-11-28	05단	女學生と學校當局の喧嘩沙汰/平壤崇義校の紛擾
113149	鮮滿版	1923-11-28	05단	鴨綠江の氷上自動車經營出願
113150	鮮滿版	1923-11-28	05단	侍天教徒を天道教に勸誘
113151	鮮滿版	1923-11-28	05단	半島茶話
113152	鮮滿版	1923-11-29		缺號
113153	鮮滿版	1923-11-30	01단	陸大を御優等で御卒業の李王世子殿下
113154	鮮滿版	1923-11-30	01단	各省大臣共に朝鮮開發に盡力する旨言明す/東上中の代表者等歸談
113155	鮮滿版	1923-11-30	01단	商議聯合會上京委員活動/德野平壤商議書記長談
113156	鮮滿版	1923-11-30	02단	浦潮港商船出入規定改定
113157	鮮滿版	1923-11-30	02단	元山穀物市場善後策協議
113158	鮮滿版	1923-11-30	02단	天圖輕鐵成績
113159	鮮滿版	1923-11-30	03단	淸津の牛市二十八日開始
113160	鮮滿版	1923-11-30	03단	東拓支店收入
113161	鮮滿版	1923-11-30	03단	各地より(平壤より/咸興より/鎭南浦より/木浦より/龍山より/光州より)
113162	鮮滿版	1923-11-30	03단	鮮 滿對抗劍道大會に滿洲軍柴田武人氏 と朝鮮軍手島純一氏との試合
113163	鮮滿版	1923-11-30	05단	京城に公普學校新設擴張の必要
113164	鮮滿版	1923-11-30	05단	築港休止に驚いて淸津府民の蹶起/府民大會
113165	鮮滿版	1923-11-30	05단	納稅貯金組合設立獎勵
113166	鮮滿版	1923-11-30	05단	徵兵令記念日
113167	鮮滿版	1923-11-30	06단	鮮外不逞者の對策變る
113168	鮮滿版	1923-11-30	06단	半島茶話

1923년 12월 (선만판)

일련번호	판명	간행일	단수	기사명
113169	鮮滿版	1923-12-01	01단	朝鮮帝國大學十五年度より京城に設置
113170	鮮滿版	1923-12-01	01단	釜山病院の昇格が遅れるので頭痛鉢巻の小西府尹
113171	鮮滿版	1923-12-01	01단	支那馬車活躍と運輸業者の事業難
113172	鮮滿版	1923-12-01	01단	臺灣瑣言
113173	鮮滿版	1923-12-01	02단	新稅務制度/井上總督府稅務課長談
113174	鮮滿版	1923-12-01	03단	朝鮮金融界
113175	鮮滿版	1923-12-01	03단	各地より(光州より)
113176	鮮滿版	1923-12-01	03단	鎮南浦の商圈擴張策/米田平南道知事談
113177	鮮滿版	1923-12-01	04단	平北廳移廳式/八日擧行
113178	鮮滿版	1923-12-01	04단	埋立地で咸北博覽會
113179	鮮滿版	1923-12-01	04단	鮮滿對抗劍道大會
113180	鮮滿版	1923-12-01	05단	米價昂騰で商店好況
113181	鮮滿版	1923-12-01	05단	漁郎端燈臺成る
113182	鮮滿版	1923-12-01	05단	苹果賣行良好
113183	鮮滿版	1923-12-01	05단	京城の物價
113184	鮮滿版	1923-12-01	06단	統義府員強請して捕はる
113185	鮮滿版	1923-12-01	06단	ボストンより
113186	鮮滿版	1923-12-01	06단	管理者に慰勞金
113187	鮮滿版	1923-12-01	06단	會(開館記念音樂會/柳氏講演/火星座素演會)
113188	鮮滿版	1923-12-01	06단	半島茶話
113189	鮮滿版	1923-12-02	01단	內鮮間の電信連絡無線電信の擴張もやる/山本監理課長談
113190	鮮滿版	1923-12-02	01단	創設委員大學創設/一種の特色ある大學にしたい　有吉政務總監談
113191	鮮滿版	1923-12-02	01단	全南鐵道踏査
113192	鮮滿版	1923-12-02	01단	朝鮮の學校組合增加と一戶當り賦課額
113193	鮮滿版	1923-12-02	02단	全南筵移出
113194	鮮滿版	1923-12-02	02단	流筏作業終了
113195	鮮滿版	1923-12-02	02단	陸棉高と綿打屋の不況
113196	鮮滿版	1923-12-02	02단	各地より(全州より)
113197	鮮滿版	1923-12-02	03단	南鐵一部開業と晉普州に及ぼす影響
113198	鮮滿版	1923-12-02	03단	平北道廳移轉式と各種の催し/移轉は三十日に行った
113199	鮮滿版	1923-12-02	03단	不逞團の被害莫大/守備隊撤退反對の陣情
113200	鮮滿版	1923-12-02	03단	朝鮮勞農大會加入者多し
113201	鮮滿版	1923-12-02	04단	康津莞島間汽船開港
113202	鮮滿版	1923-12-02	04단	龍中野外教練
113203	鮮滿版	1923-12-02	04단	陣馬賊頭目の歸順條件協定

일련번호	판명	간행일	단수	기사명
113204	鮮滿版	1923-12-02	04단	劍道大會雜感/東京對京都の爭
113205	鮮滿版	1923-12-02	05단	臺灣の陸上競技會/今次の全島大會を顧みて/臺灣體育協會陸上競技部長三卷俊夫氏談
113206	鮮滿版	1923-12-02	06단	半島茶話
113207	鮮滿版	1923-12-04	01단	零下十度の寒天に大同橋渡橋式を擧行/商品陳列所も開館す當日の平壤は人の波/商品陳列所落成式/全市に亘る祝賀氣分大美觀を添へた我社の祝賀ビラ
113208	鮮滿版	1923-12-04	02단	財務署設置運動
113209	鮮滿版	1923-12-04	03단	國稅免減/水害地に對する
113210	鮮滿版	1923-12-04	03단	平北道廳移轉す
113211	鮮滿版	1923-12-04	03단	用材鮮內需要は少かった
113212	鮮滿版	1923-12-04	04단	水利組合增加
113213	鮮滿版	1923-12-04	04단	金融組合成績
113214	鮮滿版	1923-12-04	04단	晉州運輸組合總會/增資存續に決定
113215	鮮滿版	1923-12-04	04단	殷盛を期待される大邱の藥令市/藥令市の起源
113216	鮮滿版	1923-12-04	04단	九州炭の移入と撫順炭の値下
113217	鮮滿版	1923-12-04	04단	國際的消費寄贈の運動
113218	鮮滿版	1923-12-04	05단	各地より(咸興より/寧古塔より)
113219	鮮滿版	1923-12-04	05단	五日開校の永興學校
113220	鮮滿版	1923-12-04	06단	石鑛を發掘
113221	鮮滿版	1923-12-04	06단	支那兵不穩
113222	鮮滿版	1923-12-04	06단	難破船で二名行方不明/一名助かる
113223	鮮滿版	1923-12-04	06단	羅南の雪
113224	鮮滿版	1923-12-04	06단	半島茶話
113225	鮮滿版	1923-12-05	01단	公債支辨事業として河川改修を實施する/齋藤總督談
113226	鮮滿版	1923-12-05	01단	三寒四溫(一)SPR/歲暮情景
113227	鮮滿版	1923-12-05	02단	平壤商議選擧結果/會頭級多數當選
113228	鮮滿版	1923-12-05	03단	朝鮮綿從業員にも警察權/附與行事の照會
113229	鮮滿版	1923-12-05	03단	宗教學校の盟休頻出と有吉總監談
113230	鮮滿版	1923-12-05	04단	寫眞說明/大同橋渡橋式
113231	鮮滿版	1923-12-05	04단	國境守備隊撤去延期
113232	鮮滿版	1923-12-05	05단	自動車合同成る
113233	鮮滿版	1923-12-05	05단	樓主側から規則改正の申請/倂し當局は儼然たる態度
113234	鮮滿版	1923-12-05	06단	運送船難破/三名死亡す
113235	鮮滿版	1923-12-05	06단	社會雜俎
113236	鮮滿版	1923-12-05	06단	人(有吉總監歸期)
113237	鮮滿版	1923-12-05	06단	半島茶話

일련번호	판명	간행일	단수	기사명
113238	鮮滿版	1923-12-06	01단	震災後鮮人に親しみが出來た/豫算は大體交涉纏まる/有吉政務總監談
113239	鮮滿版	1923-12-06	01단	三寒四溫(二)SPR/取消さぬ
113240	鮮滿版	1923-12-06	02단	慶北豫算/前年より減少
113241	鮮滿版	1923-12-06	03단	特別評議員任命
113242	鮮滿版	1923-12-06	03단	新安東驛長談
113243	鮮滿版	1923-12-06	03단	各地より(咸興より)
113244	鮮滿版	1923-12-06	04단	朝鮮感化院/開院式擧行
113245	鮮滿版	1923-12-06	04단	築港繼續に委員上京
113246	鮮滿版	1923-12-06	05단	道廳移轉の祝賀歌詞當選
113247	鮮滿版	1923-12-06	05단	大正公園グラウンドを純粹公園に運動家の反對
113248	鮮滿版	1923-12-06	05단	安義間列車增發と配給交涉
113249	鮮滿版	1923-12-06	05단	新義州局電話配線盤/着荷次第据附
113250	鮮滿版	1923-12-06	06단	內地密航と取締
113251	鮮滿版	1923-12-06	06단	警備船配置
113252	鮮滿版	1923-12-06	06단	凍死の魁
113253	鮮滿版	1923-12-06	06단	左側通行記念日
113254	鮮滿版	1923-12-06	06단	能率增進體操
113255	鮮滿版	1923-12-06	06단	運動界(マラソン)
113256	鮮滿版	1923-12-06	06단	人(中村主計監(朝鮮軍經理部長)/赤井小將(朝鮮軍參謀長))
113257	鮮滿版	1923-12-07	01단	京城商議當選
113258	鮮滿版	1923-12-07	01단	罹災民救助の副業奬勵/平南道の試み
113259	鮮滿版	1923-12-07	01단	三寒四溫(三)SPR/新聞觀
113260	鮮滿版	1923-12-07	02단	釜山病院新館の處置と當局の意見
113261	鮮滿版	1923-12-07	02단	全州專賣支局分工場閉塞につき大谷支局長談
113262	鮮滿版	1923-12-07	02단	朝鮮帝大豫科校舍完成
113263	鮮滿版	1923-12-07	03단	移出米と增加/朝郵の傭船
113264	鮮滿版	1923-12-07	03단	各地より(平壤より)
113265	鮮滿版	1923-12-07	04단	寫眞說明/八日移轉式を擧げる平北道廳新廳舍
113266	鮮滿版	1923-12-07	04단	村山警察部長の固い決心/藝、娼妓待遇向上訓令に抱主の反對
113267	鮮滿版	1923-12-07	05단	裁判に勝って致命傷を與へらる官憲と醫師の反目?
113268	鮮滿版	1923-12-07	06단	禁止區域に投錨の爭ひ
113269	鮮滿版	1923-12-07	06단	兩江結氷(大同江/圖們江)
113270	鮮滿版	1923-12-07	06단	半島茶話
113271	鮮滿版	1923-12-08	01단	山本首相朝鮮の爲め赤心を披瀝して語る/商議上京委員に對し

일련번호	판명	간행일	단수	기사명
113272	鮮滿版	1923-12-08	01단	水電調査一行語る
113273	鮮滿版	1923-12-08	01단	營林廠では集筏運筏の作業に取懸る
113274	鮮滿版	1923-12-08	02단	滿鐵朝鮮線旅客激減/不景氣の影響
113275	鮮滿版	1923-12-08	02단	兩殿下御近況
113276	鮮滿版	1923-12-08	03단	安東地方委員當選
113277	鮮滿版	1923-12-08	03단	鮮鐵總會延期と重役の私案
113278	鮮滿版	1923-12-08	03단	聯絡船調査/松尾門鐵運航課長語る
113279	鮮滿版	1923-12-08	03단	米豆取引所設置請願
113280	鮮滿版	1923-12-08	04단	統契改良講習
113281	鮮滿版	1923-12-08	04단	畜産と無盡/淸津に二會社
113282	鮮滿版	1923-12-08	04단	漁場設備要望
113283	鮮滿版	1923-12-08	04단	大豆出廻旺盛
113284	鮮滿版	1923-12-08	05단	全南道評議會
113285	鮮滿版	1923-12-08	05단	各地より(咸興より/大田より/釜山より)
113286	鮮滿版	1923-12-08	05단	大水害復興費百五十萬圓補助決定/西村殖産局長談
113287	鮮滿版	1923-12-08	05단	滿鮮電話聯絡問題/蒲原遞信局長談
113288	鮮滿版	1923-12-08	05단	學校へ五萬圓寄附
113289	鮮滿版	1923-12-08	06단	人(木村淸津府尹)
113290	鮮滿版	1923-12-08	06단	半島茶話
113291	鮮滿版	1923-12-09	01단	蒲團毛布代寄贈凍へる震災地同胞へ京城聯合婦人會より/京城婦人聯合會
113292	鮮滿版	1923-12-09	01단	大同江改修と分水運河計劃案/當局で目下調査中
113293	鮮滿版	1923-12-09	01단	三寒四溫(四)SPR/赤煉瓦
113294	鮮滿版	1923-12-09	03단	平安北道豫算
113295	鮮滿版	1923-12-09	03단	平壤府豫算編成/市區改正財源に腐心
113296	鮮滿版	1923-12-09	04단	盛な向學心高普校要求
113297	鮮滿版	1923-12-09	04단	棉市場問題
113298	鮮滿版	1923-12-09	04단	平北道廳移廳式/新義州未曾有の賑ひ
113299	鮮滿版	1923-12-09	05단	驛ホテルは今の處必要ない
113300	鮮滿版	1923-12-09	05단	各地より(平壤より)
113301	鮮滿版	1923-12-09	05단	府營運動場と交友俱樂部
113302	鮮滿版	1923-12-09	06단	玉體御平安を祈る
113303	鮮滿版	1923-12-09	06단	郵便貯金激增
113304	鮮滿版	1923-12-09	06단	無免許の妓生檢擧
113305	鮮滿版	1923-12-09	06단	不逞の放火掠奪
113306	鮮滿版	1923-12-09	06단	人(四元嘉平次、中村太郎左衛門、金基德(以上何れも咸北道評議員))

일련번호	판명	간행일	단수	기사명
113307	鮮滿版	1923-12-09	06단	半島茶話
113308	鮮滿版	1923-12-11	01단	鷄林財經/震災に蘇る朝鮮の生保
113309	鮮滿版	1923-12-11	01단	平安南道豫算/結局四萬五千圓增加
113310	鮮滿版	1923-12-11	01단	浦項洞の市區改正/先づ道幅を定む
113311	鮮滿版	1923-12-11	01단	出穀季節と咸北の各銀行
113312	鮮滿版	1923-12-11	01단	京城兩市場期限と中央市場考慮/府當局語る
113313	鮮滿版	1923-12-11	02단	鯖漁獲多し
113314	鮮滿版	1923-12-11	02단	煉炭販賣競爭
113315	鮮滿版	1923-12-11	02단	組銀不渡水形
113316	鮮滿版	1923-12-11	02단	各地より(平壤より/咸興より/大邱より)
113317	鮮滿版	1923-12-11	04단	朝鮮特産物の宣傳機關にしたい鮮米協會/西村殖産局長談
113318	鮮滿版	1923-12-11	04단	平壤電車更に延長計劃
113319	鮮滿版	1923-12-11	04단	國境一帶を戒嚴地として不逞者取締
113320	鮮滿版	1923-12-11	04단	憲兵撤退延期
113321	鮮滿版	1923-12-11	04단	元山穀物市場解散と會議所の立腹
113322	鮮滿版	1923-12-11	05단	東邊道尹王氏辭職經緯
113323	鮮滿版	1923-12-11	05단	滯納差押嚴重
113324	鮮滿版	1923-12-11	05단	被告人增加で囚人解放の噂ある支那監獄
113325	鮮滿版	1923-12-11	06단	平安北道移轉祝賀飛行
113326	鮮滿版	1923-12-11	06단	五十川の水減で江口漁民悲觀
113327	鮮滿版	1923-12-11	06단	社會雜俎
113328	鮮滿版	1923-12-11	06단	半島茶話
113329	鮮滿版	1923-12-12	01단	京城の小學校は無茶だ/六年生の如きは全課程を一學期に全部了へて居た/長野學務局長は斯う語る
113330	鮮滿版	1923-12-12	01단	瘠地を肥沃にする甛菜の品種改良實施/猪狩種苗場長談
113331	鮮滿版	1923-12-12	02단	京城歲末金融
113332	鮮滿版	1923-12-12	02단	慶北棉花活況
113333	鮮滿版	1923-12-12	03단	釜山駐在露國領事引揚ぐ
113334	鮮滿版	1923-12-12	03단	大邱貨物狀況
113335	鮮滿版	1923-12-12	03단	試賣會良好
113336	鮮滿版	1923-12-12	04단	清津港貿易高
113337	鮮滿版	1923-12-12	04단	京城組銀帳尻
113338	鮮滿版	1923-12-12	04단	各地より(安東縣より/咸興より/晉州より/清津より)
113339	鮮滿版	1923-12-12	04단	震災罹災者救濟の音樂活動寫眞大會/愛國婦人會大邱支部の催し
113340	鮮滿版	1923-12-12	04단	藥令市改善の振興會組織
113341	鮮滿版	1923-12-12	05단	京城府の獻上品

일련번호	판명	간행일	단수	기사명
113342	鮮滿版	1923-12-12	05단	電話不良と檢査
113343	鮮滿版	1923-12-12	06단	五十四年勤續の小使
113344	鮮滿版	1923-12-12	06단	珍案共進會
113345	鮮滿版	1923-12-12	06단	半島茶話
113346	鮮滿版	1923-12-13	01단	洪水被害による諸公課の減免に就て
113347	鮮滿版	1923-12-13	01단	地方長官會議
113348	鮮滿版	1923-12-13	01단	醫專增設は無根
113349	鮮滿版	1923-12-13	01단	花蓮港の大火と當局の應急處置
113350	鮮滿版	1923-12-13	01단	三寒四溫(五)SPR/總督と總監
113351	鮮滿版	1923-12-13	02단	宮川氏辭任/富田晉二氏當選
113352	鮮滿版	1923-12-13	02단	道路競進會
113353	鮮滿版	1923-12-13	02단	電氣事業發達
113354	鮮滿版	1923-12-13	03단	金泉上水工事
113355	鮮滿版	1923-12-13	03단	浦項水道着工
113356	鮮滿版	1923-12-13	03단	咸北道の漁場數
113357	鮮滿版	1923-12-13	03단	渭原郡廳移轉
113358	鮮滿版	1923-12-13	04단	新義州死亡統計
113359	鮮滿版	1923-12-13	04단	警兵たより
113360	鮮滿版	1923-12-13	04단	各地より(鎭南浦より/大田より)
113361	鮮滿版	1923-12-13	04단	官憲閑話
113362	鮮滿版	1923-12-13	05단	國境守備撤退の延期發表/航空施設の計劃もある
113363	鮮滿版	1923-12-13	05단	小作農のない模範部落/吳明保氏の努力
113364	鮮滿版	1923-12-13	05단	閔庭植の寄附から紛擾
113365	鮮滿版	1923-12-13	06단	沙里院で面營の電燈
113366	鮮滿版	1923-12-13	06단	上海代表會議/二派に分裂粉糾
113367	鮮滿版	1923-12-13	06단	震災救助の意味で土地を貸すモ政府
113368	鮮滿版	1923-12-13	06단	發動機船沈沒/七名行方不明
113369	鮮滿版	1923-12-13	06단	會(詔書捧讀式)
113370	鮮滿版	1923-12-13	06단	人(赤井軍參謀長/中村軍經理部長)
113371	鮮滿版	1923-12-14	01단	電氣事業と調查會
113372	鮮滿版	1923-12-14	01단	專賣制度は矢張日本だ/高武專賣局事務官歸朝談
113373	鮮滿版	1923-12-14	01단	全南教育方針
113374	鮮滿版	1923-12-14	01단	最近の釜山/靑山生
113375	鮮滿版	1923-12-14	02단	北鮮畜産事業
113376	鮮滿版	1923-12-14	02단	鮮文時代日報
113377	鮮滿版	1923-12-14	02단	會社銀行(京取市場決算)
113378	鮮滿版	1923-12-14	02단	各地より(京城より/龍山より/光州より/雄基より)

일련번호	판명	간행일	단수	기사명
113379	鮮滿版	1923-12-14	03단	三萬の家産を學校に寄附/老寡婦の篤行と之れを見習ふ篤志家續出
113380	鮮滿版	1923-12-14	04단	細川農場小作法改定
113381	鮮滿版	1923-12-14	05단	漢江餘滴
113382	鮮滿版	1923-12-14	05단	無粹な券番取締
113383	鮮滿版	1923-12-14	06단	統義府と自治體
113384	鮮滿版	1923-12-14	06단	普天教支部設置
113385	鮮滿版	1923-12-14	06단	社會雜俎
113386	鮮滿版	1923-12-15	01단	震災の影響から朝鮮海運界活況
113387	鮮滿版	1923-12-15	01단	大邱水道擴張認可近し/松井府尹歸談
113388	鮮滿版	1923-12-15	01단	朝鮮の綿布萎靡
113389	鮮滿版	1923-12-15	01단	鷄林財經/發祥の地を忘れた東拓
113390	鮮滿版	1923-12-15	02단	有望な海苔養殖
113391	鮮滿版	1923-12-15	02단	元山京城の二個所のみになった朝鮮の領事館
113392	鮮滿版	1923-12-15	03단	京城商議役員決定
113393	鮮滿版	1923-12-15	03단	平壤商議役員選擧結果/會頭は大橋恒藏氏
113394	鮮滿版	1923-12-15	03단	醫大豫科募集人員と教授の銓衡
113395	鮮滿版	1923-12-15	03단	朝鮮憲兵の縮小は何うなる? /司令官歸任で決定
113396	鮮滿版	1923-12-15	04단	朝鮮の軍隊には貧乏人が多い/近く此の調査開始
113397	鮮滿版	1923-12-15	04단	恩賜授産事業と京城機業場廢止
113398	鮮滿版	1923-12-15	04단	百萬圓の減收で急行列車廢止/安東鐵道局長談
113399	鮮滿版	1923-12-15	05단	電氣事業と震災の影響
113400	鮮滿版	1923-12-15	05단	一山水利資金
113401	鮮滿版	1923-12-15	05단	會社銀行(私鐵臨時總會)
113402	鮮滿版	1923-12-15	05단	咸興より
113403	鮮滿版	1923-12-15	05단	食鹽需要增加と輸入多額に上らん
113404	鮮滿版	1923-12-15	06단	漆谷郡の白衣改善實行
113405	鮮滿版	1923-12-15	06단	義勇團の掠奪
113406	鮮滿版	1923-12-15	06단	櫻溪閑話
113407	鮮滿版	1923-12-15	06단	釜山の强盗逮捕
113408	鮮滿版	1923-12-15	06단	半島茶話
113409	鮮滿版	1923-12-16	01단	群山の埋立地へ內地人移住計劃につき計劃者藤井釜山興業會社社長語る
113410	鮮滿版	1923-12-16	01단	平安北道豫算
113411	鮮滿版	1923-12-16	01단	平南道評議會
113412	鮮滿版	1923-12-16	02단	平北道評議會
113413	鮮滿版	1923-12-16	02단	新義州金融談

일련번호	판명	간행일	단수	기사명
113414	鮮滿版	1923-12-16	03단	整理人員賣込み
113415	鮮滿版	1923-12-16	03단	私鐵朝鮮の社債
113416	鮮滿版	1923-12-16	03단	南大門市場況
113417	鮮滿版	1923-12-16	03단	順天電氣計劃
113418	鮮滿版	1923-12-16	03단	各地より(釜山より)
113419	鮮滿版	1923-12-16	03단	三等乗客に優遇の設備
113420	鮮滿版	1923-12-16	04단	猛火を冒して二人を救った鮮人/道當局から表彰されん
113421	鮮滿版	1923-12-16	04단	棉花共販苦情
113422	鮮滿版	1923-12-16	05단	新潟縣の試験船歸る
113423	鮮滿版	1923-12-16	05단	窮地に陷った各地の不逞團
113424	鮮滿版	1923-12-16	05단	地主尻を捲くる
113425	鮮滿版	1923-12-16	05단	共謀して保險金詐取
113426	鮮滿版	1923-12-16	05단	漢江餘滴
113427	鮮滿版	1923-12-16	06단	密航者の主義宣傳
113428	鮮滿版	1923-12-16	06단	社會雜俎
113429	鮮滿版	1923-12-16	06단	半島茶話
113430	鮮滿版	1923-12-18	01단	安東に柞蠶協會を組織して斯業發展計劃
113431	鮮滿版	1923-12-18	01단	生産工業發達と資金增加
113432	鮮滿版	1923-12-18	01단	安東材の新販路
113433	鮮滿版	1923-12-18	01단	三寒四溫(六)SPR/老獪と神の子
113434	鮮滿版	1923-12-18	02단	木煉瓦/今後も相當需要があらう
113435	鮮滿版	1923-12-18	03단	更に殖銀の社債
113436	鮮滿版	1923-12-18	03단	大邱農校昇格と修業年限延長
113437	鮮滿版	1923-12-18	04단	刑務所の製品需要增加
113438	鮮滿版	1923-12-18	04단	不逞團に拉去された鮮人の數奇な運命/脱出を企て＞成らず
113439	鮮滿版	1923-12-18	05단	大邱の銀行帳尻
113440	鮮滿版	1923-12-18	06단	年賀狀特別取扱ひ廢止は可/釜山局長談
113441	鮮滿版	1923-12-18	06단	新政府の紙幣普及
113442	鮮滿版	1923-12-18	06단	李承晩浦潮で企圖
113443	鮮滿版	1923-12-18	06단	半島茶話
113444	鮮滿版	1923-12-19	01단	鷄林財經/船舶と近海に惱む朝郵
113445	鮮滿版	1923-12-19	01단	道慈惠病院昇格實現か
113446	鮮滿版	1923-12-19	01단	慶南道評議會
113447	鮮滿版	1923-12-19	01단	新義州木材業者のシンヂケート組織協議
113448	鮮滿版	1923-12-19	01단	火災保險の爭奪戰激甚
113449	鮮滿版	1923-12-19	02단	旺盛な晉州市況

일련번호	판명	간행일	단수	기사명
113450	鮮滿版	1923-12-19	02단	北鮮水産會業績
113451	鮮滿版	1923-12-19	02단	各地より(釜山より/木浦より)
113452	鮮滿版	1923-12-19	02단	龍山村のぞ記
113453	鮮滿版	1923-12-19	03단	口頭願届が出來る/京畿道の實施
113454	鮮滿版	1923-12-19	04단	清津の最近戶口
113455	鮮滿版	1923-12-19	04단	匪賊取締交涉/總督府から安東領事館へ
113456	鮮滿版	1923-12-19	04단	大馬賊團討伐/官兵と接戰
113457	鮮滿版	1923-12-19	04단	社宅をアカツキ村に
113458	鮮滿版	1923-12-19	05단	在外不逞團增加と警戒
113459	鮮滿版	1923-12-19	05단	美術界
113460	鮮滿版	1923-12-19	05단	道民大會監視
113461	鮮滿版	1923-12-19	05단	社會雜俎
113462	鮮滿版	1923-12-19	06단	ボーナスは?
113463	鮮滿版	1923-12-19	06단	半島茶話
113464	鮮滿版	1923-12-20	01단	入學試驗問題の程度を低くし豫習の弊を無くする
113465	鮮滿版	1923-12-20	01단	平北の柞蠶研究所/大に獎勵を圖る
113466	鮮滿版	1923-12-20	01단	鷄林財經/殖銀令改正/東拓と殖銀
113467	鮮滿版	1923-12-20	02단	慶北道評議會
113468	鮮滿版	1923-12-20	02단	平南道評議會で工業共進質問と丹羽勸業課長の答辯
113469	鮮滿版	1923-12-20	02단	咸北特産品內地試賣會成績頗る良好
113470	鮮滿版	1923-12-20	03단	安東歲末金融
113471	鮮滿版	1923-12-20	04단	天馬山麓の埋立公費五萬二百圓
113472	鮮滿版	1923-12-20	04단	安東に官銀號分行/安東財界の影響
113473	鮮滿版	1923-12-20	04단	朝鮮郵貯增加
113474	鮮滿版	1923-12-20	05단	元山金融狀況
113475	鮮滿版	1923-12-20	05단	東拓支店貸附高
113476	鮮滿版	1923-12-20	05단	櫻溪より
113477	鮮滿版	1923-12-20	05단	滯貨の恐れと金融難
113478	鮮滿版	1923-12-20	05단	米價高で出廻殷賑
113479	鮮滿版	1923-12-20	06단	日貨排斥失敗から朝鮮銀行に課稅する勞農政府
113480	鮮滿版	1923-12-20	06단	莫斯科から哈爾賓入の朝鮮女と警戒
113481	鮮滿版	1923-12-20	06단	贈答や賀狀廢止
113482	鮮滿版	1923-12-20	06단	半島茶話
113483	鮮滿版	1923-12-21	01단	安東木材活況今春に比し三割の昂騰原木補充に頭を惱ます
113484	鮮滿版	1923-12-21	01단	奉天省の銀行整理/辨法決定す
113485	鮮滿版	1923-12-21	01단	京城下水支線
113486	鮮滿版	1923-12-21	01단	和田財務局長談

일련번호	판명	간행일	단수	기사명
113487	鮮滿版	1923-12-21	02단	各國に於ける朝鮮關係談
113488	鮮滿版	1923-12-21	02단	三寒四溫(七)SPR/牧山代議士
113489	鮮滿版	1923-12-21	03단	釜山貿易狀況
113490	鮮滿版	1923-12-21	04단	北支貿易好況
113491	鮮滿版	1923-12-21	04단	京城歲末金融
113492	鮮滿版	1923-12-21	04단	各地より(京城より/元山より)
113493	鮮滿版	1923-12-21	05단	米人京營の平壤盲啞學校/悉く給費生
113494	鮮滿版	1923-12-21	05단	滿鮮線の貨物制限/貨物激增緩和の爲
113495	鮮滿版	1923-12-21	06단	鮮人の公娼廢止運動
113496	鮮滿版	1923-12-21	06단	歲晩寸話/牧田軍醫總監
113497	鮮滿版	1923-12-21	06단	半島茶話
113498	鮮滿版	1923-12-22	01단	漸次拂下を出願する營林廠所管林野立木
113499	鮮滿版	1923-12-22	01단	朝鮮鐵道の震災打擊
113500	鮮滿版	1923-12-22	01단	鮮內の棉花增收/最も緊要事
113501	鮮滿版	1923-12-22	01단	三寒四溫(八)SPR/SPR病む
113502	鮮滿版	1923-12-22	02단	交通運輸港灣設備完成翹望
113503	鮮滿版	1923-12-22	02단	客月の橫斷貿易敦賀と伏木
113504	鮮滿版	1923-12-22	02단	煙草收入
113505	鮮滿版	1923-12-22	03단	破岩工事
113506	鮮滿版	1923-12-22	03단	歲晩寸話/赤井軍參謀長
113507	鮮滿版	1923-12-22	03단	鮮人參政權運動
113508	鮮滿版	1923-12-22	04단	簡單な最小限度の生活にも生に疲れぬ火田民/小田內囑託の調査談
113509	鮮滿版	1923-12-22	04단	安東驛貨車入換ヤード移轉か
113510	鮮滿版	1923-12-22	04단	平南の牛疫豫防/再流行の兆あるので
113511	鮮滿版	1923-12-22	05단	十二年の思ひ出(一)
113512	鮮滿版	1923-12-22	05단	社會雜俎
113513	鮮滿版	1923-12-22	05단	運動界(大會へ派遣/劍術競技大會)
113514	鮮滿版	1923-12-22	06단	半島茶話
113515	鮮滿版	1923-12-23	01단	三寒四溫(九)SPR/學醫士小林君
113516	鮮滿版	1923-12-23	01단	入學試驗廢止要求で中等學校長と小學校長の會見
113517	鮮滿版	1923-12-23	01단	本年中の朝鮮海運
113518	鮮滿版	1923-12-23	01단	寫眞說明/京城西大門に新設し二十日開所式を擧げた日本赤十字社朝鮮本部診療所總建坪百二十坪總公費九萬四千圓
113519	鮮滿版	1923-12-23	02단	波瀾のあった平南評議會終る/豫算修正意見も出た
113520	鮮滿版	1923-12-23	03단	問題の上海航路/恩田朝郵專務談

일련번호	판명	간행일	단수	기사명
113521	鮮滿版	1923-12-23	04단	朝鮮對內貿易
113522	鮮滿版	1923-12-23	04단	埋立府債總額
113523	鮮滿版	1923-12-23	04단	手押の輕鐵
113524	鮮滿版	1923-12-23	04단	歲晩寸話/上野軍參謀談
113525	鮮滿版	1923-12-23	05단	各地より(馬山より/京城より)
113526	鮮滿版	1923-12-23	05단	高文試驗に合格した李昌根君/朝鮮人では嚆矢
113527	鮮滿版	1923-12-23	06단	釜山の勞働宿泊所に町民が反對
113528	鮮滿版	1923-12-23	06단	社會雜俎
113529	鮮滿版	1923-12-23	06단	運動界(スケート大會/軍司令部劍術納會)
113530	鮮滿版	1923-12-23	06단	半島茶話
113531	鮮滿版	1923-12-25	01단	三寒四溫(十)SPR/火の車の音
113532	鮮滿版	1923-12-25	01단	朝鮮の各等道路と改修
113533	鮮滿版	1923-12-25	01단	朝鮮の水運調査
113534	鮮滿版	1923-12-25	01단	康津面民請願
113535	鮮滿版	1923-12-25	01단	限外發行增加
113536	鮮滿版	1923-12-25	02단	光州より
113537	鮮滿版	1923-12-25	02단	歲晩寸話/黑澤京鐵局次長
113538	鮮滿版	1923-12-25	02단	安東今後の發展
113539	鮮滿版	1923-12-25	03단	福釜間の無線電話好績
113540	鮮滿版	1923-12-25	04단	年賀狀は減少せん/特殊級は廢止
113541	鮮滿版	1923-12-25	04단	新義州局の臨時雇
113542	鮮滿版	1923-12-25	04단	鷄林財經/鮮銀移管と朝鮮の財界
113543	鮮滿版	1923-12-25	05단	震災が産んだ模範的の鮮人
113544	鮮滿版	1923-12-25	05단	光州小作爭議解決
113545	鮮滿版	1923-12-25	05단	十二年度の思ひ出(二)
113546	鮮滿版	1923-12-25	06단	運動界(鴨綠江の氷滑場設置/全鮮スケート大會)
113547	鮮滿版	1923-12-26	01단	本社主催全國大會優勝の榮譽に輝く甲陽軍/臺北俱樂部の招聘を受けて渡臺/新春を彩る野球試合
113548	鮮滿版	1923-12-26	01단	八千町步に亙る國有林拂下問題/地元民と中村組の競願
113549	鮮滿版	1923-12-26	01단	三寒四溫(十一)SPR/ザメンホフ博士
113550	鮮滿版	1923-12-26	02단	學生聯盟の震災義捐/京城婦人聯合會へ
113551	鮮滿版	1923-12-26	03단	歲末金融狀況/田中平安南道財務部長談
113552	鮮滿版	1923-12-26	03단	京城より
113553	鮮滿版	1923-12-26	04단	鷄林財經/補助金問題/私鐵と航路
113554	鮮滿版	1923-12-26	04단	鴨江凍る/鮮人の犧牲者
113555	鮮滿版	1923-12-26	05단	震災と藝術/岡車高級副官の話
113556	鮮滿版	1923-12-26	06단	歲晩寸話/菊池軍司令官談

일련번호	판명	간행일	단수	기사명
113557	鮮滿版	1923-12-26	06단	半島茶話
113558	鮮滿版	1923-12-27	01단	三寒四溫(十二)SPR/忘年會心理
113559	鮮滿版	1923-12-27	01단	逐年增加の朝鮮産米
113560	鮮滿版	1923-12-27	01단	咸北評議會
113561	鮮滿版	1923-12-27	01단	李王世子殿下御渡鮮
113562	鮮滿版	1923-12-27	02단	伐木と運材順調
113563	鮮滿版	1923-12-27	02단	鮮米出廻りと運輸船の競爭激甚が豫期される
113564	鮮滿版	1923-12-27	02단	馬山より
113565	鮮滿版	1923-12-27	03단	櫻溪閑話
113566	鮮滿版	1923-12-27	04단	國境不逞者の襲擊防禦
113567	鮮滿版	1923-12-27	04단	就職希望が減り需要者が增加/釜山の人事相談所
113568	鮮滿版	1923-12-27	05단	朝鮮の內地直航
113569	鮮滿版	1923-12-27	05단	滿洲獨立守備隊駐屯費の通過を望む安東市民
113570	鮮滿版	1923-12-27	05단	更に山陰各港に寄港を熱望/東朝鮮と表日本との連絡航路
113571	鮮滿版	1923-12-27	05단	全埠の醫師に再試驗命令から醫師が反對して罷業を爲し紛擾
113572	鮮滿版	1923-12-27	05단	十二年の思ひ出(四)
113573	鮮滿版	1923-12-27	06단	千四百の職工を解雇/燒失後の朝鮮紡
113574	鮮滿版	1923-12-27	06단	半島茶話
113575	鮮滿版	1923-12-28	01단	豫定哩數に達せぬ朝鮮の私鐵と其の原因
113576	鮮滿版	1923-12-28	01단	朝鮮新聞紙規則改正脫稿
113577	鮮滿版	1923-12-28	01단	不況であった本年の鴨綠江材
113578	鮮滿版	1923-12-28	01단	三寒四溫(十三)SPR/汎く官人に誨ふ
113579	鮮滿版	1923-12-28	02단	高普入學試驗
113580	鮮滿版	1923-12-28	02단	商業資金增大
113581	鮮滿版	1923-12-28	02단	明秋營業開始の咸鏡線區域
113582	鮮滿版	1923-12-28	02단	滿鐵圖書館の一個年を顧みて/林主任談
113583	鮮滿版	1923-12-28	03단	專賣局の淸津出張所
113584	鮮滿版	1923-12-28	03단	咸興より
113585	鮮滿版	1923-12-28	04단	十二年の思ひ出(五)
113586	鮮滿版	1923-12-28	04단	歲晩寸話/林滿鐵圖書館主任談
113587	鮮滿版	1923-12-28	05단	社會敎育に力を入れる今後の鄕校
113588	鮮滿版	1923-12-28	05단	鎭海海軍要港の一部開放
113589	鮮滿版	1923-12-28	05단	日支協同で不逞團討伐
113590	鮮滿版	1923-12-28	06단	龍山漫話
113591	鮮滿版	1923-12-28	06단	半島茶話

색인범례·색인

朝日新聞外地版 朝鮮版 기사명 색인 제3권 1922~1923
색 인 범 례

1. 본 색인은 朝日新聞 外地版 朝鮮朝日版 1922.01~1923.12의 기사명을 대상으로 하였다.

2. 인명, 조직명, 기관명, 정책 산업, 문화, 사회 등 당시의 시대상과 '제국 일본의 식민통치 현황'
   을 나타낸다고 판단한 단어를 색인어로 선정하였다.

3. 인명에는 ()로 직위를 병기하였다.
   예) 木下(博士)

4. 색인의 한자는 정자로 배열되어 있으며, 원문에 등장한 한자 또한 데이터베이스에 정자로 입력
   하였다. 단 일본식 이체자는 원문대로 입력하였다.

5. 배열은 한글 초성의 오름차순으로 하였다.

6. 히라가나와 가타카나 음을 한글 초성 오름차순으로 하였다.

7. 본 색인은 해당 단어가 포함된 기사의 일련번호를 표기하였다.
   동의어인 경우 아래와 같이 병기하여 일련번호를 추출하였다.
   예) 'アメリカ・米国'

색인에 들어갈 어휘를 선정하는 과정에서 아래 표에 나와 있는 어휘들을 모두 입력해서 검색했으
나 해당 어휘들은 본 권 기사명에는 없었다.

ㄱ	ㄴ	ㄷ	ㄹ	ㅁ	ㅂ	ㅅ
ガス	ニガリア	ダイナマイト	ラグビー	マーチン・マース	ヴァンクーヴァ	サーカス
ガソリン	ニグロ	ダイヤ	ラジオ・ラヂオ	マスク	バケツ	サイダー
ギャング	ニッポン	ダバオ	ラジオ體操	マッチ	バター	サイパン
グライダー	ニューギニア	ディゼル	ラトヴィヤ	まな鶴	バハイ教	サイベリア
ゴム靴統制組合	のぞみ	デマ	ラバウル	マニラ	ビアク島	サイレン
ゴルデンメロン	のり・海苔	デモクラシー	リパブリックP	マラリア	ビール	サラリーマン
ゴルフ場	喇叭	デング	四七サンダーボ	マラリヤ	ビタミン	サルムソン
價格指定	落膽	ドイツ・獨逸・獨	ルト	ミシン	ビルマ	サンフランシ
嘉納(副總裁)	洛東江	ドルニエ二一七	リンゴ	ミッションス	ビルマ獨立	スコ
歌壇	落磐	ド・ハヴィランド	ルーズヴェルト	クール	ブローム・ウ	シュヴァリエ
街頭	難産	モスキート	ルソン	ミンク	ント・フォス	しらくも
加藤灌覺	難波田春夫	茶道具	レオナルド・ダ・	メソジスト	ニニニ	スキーヤー
加藤神社	南滿重工業	多島海	ヴィンチ	メッサーシュ	ベルツ	スケート場
加藤完治	南坎	端溪硯	レニングラード	ミット二一〇	ボケ	ストーヴ
街路樹	南方語	壇君教	レプラ	モスクワ	ボタ山	ストライキ
加盟	南山公園	單級學校	レントゲン	モナヅ	ボヤ	スパイ
歌舞伎	南鮮試驗支場	丹毒	ローゼンシュ	モルヒネ	ボルドー	スペイン
袈裟	南洋在留者名簿	鍛鍊	トック	モンペ	薄荷	スポーツ
歌謠	南次郎・南(總督)	丹羽文雄	ロータリー	馬山放送局	半島建設隊員	スマトラ
家庭工場	納凉列車	團子事件	ロケット	摩雲領	半島鐵員	スレート
家庭用小祠	朗讀	唐米袋	ロシヤ	麻雀	半島勞務者	セメント
家庭園藝	浪人	當民國民學校	ロンドン	馬政	半島陸軍	セントロン
家庭援護	奈良	唐黍	療癩	摩天嶺	半島婦人	せんべい
家族手當	內務府	貸家業	落合英二	萬雷	半島人職員	セ將軍
家族制度	內務省殖産課・	大關嶺	莨作	滿蒙經營	半島壯丁檢査	ソ聯
榎倉省吾	內務省殖産課	大邱を中心として	旅客対策	滿蒙砂塵	半島出身	私の推薦書
佳話	內鮮同祖同根	大邱啓聖學校	旅客制限	滿蒙鐵道	半島學兵	司計局
脚本	內鮮同化策	大邱高女	麗水商議	滿洲開拓	半島海	四國
各地騷擾	內鮮相互認識	大邱府農民道場	列車追突	滿洲開拓村	反樞軸	寺內內閣
間島統治	內鮮人結婚	大邱婦人團體訓練	獵銃	滿洲國幣	反樞軸首腦部	寺內正毅・寺
間接稅引上	內鮮一體	指導者鍊成會	鈴木穆	滿洲大學	拔刀	內(總督)
簡捷	內野(旅團長)	大邱醫師會	勞務事務・勞務	滿洲事務局	發明	砂糖
感淚	內地送出勤勞者	大邱學兵	事務	滿洲事變・事變	發疹チフス	砂糖配給
感謝貯蓄	鍊成訓練所	大楠公顯彰運動	勞澤	萬項江	發疹窒扶斯	砂糖小賣配給
感謝會	內地進學熱	大楠公後	露貨	亡國民	拔荷	組合
鑑賞會	內地就職	大大阪の建設	亡國民	妄動團	發行稅	砂糖
監囚	內地通信	大道寺友山	妄動團	妄動學生	防空	砂糖配給
甘藷	內地行勞務者鍊	大都市	妄動學生	買鑛所	防空手帳	砂糖小賣配給
甘藷增産・甘藷增産	成所	大同江架橋	買鑛所	賣惜	防空用品	組合
監察院	耐乏史話	大同館	賣惜	麥酒	防空日	飼料
監察制度	女性部隊	大東亞	硫黃島	麥秋	防空戰訓	沙里阮・沙里院
甲子園	女人報國	大東亞文學	陸軍經理部	盲啞協會	防空必携	斯文會
甲種合格	女子勤勞動員	大東亞醫學大會	輪番制	盟休生	防空訓練	砂防事業所
甲種合格運動	女子挺身隊	大東亞戰	鯉	勉強	防毒面	司法界
江崎孝坪	女子靑年鍊成所	大東亞戰爭美術展	罹病	面財源	防疊	司法府
降雨量	女子特別鍊成所	大同銀行	李秉武	棉種	放送	司法部
岡部豊比古	女判任官	大同靑年會	梨本宮	綿布小賣商組合	放送局	司法省
江蘇	年金	大陸	理研	滅菌	邦樂	司法體制
姜宇奎	勞農政治	大陸科學研究所	理料系	明治天皇	方魚津	事變
橿原神宮	勞動共濟會	大陸調査	李朝	明治天皇聖蹟記	防衛	事變記念日
講和	勞動賃金・勞動	大陸行路	里村	念碑	防衛强化懇談	仕奉隊
凱歌	賃金	大麻	燐寸	牡丹江	會	仕奉隊强調運
皆勤競爭	勞動・勞働	大本營	林梅花	牡蠣	放擲	動
皆勤運動	鷺梁津	貸本屋	淋病・りん病		防諜	思想犯

概算	勞務	大祓式	臨濟禪師	毛髮報國	傍聽劵	司稅局
凱旋	勞務懇談會	大佛次郎	笠野	模範町	芳澤	寺院託兒所
改善葬禮基準	勞務關係打合會	大相撲	立正工業	母乳	排球	飼育獎勵
開城人蔘	勞務管理	大西教授		母子保健決戰生	配給米	寺子屋
開業醫	勞務動員	大神宮		活相談所	配給所	司掌
改葬	勞務援護	大臣賞		母子保健生活相	配給制	社稷壇
改訂	勞賃	大野綠一郎・大野		談所	配給座談會	砂塵
開井驛	綠肥	(總監)		模型機	配給指導委員會	寫眞家
改組	錄音機	大野李夫		模型機大會	俳壇	寫眞結婚式
開地	綠化	代燃車		牧島象二	排米	寺利令
芥川賞	籠球	大映		木本倉二	配屬將校	砂糖消費稅
學資給與生	農機具	大屋權平		牧野成定	排日黨	斯波義將
居昌	農談會	代用食		木曜特輯	排日運動	泗浦
乾繭	農林會社	代用品		木材生産責任制・	排日派	沙河鎭
乾繭場	農民鍊成	大日本體育會		木材生産責任制	培材學堂	辭護士
健馬報國運動	農民會社	大田工業		木材研究所	配電會社	思惑師
健民	農繁	大田商議所		木材統制方針	拜賀式	辭令
健民健兵	農繁期	貸切自動車		木造船	培花	山家城大總長
健民館	農本會	碓井忠平		木村謹治	背後地	山家総長
健民修鍊所	農産物責任額・	大正親睦會		木村秀政	白金、金銀の	産繭增産・産
健民施設	農産物責任額	大詔奉戴		木村毅	回收	繭增産
健民運動	農商工部	大衆		木炭	白豆	山梨半造・山
健兵	農商局	大津少年飛行兵學校		木浦高女	白頭山營林署	梨(總督)
健兵教育	農商務省	大狙獗		木浦女子商業實	白頭山節	山本洋一
健保	農商部	大川		修校	白頭山・長白山	山陽
建碑式	農商行政	大川周明		木浦放送局	白蔘	産業視察團
建設技術動員本部	聾啞	待避		木浦普通海員養	百姓	産業戰士・産
乞食大將	農業軍團	待避所		成所	白熱戰	業戰士
劫掠	農業技術修鍊	待避壕		木下(博士)	百日咳	産業組合
擊劍	農業技術員	待避訓練		蒙古	百貨店	産院計劃
鑢	農業技術員講習	大韓軍政署		蒙利	煩	山陰貯銀
繭絲	農業實踐員鍊成	大黑西松		苗代督勵週間	繁茂期	山椒
結成	農業增産本部・	德惠姬		武功勳章	繁榮期成會	山県伊三郎
缺食	農業增産本部	盜掘		無等山	繁榮促進策	殺菌劑
決戰	農業推進隊	陶器		武藤山治	繁華街	殺到
決戰教育	農業學校	都督府		無料注射	罰則	撒水
決戰商道座談會	農園	道立醫院		無尾翼機	氾濫	薩田
決戰生活	農銀・農業銀行	渡滿		武士道	琺瑯	撒布
決戰生活相談所	農地	賭博團		無線通信	琺瑯鐵器	森岡逸造
決戰詩抄	農地開發	渡邊幾治郎		務安	壁新聞	森耕二郎
決戰食	農地課長會議	渡船		無醫村	變改	三教
決戰貯蓄	農地交換	屠獸		無醫村醫療講習會	變造	三島
決戰造林運動	農地等管理令	屠獸場		舞台藝術	辯解	三浪津
決戰措置	農地營團	都市改良畫報		默禱	兵勞援護會	三菱鑛山
決戰下宗教対策	農村對策委員會	都市視察記		文科	兵營見學	三菱製鍊所
決戰行政	農閑期	都市住宅難		文明	兵營生活	三府
結核	雷鳴	稻熱病		文廟	丙種	杉山
結核檢診	腦溢血	屠牛		文房具統制會社	保健婦	森莊三郎
結核模範學校	腦脊髓膜炎	屠牛場		文部省推薦圖書	保健所	三中井百貨店
結核追放	漏電	桃源面		文部省推薦映畫	保健修鍊所	三浦梅園
結核追放委員會	能及狂言考	道議・道議會		文部省推薦映畫	保健綜合病院	商工局
結婚相談所	能樂堂	陶磁器		音盤文相賞	寶庫	商工團體
結婚式	能樂・能	搗精業		文相	報國	相談役
鯨	尼港	度支部		文展	報道	桑木(博士)
京畿道滑空訓練所		桃太郎		文學	報道班	桑苗

慶南決戰經濟實踐會		陶土		文化警察	報道部	常磐線
慶南鑛山聯盟		渡航制度		文化交驩	報道戰	商船校
慶南農務課		獨立黨員		文化團體	普成學校	商勢
慶南商報隊		獨立資金		文化宣傳	保育所	商業仕奉隊運動
慶南貯蓄協議會		獨領事館		文化宣傳運動	報奬金	商業査察
慶南總力聯盟		獨墺人		文化人	補助憲兵制	賞與
京大圖書館		獨逸文化硏究所		文化展	普通考試・普試	桑葉
敬禮		獨學者		文化政策	普通海員養成所	桑原八司(咸鏡
敬老會		篤行者表彰		物産共進會	覆面	北道長官)
経理		豚コレラ		物資交換所	服部靜夫	商議所
競賣		敦賀つるが		物資配給	福井式農法	商議員
警務部		突貫運動		物資輸送	福井信立	傷痍軍
警防團		東京工大		物資統制	福井英一郎	傷痍勇士
警報		東京新聞社		未開地	福川藤右衛門	相場
警保局		東京陸軍幼年校		米穀檢査	本居宣長	常置
景福宮		同光會		米供出	本屋	上海大韓民國
警部補試驗		東久邇宮妃		未端行政刷新	本田安次	政府
慶北農報靑年隊		棟梁		米談	奉告祭	上海鐵血團
慶北道總力聯盟		動脈注射		彌勒祭	奉納圍碁會	常會
慶北線		動物園		未亡人	奉德鐘	生理變調
慶北宗敎團體戰時報		東邊中學		米船	縫糸	生産決戰・生
國聯盟		東宝		美術館	奉佛式	産決戰
慶北海洋訓練道場		凍死者		米廉賣	奉仕精神	生産配給・生
京城経專		銅山		米英	鳳凰城	産配給
京城軍事援護授産所		東亞鑛泉		米英擊滅總蹶起	釜關	生産戰線・生
京城劇場		東洋語專		運動	釜關聯絡船	産戰線
京城武官府		東洋葉莨		米屋	婦女子	生産增强・生
京城師團		東洋銀行		米雜穀	不斷草	産增强
京城商議戰		東洋協會		尾佐竹猛	不動明王	生産責任制・
京城神社		東洋畫		美風	埠頭	生産責任制
京城演藝界		動員		民間信仰	浮浪癩	生田葵山
京城銀行		動員實施要綱		民力	浮浪人	生必物資配給
京城日報		同情金		民曆・民暦	府令	機構
京城製紙		東條		民事訴訟	俘虜	生擴推進會
鏡城朱乙		東郷		民俗	專門學校	生活覺書
京城護國神社		東郷平八郎		民心善導	釜山敎育會	生活救済
敬神敎育		同化政策		民心善導打合會	釜山國技館	生活相談所
景陽池		豆債券		敏腕家	釜山劇場	生活用品
敬語運動		痘禍		民籍	釜山南電	生活向上
競演		燈管競技		民籍法	釜山東別院	西瓜
耕牛確保		登錄稅		民族運動	釜山武官府	西歐
輕油		登錄制		蜜蠟	富山保	瑞氣山
慶典		登龍門		密輸團	釜山府配給課	緒方知三郎
經濟警察		燈料		密輸入	釜山府營旅客	瑞山
經濟警察相談所		藤原吉子		密輸取締り	案內所	徐相漢
經濟協會		藤原咲平		密植戰術	釜山府特別工	西鮮地方
經濟會		藤澤威雄		密釀	作隊	西洋畫
耕地開拓		藤澤桓夫		密陽郡	釜山府會	鼠疫
耕地擴張		燈火管制			釜山仕奉隊皆	署員活動
鷄ペスト					勤運動	敍任
鷄林週記					釜山商議選擧	西藏
啓上					釜山西部靑年	書評
係長					學校	敍勳
計畫					釜山運動場	釋迦佛
藁工品						石墨

高橋泰藏・高橋藏相				釜山音樂報國團	石井柏亭
高級料亭非常措置對策				釜山二中	石川理紀之助
高嶋米峰				釜山日婦	石炭消費規正
高島師團				釜山地方法院	石炭戰
高等工校				釜山遞信吏員	石炭節約熱管
高等教育				養成所	理期間
高等女學校				釜山通信	石灰岩
高良武久				釜山學校着護	鮮内食糧事情
高覵蔘				婦錬成會	鮮臺教育令
故李太王殿下				釜山學徒兵	鮮滿スケッチ
古物商				釜山港	鮮滿農林
高普・高等普通學校・				釜山海軍武官府	鮮滿視察記者團
高普學校				浮石寺	先物
高飛門				扶安	善尾島
考査				富安風生	船舶航行禁止
高砂				扶餘	區域
固城				扶餘神宮	船腹
高松宮				府尹郡守署長	先生志願者
高額所得者貯蓄組合				會議	鮮語講習會
膏雨				婦人部隊	鮮語獎勵
古蹟				婦人運動	船員感謝運動
高專				不作	船員援護運動
高宗				釜鐵	船員座談會
古川兼秀				釜遞局	鮮人罷業
高村光太郎				北極	宣傳工作
古海(中將)				北陸線	跣足
高興				北畠親房	仙台
谷口吉郎				北海道	扇風機
穀商大會				体力令	屑繭
滑空機				体錬料	鱈子
骨董品				分村	纖維
攻撃				奮鬪	聖駕
恐犬病				拂戻金	城大第三次探
工科系				不法行爲取締り	檢隊
空軍				佛像	成瀬仁藏
共同墓地				佛心會	城津放送局
共同增資				不穏童謠	税
公立中				拂入・拂込	世界の噂
空母				前落	世界大戰
工務官				非國民	税令
公務員				比島	洗面器
貢物紙				比島奉仕團	税務署
公民				比島進出	細民
公民館				沸騰	税引上げ
共民學校				肥料	税制改正
共産分子・共産分子				莨麻	細胞學
公説市場				非常措置	蛸
公設質屋				琵瑟山	疎開
共成會				匪賊團	疏開強化要綱
公訴				飛行兵	疎開者
空襲警報				氷庫	巢窟
工業藥品					小磯
工業朝鮮樹立					小磯國昭
工業化					少年兵
共榮圏					少年兵志願者

空屋					身體檢查
工員養成所					少年戰車校
工作機械					少年通信兵學校
工作兵					小溜池事業
工作兵徵募檢查					召募
公葬					消防機關
工場巡り					消防署
工場化					消費稅
供出					消費自肅
供託所					消費組合
空俵回收					召史
空閑地					小説
果物					小僧
課稅率					小兒麻痺
菓子					篠原(農務課長)
科學技術					小原(長官)
科學技術審議會					小原新
科學技術者登錄					燒夷彈
科學審議會					小井里
科學者					小竹無二庵
官公吏					溯航
官公署					召喚
觀光客					速藤元男
官紀					孫一派
關東都督府					松江
官令					松江鑛業實習
官立高專官制					學校
官民一體					松江吉行
觀兵式					送球
關保					松根油增産推
關釜連絡船					進會・松根油
官舍百戶					增産推進會
官鹽					宋秉畯
關屋					松本醫專
關屋學務局長					松前治策
官邸					松蛄蟖
官廳事務の簡捷化					松川
管轄					松炭
官憲・官憲					松炭油
鑛工業					手旗通信
廣瀨(事務官)					手內(聯隊長)
鑛物研究會					水道料金
鑛物增産・鑛物增産					水同市場
鑛夫					狩獵列車
光山					水雷艇
狂言					修了
鑛業家					水蔘
鑛業技術員					手榴彈
鑛業增産・鑛業增産					水利開墾
廣田潤一					水利灌漑
光州大和高女					水利組合聯合
光州東中					輪林港
光州東中學校					輸送力强化
光州病院					輸送事務所
光州府東本願寺					修身書

光州食糧報國隊					收用令
光州神社					穗積重遠
光州愛國班					守田勘彌
光州旭高女					受點
光州醫院					手紙
光州醫專					隨筆
光州中央國民學校					手荷物
掛金					數學
校歌					輸血
教科書調査會					輸血手帳
橋本關雪					輸血取締法
轎輿					手形僞造
教員養成所					受刑者
教育關係豫算審議部會					水戶學派
教育非常措置					殊勳
教育映畫會					肅淸
教育調査會					殉難
教材					巡査採用試驗
膠州灣					巡歷
教職員					巡演
交通公社					純益
交通局・鮮交局					純宗
交通宣傳					純增
交通輸送協力會					順川女農
交通協力會					順天鐵道事務所
交換臺					巡回修理
交換姬					巡回時局映畫會
救國學生軍					巡回映寫班
救急隊					巡回映畫
救急箱					巡回醫療團
救急藥					崇重
九德山					昇給
九龍浦					乘車禁止
久里浜/久里濱					詩歌
駒林榮太郎					時間給水
區役所					時局講習會
拘引					時局教育
拘引狀					時局特輯
購入券制度					市長
舊正月					市政
駒井卓					時差通勤
救濟院					施策
歐洲					屍體
九州アルプス					視賀
九州文學					食糧券
拘置監					食糧配給
救護隊					食糧營團
救護委員					食糧增産責任・
國境脫稅					食糧增産責任制
國立蠶業專門學校					食糧增産・
國文學					食糧增産
國民歌					殖民地
國民軍					殖産課・
國民勤勞報國協力令					殖産課
國民讀本					殖産鐵道

國民登錄					食肉
國民服					食肉配給組合
國民座右銘					植銀
國民徵用解說					薪
國民體操					新嘉坡
國民總力					新京城
國民特攻隊					新經濟體制
國民學校·國民校					神國
國民學校令					神宮參拜
國防献金					神武天皇祭
國防會館					臣民
國防訓練場					神父
國寶					身分證明
國史					身分證明書
國士					新嘗祭
國勢					神仙爐
國勢調査					信仰
國語講習					新映画評
國語劇脚本					新日本主義
國語力査察					新入學童募集
國語常用					神田(忠南警務
國語常用運動					部長)
國語生活					身體檢査
國語夜學會					薪炭
國語運動					神風
國語全解運動					神風特攻隊
國語指導者講習會					神學校
麴子					室鳩巣
國際密輸團					實馬檢査
國際辯護士大會					實業團體
國際聯盟·國際連盟					實業協會
菊池謙讓					失業會
國債貯金					実踐商業學校
國策					深堀佐市
國策協力					審查委員會
國策協力機關					瀋陽
局鐵					
國鉄·國鐵					
國澤(警務部長)					
國土計畫					
國土防衛					
國華					
國會					
君が代					
軍隊式敎化					
軍馬祈願祭					
郡部					
軍事保護院					
軍事扶助料					
軍需					
軍需鑛物生産責任制·					
軍需鑛物生産責任制					
軍需産業·軍需産業					
軍需生産美術展					
軍需生産責任制·軍					

需生産責任制					
軍需品					
軍需會社					
軍需會社法					
軍營					
軍用機					
軍用機資金					
軍用機献納					
軍援金品					
軍人援護の強調運動					
軍人援護會					
軍陣					
軍票					
堀内敬三					
宮崎高農					
宮本武蔵					
宮田重雄					
勧農					
勧農記念日					
權威					
勸酒歌					
拳銃彈藥					
權限委讓					
權化					
蕨					
蕨狩					
貴司山治					
歸省					
極東艦隊					
勤勞					
近藤賴己					
近藤儀一					
勤勞可能人員調査					
勤勞規範					
勤勞動員					
勤勞動員援護會					
勤勞動員指導本部					
勤勞動員趣旨徹底運動					
勤勞報國隊					
勤勞報國運動・勤報運動					
勤勞顯功章					
勤勞協力令					
勤報隊					
根平武雄					
錦江					
金庫					
金光敎					
金鑛・金礦					
金瑪利亞					
金府尹					
錦山邑					
金屬					
金屬學會					
金屬回收					

金躍淵					
金融類献納大運動					
金融相合					
金一封					
今井邦子					
今井田清徳					
金組(金融組合)					
禁止令					
琴湖					
急逝					
給食					
急行列車					
祁家堡					
機甲部隊					
機甲訓練					
機械化					
機械化國防協會					
機構改革					
飢饉					
記念スタンプ					
記念公園					
技能手當					
技能者登錄					
綺堂賞					
祈禱祭					
機動部隊					
杞柳					
忌明					
基本金					
氣象訓練					
妓生劵番					
寄生虫					
企業備整					
企業整備					
企業整備委員會					
企業整備協議會					
企業許可指定事業					
紀元節					
祈願祭					
記者連					
基點					
寄贈・奇贈					
寄託					
吉田章信					
金剛					
金納					
金德善					
金密輸犯					
金玉均					
金幽影					
金子準二					
金海					
金貨					
喫煙					
喫茶店					

ㅇ	ㅈ	ㅊ	ㅋ	ㅌ	ㅍ	ㅎ
アヴロ・ランカスタ	ジトリックス街	チャーチル	カメラ	タガログ語	パゴダ公園・	厚生學會
あかつき	ジフテリア	チョコリ	カルトブ	タクシー	パゴダ塔公園	厚生協會
アセチレン	ジャワ開田地	チョコレート	キイリー婦人	たばこ・煙草・	ピクニック	訓導
アッサム	自動車交通事業	チンピラ	キニーネ	葉煙草	ピサの斜塔	訓導志願者
あの旗を撃て	資産家	メッサーシュ	キモノ風	タンニン	プール	訓導陣
アパート	慈善	ミット109G	クラブ	トラスト	フォッケ・ウ	訓練所
アラカン/阿羅漢	紫式部	つるな	ケーブルカー	トラック	ルフ一九〇	訓練院公園
アルコール	自然科學協會	借家實態調査	コヴェル	トロール漁業	ペニシリン	揮發油
アルバム	自然觀察	借款	コーヒー	打切	ポーツマス	徽章
アルミ製品	資源	車輛	コレラ	打合會	ポスター展	休憩所
アンモニア	資源開発	差別撤廢	コレラ・虎疫	卓球	ポンプ	休息所
イタリー・伊太利	資源調査	嵯峨	コロリ	託児所	紀	休學
イタリヤ	自由勞働者・自由	茶碗	コンサート	濁酒	罷工	恤兵
インチキ	勞動者	借入	コンマーシヤル	炭鑛	波稜草	黑船
インド・印度	自由航	借地權	コンモンウェル	炭鑛事故	罷免	黑字
ウィストランド・	磁鉄	茶話會	ス・ブーメラン	炭鑛鐵道	派遣隊	興凱・興凱湖
ホワールウィンド	自爆	着任	コンロ	脱走兵	播種祭	興南
ウインド	作家	讚美		刷還	坂西志保	興亞
うどん	酌婦	札幌		探偵	板垣朝鮮軍司	希臘
ウラニウム	作品展	參拝		湯地幸平	令官	
オートジャイロ	殘滓	慘死		湯浅倉平	版畫	
オートバイ	蠶事業	參戰記念日		泰國	卞松昌根	
オナモミ	潜水艦	參政權		怠納	平壤西門高女	
オリムピック	雜誌難	參政權運動		太刀	平壤安全デー	
オリンピック	腸チブス・腸チフ	僭稱		台灣・台湾	肺ペスト	
オンドル	ス・チフス・チフ	廠		駄目	肺病患者	
ユンケルス八八	テリア	唱歌		太陽熱	斃牛	
わかさぎ	裝甲	昌慶宮		怠業	廢品	
鵞口瘡・鵞口瘡	裝甲列車	昌慶苑		泰平	捕鯨	
兒島	張鼓峰事件	倉庫		太平洋會議	蒲公英	
兒童畵	長谷川正道	倉庫業		澤田(知事)	布教所	
阿部信行	葬具屋	狙獵		土幕民	葡萄	
兒殺し	長白山	娼妓		土砂崩れ	砲兵會議	
亞細亞鑛山	長壽	昌德宮		土砂崩潰	鮑漁	
亜細亜・アジア・	長承浦	滄浪閣		土産	蒲原	
アヂア	醬油	創立		土耳其	捕捉航路	
雅樂隊	壯丁檢査	倉茂		土人	浦項劇場	
兒玉	壯丁會	娼婦		土佐人會	爆撃機	
児玉秀雄	張鎮守使	創氏		土地	暴動	
阿片收入	腸窒扶斯	創氏改名		土地改良	暴利令	
樂壇	獎忠壇公園	昌原		土地熱	暴民	
惡德業者	掌篇決戰科學	倉知		土地制度	瓢簞	
握飯	贓品	猩紅熱		土地調査	俵米	
樂士	獎學資金	採掘		土地調査局	標柱	
惡漢	獎學會	債券		土地測量	風紀取締り	
惡戯	壯行會	債券抱合せ		土地會社	風土病	
鞍馬	在勤手當	採氷事業		土着心	避難旅行	
案山	斎藤劉	採算		土俵	避病院	
鞍山	齋藤茂吉	採用		噸	避暑客	
岩崎榮	齋藤製絲	菜園普及		噸税令	必勝歌	
巖南	載寧江	採種		統監		
暗殺隊	財産評價委員	責任制		統監府		
岩井長三郎	裁判官	處女列車		統契		
	低空攻撃	處遇感謝		通過税		

闇取引	杵島炭鑛	處刑		通關	
愛國班	低物價	叺		通關貿易	
愛國債券	貯水量	拓林鐵道		統軍亭	
愛林週間	貯水池	拓殖省		通勤	
愛馬週間	貯蓄講演	拓殖協會		痛棒	
愛婦協議會	貯蓄券	拓植・拓殖		通信	
愛煙家	貯蓄獎勵	叺增産・叺增産		通信局	
野口遵	貯蓄戰	天宮		通信機關	
夜盜蟲	貯蓄推進員座談會	千島		通信隊	
野々村芥叟	赤ん坊審査會	天道敎		通信傳習生	
野草	適格者台帳	川島四郎		通信士	
藥水	敵國	天覽		統制	
若葉	敵機	川瀨		統制販賣	
躍進	赤誠	川柳會		通幣	
藥草	荻田	川上(東拓理事)		通學	
糧穀生産高調査	戰果感謝貯蓄	川上飛行中尉		退去	
委員會・糧穀生	電氣料金	川石		堆肥	
産高調査委員會	電氣砲	天安		投賣	
楊柳	全南健民修鍊所開	天然痘		鬪牛大會	
兩班	全南警察署	天然氷		投票	
養蠶婦人養成	全南女子鍊成所	千葉了		特幹	
養蠶組合	全南漁船隊	天日鹽		特高	
釀造酒利酒會	全南女子靑年隊	天長節		特攻隊	
養護學級	全南映畫啓發協會	天長節		特攻精神	
御內殿	全南藝備課	淺田常三郎		特急列車	
御所	全南自動車會社・	遷座		特務機關	
漁場開拓	全南自動車新會社	天主敎		特別甲幹生	
御造營	全南捕鯨船隊	淺川(馬政長官)		特別鍊成	
於之屯水利	傳達式	天聽地說		特別裁判制度	
言論報國會	戰力增强・戰力增强	天台宗		特別措置要領	
諺文	專賣事業	天皇		特産品	
掩蓋	戰盲勇士敎育所	鐵脚		特定郵便局聯合會	
嚴罰主義	展墓	鐵鋼		特派使	
円心隊	全北高女	鉄鋼課			
旅館對策	全北馬耕競技大會	鐵鑛			
輿論指導座談會	全北中等學校	鐵橋			
女流	澱粉工場	鐵道局・鉄道局			
廬山めぐり	戰費	鐵道連帶			
如是我聞	傳士	鐵道事務所			
女將	戰死	鉄道荷物事故・			
驛の特色	畠山久尙	鐵道荷物事故			
檪殺	全鮮武官府	鐵道學校			
研究余滴	傳習所	鐵道・鉄道			
研究資金	戰勝	鐵嶺			
演劇報國	戰時	鐵奉			
燕岐	戰時建設團	鐵原			
燕岐神社	戰時國民勤勞動員	綴字法			
燃料配給	指導本部	徹底			
燃料節約標語募集	戰時農業要員	撤廢			
燃料綜合配給	戰時服務令	撤廢運動			
聯盟大會	戰時食指導員養成所	鐵砲			
連山關	戰時要員制度	鐵血團			
鍊成	戰時意識	鐵貨			
鍊成所	戰時造林推進要網	鉄・鐵			
演藝會	戰時態勢	尖兵			

煉乳	戰時特例	甛菜			
年中行事	戰時型工作機械	鯖			
延禧專門	電信技術	靑邱俱樂部			
延禧專門學校	傳染病豫防	靑年			
列國	典獄	靑年俱樂部			
鹽需給組織	典獄會議	靑年團			
鹽業	電料	靑年隊			
鹽鯤	電源開發	靑年夜學			
鹽原	戰意昂揚街頭運動	靑年會			
鹽鯖	傳任	靑島			
鹽澤布	電磁ラッパ	靑島每日			
獄官	戰場敎育	靑島邦人			
榮光	戰災	靑島取引所			
英國極東艦隊來	戰災援護會	靑銅			
營團	戰災者	蜻蛉			
英靈	戰爭病	請負			
英靈安置所	戰爭書	請負業			
營舍	戰爭避難所	廳舍			
映寫機	戰爭畫	靑山島			
永沼	戰跡	淸掃			
靈岩	全州南中	靑少年			
靈岩郡	全州專賣局	淸水高			
營業時間短縮	全州地方專賣局	淸安寺			
寧越	田中總監	請願			
英才敎育	轉轍手	請願書			
榮州	電探機	靑磁			
令旨	電波高度計	淸酒			
靈泉	電波技術	蜻州將軍			
英艦隊	電話架設	淸州・淸州			
映畫の夕	電話交換手	淸津			
謠曲	電話連絡	淸津貿易			
銀鐵鑛	竊盜犯	聽取者			
銀回收	節米	靑訓別科生			
乙女軍屬	絶緣狀	淸・淸國			
淫賣・賣淫	折疊み	滯納			
陰謀團	折檻	體力檢査			
音盤文化賞	靖國	遞送			
飮食店營業時間	靖國神社	遞送人			
短縮	証券	遞送・遞傳			
邑營	町內會	遞信			
應召	淨瑠璃	遞信局			
應徵士	精米器	遞信吏員養成所			
應徵者	精米所	體育			
義拳團	情報課	體育指導者講習			
義妓祠	征服	會			
醫療	整備業種	締切			
醫療講習會開催	整備要綱	體操			
醫療團	井上友一郎	逮捕			
医療令	挺身	滯貨			
医療班	挺身隊	哨戒艇			
医生制度	精煉所	初等敎育費國庫			
義勇軍	征戰	補助金			
理工	情操敎育	初等學校			
離宮	定州	草梁			
二宮(東拓移民課長)	停止令	初旅の朝鮮			

李主完	定礎式	草木灰蒐集			
伊達政宗	町總代	初盆			
利得税	淨土宗	初詣			
二百十日	廷坪島	招集			
移送	町會	草河口			
李完用	町會長會議	招魂祭			
利率協定	製パン	贏石樓			
李載完(候邸)	制空部隊	促成林			
利川	濟南	囑託			
伊太利	製陶	囑託醫			
益濟寮	製陶經營	村田(鑛務課長)			
翼贊	製陶工場	總監			
翼贊會	齊東野人	銃劍術大會			
人口政策	齊藤實	總蹶起			
人口調査	齊藤賢道	總蹶起全北講演會			
人口準備調査	製鍊	銃器			
人國體讚	製鍊所	總督府辭令·總督府辭令			
印度國民	祭禮·祭礼	總督府殖産局			
印度兵	除幕式	總督府學務局·總督府學務局			
人事局	製肥·乾製肥料				
因襲	製絲場	總督府·總督府			
認識	第二棧橋	總督賞·總督賞			
人造湖	製造業	總督·總督			
籾種	製紙工場	總力·總力			
印紙令	製出	總力鑛山聯盟·總力鑛山聯盟			
日光鑛山視察記	製糖				
日基	制限令	總力聯盟仕奉隊·總力聯盟仕奉隊			
日獨協會	彫刻家				
一頓挫	鳥居忠恕述(總督府通譯官)	總力聯盟·總力聯盟			
日蓮					
日蓮宗	早起淸掃運動	總力運動·總力運動			
日滿交易會議	遭難船	總務局			
日滿食糧自給協議會	遭難實記	總務局長			
日本國民	造林事業	總務部·總務部			
日本刀	造林推進班	總辭職			
日本民族	操棉工場	銃殺			
日本兵	調査整備	總選擧			
日本食	造船	總領事			
日本式大量生産·	朝鮮	塚原檢事			
日本式大量生産	朝鮮決戰非常措置要網	總裁·総裁			
日本語講座	朝鮮經鐵	總進會·總進會			
日本移動演劇聯盟	造船界	銃後			
日本精神	朝鮮鑛業振興	最近			
日本精神昻揚古典講座	朝鮮教科書	崔承喜			
日本出版社推薦圖書	朝鮮教育令	最新鋭機			
日本出版會推薦圖書	朝鮮軍兵器部	崔濟愚			
日本海橫斷計劃	朝鮮軍兵務部	秋季競馬			
日婦	朝鮮軍報道部	追悼			
日常生活七訓	朝鮮貴族訪問記	追悼會			
日鮮鑛業	朝鮮劇場	椎名統監			
一升	朝鮮農村所	秋夕			
	朝鮮大陸直通列車	萩野			
	朝鮮道中記	秋蠶			
	朝鮮木材				

日映社	朝鮮文學	雛祭			
日曜返上	朝鮮物資活用協會	追弔			
日曜子供欄	朝鮮民事令	推進			
日曜學校	朝鮮放送協會	推進圈			
日伊協會	朝鮮事情紹介運動	推薦			
一人一匙	朝鮮寫眞感光材料	推薦圖書			
日章旗・日の丸	統組	推薦書			
日赤朝鮮本部病院	朝鮮産業總會	抽籤			
一齊増産命令	朝鮮商工經濟會	雛鷲の母			
一座	朝鮮商船學校	蹴球			
日韓併合	朝鮮商銀	畜産界			
日華新聞人交驩	造船所	畜産増産・畜産			
晩餐會	朝鮮送出勤勞者錬	増産			
任那	成所	畜産會議			
姙産婦・姙産婦	朝鮮水産業會・朝	畜産・畜産			
林産・林産	鮮水産業會	祝宴			
林業増産・林業	朝鮮食糧營團	畜牛			
増産	朝鮮神宮	畜牛政策			
臨戰	朝鮮信託總會	畜牛増殖			
臨終	朝鮮語	畜牛肺炎			
入試	朝鮮醫師會	祝賀宴			
入試方法變更要領	朝鮮離宮	祝賀會			
入試要綱	朝鮮人蔘	築港			
入植計畫	朝鮮日報	築港問題			
入營應召者	朝鮮製油	春窮期			
入營通知書	朝鮮製鉄	椿事			
入亭税	朝鮮中央衛生會	春陽			
	朝鮮體力令	春日潜庵			
	朝鮮總督府情報課	春川放送局			
	朝鮮特別豫算	出稼鮮人			
	朝鮮學徒動員基準	出穀			
	朝鮮弘報挺身隊	出動隊			
	朝鮮化	出米			
	朝鮮厚生學會	出兵			
	朝鮮興行等取締規則	出額			
	朝日歌壇	出願			
	朝日俳壇	出版			
	朝窒	出版界			
	租借	出版會推薦圖書			
	組合貯金	出品			
	組合統合	出荷			
	助興税	忠南			
	宗教家	忠靈塔			
	宗教教育	沖繩			
	宗教報國會	忠州			
	宗教會	忠魂碑			
	宗團	贅澤品			
	縱談横議	醉狂			
	種豚	就勞			
	種痘規則	趣味			
	縱覽所	翠雲亭			
	宗務院	取引			
	鐘紡	取引法			
	種莳	取調			
	種羊場	取締			

種子	就學				
鐘鑄	就學率				
種貝	就航				
佐久間象山	測量				
座談會	測候				
佐藤堅司	齒科				
佐藤信淵	齒科講習所				
左翼	齒科醫				
佐佐木信綱	薙刀				
佐々木申二	値上				
洲岬	治水				
酒類	治水工事				
酒類小賣商組合	治安警察				
主婦	淄川				
主婦日記	値下				
注射證明	値下運動				
珠算競技	勅使				
周旋屋	勅語				
酒稅令	勅任				
住友	勅任官				
酒造會社	親善外交				
竹內式部	漆器				
駿馬	七星門				
中江藤樹	寢臺車				
重慶	沈沒				
中繼地	沈沒船				
重工業	鍼紡工場				
中國	浸水				
中國軍需監理部	寢台車				
中國新聞協會					
中國靑少年團總檢閱大會					
中根東里					
中等入試					
中等入學考査					
中西					
重石					
重石熱					
中鮮					
中央農業修練道場					
中支					
重爆擊機					
增減					
曾根荒助・曾禰荒助					
蒸氣暖房裝置					
蒸氣發動機					
增米					
增米事業					
增俸					
增産突擊運動・增産突擊運動					
增稅					
證紙					
地久節					
支那					

支那苦力					
支那勞働者					
支那事變					
支那人					
支那鐵道					
知多					
地圖					
指導綱領					
指導者講習					
指導者鍊成所					
地方局					
地方法院					
地方稅					
地方議會					
地方自治					
地方制度					
支配人					
支辨					
知事					
知事賞					
紙上工作展					
地上兵器					
池上四郎					
志願兵					
志願學徒					
地籍					
地籍測量					
支店					
指定銀行					
地主					
地主團					
地主移民					
地主組合					
地中海					
紙芝居					
地測					
紙幣					
地下水					
指揮者					
職工					
職工團					
職工養成所					
織物					
稷山					
職業能力申告令					
職員					
直通航路					
塵芥					
鎭南浦					
珍島					
眞言宗					
陳列館					
震災					
晋殿下					
陳情					

陳情書					
鎭座祭					
晋州・晉州					
進辰馬					
診察					
鎭昌					
鎭川					
振替					
振替口座					
進出					
盡忠信念昂揚					
進學					
進學職業指導					
鎭海警備府					
鎭海中					
鎭海中學開設					
鎭海海軍					
疾病					
質屋					
執達					
集荷責任制					
執行					
執行猶豫者					
集會					
懲戒					
徵兵					
徵兵檢査					
徵兵勞務援護會					
徵兵令					
徵兵制					
徵兵制一周年記念式					
徵兵後援事業部					
徵稅					
徵收					
懲役					
徵用					
徵用令					

색인

	ㄱ								
グラウンド	106230	111728	111845	113247					
ゴム	106118								
ゴム靴	106118								
ゴルフ	105541								
歌	104381 110714	105395 112975	106805 113246	106849	108469	109154	109207	109407	109556
加工業	112153								
架橋	107036	107515	109794	109821	111195	112964	113138		
嘉納 嘉納德三郎 (鮮銀副總裁)	103666	104740	108056	108296	109038	109666	109802		
街路共進會	104217								
街路鋪裝	109502								
加里	110759								
歌舞	109154								
家事講習	103741								
架設	109579	111638	112912						
家屋	103984 108317	105335 108412	105651 110008	106844 112155	106982	107144	107296	107380	108170
家屋稅	108317								
家賃	106528	108288	108308	108579	109096	111590	111643		
家財	106690	109048	109232	109466					
家庭	105954 108556	106173 109493	106454 109547	106682 111407	107831	107918	107945	108080	108098
家庭講演會 お伽家庭講演會	105954								
家庭工業	106454	106682	107831	107918	108080	111407			
暇政府 假政府	103727 111522	104114 111906	104903 111998	105824 112182	108450	110365	110595	110991	111029
家出	109343	110096							
嘉禾章	110424								
角田 (一等獸醫)	109337	109608	109796						
各地から (연재기사)	103719 104003 104179 104428 104628 104789	103762 104014 104201 104445 104647 104804	103777 104031 104221 104462 104657 104843	103794 104047 104258 104476 104678 104859	103891 104065 104274 104497 104715 104881	103911 104097 104336 104515 104733 104912	103930 104121 104360 104537 104745 104925	103967 104139 104376 104564 104757 104941	103990 104158 104391 104588 104776 104957

104971	104985	105005	105046	105069	105094	105112	105150	105166
105188	105209	105248	105268	105288	105304	105328	105348	105366
105388	105405	105428	105440	105462	105474	105503	105522	105537
105561	105581	105622	105643	105664	105681	105698	105718	105738
105758	105778	105797	105835	105853	105891	105911	105940	105950
105970	105992	106018	106046	106061	106086	106107	106128	106147
106166	106184	106205	106220	106238	106259	106276	106298	106314
106319	106348	106364	106380	106395	106416	106434	106453	106484
106498	106514	106529	106548	106560	106580	106597	106614	106632
106645	106659	106671	106695	106726	106747	106765	106797	106833
106843	106856	106889	106911	106922	106965	106984	106999	107018
107034	107053	107071	107093	107134	107152	107168	107193	107209
107222	107234	107256	107276	107301	107326	107329	107357	107382
107403	107428	107442	107461	107476	107497	107509	107520	107535
107552	107566	107578	107593	107604	107624	107642	107663	107674
107696	107715	107729	107759	107769	107782	107792	107808	107825
107841	107861	107871	107886	107896	107910	107921	107937	107949
107966	107992	108004	108015	108029	108050	108064	108087	108096
108116	108127	108140	108148	108151	108165	108190	108204	108218
108237	108252	108262	108277	108294	108313	108351	108376	108390
108401	108411	108422	108434	108471	108486	108519	108531	108547
108566	108580	108598	108617	108636	108650	108687	108712	108727
108743	108758	108771	108783	108830	108899	108921	108932	108944
108958	108973	108981	108991	109001	109009	109022	109046	109060
109071	109097	109112	109122	109131	109144	109150	109162	109177
109193	109208	109228	109264	109277	109288	109309	109318	109330
109340	109350	109375	109391	109408	109424	109440	109455	109470
109480	109491	109500	109512	109528	109544	109550	109562	109574
109590	109604	109617	109631	109641	109657	109663	109677	109689
109701	109714	110059	110070	110071	110094	110112	110131	110147
110163	110164	110191	110208	110222	110244	110256	110280	110304
110325	110340	110343	110359	110378	110399	110425	110446	110461
110482	110502	110521	110548	110566	110610	110628	110652	110664
110688	110703	110722	110740	110771	110792	110811	110824	110848
110861	110874	110894	110916	110933	110949	110969	110988	111003
111024	111047	111062	111078	111096	111121	111138	111152	111170
111192	111217	111236	111257	111301	111329	111350	111394	111410
111431	111457	111475	111498	111506	111520	111539	111568	111583
111601	111649	111663	111676	111715	111724	111739	111795	111819
111833	111852	111871	111872	111936	111950	111966	112031	112058
112104	112143	112174	112198	112222	112242	112248	112272	112290
112314	112330	112354	112372	112389	112413	112433	112453	112471
112491	112506	112519	112528	112549	112561	112581	112601	112618
112646	112669	112679	112700	112718	112742	112757	112776	112798
112836	112891	112911	112937	112953	112968	112991	113022	113038
113041	113053	113059	113087	113109	113129	113145	113161	113175
113196	113218	113243	113264	113285	113300	113316	113338	113360

	113378	113418	113423	113451	113492	113525		
脚戲	105995							
懇談會	106893	107028	111215					
間島	103656	103695	103706	103797	103833	104025	104070	104084	104133
	104422	104568	104789	104926	104933	104970	104977	105002	105153
	105481	105544	105786	105820	105854	106027	106165	106550	106568
	106625	106662	106674	106719	106822	106827	106834	106926	106939
	106962	106991	107005	107170	107451	107500	107525	107541	107554
	107584	107753	107761	107791	107999	108035	108059	108102	108284
	108370	108459	108571	108643	108653	108681	108985	109102	109125
	109306	109343	109355	109554	109606	109643	110123	110371	110494
	110717	110856	111141	111323	111369	111380	111389	111841	111926
	111984	112325	112573	112609	112650	112930	113054	113074	
簡保	109871	110142						
簡保診療所	103650	103773	104601	104707	106621	109938	113518	
干潟地	104771	107717	111803					
看守	107131	108468						
簡易驛	110747							
看板	103662	106489						
看護婦	105487	107802	108866	112083				
褐炭	107526	110393						
減免	111985	112480	112698	113346				
感冒	104182							
監視	104131	104918	105532	105571	106972	106976	111608	113460
監視所	104918	105532	105571					
監獄	104385	104405	104421	105689	105710	105773	106332	106732	107286
	107503	107530	107558	107924	107985	108328	108584	108676	109217
	113324							
甘浦	107046							
感化院	104721	107581	108847	111358	113112	113244		
甲山	104770							
江景	104001	104369	105907	109379	110865			
強盜	103724	103992	104188	104551	107251	107376	107824	108685	109033
	109243	110227	110366	110509	110898	111463	112439	113407	
強盜團	107376							
岡山	105940							
講習	103741	103760	104250	104288	104352	104359	104569	105081	105089
	105262	105302	105386	105401	105599	105791	106032	106623	106639
	106736	106975	107178	107243	108867	109271	109765	110853	111081
	111095	111216	111247	111474	111496	111648	111714	111942	112101
	112180	113280						
講習所	104250	105262						

講習會	103760	104288	104352	104359	105791	106032	106623	106639	107243
	109765	110853	111216	111247	111474	111496			
講演	104001	104021	104096	104839	104864	104937	105113	105172	105293
	105493	105701	105871	105954	105989	106079	106124	106140	106203
	106215	106274	106314	106362	106373	106443	106553	106610	106719
	106762	106817	109267	110899	110957	111033	111043	111097	111172
	111505	111779	111783	111941	111976	112341	112627	112743	112943
	113187								
講演會	104001	104021	104096	105113	105172	105293	105701	105954	106079
	106553	106610	106719	109267	111976	112341	112943		
江原・江原道	110658	110681	111326						
康津	106140	111580	113065	113201	113534				
强奪	106691	107356	111222						
開墾	105218	108762	108984	112642					
開墾事業	108762								
開隊式	104759	104811	104930	104943	110401				
改良	103944	104367	104526	104625	104999	105466	106572	106802	106860
	106864	107014	107228	107243	107331	107813	107998	108224	108418
	108513	108700	109358	109608	109622	110392	110575	111002	111093
	111162	111292	111562	111660	111682	112180	112513	112734	112829
	113090	113280	113330						
改良工事	109358								
開發	103669	103999	104191	104631	104730	106151	106456	107259	108583
	108816	110697	111052	111636	112385	113154			
改善	103960	103984	103986	104151	104363	104400	104543	104908	105001
	105399	105735	105756	105762	105793	106267	106350	106485	106804
	107394	107741	108456	108734	108869	109404	109490	109609	109886
	109898	110821	111305	111323	111327	111340	111616	112869	112944
	113024	113340	113404						
改選	104335	104655	106241	109025	110011	110053	110562	110889	110891
	111119	111811	112117	112387	112595	112659	112692	112772	112775
	112815	112947	112962	113008					
開城	103985	104198							
開所式	113063	113518							
改修	103977	105086	105437	106734	106800	107367	107774	107816	108335
	108455	108551	108887	109367	109393	109448	109618	109621	109750
	109820	110270	110415	111060	111330	111363	111411	111451	111467
	111665	111680	111700	112060	113225	113292	113532		
改修調査	108335	110270							
開業	106436	107263	111318	111953	113197				
改正	103650	103881	104043	104209	104435	104510	104571	104593	104609
	104665	104672	104687	104727	104917	104981	105260	105451	105532
	105848	106113	106278	106500	106600	106704	106921	107081	107171
	107263	107464	107705	107875	108157	108341	108388	108537	108550

	108554	108702	108738	108741	108928	108998	109042	109623	110008
	110134	110190	110698	110723	110775	110813	110835	110875	110943
	110993	111031	111064	111070	111073	111099	111132	111185	111423
	111445	111503	111733	111744	111761	112415	112428	112695	112790
	113126	113233	113295	113310	113466	113576			
開鑿	103977								
開拓	109205	109859							
价川	109103								
開廳式	104734	105611	106242						
開催	103769	103938	103953	103981	104020	104059	104060	104089	104522
	104806	104958	105377	105442	105575	105690	105838	106060	106133
	106170	106230	106367	106469	106523	106553	106733	106893	106941
	106972	107037	107778	107927	108000	108009	109039	109262	109349
	109402	109560	109601	110007	110023	110791	110796	111362	111691
	112108	112162	112268	112303	112761	113010			
改築	103751	104156	104289	104405	105545	105597	105991	106566	106583
	106602	107060	107089	107099	107573	107924	108074	108591	108676
	109158	109575	109885	109936	110475	110683	110986	112234	112324
	112482								
改稱	103703	105519	105890	108564	108774	109773	112237		
開通	104955	105420	105904	106009	106388	106521	106844	107546	108028
	108373	108436	109039	109476	110015	110150	110319	110467	110483
	110522	110954	110968	111027	111623	111734	111868	111984	112029
	112472	112625	112940	113113					
開通式	105904	106009	110522	112472					
改廢	111577								
改革	104649	111240							
概況	105148	105579	106716	108888	111139	112102			
醵金	112878								
巨魁	104339	109721	111747						
居留民	106677	111731							
健康	103893	112277							
健康診斷	112277								
建碑	108695	109546	111823						
建碑式									
建設	103650	103685	104034	104631	105378	105379	105446	105604	105788
	105896	105983	106051	106290	106621	108475	108540	108777	108818
	108834	109094	109118	109461	109734	109867	109954	110158	110585
	111639	111651	111745	111960	113138				
健兒	111670								
建議	104387	104608	104812	104836	109075	109233	109251	109315	109334
	109366	109378	109484	109633	109647	109691	109710	111087	111151
	112463								

巾着網	112469							
檢擧	106180	106690	111643	111780	111798	112380	112438	113304
劍道	113179	113204						
檢米	111495	112833						
檢事	103700	103919	103957	104115	104397	106056	106330	106816	107943
	109571	111159	111267	111769	112134	112412			
劍術競技	113513							
檢疫	103831	107348	107941	108083	109325	111674		
檢疫所	103831	108083						
檢閱	104744	107247	108953	109911	111365			
激減	111187	112517	113274					
隔離病舍	112324							
激增	104603	105180	105225	106003	107334	107883	110030	110095	110495
	110685	110774	110839	110970	111008	111391	111519	111543	111685
	111807	112249	112789	113303	113494				
格鬪 · 挌鬪	104143	105234	110531	110634				
繭	105554	105865	106176	106782	110129	110739	110834	110863	110867
	110913	110915	111273	111297	112610	112624			
見舞	107760							
見物	104661	104867	104883	107640	110234	112395	112510	
肩替	112870							
見學	103782	104514	104562	104837	104991	105043	105077	105174	105215
	105494	105531	105628	105687	105744	105794	105981	106045	106349
	108049	109680	109863	110555	110846	112971			
決潰	111788							
決裂	107664							
結氷	104083	105866	108305	108546	113269			
決死隊	109141	110100	110452	111154				
決算	104505	108047	108272	113377				
京城	103652	103661	103667	103670	103679	103704	103801	103806	103825
	103885	103954	104004	104017	104034	104057	104089	104170	104184
	104214	104259	104263	104297	104313	104363	104379	104397	104403
	104425	104428	104437	104441	104451	104469	104522	104540	104551
	104589	104617	104629	104663	104675	104691	104707	104763	104772
	104817	104828	104833	104844	104877	104878	104899	104901	104932
	104996	105134	105141	105185	105282	105316	105317	105342	105356
	105388	105437	105462	105474	105486	105500	105503	105511	105531
	105545	105551	105555	105569	105572	105576	105651	105673	105735
	105753	105782	105794	105799	105810	105855	105897	105906	105914
	105976	105983	106015	106023	106067	106133	106135	106137	106194
	106209	106277	106355	106372	106396	106405	106407	106466	106541
	106553	106564	106585	106589	106602	106610	106637	106738	106800
	106840	106845	106893	106927	106964	107015	107043	107044	107075

	107099	107113	107204	107210	107236	107260	107311	107334	107407
	107420	107432	107463	107488	107499	107502	107516	107543	107579
	107594	107599	107617	107626	107647	107653	107675	107701	107722
	107747	107752	107756	107772	107774	107796	107904	107931	107946
	107953	107957	107969	108024	108030	108038	108043	108105	108117
	108170	108171	108191	108222	108223	108225	108232	108241	108257
	108260	108295	108319	108320	108325	108367	108396	108398	108438
	108440	108455	108478	108492	108496	108500	108508	108528	108529
	108544	108557	108562	108564	108589	108593	108596	108600	108642
	108664	108669	108688	108691	108723	108732	108733	108734	108747
	108749	108757	108763	108774	108777	108781	108787	108815	108863
	108870	108874	108885	108897	108902	108913	108914	108938	108948
	108977	108989	109034	109038	109060	109071	109072	109089	109097
	109112	109119	109122	109144	109148	109150	109157	109162	109166
	109177	109200	109229	109237	109241	109256	109264	109267	109277
	109278	109288	109294	109296	109318	109326	109341	109343	109357
	109361	109402	109416	109429	109440	109446	109447	109464	109465
	109481	109483	109488	109491	109493	109500	109502	109512	109520
	109523	109528	109531	109532	109539	109553	109572	109575	109607
	109610	109618	109625	109651	109655	109662	109663	109677	109687
	109689	109716	109733	109734	109817	109820	109833	109841	109845
	109853	109857	109879	109884	109946	110004	110007	110023	110035
	110040	110112	110147	110175	110208	110254	110256	110320	110359
	110403	110502	110521	110532	110562	110577	110610	110666	110686
	110688	110703	110712	110740	110771	110792	110798	110807	110814
	110824	110848	110881	110907	110940	110946	110949	110961	111003
	111013	111023	111047	111058	111074	111078	111111	111169	111170
	111177	111214	111239	111252	111321	111329	111498	111523	111547
	111553	111554	111571	111680	111682	111691	111719	111732	111738
	111871	111883	111884	111893	111933	111977	111983	112001	112010
	112016	112022	112281	112292	112314	112390	112424	112449	112458
	112483	112488	112553	112577	112714	112753	112865	112907	112939
	112954	113002	113014	113018	113080	113163	113169	113183	113257
	113291	113312	113329	113331	113337	113341	113378	113391	113392
	113397	113485	113491	113492	113518	113525	113550	113552	
京城國技館	104034								
京城犬物語 (연재기사)	103661	103667	103670						
京城高商	106396	109072	109416	109523					
京城公會堂	104899	106133							
京城圖書館	107747	109662							
京城府	103954	104057	104379	104403	104540	104551	104707	104817	104877
	104878	105141	105316	105545	105782	106023	106541	106602	106800
	107015	107043	107210	107236	107260	107407	107516	107579	107701
	107722	107774	107946	107953	108038	108171	108320	108325	108669
	108688	108691	108733	108870	109166	109294	109296	109357	109481

	109502	109625	109733	109884	110961	111074	111111	111321	111719
	111933	112483	112553	112907	113080	113341			
京城府議	108870								
京城商議 京城商議會	107432	107969	113257	113392					
京城消防	103652								
京城女高普 京城女子商普	105576	109229							
京城驛	108564	108774	113018						
京城醫專	104214	104397	108438						
京城裁判所	105134								
京城第二高女	106405	109817							
京城組合銀行	104901								
京城中學校	104259	104663	109278						
官有林	111353								
官有地	109583	110784							
官制	104948	105260	105515	106278	106600				
官制改正	105260	106278	106600						
官廳	106500	110642							
觀測	105237	106137	106351	107205	107972	108318	111442		
鑵詰	106121	108137	111300						
鑛區	106084								
廣梁灣	111981								
廣瀬	104749	108106							
鑛務	104420	108443							
鑛務課	104420								
鑛物	105589								
光復團	103849								
光復團員	103849								
鑛山	111620								
鑛産	105352								
光成高普	112584								
廣梁灣	111788								
鑛業	108443	108861	109433	109503	111430	112830			
光州	104047	104097	104257	104336	104391	104428	104789	104864	105019
	105405	105460	105480	105561	105698	105718	105885	106298	106395
	106514	106580	106645	106668	106726	106765	106778	106965	107018
	107093	107234	107256	107674	107715	107786	107841	107896	107921
	107966	108116	108140	108373	108650	108764	108791	108930	108981
	109112	109330	109391	109714	109728	109810	109828	109841	109862
	109946	109961	109977	109991	110046	110059	110070	110131	110147

	110157	110163	110210	110222	110244	110280	110340	110359	110378
	110425	110461	110521	110548	110566	110652	110722	110771	110824
	110894	110949	111062	111170	111192	111301	111329	111350	111394
	111444	111471	111492	111498	111519	111520	111601	111616	111739
	111833	112104	112143	112222	112285	112330	112389	112453	112506
	112528	112586	112646	112776	112891	112953	112968	112991	113059
	113141	113145	113161	113175	13378	113536	113544		
光州地方法院	105480								
鑛泉	106853	107441	107563	107815					
光化門	105056	107868	108913	109038					
拐帶	103727								
塊炭	111109								
馘首	104697	106824							
教科書	103785	104147	104609	104699	104829	108338	108469	108937	109100
	109322	112445							
教練	103826	113202							
蕎麥	111140								
教師	104025	104028	104036	104574	104860	105679	106138	106188	107058
	108327	108697	109226	109352	109861	110076	110133	111209	111289
	111581	111782	112605	112731	112874	112899	113098		
絞殺	111201								
交涉	104180	104688	107331	108118	110025	110376	110964	111129	111277
	111487	111638	112264	113238	113248	113455			
教授	104397	106633	106727	106986	107260	108030	108438	108719	109026
	109072	110520	111309	112984	113394				
教室	108852								
教員	104058	104547	104729	105161	105201	105357	105983	106819	107052
	107952	107971	108689	109379	109501	109731	109910	110455	111426
	111496	112235							
教員講習會	111496								
教諭	103718	105782	105794	106396	106785	106810	106849	107466	107481
	109795	111176	111416	113002					
教育	103696	103729	103880	103976	104009	104012	104117	104130	104208
	104250	104272	104520	104574	104815	104831	104969	105098	105454
	105484	105841	105908	106052	106070	106729	107021	107164	107450
	107466	107481	107483	108022	108145	108508	108549	108689	108914
	108918	109056	109493	109628	109760	109773	110106	110214	110360
	110423	110716	110723	111018	111423	111447	111465	111490	111760
	111909	112750	112889	113373	113587				
教育令	103976	104009	104130	104272	110723	111423			
教育研究會	109773								
教育會	109773	111447	111465	111490	111760				
教主	105787	106854	107051						

交通	103669	105805	106028	106350	106616	106776	107067	107997	108022
	108054	108186	108336	108373	108915	108987	110026	110049	110200
	111443	111988	112210	112385	112609	113502			
交通機關	103669	106350	106776	107997	108054	108915	108987	111443	112210
交換所	103859	106976	107161						
交換手	104286	107594							
教會	103685	103732	104465	104492	104610	104996	105160	108074	109694
	109983	110168	110763	111033	111043	112437			
教會學校	108074								
俱樂部	104483	107040	109403	109634	110335	110731	111405	111609	112440
	113301	113547							
久保要藏	104007	104516	107443	108352					
救濟	104194	104348	104756	105159	106466	106842	107314	107391	107678
	107699	107943	107954	108068	108144	108199	108254	108300	108327
	108425	108466	108475	108553	108604	108613	109475	109826	110076
	110122	110474	110478	111184	111212	111378	111681	111686	111776
	111913	112099	112310	112690	112800	113034	113339		
驅除	105949	109988	110725	110935	111530	111596			
救濟施設	110076								
救濟資金	111686								
救濟會	104756	107314							
救助	104707	111643	111668	112064	113258	113367			
九州	109205	109949	113216						
求職	105107	112939							
驅逐	105068	105255	106270	107123	109481	111970			
驅逐隊	105068	105255	106270	107123					
驅逐艦	111970								
救護	107948	108380	108475	108488	108697	112152	112797		
救護所	112797								
救恤金	105368								
國境	103669	103826	103905	104029	104211	104430	104918	105532	105571
	106260	106365	106464	106561	106582	106635	106675	106717	107080
	107115	107313	107384	107514	107664	108020	108155	108186	108196
	108206	108327	108603	109013	109393	109412	109711	109832	109966
	110013	110026	110085	110101	110156	110285	110955	111016	111044
	111076	111546	111644	111661	111954	112001	112160	112170	112370
	112544	112671	112685	112756	112759	112763	113231	113319	113362
	113566								
國境視察團	107313								
國庫支辨	107952	107971	109379	109501					
國技館	104034	109250							
國民	103837	103867	106241	106972	107056	107099	107102	108801	108823

	111263	112494	112804	112883				
國民代表會	106972	111263						
國民協會	103837	103867	108823	112494	112804	112883		
局部課	106787							
國税	113209							
國粹會	108656	108713						
國語	104602	109026						
國語普及	104602							
國有財産調査	108181							
局子街	103971	107297	107606	108370	108540	108889		
國葬	109154							
局長談	103764	103784	103836	103921	104264	104296	104506	104669	104706
	104740	104978	105028	105144	105182	105245	105298	105351	105415
	105624	105644	105708	105960	106323	106350	106418	106473	107000
	107040	107057	107078	107099	107114	107448	107607	107627	107628
	107664	107681	107744	107787	107797	107847	107866	107898	108118
	108195	108210	108283	108299	108310	108364	108407	108441	108500
	108603	108665	108671	108776	108902	108925	108951	108984	109027
	109038	109063	109153	109167	109302	109324	109446	109496	109517
	109593	109648	109661	109720	109900	109926	109969	109996	110156
	110698	110775	110887	110982	111018	111090	112645	112903	113036
	113261	113286	113287	113317	113398	113440	113486		
國籍離脱	109343	109355						
國際親和會	104137							
菊池	108416	108532	108552	108583	108657	108680	108800	109004	109171
	109247	109354	109355	109474	109592	109711	109911	110232	110350
	110413	110904	110929	112260	112403	112426	112590	112787	112845
	113556							
菊池 朝鮮軍司令官	108800							
國債	103822							
國土	108131							
郡	103669	103889	103928	103944	104469	104529	104753	105049	105062
	105277	105682	105715	105742	105886	106289	106400	106526	106578
	106594	106649	106853	107190	107356	107366	107536	107743	107933
	107938	108128	108273	108622	108846	108909	108972	109286	109379
	109501	109582	109859	109976	110072	110194	110203	110333	110415
	110512	110578	110739	110796	111117	111291	111428	111958	112018
	112028	112109	112134	112285	112800	112940	113011	113065	113357
	113404							
軍國	108020							
軍旗祭	105214	105235	105242	110550				
軍隊	103826	104865	105740	106110	106721	107102	107115	107378	109102

	110346	112971	113396					
軍樂隊	106200							
軍馬	104471	105611	106026	106667	108494	109337	110350	110368	111343
郡民	110072	110415	113065					
郡民大會	110072							
軍備縮小	106515							
軍司令官	104717	105542	106515	106788	107443	107483	107664	108117	108128
	108385	108391	108416	108532	108583	108657	108797	108800	109004
	109171	109211	109474	109592	109806	109911	110232	110350	110412
	110413	110904	110929	112260	112403	112426	112590	112787	112845
	113556							
群山	103691	103911	104188	104221	104387	104537	104608	104647	104786
	104804	104812	105063	105066	105164	105304	105373	105561	105664
	106071	106238	106251	106759	106762	106837	107593	109140	109304
	109366	109431	111164	112327	113409			
郡屬	106594							
郡守	103669	103944	104753	105277	105886	106400	107536	107938	108128
	110512	110578	110796	111117	111291	112018		
郡衙	103889	105062	105742	106526	107743	109379	109501	109976	
軍用鳩	109521							
軍醫	104584	106310	106794	107080	108293	108316	109106	109225	109898
	110239	111978	112220	112671	113496			
軍人	103959	108154	108416	111459				
軍人會	103959							
窮境	104098	107032	111339	111913				
窮民	104194							
窮狀	103727	103802	108246	108254	108643	109469	111027	111839	113133
窮地	113423							
券番	112725	113382						
拳銃	104479	104551	107070	108975	109033	109545	112764		
蹶起	113164							
軌道	106115	106532	110158					
歸國	108246	110430	112148	112717				
龜山	106599							
歸鮮	104498	104519	105139	105141	105259	105306	105372	108726	109713
	111706	112058	112176	112192	112311			
歸順	104340	109797	110009	113203				
歸任	104599	104632	104691	105866	106517	107107	108230	110050	110536
	111075	111147	112527	113395				
歸朝	105693	112813	113372					
歸化鮮人	104831	106041	109957					

歸還	103738	105167	107283	107588	108025	108595	111107	
規約	104229	107633	111464	113013				
規制	103840							
規則	104043	104443	104609	104672	107705	108702	109473	109643	110689
	110758	111744	111900	112691	112790	113233	113576		
劇	104465	104586	105254	105391	105412	105723	105896	106017	106719
	107225	107425	107859	108098	109838	110884	111864	112224	
劇團	104465	105412							
極東	103936	104436	104668	104850	107337	107655	109908	110058	110376
	110733	110753	110773	110801	110818	111378			
極東共和政府	110376								
劇場	105896	106017							
根據地	104618	108059	108207	112263					
近藤副	109181	110885							
勤續	107602	112969	113343						
根絕	109686	112719							
近海	104995	106711	110081	110317	111391	111793	113444		
近況	104119	104232	104233	104238	104437	105530	105773	105809	105829
	107008	107062	107287	108394	108555	108621	108696	109553	109709
	109723	111903	112756	113275					
金剛山	104863	104883	105281	106028	106066	106101	106379	106569	106840
	106845	107972	108462	109845	109960	111912	111962	111983	112244
	112262	112283	112308	112326	112344	112383	112465	112501	112512
	112552	112591	112607	112623	112674	112689	112709	112732	112792
	112812	112826	112849	112868	112926	112945	112965	112990	
金剛山ホテル	106066								
金鑛業	109433								
金塊	107600	108034	109522	109668					
金利	105036	105925	107277	109899	109927	109950	110876		
金肥	104523	111282	111535						
今尙	110285	110897							
禁輸	109383	112456							
金融	103790	103829	103838	103921	104032	104044	104592	104639	104825
	105280	105333	105636	105712	106053	106130	106168	106195	106760
	106932	107023	107359	108075	108188	108357	108461	108479	108557
	108690	109015	109148	109498	109606	109650	109722	109745	109857
	109870	109886	109927	109934	109950	109969	110055	110129	110183
	110460	110526	110538	110544	110707	111229	111827	111850	112070
	112207	112307	112349	112368	112427	112443	112449	112515	112539
	112555	112571	112585	112638	112714	112816	112872	112959	112988
	113174	113213	113331	113413	113470	113474	113477	113491	113551
金融機關	109606	112307							

金融緩和	110460	110544	112443	112555				
金融組合	103829	103921	104032	104044	105280	105333	106130	106195	106760
	107359	108479	109015	109745	109886	109950	110055	110183	110538
	110707	111827	111850	112571	112638	113213			
金佐鎭	109797								
禁酒	105144	105700	107453	108997	109747	110164			
錦州	108429								
禁止	104978	107665	109133	109267	109568	109801	110026	110381	111286
	112805	112914	113268						
金泉	103672	103851	104909	105248	106043	106136	106297	106573	106723
	106772	107564	108262	108580	108685	108686	109470	110244	110280
	110399	110446	110564	111815	112143				
今村	106599	107452	108444	108901	108908	108922			
今村鞆	108901	108908	108922						
給仕	110587								
給水	104082	105855	106122	106178	110403	110951	110970	111682	
給養	109382								
起工式	104854	105907	107706	109549	109751	110251	110308	110434	110615
機關車	106114	109567	112956						
機關銃	111644	112862							
記念	104377	104454	104556	104654	104775	104984	105300	105373	105396
	105498	105648	105720	105841	105845	105856	105953	106011	106015
	106058	106105	106367	107346	107601	107805	107873	109117	109415
	109524	109537	109869	110062	110151	110343	110483	110525	110653
	110706	110745	111068	111258	111602	111743	111759	112858	112992
	113166	113187	113253						
記念植樹	104984								
記念日	104377	104454	104556	104775	105648	105856	105953	106015	106058
	106105	107805	109415	109537	110706	112858	113166	113253	
記念日 紀念日	104377	104454	104556	104775	105648	105856	105953	106015	106058
	106105	107805	109415	109537	110706	112858	113166	113253	
基督敎	104308	104641	105021	105665	107058	109519	109694		
汽動車	111113	113043							
記錄	104208	105417	106106	109164	111801				
寄附	104175	105208	105776	106055	106761	109078	109197	109694	109744
	111404	111606	113288	113364	113379				
寄附金	106055	106761	109078	109197	109744				
飢死	112920								
氣象	107972	110081	112036						
妓生	103673	103683	103698	103734	103840	104464	104528	105463	105489
	106144	106235	111140	112074	112084	112651	113304		
汽船	104401	104434	108163	108538	108760	109305	109366	110440	110495

	113201							
既設會社	108858							
期成會	103787	104531	104868	104940	104954	105227	108930	110681	111326
技手配置	108826							
技術	103887	103994	105791	106032	107989	108804	108867	109005	111482
技術官	108804	111482						
技術員	103887	105791	106032					
技術員講習	105791	106032						
企業	104192							
記者	103673	103679	103683	103693	103698	103705	103734	103759	103815
	103877	104629	104635	104791	104821	105590	106829	106840	106845
	107139	107883	108447	108656	108657	108763	109894	110093	110454
	111137	111567	112032	112268	112303	112317			
記者協會	110093	110454	111137					
既定事業	106418	112558						
氣腫疽	111188							
汽車	105442	105711	106449	107941	111070	111099		
起債	104969	105983	108810	109599	109607	111321	111778	112553	
起債事業	112553							
寄港	104786	105184	105501	105870	107905	108197	110440	111164	113570
寄港地	105501							
畸形	106628	107533	111316					
嗜好品	112914							
緊要事	111612	113500						
吉林	104691	104902	107121	107622	108760			
吉村謙一郎	109516							
吉會線	109592							
吉黑両省	112420							
金基德	113306							
金益相	108233							
金堤	107743							
金佐鎭	106099							
金札	110432							
金泉面	112266	112337	112351	113017				
金衡翼	112875	112892						

	ㄴ								
ヌクテ・狼	106346								
羅南	104102	104139	104274	104331	104360	104912	105109	105171	105985
	105995	106051	106061	106105	106999	107125	107209	107211	107729
	107820	107896	108434	108771	108783	108899	108920	108921	108944
	109001	109046	109558	109574	110550	110725	110797	110848	111583
	111687	112333	112491	112526	113223				
癩病	108311	108344							
羅州	107786	110586							
羅津	104083								
樂浪・樂浪城	112701								
落成式	104559	104801	105627	106573	106723	107399	108203	109529	110671
	112472	112565	112746	113207					
亂脈	104903	111598							
難波	112624								
難破	105052	107457	108850	113222	113234				
南極	112839								
襤褸	111647								
南滿中學堂	112683								
南山	103827	112139	112154	112169	112188	112224			
南鮮	103769	103981	104181	104254	104268	104295	104402	104616	105420
	106172	106261	106388	106422	106488	106582	107581	107830	108135
	108271	108496	109661	109990	110157	110517	110851	112031	112955
南洋	103978								
南原	105676								
南浦	103666	103735	103774	103863	103982	104410	104434	104496	104535
	104613	104654	104748	104804	104859	104922	104935	104971	105046
	105106	105136	105147	105283	105388	105607	105635	105672	105767
	105845	105911	105965	106050	106061	106367	106395	106498	106580
	106726	106844	106856	106865	106910	106911	106984	107071	107160
	107193	107256	107326	107563	107604	107674	107696	107725	107766
	107799	107808	107815	107927	108009	108060	108138	108252	109164
	109239	109253	109350	109501	109611	109755	109850	109886	109895
	109920	110378	110477	110688	110719	110754	110774	110798	110874
	110949	110988	111110	111210	111217	111280	111409	111498	111643
	111805	111882	112516	112519	112555	112593	112601	113080	113161
	113176	113360							
南浦會議	109850								
納凉	111624								
納稅	106190	108398	108989	109235	110177	112209	112463	112843	112910
	113127	113165							
納額	112871								
內閣	107982	111980							

內務	103836	104508	105197	105765	106520	106925	107097	107230	107258
	107408	107521	107607	107718	107929	108118	108300	108536	108984
	109336	109372	109593	109763	109775	109928	111204	112033	112041
	112367								
內務局	103836	107521	107607	108118	108300	108984	109593	112033	
內務部	104508	105197	105765	106520	106925	107230	107408	107718	107929
	109336	109372	109763	109775	111204	112041	112367		
內務部長	104508	105197	105765	106520	106925	107230	107408	107718	107929
	109336	109372	109763	109775	111204	112367			
內務省	107258								
內鮮結婚	104731	104816	107855						
內鮮婦人	106585								
內鮮兒童	106783								
內鮮人	103651	104349	105173	108172	108446	108723	109774	110723	111770
	112608	112659	113080						
內鮮學校	106517								
內定	105121	105707	105792	107682	111564	112728	113100		
內政獨立	104566	104868	104954	105329	106112	107632	108103	108792	
內地	104028	104091	104130	104155	104276	104442	104548	104582	104603
	104611	104676	104722	104753	104838	104949	104967	104972	104994
	104999	105070	105212	105313	105395	105496	105550	105619	105825
	105944	105945	106047	106131	106336	106382	106673	106729	106730
	106849	106901	106944	107353	107464	107728	107733	107739	107762
	107911	108145	108182	108197	108224	108395	108469	108525	108846
	108984	109121	109165	109199	109267	109379	109447	109466	109501
	109530	109531	109579	109755	109786	109876	109926	109965	110111
	110278	110294	110303	110469	110496	110802	110962	111017	111103
	111151	111166	111233	111340	111403	111432	111576	111636	111647
	111660	112036	112115	112119	112206	112374	112489	112495	112622
	112712	112751	112779	112946	112963	113008	113010	113056	113130
	113250	113409	113469	113568					
內地視察	104676	104753	104838	104967	104994	104999	110278	110303	
內地視察團	104838	104994							
內地人	104091	104442	104548	104611	105619	105944	107353	108145	109121
	109199	109379	109447	109501	109755	110294	112206	112489	112495
	112779	113008	113130	113409					
來津	112336								
內帑金	111718								
奈何	112484								
內訌	104296	107188	107314	110667	111522	112804			
冷藏船	110833	111038	111727						
冷藏運搬	110074								
勞農	103762	107538	108131	108451	111129	111378	111503	113200	113479

勞農政府	103762	107538	108451	111378	111503	113479			
勞働團體	106754								
勞働鮮人	111576								
勞働爭議	112435								
勞働諸	108522								
露領	105506	110922	111878						
勞銀	104828	105810	106303	107617	108320	108453	109572		
勞組 勞働組合 勞動組合	106637	103650	110923						
農家	105817	107994	108683	109443	109578	110760	111369	111654	112711
農監	106089	106931	108109						
農具講習	111216								
濃霧	105553	106777	110527	110788	111189	111284			
農務課	107390	109290	109980	110689	112301				
農民	104131 111184	106526 112307	107184	107676	108576	108802	110611	110784	111124
農事	105228	106339	111154						
農産物	1E+05	1E+05							
農業	103760 106650	103994 108599	103999 109511	104229 110766	104977 111766	105129 111779	106151 112259	106339 112802	106420
農業講習會	103760								
農業勞働者	106650								
農作	106568	107130	107267	107366	107398	111767	111814		
農場	103725	107059	107208	110078	113380				
農村	109397	109498	109664						
農村爭議	109397								
農學校	112565								
農況	112097								
農會	106213	106289	108158	112205	112447				
樓主	113233								
癩病院	1E+05								
勞働祭	110071								
露人	104276 108653	104961 110386	105071 110507	107422 112068	107999 112805	108053	108370	108466	108475

	ㄷ							
ダム	110957							
ヂストマ	105524	109665	109686	110061	111900	112893		
ドクトル	109376							
ドルメン	107206	107713						
茶	106410	107698	107716	107730	107770	107783	107795	107809	107842
	107872	107897	107950	107968	107981	108005	108016	108031	108798
	108806	108811	108820	108831	108842	108854	108868	108883	108900
	108907	108933	108945	108959	108974	108982	109002	109010	109023
	109035	109047	111466	112241					
多獅島	103787	103858	104055	104110	109315	110864	111088	111361	111763
短艇	109439	110267							
端艇	111225								
斷指同盟	110382								
團體	104166	104869	106240	106754	107334	108522	108935	109168	109580
	110231	111994	112395	112510					
擔保	103907	108577	112870						
潭陽	108373	108436							
踏査	104029	104884	106969	106995	111470	112059	112701	113142	113191
撞球	109603								
當局	103650	103650	103650	104582	104613	104729	104873	103650	105417
	105514	105529	106280	106511	103650	106837	106920	106972	106995
	107022	103650	107260	107283	107331	107359	107405	103650	107502
	103650	103650	103650	103650	103650	103650	103650	103650	103650
	103650	103650	103650	103650	107814	103650	103650	107918	103650
	107973	103650	108092	103650	103650	103650	103650	103650	103650
	108316	103650	108480	103650	103650	108857	103650	103650	109064
	109088	103650	103650	109258	103650	103650	103650	103650	109393
	109429	109515	109578	103650	109649	103650	110009	110168	110200
	110341	110415	103650	110609	110697	110787	111277	111447	111504
	111546	111644	103650	111680	103650	112295	112364	112680	112684
	113003	113110	113148	113233	113260	113292	113312	113349	113420
當選	103721	106071	106683	106805	106849	109338	109905	110055	110374
	110375	110420	110421	110462	110464	110465	110647	110648	110865
	110890	110932	111091	111186	111227	111534	111557	111850	112069
	112076	112286	112432	112960	113038	113051	113052	113053	113078
	113080	113081	113096	113124	113227	113246	113257	113276	113351
大邱	103650	103693	103650	103751	103759	103769	103815	103823	103850
	103877	103911	103990	103650	104047	104069	104097	104121	104216
	104217	104221	104293	104295	104317	104350	104353	104376	104397
	104462	104476	104625	104657	104743	104745	104762	104780	104941
	103650	104994	105044	105150	105188	105320	105332	105399	105473
	105490	105492	105561	105573	105622	105681	105750	105774	105789
	105795	105853	105992	106216	106220	106231	106232	106243	106317

106319	103650	106363	106404	106544	106566	106572	106652	106809
103650	103650	107162	107182	107203	107246	107261	107351	107354
107428	107476	107566	107593	107738	107769	107841	107863	108085
108112	108113	108200	108229	108294	108313	108337	108390	108411
108417	108495	108531	108566	108607	108617	108732	108743	108758
108873	108906	108926	108932	109001	109080	109122	109150	109162
109193	109261	109288	109309	109330	109334	109350	109364	109391
109399	109424	109455	109470	109512	109529	109574	109631	109654
109663	109701	109728	109785	109799	109810	109828	109841	109862
109873	109877	109915	109977	110020	110034	110084	110119	110259
110306	110335	110357	110419	110420	110531	110567	110574	110606
110614	110633	110664	110687	110743	110767	110848	110861	110910
110913	110974	110988	111069	111078	111167	111293	111311	111314
111359	111446	111447	111475	111477	111486	111603	111676	111683
111743	111756	111796	111834	111919	111930	111948	112013	112058
112157	112199	112208	112225	112247	112258	112294	112303	112358
112392	112402	112418	112507	112747	112867	112871	112879	112947
112960	113026	113038	113045	113078	113092	113215	113316	113334
113339	103650	113436	113439					

大邱神社	112358							
大根	111887							
大內(京官局庶務課長談)	103650	103650	108128	103650	103650	110146	110196	
對內貿易	112072	113521						
大同江	104278	104342	104444	104872	104884	105646	106982	109014	110065
	110082	110167	110505	111035	111330	103650	111639	111651	111665
	103650	111700	112625	112896	113138	113269	113292		
大同江運河	111639	111651						
大同橋	112532	112779	103650	113138	113207	113230		
大東同志會	103964	104315	112675					
大豆	104526	107480	107834	108557	109148	109857	109887	110162	110627
	110930	112233	112287	112309	112734	113283		
大連	105575	105602	108682	109520	109680	110761	111670	111745	111801
代理	104936	110051	110622	112399				
對馬	107348	112004						
臺灣	104633	104769	103650	103650	103650	103650	110977	111420	111559
	103650	111708	111860	112796	113139	113172	103650		
臺灣·台灣	104633	104769	103650	103650	103650	103650	110977	111420	111559
	103650	111708	111860	112796	113139	113172	103650		
大半	103650							
貸付	105067	106008	106134	106463	110836			
臺北	103650	111558	111969	113547				
大商	112918							

大西(技手)	103650	103650						
大雪	103950	104808						
對岸	103802	103650	103650	104343	104623	105759	105854	106177	103650
	108516	110033	110065	111105	111242	111479	113019	113085	
大英斷	105899								
代議士	103997	103650	103650	103650	111481	111636	113488		
大日本	104899								
大將	103650	104012	104042	104717	104966	105824	106338	108117	108128
	103650	108413	108582	109139	110455				
大藏省	107228	109115	103650	110460					
大田	103699	103967	104003	104014	104047	104081	104121	104158	104336
	104354	104497	104537	104564	104657	104745	104912	104941	104985
	105069	105094	105188	105304	105557	105681	105782	105950	106107
	106214	106227	106259	106446	106597	106807	106837	107034	107047
	107093	107168	107222	107301	107382	107442	107509	107674	107808
	107886	107966	108087	108165	108204	108401	108471	108617	108899
	108973	109001	109131	109177	109209	109228	109455	109500	109701
	109879	109907	110147	110222	110399	110521	110652	110722	110988
	111003	111091	111410	111583	111739	112141	112267	112330	112362
	112669	112742	113053	113124	113285	113360			
大井	106599								
大庭									
大庭(軍司令官)	104012	105542	103650	106788	107061	107443	107483	103650	108084
	103650	108381	108393	108404	108413	108447	108582		
貸地	106428								
大瞻	109545								
大塚(內務局長)	107521	103650	108300	103650	109314	109319	109332	103650	
貸出	103791	104450	103650	104952	103650	105578	103650	105814	106583
	107023	107557	107677	108034	109078	109126	110913	112571	112575
	112713								
大阪	104665	104687	105954	106710	106729	103650	108130	108232	108819
	103650	109540	109712	109732	109856	109979	110466	110733	110753
	110773	111726	112059	112172	112770	113079			
大平壤	103650	107644	111639	111651					
大學	105239	103650	106019	106133	103650	103650	108524	108542	108751
	108790	109307	109462	109566	109739	109744	109777	110273	110659
	110743	111360	113169	103650					
大韓	104933	106241	110823	111030	112201				
大虎	106907	111896							
大會	103707	103767	103820	103843	103861	103892	103938	104020	104089
	104268	104454	104522	104754	104791	104806	104821	104899	104911
	104958	105021	105199	105332	105460	105596	105635	105690	105803
	105838	106042	106060	106081	106227	106230	106391	106422	106452

106469	106553	106584	106660	106731	106767	106778	106789	106867
106877	106882	107050	107177	103650	107300	107337	107338	107415
107655	107704	107708	107768	107778	107928	107940	108000	103650
108175	108295	108763	109014	109140	109207	109399	109402	109407
109540	109561	109571	109586	109603	109636	109715	109717	109785
109925	109990	103650	110007	110072	110084	110119	110157	110172
110357	110570	110574	110598	110599	110621	110659	110733	110753
110765	110768	110773	110791	110801	110818	110895	111014	111025
111048	111049	111128	111178	111202	111266	111362	111413	111419
111449	111464	111544	111553	111554	111565	111578	111690	111725
111731	111821	111837	111861	111915	111925	111957	112040	112108
112150	112166	112194	112199	112208	112219	112221	112225	112247
112258	112265	112268	112285	112300	112303	112319	112357	112362
112379	112402	112407	112424	112459	112461	112493	112499	112510
112521	112534	112548	112564	112619	112632	112655	112675	112707
112726	112749	112762	112844	112863	112942	112955	113014	113034
113035	113073	113110	113162	113164	113179	113200	113204	103650
113339	113460	113513	113529	113546	113547			
大興電氣	109268							
德壽宮	104279							
德津	106318							
稻	106322	106567	106652	107616	109430	110300	110540	110999	111527
	111617	111672	111702	111990	112007	112197	112230	112231	112246
	112832								
渡橋式	103650	113207	113230					
陶道尹	107121							
跳梁								
跳梁・跳梁	103650	106177	107342	107451	108327	112628		
道路改修	105086	105437	106734	106800	108455	109367	103650	111060	111451
圖們江	107997	111436	113269					
圖們鐵	112229							
掉尾	112472							
賭博	111974							
盜伐	110471	111353						
渡邊	103650	103650	103650	104183	103650	105480	107073	107216	103650
	103650	103650	108934	108946	103650	109209	103650	109643	109763
	109775	110350	103650						
渡邊豊日子	108934	108946						
渡部薰太郎	108370	108643						
圖書	103779	103650	105831	107246	107747	103650	103650	108549	109050
	109461	103650	109514	103650	109616	103650	109913	110048	103650
	111491	111602	111603	103650	103650				
圖書館	103779	103650	105831	107246	107747	103650	103650	108549	109461

	103650	109514	103650	109616	103650	109913	110048	103650	111491
	111602	111603	103650	103650					
渡鮮	103664	103906	103934	104026	104290	104411	104473	104567	104607
	104683	104869	104910	105008	105095	105187	105498	105679	106103
	106139	106327	106390	107518	107785	107854	108611	109466	109542
	110799	113561							
都市計劃	105142	107236	108732	108787	108885	110419	110828	111021	
都市計劃令	108732								
稻作	106322	106567	106652	107616	109430	110999	111527	111617	111672
	111702	111990	112007	112197	112230	112246	112832		
道政	103650								
賭地權	110426								
道知事	103650	103730	104266	103650	104928	105029	105152	105432	105450
	106454	108208	103650	108976	109372	109864	110268	111718	103650
	103650								
道廳	103650	105541	105994	109644	109885	109982	110082	110240	110310
	110658	110728	111311	111326	111533	111947	112347	112993	113198
	113210	113246	113265	113298					
道廳舍	109885	112347							
道廳移轉	103650	111326	111947	112993	113198	113210	113246		
淘汰	104885	106399	106713	103650	106847	107229	107447	103650	107569
	108269	108490	108903	109380					
道評議會	104629	104634	104635	103650	104696	104723	104738	104920	105249
	109136	109623	112117	112525	112814	113102	113284	113411	113412
	113446	113467	113468						
渡航者	103650	111103							
纛島	105690								
督勵	112843								
獨立	103650	103732	104308	104436	104566	104610	104725	104868	104954
	105329	103650	106112	106489	106718	106721	107045	107439	107632
	108103	108342	108522	103650	108706	108792	109263	109725	103650
	110328	110819	111155	111244	111437	111799	113569		
獨立團	106721	107439	109725	111244	111799				
獨立團軍隊	106721								
獨立團員	107439	111799							
獨立黨	107045								
獨立不逞團	106718								
獨立守備隊	109263	111437	113569						
獨立運動	103732	104610	106112	107632	108342	108522	108706		
讀書	103779								
獨身者	104379								
毒瓦斯	110154								

獨逸	105679	106027	107456	110904				
讀者	104665	104687	108772					
篤志	107802	113379						
瀆職	106952	107220						
督學	109084	112961						
頓挫	106774	109482						
敦賀	108693	112640	113125	113503				
敦賀線	112640							
敦化	104894							
突擊	110406							
突破	106477	108491						
東京	104633	105095	105475	105601	103650	105925	105937	103650	107790
	108130	108977	109066	109241	109250	110614	111405	111573	111609
	111630	112080	112245	112583	112770	113084	113204		
東宮	109848							
東大	105692	105716	106727	108030	110228	110733	110753	110773	110801
	110818	112181						
東萊	103675	103650	106196	107367	107590	103650	107893	103650	103650
	110593	110859	111395	112144				
東萊溫泉	103675	103650	106196	107367	107893	103650	103650	110859	
同盟	103814	104700	105641	105838	106594	106720	106775	106953	107052
	107166	107180	107288	107453	108397	108608	108614	109050	109276
	110382	110974	111104	111198	111311	111401	112022	112492	112563
	112604	112678	112683					
同盟罷業	106720	111198						
同盟休校 盟休	103650	103814	103814	104022	104107	104341	104481	106059	106078
	106143	106144	106256	106315	106430	106595	106613	107947	108202
	108614	109084	109226	109511	110807	110842	111104	111104	111311
	111401	111401	111416	111973	112563	112563	112604	112604	112652
	112678	112678	112683	112683	112901			
同文書院	108663	109979						
東邊道	112295	113070	113322					
凍死	113252							
東鮮	111251							
東省實業	106421							
東洋	104577	105589	103650	103650	109694	111289	111355	111544	113138
東洋大學	103650							
東拓								
東拓 東洋拓殖	103791	103650	104218	104461	104579	104592	104768	105042	105067
	105510	105578	105790	105899	106008	106089	106155	103650	106463
	103650	103650	103650	106931	107079	107264	107460	103650	108104
	108109	103650	108408	103650	108674	103650	103650	103650	109387

	109642	103650	103650	109764	110275	110435	110439	110532	110544
	110998	111000	111052	111183	111468	103650	112173	112448	112527
	112558	112690	112821	103650	112934	113160	113389	113466	113475
東鉄・東鐵	110457	110904	103650						
東清	113020								
東清線	113020								
東拓									
同胞	113034	113291							
銅貨	111277								
頭道溝	106365	106457	106836	106913	103650				
豆滿江	106225	106884	110869	112912	103650	113084			
豆満江									
豆粕	105939	106463	110685	111516					
豆腐	107043								
痘瘡	105447	108615							
頭取	103650	103650	103650	103650	103650	103650	103650	108077	108088
	103650	103650	103650	109964	110888	111347	111453	103650	103650
頭痛	111938	111959	113170						
騰貴	106303	106737	106880	107138	107227	108400	109386	109572	109651
	109868	110040	112949						
燈臺	107754	108305	108343	113181					
藤本 (京畿道高等課長)	103650								
藤村忠助	110941								
藤川利三郎 (慶北知事)	104928	108296	108976						

ㄹ								
リレー競走	110511							
レコード	104999	110130	110571					
羅南	103794	103891	104003	104102	104139	104274	104331	104360	104515
	104678	104912	105109	105171	105446	105503	105985	105995	106051
	106061	106105	106261	106413	106614	106620	106747	106999	107125
	107209	107211	107357	107642	107729	107820	107896	108262	108434
	108435	108687	108771	108783	108899	108920	108921	108944	109001
	109046	109122	109350	109558	109574	109728	109862	109991	110003
	110056	110073	110092	110244	110550	110725	110797	110848	111192
	111279	111302	111583	111687	112006	112058	112333	112491	112526
	112948	113006	113007	113038	113223				
癩患者	111525							
旅行	103650	105163	106327	108572	111331	112458	112498	
鍊	105326	108575	109059	109070	109105	112559		
煉瓦	103650	108676	113293	113434				
聯合大會	106553	107177	107338	107778	107940	111362	112493	112655	113014
列車	103650	103650	103650	103650	104194	104455	104659	104735	105016
	105103	105175	105180	105230	105427	105441	105645	105895	106101
	106200	106267	106741	106844	106870	106950	107317	107496	108316
	108341	108350	108353	108760	109066	109258	109682	109903	110190
	110813	110815	110835	111259	111821	111920	112547	113248	
露 ロシヤ 西亜 露西亜 露國	103753	103755	103826	104073	104098	104276	104401	104831	104961
	105071	105269	105506	106612	107039	107422	107582	107688	107999
	108053	108066	108131	108194	108246	108345	108370	108421	108425
	108466	108475	108488	108521	108637	108653	108706	108760	108809
	108818	108984	109095	109244	109382	109522	109703	109957	110026
	110342	110386	110507	110617	110637	110973	111007	111105	111129
	111242	111422	111487	111608	111652	111839	111846	111878	111899
	111939	111967	112068	112178	112456	112805	113333		
論文	104926	106533	109172					
流筏	106225	107997	110869	111392	112269	112345	112855	113021	113194
流通	103650	105014	109801					
李塿公	105289	106123	108117	108191	108307			
李承晩	113442							

□								
マラソン	111880	112381	112619	113255				
メーデー	110170	110171						
メソヂスト教會	111033	111043						
馬	103650	103753	103847	103897	103911	103935	103997	104048	104068
	104076	104148	104206	104230	104238	104299	104462	104471	104559
	104612	103650	104710	104757	104763	104789	104851	104857	104859
	104924	104925	104927	104957	104959	104960	105048	105069	105170
	105198	105248	105268	105269	105305	105394	105428	105449	105522
	105526	105584	105611	105633	105643	105681	105702	105718	105758
	105759	105803	105839	105848	105853	105854	105950	105951	105952
	105992	103650	106080	106095	106107	106162	106177	106220	106234
	106242	106316	106329	106348	106373	106397	106424	106431	106434
	106435	106464	106509	103650	106542	106590	106597	106625	106627
	103650	106725	103650	106827	107045	107146	107152	107199	107207
	107209	103650	107276	107292	107324	107340	107342	107348	107378
	107418	107451	107576	107620	107622	107624	107689	107690	107696
	107753	103650	107837	107917	107919	107921	107979	107992	108019
	108020	108059	108162	108204	108216	108250	108343	108360	108376
	108486	108494	108516	108546	108566	103650	108899	108981	109009
	109097	109133	109142	109155	109225	109277	109288	109309	103650
	109340	109344	109408	109512	109544	109567	109602	103650	109617
	103650	109663	109741	103650	109825	109849	109892	109907	109946
	109990	110011	110014	110020	110060	110097	110112	110152	110161
	110181	110191	110274	110280	110335	110350	110368	110383	110387
	110425	110449	110464	110597	110628	110635	110668	110722	110749
	110767	110843	110856	110861	110881	110898	110937	110987	110988
	111096	111100	111162	111222	111228	111236	111307	111331	111343
	111414	111415	111475	111500	111524	111546	111601	103650	111709
	111715	111724	111752	111773	111819	111841	111871	111873	111907
	111966	112004	112108	112172	112174	112177	112199	112296	112312
	112372	112377	112379	112421	112496	112521	112534	112628	112647
	112650	112692	112700	112718	112719	112927	112932	112940	113031
	103650	113096	113129	113171	113203	113456	113471	113525	113564
麻	106682	107619	109610	103650					
馬鈴薯	111100								
馬齡薯	112421								
馬山	103650	103897	103911	104076	104206	104462	104559	104757	104789
	104851	104857	104859	104924	104925	104957	105069	105198	105248
	105268	105428	105522	105526	105633	105643	105681	105718	105758
	105848	105853	105950	105952	105992	106095	106107	106220	106329
	106348	106373	106424	106431	106434	106509	106590	106597	103650
	107146	107152	107199	107207	107209	107276	107292	107418	107620
	107624	107690	107696	107917	107919	107921	107979	107992	108204
	108376	108486	108566	108899	108981	109009	109097	109277	109288

	109309	109340	109408	109512	109544	109617	109663	109741	109907
	109946	110011	110020	110112	110161	110181	110191	110274	110280
	110425	110464	110628	110722	110861	110987	110988	111096	111236
	111414	111475	111601	111709	111715	111724	111819	111871	111966
	112172	112174	112177	112312	112377	112692	112700	112718	112927
	103650	113096	113129	113471	113525	113564			
馬賊	103753	103847	103935	104048	104068	104299	104612	103650	104927
	104959	105048	105170	105269	105394	105584	105702	105759	105839
	105854	105951	106177	106234	106316	106397	106435	106464	103650
	106542	106625	106827	107045	103650	107324	107340	107342	107378
	107451	107576	107622	107689	107753	103650	107837	108019	108020
	108059	108162	108216	108250	108516	109142	109849	109892	110060
	110097	110383	110387	110449	110597	110635	110668	110749	110843
	110856	110898	110937	111222	111331	111415	111500	111546	111841
	111873	111907	112296	112496	112628	112647	112650	112719	113031
	113203	113456							
馬賊團	103847	103935	104048	104068	104959	106435	103650	107340	107342
	107622	107689	107753	110635	112296	113031	113456		
馬鎭	104960	108360	112372						
馬車	109133	109567	113171						
麻布	106682	109610							
莫斯科	107335	108131	113480						
滿	103758	103892	103935	103938	103997	104007	104010	104040	103650
	103650	104337	104362	104450	104516	104665	104687	103650	104778
	104815	104832	104964	104979	104992	103650	105014	105024	105079
	105085	105120	105204	105218	105350	103650	103650	103650	105488
	105594	105601	103650	105745	103650	103650	103650	105830	105844
	103650	106066	106081	106094	106106	106120	106225	106230	103650
	106469	106534	106788	103650	106884	106955	103650	103650	107079
	107201	103650	107238	107244	107278	107310	107367	103650	107443
	103650	103650	107517	103650	107697	103650	103650	103650	103650
	103650	103650	103650	103650	103650	107915	107939	107954	103650
	103650	103650	108089	103650	103650	103650	108224	103650	108318
	108408	108419	108490	103650	103650	108662	108684	108719	108729
	103650	108742	108759	108772	108778	108832	103650	108929	108943
	109079	103650	109130	103650	103650	109155	103650	109180	109202
	103650	109207	109378	109439	109469	103650	103650	103650	109507
	109527	109546	103650	103650	109565	109579	103650	103650	109616
	109682	109725	109738	109757	109761	109798	103650	109875	109882
	109909	109913	109925	103650	110095	110124	110178	110197	110237
	110247	103650	110318	110331	110344	110348	110358	110404	110408
	110417	110441	110455	110457	110460	110466	103650	110490	110513
	110605	110640	110642	110712	110716	110723	110733	110753	110773
	110791	110862	110869	110885	110888	110930	110947	110998	111006
	111032	111070	103650	103650	111178	103650	111315	111331	111347
	111413	111468	103650	111491	111599	111674	111686	111716	111824

	111825	111848	111890	111903	111940	111955	112001	112206	112357
	112396	112424	112476	112655	112683	112787	112846	112912	112957
	103650	112977	113005	113034	113084	103650	103650	113136	113162
	113179	113274	103650	113494	113569	103650	103650		
萬國博覧會 萬博	104112								
滿蒙	103650	108318	108408						
滿蒙銀行	108318	108408							
滿鮮	103892	103938	104010	103650	104362	104815	104992	103650	105350
	105601	106081	107201	107238	103650	103650	107954	103650	108759
	108778	108832	109202	109207	109469	109527	109565	109579	109738
	109798	109875	110348	110642	110862	110998	111674	103650	113494
滿鮮對抗競技	109527								
滿鮮視察	110348								
漫然內地	111576								
滿銀	107079	103650	111599						
滿洲	103758	103935	103997	104337	104362	104450	103650	104778	104964
	104979	105024	105079	105085	105120	105204	105218	105350	103650
	103650	105488	103650	105830	105844	106066	106094	106534	106955
	107244	103650	103650	103650	103650	108089	103650	108224	103650
	108490	103650	103650	108662	108943	109155	103650	109180	109378
	103650	109507	110095	110460	103650	110605	110733	110753	110773
	110888	103650	111347	111413	111468	103650	111491	111686	112001
	113136	113162	113569						
滿洲財界	105844	103650	108490	103650	103650	103650	103650		
滿鐵	104007	104516	105594	103650	105745	103650	103650	103650	106066
	106106	106230	103650	106469	103650	103650	103650	107278	107367
	107443	103650	103650	107517	103650	103650	103650	103650	107915
	107939	103650	103650	103650	103650	108419	108742	108772	103650
	109079	109130	103650	109439	103650	103650	103650	103650	109616
	109682	103650	109913	109925	103650	110124	110178	110197	110237
	110318	110331	110344	110358	110404	110417	110457	110466	110490
	110513	110640	110712	110716	110947	111032	103650	111178	111315
	111824	111848	111940	111955	112357	112424	112476	112655	112787
	112846	112957	112977	113274	103650	103650			
亡命	105673	103650	110386						
賣却	103650	113093	113116						
梅毒	107049	109376							
埋立	105657	105994	107491	110091	110201	110756	110830	111511	111513
	112597	113178	113409	113471	113522				
埋立地	110756	111513	113178	113409					
梅雨	106670								
埋藏	107526	108176							

埋築	104854	109673						
麥粉	112249							
麥作	105105	105987	110300	110493	110868	111000		
猛獸	103949	106472						
盲啞	104541	105574	113493					
盲啞者	104541	105574	113493					
盲人	111559							
猛虎	104005	111895	112145					
盟休	103814	104022	104107	104341	104481	106059	106078	106143	106144
	106256	106315	106430	106595	106613	107947	108202	108614	109084
	109226	109511	110807	110842	111104	111311	111401	111416	111973
	112563	112604	112652	112678	112683	112901	103650		
綿絲布	109857							
免稅	109054	111985	112009	112621	112774			
緬羊	111208							
棉業	106707							
面議	112266	112337	112351	112694	112948	113006	113008	113053	113124
棉作	105791	105922	106002	106032	106485	106619	106703	106758	106779
	106861	107124	107400	107656	108178	109940	110148	110185	111283
	111372	111384	111469	111703	112008			
面長	104104	104548	104741	105149	105244	108875	109236	109460	110593
	111618	111964	112267	112337	112351	113017		
免職	107131							
綿布	107062	108837	112327	113388				
綿布商	108837							
免許	108306	108997	113094	113304				
棉花	104220	104406	105939	106369	108215	108995	109508	110689	110840
	111292	111469	111655	112232	112715	112827	112949	113086	113332
	113421	113500						
棉花栽培	106369	109508	110840					
棉·綿	104220	104406	105791	105922	105936	105938	105939	106002	106032
	106320	106369	106485	106619	106703	106707	106758	106779	106861
	107062	107124	107163	107400	107471	107656	108082	108178	108215
	108837	108995	109508	109610	109857	109940	110148	110185	110689
	110782	110840	110897	111283	111292	111372	111384	111469	111655
	111703	111914	112008	112232	112327	112715	112739	112827	112949
	113086	113195	113195	113228	113297	113332	113388	113421	113500
名古屋	104704	105941						
名物	103673	103683	103698	103734	104440	104924	111140	112004	
明照學園	107789							
銘酒地	107917							
明治神宮	111860							

明太	104310	112738						
母國觀	105463							
毛內靖胤	105963							
模範	104999	105626	109432	109786	110126	112227	112813	113363	113543
摸範林	109295							
某地	111604							
募集	103848	104578	105108	105618	106291	106441	106673	106761	106974
	107551	108475	108661	108674	109138	109349	109694	109744	110439
	111131	111315	111648	111696	111877	112422	112865	113394	
牧師	103914	104381	104790	105053	105647	107708	110431	113098	
牧場	107422	107531	109477	110141					
木材 木材業	106480	106547	107637	108086	109222	109887	110091	110123	110416
	110535	110690	110964	111294	111944	112028	112170	112345	112450
	112699	112751	112981	113075	113079	113447	113483		
木浦	104014	104022	104454	104715	104733	104804	104864	104941	104957
	105046	105146	105396	105664	105678	105738	105906	105992	106018
	106061	106079	106082	106086	106128	106166	106217	106416	106514
	106902	107011	107029	107065	107428	107442	107552	107778	107786
	108000	108127	108151	108190	108262	108294	108390	108471	108612
	108633	108712	108727	108758	108771	108999	109122	109277	109309
	109340	109350	109375	109631	109841	109977	109981	109991	110054
	110112	110174	110182	110253	110277	110283	110361	110396	110421
	110482	110740	110761	111159	111164	111329	111457	111539	111583
	111663	111936	111950	112105	112143	112991	113038	113096	113161
	113451								
蒙疆・蒙古	104692	104794	107431	110804	111672				
苗木	106885							
墓地	104212	105609	111589						
武官	105765	106148	107697	107772	108296	109209	110045	111299	112845
武器賣買	112612							
武內作平	106439							
武道	103707	106042	110453	110598	110768	112863			
武力	103800	107857	109908	110138					
無料	110261	112146							
無料診察	110261							
茂山	104343	105004	111954	112096	112165	113028			
無産者	108608	111480							
無線	104074	105274	105967	106279	106604	106825	106892	106971	108071
	108120	108287	108698	109170	109517	109682	110380	111421	111452
	113189	113539							
無線電信	109170	109682	111452	113189					
無線電話	104074	105274	105967	106279	106825	106892	106971	108071	108120

	108287	108698	110380	111421	113539			
撫順	108481	110178	113216					
撫順炭	108481	110178	113216					
武術	111661							
貿易	103655	103748	103845	103942	104177	104270	104374	104388	104496
	104653	104793	105148	105207	105276	105327	105560	105642	105661
	105694	105751	106074	106191	106268	106306	106367	106490	106537
	106607	106759	106827	106850	106897	106898	106902	106943	107105
	107117	107437	107597	107927	107936	107978	107990	108001	108036
	108198	108212	108355	108491	108633	108647	108740	108754	108755
	108864	108877	108954	108967	109219	109316	109351	109541	109565
	109684	109889	109998	110023	110089	110339	110354	110583	110645
	110684	110721	111214	111371	111422	111531	111652	111794	111829
	111888	112072	112122	112211	112574	112640	112641	112667	113056
	113140	113336	113489	113490	113503	113521			
無煙炭	106649	110777							
武裝	105562	105951	107069	108035	108089	108234	108251	111171	111264
	113071								
武裝解除	108035	108089	108234	108251					
無茶	113329								
文官	107143								
文部省	111909								
門司	103701	103974	105653	109580	109856	110075	110466		
文雅	109403								
文藝	110902	112882							
文昌範	106099								
文化	105815	108195	108640	109166	111561				
文華大學	108542	109777							
物價	104828	105317	105810	105887	106325	106606	106737	106838	106880
	107044	107056	107057	107113	107136	107137	107156	107211	107224
	107279	107280	107335	107349	107430	107513	107653	107676	107922
	108079	108453	108589	109092	109134	109386	109576	109651	110040
	111919	112105	112207	113183					
物價騰貴	106880	109386	109651	110040					
物價引下	106606	106838	107056	107057	107113	107136	107156	107279	107280
	107349	107430							
物産	103769	103876	105256	105757	105845	106151	106733	107721	108556
	109303	109418	109576	110484	110724	111135	111396	111883	112594
	112625	112876							
物産奬勵會	105757	109303	109418	109576					
米價	108299	109459	113180	113478					
未墾地	109444	110677							
美擧	104128	112069							

米檢	103883	104752	104784	104931	104953	105121	113126		
米穀	104089	104522	104899	107954	108000	110336	110444	111191	112323
	112816								
米穀大會	104089	104522	104899						
米國	104098	104192	104230	104321	104451	104692	104794	105923	105924
	106702	107732	108311	108452	108984	110045	110572	110738	110975
	111829	112731	112813						
尾崎	111052	111468	111473	111733	112527	112883			
美濃部(總裁)	104053	104222	104679	106713	111485				
美談	112236								
米豆	104814	107693	110780	111984	112022	112741	113279		
米商	107421	111463							
米収	106381								
美術	103948	104087	104271	104698	104987	105038	105155	105485	105878
	105884	108648	110188	110223	110250	113459			
美術展	104698	104987	105155	105878	105884	110188	110223	110250	
米試食會	108943								
迷信	104102	104161	105193	106450	107049	107615	108235	110148	110741
	111288	111589	111746	112218					
尾野實信 (關東軍司令官)	108391								
美人	106739	106780	110327	110470	110620	110741	112759		
米田	109497	109803	110715	111148	111718	111776	111820	112346	113119
	113176								
美展	105476	105624	105683	105736	105913	105944	105973	106022	106096
	106123	106132	106161	107867	109394	109560	109601	109624	109656
	109787	109805							
梶井盛	106530								
米增産	110392								
民立大學	108751	108790	109566	109744	110273	110659	111360		
閔妃	112315								
閔妃殿下	112315								
民心	108936	108975							
閔泳綺	106179	109377							
民謠	112084	112100	112116						
閔庭植	113364								
民族	103749	105815	105972	112914					
民衆	107176	108416	108586	108699	110001	110115	110169	110194	110524
民衆化	108586	110115	110524						
密林地帶	112096								
密賣	105231	108115	108201	111769					

密輸	103796	104280	107030	108161	108470	109390	110385	110568	111245
	111397	111693	112252	112615					
密陽	105172								
密航	113250	113427							

ハ								
バス	110558							
ビラ	105331	109303	112238	113207				
ビルブ ローカー	111023							
ボーナス	113462							
ボストン	113185							
雹	106043	106077	106578	110262	112545			
朴經錫	112429							
博多	109104	109981	110561					
博覽會	104112	104769	104867	104883	105442	106317	106790	108476	110379
	113178							
撲滅	107955	112893						
博物館	104725	105788	108545	108836	112627			
博士	103664	103966	104183	104473	104695	104797	104839	104926	105337
	105358	105647	105721	105798	105815	106533	106552	106563	106610
	106927	107186	107248	107630	107702	107798	107854	108030	108719
	109036	109172	109336	109552	109791	109812	110108	110110	110126
	110672	111476	111487	111863	112041	112627	112842	113549	
撲殺	107128							
朴星斗	106556							
朴容滿	110408							
朴重陽	109003	109011						
反對運動	109418	111947						
反對派	110406							
半島	103659	103665	103668	103680	103694	103709	103726	103745	103761
	103783	103799	103816	103835	103855	103879	103901	103917	103952
	103995	104008	104023	104041	104054	104071	104085	104109	104129
	104146	104165	104190	104207	104228	104260	104277	104305	104324
	104346	104366	104383	104398	104418	104433	104449	104467	104484
	104504	104517	104539	104565	104590	104630	104648	104664	104686
	104705	104720	104736	104747	104764	104779	104810	104827	104848
	104866	104882	104898	104914	104929	104946	104963	104976	104993
	105027	105054	105078	105102	105119	105178	105194	105216	105238
	105258	105311	105334	105413	105431	105448	105465	105482	105512
	105528	105543	105568	105588	105608	105629	105650	105671	105688
	105705	105746	105766	105783	105804	105823	105863	105881	105898
	105917	105959	105980	105996	106020	106129	106149	106167	106207
	106222	106634	106647	106672	106698	106728	106749	106766	106873
	106890	106912	106923	106938	106954	106966	106985	107019	107035
	107055	107074	107094	107112	107135	107153	107169	107194	107223
	107235	107257	107303	107327	107358	107383	107404	107444	107462
	107498	107510	107522	107537	107553	107567	107605	107625	107643

	107698	107716	107730	107770	107783	107795	107809	107842	107872
	107897	107950	107968	107981	108005	108016	108031	108076	108129
	108142	108152	108166	108179	108192	108205	108219	108238	108253
	108263	108278	108297	108314	108347	108368	108378	108392	108402
	108414	108439	108457	108473	108503	108533	108548	108567	108581
	108601	108618	108638	108668	108714	108730	108744	108784	108798
	108806	108811	108820	108831	108842	108854	108868	108883	108900
	108907	108933	108945	108959	108974	108982	109002	109010	109023
	109035	109047	109061	109073	109086	109098	109113	109123	109145
	109151	109163	109178	109194	109212	109230	109249	109265	109279
	109289	109301	109311	109331	109342	109353	109410	109425	109441
	109456	109471	109492	109513	109564	109742	109758	109771	109784
	109800	109811	109829	109842	109855	109865	109880	109896	109924
	109933	109947	109962	109978	109992	110006	110021	110036	110047
	110064	110080	110102	110120	110139	110155	110176	110198	110216
	110233	110248	110269	110292	110315	110351	110369	110391	110414
	110433	110456	110473	110491	110514	110533	110573	110600	110623
	110641	110656	110675	110695	110713	110752	110772	110883	110905
	110926	110960	110980	110994	111015	111034	111051	111071	111086
	111126	111160	111182	111205	111226	111248	111268	111278	111319
	111337	111357	111386	111418	111440	111483	111650	111678	112081
	112094	112114	112135	112151	112187	112243	112261	112282	112302
	112321	112363	112382	112401	112404	112460	112478	112500	112511
	112522	112537	112551	112566	112634	112657	112673	112688	112729
	112767	112788	112810	112825	112864	113095	113118	113137	113151
	113168	113188	113206	113224	113237	113270	113290	113307	113328
	113345	113408	113429	113443	113463	113482	113497	113514	113530
	113557	113574	113591						
叛亂	107378								
反日運動	104016								
發掘	105815	106450	107206	108139	108235	110956	111220	111570	111589
	111835	111853	111875	112627	112682	112842	112994	113115	113220
發達	103937	104079	107733	108395	110200	110209	110379	111407	111428
	111443	112523	112847	113146	113353	113431			
發動機船	104310	110781	113368						
發奮	108802								
發電	106033	109582	110984	111406	111471	112567	113104		
發電所	109582	111471							
發布	104130	108655	109706	110370	110689	111730	111900	112998	
發行	107550	108276	110451	112443	113103	113535			
跋扈	106177	107076	110060	111547	112520				
發會式	103728	105219	105458	105466	105903	106637	107321	107802	107961
	112157	112294							
勃興	104815	105883	106896	108694	110106	111018	111443		

防穀令	104329	110332						
放流	105646	113143						
訪問	103856	106255	106292	106358	106478	111302	111968	112861
訪問團	111968							
防備隊	108424	108539	108953	109325				
防禦	111740	112862	113566					
防疫	104197	105612	107037	108874	111009	111674	111943	
防疫施設	108874							
防疫會議	104197	107037						
邦人	104192	105234	106961	107385	107742	108304	108535	108675	108851
	110601	112132	112414					
紡績	105118	106094	106320	106720	109156			
紡織	104807							
放火	105140	110639	112038	113305				
配給	113248							
配付	107793							
賠償	104393	109344	109559	111481				
排水	103650	105061	107377	108904	109851	110832		
排日	104381	104451	106499	107170	107368	110246	110343	
排日歌	104381							
排日宣傳	107368							
背任罪	108895	109032						
培材	105563	106451						
排斥	104579	107477	108656	108725	110405	111176	111252	111416	113479
白軍	103903	107999	108089	108144	108163	108207	108221	108246	108309
	108375	108380	108432	108450	108475	108637	108643	108652	108684
	108760	109118	109790	109971	110189	110407	110430	110975	111604
	112068	113093	113116					
百武三郎	108448							
白米	103883	104752	104931	108723	110810			
白兵	106955	111810						
白鳳丸	109070	109406						
伯爵	110232							
白丁	110043	110506						
白菜	104625							
繁榮	103812	104002	105696	106335	107273	109611	110184	110210	110537
	110601	111116						
繁榮會	103812	105696	106335	107273	110184	110210	110537	111116
筏橋	106203	110820						
犯人	104380	104645	105253	106543	106641	107128	109390	109545	110263
	110958	111353						

法	103725	103840	103997	103998	104148	104222	104397	104506	104511
	104694	104706	104978	105118	105141	105144	105152	105433	105451
	105466	105480	105513	105587	105599	105730	105822	105856	105885
	105921	105945	106015	106090	106148	106179	106281	106302	106366
	106387	106398	106466	106485	106656	106701	106815	106957	106982
	107076	107099	107308	107448	107485	107524	107554	107596	107628
	107657	107890	107943	108052	108110	108171	108172	108283	108310
	108322	108485	108550	108591	108600	108616	108670	108860	108892
	108902	108913	108955	108975	109115	109155	109336	109344	109376
	109496	109529	109614	109686	109720	109816	109864	110061	110072
	110392	110455	110575	110604	110671	110716	110881	111055	111153
	111243	111307	111339	111388	111576	111694	111733	111857	112010
	112134	112142	112253	112428	112513	112829	112946	113090	113380
	113484								
法官	105152	105433	105945	106281	106398	108283	109496	109864	111055
法規	103840								
法令	107076	107308	108550						
法務局	104506	104706	104978	105587	106148	107099	107448	107628	108283
	108600	108902	109496	110455					
法院	104397	105480	105885	106090	106366	107099	107485	107943	108052
	108913	109529	110072	110604	110671	110881	112134	112142	
法人	106179	108171	112010						
法人會社	112010								
法曹界	108485								
變更	104934	105676	105732	106215	106635	106741	107586	109571	110676
	110681	110851	111041	111673	112329	112558			
辨當	107571								
辯論差止事件	108485								
辯士	111314	113002							
邊土	108403								
辯護士	104115	104546	105354	105999	106354	106436	106549	106599	107263
	107448	107819	109187	109449	109571	110116			
辯護士大會	109571								
辯護士會	104115								
病	104416	104766	104922	105031	105524	105535	105655	105741	106136
	106294	106372	106609	106772	107007	107149	107322	107449	107564
	107580	107589	107702	107710	107756	107785	107852	107912	107943
	108066	108108	108227	108311	108312	108344	108555	108705	108717
	108818	109106	109225	109376	109414	109659	109891	110041	110226
	110618	110972	111028	111147	111177	111218	111262	111288	111607
	111746	111937	111953	112083	112324	112533	112778	112987	113040
	113170	113260	113445	113501					
兵器	106735	106768	107675	108532	108588	109313			
兵器支廠	106735	106768	108588	109313					

兵隊	105080	105275	105703	107511	107588	107675	107694	108128	108902
	108957	109028	109107	109270	109412	109483	109695	110219	110231
	110346	110550	110609	111669	111754				
兵士	108293	109543							
兵舎	104811	106916	107585	108539	109935				
病院	104416	104766	104922	105031	105535	105655	106136	106772	107149
	107449	107564	107589	108108	108227	108311	108344	108555	108705
	108717	109106	109414	109891	110041	110226	111953	112083	112987
	113040	113170	113260	113445					
併合	109782	110109	110318	111381					
保健	105318	112915							
補缺	108339								
報告	103787	104049	104060	104782	105012	105360	105997	107360	107766
	109080	110238	110895	111332	112025	112983			
補給	105747	105784	106119	106581	107238	107844	108488	108526	109729
	112304	112811							
補給金	107844								
歩兵隊	109107								
普選	107364	109664	111592	112012	112883				
補選	103888	106194	106214	107418					
普選運動	112012								
補助	103669	103770	104209	104688	104739	104995	105246	105418	105422
	105558	105559	106520	106809	106828	106987	107038	107196	107214
	108609	108692	108904	108969	109184	109285	109581	109900	110690
	110935	111079	111147	111207	111447	111596	111778	112466	112973
	113286	113553							
報知機	112922								
普天教	110406	112181	112273	112338	113384				
保険	105529	105806	105930	106502	106570	107547	109846	109948	110095
	110142	110144	110545	111789	112406	113425	113448		
保険契約	110095	110142	110144						
福岡	105274	106892	107855	108071	110380	111110	111421		
復舊	103904	104399	104535	106830	107098	107144	107157	107318	107329
	107446	107515	108186	108761	109221	110284	111657	111668	111720
	111778	111788	111951	111981	112025	112099	112191	112557	
福島莊平	108737	108832	109024	109062					
複式	111838	111993	112984						
覆審	108913	109529	110881						
福音	109376								
服裝	112415								
服制	113062								
復興	106073	112155							

本部長	107514	108493	108532	110350	111716			
本願寺	103827							
本田	103662	105454	105886	106386	107156	108211	108427	108460	108738
	108825	109449							
本田(府尹)								
俸給	108440	109501	112279					
鳳山	104358	106250						
奉迎	105095	105135	105141	105175	105250	105498	107711	107738
奉天	104470	106000	107760	108154	108174	109066	109474	109737	110390
	111123	112803	113484						
奉天戰	109474							
副共	112292	112352	112373	112434	112508	112576		
賦課	103909	105731	106047	109091	109326	109548	110373	113192
賦課金	103909							
部隊	105103	106260	107877	112336				
副島伯	110909							
不渡手形	103926	106003	112820					
不動産	103907	107083	108664	110275				
部落	104006	110316	111548	113363				
部落民	111548							
浮浪者	104721	112783						
副領	103755	105673	105807	107477	109343			
府民決議	108838							
富士	105118	110130	111497					
釜山	103655	103662	103663	103669	103688	103717	103739	103752	103794
	103827	103891	103911	103930	103938	103946	103947	103988	103989
	103990	104030	104032	104064	104065	104082	104091	104103	104164
	104186	104221	104263	104304	104347	104350	104393	104428	104445
	104515	104581	104583	104614	104626	104653	104663	104703	104711
	104757	104795	104807	104843	104985	105025	105042	105047	105065
	105072	105088	105110	105123	105132	105150	105188	105207	105209
	105229	105248	105250	105268	105274	105288	105304	105325	105328
	105369	105370	105375	105388	105422	105430	105440	105454	105462
	105474	105478	105480	105489	105503	105522	105552	105558	105561
	105579	105581	105593	105622	105654	105657	105669	105680	105681
	105694	105696	105698	105724	105738	105756	105773	105775	105778
	105828	105833	105838	105847	105853	105887	105889	105891	105893
	105916	105950	105970	105977	106061	106065	106086	106119	106128
	106154	106178	106184	106185	106191	106224	106238	106262	106279
	106280	106319	106323	106328	106329	106335	106346	106348	106364
	106370	106380	106382	106387	106414	106416	106453	106478	106484
	106497	106498	106514	106519	106520	106529	106560	106607	106624
	106633	106645	106656	106659	106765	106797	106811	106819	106830

	106831	106837	106838	106843	106856	106871	106892	106916	106947
	106976	106977	107024	107071	107085	107100	107105	107113	107122
	107134	107139	107150	107156	107191	107234	107242	107256	107275
	107291	107294	107312	107382	107387	107395	107421	107450	107484
	107513	107520	107545	107559	107566	107578	107604	107696	107711
	107715	107741	107775	107779	107782	107856	107871	107885	107993
	108040	108071	108116	108120	108146	108151	108156	108247	108361
	108409	108411	108412	108421	108427	108460	108489	108498	108547
	108624	108672	108732	108740	108758	108825	108836	108954	108969
	109012	109092	109104	109192	109206	109255	109309	109316	109401
	109449	109470	109544	109597	109636	109667	109699	109748	109795
	109804	109810	110017	110035	110112	110353	110380	110481	110537
	110548	110560	110561	110647	110709	110722	110821	110822	110838
	111048	111123	111377	111395	111421	111553	111554	111568	111583
	111645	111915	111939	111962	112004	112091	112105	112196	112209
	112263	112268	112272	112280	112411	112528	112615	112667	112783
	112797	112886	112897	112900	112972	112987	113032	113040	113047
	113051	113072	113122	113170	113260	113285	113333	113374	113407
	113409	113418	113440	113451	113489	113527	113567		
釜山高女	105088	109795							
釜山商議	104614	104711							
釜山送信所	108120								
釜山驛	105696	112105							
釜山中 釜山中學校	104663	111554							
釜山鎭	107191								
釜山會議所	103946								
副賞	108449								
敷設	104521	104570	105346	105866	106263	106531	107259	107392	109254
	109282	109334	109395	110025	110624	111066	111149	111669	111849
	112850								
浮說	111313								
附設	106685	108372	108672						
府稅	107311	107536	112871	113173					
不安	106365	106655	106712	108267					
副業	107596	108337	109088	109298	110912	110952	111115	111166	111250
	111274	111432	111654	111689	111730	112079	112129	112162	112175
	112212	112227	112250	112275	112276	112322	112409	112462	112670
	112858	112973	113258						
府營	104111	104486	104673	105059	105060	105123	105156	105378	105590
	105657	106185	106224	106402	106423	106541	107332	107499	107501
	108240	108673	109132	109269	109582	109636	110395	112446	113301
富永一二	109533	109569							
府營住宅	104673	106402							

富源	110717							
府尹	103650	103662	103669	103711	103825	103922	104076	104206	105141
	105198	105454	105545	105782	105866	105886	106025	106224	106386
	106400	106865	106910	107075	107081	107156	107160	107294	107363
	107914	107955	108211	108240	108427	108460	108669	108688	108738
	108748	108822	108825	109080	109357	109449	109481	109637	109683
	109836	109998	110175	110503	110512	110576	110578	110796	110961
	110983	111147	111159	111796	111802	112193	112944	113039	113170
	113289	113387							
附議	103958	108965	110180						
婦人	103720	103753	103957	103970	104049	104321	104560	105006	105124
	105534	105851	106523	106553	106585	106610	106886	107339	107802
	107940	108021	108078	108114	108614	109021	109699	110096	111397
	111693	111858	112012	112195	112236	112489	112865	112943	113002
	113014	113024	113034	113035	113110	113291	113339	113550	
婦人會	105851	106585	106886	107802	108114	112195	113291	113339	
赴任	107009	107920	107929	108145	108484	108630	109370	110104	111453
部長	104267	104397	104508	104538	104667	104709	104767	104834	105118
	105197	105301	105309	105456	105550	105570	105731	105765	105842
	105882	106026	106269	106302	106396	106520	106858	106925	107020
	107080	107144	107215	107230	107259	107386	107408	107487	107514
	107675	107697	107718	107776	107844	107913	107929	108493	108526
	108532	108551	108587	108797	108923	109021	109106	109336	109348
	109372	109385	109486	109503	109570	109757	109763	109775	109814
	109864	109898	109937	109993	110052	110231	110331	110350	110368
	110455	110513	110622	111204	111267	111281	111332	111716	111784
	111863	112080	112367	112656	112671	112708	112924	112961	112964
	113107	113205	113256	113266	113370	113551			
不正	104104	105050	106146	106183	106415	106555	107131	107192	107377
	107421	107839	108146	108709	108881	111243	112274	112974	112995
	113030								
府政	103660	108801	112464	112479					
不正漁船	108881								
敷地	103862	105521	105557	105714	105776	107077	107407	109357	109462
	110480	110609	111092	111343	111444	111492	111580	111754	111765
不振	104965	106068	107539	107849	107850	108879	110534	111792	112714
富豪	104128	104861	105847	107422	108611	108685			
不況	113027								
府協議員會 府協議員 府協議員懇談會	106185	106893	109313	111215	111811	112464	112886	112907	
府會	109369	110572							
副會頭	103888								
北京	103912	107697	109875	110168					

北滿	104256	104815	104832	107212	107310	109204	109761	109882	110930
	111006	111331	111903						
北鮮	103669	103707	103800	104038	104887	105090	105813	106172	106350
	106480	106822	106834	106898	106926	106939	106991	107005	107061
	107173	107259	107641	107850	107874	107899	107926	108198	108535
	108693	108755	108970	108984	109129	109592	109985	110089	110202
	110599	110629	111059	111094	111323	111613	111673	112170	112258
	112288	112609	112863	112918	113069	113375	113450		
北支	105323	105805	109196	111164	111424	113490			
北靑	104770	107010	109585	110766					
分監	108916								
分校	108244	108524							
奮起	108697								
分岐點	105676	108239							
分讓	104328								
紛擾	103908	103932	104095	104893	105851	105984	106025	106097	106201
	106876	107410	108721	108725	109381	109906	110277	110486	110530
	110553	111263	111402	111725	111857	112437	112605	112724	113148
	113364	113571							
紛紜	106687	112584							
分遺所	103886								
分掌	103868	104510	105152	109674					
紛爭・紛争	110763	111030	106579						
分廠	112420								
不景氣	105693	107204	108461	109284	110294	112954	113133	113274	
佛敎	103894	105809	108105	108884	109746	110236	112200	112668	
佛敎慈濟院	105809	108105	109746	112668					
佛國	104007	106798							
佛國寺	106798								
不良	104740	105105	105467	105534	106180	108398	108776	108989	111617
	112209	112366	112932	113342					
不逞	104623	104643	104832	105074	105192	105562	105585	105704	105740
	106392	106513	106718	106763	106951	107069	107356	107439	107595
	107660	107664	107669	107837	108094	108206	108327	108394	108578
	109153	109302	110033	110113	110245	110448	110594	110619	110823
	110900	110955	110992	111044	111105	111154	111171	111380	111545
	111626	111747	111859	111903	111956	111972	112215	112295	112361
	112398	112629	112722	112878	112921	113000	113011	113070	113111
	113133	113167	113199	113305	113319	113423	113438	113458	113566
	113589								
不逞團	104623	104643	105740	106718	107664	107837	108206	108327	108394
	109302	110448	110619	110823	111044	111171	111380	112629	112722
	113000	113011	113133	113199	113423	113438	113458	113589	

不逞鮮人	104832	105562	105585	105704	106392	106513	106763	106951	107069
	107356	107595	107660	107669	108206	108394	108578	110992	111956
不逞鮮人團	105585	108206	108578						
不逞人	109153	110033							
不逞者	110113	110594	110900	110955	111545	111626	111747	111859	111972
	112295	112361	112398	112878	112921	113167	113319	113566	
不逞漢	105074	105192	108094	112215	113111				
不時着陸	109922								
不穩文書	103762	110346	110841						
拂底	103731	111020							
拂下	104140	104525	106667	106725	107199	108268	108507	109583	110416
	110784	110964	111134	112171	112622	113498	113548		
不況	105926	107203	107596	107677	107736	107763	108036	108623	108926
	111528	112349	113195	113577					
非難	106511	106521	107594	109673	110838				
秘密結社	104988	105665	105837						
祕密結社	110226								
非常	112922								
非常報知機	112922								
匪賊	112970	113455							
飛行	104018	104185	104204	104278	104320	104617	104662	104811	104844
	104930	104943	104989	105015	105097	105167	105475	105684	105799
	105860	106019	106296	106393	107086	107142	107201	107766	107784
	107790	108153	108467	108496	108529	108597	108694	108912	109205
	109210	109769	109942	110013	110140	110218	110305	110306	110401
	110650	110653	110746	111063	111080	111196	111250	111279	111774
	111834	111872	112011	112263	112392	112393	112420	112507	112582
	112643	113042	113064	113100	113325				
飛行機	107784	111250	111279	112392	112420	113064			
飛行隊	105097	107142	109205	110401	110653	110746	111063	111196	
飛行場	104811	106393	108912						
飛行學校	108153	113100							
濱田	106337	111324	111868	111946	112852				

	ス								
サーベル	109467								
サンガー夫人	105006								
シンヂケート 組織協議	113447								
スケート大會	109014	113546	113529						
スコロズモフ (露國領事)	108809								
スキー	108890	110141							
スケート	104224	113529	109014	113546					
事件	103875	104102	103919	104104	104527	104579	104896	105114	105525
	105647	106078	106097	106330	106429	106430	106457	106530	106555
	106599	106689	106757	106836	106906	106913	106998	107253	107347
	107485	107550	107577	107603	107695	107806	108346	108394	108470
	108485	108569	108709	108895	109065	109483	110079	110153	110264
	110288	110345	110366	110468	110471	110487	110726	110789	111013
	111141	111154	111355	111662	111693	111750	111770	111842	111843
	112202	112217	112238	112316	112338	112563	112604	112630	112678
	112724	112974	113030						
士官	107031	110189							
邪教	107217	110918							
砂金鑛	112661								
詐欺	103933	106545	104122	106689	109727	110469	111504	112369	
師團 二十師團	104222	104427	104311	104744	105118	105181	105510	106283	106788
	106956	107015	107016	107216	107247	107344	107489	107634	107675
	107822	108327	108795	109409	110412	110736	112087	112260	112359
	112526	112626	112656	112703					
師團長	104222	105181	104427	106788	107216	107247	107344	110412	112260
使途	106266	110435							
寺洞	107650	109525							
辭令	103778	104015	103871	104108	104178	104326	104361	104447	104475
	104622	104719	104758	104842	104879	104956	105010	105093	105111
	105138	105165	105265	105365	105387	105502	105582	105600	105621
	105697	105717	105737	105777	105818	105971	106012	106057	106075
	106199	106293	106313	106343	106359	106406	106447	106554	106588
	106791	106866	106959	107012	107066	107108	107165	107183	107233
	107293	107374	107419	107438	107455	107493	107548	107638	107712
	107765	107781	107882	107964	108014	108125	108231	108249	108290
	108340	108363	108431	108472	108528	108544	108562	108596	108757
	108829	108840	108880	108897	108941	109111	109176	109188	109317
	109339	109371	109388	109423	109563	109615	112037	112952	
司令官	103951	104679	104468	104717	104972	105542	106019	106467	106515
	106516	106788	106859	107061	107443	107483	107664	107691	107880

	107970	107984	108084	108117	108128	108191	108329	108381	108385
	108391	108393	108404	108416	108448	108483	108532	108552	108583
	108586	108590	108657	108680	108797	108800	108975	109004	109052
	109171	109211	109247	109474	109592	109711	109721	109806	109911
	110175	110232	110350	110412	110413	110620	110732	110882	110904
	110929	111076	111716	111825	112134	112260	112403	112426	112590
	112787	112845	112923	113395	113556				
私立	104009	104195	104171	104870	105049	108070	111380	111401	111426
私立學校	104870	111380							
死亡	107312	110510	107883	113234	113358				
事務講習	105302	112101							
事務官	103856	104256	104007	104397	104717	104722	105177	105398	105587
	105745	105749	106148	106193	106944	107512	107667	107675	107891
	108106	108595	108621	108736	109147	109181	109396	109398	109421
	109438	109452	109948	110149	110885	111552	111790	112813	113372
事務分掌	104510								
事務所	105910	108608	108479	109509	110358	110418	110819	110985	111089
	111344	112305	112384						
師範	104384	105576	104514	108480	108896	108961	108986	109237	109493
	109629	109824	110581	110702	111270	112121	112458		
師範校新	108480								
師範學校	104384	108961	108896	109237	112121				
司法	105152	105730	105433	106281	106398	106656	106815	106957	108172
	109496	111055							
司法官	105152	106281	105433	106398	109496	111055			
司法機關	105730								
射殺	109545	111896							
死傷	104659	111011	108310	111920	112562				
私設鐵道	105240	107196	106987	108324	109867	110944			
飼養	111625								
事業	103660	103681	103669	103711	103770	103928	104062	104081	104262
	104291	104327	104425	104488	104495	104540	104574	104594	104631
	104693	104707	104765	104778	104813	104900	104915	104965	104977
	104999	105058	105098	105197	105202	105272	105314	105516	105624
	105636	105753	105883	106063	106154	106155	106340	106352	106381
	106418	106620	106676	106858	106863	106896	107075	107141	107171
	107175	107178	107264	107269	107270	107286	107470	107499	107574
	107635	107668	107717	108038	108062	108093	108177	108285	108300
	108418	108549	108677	108759	108761	108762	108813	108822	108910
	108918	108988	108993	109041	109048	109049	109078	109168	109200
	109215	109346	109484	109520	109628	109734	109765	109899	110083
	110206	110209	110392	110474	110530	110607	110800	110928	111056
	111114	111207	111258	111485	111508	111562	111575	111585	111928
	111992	112033	112136	112193	112324	112484	112553	112558	112665

	112791	112811	112997	113039	113119	113171	113225	113353	113371
	113375	113397	113399						
事業家	104291	109899							
司令	109354	109355							
社友會	110847	112957							
寺院	111745								
飼育	106715	111208	109822						
舍音	108862	109552							
辭任	105457	106826	105966	108211	108925	109646	110519	111964	112652
	113351								
社長	105118	105380	105272	106863	107127	107365	107710	107744	107760
	107785	107879	107995	108264	109463	109762	109804	109993	110175
	110417	110560	110877	111963	112186	113046	113409		
史蹟	104042	112682							
辭職	104700	106262	105381	106594	106752	106981	107052	107065	107467
	107504	108701	108722	112337	112874	113017	113096	113322	
寫眞	104930	107551	106200	109014	109806	109957	110335	110395	110674
	110731	111287	112297	112375	112546	112594	113147	113230	113265
	113339	113518							
查察	108128								
社債	106446	112796	111131	113415	113435				
泗川	106314								
私鐵	103813	104045	103865	104688	104767	105747	105784	107213	107479
	107686	107827	107844	108182	108242	108248	108454	108462	108526
	108692	108834	108940	109463	109720	109729	109900	109993	110049
	110158	110417	110492	110680	111230	111508	111781	111867	112003
	112662	112924	112980	112983	113401	113415	113553	113575	
私鐵建設	108834								
私鐵合同	103865	109463	108940	109900	109993	110049	110158	110417	110492
	110680	112983							
砂糖	104234	109857	109148	110024					
社宅	108742	113457	111940						
辭表	104076	106386	106335	106565	106664	111796	112267	112337	112351
	112396	112397	112899						
死刑	105685	106795	106330	108233	110636	112297			
社會	103669	103681	103674	103770	103902	104092	104113	104423	104424
	104540	104541	104707	104721	104999	105847	106063	106519	107178
	107258	107337	107395	107420	107752	108038	108380	108396	108474
	108487	108691	108869	109168	109200	109464	109493	109765	109913
	109965	110802	111101	111180	111224	111551	111628	111688	111704
	111775	111800	111844	111862	111908	112020	112113	112133	112184
	112206	112214	112256	112298	112457	112589	112687	112748	112784
	113002	113235	113327	113385	113428	113461	113512	113528	113587

社會課長	103902	104721	104423	108380	108474	108487	108869	109493	109965
	113002								
社會事業	103669	103770	103681	104707	104999	106063	107178	108038	109168
	109200								
社會事業講習	107178								
社會事業團體	109168								
社會施設	104113	107395	106519	107420	107752	108396	108691	109464	
社會雜俎	111101	111224	111180	111551	111628	111688	111704	111800	111844
	111862	111908	112020	112113	112133	112184	112214	112256	112298
	112457	112589	112687	112748	112784				
社會主義	107337								
山東	105790	111395	110918						
山林會	109020								
産物	104084	107474	107412	107492	108245	111755	112394	113026	113085
	113317								
産米	104262	106864	104631	107717	108826	110392	113015	113559	
産米改良	106864								
産米增産	110392								
産額	104523	105865	105455	106287	106918	107043	107266	110644	
産業	103758	104370	103963	104483	104631	104749	104908	105028	105510
	105923	106351	106562	107028	107989	108037	108065	108477	108804
	108816	108832	109482	109538	109737	110379	110516	110697	111052
	111359	111443	111509	111636	111734	112153	112221	112451	
産業懇談會	107028								
産業大會	112221								
山陰	113570								
産地	112759								
産鐵	103775	104157	103929	104938	105037	108462			
産出	105352	109037							
産婆	111081								
殺人	105726	107375	106513	108853	110227	111921	112251	112439	112631
森林	103811	104011	104359	105004	105806	108462	110179	110735	110968
	111318	111472	112018	112029					
森林講習會	104359								
森林鐵道	103811	110968	111472						
三菱	104813	108268							
三井	106151	111883	109156						
三千浦	106314	106747	106364	107886	108064	109228	109391	110046	
森賢吾 (英國財務官)	106700								
挿秧	106261	111150	106488	111582					

桑	105162	109372	105779	110764					
賞	103848	105913	103959	105944	106245	106503	106934	107780	107895
	108449	109138	109343	110042	110250	110423	110588	111902	112221
	112400	112576	112636	112744	112840	112859	112893		
商家	112711								
上京	107228	108258	107735	110051	110479	110961	111147	111330	111965
	113155	113245	113271						
上京委員	108258	113271	113155						
商工教	110477								
商工會	107807	110564							
商工調査	104772								
相談	103689	104618	104426	104707	104983	105565	106541	107085	107136
	107287	107779	109716	109902	110783	111499	112939	113567	
相談所	103689	105565	104707	106541	107085	107287	107779	109716	109902
	112939	113567							
上棟式	107248	111396	111290	112093					
相撲	105332	105601	105390	109250	110614	111025	111202		
傷病兵	109225								
傷病者	108066								
商普學校	113144								
商船	112172	113156							
上水道	103650	106048	105001	106209	106355	106755	108257	108319	108873
	109184	109282	110016	110283	110403	110504	110666	110795	111066
	111079	111147	111213	111668	111682	111683	111849	112488	112602
	113354								
商業	103669	104325	103902	104350	104663	105282	106576	106595	108023
	108112	108777	108832	109283	109294	109310	109481	109693	109901
	110104	110850	110888	110940	111104	111169	111344	111402	111454
	111553	111670	112158	112514	112564	112882	113580		
商業校	108777	110850	110104						
商業學校	104663	109283	108023	109294	109310	109481	109693	111454	
商銀 商業銀行	110605	110605	111538	111538					
商議	104116	104302	104614	104711	105965	106071	106404	106492	106493
	106562	106752	107238	107290	107291	107351	107363	107396	107410
	107432	107467	107504	107969	108085	108701	109202	109729	109754
	109755	109782	109846	109981	110221	110238	110512	110642	110932
	112125	112126	112286	112378	112429	112432	112505	112515	112620
	112710	112815	112960	112982	113037	113078	113155	113227	113257
	113271	113392	113393						
商專	104022	104407	110478						
尙州	105908	110279	111734						
上海	103727	103754	104114	104298	104658	105380	105824	105837	106142

	106240	106972	108342	109374	110189	110365	110508	110560	110595
	110991	111029	111082	111263	111522	111906	111998	112132	112809
	113089	113122	113366	113520					
傷害	105294								
上海假政府	104114	105824	110365	110595	111029	111906	111998		
商況	104215	104877	105555	106053	106068	106095	108188	108557	109148
	110354	111732	111792	111935	112714	112954			
商會	103720	105130	108198	108666	111815	112424			
生徒	103814	104259	104347	104578	105175	105487	105498	106430	106451
	106810	106814	107885	108024	109511	109819	109979	110171	110411
	110842	111289	112458	112590	112652	112915	112973		
生徒募集	104578								
生命保險	105930	110142	111789						
生産高	105224	108073							
生産工業	111407	113431							
生産額	104523	105865	107043						
生田淸三郎	109365	109392							
生活	103701	104151	104850	104972	105653	106729	107115	107394	107741
	107941	107953	107985	108440	108878	109166	109495	109763	109775
	109898	111303	111622	111668	112502	112878	112971	113024	113508
生活改善	107394	107741	103024						
生活難	109495	111622							
書記長	105654	107137	107570	107810	107969	108085	109090	112505	113155
庶務	105511	107452	107943	108091	108128	108444	108532	109584	109720
	110146	112134							
庶務課長	105511	107452	107943	108091	108128	108444	109584	109720	110146
	112134								
西伯利	104194	104256	104500	104949	106260	106365	106961	107284	107389
	107584	107607	107680	107876	107969	108300	109260	110025	110528
西鮮	103953	104181	104325	104512	104597	104615	104652	104785	104856
	104973	105023	105256	105333	105352	105556	105691	105796	105811
	106014	107619	107629	107788	107835	108141	108272	108496	108589
	108909	109171	109291	109356	109384	110049	111106	111110	111143
	111641	112548	112580	112733	112761	112814			
署長	104011	104417	104554	105231	105370	106577	106657	106694	106744
	106952	107085	107092	107464	107671	107684	107745	107856	108099
	108146	108624	108722	109405	109437	109818	110291	110821	111240
	111370	111448	111593	111763	112560	112615	112781		
西田(參謀長)	104018	106770	106788	106988					
西村(殖産局長)	103764	104814	105011	105028	105118	106485	106860	107228	107787
	107797	107994	108097	108299	108637	108802	109005	109063	109341
	109648	112903	113286	113317					
西海岸	107717	108816	110779	112567					

石窟庵	109750							
釋放	106771	109191	111304					
石首魚	110708							
釋王寺	106829							
石垣	108623							
石油	104235	105361	105402	105640	105668	105924		
石鍱	113220							
石炭	105339	108176	109044	109057	111883			
船渠	106198							
選擧	104114	104219	107486	108339	108428	108870	109025	109224	109417
	110054	110056	110161	110204	110254	110320	110356	110357	110396
	110564	110577	110719	110776	110798	111087	112012	112126	112266
	112463	112464	112479	112483	112592	112637	112664	112867	112907
	112925	112927	112928	112948	112982	113007	113076	113082	113124
	113227	113393							
選擧權	108428	109417	111087	112012	112463	112982		
選擧有權者	110357							
宣敎	104028	104036	104860	105679	107058	108327	109226	109352	110076
	110133	111209	111782	112605	112731				
船橋	105876	106428	108048	109436	111021	112228	112894		
船橋里	106428	109436	111021	112228	112894				
宣敎師 宣敎師	104028	104036	104860	105679	107058	108327	109226	109352	110076
	110133	111209	111782	112605	112731				
鮮軍	103934	104040	104067	104900	105118	105542	106302	106479	106956
	107064	107443	107697	108117	108251	108532	108797	108800	109106
	109355	109415	109806	109898	109925	110291	110413	110455	111545
	111870	111909	113162	113256					
鮮南銀行	104350							
鮮女	112004							
鮮農	103802	105228	106420	108104	108158	108482	108599	108802	112205
	112307	112447							
鮮都	108511							
鮮童	111012	111675							
善隣商業學校	104663	109283	109481					
鮮米	103876	104149	104200	104367	104874	105057	105748	105846	105873
	106894	106895	106917	107598	107822	108000	108168	108197	108224
	108374	108720	111340	111611	112485	112513	113077	113317	113563
鮮民	105972	108790	109643	112084	112100	112116		
船舶	104390	104545	104849	105513	108700	110027	110081	110407	110559
	110704	111009	111452	111793	111830	112146	113444		
鮮婦人	103720	103970	104560	105534	106585	106886	107339	108021	108078
	108614	110096	111858	112236	112489	113024			

鮮匪	110843								
先生	108275	109493	111144	112109					
鮮語	104094	108659							
鮮魚	103873	108622	110833						
鮮語試驗	104094	108659							
鮮外情報	110879	110901	110938	111045	111181	111223	111439	111629	112257
鮮于筍	104122	104338							
鮮銀	103666	103669	104053	104222	104350	104380	104437	104450	104477
	104483	104671	104853	104901	104997	105336	105376	105404	105452
	105573	106088	106153	106399	106419	106535	106655	106847	107079
	107229	107282	107385	107393	107468	107569	107648	107709	107734
	107736	107762	107771	107839	107848	108034	108068	108106	108189
	108269	108296	108602	108619	108911	109008	109036	109076	109101
	109115	109116	109180	109475	109506	109568	109594	109645	109666
	109703	109704	109720	109801	109802	109812	109900	109909	110057
	110734	110892	111341	111485	111666	111732	112080	112281	112300
	112635	113479	113542						
鮮銀券	104853	106153	108911	109568	109801				
鮮銀總裁	104053	104222	107734	108106	108602	108619	109802	111485	
鮮人郡屬	106594								
船積	109383								
宣傳	103762	103876	103948	104149	104200	104874	104942	105417	105604
	105709	105846	105856	105873	105905	106015	106058	106103	106209
	106739	106895	106973	107051	107155	107239	107339	107368	107832
	108079	108168	108226	109090	109267	109303	109479	109699	110282
	110326	110327	110342	110592	110620	110631	110786	110876	110953
	111274	111813	111994	112374	112438	112513	112535	112743	113036
	113317	113427							
鮮展	106201	106245	106272	110166	110338	110352	110402	110523	
宣川	104526								
鮮鐵	103746	103805	104281	104530	104637	104697	104934	105084	105128
	105322	105415	105420	105638	105812	105903	105986	106034	106114
	106157	106175	106388	106461	106491	106509	106790	107020	107199
	107336	107618	107998	108003	108124	108242	108271	108462	108718
	108923	108950	109621	109883	110157	110497	110517	110699	110847
	110851	111036	111131	111145	111532	111891	111952	112137	112328
	112334	112386	112410	112468	112599	112654	112716	112818	112835
	112940	112966	113009	113105	113499				
善後策	105030	105966	109720	109729	110225	111659	111804	111820	111826
	111885	113157							
鱈	104112	107501	107727						
設立	103859	103955	104170	104171	104253	104407	104531	104902	105421
	105470	105850	106121	106243	106936	106942	107079	107308	107415
	107581	107907	108070	108158	108244	108318	108858	109108	109156

109917	110169	110193	110259	110275	110429	111039	111326	111468
111506	111529	111594	111602	111828	111986	112022	112770	113100
113144	113165							

城

103652	103661	103667	103669	103670	103676	103679	103704	103705
103801	103806	103825	103885	103916	103954	103985	104004	104017
104034	104057	104089	104170	104172	104184	104198	104214	104258
104259	104263	104297	104313	104350	104363	104379	104397	104403
104425	104428	104437	104441	104451	104469	104522	104540	104551
104589	104617	104629	104663	104675	104691	104695	104707	104763
104772	104777	104811	104817	104828	104833	104844	104877	104878
104881	104899	104901	104932	104996	105003	105134	105141	105184
105185	105188	105251	105266	105268	105282	105293	105316	105317
105342	105356	105388	105424	105437	105462	105474	105486	105500
105503	105511	105531	105545	105551	105555	105569	105572	105576
105651	105673	105698	105735	105753	105782	105794	105799	105810
105855	105877	105897	105906	105914	105976	105983	106015	106023
106067	106133	106135	106137	106194	106209	106277	106305	106355
106372	106396	106405	106407	106466	106483	106541	106553	106564
106585	106589	106602	106610	106616	106622	106637	106734	106738
106746	106800	106840	106845	106893	106905	106927	106964	107015
107043	107044	107069	107075	107084	107099	107113	107204	107210
107236	107260	107311	107334	107407	107420	107432	107463	107488
107499	107502	107506	107516	107543	107552	107572	107579	107594
107599	107617	107626	107647	107653	107675	107701	107706	107722
107747	107752	107756	107772	107774	107796	107904	107931	107946
107953	107957	107969	108024	108030	108038	108043	108105	108117
108162	108170	108171	108191	108222	108223	108225	108232	108241
108257	108260	108295	108319	108320	108325	108367	108396	108398
108438	108440	108455	108478	108492	108496	108500	108508	108528
108529	108544	108557	108562	108564	108589	108593	108596	108600
108642	108664	108669	108688	108691	108723	108732	108733	108734
108747	108749	108757	108763	108774	108777	108781	108787	108789
108815	108863	108870	108874	108885	108897	108902	108913	108914
108938	108948	108977	108989	109000	109022	109034	109038	109060
109071	109072	109079	109089	109097	109112	109119	109122	109144
109148	109150	109157	109162	109166	109173	109177	109200	109229
109237	109241	109256	109262	109264	109267	109277	109278	109288
109294	109296	109318	109326	109341	109343	109357	109361	109402
109416	109429	109440	109446	109447	109450	109464	109465	109480
109481	109483	109488	109491	109493	109500	109502	109512	109520
109523	109528	109531	109532	109539	109553	109572	109575	109607
109610	109618	109625	109651	109655	109657	109662	109663	109677
109687	109689	109716	109733	109734	109747	109817	109820	109830
109833	109841	109843	109845	109853	109857	109858	109859	109866
109879	109881	109884	109897	109923	109946	110004	110007	110022
110023	110035	110037	110040	110041	110048	110053	110066	110069
110090	110105	110112	110125	110143	110147	110175	110199	110204

	110206	110207	110208	110215	110217	110234	110249	110251	110254
	110256	110293	110316	110320	110321	110359	110394	110403	110409
	110436	110476	110479	110502	110521	110527	110532	110558	110562
	110577	110610	110612	110616	110626	110643	110657	110666	110686
	110688	110696	110703	110712	110714	110740	110771	110783	110792
	110793	110798	110807	110812	110814	110824	110827	110848	110849
	110881	110884	110897	110903	110906	110907	110927	110940	110942
	110946	110949	110961	110981	111003	111013	111016	111023	111032
	111035	111047	111058	111062	111072	111074	111078	111096	111108
	111111	111127	111144	111169	111170	111177	111183	111189	111206
	111214	111227	111239	111249	111252	111269	111320	111321	111329
	111338	111387	111413	111466	111484	111498	111505	111523	111526
	111547	111553	111554	111571	111595	111610	111664	111679	111680
	111682	111691	111699	111717	111719	111732	111738	111752	111773
	111786	111847	111864	111871	111883	111884	111893	111910	111931
	111933	111953	111957	111977	111983	112001	112010	112016	112022
	112164	112281	112292	112314	112390	112424	112449	112458	112483
	112488	112553	112577	112601	112642	112663	112701	112714	112753
	112862	112865	112907	112939	112954	112986	113002	113014	113018
	113080	113163	113169	113183	113257	113291	113312	113329	113331
	113337	113341	113378	113391	113392	113397	113485	113491	113492
	113518	113525	113550	113552					
城大	108232	109520							
盛大	109349	109877	110434						
聲明	108432								
城壁撤廢	109450								
聖書	108233								
成績	103965	104027	104153	104167	104530	105326	105461	105554	105638
	105812	105878	105930	106031	106055	107106	107775	108026	108629
	108659	108698	108978	109196	109235	109635	110467	110582	110649
	110686	110687	110873	110921	111107	111256	111336	111884	112277
	112319	112402	112446	112670	112745	112755	112771	112797	112833
	112835	112863	112935	112976	113057	113125	113158	113213	113469
星州	110974								
城津	103669	103676	103705	104258	104777	104881	105003	105184	105188
	105268	105424	105698	105877	106616	106622	106734	106746	107506
	107552	107706	108789	109022	109480	109657	109923	110053	110066
	110090	110204	110206	110207	110251	110321	110394	110409	110436
	110476	110527	110612	110616	110626	110771	110783	110897	110903
	111032	111062	111096	111189	111931	111953	112164	112601	
成川	106578	106862	110068						
猩紅熱	104039	109192	109364	110034	110311	110709	112807	112900	113072
世界	104755	107538	108078	110513					
稅關	105962	106633	106721	107355	107536	108835	109255	109518	109936
	110291	110813	110963	111048	111312	111763	112621	113043	113091

稅關檢查	110963							
稅關吏	108835	111312						
稅關長	105962	106633	107536	109255				
稅關支廳	109518							
稅關縮小	108835							
稅金	106525							
稅務	110291	112572	112848	113173				
稅賦課	109548							
世子殿下	104519	105095	105135	105141	105250	105267	105372	105398	105483
	105498	105504	113153	113561				
少女	108996	109006	109040	109053	109068	109077	109093	109099	112154
	112366	113014						
少年	104198	104762	105144	105340	105689	107683	107803	108445	109983
	111048	111155	111413	112064	112366	112564	112619		
少年軍	107803							
所得稅	104403	105731	106047					
小鹿島	109106							
小麥	110493	110930	111272					
消防	103652	103663	103869	105910	109864	109975	112216		
燒死	105305							
訴訟	103825	106204	106525	106796	106963	109031	109389	109571	
消息通	107678	107786	108206	109147	109729	110085	111162	113040	
騷擾	104377							
小作	104229	104348	105918	107890	108750	108878	109069	109459	109466
	109495	109530	109919	109980	110078	110608	110667	110769	111008
	112127	112586	112690	112800	112919	112946	113363	113380	113544
小作農	108878	109530	109980	113363				
小作料	112127							
小作人	104348	108750	109069	109459	110078	110608	110667	110769	112690
	112800							
小作爭議	109466	109495	109919	111008	112586	112919	112946	113544	
少將	103847	104040	104432	104679	106019	106990	107031	107039	107073
	107650	107697	108191	108391	108532	108637	108729	109028	109195
	110247	110276	111716	111870	111909	111978	113074		
所長	104133	104250	104280	104432	104704	104813	105237	105263	105400
	107626	109103	109509	109779	109934	110173	110237	110418	110985
	111089	111591	111612	111863	112142	113138			
消長	106994	109458	109596					
篠田	103660	103852	104248	104792	104926	107449	108426	108477	108813
	109087	109114	109336	109346	109414	111212	111363		
小畠禎次郎	106530							
小切手	112904							

少佐	103951	104691	108729	111825	111846			
燒酎	106253	109953	110568	111397	112252			
召集	108947	110377						
蔬菜	106005	109627	113026					
掃蕩	108881	111626	112722					
素破	108419							
小包	106098	109766	109872	110030	112419			
小學	103751	104030	104193	104347	104382	104424	104824	104945	105201
	105478	105551	106138	106371	107760	107885	107952	107971	108058
	109556	109819	110907	111058	111270	111401	111765	112203	112897
	113329	113516							
小學校	104030	104193	105201	107760	107952	107971	108058	109556	111270
	112897	113329	113516						
速成運動	111210							
續出	107423	108763	108997	110409	111522	111964	112368	112865	113379
損金	112089	112164						
孫基禎 孫(基禎) 孫君	106291							
孫督軍	108515							
孫秉熙	105716	105719						
孫浩駿	106757							
孫洪駿	106771							
松岡	106456	107710	112787					
送金	111376	111998	112080	112119	112712			
松崎(朝郵專務)	104222	104599	104849	105546	107198	107864	108041	108134	108197
	108538	108952	111717						
送金	109703							
松毛蟲	105949	111596	112648					
宋伯	107975	108158	108382	110479	110667			
松山	105940	111481						
送信所	105940	111481						
松永	106669	107996						
送電	109181	111238						
松井	103711	106633	109080	109255	109280	113387		
松汀	104864	108750	111191	112795				
松平	107582							
送還	108010	108475	108620	110507				
刷新	111069	112464						
收監	103893	106657	106744	106757	107560	108666	111289	
收繭	106176	106782	110863					

首魁	103740							
水口(税務課長)	104632	108282						
收納	113049							
水稻	110540	110999	112231					
水道	103650	104354	104410	105907	106048	106082	106755	106809	106927
	106929	107490	108257	108319	109184	109282	110403	110606	110666
	110754	110795	110832	110951	110970	111066	111067	111079	111147
	111149	111213	111310	111558	111668	111680	111682	111735	111849
	111938	111961	111989	112488	112538	112593	112602	113355	113387
隧道	104819	107101	110334	110450	110954				
水力發電 水電	103789	104269	106995	108641	109955	111729	112846	113272	
狩獵	112339	112377	112955						
水利事業	104765	106896	107141	108813	109484	110392	110530	110928	111575
水利組合	104495	104677	106896	108148	109218	109859	111856	113212	
樹立	104130								
手癖	109543								
守備隊	105103	105214	106582	106635	106679	106712	106731	106769	106788
	106862	106930	107000	107041	107212	107240	107524	107595	108267
	108354	108403	109263	109774	111437	112544	113199	113231	113569
搜査	105382	108139	108578	109017	111561	111747	112278		
水産業 水産業	104908	106351	108037	108065	112153				
授産長	108092								
水産組合	104285	104491	105418	108609	108775				
水産學校	107829	107846	108672	110842					
水産會令公布	108872								
水産會法	108860								
水産・水産	103728	103739	103747	103758	103764	104174	104285	104310	104469
	104491	104631	104855	104908	105045	105083	105091	105104	105145
	105202	105219	105237	105314	105321	105327	105418	105455	105466
	105658	105901	106006	106351	106382	106591	106617	107218	107316
	107492	107801	107829	107846	108011	108037	108063	108065	108245
	108285	108348	108372	108609	108622	108672	108775	108860	108872
	109078	109372	109648	109749	109768	109994	109999	110114	110241
	110353	110356	110374	110375	110484	110575	110579	110663	110837
	110842	110871	110948	111056	111296	111377	111493	111697	111755
	112118	112124	112138	112153	112190	112274	112423	112636	112771
	113026	113450							
首相	108119	113271							
水上署	111240	112615							
輸送	103805	105128	105466	105931	106382	108197	108374	108518	108654

	110387	110575	111132	112450	112622	112751	112981	113084
手數料	104456	110549	110552					
首實檢	107800	107812	107828	107845	107865	107888	107900	107913	107925
	107942	107956	107970	107984	107996	108018	108032	108051	108067
	108077	108088	108100	108121	108133	108143	108167	108180	108193
	108220	108255	108279	108298	108315	108359	108369	108381	108393
	108404	108427	108460	108474	108487	108504	108520	108534	108582
	108602	108619	108639	108651	108669	108688	108715	108731	108745
	108785								
水野(內相)	103660	104040	104130	104397	105154	105177	105313	105450	105784
	106390	107828	107845						
水野鍊太郎 水野 (總督・總監)	103660	104040	104130	104397	105154	105177	105313	105450	105784
	106390	107828	107845						
修養團	107321	108703	110307	111976					
修業	113436								
授業	104293	104571	109575	110907	111112	112802			
授與	103692	106245	106877	108468	110423	112221	112636		
獸疫	107281	111612							
水泳	111193	111925							
守屋榮夫	104053	108600	108821	108843	108856	108886			
需要	106248	107008	107539	111594	111615	112323	112822	113026	113211
	113403	113434	113437	113567					
收容所	108475	108488	108818						
水運	110082	113292	113533						
水原	107910	108978	110825	110890	113096				
獸肉類	106525								
獸醫	106026	106667	109337	109608	109796	112220			
水利組合	109413								
收益	105604	108248							
收入	104888	105084	106228	107654	111713	112410	112523	112716	112817
	113160	113504							
輸入	105085	105748	105830	106027	106534	106702	106708	106879	107048
	107665	108605	109722	109888	110354	110385	110568	110759	111161
	111397	111494	111611	111636	112480	112621	113403		
水田	103708	103725	104902	105218	106356	107126	109859	111150	111926
水電	103789	104269	106995	108641	109955	111729	112846	113272	
水質檢查	106355	111310							
修築	104608	106186	106828	106897	107098	108037	108876	108885	109058
	109216	109304	109366	111911					
輸出	103737	104461	105933	105936	106249	106776	107598	108057	108213
	108224	109182	109565	109915	110178	110632	110685	110738	110804

	110831	110852	111391					
水平社	110193							
修學旅行	112458	112498						
水害	107157	107295	107305	107314	107329	107360	107361	107390	107405
	107445	107446	108463	109221	111681	111720	111725	111804	111820
	111826	111865	111874	111885	111887	111932	111951	111955	111985
	112005	112009	112024	112025	112026	112099	112155	112191	112356
	112455	112557	112690	112698	113209	113286			
水害救濟	107314	111681	112099						
受驗	107448	107819							
手形	103926	106003	109220	112820	113004				
手形交換	109220	113004							
收穫	105218	105556	105969	106464	107480	108122	110817	110886	112230
	113121								
收賄	105295	107092	112018						
宿泊料	112418								
巡査	103874	103933	104527	105295	105309	105411	105626	106842	107068
	107128	107221	107322	107399	108383	108387	108711	109271	109485
	109671	111417	111462	111646	111784	111896	112109	112112	112686
	112706	113062							
巡視	104427	107144	107249	107822	108135	108259	108286	108329	108360
	108493	109004	109171	110929	112160	112370			
殉職	108341	110768	110924	111823	112142				
順天	106215	106731	108373	112083	113417				
順川	105992	108183							
巡回診療	109507	110404	111308	111460					
蠅	106413	106693	109988	110018	110725	112331			
昇格	104669	106090	106903	108892	109084	109321	110271	110477	111174
	111866	112273	112987	113170	113436	113445			
乘組員	106277	112782							
乘車	106101	106125	106921	108276	109921				
乘車券	106101	106921	108276						
繩叺	105224	106320	108384	109565					
蠅取デー	112331								
乘合自動車	112299								
詩	105307	107187	108131						
豺	105958	106414	106472						
市街	103847	104521	104799	105399	107753	110150	110151	110318	110400
	111027	112171	112304	112524					
市區改正	103650	104209	104917	105848	107171	108738	110008	111185	113295
	113310								
時局	104351	109146							

試掘	111620							
矢島(內務部長)	106520	106944	108380	108474	108487	109493	109965	113002
市民	103767	103843	103861	103920	103937	103956	104911	105460	105518
	105635	106731	106778	107212	108131	109399	110157	110349	110367
	110434	111279	111681	111725	112588	113569			
市民大會	103767	103843	103861	104911	105460	105635	106731	106778	107212
	109399	110157	111725						
市民會	107212	111681							
施設	103729	104113	104400	104422	104494	104540	104707	104969	105202
	105321	105708	105750	105769	105770	105908	106028	106279	106519
	106604	106798	106983	107114	107395	107420	107449	107450	107707
	107752	107835	107953	108043	108195	108396	108549	108640	108691
	108874	108909	108914	108919	108970	109016	109027	109127	109429
	109464	109655	109702	109804	109882	109937	109975	110076	110372
	112488	112538	112944	113060	113362				
時實	103836	107521	107607	107942	107956	108243	109372		
市外	111477								
示威	103754								
詩人	107187	108131							
市場	103713	103947	103958	104707	104783	104951	105147	105319	105774
	105867	106031	106440	106566	106838	107097	107156	107292	107362
	107502	107543	107614	108276	108417	108612	108948	109321	109490
	109609	109627	109690	110136	110258	110262	110271	110487	110778
	111077	111305	111450	111727	112738	112793	112909	113157	113297
	113312	113321	113377	113416					
柴田(學務局長)	103785	104296	104669	105644	106517	106886	107867	107967	108051
	108067	111825	113162						
時節柄	107595	109473	109481	109493					
施政	107445	108476	109773						
視察	103772	104500	104632	104668	104676	104691	104704	104753	104838
	104892	104949	104967	104994	104999	105143	105146	105245	105254
	105277	105287	105307	105706	105862	106210	106260	107061	107313
	107531	107843	108311	108452	108662	109661	109844	109847	109882
	110068	110156	110278	110291	110303	110348	110735	110909	111137
	111235	111324	111424	111473	111478	111491	111509	111545	111598
	111826	111890	112024	112059	112346	112352	112930		
視察團	103772	104704	104838	104892	104949	104994	105143	105146	105254
	105277	105287	107313	109844	111324	111478	112352		
侍天教	113150								
試驗	103733	103747	103951	104094	104174	104301	104390	104469	104689
	104921	105083	105145	105222	105237	105461	105572	105589	105659
	105660	105901	105909	105999	106006	106037	106354	106603	106618
	106883	106892	106978	107143	107448	107526	107829	107846	107934
	108287	108372	108559	108659	108663	108672	108698	108977	109107

	109186	109200	109203	109241	109341	109416	109707	109731	109934
	110002	110114	110380	110575	110581	110672	110919	111535	111991
	112235	113422	113464	113516	113526	113571	113579		
食堂車	110665	111083							
食糧	104200	105362	108380	112456					
食料品	105377								
植林	106029	106340	106437	107540	111467				
植民	104192	109320	109396	111670	112883				
植民地	109320	109396	111670	112883					
植民地裁判	109320								
殖民・植民	104192	109320	109396	111670	112883				
殖産局	105011	105028	105118	106485	106860	107228	107787	107797	107994
	108097	108299	108637	108802	109063	109341	109648	112903	113286
	113317								
殖産・殖産	103916	104350	105011	105028	105118	106467	106485	106860	107228
	107787	107797	107994	108097	108261	108299	108637	108802	109063
	109293	109341	109648	111818	112903	113286	113317		
植樹	103776	104984							
食鹽	111918	113403							
殖銀 殖産銀行 殖産銀行	103660	103916	104093	104155	104350	104595	104950	105806	106113
	106426	106467	106748	106888	106968	107213	107245	107277	107328
	107579	107613	108077	108088	108150	108523	108808	109036	109328
	109498	109720	109723	109927	109964	110997	111061	111667	111818
	112451	112476	112486	112575	113103	113107	113114	113435	113466
殖鐵(殖産鐵道)	104704	105256	105333	105796	107318	107827	107835	108272	108692
	108923	109051	109185	112980					
身の振り方	109382								
新刊	105350								
新刊紹介	105350								
新京	109693	109757							
神溪寺	106623	109189	110931						
新教育	103976	104009	104130	104272	104574				
神宮	110289	111860							
新記録	104208	106106							
新機運	104308	109538							
新羅	107623	111807							
新聞	104337	104483	104635	104665	104687	104939	104992	105342	105386
	105569	105954	105989	107705	108702	109856	109979	110451	111070
	112157	112428	113259	113576					
新聞講習	105386								
神社	105076	105189	105446	105527	105649	106051	107248	110263	110990
	111219	112358							

新山(司法主任)	106656							
新潟	106995	109336	109372	113422				
新設	103650	103773	103823	104312	104313	104385	104529	104621	104732
	104904	105200	105262	105520	105572	105789	106065	106113	106300
	106301	106603	107148	107156	107394	107526	108250	108281	108480
	108704	108791	108865	109439	109589	109698	110258	110299	110887
	111250	111441	111515	111577	112149	112789	112980	113050	113163
	113518								
新稅	103954	113173							
新義州	103719	103990	104003	104139	104169	104201	104270	104274	104280
	104336	104445	104497	104628	104647	104843	105522	105718	105758
	105885	105992	106086	106184	106670	107030	107037	107530	107566
	108072	108580	108636	108727	108919	108944	109112	109229	109440
	109480	109562	109663	110156	110179	110224	110256	110257	110258
	110280	110349	110378	110425	110431	110463	110503	110521	110524
	110557	110568	110603	110624	110682	110688	110730	110771	110776
	110832	110850	110966	111003	111040	111061	111158	111170	111199
	111262	111301	111310	111715	111724	111763	111911	111993	112234
	112304	112467	112482	112561	112595	112596	112621	112655	112925
	112941	113096	113099	113132	113249	113298	113358	113413	113447
	113541								
申込	104287	104415	106087	106584	107838	108017	109095	109580	110009
信川	105597	109225	109347						
新天地	108346	108569							
新築	103889	105715	105828	105910	106213	107006	107434	108155	108325
	108498	108767	109290	109607	109726	110087	110437	110946	111028
	111074	111194	111344	111513	111533	111721	111766	112061	112324
	112594	112598	113018						
信託	103876	104317	104656	107687	108646	108721	108956	109588	110205
	110940	111333	111456	112452					
信託會社	103876	108646	108956	110205					
新灘津	103776								
神戸	104239	104242	111110						
新換浦架橋	111195								
實家	108233								
實施	103763	103784	104130	104147	104148	104352	104455	104506	104706
	104735	104921	104931	104978	105241	107078	107096	107513	108317
	108564	108628	108670	108732	108860	108909	108977	108998	109258
	109619	109633	109846	109948	110142	110835	111073	111145	111228
	111682	111867	112165	112777	112828	113225	113330	113453	
失業	103836	107219	109826	110802					
實業	103830	103938	103982	103994	104206	104268	104275	104402	104483
	104640	104794	105007	106135	106396	106421	106639	107545	107594
	107596	107626	107664	107749	107771	107786	107843	107887	107969

	108021	108144	108264	108416	108452	108464	108508	108568	108844
	108902	109036	109056	109116	109313	109844	109945	109949	110007
	110019	110698	111049	111169	111393	111449	111909	112265	113075
實業家	104206	104402	104640	104794	105007	107545	107594	107596	107626
	107664	107749	107771	107786	107843	107887	107969	108021	108144
	108264	108416	108568	108844	108902	109036	109116	109313	110007
	110019	111449	112265	113075					
實業講習會	106639								
實業校	106135	106396	110698						
失業者	103836	107219							
實業學校	103982	104275	108464						
實踐	112376								
實測	109254								
實現	104370	104610	104649	105529	105892	107075	107608	108568	108844
	109036	109196	109355	110797	110862	110885	110950	110961	110995
	111421	111639	111651	112567	112611	112639	112838	112883	112987
	113445								
實況	107436	112059							
審判所	108445								

	ㅇ								
アメリカ・米	103725	103737	103876	103883	104089	104098	104149	104152	104191
	104192	104200	104230	104242	104244	104262	104321	104367	104451
	104458	104522	104631	104692	104752	104784	104794	104814	104867
	104874	104899	104931	104953	105022	105057	105121	105124	105252
	105473	105488	105516	105693	105706	105748	105846	105873	105874
	105922	105923	105924	106111	106156	106320	106381	106629	106702
	106709	106742	106818	106864	106879	106894	106895	106917	107421
	107598	107639	107651	107666	107667	107676	107693	107717	107732
	107822	107881	107954	108000	108122	108168	108197	108224	108299
	108311	108352	108374	108452	108535	108557	108576	108634	108660
	108681	108683	108720	108723	108826	108871	108943	108984	109148
	109443	109459	109497	109803	109827	110025	110045	110133	110336
	110392	110444	110458	110572	110602	110715	110738	110780	110810
	110852	110975	111148	111191	111340	111369	111463	111495	111512
	111611	111637	111718	111776	111791	111820	111829	111831	111846
	111934	111984	111998	112022	112323	112346	112485	112513	112598
	112683	112731	112741	112752	112813	112816	112833	113002	113015
	113049	113077	113119	113126	113176	113180	113263	113279	113317
	113478	113493	113559	113563					
ヤンコスキー	108890	110141							
ワウタン	107755								
浪花節	108312								
粮店	112353								
旅客	108157	113274							
漣川	104431	108386	109582						
聯合商品陣列大會	110084								
鈴木文治(労働運動家)	106589	106753							
領事	103755	104166	104763	105807	106429	107477	107751	108281	108311
	109341	109343	110546	111408	111750	111825	112001	112178	112487
	112598	113005	113333						
領事會議	112001	113005	113083	113101	113121				
醴泉	108046	110132							
療養所	104830	109225	109347						
龍興江	110415								
榴散彈	111687								
里道	109436								
兒童	103750	104707	105318	105551	106783	108836	109514	109547	112063
	112802								
雅樂	104980	105533							
亞麻	107619								

阿蘇噴火口	110265							
阿吾地 阿吾地炭田	106263							
阿片	106530	106599	110387	110468	111841			
安南	103729	104508	104693	104708	104723	104738	104792	105765	106261
	106925	107244	108813	108869	109198	109980	111718	111720	112503
	112594	112629	112750	112791	112814	113023	113060	113098	113119
	113309	113551							
安東	103793	103866	104932	106680	108042	109917	110228	110238	110256
	110280	110294	110301	110304	110307	110318	110354	110358	110359
	110378	110418	110425	110447	110452	110457	110480	110485	110502
	110534	110535	110601	110624	110664	110730	110734	110755	110791
	110792	110813	110831	110845	110857	110880	110904	110979	110985
	110990	110995	111019	111036	111084	111092	111122	111123	111139
	111152	111158	111218	111240	111251	111294	111301	111334	111383
	111404	111448	111500	111516	111724	111731	111761	111826	111866
	111880	111911	111944	111960	111986	112028	112201	112305	112354
	112384	112454	112504	112509	112528	112529	112569	112637	112679
	112836	113029	113044	113076	113106	113242	113276	113338	113398
	113430	113432	113455	113470	113472	113483	113509	113538	113569
安藤文三 (滿鐵參事, 京管局長)	105745	109757	109783	109996	110475	110676	111598	111775	111825
	111881	112220	112301	112320	112388	112728			
安藤又三 (京管運輸課長)	104679	105220							
安龍鎬	106495								
安滿	104040	105484	106788	107212	107697	108196	108729	108929	109757
	110247	110276	111716	111825					
安州	104770	105835	105992	108893	110015				
安昌男	108130	108153	108467	108496					
鴨綠江	103841	103892	104396	104536	104845	106392	106605	106670	107659
	107700	107814	108546	110027	110245	110362	110613	110738	111041
	111366	111701	112391	112846	113149	113546	113577		
押收	105331	108654	110170						
昂騰	104572	105317	106303	110810	111643	113180	113483		
愛國	113339								
愛國婦人會	104327	113339							
埃及	108069								
縊死	104702	106559	110312						
櫻	104528	104662	104960	105217	105266	109963	110041	110234	113406
	113476	113565							
罌粟	107087	111671							
野球	104762	105290	105897	105914	105978	106127	106230	106391	106469

	106584	106660	106767	106789	106867	106877	106955	109785	109835
	109945	110314	110330	110511	110570	110598	110651	110712	110825
	110880	110939	110959	111048	111107	111128	111266	111413	111419
	111464	111553	111554	111565	111578	111824	111925	111957	112040
	112150	112185	112258	112319	112362	112402	112548	112655	112785
	112902	113547							
野球大會	106230	106391	106469	106584	106660	106767	106789	106867	106877
	109785	111048	111128	111413	111419	111553	111554	111565	111578
	111957	112258	112362	112402	112548				
野球試合	110511	110880	110939	110959	112040	112362	112655	112785	113547
耶蘇・耶蘇敎	110431	110531							
野砲隊	109835	111196							
夜學	105196	105363	109756	109861	110547				
藥令市	108926	113215	113340						
藥店	110287								
掠奪	104042	113305	113405						
兩江	109013	109393	110334	113269					
養鷄	111274								
養蜂	112027								
養成	104569	105519	105637	107397	108153	109362	109934	111777	
養成所	105519	108153	109362						
養殖	103686	107316	107717	113390					
養蠶	104027	106986	110720	112407					
釀造	104216	106320	107159	107757	107895	107930	108905	111597	112543
	112888								
洋靴	108882	109190							
洋畫	105878	108770							
洋灰	109630								
御內帑金	111718								
漁夫	103757	105234	111264	111276	111352	112067			
御成婚	111258	111602	111743	111758	112992				
漁業	104469	104636	106714	106802	106953	107289	107484	107587	108517
	109070	111037	111280	111613	111727	111857	111918		
御眞影	108749								
言論	106957	108902							
言論壓迫	108902								
言論取締	106957	108902							
女	103973	104035	104205	104283	104294	104306	104334	104353	104862
	105088	105168	105190	105199	105490	105576	105794	106405	106688
	106807	106903	106942	107049	107397	107463	107669	107909	107940
	108052	108342	108415	108608	108819	108996	109006	109040	109053
	109067	109068	109077	109093	109099	109229	109256	109795	109798

	109817	109930	109956	110232	110480	110486	110528	110553	110587
	110816	110849	110957	110961	111081	111092	111178	111276	111529
	112004	112154	112189	112311	112366	112564	112996	113014	113061
女房	108819								
旅客	106830	106837	108157	113274					
旅館	106977	112149							
旅券	108621	110029							
輿論	107771	107946	108023	108038	109076	111725	111882		
女性	105212	106022	106997	108052	108608				
麗水	103758	106274	106683	109874	110440	110842	111493		
旅順	106599	107725	108424	108953	109325	112115			
女醫	104123	110428							
女子大學	108524								
女學校	108791	109026	109956	110961	110982	112678			
女學生	104605	105229	105794	107109	112311	112604	113148		
驛	103723	104288	104312	104525	104576	105065	105442	105696	105762
	105843	106174	106211	106244	106265	106285	106321	106334	106353
	106368	106384	106425	106438	106460	106470	106501	106518	106551
	106642	106651	106661	107060	107077	107148	107505	107571	107728
	107796	108397	108465	108564	108635	108709	108718	108774	108942
	108968	108978	109261	109967	110017	110038	110475	110687	110747
	110986	111123	112063	112105	112229	112958	113018	113242	113299
	113509								
驛屯土	104525								
驛辨當	107571								
疫病	111218								
歷史	106986								
轢死	104414	111157							
驛員	104288								
驛員講習會	104288								
驛掌	112063								
驛長	105065	108465	108709	108718	110017	111123	112958	113242	
疫猾	108042								
研究	104028	104699	104860	105497	105789	105798	105945	105972	106507
	107039	107526	107630	107699	108326	108671	108747	109057	109147
	109396	109493	109731	109773	110082	110114	110239	110393	110716
	111088	111109	111246	111441	111504	111782	111933	112415	112524
	113465								
研究會	104699	109773	110239	111246					
演劇	104465	104586	105412						
延吉縣	107184								
連絡大飛行	110305								

連絡飛行	106296	110218	110306	110650	112011			
聯絡船	105232	105499	106160	106997	108700	108850	111379	113278
燃料	105497	107540	107797	107916	107933	108556	111741	
燃料節約	107933							
聯盟	107977	109958	110260	111107	111464	113013	113550	
演武場	110313							
沿岸	105559	105642	106189	107814	110098	110516	110737	111037	111793
	112938							
演藝	104990	105586	111861					
煙草	104280	104333	104461	104524	104582	104823	104919	105203	105285
	105504	105548	105982	106665	106904	106918	107057	107095	107333
	107406	107452	107513	107575	107813	107973	108147	108295	108321
	108444	108509	108776	108833	108997	109069	109297	109344	109428
	109764	109873	110443	110764	111118	111286	111367	111723	112252
	112645	113504						
煙炭	106649	110777						
煉炭	108556	109503	112376	112542	113314			
延平島	105125	110914						
聯合	103801	104059	104116	104149	104328	104558	104616	105096	105459
	106007	106170	106486	106523	106553	106585	106586	106610	106638
	106663	106733	106881	106941	107177	107238	107338	107778	107940
	108078	108466	108479	108739	108965	109202	109238	109262	109287
	109400	109407	109556	109650	109732	109754	109846	110084	110221
	110642	110925	111063	111158	111196	111323	111362	111674	111812
	111834	111958	112493	112514	112620	112635	112655	112696	112705
	112710	112865	112872	112876	112976	113002	113014	113155	113291
	113550							
聯合艦隊	109287							
聯合會	103801	104059	104116	104149	104328	105459	106007	106170	106486
	106523	106585	106586	106610	106638	106663	106881	106941	108078
	108466	108479	108739	108965	109202	109238	109400	109650	109732
	109754	109846	110221	110642	111323	111674	112514	112620	112635
	112710	112865	113002	113155	113291	113550		
沿海州	103902	105819	108452	109406	111435	112097		
熱狂	110434							
閱覽	105834							
列車	104194	104455	104659	104735	105016	105103	105175	105180	105230
	105427	105441	105645	105895	106101	106200	106267	106741	106844
	106870	106950	107317	107496	108316	108341	108350	108353	108760
	109066	109258	109584	109682	109903	110190	110813	110815	110835
	110875	111123	111259	111821	111920	112547	113248	113398	
鹽	104488	104674	105243	105353	105864	105920	106475	106992	107103
	107470	107717	107932	108187	108505	109888	110024	110759	110954
	111161	111245	111514	111684	111787	111788	111918	111981	112796

	112817	113403						
廉賣	106102	108882						
鹽田	105353	105864	106475	106992	107103	107470	107717	107932	111514
	111788	111981						
葉書	104125	104161						
葉煙草	104461	104823	104919	108321	109764			
英	104069	104231	104411	104567	104643	105047	105693	105899	106700
	108590	109072	109341	110427	111286			
靈光	1091218	112774	112890					
營口	106786	110363	111463					
英國	106700	109072	109341	111286				
盈德	107959							
永登浦	103812							
營林廠	109293	110416	111826	112554	112568	113273	113498	
領事館	104098	108281	108459	110332	110546	111588	111866	112598	113391
	113455							
榮山浦	104096	105188	105462	107403	108660	112833		
營稅	106707							
嬰兒	110211							
榮養	108747							
營業	105486	105768	106131	106158	106455	108242	108395	108623	109091
	109344	109548	110400	110490	110748	111952	111978	112835	113581
營業稅	109091	109548						
榮轉	107483	109336	109372	110108	111370	112958	113108	
英艦	110427							
映畫 映畫 映画	104998							
豫科	105239	108458	113262	113394				
預金	103763	105205	107359	108781	109899	109927	111163	
藝妓	104626	109021	109246	111924				
豫防注射	103910	107387	107413	107659	109619	109918	112938	
豫算	103716	103725	103729	103765	103824	103946	104150	104173	104196
	104213	104251	104314	104373	104386	104419	104486	104493	104508
	104540	104573	104594	104601	104690	104708	104712	104714	104724
	104726	104743	104750	104792	104795	104818	104833	104857	104900
	104935	105997	106289	106487	106531	106750	106846	106925	107001
	107160	107281	107445	107627	107914	108119	108426	108506	108536
	108585	108733	109041	109149	109214	109221	109272	109361	109422
	109499	109532	109558	109597	109625	109635	109640	109654	109683
	109752	109792	109813	110180	110699	110946	110948	111556	111562
	111563	111708	111848	111992	112002	112006	112070	112118	112190

	112284	112365	112405	112516	112599	112814	112884	112887	112985
	113119	113238	113240	113294	113295	113309	113410	113519	
豫算編成	104150	104173	104196	104251	104386	104508	106925	107445	107914
	108426	108506	108536	108733	109041	112814	113295		
藝術	107551	108415	111627	112401	112617	112881	113555		
豫約電話	106522	107140	109706	112702					
娛樂	104331	104345							
烏蘇里	109007								
玉蜀黍	110727								
溫突	104151	109545	111741	111942	112180	112278			
穩城郡	109859								
穩城平野	112642								
溫泉	103675	104142	104255	105960	106196	106798	107367	107893	107915
	108091	108210	108456	109225	110859				
瓦	104393	104580	104629	107041	107175	108177	108584	108676	110154
	110485	113293	113434						
瓦斯・ガス	104580	108177	110154	110485					
瓦電	104393	104629	107175						
玩具	105449								
莞島	108273	113201							
王妃	105398	105449	107494	108613	111303				
王世子	104397	105398	105692	113153	113561				
王世子妃	105398	105692							
王子製紙	110964								
倭城台	105251								
外交	107310	107431	107843						
外交家	107843								
外國	104036	104050	104860	108327	109013	109116	109343	111531	
外米	104242	106709	106879						
外債	108674	110435	112443						
料理	104581	105819							
遙拜	106407	106784							
遙拜式	106407								
要償	103825	106963	109031	109389					
要塞	112134								
窯業	106320	106383							
要旨	104024	104510	105590	109304	109320				
要港部	105514	108424	108448						
龍塘浦	104494	105642	107491						
龍頭山	105374								

備兵	108254								
龍山	104663	105166	105189	105344	105366	105537	105605	105619	105622
	105681	105698	105738	105797	105826	105835	105853	105911	105970
	106039	106061	106107	106147	106166	106184	106205	106230	106238
	106259	106276	106319	106401	106416	106434	106469	106484	106560
	106592	106632	106695	106767	106768	106789	106792	106844	106911
	106915	106922	107053	107144	107152	107231	107234	107301	107321
	107357	107377	107461	107497	107579	107594	107604	107626	107726
	107749	107761	107769	107821	107861	107886	107966	107969	108029
	108099	108172	108204	108237	108264	108277	108416	108434	108438
	108447	108514	108580	108588	108657	108699	108795	108844	108880
	108899	108958	109036	109052	109170	109277	109288	109309	109313
	109323	109340	109375	109391	109408	109424	109440	109473	109583
	109657	109781	109799	109835	109841	109854	109879	109893	109895
	109969	110131	110280	110399	110562	110610	110660	110824	110916
	110961	110969	111121	111192	111236	111256	111329	111553	111554
	111649	111795	111917	111999	112014	112035	112038	112104	112174
	112198	112216	112248	112330	112354	112453	112471	112491	112549
	112613	112646	112669	112776	112883	112911	113161	113378	113452
	113590								
龍山中學校	104663	108438	109323	111553	111554	112035			
備船	104241	105017	105942	106711	113263				
茸狩	112339								
又	104679	105860	107067	107532	107536	108713	110169	110277	110472
	110807	111275	111549	111938	112438	112441	112691		
優良	104670	108509	108679	109910	110886				
愚民	113135								
牛市場	107543	112909							
牛疫	103910	104887	105669	109951	111188	111287	113510		
牛肉	109182	110693	111594						
郵貯	105619	106030	107078	107527	107891	108061	109120	109126	112789
	113025	113473							
郵便	103697	104056	104156	104254	104289	104389	104513	104529	104621
	104646	104800	104841	104975	105195	105264	105303	105385	105419
	105441	105495	105511	105620	105928	105947	106091	106187	106228
	106312	106555	106569	106583	107277	107767	108102	108117	108123
	108191	108304	108386	108395	108500	108560	108561	108574	108600
	108645	108665	108839	108841	108846	108985	109274	109404	109446
	109589	109626	109740	109766	109872	109968	109969	109995	110030
	110173	110190	110282	110395	110626	110638	110700	110887	110953
	111053	111099	111146	111259	111504	111542	111577	111587	111591
	111721	111777	111809	111972	112023	112159	112364	112419	112596
	112704	112736	112759	112769	112921	113025	113042	113099	113303
郵便局	104156	104289	104646	105264	105495	105511	105620	105947	106187
	106555	108102	108117	108123	108191	108304	108561	108574	108600

	108645	108846	109274	109404	109626	110395	110626	110638	111577
	111777	112159	112364	112596	112736	112759	112921	113025	113099
郵便物爆發	108841								
郵便所	103697	104513	104529	104621	104800	104841	105303	106312	106569
	106583	108386	108560	109589	110173	110700	110887	111053	111542
	111591								
郵便貯金	104389	105419	105928	106091	107277	109740	109969	110282	110953
	113303								
牛皮	110644	111187							
運動	103732	103754	103837	103862	104016	104061	104180	104387	104435
	104506	104581	104610	104707	104710	104716	104782	104893	105019
	105136	105360	105507	105518	105541	105604	105665	105672	105676
	105747	105868	105914	105933	106112	106216	106252	106320	106347
	106357	106452	106469	106486	106688	106748	106771	106772	106824
	106983	107116	107170	107199	107202	107207	107460	107484	107512
	107632	107641	107786	107868	108090	108200	108239	108301	108342
	108428	108522	108549	108706	108778	108849	109158	109169	109183
	109286	109399	109418	109481	109566	109603	109793	109794	109837
	109920	109925	109983	110001	110103	110119	110132	110197	110203
	110212	110228	110267	110273	110290	110314	110330	110333	110349
	110367	110447	110453	110479	110511	110556	110569	110570	110598
	110621	110640	110673	110708	110712	110730	110791	110797	110816
	110825	110847	110851	110880	110903	110925	110939	110957	110959
	110979	110987	111014	111032	111048	111084	111107	111122	111158
	111178	111202	111210	111225	111246	111258	111266	111317	111336
	111383	111405	111411	111464	111573	111609	111630	111677	111772
	111824	111845	111875	111880	111925	111947	111957	112012	112015
	112040	112131	112150	112167	112185	112195	112204	112219	112258
	112281	112300	112319	112342	112362	112381	112402	112424	112440
	112459	112464	112476	112494	112499	112536	112548	112555	112564
	112619	112632	112655	112707	112726	112749	112765	112785	112823
	112844	112863	112902	112908	112942	112957	112976	112992	113073
	113136	113208	113217	113247	113255	113301	113495	113507	113513
	113529	113546							
運動界	104716	105541	106347	106452	106748	108090	108778	109603	110103
	110119	110197	110228	110267	110290	110314	110330	110349	110367
	110453	110511	110556	110570	110598	110621	110640	110673	110712
	110730	110791	110825	110847	110880	110903	110925	110939	110959
	110979	111014	111032	111048	111084	111107	111158	111178	111202
	111225	111246	111266	111317	111336	111383	111405	111464	111573
	111609	111630	111677	111772	111824	111845	111880	111925	111957
	112040	112150	112167	112185	112204	112219	112258	112281	112300
	112319	112342	112362	112381	112402	112424	112440	112459	112476
	112499	112536	112548	112564	112619	112632	112655	112707	112726
	112749	112765	112785	112823	112844	112863	112902	112942	112957
	112976	113073	113136	113255	113513	113529	113546		

運動場	104180	104707	105604	105868	106216	106469	106983	108549	111122
	111258	111875	112992	113301					
運送業	106687								
運輸	104264	104637	105220	105579	105616	105638	107272	107373	107875
	108493	108678	109587	109985	110049	110200	110819	111673	111863
	112170	112609	112716	113171	113214	113502	113563		
運賃	104237	105593	105711	107062	107096	107242	107278	107406	107479
	107611	108322	109169	109281	111036	111391	111763	111781	112334
	112777	112913							
運轉	104735	105016	106804	108136	109567	109974	110813	111083	111173
	111395	112680	113043						
運航	112896	113278							
鬱陵島	103950	103991	104052	108796					
蔚山	106536	107149	110225						
雄基	103688	104005	104570	105611	106046	106238	106242	106263	106319
	106364	106385	106434	106547	106577	106580	106645	106695	106744
	106951	106998	107093	107205	107209	107326	107355	107461	107729
	107792	107935	107949	108165	108494	108519	108758	108921	108972
	108991	109641	109741	109788	109799	110070	110203	110298	110333
	110628	110637	110729	110757	110792	110933	111078	111197	111257
	111260	111410	111475	111601	111625	111852	111936	111950	112058
	112103	112122	112248	112290	112413	112471	112506	112519	112561
	113378								
雄辯	104020								
熊狩	112421								
遠藤良吉	106530								
原料	110964	111647	112723	112888					
元山	103766	104350	104647	104739	104770	104855	104859	104863	105428
	105658	105695	105761	106449	106509	106829	107250	107999	108127
	108365	108375	108450	108466	108708	108743	108793	108847	109162
	109300	109574	109590	109600	109617	109657	109790	109810	109901
	109961	109971	109972	110046	110136	110291	110325	110487	110637
	110648	110658	110711	110859	111358	111374	111792	112030	112125
	112286	112309	112378	112505	112564	112643	112962	112974	112988
	113081	113157	113321	113391	113474	113492			
月尾島	105892	110859							
蝟島	110708								
慰問	107249	107320	107621	110432	111408	111696	111874	112005	112024
	112189								
慰問袋	107621	110432	111696	112189					
衛生	105261	105510	105515	105551	105572	105613	105770	106608	106790
	106899	107003	107080	107120	107200	107494	107516	107814	108043
	108760	108767	109119	109157	109200	109659	109707	109864	109898
	109937	110630	111040	111668	111768	111836			

衛生課長	105261	105510	105770	109864	111836			
衛生試驗所	105572	109200	109707					
衛生展覽會	106899	107003	107200	107494	111768			
衛生・衛生	105261	105510	105515	105551	105572	105613	105770	106608	106790
	106899	107003	107080	107120	107200	107494	107516	107814	108043
	108760	108767	109119	109157	109200	109659	109707	109864	109898
	109937	110630	111040	111668	111768	111836			
衛戍	105031	105535	109414					
衛戍病院	105031	105535	109414					
慰安	103757	104466	106964	108312	109837	109925		
慰安會	103757	104466	106964	108312				
威壓	107554	111694						
委員會	103820	104148	104191	104505	104812	105285	105755	106844	108254
	109049	109080	109305	109344	109427	109633	109647	109685	111130
	111426							
慰藉	108310							
僞造	103899	104645	105051	106271	106543	106641	106757	111354	111751
	111769							
爲替	106812	108765	111146	112789				
危險分子	106730							
愈	104958	105571	105892	106660	107367	108424	109269	109517	110181
	110218	111030	111080	111413	111558	111604	112124	112171	112384
	112751	113099						
流感	104181	104202	104365	104777				
遺骨	108139	112475						
遊廓	104581	110476	111200					
誘拐	103781	106656						
有權者	110254	110357	112675	112693				
有吉	106150	106173	106192	106208	106264	106571	106581	106789	107417
	107445	107699	107785	107812	107963	107991	107995	108022	108097
	108119	108713	108801	108947	109312	109333	109343	110050	110086
	110104	111050	111209	111658	111737	112002	112107	112115	112405
	112608	112672	113190	113229	113236	113238		
有吉忠一	106150	108713	108801					
柔道	105390	109336	109561	109925	111014	111413	112424	112534	112632
	113073							
有力	104500	107969	107999	108078	108403	109551	110534	110646	
有力者	104500	107969	108078	108403	109551	110534		
儒林	104574	104754						
遺墨	108275							
流筏	106225	107997	110869	111392	112269	112345	112855	113021	113194
儒生	109349							

有識者	112731							
遊園地	105708	105832	110224					
儒者	104999							
遺族	107167	113003						
幼稚園 幼稚院	104327	104503	104861	105271	107821	109524	109591	
流彈	112255							
留學	104130	104134	104152	106103	111172	111412	112961	
留學生	104134	106103	111172	111412	112961			
遺骸	105623	107993						
流行	104182	106294	107719	108375	108894	109478	110164	110258	110311
	110918	111218	113510					
遊興	104581	107381						
陸軍	104511	104556	105095	105438	105484	107002	108128	108191	108419
	108532	108532	108570	108795	109225	109347	109415	109457	109517
	109587	109757	110318	110455	110572	111863	112436		
陸軍記念日	104556	109415						
六道溝	107507	110778	112524					
陸上	105070	105684	106004	108090	109852	109958	110119	110939	111246
	112300	112619	112785	112863	113205			
陸上競技	105070	108090	109852	109958	110119	110939	111246	112300	112619
	112785	112863	113205					
戎克	110844							
融通	107679	108461	109036	109870	110129	110460	110478	111802	112226
	112769	112816	112934	113105				
融和	103721	105196	107445	108021	108403	109678	111018	112502	
恩給	109427							
隱匿	106629							
恩賜金	112155	112455						
恩賜授産	113397							
殷賑	113478							
銀行	103703	103760	103876	103916	103994	104013	104088	104350	104477
	104483	104728	104901	104997	105132	105206	105223	105573	105872
	105941	106223	106467	106655	106699	106847	107229	107986	108229
	108318	108408	108634	108756	109000	109091	109101	109147	109180
	109378	109475	109506	109594	109704	109727	109875	109901	109906
	109909	109973	110107	110122	110238	110679	110873	110940	111061
	111163	111169	111253	111373	111393	111456	111538	111738	111761
	111818	111886	111891	112003	112158	112226	112452	112515	112741
	112870	112936	112990	113311	113377	113401	113439	113479	113484
飲料水	111705							
陰謀	109545	110138	110169	110287	110472	111356	111859	

飲食店	107571							
音樂	103749	104151	106332	107466	107481	110571	111039	111482	111624
	112074	112808	113187	113339				
音樂會	110571	111482	111624	113187				
應急修理	112060							
應募	103821	105926	106805	106974	111461	113130		
應戰	106392	110328						
醫	103962	103970	104007	104069	104123	104214	104368	104397	104516
	104543	104569	104584	104676	105081	105158	105337	105358	105487
	105659	105770	105909	106026	106208	106294	106310	106667	106794
	106882	106883	106981	107010	107080	107109	107308	107370	107934
	108110	108132	108217	108291	108293	108316	108438	108717	108719
	109106	109158	109186	109225	109315	109337	109507	109608	109761
	109796	109898	110028	110239	110428	110612	111020	111069	111194
	111308	111474	111586	111607	111648	111978	112098	112220	112270
	112671	112875	112892	113016	113068	113267	113348	113394	113496
	113515	113571							
義擧	109807	112178						
醫官	104069	112892						
義金	108463	108475	112105	112251	112474			
議了	104724	109635	109639	109752				
義明學校	108202							
義務	108145	108214						
義務教育	108145							
醫師	104569	105659	105909	107010	107308	107934	108110	109186	109507
	109761	112098	112875	113267	113571			
醫師養成	104569							
醫師會	107308	108110						
醫生	104569	104676						
醫生講習	104569	104676						
義損金	112089	112164						
義捐·義捐金	107745	107745	108661	108661	108706	108706	108976	108976	111798
	111798	111861	111955	111955	112058	112058	112115	112115	112177
	112177	112189	112189	112216	112216	112312	112312	112332	112332
	112356	112356	112801	112801	113550			
義烈團	110410	110470	110636	110710	111662	111780	111798	111923	
疑獄	110409	110487						
義勇團	113405							
義勇隊	112088							
議員	103669	103676	103980	104045	104106	104124	104302	104544	104575
	104614	104619	105278	105279	105284	105307	105675	105713	105965
	106185	106262	106664	106752	106826	106893	107364	107504	108339

	108706	109025	109109	109313	109635	109667	109755	110161	110204
	110238	110253	110254	110274	110356	110374	110375	110465	110572
	110776	110798	111087	111215	111227	111414	111811	112351	112378
	112387	112397	112463	112464	112481	112483	112595	112664	112867
	112886	112907	112925	113080	113082	113096	113241	113306	
醫院	103962	104007	104516	104543	104569	105487	106208	106294	106981
	108132	108291	109158	110028	110612	111020	111069	111194	113016
	113068								
醫者	111020								
醫專	103970	104214	104368	104397	108438	111020	113348		
義州	103719	103990	104003	104139	104169	104201	104270	104274	104280
	104336	104445	104497	104628	104647	104770	104843	105522	105718
	105758	105885	105992	106086	106184	106670	107030	107037	107530
	107566	108072	108580	108636	108727	108919	108944	109112	109229
	109440	109480	109562	109663	110156	110179	110224	110256	110257
	110258	110280	110349	110378	110425	110431	110463	110503	110521
	110524	110557	110568	110603	110624	110682	110688	110730	110771
	110776	110832	110850	110966	111003	111040	111061	111158	111170
	111199	111262	111301	111310	111354	111715	111724	111763	111911
	111993	112234	112304	112467	112482	112561	112595	112596	112621
	112655	112885	112925	112941	113096	113099	113132	113249	113298
	113358	113413	113447	113541					
醫學	105337	105358	106882	107109	107370	108217	111474	111648	
醫學講習	111474	111648							
議會	104111	104589	104591	104613	104629	104634	104635	104693	104696
	104723	104724	104738	104783	104920	105247	105249	106492	106504
	107154	107432	108542	108716	108823	108844	108845	108971	109136
	109401	109623	109664	109672	109685	109690	109724	109729	110118
	110180	110579	110583	111074	111600	111618	111948	112117	112369
	112483	112525	112538	112692	112814	112928	113037	113080	113102
	113284	113411	113412	113446	113467	113468	113519	113560	
李塏	105289	106123	108117	108191	108307				
移管	104283	104416	104671	104824	105031	105953	107847	107848	108645
	109517	110457	110708	110816	111454	111666	112987	113040	113542
李灌鎔	109308								
異動	104093	105404	105620	105732	105736	105827	106269	106281	106398
	106770	106888	107002	107684	107709	107791	108150	108189	108208
	108261	108283	108465	109008	109356	109387	109405	109437	109486
	109506	109509	109688	109767	111055	111564	111667	111817	112173
	113107								
移動警察	103979	109258	111090	111145					
伊藤博文 伊藤(統監)	104437	109568	110291						
裡里	104021	104139	104655	107208					

移民	103821	106673	107264	108962	109075	110439	111877		
移民募集	110439	111877							
理髮	107219	108185	111605						
理事	103924	104219	104516	104592	104592	104671	104901	104950	105070
	105075	105123	105336	105376	105381	105439	105452	105712	106054
	106109	106154	106352	106421	106456	106467	106519	106655	107001
	107113	107210	107277	107328	107499	107523	107579	107613	107710
	107762	107779	108068	108523	108604	108713	108836	108869	109036
	109091	109101	109116	109373	109475	109553	109575	109645	109720
	109723	109746	109927	110055	110178	110455	110519	110532	110875
	110997	110998	111052	111142	111165	111468	111473	111733	111815
	111850	112527	112773	112787	112883				
伊勢	105794								
李承晩	113442								
二審制	112828	112884							
李王	103746	103969	104127	104160	104397	104400	104498	104519	104683
	105008	105289	105300	105371	105398	105406	105449	105630	105692
	106022	106040	106123	106349	106751	106852	107494	107532	107711
	107772	107800	107858	108126	108613	108648	109048	109232	109336
	109349	109377	109848	110051	111212	111303	111363	113153	113561
李王家	103746	103969	104127	104519	104683	105008	105300	106123	107858
	108648	109048	109232	109848	110051				
李王妃	105449	107494	108613	111303					
李王世子	104397	105692	113153	113561					
李王殿下	105371	105398	105406	105449	105630	106022	106040	106349	106751
	107532	107772	108126						
李王職	104397	104400	104498	105289	107800	109336	109377	111212	111363
李鍝	104141	104683	105008	105095	105267	106123	107189	108726	111706
移入稅	106799	107022	107810	108033	108857	109255	109939	110774	
罹災	107391	107405	111865	111894	112105	112152	112155	112189	112206
	112455	112865	112943	113002	113258	113339			
罹災民	107405	111865	111894	112155	112865	112943	113002	113258	
罹災者	112105	112206	112455	113339					
移住	104098	104603	104691	105002	106729	107590	108535	109306	110554
	111006	113409							
李昌根	113526								
移出	103807	106098	106486	106742	106894	106917	107723	109344	109681
	109910	110242	110309	110780	111110	111187	111191	111340	112374
	112485	112517	112933	112995	113015	113193	113263		
李太王	108695	109546							
離婚	106204	109276							
梨花學堂	112880								
李喜侃	106112								

翼	110235	112875	112892					
溺死	106785	107296	107341	112920				
籾	109507	111327	112735	113049				
認可	104489	104677	104873	105197	105590	105598	105875	106570	106685
	107751	108027	108399	108701	109749	109999	110225	111149	111395
	111929	112033	112190	112271	113387				
人口	104675	106539	107261	107482	108223	109012	110257	111519	111685
	112442								
引渡	105252	105509	107167	108539	108590	109522	109668		
人道鐵橋	110065	110167	111668						
人力車	105370	111027							
人命救助	112064								
人夫	105213	106592	106944	111375					
人事	103689	104707	105565	106541	107085	107287	107779	109716	109902
	110783	111499	111842	112939	113567				
人蔘	108057	110042	110243						
引揚	103705	104168	106260	106419	106674	106745	106916	106961	107000
	107041	107102	107155	107173	107250	107284	107353	107414	107473
	107524	107584	107595	107672	107728	107742	107877	107878	108610
	108675	109102	109306	109774	109790	110077	111102	111437	112544
	113333								
仁川	103808	103886	103920	103937	103956	104046	104175	104466	104535
	104675	104957	105020	105148	105410	105708	105718	105956	106061
	106086	106170	106200	106587	106765	106775	106798	106837	106943
	107978	108044	108190	108213	108491	108529	108547	108580	108615
	108752	108864	108916	108967	109183	109193	109233	109248	109500
	109808	109853	110461	111082	111104	111232	111250	111329	111724
	111795	111934	112104	112195	112741	113100			
仁川港	109233	111082	111934						
仁取	103882	103943	104456	107957	108626				
引下	105593	106606	106838	107056	107057	107062	107096	107113	107136
	107156	107198	107278	107279	107280	107349	107430	107479	107513
	107611	108291	109169	109950	111036	111590	111781	112334	
逸見	111571	111590							
日本	103753	103800	103880	104519	104860	104899	104977	105006	105103
	105154	105546	105666	105819	106756	106836	106892	106913	107244
	107606	107737	107830	107959	108126	108521	108621	109153	109201
	109343	109354	109355	109446	109559	110065	110857	111462	111782
	112071	112763	112809	113372	113518	113570			
日本赤十字社	113518								
日本海	106756								
日本化	107830								
日赤	106620	106831	107764	108066					

日程	105656	106327	107601					
日支	103866	105935	107063	107892	108998	109831	109968	110245	110449
	110813	112639	112722	112912	113589				
日出	106138								
林檎	104440	104550							
賃金	105213	106491	111198	111261	111821				
任命	105533	106113	106684	109210	111591	112875	113241		
臨時	104690	104708	105016	105099	105116	105131	105151	105176	105191
	105211	105233	105257	105270	105291	105308	105330	105349	105367
	105392	105409	105425	105445	105477	105491	105505	105523	105540
	105564	105583	105603	106037	106200	107351	108585	110180	111538
	111731	112109	113401	113541					
林業	103887	106339	107158	109005					
賃銀	104441	107219							
臨海學校	110429	111232	111348	111459	111560				
入隊式	108794								
入選	105878	106849	106864	110223					
入選者	106864	110223							
入營	108435	109107							
入營試驗	109107								
入札	104938	105843							
入學	104123	104141	104334	104349	104689	105045	105239	106681	108559
	109237	109256	109278	109283	109294	109310	109323	109416	109713
	110506	111458	113464	113516	113579				
入學難	104689	111458							
入學試驗	108559	109416	113464	113516	113579				
立候補	109646								
剩餘	103801	103836	104328	104468	104542	107077	107199	111382	
剩餘金	103801	103836	104328	104468	104542	111382			

ス								
ジョッフル元師 ジョ元師 ジョ元帥	103817 104347	103856 104392	103934 104472	103969	104007	104026	104100	104263	104297
自家用	107965	108147	112914						
資金・資金	105108 107771 109870 111656 112831	105329 107827 110122 111686 113093	105452 108451 110129 112323 113400	105496 108461 110678 112386 113431	105618 108558 110913 112451 113580	105636 108590 110962 112468	106583 109185 111485 112713	107686 109484 111615 112769	107762 109666 111640 112816
自給	104488	105353	106475	109303	111787				
自給自足	104488	106475	111787						
自動車	103810 107091 111395	103890 107796 112165	104356 108389 112299	104659 108395 112895	105130 108410 113028	105183 109832 113117	105385 110616 113146	105538 111260 113149	105889 111338 113232
資本	103720	106753	109458	109928	111636				
資本金	109458								
自殺	104826 111312	105236	105309	105464	106820	106821	107070	107275	108819
自衛團	108234								
自轉車	106081	112726							
慈濟院	105809	108105	109746	112668					
自治	103918	104166	104749	105249	109593	109875	110762	113383	
自治制	103918	105249	109593						
慈惠醫院 慈惠院 慈惠病院	104000 108132 112875	104007 108203 113016	104543 109158 113445	104569 109658	104569 109891	104766 110612	106424 111069	107146 111194	107315 111953
柞蠶	109487	110323	110552	112639	113106	113430	113465		
作況	106758	108444	110493	110817	110930	111990			
蠶	104027 106320 108080 110385 111494 113430	104191 106339 108867 110552 111889 113465	104481 106526 109088 110649 112407	105403 106538 109487 110662 112425	105554 106715 109822 110720 112639	105592 106986 109890 111254 112755	105927 107147 110128 111255 112847	105940 107172 110187 111298 113055	106287 107268 110323 111428 113106
蠶繭	105554								
蠶絲	106287	106320	106986	112425	113106				
蠶絲會	106320	112425							
蠶業	104191 112847	106339	106986	108080	108867	109088	110323	110552	111428
蠶業技術	108867								
蠶況	105592	106538							

雜穀	105085	105939	110685					
雜誌	104362	105841	106258	108346	108569	110001	110902	
雜貨	105685							
帳尻	108756	109973	112577	112819	113337	113439		
長谷川(總督)	104007							
長官	104709	106139	106171	106210	108953	109377	109420	109633	113347
將校	104585	105306	106725	106824	107511	107664	108021	108264	108844
	109210	109313						
將軍	107590	108246	108447	108652	109668	110363	111679	
長崎	107232							
長談	103674	103729	103764	103784	103836	103902	103921	103932	103978
	104043	104073	104086	104113	104133	104147	104200	104250	104264
	104280	104296	104351	104367	104385	104399	104420	104421	104423
	104437	104469	104488	104506	104508	104569	104669	104706	104721
	104740	104767	104813	104915	104977	104978	104995	105028	105144
	105145	105181	105182	105197	105220	105231	105232	105245	105263
	105298	105315	105336	105351	105370	105376	105380	105415	105466
	105483	105484	105513	105530	105535	105550	105576	105624	105644
	105654	105655	105689	105708	105731	105768	105770	105846	105882
	105883	105960	106026	106049	106063	106131	106151	106208	106294
	106302	106323	106332	106350	106382	106418	106473	106520	106532
	106561	106636	106662	106730	106770	106804	106816	106858	106863
	106895	106925	107000	107020	107040	107056	107057	107078	107080
	107085	107097	107099	107114	107137	107140	107212	107215	107226
	107259	107286	107365	107384	107385	107386	107393	107408	107448
	107449	107452	107463	107464	107468	107514	107570	107607	107626
	107627	107628	107631	107645	107664	107671	107681	107713	107718
	107735	107744	107776	107777	107787	107788	107797	107810	107847
	107856	107866	107867	107874	107875	107898	107929	107943	107969
	107974	107983	108039	108052	108058	108091	108099	108118	108146
	108157	108195	108196	108210	108221	108242	108244	108282	108283
	108284	108299	108310	108364	108380	108407	108441	108444	108453
	108458	108476	108500	108526	108535	108536	108551	108553	108584
	108587	108603	108622	108623	108624	108665	108671	108690	108696
	108700	108717	108776	108862	108884	108894	108902	108923	108925
	108947	108951	108975	108984	108986	109015	109027	109038	109063
	109067	109090	109103	109134	109153	109156	109165	109167	109204
	109255	109290	109302	109324	109343	109348	109394	109414	109416
	109446	109463	109467	109473	109481	109483	109493	109496	109503
	109517	109568	109570	109584	109593	109598	109621	109648	109650
	109658	109661	109720	109722	109729	109762	109804	109817	109835
	109898	109900	109926	109928	109934	109937	109965	109969	109974
	109993	109996	109997	110017	110028	110156	110179	110219	110371
	110560	110575	110698	110775	110821	110850	110887	110961	110982
	111018	111020	111037	111090	111123	111173	111411	111569	111660

	111668	111763	111836	111883	112142	112212	112370	112554	112615
	112645	112671	112677	112720	112750	112903	112924	112964	113023
	113036	113155	113173	113189	113242	113261	113286	113287	113317
	113330	113398	113440	113486	113551				
張督軍	107877	108089							
將軍	107590	108246	108447	108652	109668	110363	111679		
長崎	107232								
長談	103674	103729	103764	103784	103836	103902	103921	103932	103978
	104043	104073	104086	104113	104133	104147	104200	104250	104264
	104280	104296	104351	104367	104385	104399	104420	104421	104423
	104437	104469	104488	104506	104508	104569	104669	104706	104721
	104740	104767	104813	104915	104977	104978	104995	105028	105144
	105145	105181	105182	105197	105220	105231	105232	105245	105263
	105298	105315	105336	105351	105370	105376	105380	105415	105466
	105483	105484	105513	105530	105535	105550	105576	105624	105644
	105654	105655	105689	105708	105731	105768	105770	105846	105882
	105883	105960	106026	106049	106063	106131	106151	106208	106294
	106302	106323	106332	106350	106382	106418	106473	106520	106532
	106561	106636	106662	106730	106770	106804	106816	106858	106863
	106895	106925	107000	107020	107040	107056	107057	107078	107080
	107085	107097	107099	107114	107137	107140	107212	107215	107226
	107259	107286	107365	107384	107385	107386	107393	107408	107448
	107449	107452	107463	107464	107468	107514	107570	107607	107626
	107627	107628	107631	107645	107664	107671	107681	107713	107718
	107735	107744	107776	107777	107787	107788	107797	107810	107847
	107856	107866	107867	107874	107875	107898	107929	107943	107969
	107974	107983	108039	108052	108058	108091	108099	108118	108146
	108157	108195	108196	108210	108221	108242	108244	108282	108283
	108284	108299	108310	108364	108380	108407	108441	108444	108453
	108458	108476	108500	108526	108535	108536	108551	108553	108584
	108587	108603	108622	108623	108624	108665	108671	108690	108696
	108700	108717	108776	108862	108884	108894	108902	108923	108925
	108947	108951	108975	108984	108986	109015	109027	109038	109063
	109067	109090	109103	109134	109153	109156	109165	109167	109204
	109255	109290	109302	109324	109343	109348	109394	109414	109416
	109446	109463	109467	109473	109481	109483	109493	109496	109503
	109517	109568	109570	109584	109593	109598	109621	109648	109650
	109658	109661	109720	109722	109729	109762	109804	109817	109835
	109898	109900	109926	109928	109934	109937	109965	109969	109974
	109993	109996	109997	110017	110028	110156	110179	110219	110371
	110560	110575	110698	110775	110821	110850	110887	110961	110982
	111018	111020	111037	111090	111123	111173	111411	111569	111660
	111668	111763	111836	111883	112142	112212	112370	112554	112615
	112645	112671	112677	112720	112750	112903	112924	112964	113023
	113036	113155	113173	113189	113242	113261	113286	113287	113317
	113330	113398	113440	113486	113551				

張督軍	107877	108089							
將來	103676	103999	104595	106324	107864	108950	109993	110121	111637
	111883	112116	112924						
奬勵	104443	104491	105000	105129	105548	105615	105757	106024	106029
	106247	106369	106743	106756	107082	107141	107636	107679	107918
	108037	108063	108080	108270	108337	109064	109168	109298	109303
	109418	109576	109578	109676	110324	110392	110397	110870	110915
	111207	111292	111407	111427	111661	112153	112313	112444	112847
	112893	113165	113258	113465					
長老教會	112437								
長老派	103685	108074	112111	112605					
長白縣	109142								
藏相	108119	108119							
長城	105293	110881	112986						
葬儀	105566	105692	105787	106291	106360	108667	109860	110196	
張作霖	105673	106153	111054	111626	111873	112719			
葬場	105735	109119	111199						
長春	104645	107212	107664	107767	108131	111036	111370	113088	
長興	106203	112780							
財界	103660	103666	104232	104233	104450	104595	105844	107011	107203
	107736	107763	107986	108068	108199	108356	108490	108553	108604
	109475	109723	110478	110534	110734	111442	112376	112567	113004
	113048	113472	113542						
財團	106179	113003							
齋藤	103650	104130	104208	104417	104505	104679	105312	105389	105432
	105433	105570	105728	105961	106292	106599	106697	107107	107925
	108030	108033	108065	108132	108180	108193	108194	108220	108230
	108255	108279	108344	108391	108786	108799	108807	109229	109632
	109644	109653	109720	109814	109825	109847	110104	110156	110794
	110920	110941	111050	112367	112550	112672	112978	113225	
齋藤實	103650	104679	105728	108030	108391				
齋藤實 齋藤(總督)	103650	104130	104208	104417	104505	104679	105312	105389	105432
	105433	105570	105728	105961	106292	106599	106697	107107	107925
	108030	108033	108065	108132	108180	108193	108194	108220	108230
	108255	108279	108344	108391	108391	108786	108799	108807	109229
	109632	109644	109653	109720	109814	109825	109847	110104	110156
	110794	110920	110941	111050	112367	112550	112672	112978	113225
齋藤總督	104130	104505	105312	105389	105432	105433	105570	105961	107107
	108033	108065	108132	108180	108193	108194	108220	108230	108255
	108279	108344	109644	109653	109720	109814	109825	109847	110156
	110794	110920	110941	111050	112367	112550	112672	112978	113225
在滿鮮人	107954	109469	109738	109875					
財務監督局	112908	113120							

在米	104192	104451	107667	108535	109443	110602	111791	111934	111998
栽培	106369 110840	107087	107619	107813	108509	108535	109297	109468	109508
在鮮外人	108640								
災愚敎	108280								
財政	107864	108964	109048	109232	110866	111614			
財政難	107864								
在職者	110422								
裁判	105134 113267	108554	108628	109320	110203	110494	110763	111141	112142
裁判所	105134	108554	110203	112142					
災害	112115								
在郷軍人	103959								
爭議	108039 112586	109069 112919	109397 112946	109466 113544	109495	109904	109919	111008	112435
爭奪	106772	109899	111553	111789	111994	113448			
爭奪戰	109899	111789	113448						
楮	109257								
猪の仙人	108824	108924							
貯金	104389 106441 109338 112906	104452 106474 109740 113025	104871 106812 109779 113127	105035 107277 109819 113165	105419 107542 109969 113303	105654 107633 110282	105928 107789 110876	106091 108026 110953	106323 108765 112789
貯金思想	105035	106474							
低利	109666								
貯蓄	107393								
敵	104598	105948	106385	106955	107252	109105	109545		
赤ちゃん	107195								
赤軍	108020 109007 111671	108206 109957 111879	108246 110025	108327 110029	108387 110063	108394 111400	108432 111461	108652 111479	108851 111549
賊徒	112862								
赤痢	105976	106609	106738	107423	111265	111334	112039	112091	
積立金	112306								
赤色	109892								
赤十字	104114	104485	106875	106899	107838	113518			
赤十字社	104114	104485	106875	113518					
敵前渡河	105948	107252							
赤行囊	103875	108942							
赤化黨	104070								
電氣	103767	103819	104118	104357	104580	104796	104915	104965	105486

	105547	105598	105639	105877	105883	106446	106676	107075	107499
	107574	108093	108641	108993	109268	109362	109674	109917	110005
	110186	110207	110209	110225	110744	110896	110950	111169	111231
	111616	111738	111898	112077	112677	112740	113353	113371	113399
	113417								
電氣職工養成所	109362								
傳奇物語	108824	108924							
全南	103872	103986	104332	105559	105793	105891	106031	106069	106116
	106284	106408	107147	107398	107400	107471	107616	107656	107786
	109019	109434	109940	110540	110586	110706	110708	110720	110820
	111065	111098	111187	111257	111328	111372	111376	111381	111470
	111489	111495	111724	112031	112265	112832	112889	112949	113058
	113068	113191	113193	113284	113373				
全道	105168	105432							
電燈	105012	105059	105156	105360	107539	107979	108240	108361	108673
	109132	109269	109845	110394	110757	111061	111197	111638	111997
	112033	112103	112271	113365					
全羅	104529	104738	106261	106488	108399	109955	110324		
全羅南道 全南	103872	103986	104332	105559	105793	105891	106031	106069	106116
	106261	106284	106408	107147	107398	107400	107471	107616	107656
	107786	109019	109434	109940	110540	110586	110706	110708	110720
	110820	111065	111098	111187	111257	111328	111372	111376	111381
	111470	111489	111495	111724	112031	112265	112832	112889	112949
	113058	113068	113191	113193	113284	113373			
全羅北道 全北	104529	104651	104738	104892	105307	106261	106488	106727	106733
	108018	110928	112230	113033					
展覽會	104205	104633	104698	104987	105091	105155	105492	105845	105878
	105884	105965	106367	106899	107003	107200	107494	107927	108009
	108060	108138	108728	109039	109638	109869	110023	110188	110483
	111585	111691	111768	112183	112227	112541	112570	112746	
電力	106326	111406							
專賣	103784	104982	106918	107057	107095	107333	108032	108776	109359
	110164	112645	113261	113372	113583				
專賣局	103784	104982	106918	107057	107095	108032	108776	112645	113372
	113583								
專賣支局	109359	113261							
全滅	110580	111672	112017	112070					
專務	103677	103951	104222	104599	104849	105546	107198	107213	107262
	107827	107864	108041	108134	108184	108197	108538	108692	108923
	108940	108952	108993	109051	109845	109906	109993	110049	110058
	110307	110478	110888	112386	113089	113122	113520		
專務談	104599	104849	107198	107213	107262	107827	107864	108041	108134
	108184	108197	108538	108692	108923	108940	108952	108993	109051
	109845	110058	110478	113122	113520				

專門學校 專門校	104593	104669	109165	109945	109958	111107	111413	112652	
電報	103983	104638	106473	108429	109181	110081			
顚覆	105645	106745	108341	108353	108410	112920			
全北	104651	104892	105307	106727	106733	108018	110928	112230	113033
田山花袋	110291	110751	110826						
全鮮	104020	104044	104328	104454	104754	104791	104806	105162	105341
	105419	106058	106230	106287	106408	106420	106660	106767	106821
	106877	106893	106994	107023	107117	107172	107266	107290	107291
	107396	107482	107928	108000	108175	108227	108295	108599	108802
	108828	109100	109238	109402	109571	109586	109596	109717	109994
	110570	110579	110621	110765	111049	111055	111179	111231	111449
	111553	111554	111703	111961	112124	112199	112221	112268	112303
	112367	112424	112499	112534	112620	112735	112747	113546	
全燒	103723	103831	108086	110711					
田淵 (東拓支配人)	106650	108962							
傳染病	106372	106609	107007	107756	108818	110618	111177	111262	112533
	112778								
傳染病舍	112533								
轉任	103718	107691	107911	108228	108362	109385	111042	111448	112728
專任校醫	111586								
戰爭	105677								
前田	104679	104972	106019	106467	106516	106859	107970	107984	108128
	108191	108391	108975	109195	109721	110557	110882	111076	
前田 (憲兵司令官)	104679	104972	106019	106467	106516	106859	107970	107984	108128
	108191	108391	108975	109195	109721	110557	110882	111076	
全州	103777	104047	104065	104097	104158	104179	104619	104745	104804
	105076	105480	105778	106086	106090	106220	106395	106431	106434
	106498	106543	106580	106582	106645	106695	106747	106748	106843
	107034	107152	107168	107209	107222	107326	107375	107442	107476
	107769	107825	107921	108004	108116	108127	108160	108252	108351
	108434	108580	108830	108896	109001	109097	109112	109144	109264
	109334	109359	109455	109512	109544	109550	109604	109617	109689
	109810	109853	109895	110304	110314	110502	110566	110610	110628
	110874	111096	111285	111329	111410	111529	111584	111739	111808
	111966	111974	111997	112242	112389	112549	112718	112911	112968
	113196	113261							
電柱	104817								
田中武雄	106396	109705	110455	110882					
電車	103650	103675	104363	105185	105486	108704	109636	110031	110400
	110576	110588	110624	111027	111657	111668	112063	112446	113318
電鐵	103876	103922	104111	104486	104521	105060	105123	105356	105378

	105590	105866	106185	106224	106263	106455	106482	106531	106675
	107100	107332	107935	108156	108462	108734	109039	109401	
殿下	104141	104160	104411	104498	104519	104683	105008	105095	105135
	105141	105250	105259	105267	105289	105306	105312	105371	105372
	105375	105389	105398	105406	105407	105443	105449	105483	105498
	105504	105609	105623	105630	105692	105973	106022	106040	106349
	106360	106751	107494	107532	107640	107772	107785	107796	107822
	107863	107873	108117	108126	108191	108307	108437	108613	108817
	109897	111303	111706	112315	113153	113275	113561		
銓衡	105244	107064	109394	113394					
電化	105434	105517	108265	108810	109599	109883	110004	111682	
電話	104010	104074	104287	104313	104355	104408	104457	104858	104891
	104909	104955	105056	105274	105569	105752	105785	105906	105967
	106279	106522	106572	106825	106892	106971	107140	107546	107594
	107775	107838	108028	108071	108081	108120	108287	108592	108698
	108863	109038	109706	109856	109941	110015	110032	110380	110459
	110862	110885	111404	111421	111477	111753	111838	111873	111954
	111993	112159	112228	112702	112758	112790	112837	113249	113287
	113342	113539							
電話料	112758	112837							
電話網	108592								
電話分局	105056	109038							
電話回線	105785	108081	112159						
折角	106600	109876	112409						
節句	105407								
竊盜	104865	111547							
竊盜團	104865	111547							
切手	106228	112904							
節水	106209								
節約	105417	107542	107832	107933	107983				
竊取	108942								
鮎	111711								
占領	108162								
漸次	103666	104152	105006	106111	106584	110095	111053	111321	111528
	111592	112954	113498						
庭球	105290	105541	106252	107300	107768	110103	110230	110349	110556
	110570	110621	110673	110939	110979	111014	111048	111084	111178
	111225	111246	111266	111336	111383	111413	111464	111999	112040
	112150	112300	112319	112362	112376	112381	112440	112564	112619
	112655	112785	112863						
定期乘車券	106921								
貞洞	110039	110316							
整理	103905	104799	104919	105058	105452	105899	105916	105961	106366

	106684	106787	106803	106847	106914	106931	107077	107478	107511
	108181	108209	108541	108735	108808	108927	108951	109198	109232
	109270	109312	109485	109496	109626	109695	109996	111566	112304
	113414	113484							
政務 政務總監	109312								
精米	103725	106320	109827						
淨法寺	104222								
情報	107310	110879	110901	110938	111045	111181	111223	111439	111629
	112257								
情婦	104790								
政府	103727	103762	103936	104114	104148	104265	104434	104478	104749
	104812	104869	104903	105824	107237	107369	107538	107688	107864
	108194	108450	108451	109366	109501	109559	109666	109900	109908
	109987	110058	110246	110326	110365	110376	110595	110991	111029
	111378	111503	111522	111906	111998	112182	112284	112291	113367
	113441	113479							
整備	105730	107997	108022	108915	108987				
情死	104482	105296	105670	105727	106596	107017	107109	111924	112706
精神病	105741	108312	109659						
政友會	106499								
井邑	104529								
井邑郡	104529								
停車場	104917	105097	105610	108239	108258	109489	109753	111351	
政治運動	106688								
帝國	103959	113169							
帝國大學	113169								
製糖	105934	106120							
諸大會	112225								
提督	108118	108409	108489						
制令	104435	105104	108775	112481					
諸問題	110983	111584							
堤防	106401	107270	111788	111911	111960	112524			
堤防工事	107270	112524							
製絲業	112444								
製鹽	105243	105920	108187	108505	111684	111787			
除穢	107104	107488	107528	107579	107635	107668	109520	109914	
制定	103840	103997	105104	105221	107556	108550	108732	108859	109155
	111339	112035							
濟州島	106729								
製紙	106806	109257	110964	111093	111114	111647	113141		

製紙事業	111114							
製紙業	106806							
製鐵所	104090	104813	105186	105263	107596	108268	109103	
製鐵・製鉄	104090	104443	104813	105186	105263	107596	108268	109103
製炭	103692	112829						
制限	104212	105932	105934	106178	106636	107359	107856	109503	110403
	110742	112443	112571	113494				
提携	104191	104298	106232	107090	108206	109721	111244	
彫刻	105878	105918						
祖國	111526							
遭難	107346	109454	109584	110097	110135	110705	112147	112658
造林	104884	104905	109063	109232				
造林計劃	104884	104905	109232					
繰綿	106320							
調査	103841	103873	104307	104348	104394	104506	104541	104580	104721
	104731	104772	104835	104885	104915	105004	105066	105142	105318
	105339	105467	105547	105551	105613	105769	105815	105869	105890
	106240	106608	106783	106906	106927	107006	107098	107104	107118
	107161	107244	107347	107361	107390	107475	107478	107513	107732
	107740	107797	107831	107916	107919	107953	108039	108176	108181
	108335	108418	108430	108579	108592	108629	108647	108848	108964
	109057	109070	109166	109269	109348	109406	109432	109462	109465
	109482	109534	109622	109737	109883	109967	109980	110012	110029
	110115	110235	110270	110692	110717	110828	110843	110866	110936
	110984	111029	111066	111153	111507	111523	111614	111680	111729
	111985	112095	112138	112263	112567	112582	112680	112723	112735
	112790	112846	112866	112915	113019	113272	113278	113292	113371
	113396	113508	113533					
詔書	112978	113369						
朝鮮	103662	103678	103682	103701	103720	103728	103746	103749	103758
	103764	103784	103817	103836	103837	103856	103918	103942	103944
	103948	103951	103970	103976	103979	104004	104024	104027	104040
	104050	104123	104159	104208	104276	104292	104348	104350	104362
	104367	104392	104394	104397	104420	104436	104448	104469	104477
	104483	104485	104492	104499	104505	104506	104545	104560	104566
	104567	104569	104579	104580	104596	104598	104599	104631	104633
	104639	104679	104685	104698	104706	104737	104749	104763	104769
	104778	104793	104811	104812	104837	104852	104867	104883	104887
	104915	104939	104958	104978	104987	104992	104995	105007	105017
	105070	105098	105118	105122	105124	105212	105228	105252	105256
	105289	105290	105335	105350	105398	105451	105466	105476	105496
	105529	105534	105542	105546	105573	105619	105636	105665	105683
	105709	105719	105729	105730	105731	105751	105757	105803	105805
	105806	105824	105841	105878	105883	105884	105903	105913	105944

105945	105972	105999	106010	106019	106047	106066	106108	106111
106151	106168	106173	106223	106253	106255	106320	106383	106436
106450	106456	106467	106469	106486	106490	106500	106502	106552
106570	106581	106584	106650	106660	106673	106720	106737	106754
106773	106779	106787	106789	106802	106820	106858	106863	106867
106874	106875	106877	106882	106886	106891	106944	106974	106986
107045	107057	107095	107137	107244	107248	107278	107288	107298
107331	107343	107365	107370	107416	107430	107443	107445	107452
107456	107465	107466	107481	107511	107512	107547	107595	107597
107645	107655	107664	107697	107771	107796	107802	107836	107846
107867	107889	107890	107940	107951	107959	107977	108001	108006
108030	108036	108047	108052	108053	108054	108065	108069	108073
108078	108090	108098	108117	108119	108130	108181	108182	108191
108195	108206	108239	108265	108285	108299	108348	108356	108371
108391	108403	108405	108406	108407	108445	108458	108462	108463
108475	108476	108481	108493	108522	108532	108540	108569	108570
108583	108622	108655	108656	108670	108690	108694	108713	108716
108746	108754	108770	108786	108788	108790	108797	108800	108801
108812	108814	108823	108824	108844	108869	108878	108884	108924
108928	108975	109025	109026	109049	109090	109106	109107	109126
109128	109181	109196	109201	109202	109205	109250	109258	109290
109292	109312	109333	109343	109354	109355	109373	109394	109415
109435	109445	109457	109458	109482	109535	109540	109551	109560
109561	109601	109608	109624	109632	109634	109642	109643	109647
109656	109722	109755	109773	109782	109783	109786	109796	109805
109806	109830	109844	109846	109858	109876	109898	109901	109912
109925	109926	109934	109937	109948	109949	109952	109964	109965
109983	110024	110081	110085	110093	110098	110108	110134	110142
110148	110149	110164	110188	110193	110205	110209	110214	110223
110250	110260	110270	110271	110291	110317	110323	110326	110341
110353	110360	110370	110379	110392	110413	110437	110454	110455
110492	110493	110496	110497	110515	110516	110539	110559	110582
110602	110630	110645	110667	110677	110678	110680	110699	110745
110795	110801	110818	110863	110893	110909	110943	110950	110953
110961	110982	110996	111004	111025	111039	111052	111053	111073
111090	111109	111128	111131	111145	111151	111161	111162	111169
111174	111207	111212	111233	111292	111318	111339	111373	111393
111407	111413	111419	111420	111438	111441	111442	111446	111458
111469	111504	111506	111527	111528	111531	111545	111555	111562
111564	111565	111575	111578	111591	111592	111611	111613	111652
111656	111657	111660	111677	111713	111716	111729	111736	111740
111762	111787	111793	111817	111818	111825	111827	111829	111848
111863	111870	111888	111891	111909	111952	111980	112001	112003
112012	112015	112023	112027	112063	112070	112074	112082	112084
112089	112100	112107	112115	112116	112120	112149	112152	112153
112156	112159	112192	112195	112205	112289	112322	112334	112364
112365	112405	112406	112410	112415	112428	112442	112443	112447

	112459	112479	112480	112493	112514	112518	112523	112567	112574
	112599	112610	112635	112636	112641	112645	112659	112662	112675
	112731	112743	112749	112769	112770	112811	112847	112866	112875
	112883	112884	112892	112924	112935	112946	112961	112980	113004
	113036	113048	113056	113062	113140	113146	113147	113154	113162
	113169	113174	113192	113200	113228	113244	113256	113262	113271
	113274	113277	113308	113317	113386	113388	113391	113395	113396
	113415	113473	113479	113480	113487	113499	113517	113518	113521
	113526	113532	113533	113542	113559	113568	113570	113573	113575
	113576								
朝鮮家庭	108098								
朝鮮館	104633	104769	104867	105007	112770				
朝鮮教育會 教育研究會	109773								
朝鮮國境	110085	112001							
朝鮮軍司令官	105542	107443	108532	108797	108800	109806			
朝鮮記者協會	110093	110454							
朝鮮大學	108458								
朝鮮貿易	103942	104793	105751	107597	108001	108036	108754	110645	112574
	112641								
朝鮮問題	107416	109926							
朝鮮米	104367	111611							
朝鮮民立大學	108790								
朝鮮博覽會	108476								
朝鮮婦人	103720	103970	104560	105534	106886	108078			
朝鮮婦人會	106886								
朝鮮史	104852	108405							
朝鮮事情	104483	104499	104685	104992	109090	113036			
朝鮮私鐵	110492	112003	112662	112924	112980				
朝鮮産業調査 會	109482								
朝鮮線	108928	109258	110134	111004	111713	111740	111848	112935	113274
朝鮮時報	112289								
朝鮮神社	107248								
朝鮮野球大會	106469	106584	106660	106789	106867	106877	111128	111413	111419
	111565	111578							
朝鮮野生鳥獸 研究所	111441								
朝鮮銀行	104350	104477	104483	105573	113479				
朝鮮音樂	112074								
朝鮮移民	106673								
朝鮮人	103701	105098	105619	106450	106944	107244	108239	108371	108403

	108540	108746	109128	109343	109354	109355	109435	109551	109755
	109830	109876	109965	111151	111657	112115	112442	112479	112659
	112675	112731	112875	112892	113526				
朝鮮紙	110745								
朝鮮鐵道 鮮鐵	103746	103805	104281	104530	104637	104697	104934	105084	105128
	105322	105415	105420	105638	105812	105903	105986	106034	106114
	106157	106175	106388	106461	106491	106509	106790	107020	107199
	107336	107618	107998	108003	108124	108242	108271	108462	108718
	108923	108950	109621	109883	110157	110497	110517	110699	110847
	110851	111036	111131	111145	111532	111891	111952	112137	112328
	112334	112386	112410	112468	112599	112654	112716	112818	112835
	112940	112966	113009	113105	113499				
朝鮮總督	104208	104679	106787	108030	108391	108786	108801	109445	109632
	110149	110437	112152						
朝鮮總督府	106787	108801	110149	110437	112152				
朝鮮統治	104024	104505	104812	105824	107951	108975			
朝鮮戸籍令	108655								
租稅	111133								
鳥蘇里	104048								
朝郵	103844	104222	104599	104803	104849	105333	105380	107198	107513
	107864	107874	108041	108134	108197	108538	108623	108952	110058
	110560	113089	113122	113263	113444	113520			
朝日	104665	104687	104699	104860	105130	105342	105372	105569	105666
	105954	108496	109856	109979					
弔電	103715	104064	105633	106370	109211				
調節	107044	107211	107676	107922	108079	109092	109134	110666	110947
阻止	111151								
組織	103720	103772	104110	104316	104317	104600	104755	104865	104933
	104999	105030	105104	105269	105732	106608	106754	106906	107181
	107288	107484	107954	108110	108254	108322	108367	108450	108644
	108750	109238	109363	109547	109699	109737	109768	109778	109807
	109826	109859	109875	109912	109958	109983	110279	110590	110676
	110731	110762	111398	111480	111673	112492	113340	113430	113447
鳥致院	103967	104014	104215	104221	104258	104476	104537	104678	104745
	104802	105112	105188	105304	105388	105560	105664	106017	106220
	106238	106319	106380	106408	106416	106431	106434	106514	106529
	106580	106614	106659	107053	107152	107222	107382	107442	107497
	107593	107769	107792	108390	108921	108944	108991	109001	109009
	109060	109144	109193	109208	109277	109309	109340	109350	109375
	109408	109455	109491	109946	110325	110502	110521	110664	111078
	111819								
組合	103660	103829	103921	103958	103994	104013	104032	104044	104229
	104282	104285	104489	104491	104495	104581	104589	104600	104619
	104677	104901	105075	105132	105280	105333	105418	105888	105990

	106130	106195	106235	106307	106583	106589	106624	106637	106714
	106760	106896	107289	107359	107364	107484	107633	107645	107758
	107954	107990	108045	108113	108148	108322	108339	108367	108479
	108609	108750	108756	108775	108815	108865	109015	109025	109029
	109218	109220	109234	109413	109745	109859	109886	109950	109973
	110054	110055	110161	110183	110279	110290	110373	110538	110552
	110583	110690	110707	110776	110798	110838	110891	110910	110923
	111087	111163	111211	111293	111294	111349	111429	111455	111827
	111850	111856	111944	112543	2112571	112638	112697	113165	113192
	113212	113213	113214						
早婚	108101								
簇出	105338	106168	110107						
卒業	104490	104640	104663	104945	109165	109523	109614	109616	109687
	109713	110099	111541	113153					
卒業生	104640	104663	109165	109523	109614	109616	109687	110099	
卒業式	104490								
宗教	103932	105577	106510	107345	108884	108947	112851	113229	
宗教學校	113229								
種痘	105221	105599	105615	105905	109652	109833	111151		
鍾路	108541	109545							
種牡牛	105039	112075							
終熄	106738	107884	107903						
佐世保	107201	108424	112263	112643					
佐世保航空隊	112263								
酒	103784	104773	104878	104978	105144	105700	107453	107917	108131
	108565	108667	108833	108997	109747	109815	110164	110498	112822
住宅難	108288								
住宅地	108241								
酒稅	109815								
株式會社	103677	105486	106168	110501	111061				
酒屋	105700								
朱乙	104841	107915	108456						
奏任	104741	105244	109236	109460					
駐在所	105196	107669							
酒造	104773	104878							
株主總會	104046	105333	108867	110584	111538				
駐箚	105673								
住宅	104673	105489	105847	105983	106402	107690	108540	111251	
住宅難	107690	111251							
竹內	105245	105351	106323	106418	106473	107258	107521	107900	108407
	108441	108639							
竹島	110235	110692							

噂	104582	109152	109198	109876	109993	110327	110345	110408	110416
	110734	110900	111866	111893	112090	113324			
竣工	106198	110157	110167	110766	110928	111728	111897	111949	111996
	112668	112890	113138						
浚渫	108433	108502							
浚渫船	108433	108502							
竣成	105761	106048	107306	109851	111603	111763	112430	113097	
仲居	104057	111924							
仲居稅	104057								
中毒	110488								
中等教員	104058	104729							
中等校 中學校 中學	106230	104069	104259	104306	104531	104663	105019	105587	105782
	105974	106059	106955	107786	108438	108764	108930	109226	109278
	109284	109323	109364	109473	110797	110985	110995	111112	111444
	111492	111553	111554	112006	112035	112281	112362	112683	112737
	112874	112899							
中等學校	106945	106955	109616	111554	111581	112707	113516		
仲買人	103882	103943	105020						
中産階級	108833								
中央輕鐵	107365								
中央教務所	108884								
中央銀行	109378								
中央電話局	108863								
中野友禮	106530								
中野有光	106530								
重役	103941	104803	106462	107511	107742	107864	108021	108923	109072
	109147	109493	109782	110497	111230	111325	112254	113277	
重油	105421	110004							
衆議院	104055	104292	104505	104566	104591	109049	109075	109292	109304
	109315	109366	109379	109427					
仲裁	106565	112605							
中樞院	105981	108117	108606	111465					
重砲	104556	104851	111709						
中學問題	110985								
卽賣會	111521								
卽死	107380								
增加	103983	104145	104152	104234	104239	104389	104612	104787	104888
	105006	105107	105638	105812	105865	105936	106030	106477	106715
	106861	107179	107485	107668	107998	108003	108061	108178	108590
	108781	108920	108955	108966	108995	109397	109468	109487	109508
	109995	110257	110403	110459	110701	110704	110737	111044	111053
	111146	111161	111251	111321	111379	111389	111408	111559	111594

	111655	111984	112159	112419	112485	112822	113192	113212	113263
	113309	113324	113403	113431	113437	113458	113473	113535	113559
	113567								
證券	105968	107024	107161	107294	112369				
證券詐欺	112369								
增大	104520	106617	107026	107686	109940	113580			
增發	105180	105427	108350	109567	109903	109970	110815	111123	113248
增兵	106561								
增産・增產	109630	110392							
增收	104550	104765	105516	106459	107163	107172	107268	107717	109430
	111292	112231	112513	112827	113500				
增殖	104262	104631	110458	110505	111612				
增資	104357	113214							
增徵	105316	109575							
增築	104000	106328	106371	107401	107852	108225	109018	109662	109891
	112159	112293							
地價	103725	109447	112509	112529					
芝居	110634								
支那	103695	103754	103847	103880	103973	103992	103996	104033	104099
	104191	104299	104372	104422	104477	104527	104555	104727	104737
	104763	104975	104998	105272	105394	105464	105539	105703	105807
	105820	105854	105893	105951	106110	106271	106464	106499	106636
	106691	106740	106815	106962	107076	107219	107378	107477	107576
	107606	107737	107745	107777	107869	107892	107999	108010	108118
	108234	108281	108352	108833	108837	108985	109102	109133	109153
	109302	109343	109507	109567	110063	110077	110079	110110	110121
	110328	110376	110654	110669	110690	110694	110802	110813	110857
	111156	111164	111171	111243	111252	111277	111286	111304	111313
	111335	111408	111415	111424	111462	111598	111907	111956	111960
	112110	112160	112264	112456	112583	112624	112763	112877	113171
	113221	113324							
支那勞働者	104737	106636							
支那人	103973	103992	104477	104555	105464	105807	105893	106464	106962
	107076	107219	107477	108010	108234	110063	110079	110121	110802
	111313	111462							
支那鐵道	105272	110110	111598						
知多	104265	104478	106403						
地方改良	104999	107243	111002						
地方法院	105480	105885	106090	106366	107943	108052	109529	110671	112134
地方稅	112698								
地方制度	109623								
支配人	106650	107709	108229	108962	111108				
支辨	107952	107971	109379	109501	113225				

知事	103660	103712	103730	103832	103852	103870	103923	104248	104266
	104563	104693	104726	104792	104926	104928	105029	105152	105432
	105450	105511	105531	106173	106292	106454	106565	106686	106697
	106727	107893	107911	107925	107967	108018	108208	108296	108369
	108426	108477	108813	108969	108976	109045	109142	109346	109356
	109372	109497	109555	109803	109864	110099	110268	110390	110449
	110458	110715	110749	110945	111718	111776	111820	112025	112346
	112466	112951	112977	113074	113119	113176			
支線	109849	113485							
紙屑	111647								
地稅	105316	108214	109539						
志願	104822	109284	113061						
地籍	108525								
地籍測量	108525								
支店	103669	103791	103978	104093	104155	104218	104367	104437	104592
	104595	105042	105133	105404	105510	105573	106151	106419	106535
	106636	106662	106888	106980	107226	107245	107282	107385	107393
	107468	107874	107957	107983	108150	108189	108261	108284	108453
	108535	108690	108696	108862	108894	108975	109116	109156	109568
	109598	109722	109729	110734	110892	111667	111883	112806	112809
	112936	113160	113475						
指定銀行	112003								
地主	109466	110769	111885	112285	112800	112877	113424		
地震	112059	112071	112083	112115	112538	112730	112768	113002	
地鎭祭	103658								
支廳	105480	106508	107516	109518	110072	110333	111141	111159	
紙幣	104477	105014	106271	106543	106593	106641	108518	111751	113441
地下水	107701								
職工	106237	108882	109190	109362	109934	111973	113573		
職工團	109190								
職工養成所	109362								
織物	108331	109252	109344						
職員	104390	104533	104700	105732	108955	109008	109427	110526	110853
	112275								
直通航路	110560	112852							
塵芥	107657	109157	111153						
鎭南浦	103774	103982	104434	104496	104535	104613	104654	104804	104859
	104922	104971	105046	105106	105136	105388	105607	105635	105672
	105767	105911	106061	106367	106395	106498	106580	106726	106844
	106856	106865	106910	106911	106984	107071	107160	107193	107256
	107326	107563	107604	107674	107696	107725	107766	107799	107808
	107815	107927	108009	108060	108252	109164	109239	109253	109350
	109501	109611	109755	109886	109895	109920	110378	110477	110688

	110719	110754	110774	110798	110874	110949	110988	111110	111210
	111217	111280	111409	111498	111643	111805	111882	112516	112519
	112555	112593	112601	113080	113161	113176	113360		
陳東山	108162								
陳列	104386	104742	105714	105776	105792	106288	107631	108198	108420
	108545	109656	109696	110724	110895	111396	111486	111690	111837
	111949	112166	112194	112208	112225	112247	112303	112417	112461
	112472	112594	112625	113207					
診療	103650	103773	104601	104707	106621	107988	109507	109938	110344
	110404	111308	111460	113518					
診療所	103650	103773	104601	104707	106621	109938	113518		
陳謝	111156								
進上	108275								
鎭壓	108590								
陳列館	105792	106288	108420	109656	112472	112594			
震災	112058	112070	112082	112088	112106	112107	112115	112140	112159
	112164	112169	112176	112192	112207	112236	112323	112355	112365
	112368	112374	112375	112406	112517	112530	112546	112608	112638
	112699	112720	112865	112965	112981	113002	113027	113075	113238
	13291	113308	113339	113367	113386	113399	113499	113543	113550
	113555								
陳情	104526	105590	105994	106050	106862	106930	108497	108792	109137
	110167	110333	111754	111856	112025	112515	112544	112794	113065
陣情書	106712								
晉州・晉州	103712	103730	103777	104003	104341	104357	104657	104714	104912
	105069	105209	105348	105366	105681	105835	105896	106044	106046
	106086	106314	106344	106377	106649	106862	107034	107273	107497
	107663	107759	107808	108082	108087	108401	108422	108531	108712
	108727	108758	109022	109177	109242	109489	109500	109640	109753
	109828	109834	109932	110070	110193	110585	110889	110891	111119
	111159	111271	111351	111557	111702	111958	111971	112034	112058
	112372	112694	112917	113052	113214	113338	113449		
診察	110261								
振替	104063	104871	106477	110876					
振替口座	104063	106477							
進出	105546	109116	109845	110065	110484	111377			
鎭海	104204	104335	104474	104662	104709	104733	105514	105649	105720
	105727	105850	105952	106232	106358	106373	106433	106448	106590
	108096	109741	109816	110112	110165	110191	110192	110280	110281
	110399	110628	110861	110988	111096	111236	111394	111964	112134
	112171	113588							
鎭海海軍	113588								
疾病	111937								

質屋	103806								
執行	103746	104114	105251	105408	106810	108870	111579	112483	112867
	112886								
集會	111179								
懲戒	112217								
徵兵	105109	106874	107489	113166					
徵兵檢查	105109	107489							
徵兵令	113166								
徵收	105379	110552							
懲役	104606	110430							

ㅊ								
チブス	104431	106527	107519	107589	107798	107903	107912	107943	107955
	109570	109619	109658						
借款	103727	103936	108442						
車輛	108341	108734	110124	112357					
差別撤廢	104596	111657	113077						
茶碗	111312								
借入	109185	111640	112448						
借地權	112998								
茶話會	103852	106660							
着任	103712	103730	106264	106282	106571	107176	107216	107487	108483
	108552	109497	109510						
參列	110291								
慘死	106764	108980	112063						
參政權	103837	104596	104706	106337	107718	108266	108963	112131	112494
	113507								
參政權運動	112131	112494	113507						
僭稱	107369								
廠	106735	106768	108588	109293	109313	110416	111826	111944	112420
	112554	112568	113273	113498					
唱歌	109407	109556	112975						
昌慶苑	104140								
倉庫	106134	107127	107621	107679	108660				
猖獗	104033	104365	106738	107589	108042	110034	110073	110709	110822
	111334								
娼妓	103781	104036	104482	105296	105670	106016	106065	110977	113266
昌德宮	108817								
滄浪閣	106197	111363							
創立	104356	104577	105226	105466	106094	106109	106905	107180	107547
	108994	109218	109697	110757	111455	111490	111599	111748	111760
	112103								
猖紅熱	110822								
採掘									
債券	103859	106426	109964	113103					
採氷事業	104062								
採算	107864	111114							
採用	103940	108304	110428	112235					
採種	110540								
處刑	109718								
叺	103986	105224	105793	106320	108384	109565	110324	111427	112795
	112986								

拓林鐵道	106616							
拓殖省	109251							
拓植・拓殖	107995	109251	109333	111909				
川崎	109172	109679						
泉崎	109421	109452						
天道教	103971	104107	104373	104465	104586	104875	105030	105055	105412
	105787	106060	107119	107805	107902	108289	109537	109983	110168
	110803	113150						
川上(東拓理事)	106352	106421	108604					
天然痘	104163	104181	105478	110310				
千葉了	109504							
天長節	107976							
天長節	107976							
天津	106489	108515	109374					
鐵鑛	105352							
鐵橋	104154	107659	110065	110167	110362	110613	111041	111668	112472
	112625	112912	113060					
鐵道局 鉄道局	113398							
鐵道事務所	110418	111089						
鐵道學校	105082	109756	110547	110961	112306			
鐵道・鉄道	103746	103786	103811	103941	103963	104110	104194	104510	104631
	104713	104767	105082	105179	105226	105240	105272	105281	105436
	105472	105510	105542	105875	105903	106039	106109	106131	106388
	106605	106616	106967	106987	107020	107118	107196	107259	107274
	107318	107329	107386	107572	107844	107892	107913	108136	108159
	108173	108265	108271	108324	108462	108507	108526	108645	108662
	108849	108888	108923	108998	109079	109254	109334	109756	109813
	109867	109908	109993	110025	110067	110110	110157	110215	110291
	110331	110376	110418	110497	110515	110547	110587	110617	110699
	110820	110829	110851	110944	110961	110968	111089	111134	111322
	111424	111470	111472	111489	111598	111623	111657	111668	111891
	111952	111992	112083	112086	112306	112334	112484	112547	112599
	112680	112695	112708	112796	112924	112964	112990	113142	113191
	113398	113499						
撤兵	106365	106677	106914	107155	107212	107304	107369	107384	107385
	107607	107742	107864					
徹底	105484							
撤廢	104293	104596	104631	104918	105571	106113	106436	106486	106788
	106799	107022	107212	107810	108033	108102	108304	108857	109252
	109255	109344	109450	109552	109939	110309	110774	111657	111709
	112888	113077						
撤廢運動	106486							

鐵砲	105670			
鐵血團	106014			
鐵貨	103805	105322	106157	106710

	103746	103775	103786	103805	103811	103813	103836	103865	103876
	103922	103929	103941	103963	104007	104045	104090	104110	104111
	104154	104157	104194	104244	104281	104432	104443	104486	104510
	104516	104521	104530	104570	104631	104637	104688	104697	104704
	104713	104767	104813	104934	104938	105037	105060	105082	105084
	105103	105123	105128	105179	105186	105226	105240	105256	105263
	105272	105281	105322	105333	105346	105352	105356	105378	105415
	105420	105436	105472	105510	105542	105590	105594	105638	105655
	105670	105676	105745	105747	105770	105784	105796	105800	105812
	105866	105875	105903	105904	105929	105986	106014	106034	106039
	106063	106066	106106	106109	106114	106131	106157	106175	106185
	106224	106230	106263	106304	106311	106388	106427	106455	106456
	106461	106469	106482	106491	106509	106531	106605	106616	106675
	106706	106710	106790	106803	106967	106987	107001	107020	107100
	107118	107145	107170	107196	107199	107202	107213	107259	107274
	107278	107318	107329	107332	107336	107365	107367	107371	107386
	107443	107479	107501	107511	107517	107572	107596	107618	107646
	107659	107686	107710	107742	107751	107827	107835	107844	107847
	107864	107892	107913	107915	107923	107935	107939	107995	107998
	108003	108021	108091	108124	108136	108156	108159	108173	108182
	108242	108248	108264	108265	108268	108271	108272	108316	108324
鉄・鐵	108419	108454	108462	108507	108526	108605	108645	108662	108692
	108718	108734	108741	108742	108772	108834	108849	108888	108923
	108938	108940	108940	108950	108998	109039	109051	109079	109103
	109130	109147	109185	109254	109334	109401	109439	109463	109473
	109493	109547	109584	109612	109616	109621	109682	109720	109729
	109756	109776	109804	109813	109831	109867	109883	109900	109908
	109913	109925	109993	109996	110025	110049	110065	110067	110110
	110124	110157	110158	110167	110178	110197	110215	110237	110252
	110291	110318	110331	110344	110358	110362	110376	110404	110417
	110418	110457	110466	110490	110492	110497	110513	110515	110517
	110547	110587	110613	110617	110620	110640	110667	110680	110699
	110712	110716	110820	110829	110847	110851	110904	110944	110947
	110961	110968	110987	111032	111036	111041	111089	111131	111134
	111139	111145	111178	111230	111315	111317	111318	111322	111325
	111413	111424	111470	111472	111488	111489	111491	111508	111532
	111598	111623	111657	111668	111669	111734	111775	111781	111824
	111825	111846	111848	111867	111881	111891	111897	111909	111940
	111952	111955	111978	111984	111992	112003	112029	112083	112086
	112137	112140	112186	112204	112219	112220	112229	112301	112306
	112320	112328	112334	112357	112386	112410	112424	112468	112472
	112476	112484	112547	112599	112603	112625	112654	112655	112662
	112680	112695	112708	112716	112728	112787	112796	112799	112818

	112831	112835	112846	112850	112856	112912	112916	112924	112940
	112957	112964	112966	112977	112980	112983	112989	112990	113009
	113060	113105	113142	113158	113191	113197	113274	113278	113398
	113401	113415	113499	113523	113537	113553	113575	113582	113586
甛菜	1E+05	1E+05							
鯖	105859	106104	106236	106409	107670	108499	111300	112782	113313
靑年	103743	103830	104210	106007	106060	106159	106180	106975	108569
	109402	109537	109586	109715	109765	109786	109807	109882	110172
	110240	111057	111158	111400	111478	111714	111904	112293	112493
	112696								
靑年講習	106975	111714							
靑年團	104210	109765							
靑年聯合會	106007								
靑年會	103830	109537	110240	111057	111904	112293			
靑島	104667	105920	106499	108590	109290	110361	110761		
靑島取引所	106499								
請負	112737								
廳舍	105545	105715	106583	107355	107516	107610	108325	109733	109884
	109885	109936	109982	110203	110437	110646	111074	111721	111933
	112347	112482	112885	113265					
靑山島	106236								
淸安寺	110213								
請願	103735	103837	103863	103997	104055	104148	104168	104292	104328
	104401	104434	104546	104566	104591	104631	104749	104781	104812
	105059	106235	106731	106819	106828	106862	106903	107217	107424
	107952	108103	108183	108675	108752	109016	109027	109055	109155
	109252	109253	109292	109304	109305	109315	109344	109366	109379
	109427	109448	109457	109501	109664	109672	109685	110116	110298
	110415	110517	110563	110747	110820	110920	111174	111450	111489
	111700	112462	112572	112649	112710	112888	113279	113534	
請願書	106235	109055	109304	109448	112710				
淸酒	112822								
淸州・淸州	105462	109143	109228	109780					
淸津	103669	103722	103831	103839	103845	103846	103891	103911	104014
	104031	104097	104139	104201	104428	104476	104576	104588	104724
	104739	104775	104776	104854	104881	104941	105148	105150	105188
	105328	105348	105503	105643	105661	105664	105964	106006	106061
	106074	106104	106118	106220	106276	106290	106319	106348	106402
	106490	106494	106508	106514	106537	106539	106597	106632	106828
	106833	106961	107053	107111	107123	107179	107272	107276	107280
	107289	107437	107492	107509	107520	107535	107552	107672	107674
	107715	107723	107729	107759	107782	107825	107886	107936	107992
	108050	108083	108237	108262	108281	108434	108486	108566	108580
	108636	108712	108758	108783	108789	108805	108838	108877	108892

	108921	108958	108973	108988	109009	109022	109058	109085	109177
	109219	109222	109223	109234	109277	109309	109330	109340	109391
	109417	109424	109455	109480	109499	109512	109541	109562	109613
	109631	109657	109726	109728	109751	109799	109828	109862	109887
	109889	109923	109961	109991	109998	110003	110094	110109	110241
	110308	110325	110339	110373	110434	110543	110700	110724	110740
	110756	110771	110951	110988	111024	111121	111152	111159	111200
	111253	111275	111302	111305	111346	111362	111368	111371	111543
	111601	111621	111685	111765	111819	111863	111938	112058	112061
	112105	112115	112134	112211	112292	112342	112408	112453	112491
	112540	112543	112597	112603	112693	112697	112700	112777	112838
	112898	112933	112979	113019	113024	113028	113038	113054	113066
	113085	113091	113159	113164	113281	113289	113336	113338	113454
	113583								
淸津貿易	103845	105148	105661	107437	107936	108877	109219	109541	109889
	112211								
淸會線	106309	112229							
滯納	107649	108664	112179	112910	113323				
遞送	103890	105183	108395	109832	111260	111587	112165		
遞送人	111587								
遞送·遞傳	103890	105183	108395	109832	111260	111587	112165		
遞信	103741	103951	104362	105245	105351	105542	105637	105745	105841
	106148	106206	106323	106418	106467	106681	107258	107501	107521
	107664	107864	107900	108128	108358	108406	108698	108773	109027
	109170	109517	109534	109661	110536	110744	110775	110800	110885
	111507	111552	111863	111898	112813	113287			
遞信局	103951	105245	105351	105542	106206	106323	106418	106467	107258
	107521	107664	107900	108358	108406	108773	109027	109170	109517
	109534	109661	110536	110744	110775	110800	110885	111507	111552
	111863	111898	113287						
遞信養成所	105637								
體育	105070	105154	105290	105604	109248	109373	109736	110801	110818
	111824	112107	112765	112838	113205				
締切	109453								
體操	111581	113254							
逮捕	103724	103849	103872	104319	104642	104645	105411	105839	106415
	106543	106641	107297	107376	107439	110411	110898	110958	111275
	111417	111695	112181	112215	112361	113011	113407		
滯貨	106837	109030	110123	113128	113477				
初等教育	104520	108689							
草梁	106509								
招集	103887	104371	105261	105359	105456	105469	105712		
招魂祭	105251	105408	105508	105625	110768	110924	111550		
囑託	104999	107948	109507	110097	110396	112857	113508		

嘱託醫	109507								
總監	103660	104012	104040	104130	104397	105154	105177	105313	105371
	105450	105734	105784	106108	106150	106173	106192	106208	106264
	106571	106581	106789	106947	107417	107445	107483	107511	107699
	107785	107812	107828	107845	107963	107991	107995	108022	108097
	108119	108713	108801	108947	109312	109333	109343	110050	110086
	110104	111050	111209	111658	111737	112002	112115	112405	112490
	112608	112672	113190	113229	113236	113238	113350	113496	
銃器	110389	110408	111581						
總督府殖産局	105011	105118	108637	108802	109341				
總督府學務局 総督府學務局	110982								
總督府 総督府	103660	103731	103951	103962	104007	104069	104297	104323	104419
	104469	104516	104688	104717	104768	104830	104885	104928	105011
	105022	105104	105118	105122	105156	105177	105237	105260	105467
	105487	105587	105862	106024	106186	106206	106208	106381	106487
	106639	106750	106787	106876	106969	107021	107038	107155	107281
	107320	107333	107348	107388	107501	107521	107524	107536	107554
	107610	107612	107664	107761	107771	107786	107887	107938	107976
	108128	108144	108206	108334	108336	108416	108438	108443	108532
	108539	108585	108600	108637	108647	108713	108724	108739	108801
	108802	108844	108884	108902	108923	108975	109036	109147	109209
	109221	109313	109341	109369	109372	109380	109452	109493	109882
	110028	110097	110149	110437	110497	110559	110697	110784	110982
	111085	111151	111292	111339	111358	111359	111397	111411	111508
	111552	111563	111570	111790	111860	112002	112152	112153	112466
	112503	112695	112857	112861	112963	113002	113112	113173	113455
總督・総督	103650	103660	103731	103951	103962	104007	104053	104069	104130
	104208	104226	104297	104323	104419	104469	104505	104516	104679
	104688	104717	104768	104830	104885	104928	105011	105022	105104
	105118	105122	105156	105177	105237	105260	105275	105312	105389
	105432	105433	105467	105487	105495	105570	105587	105592	105728
	105761	105842	105862	105961	105962	106024	106186	106206	106208
	106381	106487	106639	106750	106787	106839	106876	106963	106969
	107021	107038	107107	107155	107281	107320	107333	107348	107388
	107501	107521	107524	107536	107554	107610	107612	107664	107761
	107771	107786	107817	107887	107938	107944	107976	108030	108033
	108065	108128	108132	108135	108144	108180	108193	108194	108206
	108220	108230	108255	108259	108275	108279	108286	108334	108336
	108344	108360	108382	108391	108416	108438	108443	108532	108539
	108585	108600	108637	108647	108713	108724	108739	108786	108801
	108802	108803	108844	108884	108902	108923	108935	108950	108975
	109036	109147	109209	109221	109313	109341	109369	109372	109380
	109445	109452	109493	109632	109644	109653	109720	109814	109825
	109847	109882	110028	110097	110149	110156	110437	110497	110559
	110622	110697	110784	110794	110920	110941	110982	111020	111050

	111065	111085	111151	111292	111320	111339	111358	111359	111397
	111411	111508	111552	111563	111570	111700	111790	111860	112002
	112032	112152	112153	112179	112367	112466	112503	112550	112672
	112695	112857	112861	112963	112978	113002	113063	113112	113173
	113225	113350	113455						
總辭職	106752	107467	107504	112874					
銃殺	110063	110364	111608	112399					
總領事	104166	107751	111866	113074					
塚原檢事	112412								
總裁·総裁	103666	104053	104222	104679	105057	106713	107561	107601	107612
	107711	107734	107750	107802	108056	108106	108296	108602	108619
	109594	109666	109802	109858	111341	111485			
總會	103717	103760	103793	103808	103958	103994	104046	104114	104485
	104599	104629	104781	105228	105256	105333	105354	105424	105500
	105510	105796	106109	106523	106553	106713	106875	106905	107238
	107494	107764	107802	107962	108295	108867	109000	109218	109537
	109808	110069	110183	110184	110207	110214	110337	110512	110584
	110605	110629	110940	111056	111538	111599	111818	111891	112205
	112425	112447	112452	112741	112889	112983	112990	113002	113214
	113277	113401							
最近	1043240	104451	104599	106719	107313	107941	108320	109616	109748
	110321	110354	110371	110619	111584	111722	111790	113374	113454
崔濟愚	106544								
秋季競馬	112379								
追悼	103746	103827	103842	104037	112147	112200	112658		
追悼會	103746	104037	112147	112200	112658				
秋蠶	106715	107147	107172	107268	111255	111889	112755		
追弔	103842								
推薦	110297	112675							
逐年	111146	113559							
逐鹿	112693	112967							
畜産·畜產	103758	104489	104992	105729	107266	107704	107962	108331	111482
	111594	111958	112578	112579	112793	113281	113375		
畜牛	104079	107543	109478	109578	111349				
畜牛肺炎	109478								
祝賀宴	109349								
祝賀會	108967	109874	110174	110954	111158	112625	113113		
築港	103666	103735	103787	103839	103858	103863	104055	104387	104434
	104748	104782	104812	105283	105635	105761	105767	105964	106050
	106622	106775	107046	107506	107706	108027	108752	108789	108827
	109140	109183	109253	109315	109431	109501	109549	109751	110090
	110251	110308	110434	110436	110438	110864	111088	111148	111210
	111346	111361	111409	111763	111882	111931	112516	112540	113164

	113245							
築港問題	105283	108827	111148	111361				
椿事	108316	111687						
春陽	112593							
春蠶	105403	105592	105940	109890	110187	110385	110649	110662	111254
	111298							
春川	104940	105019	105507	105988	106147	106159	111534	
出稼鮮人	111376							
出穀	103656	108213	110242	111368	111959	112325	112834	113311
出米	103737	111191	113263					
出兵	106397							
出額	113015							
出願	106026	108306	111430	111506	111898	113149	113498	
出版	103758	104159	104362	104483	104685	104778	104992	105729	105841
	107899							
出版界	103758	104159	104362	104483	104685	104778	104992	105729	105841
出品	103699	103771	104112	105476	105683	106161	107200	108198	109054
	110484	110952	111115	111166	111377	111432	111988	112409	112417
出荷	110301							
忠南	103758	104968	105321	106727	109082	109405	110261	
忠清南道 忠南	103758	104726	104968	105321	106727	109082	109405	110261	110982
忠清道	104487							
忠清北道 忠北	104529	104696	104738	104750	109136	109272	110458	111760
趣味	109806							
取引	103808	104175	104611	104703	104907	105739	105921	105938	106499
	107693	107906	108149	108184	108215	108879	109399	109515	109708
	109808	110136	110182	110271	110341	110370	110805	110915	111323
	111493	111506	111512	111516	111761	112022	112738	113279	
取引法	105921							
取調	103974	105101	106146	106630	108115	108710	110019	110075	110171
	110471	111314	112239	113045				
取締	103677	103840	103864	104161	104280	104435	104460	104506	104737
	104907	105020	105163	105200	105470	105606	106564	106957	107040
	107116	107215	107217	108006	108057	108147	108201	108780	108902
	109042	109153	109953	110031	110033	110245	110596	110632	110654
	110680	110689	110758	110787	110899	110955	111245	111333	111397
	111438	111479	111503	111576	111605	111744	111956	112058	112105
	112110	112274	113067	113070	113250	113319	113382	113455	
就學	105159							
就航	105499							

測量	103786	105179	106342	106411	106505	108525		
齒科	104170	105158	106883					
齒科醫	105158	106883						
値上	106528	110416	111701	111944	111997	112409	112414	112645	112777
治水	106844	106858	106878	106891	107540	109221	112811		
治安	109774	112156						
値下	104580	105360	107057	107095	107156	107224	107362	107406	107513
	107556	107979	108185	108200	108247	108257	108260	108322	108361
	109268	110896	111036	111198	113216				
値下運動	105360	108200						
勅使	111932	112024						
勅任	109380							
漆器	111835							
七星門	108239	108301	108397	108968				
寢臺車	104680	106507	106950	109083	109974			
浸水	106844	106982	111668					

コ								
ブカルトブ會	106761							
キイリー婦人	105124							
コレラ	107534	107571	107591	107814	107884	111836		
コレラ・虎疫	103671	105612	105869	106458	106786	107037	107150	107387	107388
	107413	107534	107571	107591	107707	107814	107884	108042	109918
	111082	111265	111836	112132	112938				
コロリ	112279							

ㅌ								
タイピスト	111315							
たばこ 煙草 葉煙草	104280	104333	104461	104461	104524	104582	104823	104823	104919
	104919	105203	105285	105504	105548	105982	106665	106904	106918
	107057	107095	107333	107406	107452	107513	107575	107813	107973
	108147	108295	108321	108321	108444	108509	108776	108833	108997
	109069	109297	109344	109428	109764	109764	109873	110443	110764
	111118	111286	111367	111723	112252	112645	113504		
トラスト	104406								
打切	109382	112484	112797						
打合會	103795	103868	104117	104592	106523	106562	108718	110872	112602
	112660								
炭鑛	104358								
彈藥	108309	110596	112615						
嘆願	111804								
炭田	106250	106263	107916	110321					
脫稅	106690	107965	109953	110726					
脫獄	111275	111770							
奪還	109908								
太刀	109205	109848	111080	112011					
駄目	108984	109153	111162						
怠業	106592								
澤田(知事)	103712	103730	103832	103870	103923	104563	106565	106727	107893
	108969	109356							
土木	104078	104425	105359	105422	105520	105662	105753	105882	105964
	106155	106286	106630	106858	107114	107144	107225	107511	107749
	107786	108144	108169	108550	108551	108599	108761	108867	109285
	109348	109355	109884	110083	110622	111411	112733	113037	113138
土木技手	106630								
土木部	105882	106858	107144	108551	109348	109884	110622	113138	
土木事業	104425	105753	106155	110083					
土木會議	105359	108867							
討伐	103847	105269	105394	106678	107622	109043	109167	109302	110383
	110449	110782	111154	112296	112970	113456	113589		
討伐軍	106678								
土匪	110345								
土産	104683	108131	109204	109691	112013	112394			
土耳其	109297								
土地	103725	104067	104471	105182	105876	106442	106860	107228	107331
	107386	107671	107787	107889	108418	108568	108577	108858	108984
	109447	109875	110258	110259	110388	110419	110961	111562	111606
	112264	112441	112504	112569	112676	112877	113367		

土地改良	106860	107228	107331	108418	111562			
土地增價稅	110419							
土地會社	105182	107787	108568	108858				
噸	105220	107526	108374	110159				
統契	104423	104999	109765	112869	113280			
通過稅	103654							
通關	104374							
通關貿易	104374							
統軍亭	104042	104072						
痛棒	107571							
通信	103795	104176	104325	104888	105342	105691	107662	108055	108069
	108226	108371	108565	108667	108773	108910	109016	109027	111510
	111591	112023	112087	112152	112428	112762			
通信機關	108055	111591							
通譯	104869	107830	108117	108543	108620	111694			
統營	104564	105778	105911	106018	106259	106362	106514	107218	107801
	107961	108011	108616						
統一	104264	104439	104457	104694	105513	105733	105768	106169	107075
	108395	109036	109101	109115	109320	110559	110673	111019	113120
通學	104306	104609	107401	109698	110272	110755	111176	111517	111929
	111986	112061							
堆肥	106743								
投賣	106225								
投票	112400								
特務機關	107680	110955							
特産品	105552	111486	111585	111690	111949	112166	112194	112208	112225
	112247	112303	112461	112761	113010	113469			
特派員	105025	106792	110101	112059					

ㅍ									
パリ	107786								
パン	106571	108254	111967	112068					
ペスト	111434								
ポスター	103848								
派遣	105097	105562	105706	106550	107685	107703	108025	111006	111250
	112374	113513							
派遣警官	107685								
派遣憲兵	108025								
破産	105730	108670							
巴城春秋	109830	109843	109858	109866	109881	109897	110022	110037	110048
	110105	110125	110199	110217	110234	110249	110293	110316	110558
	110643	110657	110696	110714	110793	110812	110827	110849	110884
	110906	110927	110942	110981	111016	111035	111072	111108	111127
	111144	111183	111206	111227	111249	111269	111320	111338	111387
	111466	111484	111505	111526	111595	111610	111664	111679	111699
	111717	111752	111773	111786	111847	111864	111910		
罷業	104807	106720	108882	111198	113571				
破獄囚	107297	107661							
播種	110300								
派出所	111987								
判事	104928	105480	106993	108501	109341	110494	111141	111159	111267
	112316								
阪神	103682	112063							
判任官	111777								
稗	110397								
佩劍	113062								
膨脹	105414	108640							
片山	105381	105457	106403	111165					
編纂	104147	104829	104852	108338	108405	109130	112445		
苹果	110817	111901	112576	113182					
平南	103660	103674	103681	103686	103736	103765	103818	103883	103965
	104196	104319	104386	104397	104426	104458	104538	104693	104742
	104798	104836	104999	105000	105034	105041	105086	105382	105453
	105731	105779	105788	106002	106176	106288	106459	106538	106619
	107124	107163	107164	107197	107267	107268	107565	107631	107645
	107651	107684	107697	107832	108426	108477	108479	108506	108875
	108918	109295	109346	109497	109629	109635	109650	109686	109696
	109763	109765	109767	109775	109814	109999	110082	110106	110185
	110194	110299	110302	110374	110498	110499	110551	110649	110670
	110715	110718	110747	110808	110871	111005	111115	111136	111254
	111273	111282	111283	111396	111411	111889	112121	112130	112191
	112231	112346	112531	112800	113176	113258	113411	113468	113510

	113519								
平民主義	107939								
平北	103703	103738	106625	107884	109437	109982	110662	110853	110945
	111117	111270	111298	111460	111517	111947	112025	112347	112466
	112993	113177	113198	113210	113265	113298	113412	113465	
平安南道 平南	103660	103674	103681	103686	103729	103736	103765	103818	103883
	103965	104196	104319	104386	104397	104426	104458	104508	104538
	104693	104693	104708	104723	104738	104742	104792	104798	104836
	104999	105000	105034	105041	105086	105382	105453	105731	105765
	105779	105788	106002	106176	106261	106288	106459	106538	106619
	106925	107124	107163	107164	107197	107267	107268	107565	107631
	107645	107651	107684	107697	107832	108426	108477	108479	108506
	108813	108869	108875	108918	109198	109295	109346	109497	109629
	109635	109650	109686	109696	109763	109765	109767	109775	109814
	109980	109999	110082	110106	110185	110194	110299	110302	110374
	110498	110499	110551	110649	110670	110715	110718	110747	110808
	110871	111005	111115	111136	111254	111273	111282	111283	111396
	111411	111718	111720	111889	112121	112130	112191	112231	112346
	112503	112531	112594	112629	112750	112791	112800	112814	113023
	113060	113098	113119	113176	113258	113309	113411	113468	113510
	113519	113551							
平安北道 平北	103703	103738	104723	104750	106625	107884	109437	109982	110662
	110853	110945	111117	111270	111298	111460	111517	111947	112025
	112347	112466	112993	113177	113198	113210	113265	113294	113298
	113325	113410	113412	113465					
平安神宮	110289								
平壤	103650	103653	103673	103683	103684	103687	103690	103696	103698
	103713	103714	103716	103734	103737	103748	103756	103767	103773
	103788	103790	103792	103803	103807	103819	103824	103830	103842
	103843	103895	103908	103911	103922	103925	103953	103959	103967
	103980	103982	103984	104000	104007	104111	104118	104150	104153
	104185	104199	104209	104213	104215	104252	104334	104342	104368
	104374	104376	104377	104391	104409	104417	104428	104432	104442
	104462	104476	104486	104493	104497	104515	104532	104543	104569
	104594	104595	104601	104617	104657	104690	104693	104707	104712
	104715	104716	104724	104727	104732	104745	104773	104839	104843
	104844	104859	104861	104881	104889	104917	104925	104943	104947
	104953	104957	104971	105001	105005	105012	105046	105061	105094
	105106	105112	105142	105166	105167	105188	105247	105248	105278
	105288	105304	105324	105354	105366	105378	105405	105439	105440
	105463	105474	105497	105518	105522	105537	105541	105551	105581
	105587	105590	105643	105681	105698	105718	105738	105755	105758
	105760	105788	105797	105829	105831	105835	105853	105866	105868
	105891	105911	105915	105970	105978	105984	105998	106048	106061
	106086	106105	106107	106127	106166	106219	106220	106229	106252
	106300	106301	106306	106319	106341	106380	106416	106429	106434

106452	106453	106455	106492	106498	106504	106514	106531	106548
106555	106560	106580	106597	106603	106606	106621	106643	106671
106695	106726	106752	106765	106832	106833	106844	106850	106856
106889	106900	106932	106937	106965	106969	106970	106984	107018
107053	107060	107071	107081	107168	107171	107193	107209	107214
107227	107234	107251	107256	107276	107305	107326	107349	107350
107362	107363	107372	107409	107410	107428	107442	107467	107476
107497	107504	107519	107520	107535	107552	107558	107589	107593
107642	107644	107649	107663	107674	107677	107696	107729	107782
107790	107792	107798	107808	107838	107851	107852	107860	107883
107886	107903	107910	107912	107914	107918	107921	107943	107949
107985	107986	107992	108002	108004	108015	108023	108029	108064
108079	108127	108140	108212	108240	108277	108308	108313	108376
108401	108423	108461	108486	108519	108536	108549	108579	108650
108666	108673	108704	108732	108736	108748	108783	108822	108832
108912	109009	109039	109041	109096	109117	109132	109134	109158
109159	109214	109217	109228	109267	109309	109340	109381	109424
109500	109604	109619	109637	109638	109639	109658	109663	109683
109690	109724	109728	109799	109809	109818	109823	109828	109846
109862	109869	109891	109895	109907	109923	109925	109936	109938
109946	109956	109961	110003	110008	110013	110031	110038	110065
110083	110103	110115	110140	110150	110151	110152	110163	110177
110180	110219	110296	110297	110306	110311	110395	110399	110400
110401	110462	110467	110475	110483	110500	110521	110522	110576
110592	110609	110610	110618	110631	110646	110653	110684	110688
110746	110792	110819	110887	110896	110923	110972	110982	110983
110986	111003	111014	111016	111028	111072	111078	111079	111080
111140	111193	111211	111258	111279	111306	111388	111450	111520
111568	111600	111602	111639	111641	111651	111653	111665	111681
111705	111802	111819	111916	111937	111943	111999	112011	112128
112143	112163	112167	112185	112193	112198	112228	112239	112242
112281	112300	112324	112374	112376	112427	112429	112435	112440
112446	112464	112471	112479	112507	112515	112541	112564	112570
112592	112600	112604	112611	112627	112644	112646	112653	112659
112676	112725	112772	112778	112815	112873	112875	112887	112903
112944	112982	112994	112995	112999	113037	113041	113059	113064
113080	113090	113148	113155	113161	113207	113227	113264	113295
113300	113316	113318	113393	113493				

平壤高女	112564							
平壤公會堂	112541	112570						
平壤商業會議所	108832							
平元線	105245	108183	108239					
平元鐵道	103786	105179	111322	111992				
評議員	103669	103676	103980	104045	104106	104124	104302	104544	104575
	104614	105278	105675	105965	106664	107504	108706	109109	109635
	109667	109755	112481	112867	113241	113306			

評議會	104589	104629	104634	104635	104693	104696	104723	104738	104920
	105249	108971	109136	109623	112117	112525	112814	113102	113284
	113411	113412	113446	113467	113468	113519	113560		
平井內務部	104508								
平和博	103699	103714	103771	103848	103860	103948	104464	104528	104661
	104769	104867	104883	106503					
平和博 平和博覽會	103699	103714	103771	103848	103860	103948	104464	104528	104661
	104769	104769	104867	104867	104883	104883	106503		
肺ヂストマ	105524	109665	109686	110061	111900	112893			
閉鎖	104099	108424	111382	112678					
肺炎	109478								
廢止	103886	105532	106440	106451	106859	107088	107681	107973	108572
	108603	108746	108916	109174	109181	109293	109764	110099	111447
	111944	112644	112781	112904	113397	113398	113440	113481	113495
	113516	113540							
廢娼運動	112195								
弊風	108869								
布教	107058	108640	108697	111068					
砲兵	111709	111881							
褒賞	112636								
蒲原(遞信局長)	108358	108406	108484	108630	108671	109027	109517	109661	110536
	110775	113287							
蒲原局	108484	108630							
浦潮	104016	104166	104437	105097	105939	106419	107048	107250	107282
	107304	107353	107688	107864	107941	108006	108041	108302	108394
	108475	108621	108675	109383	109446	109553	109568	109801	110246
	110541	110967	111102	111233	112182	113156	113442		
浦項	103747	104002	104221	104336	104776	104957	105627	106319	106689
	107403	108262	108598	108632	109144	109330	109391	109518	110135
	110705	111067	111149	111186	111324	111849	111868	111946	112852
	113310	113355							
暴擧	110113	111994							
爆擊	106300	111425							
暴落	105652	105677	107639	107676					
暴利	105370	107559	111571	112058	112105				
爆發	104259	106571	108470	108841	111687	112278			
爆藥	105231	105253	108115	108201	109044	109390	110170	111769	112278
	112318	112587	112606						
爆藥密輸	109390								
爆彈	104966	105097	107346	107507	108975	109065	109141	109545	110264
	110288	110408	112361	112723	113134				
漂流	109454								

標語	103721	104596	106085	106864	109988			
表弔	104127	104164	106360					
表彰	103672	103874	103959	104452	105041	105383	105817	106122	107042
	107602	107704	108332	108573	108711	108803	110360	110526	110707
	111026	111730	111770	111780	112969	113420			
品評會	103769	103851	104216	104855	104924	105377	105658	106005	106591
	106733	107159	107218	107721	107757	107780	107794	107801	107917
	107930	107961	108011	108046	108331	109262	111135	112213	112350
	112578	112744	112760						
風紀	105974	108530	109473	109481	109493			
豊漁	106104	107129	107472					
豊作	107445	107474	111094	111527	111901	112007		
被告	106563	106599	113324					
避難	104612	105759	107144	108006	108053	108066	108118	108154	108194
	108246	108254	108327	108345	108366	108421	108425	108466	108475
	108488	108620	108653	108697	108706	108724	108760	108793	108818
	108984	109095	109118	109260	109352	109382	109522	110430	110617
	110637	110975	111604	111839	111939	111967	112058	112797	
避難民	107144	108066	108118	108194	108246	108254	108327	108345	108366
	108425	108488	108620	108697	108706	108724	108760	108793	108818
	108984	109095	109118	109260	109352	109382	110430	110617	110637
	110975	111604	112797						
披露	105133	107880	109612	112273				
披露宴	107880							
被選擧權	108428							
被害	103935	105506	105779	106077	106497	106509	106550	106868	107197
	107329	107366	110448	110594	111284	111641	111740	111805	111820
	111914	111928	112690	112698	113199	113346			
皮革	106320							
逼迫	108075							

ㅎ									
ホテル	105631	106066	106341	106798	107796	109261	110587	113027	113299
下關	103728	105210	106837	107728	108174	108622	108746	111151	112806
河内(財務局長)	105182	105298	106064	106863	107865				
河東	107190	112824							
下水	103650	105750	105756	107701	107816	107946	109972	111237	111680
	113485								
下宿	109876								
夏鼈	106538								
河津彦四郎	110801	110818							
河川	104835	105547	106437	107098	108270	108335	108551	108848	108859
	109820	110270	111467	112866	113225				
荷置場	112597								
學校	103690	103862	103881	103982	104030	104069	104107	104170	104193
	104259	104275	104306	104384	104571	104578	104589	104593	104609
	104619	104663	104700	104712	104729	104798	104870	104948	105034
	105082	105484	105587	106059	106284	106301	106511	106517	106624
	106633	106668	106685	106814	106908	106945	106955	106986	107309
	107319	107364	107401	107760	107829	107846	107904	108023	108058
	108074	108202	108339	108438	108464	108672	108689	108764	108791
	108815	108865	108896	108961	108971	109025	109026	109084	109139
	109226	109234	109237	109256	109278	109283	109284	109294	109310
	109323	109427	109473	109481	109532	109556	109616	109639	109693
	109698	109756	109956	110054	110161	110204	110253	110254	110272
	110274	110299	110342	110373	110429	110543	110547	110562	110755
	110766	110776	110798	110842	110884	110891	110910	110925	110961
	110982	111039	111087	111120	111174	111206	111232	111270	111293
	111348	111380	111382	111454	111459	111517	111541	111554	111560
	111580	111581	111719	111828	111929	111986	112061	112109	112121
	112237	112245	112306	112458	112565	112590	112678	112684	112707
	112775	112874	112897	112969	112974	113030	113100	113144	113148
	113163	113192	113219	113229	113288	113329	113379	113493	113516
學校組合	104589	104619	106624	107364	108339	108815	108865	109025	109234
	110054	110161	110373	110776	110798	110891	110910	111087	111293
	113192								
學校閉鎖	112678								
學務	103785	104296	104669	104729	104945	105315	105624	105644	106517
	106886	107450	107512	107867	107889	107967	108145	108195	108359
	109165	109394	109473	110698	110982	111018	111385	112633	112750
	112766	112791	112824	113110	113329				
學務局	103785	104296	104669	105624	105644	106517	106886	107867	107889
	107967	108145	108195	108359	110698	110982	111018	112633	112766
	112824	113329							
學務局長	103785	104296	104669	105624	105644	106517	106886	107889	107967

	108145	108195	108359	110698	110982	111018	112633	112766	112824
	113329								
學務委員	104945								
學問	110985								
學費	104520	106900	109326						
學事	112930								
虐殺	106906	107253	108432						
學生大會	107050								
學習院	104141	105267							
學藝會	103722	108415	112203	112531	112943	113034			
學園	107789								
學議選擧權	109417								
學資	105239								
學長	106019	108244							
學組議員	112387	112463							
學組 學生組合	103752	104095	106227	107928	107952	108593	109361	110966	112141
	112387	112463							
學會	106327	107370							
漢江	106376	108898	113381	113426					
韓國	106241								
韓男爵(韓昌洙)	104642	106751							
旱魃	106217	106377	110611	111876					
漢城	103916	104350	109000	109173	111169				
韓愼敎	110169								
漢銀(漢城銀行)	108282	111538							
旱天	106261								
旱害	106165								
割讓	103836								
咸鏡	103669	104738	104750	104765	104792	104920	106072	106233	106261
	106309	106400	106948	108631	109476	109585	109709	109985	110088
	110145	110268	110319	110518	111267	111385	111443	111637	112073
	112138	112284	112430	112839	112985	113581			
咸鏡南道 咸南	103706	104011	104632	104738	104750	104765	104770	104792	104808
	104818	105455	106070	106261	106488	106591	107027	108369	109385
	109422	109671	109768	110415	110681	110766	111451	111472	111494
	111499	111617	111637	112153	112348	112544	112576	112756	
咸鏡北道 咸北	103657	103669	103669	103676	104251	104253	104750	104905	104920
	105092	105347	106162	106396	106400	106409	106567	106697	107120
	107130	107230	107422	107456	107721	107724	107727	107925	108022
	108111	108137	108214	108513	109182	109306	109792	110240	110242
	110268	110371	110455	110555	110581	110702	110796	110948	111056
	111168	111204	111267	111362	111367	111385	111593	111883	112058

	112073	112138	112246	112325	112332	112339	113010	113074	113178
	113306	113311	113356	113469	113560				
咸鏡線	106233	106948	109476	109585	109709	109985	110145	110319	110518
	112430	112985	113581						
咸南道	104770	111499	111617						
艦隊	103927	104077	105849	105870	106040	106092	106145	106200	106277
	106329	106349	106387	106448	106478	106590	108118	109287	110165
	110192	110281	111710	111970					
艦船	108421	111304	113093						
咸昌	110132								
咸平	110313								
咸興	103719	103724	103794	103930	104588	104733	104770	104825	104890
	104957	105242	105248	105405	105480	105522	105581	105643	105664
	105758	105950	106061	106105	106107	106184	106319	106416	106498
	106514	106560	106576	106597	106671	106765	106797	106889	106999
	107071	107134	107209	107234	107301	107428	107442	107535	107674
	107769	107825	107886	107937	108015	108127	108218	108252	108411
	108434	108471	108598	108650	108687	108973	109001	109046	109097
	109177	109193	109288	109330	109340	109375	109408	109440	109491
	109512	109550	109562	109574	109617	109641	109689	109701	109741
	109769	109770	109810	109879	109895	109905	109932	109942	109961
	110003	110016	110020	110070	110094	110131	110147	110163	110244
	110256	110304	110367	110425	110521	110548	110610	110664	110703
	110722	110771	110861	110874	110969	110988	111047	111096	111170
	111217	111257	111301	111350	111394	111431	111457	111490	111496
	111568	111583	111698	111795	111819	111950	111995	112029	112065
	112078	112161	112242	112290	112336	112349	112413	112433	112471
	112549	112561	112581	112618	112669	112679	112711	112718	112757
	112776	112798	112836	112891	112911	112937	112968	112991	113022
	113041	113059	113087	113109	113129	113145	113161	113218	113243
	113285	113316	113338	113402	113584				
合格	104094	105909	106036	107819	107934	113526			
合格者	104094	105909	106036	107934					
合併	104138	105775	106223	106320	107020	107687	108454	108512	108625
	108646	109076	109089	109115	109180	109909	111886	112120	112305
哈爾濱 哈爾賓	103902	104066	104815	106076	108058	108207	108366	109398	110528
	111006	111790	113480						
航空	104417	104734	104759	104811	104930	104943	106300	108694	108912
	109205	109809	110013	111716	112263	112393	113362		
航空隊	104417	104811	104943	108912	109809	110013	112263	112393	
航路	103688	103844	104535	104739	104781	104995	105032	105127	105323
	105380	105559	105695	105805	106189	106756	107038	107850	107864
	107874	108041	108134	108270	108302	108407	108538	108632	109104
	109196	109201	109844	109981	110159	110317	110361	110496	110516

	110560	110561	110701	110737	110761	111164	111233	111324	111528
	111569	112172	112852	113089	113122	113125	113520	113553	113570
海軍	103836	104432	104558	105306	105513	105648	105720	106200	106824
	107784	108586	108623	112263	112582	112643	113588		
海軍記念日	105648								
解禁	107557	107613							
解散	106304	108103	108768	109676	109715	112305	112647	113050	113321
海嘯被害	112690	112698							
海水浴	106125	106423	106449	107815	109600	111764	111905		
海水浴場	106423	106449	107815	111764					
海運	104236	104459	104599	105157	105345	107062	108952	109887	110127
	111391	111722	112408	112523	113386	113517			
海運界	104459	104599	105157	105345	107062	108952	109887	110127	111722
	112408	112523	113386						
海員	104301	104545	105519	112884	112917				
海員養成所	105519								
海賊	105071	105234	105506	107063					
海州	103794	103902	104065	104179	104360	104548	104699	104859	104957
	105046	105406	105440	105819	106086	106695	106788	106981	107434
	107476	107490	107535	107784	107909	108052	108075	108094	108452
	109046	109121	109318	109341	109406	109424	109470	109491	109590
	109770	109824	110894	111185	111194	111257	111431	111435	112097
	112530	112765	113008	113012	113016				
海苔・のり	113390								
偕行社	106226								
行軍	109263								
行方不明	104897	107341	108433	111587	113222	113368			
行政	104352	104632	105262	105401	106093	106787	107478	107511	107596
	107995	108867	109198	109312	109571	110681	110775	111019	112384
	112556								
行政講習會	104352								
行政整理	106787	107478	107511	109198	109312				
鄕軍	103959	112204							
鄕土	104500	105143	108467	108694					
憲兵	103738	103905	103940	103951	104168	104679	104722	104763	104972
	105080	105275	105510	105532	105571	105595	105728	106019	106464
	106467	106516	106859	106914	106928	107283	107447	107511	107524
	107554	107588	107664	107675	107878	107887	108025	108128	108191
	108206	108209	108329	108391	108715	108731	108735	108844	108902
	108957	108975	109028	109146	109152	109179	109270	109292	109313
	109457	109483	109695	109721	109966	110219	110231	110346	110609
	110882	111076	111365	111564	111716	111754	111825	112853	113320
	113395								

憲兵隊	105080	105275	107511	107588	107675	108128	108902	108957	109028
	109270	109483	109695	110219	110231	110346	110609	111754	
獻上	103873	104430	105299	105371	105372	105389	105406	105443	105504
	105801	107673	107822	107853	108648	109082	109848	111390	111446
	111707	111758	112490	113341					
獻上品	105389	107673	108648	109848	111390	111707	112490	113341	
革新黨	112649								
現物	109321	110271	111450						
現物市場	109321	110271	111450						
懸賞	103848	109138	112400	112893					
縣知事	105511	106686	107967	109142	110390	110449	112951		
玄海	106627								
現況	104063	104214	104595	105485	105487	105655	110028		
穴居	111622								
穴居生活	111622								
血液研究	105972								
血淸所	109573								
嫌疑者	110153	111921							
脅迫	103894	105764	105821	108975	110286	110347	110448	110554	110749
	111398	111548							
協議	103828	104111	104375	104613	104724	104783	105159	105247	106185
	106262	106492	106504	106893	107279	107433	107999	108461	108542
	108845	109313	109401	109690	109724	109821	110118	110180	110225
	110465	110579	110583	110605	110862	111074	111132	111215	111253
	111414	111600	111618	111674	111811	111812	111824	111948	112369
	112378	112397	112428	112464	112483	112538	112595	112660	112664
	112692	112781	112886	112907	112925	112928	112962	113007	113038
	113045	113051	113052	113080	113081	113082	113096	113157	113447
協議會	104111	104613	104724	104783	105247	106492	106504	108542	108845
	109401	109690	109724	110118	110180	110579	110583	111074	111600
	111618	111948	112369	112483	112538	112692	112928	113080	
刑務所	110683	111275	113092	113141	113437				
形勢	103903	104276	105854	108241	112266	112592	112925		
衡平社	110193	110567	110590	110693	110976	111046	111124		
衡平運動	112015								
壕	108666								
戶口	103708	106231	107125	107179	108920	108999	109121	109613	110500
	111543	111916	112941						
湖南	103960	104350	104369	104404	104438	104453	104455	104507	104735
	104864	109459	111008						
戶別稅	103684	104732	105998						
湖西銀行	104350								

虎狩	108649	111895	112145					
護岸工事	106653	112676						
虎疫	103671	105612	105869	106458	106786	107037	107150	107387	107388
	107413	107707	108042	109918	111082	111265	112132	112938	
豪雨	106844	106868	106870	107067	107296	107305	107350	110262	111740
	112059								
戶籍	108655	108753	111073						
戶籍制度	111073								
琿春	104527	106234	107980	109968	110286	110717	111926		
洪水	106970	107144	107174	107225	107249	107270	107579	110209	111641
	111653	111657	111659	111668	111742	111755	111826	111911	113346
洪原	108517								
靴	104598	104600	106118	108882	109190	111198	111973	112144	
畫家	108007								
和龍縣	104329								
花柳界	112085								
貨物	103805	103885	105322	105812	106157	107241	108495	109169	109201
	109281	111243	111511	112334	112935	113334	113494		
火事	103975	104006	105607	105668	105724	105957	106832	107191	108708
	109143	109189	109206	110313	110670	110711	112038	112071	112083
	112280	112630	113047						
和順	111381								
火藥庫	111687								
火葬	105735	109119	111199						
火葬場	105735	109119	111199						
化粧品	112070								
火災	105341	108459	108514	110545	111373	111523	112454	113448	
和田	104069	104812	105260	107627	107826	107888	109344	109372	109555
	109720	109900	109926	110099	111614	111965	113486		
火田	110718	111375	113067	113508					
火田民	110718	111375	113067	113508					
花井	106563	106599							
和布	109904								
和解	104893	104896							
擴張計劃	104549	106732	108917						
丸山	104256	104722	106203	106550	107000	107664	107703	108100	108121
	108133	108603	109302	110156	111075	111085	111090	111438	113036
歡迎會	104563	106696							
活氣	113086								
活動寫眞	106200	111287	113147	113339					
活寫	104567	105604	105723	105905	106091	106412	107425	110845	112115

	112530	112743						
活況	107637	108499	108633	110354	111022	111234	111280	111613	113123
	113332	113386	113483						
黃金	103975	105653							
皇民	109479								
皇民會	109479								
黃海	104173	104784	105403	105613	105769	106156	106261	107067	107174
	107225	107270	107295	107319	107360	107390	107515	107666	108148
	108661	109015	109628	109686	109688	109752	111533	111582	111814
	111820	112026	112270	112755					
黃海道	104784	105403	105613	106156	106261	107225	107270	107319	107360
	108661	109015	109628	109688	111533	111820	112026		
繪	109598	112340							
會見	104867	104883	108119	113516					
會計	104043	104386	105091	105101	105845	107788	109369	110895	111125
	111449	112213	112227	112975					
回敎寺院	111745								
會寧	103930	104003	104628	104770	105405	105440	105549	106068	106298
	106356	106364	106434	106457	107203	110291	110502	111141	111676
	111695	111735	111794	111892	112189	112203	112229	112474	113038
會寧商校	112474								
會頭	103669	103888	104060	104782	104784	105278	105471	107432	107799
	108832	109729	111179	112620	112815	113037	113078	113227	113393
會豐	104139	104336	104360	104912	105005	105069	105106	105188	105328
恢復	107744	108443	111528	111657					
會社銀行	103876	103916	105941	111061	111169	111373	111393	111456	111538
	111738	111818	111891	112452	112741	112990	113377	113401	
回數券	106125								
會議	103669	103716	103752	103801	103824	103888	103909	103946	103980
	103994	104059	104197	104254	104266	104267	104295	104314	104328
	104436	104493	104668	104714	104738	104792	104812	105029	105065
	105080	105087	105104	105152	105278	105284	105359	105389	105432
	105450	105500	105510	105570	105575	105656	105755	105822	105886
	105984	106025	106054	106097	106170	106251	106400	106486	106487
	106564	106586	106638	106663	106876	106881	106941	107037	107113
	107136	107137	107349	107599	107664	107692	107724	107799	107952
	107989	108108	108109	108342	108585	108739	108804	108832	108867
	108957	108965	109381	109400	109731	109850	109864	110038	110052
	110087	110160	110161	110214	110231	110276	110375	110508	110512
	110536	110572	110578	110595	110796	110945	111089	111112	111117
	111211	111263	111281	111293	111384	111465	111482	111510	111593
	111674	111708	111878	111961	111989	112001	112253	112367	112371
	112483	112514	112560	112635	112736	112803	112867	113005	113080
	113083	113101	113121	113321	113347	113366			

會議所	103669	103716	103801	103824	103888	103909	103946	103980	104059
	104295	104314	104328	105087	105278	105284	105389	105500	105755
	105984	106025	106097	106170	106251	106486	106586	106638	106663
	106876	106881	106941	107113	107136	107137	107349	107599	107799
	108739	108832	108965	109381	109400	109850	110038	112514	112635
	112867	113321							
會長·会長	104702	106109	109049	109634	109650	110564	112107		
橫綱	109139								
橫斷	106627	106756	110159	113125	113503				
橫領	105075	105213	106429	110638	110790	111142	111221	111750	112018
橫着	110388								
橫暴	106089	106280							
嚆矢	112875	113526							
候補	104614	104711	107726	109646	109993	110181	110189	110253	110577
	111271	112429	112659	112675	113006	113007	113037	113045	
後援	103869	105030	108496	109140	112664				
侯爵	104552	110232							
訓令	107538	113070	113266						
訓示	104670	104814	105400	105432	105433	105495	105570	105842	105962
	106454	106485	106550	107703	107826	107994	108132	108935	108947
	109005	109783	111469	112367	112556				
訓戒	109968								
薨去	106360	109419							
徽文軍	111726	111801	111810	111915	111957				
彙報	104683	105008	105175						
休業	108614	111311	112802						
凶作	111189								
兇漢	104642	109017	109545	111608					
黑木	104420								
黑鉛	106249	110607							
興業	104316	105252	105470	113409					
興行	109250	111744							
喜雨	106044	106344	106408	106431	110808	111971			

한림일본학자료총서 발간에 즈음하여

　1994년에 춘천에서 '일본학연구소'라는 간판을 내걸고 문을 연 한림대학교 일본학연구소는 당시 불모지에 가까운 상태였던 국내 일본학계에 기본적인 문헌을 공급한다는 기획을 세웠다. 바로「일본학총서」였다. 그로부터 18년이 지난 지금 본 연구소의 출판물은 총 160권이 넘는다.

　이번에 새롭게 발간한「일본학자료총서」는 기존의「일본학총서」를 승계·발전시킨「한림일본학신총서」, 그리고 2011년에『제국일본의 문화권력』을 첫 권으로 출발한「일본학연구총서」와 함께 한림대학교 일본학연구소가 기획·간행하는 일본학 관련 총서의 세 기둥을 이룬다. '자료총서'라는 기획이 시작된 배경에는 국내 일본학에 1차 자료에 대한 보급이 매우 지진하다는 이유가 있다. 가령 일본이 제국을 지향하고 건설하는 과정의 한 부분으로서, 당시 일본인들의 정신세계를 국가주의로 이끌고 하나로 엮는 데 주체적인 역할을 한 이른바 당시 일본 '지식인'들의 행보를 알아야 하고, 그러기 위해서는 그들이 쓴 1차적인 저작을 읽고 분석할 필요성이 있다. 우리는 35년이나 제국일본의 식민지로서 지낸 불행한 경험이 있음에도 불구하고, 그리고 일제강점기 연구, 일본학 연구가 많은 성과를 내놓고 있음에도 불구하고, 아직 우리에게는 이런 부류의 저작을 한글로 옮겨서 많은 연구자, 학생들이 접할 수 있도록 한 출판물이 없다. 문헌에 대한 소개 자체가 거의 안 되어 있다는 것이 현실이다.

　이러한 상황을 개선해서 한국의 일본 연구자, 일본학 종사자의 사명을 다하자는 것이 이「일본학자료총서」이다. 현재「일본학자료총서」에는 두 가지 시리즈가 존재하는데, <근대일본의 학지(學知)>시리즈와 <아사히신문 외지판>시리즈이다. 전자는 일본이 조선, 아시아 그리고 세계를 어떻게 바라보고 있었는가를 알기 위한 작업이며, 후자는 일본 아사히신문이 외지에서 발행한 외지판 중 이른바 '조선판'에 대한 기사명 색인을 작성해서 학계에 1차 자료로 제공하려는 것이다. 앞으로 신규로 추가될 시리즈를 포함해서 이「일본학자료총서」는 우리가 일본을 분석하는 깊이와 다양성을 담보할 수 있는 필수이면서도 매우 기초적인 작업이 될 것이라 믿는다.

2012년 3월
한림대학교 일본학연구소

아사히신문
외지판(조선판)
기사명 색인_제3권

초판인쇄 2018년 3월 30일
초판발행 2018년 3월 30일

지은이 한림대학교 일본학연구소
서정완, 심재현, 고하연, 김성희(11학번), 김성희(15학번), 김유진, 노혜민,
박명훈, 박상진, 방나은, 유성, 윤지원, 이성훈, 이윤상, 정단비, 홍세은
ⓒ Johngwan Suh 2017 Printed in Korea.
기획 한림대학교 일본학연구소
펴낸이 채종준
펴낸곳 한국학술정보㈜
주소 경기도 파주시 회동길 230(문발동)
전화 031) 908-3181(대표)
팩스 031) 908-3189
홈페이지 http://ebook.kstudy.com
전자우편 출판사업부 publish@kstudy.com
등록 제일산-115호(2000. 6. 19)

ISBN 978-89-268-8363-1 91070